KB044430

노동, 성, 권력

Work, Sex and Power

Work, Sex and Power: The Forces that Shaped Our History

Copyright © Willie Thompson, 2015.
"Work, Sex and Power: The Forces that Shaped Our History"
first published by Pluto Press, London. www.plutobooks.com.

All rights reserved.
No part of this book may be used or
reproduced in any manner whatever without
written permission except in the case of brief
quotations embodied in critical articles or reviews.

Korean Translation Copyright © 2016 by Munhaksasang Inc.
Korean edition is published by arrangement with
Pluto Press, through BC Agency, Seoul.

이 책의 한국어판 저작권은 BC 에이전시를 통한
저작권자와의 독점 계약으로 (주)문학사상에 있습니다.
저작권법에 의해 한국 내에서 보호를 받는 저작물이므로
무단전재와 복제를 금합니다.

무엇이 인류의 역사를 바꾸어 왔는가

노동, 성, 권력
Work, Sex and Power

윌리 톰슨 지음 우진하 옮김

문학사상

인류 문명사의 새로운 지침서

이현복(서울대 명예 교수)

《총, 균, 쇠Guns, Germs and Steel》의 저자 재레드 다이아몬드Jared Diamond 교수는 인류의 역사 발전 과정과 대륙 또는 지역 간의 발전 속도, 그리고 특징을 바로 '총, 균, 쇠'라는 세 가지 핵심 요소로 설명했다. 특별한 연관성이 없어 보이는 이 세 가지의 키워드를 내세워 인류의 역사를 새롭게 분석한 것이다. 민족마다 역사가 다르게 진행된 것은 각 민족의 생물학적 차이 때문이 아니라, 바로 지리적·환경적 차이 때문이라는 그의 주장은 수긍할 수밖에 없는 분명한 관점들이 제시되었다.

윌리 톰슨Willie Thompson 교수가 최근 내놓은 역작《노동, 성, 권력Work, Sex and Power》은 책의 제목에서 볼 수 있듯이, 훨씬 더 급진적이고 근본적인 세 가지 핵심 요소를 제시한다. 장구한 인류의 역사를 설명하기 위해서 두 학자가 들고 나온, '총, 균, 쇠'와 '노동, 성, 권력'은 모두 세 가지 핵심 요소를 내세웠다는 점에서는 공통점이 있다. 하지만 그 내용은 사뭇 다르다.

'총, 균, 쇠'는 구체적인 사물 또는 물질을 지칭하는 키워드인데 비해, '노동, 성, 권력'은 그 의미가 다분히 추상적이고 의미론적인 반경이 광범하다고 할 수 있다. 다시 말하면, 전자는 우리가 눈으로 직접 보고 손으로 만질 수 있는 사물을, 후자는 쉽게 볼 수도 만질 수도 없는 관념적 요소에 주목했다는 점이다.

따라서 《총, 균, 쇠》를 이미 읽어 본 독자들에게 유물사관을 지닌 톰슨의 《노동, 성, 권력》이 어떤 방법으로 "인류 역사를 설명하고 풀이하는가" 하는 의문을 갖게 할 것이다. 그리고 이와 함께 새로운 관심과 흥미를 갖게 할 것이다.

톰슨 교수는 글래스고 캘리도니언 대학의 역사학 교수를 역임했으며, 《역사에 어떤 일이 일어났나 What happened to History?》 등의 저서를 통해 이미 널리 알려진 대 $\wedge$ 학자이다. 《노동, 성, 권력》은 톰슨 교수가 재치 있게 엮어 낸 대중적인 역사서이며, 석기 시대 이후의 인간 활동에 관한 전문 연구서로서의 매력도 지니고 있다.

선사 시대를 다루는 이 책의 앞부분에서 톰슨 교수는, 초기의 인간이 다른 동물보다도 우월한 위치에 서게 된 것은 바로 뇌의 크기 때문이라고 말한다. 그리고 그로 인해 패턴 추구 능력과 긍정적 판단력을 지니게 되었다고 주장한다. 또한 다른 동물과 달리 '마주보는 엄지'를 갖고 있어 도구를 꽉 잡을 수 있는 우월한 능력이 있다고 전제한다.

그런 다음 그는 피지배 계급이 지배 계급에게 상납하는 공물, 농노제, 임금 노동과 같은 인류에게 나타난 노동과 권력의 역사를 흥미롭게 살펴본다.

노동, 성, 권력
Work, Sex and Power

특히 '노동, 성, 권력' 간의 흥미롭고 밀접한 상관관계의 사례로 고대 수메르, 로마, 그리고 중국에서 성행했던 '아이를 팔아 빚을 갚는' 관습을 들고 있다. 빚을 갚기 위해 아이를 노예로 파는 것은 '성'(아이는 성행위의 산물)과 '권력'(가부장의 우월한 위치), 그리고 '노동'(신용을 담보로 하고 결과적으로 빚을 갚기 위한) 간의 밀접하고 긴밀한 상관관계를 명쾌하게 설명한다.

또 하나의 기발한 착상은 이민과 관련한 사례에서 확인할 수 있다. 톰슨 교수는 인류의 이민 역사를 다루면서, 오늘날에도 시리아와 아프가니스탄에서 나타나듯이, 전체 공동체 구성원이 한꺼번에 이민하는 집단 이민의 경우, 좀 더 나은 생활환경을 찾기 위한 자의적인 결정이 아니라 항상 강제적이었다고 말한다. 인류는 장구한 세월 동안 이른바 민족 정화를 목표로 한 집단 이민을 경험했다. 근대 초기 스페인 왕국에서 유대인과 무슬림이 강제 이주된 것부터, 19세기에 미국 정부가 원주민을 재배치한 것과 나치 독일이 제2차 세계대전 중에 유럽의 유대인과 소수민족을 제거한 사실까지. 톰슨 교수는 스탈린이 민족적·경제적 소수 민족을 시베리아의 노동 캠프에 강제 이주 시킨 사례 등을 들며 이민과 노동과 성 그리고 권력관계를 분석한다.

이 책의 끝부분에서 톰슨 교수는 인류의 생존 문제에 대하여 절실한 논리를 펼친다. 이미 제2차 세계대전 이후 나타난 핵무기 확산 시기에 인류는 멸종의 위기를 맞은 바가 있었고, 현재 가공할 무기는 핵전쟁 발발 가능성 등 인류를 위협하고 있다고 우려한다. 동시에 오늘날 인류의 생존을 더욱 위협하는 것은 우리 스스로가 만들어 내는 오염 물질로 나타난 심각한 현상이라고 진단한다.

톰슨 교수가 그리는 인류의 미래는 암울하고 비관적이다. 우리가 지구촌의 시장경제 주도의 산업 체제에 떠밀려 간다 해도 생존자가 있긴 하겠지만, 그런 생존자는 안전, 영원성, 안락과 자유, 평등, 박애가 모두 박탈된 세상에서 살게 될 것이라고 진단한다.

따라서 생태계의 재앙이 극복될 수도 있겠지만, 그것은 정부가 확실한 대책을 내놓을 수 있도록 강력한 압력이 행사되어야 한다고 말한다. 특히 그의 마지막 낙관적인 결론이 인상적이다. 재앙의 극복과 19세기와 20세기의 개혁안 추진은 모두 달성할 수도 있을 것이지만, 인류와 지구가 생존하려면 오염된 환경에 대한 자각과 해결이 반드시 이루어져야 한다고 말한다.

최근 인문학에서 세계 문명사는 르네상스를 맞은 듯 인기 있는 주제가 되었다. 역사학자들은 문명의 충돌을 논하고 이에 대한 방어나 부정 등을 깊이 다루어 왔다. 그러므로 톰슨 교수의 이 책은 인류가 맞은 변화의 역사에 대한 또 하나의 중요한 공헌이라고 평가할 수 있을 것이다.

톰슨 교수는 '노동, 성, 권력'이라는 틀을 중심으로 인류의 상호 관계를 추적하고 분석함으로써, 문명사의 구조를 투명하게 밝혀냈다. 그리고 상이한 형태의 사회, 정치, 경제 조직의 부침을 명료하고 탁월하게 분석했다.

톰슨 교수의 역작《노동, 성, 권력》은 역사를 전공한 독자는 물론이고, 인간의 과거와 현재 그리고 미래에 관심을 갖는 일반 독자라면 누구에게나 일독을 권하고 싶은 인류 역사의 지침서이며 참고서다.

노동, 성, 권력
Work, Sex and Power

차례

"인간은 역사를 만들지만 거짓으로 날조할 수는 없으며, 스스로 선택한 상황에 따라 이끌어갈 수도 없다. 그저 과거로부터 이어져 내려온, 이미 존재하고 있는 상황에 따라 살아갈 뿐이다."

— 마르크스

"역사는 행복이 자라나는 토양이 아니다."

— 헤겔

"모든 문명의 기록은 또한 야만의 기록이다."

— 발터 벤야민

"누가, 누구를?"

— 레닌

이 책의 구성은 먼저 각 장의 주제를 정하고 시간에 따라 일어난 역사적 상황과 사건들을 기술하는 형태를 취하고 있다. 또한 역사나 종교와 관련된 이런 사건들은 이 책의 다른 부분에서 조금 다른 시각으로 다뤄지기도 한다. 책의 어떤 부분은 아주 다양한 시대적 배경에서 가져온 사례들을 바탕으로 주제를 집중적으로 강조하기도 하며, 또 다른 부분에서는 좀 더 역사적인 흐름에 중점을 두기도 한다. 나의 소박한 의도는 좀 더 대중들에게 익숙한 방식으로 각 시대와 세계관을 아우르는 역사적 발전상을 확인하기 위해 노력하는 것인데, 그러면서 동시에 상황과 맥락 안에서 발생하는 인간 상호작용의 구조에 대한 적절한 연관성을 찾고 싶기도 한 것이다.

마이클 만의 4권짜리 대작인 《사회적 권력의 원천들The Sources of Social Power》은 이런 문장으로 시작된다. "이 책은 대담하면서도 야심만만한 작업의 결과다." 이와 비교해서 비슷한 내용의 주제를 한 권의 책에 담으려는 나의 시도는 어쩌면 좀 과대망상에 가까운 그런 일이 아닐까. 그리고 나는 특별히 프랑스의 소설가인 귀스타브 플로베르가 했었고 마이클 만도 인용했던 말, 즉 역사에 대한 글쓰기란 "바닷물을 들이마시고 소변을 조금 보는 일"이라는 그 말을 깊이 의식하고 있다. 역사에 대한 글쓰기에 있어 꼭 포함시켜야 할 많은 것들이 생략될 수도 있을 것이다. 그렇지만 나는 이 작업이 그럴 만한 충분한 가치가 있는 일이라고 생각하며, 나의 희망은 독자들을 격려하여 단지 여기에서 제시하는 주제들뿐만 아니라 다른 역사가들이 이야기하는 내용들까지 관심을 가질 수 있도록 만드는 것이다.

연대를 표시하면서 나는 아직도 널리 사용되고 있는 옛날 방식의 AD와 BC 대신, 요즘 쓰고 있는 CECommon Era와 BCEBefore Common Era를 사용하였다. 그리고 아주 오랜 옛날에 있었던 사건들을 이야기할 때는 BPBefore Present를 사용하기도 하였다. 또한 철자법에 있어서는 미국식 영어가 아닌 영국식 영어의 철자법을 사용하였음을 아울러 알려둔다.

참고 도서나 주석에 대해서는 이 책에서 다루는 역사의 범위가 굉장히 광범위한 만큼, 그 목록도 책의 전체 분량만큼이나 길어질 수 있겠으나 일부만 실었고, 그걸 다 실을 수 있었다 해도 아마 충분하지는 않았을 것이다. 따라서 가장 중요한 관련이 있는 내용과 목록만 이 책의 끝에 실었다.

이 책과 관련된 주제를 논의하며 나를 크게 일깨워준 친구들과 동료들에게 감사의 마음을 전한다. 특히 마이라 맥도날드는 원고를 미리 읽고 문맥과 문체 모두에 대해 아주 도움이 되는 정확한 지적을 많이 해주었다. 그래도 발견될 수 있는 각종 오류나 오독의 문제는 물론 모두 나의 책임이다.

BP 200,000년 _ 구석기 시대

아프리카 대륙에서 현생 인류의 직접적인 조상이라고 할 수 있는 호모 사피엔스 Homo sapiens가 출현, 돌을 사용하여 원시적인 도구를 만들었으며 수렵 생활을 했다. 무엇인가를 표현하려 했던 문화의 흔적이 조금 남아 있다. 호모 사피엔스를 제외한 다른 초기 인류 종족도 계속 그 명맥을 유지했다.

BP 60,000년~15,000년 _ 구석기 시대

호모 사피엔스는 좀 더 진화된 석기 기술을 사용해 점차 아프리카를 거쳐 유라시아 대륙으로 퍼져나갔으며 이 시기부터 문화의 흔적이 좀 더 분명하게 나타나기 시작했다. 다른 초기 인류, 그중에서도 네안데르탈인은 아직 빙하기가 끝나지 않은 지구 북반구에 계속 살았는데, 이 시기에 점차 이종교배가 일어나기 시작했다. 오스트랄라시아Australasia, 즉 지금의 오스트레일리아와 뉴질랜드, 서남태평양 제도 지역에도 인류의 흔적이 나타났다.

BP 15,000년~10,000년 _ 중석기 시대

이 시기 지구 온난화의 영향으로 빙하기가 일시 물러난다. 구석기 시대의 경제활동은 사냥에서 채집활동으로 변화했으며 상황에 따라 해안가에서도 이런 채집활동을 벌이곤 했다. 좀 더 진화된 석기 기술이 등장하면서 이 시기를 이른바 중석기 시대Middle Stone Age라고도 부른다. 호모 사피엔스가 미 대륙까지 진출했으며 호모 사피엔스를 제외한 다른 초기 인류는 소멸되었다.

BP 10,000년 _ 초기 신석기 시대와 농경 시대의 개막, 그리고 제1차 대大 기술혁명의 시대

빙하기가 끝이 나고 농업과 가축 사육의 시대가 시작된다. 이제 석기 사용 기술은 최고 수준에 도달해 이 시기를 이른바 신석기 시대라고 부르며, 석기 이외에도 도기를 굽고 직물을 짜는 등의 새로운 기술이 선을 보인다. 무엇인가를 표현하는 문화가 전반적으로 크게 확산이 되었으며, 좀 더 집단화가 이루어진 주거 지역에서는 중요한 사회적 분화의 과정이 시작되었다.

BCE 4000년 _ 후기 신석기 시대, 정착 생활이 시작됨

메소포타미아 지역에 도시가 만들어지기 시작하면서 각 지역의 우두머리가 생기고 신을 모시는 풍습도 시작된다. 이 과정에서 사회적 계층의 분리가 가속화된다. 여전히 석기를 주로 사용했으며 무엇인가를 기록하는 일도 시작되었다.

BCE 3000년~1100년 _ 청동기 시대, 역사 기록이 시작됨

주로 청동으로 만든 도구와 무기를 사용하게 되면서 이 기술이 유라시아 대륙 전체로 퍼져나간다. 사회적 계층 분화와 노동력의 효율적인 사용이 증가하면서 최초의 제국과 제정일치 사회가 메소포타미아와 이집트 등지에서 처음으로 등장한다. 이와 유사하지만 아직은 신석기 문화를 벗어나지 못한 제국은 중앙아메리카와 안데스 산맥 주변에서 그 흔적을 찾아볼 수 있다. 유라시아 서부에서는 그림이나 기호가 아닌 정형화된 문자를 사용한 기록이 최초로 나타나 퍼져나갔다.

BCE 1000년~200년 _ 철기 시대

유라시아 전역에서 사회적, 정치적, 그리고 문화적 분화 현상이 일어나면서 마침내 철기를 사용하는 기술도 함께 발전하게 된다. 이와 함께 잦은 침략과 전쟁으로 제국과 왕조가 분열되었으며 철기를 사용하는 후대 왕조들이 그 자리를 대신하게 된다.

BCE 600년~CE 500년 _ 헬레니즘 시대

철기 기술과 농경, 그리고 목축을 바탕으로 하는 제국들이 유라시아 대륙 및 아프리카 대륙 북부에 나타난다. 또한 중국 대륙에서는 기술적, 문화적으로 큰 발전을 이룩한 왕조들이 나타났다. 또한 유라시아 대륙 전역에는 일신교를 포함한 이른바 '구원의 종교들Salvation religions'이 생겨나고 퍼지게 되었다. 금속으로 만든 주화가 최초로 등장한다.

노동, 성, 권력
Work, Sex and Power

CE 500년~CE 1500년 _ 철기를 사용하던 소규모 지역 제국들의 시대가 저물기 시작함

최초로 등장했던 철기 시대의 제국과 왕조들이 대부분 무너지고 비슷한 모습의 또 다른 제국과 왕조가 그 자리를 대신한다. 서로 대립 관계에 있던 두 구원파 종교인 기독교와 이슬람교를 바탕으로 한 국가들은 쉴 새 없이 다툼을 벌인다. 과학 기술의 발전도 계속되어, 중국과 이슬람, 그리고 인도 대륙의 제국들은 근대 기술 혁명의 근간이 되는 발견들을 이루어낸다.

CE 1500년~현재 _ 세계화 시대 그리고 제2차 대ㅅ기술혁명의 시대

이른바 '세계화'는 유럽의 제국들이 아메리카 대륙을 침략하여 원주민 문화를 말살하는 것으로부터 시작되었다고 본다. 통신과 제조업 및 관련 기술은 더 이상 자연의 힘을 의지하지 않고 화석연료를 바탕으로 한 형태로 바뀌었으며 그 근간에는 바로 과학의 발견이 있었다. 서구 사회가 지배하는 패권이 정착되었고 사상 유례가 없는 인구 폭발이 있었다. 도시 중심의 생활이 시작되었고 문화적 대격변에 대량 살상무기가 엄청나게 발전하게 되었다. 새로운 형태의 해양 제국들이 생겨났다. 20세기에 접어들면서 핵무기가 전 세계를 위협하게 되었으며 환경오염의 심각성이 뒤늦게 부각이 되었다.

역사의 씨줄과 날줄

역사를 구성하는 내용

여기에서 이야기하는 '역사의 씨줄과 날줄'이란 일종의 은유로, 물질 문명 세계와 함께 인간의 실체를 구성하는 행위와 이러한 행위가 만들 어내는 사회적 제도 변화의 범위를 모두 이르는 표현이다. 진화의 시간 이 눈 깜빡할 사이에 지나가는 동안, 호모 사피엔스 종족은 무기 물질의 세상을, 식물과 동물 그리고 다른 생명체들이 있는 유기 물질의 세상으 로 변화시켰다. 특히 자체적인 행위와 실존하는 존재의 세상이 만들어 진 것이다. 이 세상은 세 가지 우주의 틀 안에서 시간이 지나면서 발전한 것으로, 단단하게 맞물려 있는 이 세 가지 실체는 다름 아닌 노동, 성sex, 권력이다. 그리고 이 세 가지는 서로 영향을 미치면서 사회적 종種으로 서 인간이 경험하는 것들의 실체를 구성하며, 동시에 바로 이 책의 제목 이 되어 주었다.

진화의 과정에서 탄생한 현생 인류와 그 인류가 만들어낸 역사적인 변화들이 바로 이런 것들을 바탕으로 하고 있다는 사실은 완벽하게 정 상적이면서 동시에 고개가 끄덕여지는 추론이라고 할 수 있다. 앞으로 확인하게 되겠지만 그에 대한 증거는 얼마든지 찾아볼 수 있다. 호모 사피엔스는 생존을 위한 수렵 활동을 하는 과정에서 지구 전체로 퍼져나가게 된다. 지금으로부터 대략 1만 년 전 지구 전체에 기후 변화가 발생했다. 그에 따른 결과로 최초의 대규모 경제 혁명이 불가피하게 일어날 수밖에 없었는가에 대해서는 아직 논쟁의 여지가 있겠지만, 주류의 생활양식으로서 농업과 목축업이 발전하게 되고 또한 그 결과로 사회구조의 일반적인 형태가 완성되었다는 건 분명한 사실일 것이다.

그렇지만 인류 역사에 있어 두 번째로, 그리고 극히 최근에 일어난 거대한 혁신인 인공적인 힘에 의해 움직이는 기계 문명의 세상은, 모든 역경을 이겨냈을 때 비로소 이룩할 수 있었던 우연의 결과다. 즉, 인간 종족과 그 인간이 살고 있는 세상이라는 이런 환경 속에서 필연적으로 일어나는 결과라고는 할 수 없다는 말이다. 또한 지금의 상태가 무한히 계속될 것이라든가, 혹은 자연이나 사회적인 재앙이 그 토대를 완전히 무너트려버리고 문명을 중단시킬 것이라는 예측은 그 어느 쪽도 섣불리 할 수는 없는 것이다.

인간의 역사는 하나의 사건이 완벽하게 정리되고 바로 그 다음 이야기로 이어지는 그런 방식이 아니다. 이 책을 통해 함께 나누고자 하는 건, 생물학적 진화에서 확인할 수 있는 것처럼, 일반적인 관점에서 볼 때 인류의 미래가 불투명하다 할지라도 경제적, 사회 정치적, 그리고 문화적 활동들이 합쳐져 어느 정도 예측이 가능한 규칙을 가지고 있다는 사실이다. 물론 우연의 일치나 선택과 그 결과에 대해서도 진지하게 고려해봐야 할 것이다. 역사는 아주 종종 우연한 사건이나 선택을 통해 완전히 다른 방향으로 전개되곤 한다. 예를 들어, 인간 종족은 처음 지구상에 나타났을 때 자연재해 등을 통해 아주 쉽게 완전히 사라질 수도 있었으며, 실제로도 거의 그럴 뻔했었다는 증거가 여러 곳에서 발견되고 있다.

그 당시에는 단순히 생존하는 것 자체도 온갖 노력을 기울여야만 하는 그런 일이었던 것이다.

따라서 이 책에서 이야기하고자 하는 건, 거대한 변화라는 전체적인 틀 안에서 역사가 어떻게, 그리고 왜 어떤 방향을 따라 진행되었는지, 그리고 다른 방향으로는 왜 나아가지 못했는지에 대한 것들이다. 그런 점에서 역사를 가지고 있는 종족은 인간만이 아니며, 다른 생명체들 역시 자연사나 생물학이라는 영역에 포함은 되어 있다. 다만 차이점이라면, 인간만이 소유하고 있는 독특한 의식意識 때문이다. 이 의식이란, 과거를 반추하고 미래를 예측하는 과정을 이끌어낼 수 있는 능력이며, 인간은 이 의식을 통해 여러 가지 중에서 한 가지 선택을 하고, 또 어떤 상징을 만들어내며, 거기에 중요한 의미를 부여할 수 있다. 이런 내용에 대해서는 이 책의 다른 부분에서 또다시 다루게 될 것이다.

이 책에서 강조하고자 하는 것은 경험의 과정을 통해 인간과 문명의 발전을 지탱해주는 유기적, 무기적, 사회적, 그리고 문화적인 원동력이 무엇인지 확인하려는 것이다. 또 거기에 부차적인 수단으로 역사의 흐름에 따른 설명을 덧붙이려고 한다. 물론 그런 설명이 가장 먼저 고려되어야 하는 경우도 분명히 있겠지만 말이다.

지난 2010년 대영 박물관에서는《100대 유물로 보는 세계사A History of the World in 100 Objects》라는 제목의 베스트셀러를 출간했다. 이 책은 정말 대단한 걸작으로, 나는 곧《100대 잔혹 행위로 보는 세계사A History of the World in 100 Atrocities》라는 제목의 책을 펴내 앞의 책 내용을 보충하면 좋겠다고 생각했다. 하지만 그러기에는 책의 내용이 너무 무시무시해질 것 같아서 이내 그런 생각을 지워버렸다. 이 책을 시작하며 나는 철학자이자 사상가인 발터 벤야민의 말을 인용하기도 했는데, 사실 그런 생각을 늘 하고 있는 건 사실이다.

내가 이 책을 쓰게 된 동기는 벤야민의 이야기에 격하게 동의했기 때문이며, 거기에 세계의 어느 지역에서인가 분명히 일어났던 그런 사회적 관계 속의 발전에 대한 정확한 의식의 문제를 덧붙이고 싶었다. 또한 이런 발전이나 진보가 사회적인 폭력이나 환경오염과 마주하게 되었을 때 실제로는 얼마나 무력한 것인지도 확인해보고 싶었던 것이다. 이런 맥락에서 나는 보통 사적 유물론이라고 이야기하는 마르크스의 사상에 대해서도 계속해서 다루게 되었다. 여전히 부족한 면이 있기는 하지만, 이런 마르크스의 사상은 인류 역사와 생활사에 있어 가장 중요한 위치를 차지하고 있는 것이 아닐까.

유감스러운 일이겠으나, 아마도 이런 결론은 피할 수 없을 것 같다. 즉, 수천 년에 걸쳐 이룩한 그 모든 놀라운 물질적, 지적, 그리고 예술적 문화의 성취에도 불구하고 인간의 역사는 전체적으로 볼 때 섬뜩할 정도로 매우 암담한 모습을 하고 있으며, 그동안 이 땅에서 살다가 죽어간 대부분의 인간은 역사의 진행 속에서 수혜자라기보다는 희생자에 더 가까웠다는 사실이다.

이 책의 씨줄과 날줄은 비록 역사 그 자체의 씨줄과 날줄이 아닐지는 몰라도, 어쨌든 어느 정도 냉혹하고 무자비한 내용을 담게 될 것이다. 물론 역사의 기록에서 알 수 있듯, 그와 반대가 되는 저항과 성취, 그리고 희망의 역사도 분명히 존재한다. 역사는 앞으로도 계속 재앙의 기록으로만 남게 될 이유가 없으며, 볼테르의 이야기처럼 "악행과 재난의 기록, 그 이상도 그 이하도 아닌" 그런 내용이 될 필요도 없다.

나는 시간과 공간 사이에 드넓게 펼쳐져 있는 이른바 '사회적 실천 social practices' 간의 차이점과 유사점 모두를 확인하고 설명해보기 위해 고심했다. 《100대 유물로 보는 세계사》의 저자이자 대영 박물관 관장인 닐 맥그레거는 이렇게 이야기하고 있다.

"구세계와 신세계, 즉 유라시아와 아메리카 대륙 사이의 문화의 유사점은…… 대단히 많다. 두 세계의 문화 모두 비슷한 방식으로 피라미드와 미라, 거대한 사원과 종교적인 의식, 그리고 사회구조와 건물 등을 만들어냈다……."[1]

하버드 대학교의 역사학 교수인 대니얼 로드 스메일도 이와 비슷한 이야기를 했다.

"우리는 인류 문명의 다양성을 찬양하지만, 사실 가장 놀라운 건 그 유사성이다. 따라서 우리는 우리의 공통된 인간성에 대해 계속해서 기억을 하게 된다."[2]

최근 들어 고고학자와 인류학자, 그리고 역사 사회학자들은 이러한 현상에 대해 깊이 연구를 해왔다. 페리 앤더슨과 크리스토퍼 보엠, 페르낭 브로델과 재레드 다이아몬드, 켄트 플래너리, 어니스트 겔너, 자케타 호크스, 마이클 만, 조이스 마커스, 조지프 니덤, 크리스 스트링거, 그리고 엘렌 우드 등이 바로 그런 학자들이다.

이 책의 목적은 이런 학자들의 작업을 통해 드러난 결론들을 간결하고 알아보기 쉽게 정리하고 평가하려는 것이다. 동시에 그러한 일을 사적 유물론의 해석과 맥락 안에서 해보려는 것이다. 이러한 접근 방식은 인간이 만든 사회가 인간이 절대적으로 의존하고 있는 유기적 세계의 일부이며, 인간은 그 세계를 자신의 목적에 맞게 모두 힘을 합쳐 바꾸어가고 있다는 점을 강조한다.

자연이 인간의 편리를 위해 존재한다는 개념은 단지 불합리할 뿐만 아니라 동시에 아주 위험한 생각이다. 그렇지만 또 인간 종족은 유일하게 스스로를 자연과 분리시킬 수 있는 생명체다. 여기서 이야기하는 분리와 그런 분리가 진행되어온 방식이 바로 역사를 구성하는 내용이며, 그것이 이 책의 핵심이 된다.

노동, 성, 권력
Work, Sex and Power

노동

영어에서 노동을 뜻하는 표현은 '워크work'라는 단어 외에도 아주 많으며, 그 다양한 형태에 따라 긍정적이거나 부정적인 의미를 내포하고 있다. 예컨대 노동은 무엇인가를 성취했다는 의미도 되지만 동시에 징벌의 한 형태로 강제 노동을 했다는 의미로도 사용할 수 있는 것이다. 노동은 자기 자신이나 다른 사람을 위해 특정한 형태의 만족을 만들어내기 위한 의도로 벌이는 인간의 행동이다. 그렇다고 해서 인간의 모든 행동을 다 노동으로 보지는 않는다. 다시 말해 '노동'이란 어떤 종류의 노력을 기울이는 것을 말하며, 단지 자연스럽게 존재하는 어려움에 반응하는 것 이상의 의미를 지닌다.

그렇지만 노동과 노는 것, 혹은 즐기는 것 등 다른 인간 행동들 사이의 경계선은 그 구분이 아주 불명확하다. 그리고 심지어 연예인의 경우라면 우리 눈에는 놀거나 즐기고 있는 것처럼 보이지만 실제로는 '노동'을 하고 있는 것이다. 노동은 그 질에 따라 성취감이나 만족을 줄 수 있지만 동시에 고역이 될 수도 있다. 한 가지 분명한 사실은 사회적으로 인정을 받고 잘 정돈된 노동은 그것이 육체노동이든 정신노동이든 자연에 의지하고 있으며, 역사를 통해 탄생한 물질적이며 사회적인 세상의 변화와는 불가분의 관계를 맺고 있다는 것이다. 그리고 노동의 성격이 변하는 것은 사회적 발전에 있어 필수적인 요소이다.

마르크스가 사망한 후 엥겔스는 인간이란 그 무엇보다도 식량 조달과 도구, 그리고 주거지 확보 문제를 최우선으로 고려해야 하며, 그런 후에야 종교적인 고찰이나 문화 활동을 위한 시도와 입법 활동, 그리고 전쟁 등을 생각할 여유가 있다고 지적했다. 이것은 생존과 관련 없는 이런 행동들이 전체적인 맥락 안에서 결코 그 중요성이 떨어진다거나 혹은 앞의 행동들에게 영향을 미치고 구체화하는 일에 도움이 되지 않는다는 뜻이 아니다. 내가 기억하고 있는 어느 경제사 교과서는 마르크스주의자들이 이야기하는 이런 '기본적인 문제'에 대한 주장을 은연중에 지지하면서도 결국은 이렇게 이야기하고 있다. 즉, 노동이 주요 요소가 되는 경제활동은 모든 일의 근원이지만, 더 나은 세상으로 향하는 출구를 만들어내는 데 있어 꼭 그렇게 더 중요하게 취급되지는 않는다는 것이다.

대략 19만 년 가까운 세월 동안 수렵과 목축 같은 노동을 주로 해온 인류는 지난 1만 년 동안 이런 노동과 관련해 지난 세월과는 비교도 할 수 없는 급격한 변화를 경험하게 되었다. 앞서 이야기한 수렵과 목축 같은 노동에도 큰 변화가 생겼으나, 그보다 훨씬 더 중요하고 지속적으로 새로운 결과물을 만들어내는 변화는 겨우 지난 200여 년 동안 이루어졌다. 이 변화를 통해 우리가 지금 알고 있는 기술의 세상이 만들어진 것이다. 그 전체적인 틀은 흔히 자본주의로 알려져 있는 경제 및 사회적 구조다. 이 자본주의는 그 변화무쌍한 발전을 통해 200년 세월을 지배하면서 역사적으로 중대한 시도들을 이끌어냈다. 그리고 그와 관련된 기술적 이점들을 유지하는 동안 스스로를 개선하거나 파괴하는 일을 되풀이해왔다.

인류가 겪은 이러한 변화들은 불가피한 것들도 있었으나 의식적으로 의도한 것은 하나도 없다. 이전에 존재하고 있던 사회질서에 새롭게 맞추려는 의도를 가지고 혁신과 실행을 하면서 그에 따라 생겨난 결과라는 말이다. 이 책에서 제안하는 핵심적인 내용은 정확하지는 않지만 아마도 BP 7000년쯤 시작되었을 농경 사회부터 인간 역사의 중심은 다양한 형태의 강제 노동의 역사라는 것이다. 이것은 마이클 만의 표현을 빌면 '어쩔 수 없는 협업'의 역사이기도 하다. 다시 말해, 노동을 시키는 사람과 노동을 하는 사람 사이에서 매우 다양한 종류의 노동을 기반으로

노동, 성, 권력
Work, Sex and Power

한 사회적 계급이 형성된 것을 의미하는 것이다. 이러한 관계의 기본적인 형태에는 강제 노역, 노예제도, 농노제도, 그리고 임금을 받는 노동이 포함되어 있다. 이로 인한 반향으로 이 책이 탄생하게 된 바, 앞으로 계속해서 관련 내용을 살펴볼 것이다.

성sex

인간이 아닌 생물권에서 살아 있는 생명체가 어떤 특별한 목적을 가지고 있다면 그것은 바로 번식일 것이다. 스스로 생식과 번식을 할 수 있는 미생물 수준의 세포들은 제외하더라도, 지상에 살고 있는 모든 척추동물에게 섹스, 즉 성관계란 자손을 퍼트리기 위한 필수적인 행위이다. 그러나 그 이상의 의미를 지니고 있다고 봐도 무방한 것이, 심지어 인간이 아닌 다른 생물들도 번식을 목적으로 하지 않는 성행위를 하는 경우가 무수히 많으며, 대략 1,500종류 이상의 종이 그런 행위를 한다고 알려져 있다.

섹스에 대한 논의는 앞으로 계속 진행이 될 것이다. 인간들 사이의 관계의 행위라는 관점뿐만 아니라, 그와 관련해 상상할 수 있는 수많은 섹스의 형태와 그에 따른 결과, 그리고 주변 상황과 관련된 행위들에 대해서 설명을 하고, 더 나아가 다른 생명체들과 관련된 훨씬 더 많은 내용들도 살펴볼 것이다.

'역사의 씨줄과 날줄'이라는 은유에서 섹스에 대한 문화적, 그리고 사회적인 맥락은 일종의 중요한 기준점이 되어줄 것이다. 단지 생식과 번식의 문제를 떠나서 다양한 형태의 가족집단을 형성하며 자녀를 양육하는 문제와 관련이 되어 있음을 암시하는 것이다. 섹스는 인간 문화의 모든 부분과 연관이 있다. 직업과 관련된 역할과 의복이나 행동에 따른 분위기를 만들어내며 특정 사회에 있어 남녀 사이에 일어나는 사회적 상호작용을 만들어낸다. 그리고 섹스는 문학을 포함해 청각이나 시각과 관련된 모든 문화적 생산물의 가장 중요한 주제가 된다. 어떤 문화권에서는 이 섹스의 중요성에 대해 아예 표현 자체를 금기시하며 폄하하거나 감추고 또 심지어 부정하기까지 하지만, 그럴수록 섹스가 그만큼 중요하다는 것을 반증하고 있는 것이다.

권력

미셸 푸코에 따르면, 우리가 '담화discourse'라고 부르는 것들로 구성이 된 권력관계는, 노동과 섹스뿐만 아니라 모든 사회적 상호작용에 있어 매우 중요한 역할을 하고 있다. 여기에서 그렇게 깊이까지 들어갈 필요는 없겠으나, 그럼에도 불구하고 권력의 중요성을 부정할 사람은 아무도 없을 것이다. 역사를 살펴보면 사회적 관계의 거의 모든 부분에 있어 권력이 개입하지 않은 경우가 없다. 그렇지만 수천 년 전부터 지금까지 우리가 권력이라고 생각하는 것은 결국 강압적으로 명령을 내리는 모습이었다.

마이클 만의 4권짜리 대작인《사회적 권력의 원천들》은 청동기 시대부터 지금까지의 인류의 발전상을 분석했는데, 어디에 더 중점을 두느냐에 대해서는 의견이 엇갈리지만, 내가 쓴 이 책도 만의 책에 큰 빚을 지고 있다. 만의 관점은 막스 베버의 영향을 반영하는 것으로, 세 가지 결정적인 원천들, 즉 경제 권력, 정치 권력, 그리고 이념 권력에 대해 이야기하고 있다. 만은 역사의 각기 다른 순간마다 이러한 형태의 권력들 중 어느 하나가 우위를 점한다고 주장하고 있으며, 부득이하게 그 내용이 짧을 수밖에 없는 한 권짜리 이 책에서는 권력관계가 사람들 사이에서 어떻게 작용하는지 확인하는 일에 집중하려 한다. 다시 말해, 어떤 위치에 있는 사람이나 집단이 다른 사람들에게 어떤 식으로 강압적인 명령을 내리게 되는지, 또 그런 관계는 어떤 식으로 저항에 부딪히게 되는지 살펴보려는 것이다. 그 목적은 이러한 관계와 역사적 발전의 과정을 결정하는 다른 원동력들 사이의 복잡한 상호작용을 확인하는 것이다. 또한 이러한 과정이 사회적인 계급 안에서 작용하는 방식뿐만 아니라 각 개인에게 영향을 미칠 수 있는 동기에 대해서도 설명을 시도하려 한다. 여기에서 각 개인이란 권력을 실제로 사용하는 자와 거기에 맞서는 자가 모두 다 포함된다.

이 책은 권력의 핵심 세력이 사회의 다양한 계층과 역사의 여러 국면에서 어떤 수단을 사용했는지가 바로 권력관계의 핵심이라는 주장을 구체적으로 제시하고 있다. 그 수단을 통해 이들은 지금까지 거의 모든 역사 속 사회의 기본 바탕이 되어준 기본 생산자들이 만들어낸 생산물을 강제로 빼앗아갔다. 그 양이 많든 적든 상관없이 말이다. 물론 권력이란 핵가족 사이의 관계에서부터 다양하고 복잡한 조직까지 여러 가지 다른 측면을 가지고 있기는 하다.

문자로 역사가 기록된 지 수 세기가 흐르는 동안 권력 계층과 기본 생산자들 사이에는 공고한 경계선이 그어졌을 뿐만 아니라 계속해서 이런 경계선이 반복되는 형태로 이어졌다. 이 둘 사이의 관계는 다양한 모습으로 변주되었지만, 결국 제한된 숫자의 기본적인 사회구조 안에서 같은 일이 반복된 것이다. 권력자 자신들 사이에서 그런 모습이 반복된 것도 놀라운 일이지만, 그것이 아시리아 제국의 사르곤 왕의 궁전이든, 아니면 명나라 왕조나 서로마 혹은 동로마 제국의 황제이든, 무슬림의 칼리프나 중세 유럽의 군주 혹은 바티칸이나 구소련의 정치국이든 크게 다를 바 없다는 것이 더 놀라운 일이다. 또 이들이 다신론자나 유신론자혹은 무신론자인가에 상관없이 음모와 책략, 배반과 아첨, 그리고 합종과 연횡의 모습을 찾아볼 수 있으며, 이러한 사례들은 끝없이 변주되고 더 아래쪽에 있는 사회 계층의 조직 안에 그대로 투영이 된다.

진보라니 뭐가 진보란 말인가?

믿을 수 없는 일이지만, 아프리카 대륙의 열대성 초원지대에서 20만 년 전 진화를 시작한 한 생물이 척박한 주변 환경을 뚫고 살아남았다. 그 생물에게는 다른 모든 생명체들과 마찬가지로 생존과 번식이라는 기본적인 목적이 있었지만, 그런 기본적인 목적을 잊지 않으면서도 결국 자신의 생각을 나타내는 기록을 남겼고, 거기에 더해 전 지구를 아우르는 기술적인 진보까지 이루어냈다. 그런데 실제로 그런 복잡한 능력과 기술을 발휘한 것은 제한된 숫자의 전문가 집단이었다. 게다가 가장 놀라운 일은 이 생명체, 그러니까 인간은 생명과 우주, 그 밖의 모든 것들에 대해 고민하고 생각하는 일에 스스로를 바쳤다는 사실이다. 철학자 레이먼드 탈리스는 이런 말을 남겼다. "우리는 인지능력을 지닌 거인들이다." 이런 현상은 이른바 '문화'라는 말로 요약할 수 있을 것이다. 문화는 두 가지 다른 의미를 지니고 있다. 첫 번째 의미는 도구를 가지고 매일의 가능한 일상생활을 꾸려나가는 것이고, 두 번째는 지적이고 예술적인 성취를 이뤄내는 것이다.

그러한 과정을 일종의 '진보progress'라고 정의할 수 있으며, 이 말은 한 때는 아주 인기가 있었으나 지금은 훨씬 그 쓰임새가 줄어들었다. '진보'의 개념은 실은 아주 복잡한 것이며, 일반적으로는 모두가 인정하고 찬성하는 일이라는 의미를 내포하고 있다. 이 말은 "우리는 발전하고 있다"라는 말로도 설명할 수 있으나 꼭 그런 것만도 아니며, 영국의 화가인 윌리엄 호가스는 〈난봉꾼의 인생 역정The Rake's Progress〉이라는 제목의 그림에 진보를 뜻하는 영어 단어인 'progress'를 넣어서 전혀 반대되는 의미를 전하기도 했다. 이 책에서는 진보라는 말을 일반적인 의미로 사용하고 있으며 당연히 부인할 수 없는 현실들도 있다. '아주아주 현명한 인간'이라는 뜻의 '호모 사피엔스 사피엔스'라는 교만한 이름을 가진 한 종족이 지상에 나타난 이래, 그 개체 수는 처음에는 불과 수십 명에 불과한 아주 적은 숫자에서 이내 엄청나게 불어나게 되었다.[3] 피터 J 리처드슨과 로버트 보이드는 "인간의 두뇌가 최종적인 발전 단계로 접어들었던 홍적세洪積世, Pleistocene의 환경에서 인간은 아주 보기 드문 생명체였고 위험에 빠진 종족이었다"라고 주장한다.[4] 그렇지만 이제 지구상에서 인간은 60억에서 70억 명에 달하며, 그 숫자는 계속 늘어나고 있고 평균 수명도 증가했다. 이러한 일이 가능했던 건, 불규칙적이긴 했으나 자연 환경을 통제할 수 있는 능력과 기술이 계속해서 발전을 했고, 각 개인과 공동체가 활용할 수 있는 소비재와 자원이 그 종류와 양에 있어 상상할 수 없을 정도의 수준으로 늘어났기 때문이었다. 예컨대 나는 지금 이 글을 파피루스 위에 펜으로 쓰고 있는 것이 아니라 모니터를 보며 키보드로 적고 있는 것이다.

만일 어떤 이유로 인해 그러길 원한다면, 이런 모든 모습을 '진보'라고 부를 수도 있을 것이다. 그렇지만 지금은 그 결함과 모순을 동시에 알아보지 못하는 사람은 그리 많지 않다. 자케타 호크스가 50년 전 언급했던 것처럼, 인간은 지금의 LA에서 고급 승용차를 타고 다니든, 수천 년 전 메소포타미아에서 당나귀를 타고 돌아다니든, 똑같이 타락한 생각을 품을 수 있는 것이다.

서로 크게 다른 환경 속에서 일어나는 행동의 유형과 사회구조 안에서 찾아볼 수 있는 이러한 유사점 뒤에 숨겨진 진실은 어떤 것인지에 대해서도 의문이 들 것이다. '역사의 씨줄과 날줄'은 두말할 나위도 없이 '인간 본성'에 대해서는 어떠한 이야기도 하지 않으며, 단지 표현만 다를 뿐 같은 질문을 던지거나 혹은 아예 그 질문을 피해버린다. 따라서 이 책에서는 그 어떤 만족스러운 해답을 기대할 수 없을 것이며, 그 해답을 찾기 위해서는 수십 년에 걸쳐 진행이 되고 또 앞으로도 그렇게 해야 하는 연구와 조사의 과정이 필요할 것이다. 이 책의 목적은 대략적인 관점에서 여러 가지 생각들을 함께 고민해보자는 것이며, 그렇게 해서 앞서 언급한 중요한 의문을 조금이나마 해소해보자는 것이다. 가능하다면 관련된 논의에 대해 오랫동안 고민해온 수많은 다른 학자며 저자들의 작업을 바탕으로 할 것이며, 특별히 그들 대부분은 비교적 근래에 활동한 사람들이다.

인간은 빵으로만 사는 것이 아니요

오랫동안 지속되어온 역사적인 발전과 관련한 모든 기본적인 물질적 고찰의 중요성에 대해, 사람들은 먹고 즐기는 행위에서 연극이나 입법 활동까지 '높고' '낮은' 모든 수준의 사회 문화의 범위에 대해 제대로 설

노동, 성, 권력
Work, Sex and Power

명을 하지 못하고 있다. 상상은 할 수 있지만 보이지 않는 세상인 이념과 윤리 혹은 예절에 대해서도 마찬가지다. 이런 모든 것들은 요람에서 무덤까지, 다시 말해 태어나서 죽을 때까지, 모든 인간의 삶에 긍정적이든 부정적이든 항상 함께하는 것들이다.

이러한 점을 생각한다면 역사의 발전 과정이 생산 기술과 아주 다양한 범위의 행위들 사이의 상호작용이라는 역할에 의해서만 주로 결정된다는 주장을 하기는 어려울 것이다. 이러한 상호작용은 가족 단위에서 정부 조직에 이르기까지 관련된 모든 집단 안에서 구현되는 것인데, 예를 들어 마오쩌둥이 이야기한 "모든 권력은 총구에서 나온다"라는 말은 이론적 지식과 화약 및 화기의 기술 모두를 의미한다. 만일 우리가 인간 사회에 있어 사회 경제적인 상호작용 속에서 어떤 일관성이 있다고 주장할 수 있다면, 그럼에도 불구하고 말 그대로 문화적 실행의 범위라 할 수 있는 그러한 상호작용 속에 있는 모습들은 문화의 전파자들이 쓰고 사용한 언어와 방언, 그리고 은어들만큼이나 엄청나게 다양하고 복잡할 것이다. 지난 3000년 동안, 그중에서도 특히 2000년 동안 전 세계에 지대한 영향을 끼쳤던 문화적 현상 한 가지를 들자면 그건 바로 일신교 신앙의 탄생과 확장, 그리고 몰락이라고 할 수 있다. 이 일신교 신앙은 지금의 팔레스타인 지역의 작은 공동체에서 시작되어 점차 그 세력을 넓혀나갔는데, 처음에는 유라시아와 오스트랄라시아 일부 지역으로 퍼졌다가 결국 지구 전체로 퍼져나갔다. 그 사회적, 문화적, 그리고 경제적인 중요성은 점점 더 확대되었으며 이 책에서도 상당 부분을 할애하여 다루게 될 예정이다. 그건 인간 관습에 있어 통일성과 다양성 모두를 보여주는 사례가 되기 때문이다.

마지막으로 이 책은 모순에 대해서 고민할 것이다. 인간의 정착과 인구 증가 및 농업의 시작이라는 생물학적 결과에서부터 노예제와 임금 노동 같은 제도, 혹은 진보된 기술에 의한 대량 살상 무기의 개발과 같은 역사적 발전이나 진보의 과정에 의해 만들어진 예상치 못한 모순된 결과들, 그리고 그런 결과들을 극복하려고 했던 시도들까지 말이다. 지금 우리를 위협하고 있으며 점점 더 그 위험성이 커져 가고 있는 환경적 재앙도 그런 모순 중 하나라고 볼 수 있다. 인간의 발전 과정에 대해 일반적인 설명을 이끌어내려는 시도는 당연히 바보 같은 희망일지도 모르겠다. 그렇지만 또 어쩌면 인간이 아주 불확실한 미래를 견뎌나갈 수 있는 방법에 대해 작은 의견이라도 보탤 수 있지 않을까.

이 책에서 앞으로 다룰 부분을 대략적으로 살펴보면, 제1장에서는 우주와 지구의 생명권에서 호모 사피엔스와 인간이 차지하고 있는 위치를 생각해 볼 것인데, 거기에서 중요한 건 지금의 인간을 만든 생물학적으로 가장 중요한 특징인 의식의 자각이다. 제2장에서는 인간 발전의 초창기를 다룬다. 여러 인간 종족과 그들의 이주 과정, 그리고 기술과 생활양식 등이다. 제3장에서는 BP 10,000년에 시작된 농업혁명과 그 결과, 그리고 지금까지 이어지고 있는 유산에 대해 설명할 것이다. 제4장은 시간과 공간을 초월하여 인간 생활의 진정한 중심이 무엇인지 알아보려고 한다. 바로 성관계와 번식, 그리고 혈통에 대한 문제다. 제5장은 두 가지 중요한 또 다른 현상에 대해 다룬다. 바로 지배 제도와 계급, 그리고 사회 경제적 착취다. 제6장은 착취와 폭력에 대해 설명하면서 지배 제도와 계급이 어떻게 진행되고 발전했는지 확인할 것이다. 제7장에서 제10장까지는 인간 존재의 본질과 연관되는 사회적 실천의 다양한 측면들을 살펴보는 장으로, 그 측면이란 바로 윤리와 종교, 그리고 정체성의 문제다. 제11장은 역사상 두 번째로 일어났던 사회 기술적인 대변혁을 다루면서, 수 세기 전 유럽의 세력이 아메리카와 유라시아 대륙, 그리고 아프리카 북부와 오스트랄라시아를 침략했던 내용을 설명할 것이다.

제12장과 제13장은 변혁 그 자체를 다룬다. 유럽 주도의 세계화와 이른 바 '산업혁명'에 대한 이야기다. 제14장에서는 기회의 비용과 역사 속에서 일어났던 의도하지 않았던 결과에 대한 일반적인 주제들을 고민해볼 것이다. 제15장과 제16장은 역사를 통해 역사 발전이라는 미명하에 계속된 지배와 착취의 구조를 뒤집으려 했던 시도에 대해 논의를 할 것이다. 여기에는 가장 최근에 전 세계적으로 큰 영향을 미친 사회주의에 대한 내용이 주가 된다. 마지막으로 제17장은 지구라는 환경 속에서의 인간의 중요성에 대한 고찰, 그리고 역사 속에서 인간이 보여주었던 중요한 특징과 미래에 대한 전망 등을 모두 요약해서 설명하려고 한다.

제1장

우주, 생명체, 그리고 자각
Cosmos, Creatures, and Consciousness

우주에서의 우리의 위치

영어에서 '역사'를 뜻하는 단어인 '히스토리history'는 완전히 다르면서
도 서로 연결되어 있는 두 가지 의미를 지니고 있다. 먼저, 역사란 인간 행
위의 기록을 의미한다. 이 기록은 글로 쓰인 설명이나 분석의 형태를 띠
며 때로 '편찬編纂'이라는 모습으로 나타나기도 한다. 또한 역사는 과거에
실제로 일어났던 사건을 의미한다. 기록이라는 좁은 의미로 볼 때, 과거
에 일어났던 사건의 재구성은 바로 글로 쓰인 기록에 전적으로 좌우되며
때로 예술 작품이 기록의 부족한 부분을 채워주기도 한다. 앞서 언급한
'편찬'이란, 제대로 된 자료를 모아 비교적 정확하게 역사를 기록하는 것
이며 우리는 대략 5000년 정도에 해당하는 기록을 가지고 있다.

지구상에 인류가 처음 모습을 드러낸 건 대략 260만 년 전의 일이며,[1]
고고학자들은 당시의 인류가 남긴 물건들이나 화석이 된 사체를 통해
이때의 모습을 재구성해냈다. 수천 년 전의 기록이나 혹은 고고학자들

의 연구결과로 밝혀진 그보다 더 오래된 과거의 증거들을 모아 우리는 이를 '심층 역사Deep History'라고 부르기도 한다. 그보다 훨씬 더 오랜 옛날, 그러니까 대략 36억 년 전에 지구상에 존재했던 유기 생명체에 대해서는 생물학과 이른바 진화 역사학을 통해 확인할 수 있다. 우리가 살고 있는 이 지구를 포함한 천체天體의 형성과 우주의 기원이 되는 빅뱅 등과 같은 정말 까마득한 오랜 옛날의 일들은 우주학의 영역이다. 그리고 최근에는 이런 모든 것들을 통틀어 '거대 역사Big History'라고 부르고 있으며, 결국 모든 역사는 현재의 인류의 상황과 연결이 된다.

논쟁의 여지가 있지만, 우리가 현재 알고 있기로 이 우주는 약 137억 년 전 빅뱅을 통해 우연히 탄생했다. 그리고 우리 인간으로서는 아주 운이 좋게도 그중에서 아주 우연히 '생명체에 적합한' 별이 하나 탄생했다.[2] 여기에는 기본적인 문제점이 있는데, 우리의 우주는 그 대부분이 생명체에는 전혀 적합하지 않은 환경을 가지고 있다는 것이다. 생각해보면 생명은 별 사이에 존재하는 차가운 공간에서도, 또 별의 내부에서도 존재할 수가 없는 것이다. 유일하게 생명체가 살 수 있는 위치는 별의 얇은 거죽에 불과하며, 그 별은 모체가 되는 또 다른 별에서 오는 에너지를 받아야 한다. 또한 거기에 덧붙여 복잡한 화학적 환경을 가능하게 하는 다른 조건들도 충족이 되어야 한다. 그리고 우리가 살고 있는 태양계는 물론, 그 밖의 또 다른 태양계의 별들 역시 이러한 조건에 맞는 곳은 거의 없다.

그렇지만 이를 통해 우리는 어떤 분명한 결론들을 찾아낼 수 있다. 우리가 살고 있는 태양계 밖에 존재하는 별들의 숫자는 지금까지 확인된 것만 5000개가 넘으며 그 숫자는 계속 늘어가고 있다. 그리고 이 별들은 우주라는 기준으로 볼 때 모두 비교적 우리 지구와 가까이 있다. 따라서 우리 은하계에는 수십, 수백억 개의 별들이 존재하고 있다는 사실이 분명해진다. 또 하나 확실한 건 지구에서 일어난 진화의 과정은 정말 놀라울 정도로 일어나기 힘든 일이었다는 것이다. 물론 수십억 개가 넘는 별들 중에는 생명체가 형성될 수 있는 조건을 갖춘 별들도 있을 것이다. 따라서 우주 전체를 놓고 볼 때 생명체가 존재할 수 있는 확률은 적지 않으며, 단세포 생물까지 포함한다면 그 가능성은 훨씬 더 높아지기는 한다. 지구의 경우를 보더라도 모든 다세포 유기 생명체들은 처음에는 원시적이고 단순한 형태를 띠고 있었다.

그런데 우선 우리 태양계 안의 별들을 생각해보면 다세포 유기 생명체가 단 몇 초라도 생존할 수 있는 환경을 제대로 갖추고 있는 별은 하나도 없다. 극한성 박테리아라면 어쩌면 화성이나 목성의 위성, 혹은 토성의 타이탄 위성 같은 곳에서 살아남을 수 있을지도 모르겠다. 그렇지만 그런 가능성조차 실제로는 아주 희박하며 그런 일을 상상하는 것조차 아주 어려운 일이다. 우리의 태양계와 은하계라는 특정 지역만을 놓고 본다면 우리는 거의 완벽하게 고립된 존재들이다. 앞서 이야기한 생명체의 존재 가능성은 사실 은하계 전체를 놓고 볼 때나 생각할 수 있는 문제들인 것이다.

우리가 속해 있는 은하계를 이웃한 은하계와 일반적인 기준으로 비교할 수는 없다. 가장 가까이 있으며 서로 팽창을 하다 언젠가는 맞부딪치게 될 은하계인 안드로메다 은하계와 비교해도 그렇다. 우리 은하계의 중심에는 태양보다 수백만 배나 더 큰 거대한 블랙홀이 있는데, 블랙홀의 기준으로 보면 상대적으로 그 크기가 작으며 이상하리만큼 고요하다.[3] 반면에 안드로메다 은하계에 있는 블랙홀은 훨씬 더 거대하며 활발하게 움직이고 있어, 항성 간 가스를 빨아들이고 치명적인 방사선을 사방으로 뿜어낸다. 그리고 별들은 그 중력장 안에 갇혀 있으며 이 은하계의 그 어떤 별도 생명체를 만들어낼 수가 없다. 1930년대 영국의 철학자이자 과학 소설 작가인 올라프 스테이플던은 《최초의 인간과 최후의 인간First and Last Men》에서 지구 가까이 있던 초신성이 뿜어내는 방사선으로 인간이 멸망하는 모습을 그려냈는데, 이건 결코 불가능한 이야기가 아니다.

우주적 공간이 있다면 우주적 시간도 있다. 지구는 우리 우주의 역사 중에서 3분의 1정도의 시간만큼만 존재해왔지만, 그 시간조차 사실은 우주 전체의 역사를 놓고 볼 때는 찰나에 불과하다. 최근의 연구 결과에 따르면 우주는 앞으로도 100조 년 이상 계속될 것이며, 모든 물질이 다 산산이 분해되고 사라지는 데는 10의 100제곱 년이 걸릴 것이라고 한다. 그때가 되면 이 우주에 남는 것은 방사선뿐일 것이다. 그러니 지금 우리로서는 "우주적 시간이라는 기차가 아예 출발 지점을 떠나지도 못한 상태"라고밖에는 볼 수 없다. 당연한 이야기겠지만, 인간이라는 존재는 우주의 모습이 달라지기 아주 오래전에 흔적도 없이 사라질 것이다. 그리고 사실은 태양이 그 몸집을 불려가다 증발해버리기 전에 인류는 이미 사라지겠지만, 그런 태양의 최후도 50억 년은 지나야 볼 수 있다.

생물학적 진실 — 유기적 세계관에서의 우리의 위치

> 해면동물은 우리가 생각하는 것처럼
> 그냥 우스꽝스러운 해초만은 아니에요.
> 해면동물은 저 깊고 푸른 바다 속에 살고 있죠.
> 우리처럼 살아 있는 생명이라고요.
> 비록 그렇게 대단한 녀석은 아니지만요.

위의 글은[4] 내가 십대 시절에 많은 것을 배웠던 유명한 생물 교과서의 서문에 실린 시의 일부다. 그 마지막 구절은 많은 것을 생각하게 해준다. 해면동물, 즉 해면海綿은 원래 해초의 일종으로 인간을 비롯한 다른 생명체들처럼 진화를 거듭하여 역시 인간과 마찬가지로 주어진 환경에 꼭 맞도록 적응했다. 물론 해면이 척추생물에 비해 그 구성이나 구조가 단순하며 심지어 대부분의 무척추생물과 비교해서도 그렇다는 건 분명한 사실이다. 그렇지만 해면이 자신의 상황에 대해 생각할 수 있다면 그런 문제에 대해 깊이 고민하지는 않을 것 같다. 복잡하고 정교한 생물학적 구성이란 나름의 유익한 면도 있지만 동시에 단점도 존재한다. 그리고 이런 모습은 개별적인 유기 생명체뿐만 아니라 집단이나 사회에도 똑같이 적용되며, 발달된 감각이나 지각은 역시 그만큼 고통을 더 잘 느낄 수 있다는 뜻이기도 하다.

이른바 진핵眞核생물의[5] 생물학적 영역과 동물의 왕국에서[6] 한 자리를 차지하고 있는 인간은, 왕국의 수많은 다른 생명체들과 이 지구를 공유하고 있다. 거기에는 당연히 식물과 곰팡이도, 그리고 원핵생물인 고세균과 박테리아도 포함이 된다. 인간 존재의 역사에 있어 누군가에게 고마움을 표시해야 한다면, 이런 절대적으로 근본적인 관계를 결코 무시할 수는 없는 것이다.[7]

지구 역사에서 현재의 인간이 차지하고 있는 위치를 쉽게 이해하려면 지구 전체의 역사를 1년으로 압축해서 생각하면 편리하다. 화석으로 확인할 수 있는 최초의 다세포 생물인 삼엽충이 처음 바다에 나타난 것은 11월 말의 일이다. 그리고 공룡은 크리스마스 즈음에 멸망했으며, 이른바 호모 사피엔스는 한 해가 저물기 불과 20분 전에 지구상에 출현했다. 그리고 이집트 사람들이 피라미드를 건설한 것을 시작으로, 약 2분간에 걸쳐 지금까지의 모든 문명이 만들어졌다.

언뜻 생각하면 생명체의 역사를 통해 훨씬 더 복잡한 모습으로 끊임없이 진화하는 과정이 그 안에 있었던 것 같다. 원핵생물에서 진핵생물로, 진핵생물에서 다세포 생명체의 형태로 진화하면서 생명체는 점점 더 복잡한 형태로 발전해 마침내 우주 역사에 있어 가장 복잡한 존재인 인간의 두뇌가 탄생한다. 그렇지만 이런 설명은 단지 착각에 불과한 것이다. 생명체의 역사에서 그 3분의 2, 그러니까 대략 35억 년의 기간 동안 생명체는 단지 원핵생물의 형태로만 존재했으며, 최소한 80퍼센트가 넘는 기간 동안 지구상의 생명체는 단세포 유기 생명체에 불과했다. 살아 있는 최초의 유기 생명체가 우연히 나타났는지, 아니면 첫 번째 진화의 과정을 거쳐 화학적인 작용을 통해 순서대로 만들어졌는지에 대해서는 아직도 의견이 분분하다. 그렇지만 훨씬 더 나중에 나타난 진핵생물과 다세포 유기 생명체의 출현은 정말이지 우연에 훨씬 더 가까운 사건이었다.

이제는 고인이 된 미국의 고생물학자 스티븐 제이 굴드는 생명체의 역사라는 영화를 처음부터 다시 돌려본다면, 실제 영화와는 달리 절대로 똑같은 모습을 다시 보여주지는 않을 것이라고 말했다. 그런 그의 주장은 논란을 불러일으켰고, 반대파들은 이른바 생명체의 '수렴 진화the convergent evolution' 현상을 지적하며 완전히 똑같지는 않을지라도 비슷한 진화의 과정이 일어날 것이라고 말했다. 예컨대 눈의 경우 여러 차례에 걸쳐 아주 미묘하게 다른 방향으로 진화해왔으며, 두뇌의 용량이 커진 것은 지금까지의 생명체 역사에 있어 일반적인 특징으로 보인다는 것이다. 그럼에도 불구하고 굴드의 주장이 좀 더 설득력이 있는 것 같다. 예컨대 척추동물의 조상들은 캄브리아기 바다에서 경쟁하던 수많은 생명체들 중 하나였을 뿐이며,[8] 그중에서 생존을 하는 데 성공을 했다. 반면에 실패한 다른 생물들은 다음 시대까지 살아남지 못했다. 그 이후에 나타난 홍적세는 인류가 진화를 한 시기로, 만일 상황이 아주 조금만 다르게 변했더라면, 네안데르탈인이 지금까지 살아남고 지금의 인류는 멸종의 위기에 처했을지도 모른다. 하지만 충분한 시간이 주어졌을 때 네안데르탈인이 현생 인류의 업적을 대신할 수 있었을까 하는 문제에 대해서는 여전히 확실한 해답이 없다.[9]

진화의 기록

초기의 생명체들은 대부분 바다에서 진화를 했다. 따라서 물고기의 선조쯤 되는 최초의 다세포 유기 생명체이자 최초의 척추동물은 한 가지 종류밖에 없었을 것이다. 3억 5천만 년에서 4억 년 전 사이, 육기어류 lobe finned fish의 한 종류가 진화해 허파가 생기고 곧 지상을 지배하게 된다. 이렇게 해서 탄생한 절지동물節肢動物은 몸과 다리에 마디가 있는 동물을 일컫는 말로, 다양한 생물들이 여기에 속하며 곤충과 거미도 여기에 속한다. 이 초창기의 척추동물들은 피부의 문제, 그리고 알을 물속에서만 낳아야 하는 문제 때문에 지금의 양서류처럼 아직까지는 물가 근처에서만 살아야 했다. 그렇지만 껍질이 단단한 알을 낳을 수 있게 되면서 양막동물의 번식이 늘어났고, 이로 인해 행동반경이 더 넓어질 수 있었다. 이후에 탄생한 것이 파충류와 조류의 선조, 바로 단궁류單弓類, Synapsid다. 특히 이 단궁류는 완전한 직계 선조는 아니지만 등에 큰 부채꼴 돌기가 있는 것으로 유명한 디메트로돈Dimetrodon으로 발전한다. 그리고 드디어 포유류가 등장하게 된다. 최초의 파충류와 단궁류는 둘 다 양서류와 연결이 되며 겉보기에는 아주 비슷하게 보인다.[10]

최초의 공룡과 포유류는 대략 같은 시기에 지구상에 등장하지만, 일단 먼저 이 지구를 수천만 년 동안 지배한 것은 바로 공룡이다. 인간이 속해 있는 영장류의 혈통이 어떻게 시작되었는지는 분명하지 않지만, 아직 공룡이 번성하고 있던 8500만 년 전에 이미 영장류가 존재했을 것으로 추

42 _

노동, 성, 권력
Work, Sex and Power

정되고 있다. 영장류의 선조는 열대 우림에서 살았으며 생활환경에 맞춰 진화를 거듭했는데, 거기에는 색깔을 구분하는 능력도 포함이 되어 있다. 대부분의 포유류는 이렇게 색을 구분하는 능력이 크게 부족하다. 그건 선조가 되는 동물이 야행성으로, 주로 후각에 의존하는 생활을 했기 때문이다. 영장류 역시 후각이 예민했지만, 숲 속이나 나무 위에서 사는 생활 방식에는 나무 열매의 상태를 확인할 수 있는 능력이 꼭 필요했다. 또한 앞다리의 경우 걷는 것보다는 무엇인가를 잡아 쥐는 일을 하는 쪽으로 진화했으며, 특히 다섯 번째 손가락, 그러니까 엄지가 크게 발달하게 된다.

대부분의 영장류들은 고릴라나 비비원숭이 정도를 제외하고는 지금도 기본적으로 나무 위에서 살고 있으며 인류의 선조들과 그 혈통이 같다. 대략 500만 년에서 900만 년 전 사이로 돌아가 보면, 이 초기 영장류가 똑바로 서서 걷게 되면서 두 팔이 자유로워졌고, 더 이상 어딘가를 기어오르는 일이 아니라 다른 일에 팔을 사용할 수 있게 되었다. 지금의 인간은 지구상에서 직립보행을 하는 유일한 생물이며, 그러한 능력이야말로 인간 종족만이 가지고 있는 유일한 해부학적 특징이다.[11] 도널드 V 커츠는 이렇게 말했다. "직립보행을 하기 위해서는 머리끝부터 발끝까지 이어지는 형태학적 변형이 필요했으며, 생리적 그리고 신진 대사와 관련된 부차적인 변형도 필요했다. 이는 주로 암컷, 그러니까 여성들에게 영향을 주었다……. 직립보행은 초기 인류를 규정하는 핵심적인 요소다."[12]

고생물학에서는 대략 1500만 년 전에 상당수의 유인원 종족이 아프리카와 유라시아 대륙의 열대와 아열대 지역으로 퍼져나갔으며, 아직 아메리카 대륙에까지는 미치지 못했다고 보고 있다. 그중에서도 엄청나게 발달한 두뇌를 가지고 상위 포식자로 군림했던 호모 사피엔스, 그러니까 인간 종족은 사회적 동물로 진화해서 자각 능력을 지니게 된다. 다른 동물들이 그렇지 못하게 된 건 어쩔 수 없는 결과가 아니라 인간만큼 복잡한 형태를 가진 동물이 없었기 때문이었다. 그리고 그 복잡성이 역사의 근간이 된다. 인간의 지배가 얼마나 오래 지속될 것인가 하는 질문은 앞으로도 계속 끊이지 않고 이어질 것이다. 우리가 스스로 자멸하거나 환경 재앙을 만들어내는 일을 피한다 해도, 우리 인간 종족의 수명은 한정되어 있으며 개인의 수명과 크게 다를 바 없다. 아니, 인간이 아닌 어떤 생명체도 영원히 살거나 이어질 수는 없는 것이다.

그럼에도 불구하고 지구상의 생명체에게는 놀라울 정도로 끈질긴 생존력이 있으며, 캄브리아기 이전에 있었던 대빙하기와 같은 상상할 수조차 없는 재앙들을 이겨내 왔다. 여기서 이야기하는 캄브리아기는 대략 5억 5000만 년 전에 시작된 고생대의 기간으로, 이때에 복잡한 형태의 다양한 생명체들이 지구상에 출현했으며 그중 일부는 현재까지도 남아 있다. 2억 5000만 년 전에 페름기가 끝날 무렵에는 역사상 최악의 생물 절멸 사태가 있었는데, 그래도 상당수의 생명체가 살아남아 훨씬 더 복잡한 형태로 진화를 해 후세까지 이어진다.

미생물에 가까운 아주 작은 생명체부터 거대한 미국 삼나무에 이르기까지, 그리고 그 사이에 있는 인간의 눈에 보이는 모든 생물의 형태는 진핵세포가 복잡하게 합쳐진 구조로 되어 있으며, '야생'에서는 서로 먹고 먹히는 관계를 유지한다. 코끼리나 고릴라와 같이 덩치가 엄청나게 크고 강력해서 천적이 전혀 없는 몇몇 초식동물들을 제외한다면, 이는 동물의 왕국에서도 마찬가지로 볼 수 있는 현상이다. 그리고 최초로 지구상에 출현한 인류는 이런 냉혹하고 잔인한 현실을 마주해야만 했다.

사회적 동물

인간은 사회적 동물이며 이런 특성은 인간이 아닌 여러 척추동물과 무척추동물들 사이에서도 발견할 수 있다. 하지만 오직 인간만이 두 가지 중요한 관점에서 아주 독특한 위치를 차지하고 있다. 최근의 연구에 따르면 조류에서 영장류까지[13] 인간이 아닌 다른 많은 동물들도 서로 문화적인 차이점을 보인다고 한다. 각기 다른 무리 사이에 아주 다양한 행동을 바탕으로 한 고유의 사회적인 유형이 있다는 것이다. 그렇지만 그중에서도 언어라는 아주 독특한 무기를 가지고 있는 인간은[14] 다른 동물들이 감히 따라올 수 없는 차원이 다른 행동을 보인다. 두 번째로 인간에게는 엄지가 있는 손이 있어 역시 비교할 수 없는 능력을 발휘해 자신을 둘러싸고 있는 주변의 환경을 의식적으로 더 편리하게 고치고 바꿔나간다. 인간이 아닌 동물들의 도구 사용 능력이 제한되어 있다는 건 자연적인 현상이다. 따라서 인간이 이해하는 문화란 매우 다른 것이 될 수밖에 없으며, 현재 존재하고 있는 인간이 만들어낸 것이 아니다.

후대에 나타난 초기 인류의 행동이 보여주는 특별한 모습에는 언어의 사용 외에도 불의 사용이 포함되어 있는데, 불은 다른 동물들은 두려움을 가지고 피하는 것이다. 다른 무엇보다도 바로 이 불을 다룰 수 있는 능력 덕분에 문화라는 것이 생겨났다고 말할 수 있지 않을까. 불을 다루고 사용했다는 최초의 믿을 수 있는 증거는 대략 40만 년 전의 흔적을 통해 발견되었지만, BP 150만 년부터 이미 불을 사용해왔던 것으로 추측되고 있다. 다시 말해, 석기를 사용함으로써 커다란 발전을 이루었던 초기 인류는 이제 다시 불을 사용함으로써 문화적 진화의 과정에서 아주 중요한 첫걸음을 내딛게 되었으며, 본질적으로 다른 존재로 진화를 하게 된 것이다.

사실 인간의 역사는 자연적인 것과의 분리를 위한 계속적인 노력의 과정이라고 설명해도 과언이 아닐 것이다. 자연이 주는 한계를 가능한 더 많이 극복하고 통제하려 한 것인데, 물려받은 육체를 포함해서 포식자들의 습격이나 식량의 부족, 주거지의 불안정성과 여러 가지 기생충이나[15] 위험천만한 병균과 같은 자연의 제약은 초기 인류에게 심각한 위협이 되었다. 그것이 때 이른 죽음을 불러왔을 것이다. 이 책을 읽고 있는 대부분의 독자들이 살고 있는 사회나 문화는 바로 이런 자연의 한계를 훌륭하게 극복한 결과이며, 인간만을 위해 너무 과하게 자연적인 모습을 억압한 것도 사실이다. 그렇지만 실제로 그렇게 되기까지는 아주 오랜 세월이 걸렸고 확인된 것만으로도 대략 15만 년에서 17만 년이 넘는 세월이 걸린 것이다. 그런 후에야 비로소 이른바 호모 사피엔스의 문화가 극적인 진전을 이루었으며, 물건을 만들어내는 물질적인 감각과 무엇인가를 표현하는 추상적인 감각 모두가 발전을 할 수 있었다.

유기적 역사의 진행 과정에서 이 감각의 발전은 또 다른 극적인 새로운 전개를 보여준다. 그 간극이 1500만 년 정도 차이가 있는 삼엽충이나 공룡의 신경학적 과정에 대해서 지금 연구를 할 수는 없다. 하지만 우리는 그 동물들이 자신들의 삶의 의미에 대해 어떤 생각을 가지고 있었거나, 자신들이 살고 있는 세상의 기원에 대한 의견을 내는 일 등은 당연히 없었을 것이라고 생각한다. 그런 동물들은 그저 말 그대로 생존하고 번식하며 다른 무척추동물이나 파충류들과 함께 지냈을 것이다. 인간을 제외한 모든 동물들의 주된 관심사는 이 정도에 그치지만 인간의 생각은 다르다. 인간 종족은 독특한 형태의 의식을 지니고 있으며, 그를 통해 자연은 물론 역사 속에서도 독특한 위치를 차지하게 된 것이다.

자각하는 의식

인간의 의식은 놀라울 정도로 신비한 현상으로 남아 있다. 육체적인

노동, 성, 권력
Work, Sex and Power

부분인 두뇌와의 연관성을 이해하는 작업은 최근까지 계속해서 꾸준하게 발전되어 왔는데, 주로 두뇌의 어떤 부분이 정신적 활동을 결정하는 일과 관련이 있는지에 대해 연구를 해왔다. 하지만 의식과 그 중심 활동, 선택의 문제 등 이른바 그 내부에서 일어나는 현상 연구는 지난 70여 년 동안 거의 진전이 없었다.[16]

프로이트식의 추측이 아닌 실험실에서의 실험에 따르면, 의식의 역할은 실제로는 아주 미미한 것이며[17] 대부분의 정신적인 활동은 사실 무의식의 수준에서 일어난다고 한다. 확실히 두뇌의 대부분은 무의식적인 신체의 움직임을 통제하는 데 사용되며 극히 적은 부분만이 의식적 활동에 관여한다. 그리고 대부분의 의식적 활동은 또한 무의식적인 반사작용과 연결이 되어 있는 것이다. 따라서 두뇌는 차를 몰거나 자전거 타기 혹은 테니스를 치는 일과 같은 활동을 할 때만 생각을 한다.[18] 그럼에도 불구하고 도시를 건설하고 비행기를 띄우며 우주나 원자 세계를 연구하는 일의 연구 결과가 이야기하는 것처럼, 10퍼센트의 의식만으로 각 개인이 해냈다는 사실은 좀처럼 믿기가 어렵다. 차라리 전쟁이나 대형 투기 같은 일이라면 오히려 더 납득이 갈지도 모르겠다. 이 책은, 의식은 실재하는 것이며, 우리 인간 종족의 역사의 기반이 된다는 가정에 따라 쓰였다. 따라서 제1장에서 중요하게 다루는 내용은 그런 의식이 어떻게 진화를 했느냐는 것이다. 케임브리지 대학교의 콜린 렌프루 교수는 이렇게 이야기했다. "……관념이란, 이 세상의 지적인 활동을 모두 아우르며 이는 단지 두뇌 안의 인식작용에만 그치지 않는다."[19]

인간 신진대사의 에너지 경제성이라는 관점에서 본다면 의식은 분명히 아주 값비싼 물품이며, 아주 강력한 어떤 진화론적 목적이 없었다면 제대로 진화조차 하지 못했을 것이다. 그럼에도 불구하고 의식은 우리에게 무엇인가를 먼저 생각할 수 있는 기회를 줄 수 있다. 이렇게 생각하고 집중할 수 있는 능력을 가진 인간은 여러 사람을 동시에 상대하며 장기를 둘 수도 있고, 스티븐 호킹 같은 학자는 거의 움직이지 못하는 육체를 가지고도 생각만으로 우주에 대한 우리의 이해를 증진시켜 줄 수 있는 것이다. 쉬면서 특정한 행동에 집중하지 않고 있을 때 우리는 의식적 사고의 과정을 거의 통제하지 못한다. 이 사실을 안다면 대부분의 사람들은 아마 크게 놀랄 것이다. 우리의 생각과 정신은 우리의 관심을 끌기 위해 애쓰는 각기 다른 상념들의 흐름과 함께 모든 시간과 공간 위를 흘러 지나간다.

의식은 하나의 실체라기보다는 과정이며, 두뇌 안에서 벌어지는 전기화학적 활동의 흐름이다. 의식이 물리적 기반인 두뇌와 별개로 존재할 수 있다는 주장은 터무니없는 것이며, 위장이 없는 소화 작용이나 혹은 동맥과 정맥이 없는 혈액순환이라는 말처럼 앞뒤가 맞지 않는 모순이다. 육체에서 분리된 정신이란 그 말 자체가 틀린 것이며 되는대로 만들어낸 주장에 불과하다. 그렇다면 신체에는 중요한 생존의 가치가 없는 기관이나 기능이 있다는 뜻일 것이다. 따라서 오래전 원시 시대처럼 인간의 자의식이나 의식을 정확히 확인할 수 없는 시대에서조차 이런 의식이나 인지능력이 가져다주는 유리한 점을 쉽게 찾아볼 수 있다.

기본적으로 인지능력, 혹은 인식은 하나의 유기체가 또 다른 가능성으로 인한 유리한 점을 취할 수 있도록 해준다. 엉성하게 모인 세포의 집단으로 서로 별다른 차이점도 없는 일종의 여과 섭식 동물인 해면이나, 이와 유사하지만 촉수가 있고 좀 더 진화된 말미잘이나, 한곳에 뿌리를 내리고 사는 산호 등은 그것이 먹을 것이든 위험이든 자신에게 다가오는 모든 것을 그냥 받아들여야만 한다. 이런 생명체에게는 주변 환경에 대한 의식이나 인식 같은 건 전혀 필요가 없으며 그저 그렇게 살아갈 뿐이다. 그렇지만 신경계가 있고 움직일 수 있는 유기 생명체는 주변에서

노동, 성, 권력
Work, Sex and Power

위험이 다가왔을 때 맞서 싸우거나 혹은 그 자리를 떠나는 '선택'을 할 수 있다. 만일 포식자가 먹잇감을 선택할 수 있다면, 그 반대되는 입장에 서는 가장 안전한 거처를 역시 선택할 수 있는 것이다.

그렇지만《최초의 감정: 의식의 시작The Primordial Emotions: The Dawning of Consciousness》이라는 책을 쓴 데렉 댄튼 교수는 의식의 기원에 대해 조금 다른 견해를 가지고 있다.[20] 댄튼 교수는 의식이 폐로 호흡을 하는 척추 동물의 진화가 시작되면서 함께 나타났다고 주장한다. 처음에는 양서류 였다가 초기 파충류로, 그리고 포유류의 선조로 진화한 이 척추동물들 은 초기 양서류의 경우 피부가 마르는지도 모르고 이곳저곳을 옮겨 다 녔다고 한다. 예를 들어 지금의 개구리도 물이 있는 곳을 찾아 적극적으 로 이동을 하다가 죽는 것이 아니라, 그냥 영문도 모르고 탈수 현상으로 죽는 경우가 더 많다.

경각심

따라서 이런 동물들은 피부로 분비되는 체액의 수준을 확인할 수 있 도록 해주는 인지능력을 발달시킬 수밖에 없었다. 그래야만 문제가 발 생했을 때 적절한 행동을 취할 수 있었기 때문이다. "……마른 땅 위로 의 이주와 함께 놀라운 진화가 시작되었다. 바로 계획적으로 의도한 행 동이 시작된 것이다."[21] 댄튼은 이렇게 적고 있다. "내가 제시하고자 하 는 이론은 초기의 의식이라는 것이 역시 처음 나타난 감정에서부터 비 롯되었다는 것이다……. 동물들은 그런 이후에 선택을 시작할 수 있었 다."[22] 댄튼은 크리스토퍼 히긴스의 말을 인용해 또 이렇게 이야기한다. "어떤 목표를 이루고 싶다는 생각이 결국 우리가 가지고 있는 정신이나 지성이며, 따라서 그 생각이란 의도나 의지라고 볼 수 있다. 내가 볼 때는 의도나 의지를 가질 수 있는 유기 생명체가 바로 정신이나 지성을 소유할 수 있다."[23]

의식이란 분명히 단세포 유기 생명체에게는 적용할 수 없는 개념이다. 물론 그런 생명체들 중 일부, 특히 면역 체계와 관련된 생명체는 어느 정도 그런 흉내는 낼 수 있지만 말이다. 또한 식물이나 균류처럼 다세포 유기 생명체라도 아무도 같은 범주에 넣지 않는 그런 생명체도 있으며 동물도 마찬가지다. 예컨대 벌레나 해파리는 산 채로 새나 거북이에게 먹히면서도 그에 대한 어떤 의식도 가질 수 없으며 두뇌 비슷한 것도 없다. 해면, 말미잘, 산호 등도 비록 자체적인 신경계를 가지고 있지만 역시 마찬가지인 것이다.

인지능력을 담당하는 기관은 유기 생명체의 앞부분에 있으며 신경 조직이 확장되어 그 인지능력과 행동을 조화시키는데, 그것이 바로 두뇌다. 그렇지만 이 두뇌는 진화의 역사를 통해 무척추동물이나 척추동물에 상관없이 가장 움직임이 많은 동물의 특징이 되었다. 그러면서도 무척추동물이 어떤 수준이든 의식이라는 것을 가지고 있는가에 대해서는 의구심이 있어 왔다. 여기에 대해서는 문어의 경우 미로를 빠져나갈 수 있는 능력이 있고 벌은 이른바 춤을 추어 의사소통을 한다는 반론이 있지만, 아마도 기껏해야 유기 로봇 정도의 취급을 받는 것이 최선일 것이다. 반면에 인간이 아닌 포유류 중에서 최소한 더 큰 두뇌를 가지고 있는 새 같은 경우, 사전pre-reflective level에 반응을 하는 수준에서 초보적인 형태의 의식을 가지고 있는 것으로 판단된다. 애완용으로 기르는 개나 고양이는 주인의 주의를 끌며 먹을 것을 요구할 수도 있는 것이다.

한 가지 분명한 사실은 두뇌는 의식의 물리적, 신체적인 기반이다. 이런 사실은 뇌병변 장애나 혹은 화학적인 영향이 두뇌의 활동에 어쨌든 큰 영향을 미친다는 사실에서 확인할 수 있다. 또한 인간의 의식과

노동, 성, 권력
Work, Sex and Power

형태에 상관없이 다른 동물이 가지고 있는 비슷한 능력은, 역시 비슷한 물리적 바탕을 가지고 있다는 사실도 분명하다. 개인적인 경험을 우리가 알고 있는 의식이라는 것으로 바꾸는 방법은 훨씬 더 대답하기 어려운 숙제다. 특별한 종류의 의식적인 행동이 두뇌의 특정 부분에서 발생한다는 사실이 확인된다 한들, 우리가 원하는 해답에는 한참 못 미치는 것이다.

그러면서도 또 대부분의 포유류가 연속적으로 이어지는 어느 정도의 의식을 지니고 있다는 주장은 사실일 가능성이 아주 크다. 다만 특별한 기억력 같은 건 불필요하거나 어울리지 않는 능력일 수 있는데, 불행한 사고를 당해 두뇌가 손상된 사람이라면 종종 이와 유사한 상황을 겪곤 한다. 또한 전부는 아니지만 대부분의 인간을 제외한 포유류는 특정한 의식적인 기억력이 없이도 무의식적이며 반사적인 수준에서 행동하는 법을 배운다. 그렇지만 인간의 의식은 훨씬 더 복잡한 수준에서 작용하는데, 거기에는 단지 어떤 단순한 의식뿐만 아니라 그런 의식을 가져야 한다는 사실을 의식하는 일까지 포함이 되어 있다. 그래서 그 결과 어떤 개인적인 정체성에 대한 감각까지 갖게 된다.

그러기 위해서는 상상력을 키울 수 있는 많은 노력이 필요하지만 그렇게 불가능하지는 않다. 우리 자신의 좀 더 발달된 의식이 생겨나게 되고, 비개념적 의식이 느끼는 것을 상상하게 되며, 그것이 무엇인지 특별히 확인하지 않아도 감각의 자극에 대해 아주 쉽게 집중할 수 있게 되기 때문이다. 좀 더 생각해볼 필요는 있겠지만, 그런 종류의 의식이라면 인간이 아닌 포유류는 물론, 조류나 파충류, 그리고 양서류 같은 다른 종류의 동물들에게서도 발견될 확률이 아주 높다. 일정 수준의 의식이 있으면 그런 의식을 소유하고 있는 주인은 고통과 만족감 같은 개인적인 경험을 경험할 수 있게 된다. 그와 거의 유사하게 어떤 일에 흥미를 느끼거나 분노를 표시하는 일도 진화 과정의 어느 지점쯤에서 유기 생명체가 의식을 소유하는 경험을 했다고 할 수 있는지에 대한 설명이 될 수 있다. 그 경험에 따라 인간이 실험실의 실험용 동물이든, 사냥감이든, 아니면 농장의 가축이나 애완동물이든 상관없이 인간이 아닌 유기 생명체의 주인이 될 수 있는가 하는 문제에 대한 해답도 찾아낼 수 있는 것이다.

영장류의 두뇌 능력의 발달은 이전의 진화 역사 과정의 모든 것을 다 뛰어넘었으며, 극소수의 예외적인 영장류만이 뛰어난 사회적 동물이 되었다는 사실과 거의 확실하게 관련이 된다. 협동과 의사소통, 계급과 위치, 경쟁과 협조는 모두 이런 사회성의 뚜렷한 증거가 된다. 심지어 침팬지에게 쫓기는 원숭이들의 경우, 서로 종류가 달라도 이런 협동이나 협조의 모습을 관찰할 수 있다. 침팬지에게서는 실험을 통해서 추론을 할 수 있는 능력을 발견했는데, 그 결과가 아주 놀라웠다. 야생 상태이든 사육된 상태이든 침팬지는 스스로를 한 개인으로 인식한다. 인간 종족은 일반적인 침팬지와 보노보를 잇는 세 번째 침팬지 종일 수도 있다는 가설도 오랫동안 제기되어 왔다.

진보된 인지능력

영장류가 인지능력에 있어 다른 종류의 동물들을 압도한다면, 또 인간은 다른 모든 영장류들을 압도하는 능력을 지니고 있다. 음성 언어를 사용하는 것이 이러한 차이점을 만들어내는 유일한 요소는 아닐 것이며, 두뇌의 크기도 크게 영향을 미치는 것으로 추측되고 있다. 하지만 그래도 음성 언어는 확실히 가장 중요한 요소 중 하나일 것이다. 초기의 인류가 어떤 종류의 언어 사용 능력을 가지고 있었는지 추측하는 것은 불가능하다. 그렇지만 한 가지 가능성은, 최소한 나중에 등장한 인류의 조상 중에 네안데르탈인의 경우 확실히 발성을 하는 데 꼭 필요한 해부학적 구조를 가지고 있었다는 것이다. 이는 침팬지에게서는 발견할 수 없는 것으로 댄튼은 이렇게 이야기하고 있다. "……인간이 사용하는 언어와 지성은 우리가 먹을 것을 더 잘 찾을 수 있도록 하기 위해서가 아니라 더 나은 사회적 소통을 할 수 있도록 진화되었다."[24]

언어가 의식을 갖는 일에 절대적으로 필요한 것은 아니라는 사실에는 대부분 동의할 것이다. 기억력이 있다면, 인지하고 있는 대상에 표현할 말을 갖고 있지 않은 상태에서도 머릿속 형상 안에서 생각을 하는 일이 가능할 것이다. 그렇지만 언어와 합쳐진 의식은 엄청나게 강력한 힘을 가진 인지능력의 도구가 된다. 그를 통해 우리는 진짜 '인지능력을 지닌 거인cognitive giants'이 되는 것이다. 또한 다른 영장류들 사이에서 볼 수 있는 협동이나 협조의 범위도 크게 확장되는데, 앞서 언급했던 것처럼 침팬지가 다른 원숭이들을 사냥하고 그 원숭이들은 사냥감이 되려는 것을 피하는 과정에서 이를 확인할 수 있다. 우리는 어떤 사인의 중요성에 대해 미리 생각하며 결과에 대한 평가를 내린다. 말하자면 "우리가 세운 이론을 우리가 무너트리는 것이다". 우리는 결과에 따라 계획을 만들고 논의하며 다른 행동을 취했을 때 나타날 결과를 예측한다. 먹을 것을 두고 경쟁하는 사이에서 생존을 하기 위해서는 이러한 일의 중요성을 아무리 강조해도 지나치지 않다.

우리가 진화 과정에서 물려받은 서로 밀접하게 연결이 되어 있는 두 가지 또 다른 인지능력에 대해 이야기를 해보자. 이는 우리의 일종의 정신적인 무장과 관련이 있는 것이다. 먼저, 인간은 어떤 유형을 찾는 동물이다. 서로 닮은 것 같지 않은 상황과 맥락에서 의미가 있는 틀을 찾기 위해 애쓰는 것이다. 둘째, 인간은 잘못된 판단에 더 이끌린다. 첫 번째 문제는 실제로도 그런지 정확하지는 않으나, 그렇게 할 경우 확실히 유리한 점이 있다. 어떤 정해진 규칙성이 있는지 관찰을 하면 분명히 드러나지 않은 자연이나 사회적 환경에 대한 사실을 밝혀낼 수 있다.[25] 좀 더 현대적인 관점에서 보자면 이러한 모습이야말로 과학적 탐구의 본질이라고 할 수 있을 것이다. 두 번째 역시 진화론적인 입장에서는 완벽하게 이해할 수 있는 내용이며 구석기 시대의 환경이라면 특히 더 유용했을 것이다. 위협에 대한 잘못된 파악을 하는 경향이 있다는 것, 그러니까 이 '잘못된 판단'은 분명 잘못된 정보에 의한 것이지만 특별히 생존에 대한 문제가 아니라면 크게 문제될 것이 없다. 수풀이 바스락거리는 소리를 듣고 검치호랑이가 아닌지 의심하거나 혹은 한밤중에 동굴 위로 드리운 그림자를 표범으로 잘못 생각한다면 즉각적인 방어 행동을 취할 것이다. 그것이 잘못된 판단이라고 해서 문제가 될 것은 없다. 그렇지만 위험 자체를 처음부터 무시한다면 포식자의 저녁 식사거리가 될 수도 있는 것이다.

다른 모든 동물들처럼 성인이 된 인간은 나름의 이유로 틈이 날 때마다 게으름을 피운다. 이건 가능한 한 많은 에너지를 비축해두기 위한 것이다. 또한 식탐을 부리는 건 기회가 있을 때 뭐든 먹어두려는 습관에서 비롯된 것이며 매사에 신중하게 주의를 기울인다. 상처를 입으면 생존의 가능성이 줄어든다. 야생에서 같은 종류의 동물들은 영역이나 짝짓기의 문제가 아니면 서로 싸우지 않는데, 설사 다툼이 있다고 해도 서로 심각한 상처를 입히는 경우는 거의 없다. 사냥이 주는 짜릿함도 만일 상대가 심각한 상처를 줄 수 있는 능력이 있다면 위험한 일이 되겠지만, 인간을 제외하고는 그런 문제와 마주치는 포식자는 극히 드물다.

인간의 경우 게으름과 탐욕에 대해서는 고칠 수 있고 또 반드시 그래야 한다. 왜냐하면 이는 사회적 기능과 단결에 방해가 되기 때문이며, 다양한 형태로 나타나는 이른바 사회화의 과정에서 반드시 짚고 넘어가야 하는 문제다. 동시에 스스로 먹이를 찾아다니는 다른 동물들처럼 인간도 호기심과 모험심이 왕성하다. 그리고 필연적으로 각 개인이 개별적인 목표를 추구하며 보통 이런 목표는 문화적으로 중요하거나 영향력이 있는 것들이다. 우리가 실제로 주목하는 것은 인간이 생존과 번식에만 집중하는 생물학적 유기체인 동시에 문화적 형태라는 틀 안에서 사회적 독립체로 활동할 수 있느냐는 것이다. 내재되어 있는 진화론적 충동, 그리고 진화와 큰 관련이 없는 사회화의 요구 사이에 존재하는 갈등은 인간이라는 실체의 근간이 된다. 이러한 갈등은 특별히 성적인 문제에 적용되는데, 이 문제에 대해서는 나중에 다시 살펴보도록 하자. 어쨌든 영장류 사이에서도 다른 동물들과 아주 다른 침팬지와 그 사촌 격인 보노보에서 이와 똑같은 모습을 찾아볼 수 있다.

'일곱 가지 대죄大罪'라는 말을 들어보았는가. 우선 드는 생각은 실제로 일어나는 잘못된 행동보다는 보통은 오히려 '죄'라는 말을 더 강조하고 있는 것 같다. 그렇지만 탐욕과 교만함, 욕심, 그리고 분노 등과 같은 죄는 그 자체로는 분명 생존을 위한 문제일 것이다. 게으름이나 식탐의 진화론적 이유에 대해서는 앞서 언급을 했고, 교만이나 질투는 경쟁에서 이기려는 행동을 불러오며, 분노는 상대방의 공격을 성공적으로 방어할 수 있는 동기가 된다. 또 욕심이나 욕망은 번식의 문제와 관련이 되는 것이다. 그렇지만 만일 개개인이 통제되지 않는 감정을 지속적으로 추구한다면, 약한 자들이 모여 생존을 하는 데 필수 요건이 되는 사회적인 단결은 요원한 일이 될 것이다. 인간의 이런 모습은 피할 수 없고, 때로는 어쩔 수 없는 일이기도 하다. 그렇지만 어쨌든 노력을 해야만 하며, 알려진 모든 경우에 있어 여러 가지 형태로 개선을 위한 노력이 진행될 것이다.

제2장

협동, 돌, 뼈, 그리고 분산
Cooperation, Stone, Bone and Dsipersal

인류의 시작

구석기 시대 혹은 인간 사회의 선사 시대 기원은 단지 역사적 관점에서 보는 사회의 시작일 뿐만 아니라 인류 역사에서 가장 중요한 부분이라고 할 수 있다. 전체 인류 역사에서 이 시기가 차지하는 비중이 95퍼센트가 넘는 것이다. 이 책을 읽는 독자라면 우선 이 부분이 학계에서 가장 논쟁이 치열한 곳이라는 사실을 알아야 할 것이다. 대부분의 학자들이 거의 매달 이 문제에 대한 실재적인 대안이 될 수 있는 해석이나 새로운 발견을 쏟아내는 것이 바로 이 때문이다. 예컨대 크리스 스트링거는 2011년 발표한 저서인 《우리 종의 기원The Origin of our Species》에서 자신의 책은 이미 서점에 진열되기도 전에 낡은 이론이 될 것이라고 말한 적이 있다. 따라서 지금부터 우리는 가장 이견이 없는 주장과 관련된 전반적이고 일반적인 내용들을 살펴보게 될 것이다. 아프리카에서 발견된 최초의 인간의 이동은 '직립보행을 하는 인간'이라는 뜻의 호모 에렉투스Homo erectus로부터 시작되어 지금의 중동 지역에서부터 아시아를 향해 대규모로 퍼져나갔다. 그리고 거기에는 중국 북부와 인도네시아까지 포함이 된다. 배 같은 것은 없었음이 분명한 초기 인류가 어떻게 인도네시아의 자바Java 섬까지 갈 수 있었는지는 확실하지 않으나, 그곳에 도착했다는 건 분명하다.

현생 인류와 같이 아프리카에서 진화했으며 아마도 호모 에렉투스에서 갈라져 호모 에르가스터Homo Ergaster를 통해 진화했을 호모 안테세소르Homo antecessor와 호모 하이델베르겐시스Homo heidelbergensis 역시 아프리카를 떠났고, 이들의 유럽 쪽 핏줄은 아마도 네안데르탈인의 조상일 수도 있겠지만 역시 다른 가능성이 존재할 수도 있다.[1] 호모 사피엔스를 포함한 이러한 모든 인간 종족이나 혹은 최소한 그들의 무리 중 일부에게 식인풍습이 있었다는 확실한 증거는 여러 곳에서 발견된다. 결국, 낯선 무리를 보고 나와 같은 종족이라는 생각을 머릿속으로 제대로 하지 못한다면, 원칙적으로 그들을 식량으로 삼지 못할 이유는 전혀 없는 것이다. 크리스토퍼 보엠은 이렇게 지적했다. "문화적으로 낯선 이들에게는 뭔가 특별하면서도 도덕적으로 차별을 하는 기준이 적용된다. 심지어 나와 같은 인간이라고 정확하게 생각되지 않을 때는 한 치의 망설임도 없이 상대방을 죽일 수도 있는 것이다."[2]

이주 ─ 구석기 시대와 그 이후

인류가 최초로 아프리카를 떠난 시기에 대해서는 아직도 논쟁이 격렬하다. 확실하게 정해지지 않은 대다수의 견해, 즉 '아프리카인 기원설

Recent African Origin hypothesis'에서는 BP 7만 년에서 6만 5000년쯤에 결정적으로 이주가 시작되었으며, BP 12만 5000년에 처음 시도되었던 이주는 아마 제대로 이루어지지 않았을 것으로 추측하고 있다. 그 시기가 언제이든, 구석기 시대의 인류는 당연히 많은 시간이 걸렸겠지만 그 선조들보다 훨씬 더 넓은 지역으로 퍼져나갔다. 그리고 유라시아 대륙과 주변 섬들 등 거의 모든 지역에 도착했으며, BP 5만 년쯤에는 오스트레일리아 대륙에 도착했고, 최종적으로는 타스마니아Tasmania 반도에까지 도달한다. 역설적이게도 나중에 새롭게 제시된 견해에 따르면, 이러한 이주의 최종 도착 지점에는 기술적으로 가장 발달한 사람들이 기다리고 있었다. 다음은 재레드 다이아몬드의 설명이다.

"지금으로부터 약 4만 년 전, 오스트레일리아 원주민들의 공동체는 유럽이나 다른 대륙의 그것들보다 기술적으로 훨씬 더 앞서나가고 있었다. 오스트레일리아 원주민들은 최초로 알려진 돌로 만든 도구를 만들어 사용했으며 그중에는 손잡이가 있는 도구도 있었다. 예컨대 손잡이가 있는 돌도끼 등을 사용했던 것이다. 그리고 세계 최초로 배와 비슷한 것을 만들어내기도 했다. 역사상 가장 오래된 색을 칠한 바위가 발견된 곳도 오스트레일리아다. 해부학적으로 현생 인류라고 부를 수 있는 종족이 오스트레일리아에 정착한 건 서부유럽보다 시기적으로 더 앞선다."[3]

최고 30만 명에 달했던 오스트레일리아 대륙의 원주민들은 다른 대륙과 고립이 되어 있었고, 또 상대적으로 종족의 숫자가 매우 적었기 때문에 결국 석기와 뼈, 그리고 나무를 이용한 기술을 더 발전시키는 데는 실패하고 말았다. 오스트레일리아 본토보다 훨씬 더 고립되어 있었고 인구도 4000명에 불과했던 타스마니아의 경우, 결국 바닷물의 수위가 높아지며 섬으로 변했고, 심각한 기술적 퇴보에 시달렸다. 그러다 현대

노동, 성, 권력
Work, Sex and Power

에 이르러서는 '특이할 정도로 단순화된 물질문명'의 사례로 남아, 인구의 숫자와 다양성이 얼마나 중요한 문제인지를 우리에게 알려주고 있는 것이다.[4]

19세기가 되어 유럽의 식민지 개척자들에 의해 전멸당하고, 다른 종족과의 교류를 통해 유전자만 간신히 남긴 타스마니아 원주민들은 사실상 조상들이 남겨준 대부분의 진보된 문화를 상실하고 말았다. 그중에는 뼈로 만든 도구와 비늘이 있는 물고기를 처리하는 기술도 포함되어 있었다. "1642년 유럽 탐험가들이 처음 마주하게 된 타스마니아 원주민들의 석기 기술은 그보다 수만 년 전 유럽의 구석기 시대 사람들이 일반적으로 사용했던 기술보다 훨씬 더 뒤져 있었다."[5] 그들은 심지어 불을 피우는 기술까지 상실한 것처럼 보이기도 했으며, 번개가 내리쳐 만들어낸 불씨를 그대로 보관하는 것으로 불을 사용해야만 했다. 그리고 그 번개가 언제 칠지는 아무도 알지 못했다. 그렇지만 한 가지 확실한 건 물려받은 유산만으로는 문화적인 진보를 이루기에 충분하지 못하며, 환경적인 압박이 훨씬 더 중요하다는 사실이다.

BP 1만 5000년에서 1만 2000년 사이에 아시아 동부와 지금의 알래스카를 연결하는 베링Bering의 좁은 육지를 건너는 세 차례의 이주가 있었고, 구석기 시대의 인류는 대륙의 연안을 따라 아메리카 대륙까지 이르게 된다. 그들은 알래스카에서부터 지금의 남아메리카 파타고니아Patagonia에 이르는 땅의 구석구석에 정착하며, 결국 옥수수나 감자를 바탕으로 한 신석기 시대를 열게 된다. 심지어 이들은 신석기 시대 문명의 유일한 사례로 알려지게 된다.

인간은 항상 어딘가로 이주하는 유일한 종족이었으며, 호모 사피엔스로 알려진 최초의 인류 집단은 동물과 식물을 가리지 않고 먹을거리를 찾아 끊임없이 이동을 해야만 했다는 사실은 그리 놀랍지 않다. 다소 위험하기는 하지만 크게 보면 생존을 위한 좋은 전략인 인간의 단순한 호기심도 이런 이주나 이동에서 무시할 수 없는 이유가 되었다. 그렇지만 지구 구석구석의 빈 공간을 채우는 인간 종족의 이러한 대규모 이동은 전례가 없는 일이었으며, 한번 시작이 되자 멈추지를 않았다. 이 문제에 대해서는 나중에 더 깊숙이 다루게 될 터인데, 예컨대 인도 유럽 어족이 지금의 이란 지역인 자신들의 근원지로부터 서쪽과 남쪽으로 이동한 일, 그러면서 철기 문명을 유럽에 전파하며 청동기를 사용하던 에게 해의 미노아와 미케네 문명을 파괴한 일 등이 여기에 포함된다. 이 인도 유럽 어족은 동시에 인도 대륙의 문화적 기반을 닦기도 했다.

또한 대략 BCE 1000년 무렵에는 반투Bantu 어족이 아프리카의 사하라 사막 이남 지역으로 퍼져나간다. 그 이후에는 그리스인들이 BCE 750년에서 550년 사이에 거의 천여 개에 가까운 해외 식민 도시들을 건설하는데, 이는 그리스 고전기가 정점에 달하기도 전에 일어난 일이다. 같은 시기, 철기를 사용하고 켈트Celt어를 사용하는 사람들이 지금의 이베리아 반도 대부분을 점령하고 아일랜드와 터키 지역까지 아우른다. CE 1000년에 이르러서는 게르만 어족과 슬라브 어족의 이동이 시작되었고, 그 뒤를 이어서 동쪽 초원지대의 유목민들이 카르파티아 평원으로 몰려와 자신들의 언어를 퍼트린다.[6] 그보다 더 이른 시기에는 지금의 타이완 섬과 유전적으로 연결이 된 것이 분명한 이주민들이 태평양 동쪽에 있는 여러 무인도에 정착하기도 한다.[7]

CE 1000년 무렵, 아랍 민족이 고향인 아라비아 반도를 떠나 북아프리카를 가로질러 나일 강 근처에, 그리고 홍해 남쪽을 따라 아프리카 대륙의 해안 지방에 도착한다. 바로 그 다음에는 폴리네시아 정착민들이 사람이 살고 있지 않은 뉴질랜드의 여러 섬을 개척하고, 심지어 도저히 불가능해 보이는 거리를 넘어 이스터 섬까지 이르게 된다. 지난 500년

노동, 성, 권력
Work, Sex and Power

동안 사람들의 이주는 멈출 줄을 모르고 폭발적으로 늘어난다. 자의반 타의반으로 이주에 나선 유럽인들은 북아메리카 대륙을 동에서 서로 가로지르는 등 지구상에서 사람이 살기에 적합한 기후를 가진 모든 지역을 다 파고들었으며, 아프리카 원주민들은 노예무역을 통해 강제로 아메리카 대륙으로 이주를 당하게 된다. 지금은 예전과는 반대 방향이긴 하지만, 이런 인간의 이주나 이동은 아직도 쉬지 않고 계속되고 있다.

만일 구석기 시대의 인간들에게 자신들의 후손과 비슷한 점이 한 가지 있었다면, 그건 이런 장거리의 이주를 부추긴 가장 중요한 원인으로, 바로 자신들의 삶의 미래를 더 밝게 개척하려는 희망이었을 것이다. 이 희망을 가지고 그들은 꼭 필요한 만큼의 익숙한 이동 범위를 넘어서는 모험을 감행한 것이다. 아직 아무도 가보지 못한 곳으로 나아간다는 건 결국 거기서 어떤 일을 겪게 될지에 대한 아무런 정보가 없다는 뜻이다. 가본 적이 없으니 누군가 돌아와 소식을 전한 사람도 아무도 없기 때문인데, 이런 위험에도 불구하고 이주를 강행했다는 건 결국 기존의 주거 지역에 불만족스러운 점이 있었다는 뜻이다. 식량의 조달이 어렵거나 위험에 처하게 된 것이 주된 불만족의 이유였다.

삶이란 언제나 매우 불확실한 것으로, 끊임없는 자연의 위협과 싸워야 한다. 예컨대 가뭄이 들면 식물은 물론 식량이 되는 동물들의 개체수가 줄어들고 식수원도 영향을 받는다. 반대로 홍수가 나도 그 결과는 같다. 황사나 화산 폭발, 천적인 동물의 침입 등 다른 자연의 위협도 어쩔 수 없이 사람들의 등을 떠미는 이유가 되며, 인간에게 직접적인 영향을 미치지 않더라도 다른 동물들이 살아가는 데 위협이 되는 것이다. 그렇지만 이와는 정확하게 반대가 되는 또 다른 가능성이 있다. 지금까지 우리는 자연의 위협으로 사람들의 생명이 위협당하는 상황을 이야기했지만, 반대로 아무 문제없이 인구수가 증가한다면 또 필요한 자원이 줄어들게 된다. 수렵 사회라면 사람들끼리 사냥감을 두고 다투는 일도 벌어질 것이다.

원시 시대의 혁명

구석기 시대의 장인들이 선택한 재료는 다름 아닌 흔히 부싯돌이라고도 부르는 아주 단단한 돌이었다. 아주 단단했기 때문에 최소한 고고학자들이 알아볼 정도로 지금까지 남아 있는 것이다. 부싯돌은 대부분 작고 둥근 모양을 한 석영石英으로, 원래는 석회암층에서 응고가 되지만 바닷가에서라면 종종 풍화되기도 한다. 겉모습은 유리처럼 반질반질하며 흑요석과 비슷하지만, 그 화학적 성분은 크게 다르며 더 흔하게 볼 수 있다. 부싯돌의 가장 큰 장점은 바로 그 단단함이다. 깨트릴 수만 있다면 아주 날카로운 날이 생기고, 그 날이 무뎌지면 다시 깨트려 새로 날을 만들어낼 수 있다. 물론 흑요석과는 비교할 수 없는데, 흑요석은 날을 세운 강철보다도 더 날카로운 날을 만들 수도 있는 것이다.

그런 이유 때문에 부싯돌은 다양한 도구를 만드는 데 사용이 되었고, 특히 둥근 부분으로는 손도끼를, 날카로운 파편으로는 칼과 창날, 혹은 화살촉을 만들기도 했다. 특히 날붙이를 만들기 위해서는 둥근 부분을 잘게 쪼개고 아주 정교하게 다듬어야 했는데, 그러기 위해서는 아주 높은 수준의 작업 기술이 필요했다. 대략 BP 5만 년쯤 부싯돌을 불에 달궈 좀 더 작업을 하기 쉽도록 만드는 방법이 발견되었다. 부싯돌을 찾기가 어려울 때면 그보다 못한 종류의 돌이나 다른 재료를 찾아야 했다. 나무로 만든 도구들은 물론 지금까지 남아 있는 것이 거의 없지만, 뼈로 만

노동, 성, 권력
Work, Sex and Power

든 바늘이나 뿔 모양의 장식품 같은 것은 지금도 종종 발견이 된다.[8] 동물의 가죽이나 힘줄로 만든 물건들은 나무보다도 내구성이 떨어졌지만, 그래도 이따금 흔적을 남겨 최소한 그런 물건이 존재했다는 사실을 알려주고 있다. 조개껍질은 무엇인가를 자르거나 다듬는 도구로 많이 사용되었으며 때로는 보석처럼 장신구로 활용하기도 했는데, 네안데르탈인의 화석 옆에서 그 흔적을 발견할 수 있다. 또 노란색이나 붉은색의 흙을 기름 같은 끈적임을 더할 수 있는 적당한 재료와 함께 섞어 물감처럼 만들어 몸에 발라 치장을 하거나, 동굴의 벽에 그림을 그리는 데 사용했다. 초기 인류의 모든 공동체와 네안데르탈인의 주거지에서도 그런 흔적이 발견된다.

BP 7만 7000년과 6만 9000년 사이 어느 지점에서 인도네시아 수마트라 섬에서는 이른바 '초재앙적mega-colossal'이라고 불릴 만한 화산 폭발이 일어났다. 그로인해 토바 호수Lake Toba가 만들어진다. 토바 호수는 세계에서 가장 넓은 화산 호수이며, 지난 2500만 년 동안 일어났던 화산 폭발 중 가장 규모가 큰 폭발로 인한 결과다. 화산 폭발로 생물권이 입은 피해는 거의 재앙 수준으로, 화산재가 몇 미터 높이로 쌓이고 멀리 인도까지 날아가기도 했다. 그리고 확실하지는 않으나 어느 정도 짐작할 수 있듯이, 인구수도 크게 줄어들었다. 따라서 '진화적 병목현상evolutionary bottleneck'이 일어나 인구를 보존할 수 있는 불과 몇 천 쌍 정도의 숫자만 살아남게 된다. 만일 아프리카인 기원설이 맞다면, 이런 화산 대폭발도 분명 유라시아와 또 다른 지역을 향한 이주의 시작과 연관이 있을 것이다.[9]

인도네시아 화산 폭발의 결과에 대한 의문은 있을 수 있으나, 그런 사건이 분명이 일어났다는 것에 대해서는 전혀 이견이 없다. 그와 비슷하게 BP 5만 년에서 4만 년 사이에 또 다른 발전이 있었다는 것도 모두들 수긍하고 있는데, 그것이 이른바 '상부 구석기 시대 혁명Upper paleolithic Revolution'이다. 그렇지만 그 중요성에 대해서만은 격렬한 논쟁이 벌어지고 있다. 한 가지 가설에 따르면 이 혁명은 인구 폭발의 결과라고도 하며, 이런 인구 폭발은 또 인도네시아 화산 폭발이 지나간 후에 일어나는 병목현상 이후에 예측할 수 있는 결과라는 것이다. 장기적인 관점으로 볼 때, 이 사건은 기술과 추상 문명 모두에 있어 인간의 역량이 극적으로 강화되었다는 사실을 의미한다.

고고학적 연구에 따르면 이 무렵에는 훨씬 더 다양한 여러 석기 도구들이 나타났다고 하는데, 특히 부싯돌로 만든 정교한 칼날은 고도의 제작 기술이 없이는 만들 수 없는 것이다. 뼈와 부싯돌을 같이 사용해 만든 작살 역시 이 시기에 등장했으며 역사상 최초로 일종의 기호를 사용한 표현도 만들어졌다. 그리고 '깜짝 놀랄 만한 완성도의 예술적인 전통'도 나타나[10] 유명한 동굴의 벽화를 통해 가장 발전된 수준의 작품들을 보여주었는데, 그 주제는 대부분 동물 사냥이었다.

이런 현상들을 어떻게 해석할 수 있을까? 어떤 학파에서는 이를 유전적 발전으로 생각하며, 이전에 있었던 '진화적 병목현상'에서 비롯된 결과라고 주장한다. 이 병목현상을 통해 인간의 인지능력과 일종의 개념적 장치가 다시 새롭게 자리를 잡았고, 이전에는 불가능하던 지적인 성취의 문제가 새롭게 등장하게 된 것이다. 그리고 지금까지 이어지는 인간 역사의 증거들이 만들어지는 토대가 되었다. 이러한 진보에 대한 가장 급진적이며 중대한 해석은 앨런 워커가 제시한 것으로, 바로 언어다. 단순한 원시적인 형태의 음성 신호가 이제 하나의 언어로 뚜렷하게 발전했고, 동시에 이 시점부터 언어의 기원이 시작되었다는 것이다.

다수의 지지를 받고 있는 또 다른 해석은 상부 구석기 시대 혁명은 충분히 잘 진행이 되었으나, 아주 색다르고 갑작스러운 변화가 이루어진

노동, 성, 권력
Work, Sex and Power

것은 아니라는 설명이다. 인간들의 이주와 인구 증가, 그리고 기후 변화 등도 물론 어느 정도 영향이 있었겠으나, 어쨌든 이전 세대의 오랜 세월 동안 축적되어온 기술과 경험이 합쳐져 그런 훨씬 더 진보된 모습이 등장하게 되었다. 이 관점에서 보면 언어가 BP 5만 년 이전에는 전혀 존재하지 않았다는 설명은 합당하게 들리지 않는다. 오히려, 현재 존재하고 있는 어족語族이 그 당시에 처음 형성된 것이라고 설명하는 것이 좀 더 설득력이 있다.

씨족과 입문의 의식

당연한 이야기지만 최초의 인간 집단은 다른 유인원들의 경우와 마찬가지로 매우 제한적인 가족 중심의 집단이었다. 그 이후에 의식의 개념화를 필요로 하며, 유전적 관계로 추정되는 것만으로도 더 넓은 형태의 관계를 구성하는 일도 종종 가능했던 혈연으로 이어진 씨족이 탄생하게 된다. 물론 언제 부족이라는 것이 처음 등장했는지에 대한 기록은 전혀 없다. 그렇지만 넷실릭Netsilik 부족과 관련된 자료에 따르면, 부족이 없이 떠도는 사람들은 때로 혈연관계가 아니더라도 서로 협조하며 끈끈한 교류를 형성하기도 했다.[11]

씨족은 앞서 언급한 것처럼 같은 혈연관계로 추정되는 사람들의 집단이지만 각기 다른 장소에 가족별로 따로 떨어져 있는 무리이기도 했다. 이들이 가지고 있는 실질적인 장점은 어느 가족이 굶주리거나 공격을 받는 등 위험에 빠지면 좀 더 형편이 좋은 씨족의 다른 무리들이 사회적 연대의식에 따라 그들을 돕는다는 것인데, 그러다 상황이 좋아지면 이번에는 도움을 받았던 가족이 또 다른 사람들을 돕는 그런 체계였다. 이를 위해서는 그 관계가 실재든 가상이든 그 '혈연으로 맺어진 관계'를 정확하게 정리하는 일이 꼭 필요했다. 왜냐하면 이런 사회에서는 친족이나 혈족임을 밝히는 것이 가장 중요한 개념이었기 때문이다. 모든 씨족 사람들은 같은 조상의 피를 물려받았다고 생각했으며, 그것이 사실이든 사실이 아니든 그건 크게 중요하지 않았다. 또한 그 조상이 인간일 수도 신화일 수도 있으며 오히려 초자연적인 기원을 근거로 관계를 더 강화하는 일이 많았다. 다음은 켄트 플래너리와 조이스 마커스의 주장이다.

"씨족으로 이루어진 초기의 사회는 그 장점을 충분히 활용했다. 서로 친족이라고 주장하는 사람들이 몰려 더 큰 무리를 형성했으며, 적으로부터 서로를 지켰고 중요한 의식들을 이유로 내세워 필요한 식량을 저장했다……. 씨족을 중심으로 한 사회의 장점을 통해 우리는 왜 네안데르탈인들이 사라졌는지 어렴풋이 짐작할 수 있다. 네안데르탈인은 인구의 밀집도가 낮았으며, 확장된 가족 단위 이상으로 더 크게 사회적으로 연결이 되어 있었다는 고고학적 증거도 남아 있지 않다……. 네안데르탈인은 가족 이상의 사회적 공동체가 전혀 없었던 대부분의 초기 인류들처럼 그렇게 역사 속에서 사라져버린 것이다."[12]

플래너리와 마커스는 단순한 출생으로 인한 관계도 중요하지만 가족 중에 누군가 태어나면 바로 씨족의 일원이 되어야 하며, 그 입문의 의식이 모든 초기 인류 공동체에게 있어 중심이 되는 중요한 행사였다고 지적한다. 그리고 당시 사회는 점차 초기 농경 시대로 접어들고 있었으며, 심지어 도시가 만들어지고 거기에 인구가 집중되는 현상까지 벌어지고 있었다. 고대 그리스 연극의 경우는 디오니소스 신과 관련된 입문 의식에 그 기원을 두고 있다.[13] 이런 입문의 의식은 지금까지 이어져, 미국 학생들 사교 모임의 입문 의식은 그 악명이 자자하기까지 하다. 이렇게 학

노동, 성, 권력
Work, Sex and Power

교는 물론, 군대와 직장, 그 외 여러 단체에서도 처음 들어갈 때 통과해야 하는 의식들은 그대로 남아 있다. 또한 영국 상업계에서는 직원을 고용할 때 도제徒弟라는 풍습으로 그 형태가 계속 전해지기도 했다. 훗날까지 이어진 이러한 사례들은 본질적으로는 좋지 않은 악습에 가깝지만, 선사 시대와 아직까지 남아 있는 씨족사회에서는 아주 심각하고 중요한 의식이었고 지금도 그렇다. 물론 여성들도 이런 의식을 치르는 경우도 있으나 대부분 일반적으로는 남성 중심으로 치러지며, 항상 그런 것은 아니지만 지금도 남아 있는 포경 수술처럼 남성의 성기가 이런 저런 방식으로 관련되기도 한다.

입문의 의식은 보통 다음과 같은 방식으로 진행되었다. 성년에 다다른 젊은 남성들은 정해진 안내자를 따라 살고 있는 곳에서 멀리 떨어진 곳으로 이동한다. 그러고 나서 혹독한 시험을 치른다. 그중에서도 포경包莖은 가장 일반적인 시험으로, 그 목적은 고통스러운 경험을 견디고 그 경험을 뇌리 속에 깊이 기억하기 위함이다. 또한 고통을 함께 겪으면서 일종의 연대의식을 만들어내는 것도 그 목적 중 하나다. 이런 절차를 마치고 나면 젊은이들은 씨족과 자신들을 둘러싸고 있는 우주의 비밀을 씨족의 장로들을 통해 전해 듣는다. 그런 후에 다시 살고 있는 곳으로 돌아오면 축하 잔치를 벌여 성년이 되고 씨족의 완전한 일원이 되었음을 다 같이 축하한다. 씨족의 지도층이나 귀족, 그중에서도 왕족은 별도의 특별한 입문 의식을 치렀다는 기록은 자주 발견된다. 예를 들어 서아프리카의 어느 부족의 경우 왕이 되려면 다시 포경을 겪어야 하는데, 이번에는 성기 전체의 표피를 벗긴다. 아마 이 일에 도전하려는 사람은 그리 많지 않았을 것이며, 그것이 아마 의식의 목적이었을 것이다.

제3장

신석기 시대의 변화 :
정착과 부의 축적, 그리고 사회적 분화

The Neolithic Transformation and its Consequences :
Settlement, Wealth and Social Differentiation

"기원전 8000년에 진행된 역사의 과정은 여전히 우리에게 짙은 그
림자를 드리우고 있다."

— 재레드 다이아몬드

이번 제3장에서는 마지막 빙하 시대가 물러난 뒤 대략 1만 년 전쯤에
있었던 사건들을 간략하게나마 살펴보고 확인해보려 한다. 이 당시에
있었던 사건들이 결국은 앞으로 이어지는 모든 역사적 발전의 토대가
되어 주었다. 당시의 기본적인 사회적, 그리고 문화적 구조는 지금까지
이어지고 있는데, 특히 이 문제는 앞으로 이 책에서 상당히 많이 다루게
될 것이다. 이 시기 시작된 그런 구조들은 결국 생활 방식에 있어 근본적
인 변화라는 피할 수 없는 결과를 가져온 것이다. 그 변화가 자연스러운
결과였다는 사실은 몇 천 년이라는 시간의 간극을 두고 지구 다른 곳곳

노동, 성, 권력
Work, Sex and Power

에서 서로 유사한 발전이 완전히 독립적으로 이루어졌다는 사실로 증명될 수 있다.

콜린 렌프루는 로버트 M 애덤스를 인용하면서 이렇게 말했다. "좀 더 새롭고 복잡하게 나누어진 노동을 바탕으로 한, 정치적으로 계층화되고 조직된 사회가 독립적으로 등장하게 된 것은 거대한 변혁 중 하나임에 분명하다. 그리고 그러한 변혁은 아주 드물게 일어나 인간 역사에 중요한 획을 긋곤 했던 것이다."[1] 1만 년 전쯤에 있었던 이러한 발전은 오직 고고학적 유물을 통해서만 확인할 수 있으며, 5000년 전쯤에는 문자로 된 기록이 생겨나면서 완전히 새로운 종류의 증거를 우리에게 제공해줄 수 있게 되었다.

신석기 시대의 첫 번째 농업혁명

최초로 농업이 시작된 건 대략 BP 7만 년쯤으로 확인이 되었지만, 당시의 농업은 더 이상은 크게 발전하지 않았고 오직 초기 호모 사피엔스의 독창성을 확인하는 증거로만 남아 있을 뿐이다. 이런 농업의 흔적은 마지막 빙하기의 끝자락인 BP 1만 년 무렵까지 이어지다가 다시 새롭게 부활하게 되었다. 중석기 시대가 시작되자,[2] 역사에서 중동 지역의 비옥한 초승달 지역이라고 부르는 곳에 있던 수렵 공동체들은 새로운 생활 방식을 받아들이게 되었는데,[3] 재레드 다이아몬드에 따르면 이렇다.

"새로운 생활 방식을 받아들이게 됨으로써 지리적인 다양성에 상관없이 각기 다른 대륙에 사는 사람들이 농부와 가축을 키우는 사람으로 변신했고, 이를 통해 우리는 인류의 운명이 크게 바뀌게 되었다는 사실을 알 수 있다."[4]

중석기 시대는 사냥에만 의존했던 후기 구석기 시대의 생활 방식이 사라진 것이 특징이며, 그 대신 채집 생활의 중요성이 크게 대두되었고 일부 지역에서는 해산물을 식량으로 사용하기도 했다. 새로 시작된 신석기 시대의 경제는[5] 이전 시대의 중요 특징이었던 떠돌이 생활과는 다르게 정해진 정착지에 주로 의존했으며, 특히 이 시기의 정착지는 흙과 모래 퇴적물이 많은 하천 부근이었다. 그곳에서 먹을 수 있는 식물을 재배하는 데 집중했으며 비옥한 초승달 지대의 경우, 에머 밀emmer wheat[6] 재배가 시작되자 짐승들을 길들여 가축으로 삼는 일이 바로 그 뒤를 이었다. 소와 양, 돼지, 그리고 나귀나 말처럼 이전에는 사냥감으로만 여겼던 짐승들을 기르게 되자 고기와 가죽, 그리고 이동 수단을 얻을 수 있게 된 것이다. BP 1만 년경의 높아진 이산화탄소의 농도도 작물을 재배하는 데 좋은 환경이 되어 주었다. 농경과 목축이 시작되자 사람들의 몸은 이전 면역 체계에서는 받아들여지지 않던 글루텐과 짐승의 젖을 먹는 식생활에 유전적으로 맞춰져야만 했다.[7] 역사가이자 철학자인 어네스트 겔너의 지적에 따르면 사람들은 '장기간 떠맡아야 할 책임과 영원히 이어지는 관계에 대한 의식'도 아울러 필요하게 되었다고 한다.[8]

농업혁명은 단순히 먹을 만한 곡물을 재배하는 일에서 그치지 않았다. 다른 식물들도 여기에 포함되면서 야생의 식물을 길들여 기르는 일이 시작되었고 또 앞서 언급한 것처럼 짐승 길들이기가 그 뒤를 이었는데, 늑대의 직계 후손인 개는 고기와 젖을 얻기 위한 가축들 이전에 인간이 제일 먼저 길들인 짐승이다. 이에 대한 최초의 증거가 될 만한 화석은 BP 1만 5000년쯤의 것으로 추정되지만, 구석기 시대에도 개와 인간이 함께했다는 것이 학자들의 주장이다. 인간과 함께하게 된 개는 구석기 시대 사냥꾼들의 믿음직한 친구이자 부하였으며, 이는 나중에 가축

노동, 성, 권력
Work, Sex and Power

으로 길들이게 되는 소와 양, 라마, 그리고 염소나 돼지와는 확실히 달랐다. 말도 물론 개만큼 중요한 가축이었으나 처음에는 고기를 얻기 위한 사냥감이었고, 말이 인간과 함께하게 된 건 아주 나중의 일이다. 그리고 인간이 최종적으로 가축으로 길들이게 된 짐승은 낙타 종류라고 추정된다. 네 발 짐승 다음에 인간과 함께한 건 조류로, 아마 비둘기가 처음이었을 것이다. 그리고 심지어 곤충을 길들이는 일도 있었다. 꿀벌은 반쯤 가축화된 곤충이라고도 볼 수 있으며 누에는 완전한 가축에 가까웠다. 누에의 경우는 인간에게 의지하지 않고는 살아남을 수 없었으며, 하늘을 나는 등 야생의 성체로서는 제구실을 하지 못했다. 그렇지만 신석기 시대의 아메리카 원주민 사회는 이동 수단으로 사용할 수 있는 대형 동물이 크게 부족했다.

이런 혁명으로 만들어진 전체적인 결과를 보면 상대적으로 직접적인 것만 해도 엄청나다고 볼 수 있다. 농업 사회로의 전환은 인간 사회를 바꾸어놓은 발전 주기에 시동을 걸었으며, 처음에는 상대적으로 그 속도가 느렸으나 결국 엄청난 가속도를 내게 된다. 혁명이 어떻게 시작되었는지에 대해서는 정확한 증거는 남아 있지 않으며 고고학에서는 단지 그 결과만 밝혀냈을 뿐이다. 그리고 단지 그 시작 뒤에 분명 어떤 계기가 있었을 것이라고만 추측하고 있다. V. 고든 차일드가 1930년대 제시한 신석기 시대 혁명에 대한 최초의 개념은 최근 들어 많은 논쟁의 대상이 되고 있는데, 그와 똑같은 과정이 나일이나 양쯔 강 유역, 그리고 아메리카 대륙 같은 곳에서도 그대로 발견되고 있기 때문이다. 또한 농업 활동이 일어나기 이전에도 정착 생활이 있었던 것이 분명한데, 이런 모습 역시 세계 여러 지역에서 발견되고 있다. 그럼에도 불구하고 지구 전체를 놓고 볼 때, 신석기 시대 혁명이란 개념은 충분한 근거가 있어 보인다. 비록 그 정착지에서 있었던 정확한 활동의 내용은 고고학자들 사이에서 지금도 논의 중이지만, 신석기 시대 이전에 있었던 대규모 정착지들이 속속 발굴되고 있다. 그중에서도 가장 유명한 곳은 터키와 시리아 국경 지대의 괴베클리 테페다. 저명한 역사 사회학자인 마이클 만은 신석기 시대 이전의 정착지가 부싯돌을 전문적으로 찾는 사람들이나 어부에 의해 만들어졌을 가능성에 대해 언급한 바 있다.

정치나 산업혁명, 그리고 사회혁명이나 신석기 시대 혁명까지 모든 종류의 혁명에서 그 세부적인 내용은 언제나 복잡한 법이며, 그로 인해 그 중요한 기본적인 개념이 뒤로 밀리는 일이 많다. 신석기 시대는 단지 한 번 있었던 사건이 아닌 여러 종류의 혁명이 시간과 공간을 초월해 계속해서 연이어 이어지던 그런 시대였다. 그렇지만 그로 인해 시작된 인간의 삶의 변화는 결국 말 그대로 지구 전체에 퍼져나가게 된다.

수렵이나 채집과 같은 전통이 강력하게 지배하던 사회에서 자발적으로 일어나는 생활양식의 갑작스럽고 극적인 변화는 그리 쉽게 볼 수 없는 현상이다. 신석기 시대의 농부들이 재배하고 생산했던 농작물에 의존한 농업 사회는 중석기 시대의 생활보다 영양이 부족했고, 남녀 모두에게 있어 훨씬 더 불만족스러운 생활 방식을 제공한 것은 분명한 사실이다. 다음은 재레드 다이아몬드의 지적이다.

"수렵이나 채집 생활과 식량 재배 사이에는 사실 정확한 선택의 여지조차 없는 경우가 많았다……. 세계 각 지역에서 식량 재배를 처음으로 시작한 사람들은 제대로 상황을 알고 선택한 것이 아니며 그로인해 나중에 굶주림을 겪게 될 것이라는 의식도 없었다. 애초에 농사라는 걸 한 번도 해본 적이 없으니 그게 어떤 일인지 전혀 알 도리가 없었던 것이다."[9]

농사와 관련된 일을 해본 사람이라면, 특히 밭을 갈고 개간하는 일을 해본 사람이라면 기계장치의 도움 없이 하는 농사일이 얼마나 지루하고 고된 노동인지 잘 알고 있을 것이다. 심지어 작물이 제대로 자란 후에도 그 지루함과 고통은 계속해서 이어진다. 특히 여자들은 거둔 곡물을 원시적인 형태의 맷돌로 가는 일을 해야 했다. 작물로 가축들을 건사하거나 식물성 섬유로 옷감을 만드는 일의 고됨은 두말할 필요도 없다. 이런 식의 경제활동이 시작된 건 어쩌면 강제로 그렇게 된 것이라고 정리할 수 있으며 대부분 기후 조건의 변화에 의한 것이었다. 좀 더 안정적인 식량의 공급처를 확보하기 위해 그렇게 한 것이지만 여전히 훨씬 더 불안한 요소들이 많았다. 아주 드문 경우이긴 하지만, 태평양 북동부 해안의 경우는 해산물이 비정상적일 정도로 풍부했고 잡거나 채집하기도 쉬웠는데, 이곳의 중석기 시대 경제는 방랑이 아닌 정착 생활이 될 수 있었지만 농업 경제로의 변신은 전혀 일어나지 않았다. 이런 현상은 다른 곳에서는 볼 수 없는 것이며, 체계적인 농업 생산의 기원이 되는 비옥한 초승달 지역이라면 더더군다나 찾아볼 수 없는 일이었으리라.[10] 재레드 다이아몬드는 왜 농업이 각기 다른 지역에서 각기 다른 방식으로 발전했는가에 대해 이렇게 설명하고 있다.

"지금 현재로서는 중국 농업의 시작이 비옥한 초승달 지역과 비교해 같은 시기에 일어났는지 아니면 조금 일렀는지 또 조금 늦었는지 정확하게 알 수는 없다. 다만 우리가 이야기할 수 있는 건 중국은 역사상 식물과 가축을 재배하고 기르기 시작한 최초의 중심지 중 한 곳이었으며, 실제로도 한두 가지 이상의 먹을 수 있는 식물을 독립적으로 처음 길러내는 데 성공한 지역이기도 하다."[11]

또 다른 사례들

확실하지는 않지만 신석기 시대의 농업이 비옥한 초승달 지역에서부터 시작해 인더스 계곡으로 전파되고, 이를 통해 이집트와 대략 같은 시기에 문명의 기틀이 세워졌다는 증거는 존재한다. 그리고 그 문명이야 말로 비옥한 초승달 지역에서 완전히 독립적으로 시작된 것이 거의 확실하다. 이집트와 인더스 계곡의 문명은 모두 밀의 재배에 의존했으며, 이는 BCE 6000년경에 최초로 등장한 메소포타미아의 좀 더 발달된 관개수로 문명 역시 마찬가지였다.[12] 그렇지만 중국 양쯔 강 계곡의 경우는 쌀을 중심으로 한 농업을 시작했는데, 이는 밀농사 문화의 영향을 받은 것으로는 보이지 않고 완전히 독립적으로 발전한 것으로 추정된다. 이 경우는 고고학적 증거를 통해 채집 경제에서 농업 경제로 바뀌었다는 사실을 좀 더 분명하고 확실하게 확인할 수 있다. 농업이 발전한 지역에 대해 만은 이렇게 설명한다. "전반적인 추세가 좀 더 대규모의 사회적, 그리고 지역적인 정착을 향해 나아가는데…… 농업의 성공은 이런 현상과 결코 분리해서 생각할 수 없다."[13]

신석기 시대 혁명의 흔적에 대해 완전하게 이해를 할 수 있다고 해도 한 가지 분명한 건, 각각 옥수수와 감자 재배의 기원이 되는 중앙아메리카와 안데스 산맥 지역의 농업은 유라시아 대륙의 그것과는 말할 것도 없고 두 지역 자체도 역시 각각 완전히 고립되어 독립적으로 발전했다는 사실이다. 아프리카 사하라 사막 이남 지역의 농경문화 역시 독자적으로 발전을 했으며, 확실하지는 않지만 뉴기니 지역에서도 역시 이런 사례가 여럿 발견된다. 심지어 동부 온대 기후대의 오스트레일리아 원주민들 사이에서도 농업이 시작되었다는 증거가 발견되고 있는데, 그럼에도 불구하고 이 지역의 경제적 기반은 유럽의 식민지 개척이 시작되기 전까지는 수렵과 채집 형태로 남아 있었다.

만일 중석기 시대 이후의 농업혁명이 그때 그 지역에서 일어나지 않았다 해도, 다른 시간 다른 장소에서 분명이 시작되었을 것이다. 다시 말해, 호모 사피엔스가 지구상에 완전히 뿌리를 내린 후에는 농업을 중심으로 한 생활 형태는 기후 조건이 농업에 맞게 변화한 이상은 사실상 언제든 출현할 수밖에 없었던 것이다. 비록 처음에는 수렵과 채집 경제의 보조 역할에 불과했었더라도 말이다. 인류 역사상 중요한 사건들이 상대적으로 아주 근소한 시간적 차이를 두고 전 세계적으로 일어났다는 사실은, 결국 대략 BP 1만 년 무렵 빙하기가 물러가고 곧이어 벌어진 지구 온난화의 영향이 그 결정적인 원인이었다는 사실을 말해주고 있다. 빙하기의 종말과 온난화의 시작은 둘 다 기존의 수렵 및 채집 경제의 자원에 압박을 가했고, 그 대안이 될 만한 식량 자원의 가능성을 제시했던 것이다.

재레드 다이아몬드의 걸작《총, 균, 쇠: 무기, 병균, 금속은 인류의 운명을 어떻게 바꿨는가Guns, Germs, and Steel: The Fates of Human Societies》에는 왜 유라시아와 이집트에서 중앙아메리카와 남아메리카 북서부, 오스트레일리아와 아프리카 사하라 사막 이남 지역과 비교해 훨씬 더 빨리, 그리고 훨씬 더 크게 농업이 시작되고 성장했는지에 대해 자세하고 설득력 있는 이론들이 제시되고 있다. 다이아몬드는 기본적으로 지리적 생태학적 조건이 이런 각각의 결과에 있어 가장 중요한 원인이었다고 주장한다. "식량의 생산이 특정 지역에서 훨씬 더 빠르게 진행되는 경우가 있다면 그 주요 원인은 각 대륙에서의 그 지역 위치와 관련이 있다. 다시 말해, 유라시아 대륙은 주로 서쪽과 동쪽에서, 그리고 아메리카와 아프리카 대륙은 주로 북쪽과 남쪽에서 이런 현상이 일어났다."[14]

따라서 유라시아 대륙의 농업 중심지들은 특별히 초목에서 진화한 농작물이 자랄 수 있는 지역에 위치했으며, 이 농작물들은 대략 비슷한 시기에 수확을 할 수 있어 이를 흉내 낸 농업이 계속 퍼져나갈 수 있었다. 그리고 또 좀 더 중요한 사실은 씨나 과일, 그리고 줄기 형태의 제대로 된 농작물이 될 가능성이 있는 식물들이 지구상의 다른 지역보다 유라시아 대륙에 훨씬 더 많이 자라고 있었다. "사실상 대부분의 재배 가능한 초목들은 지중해 지역이나 주기적으로 건조한 환경이 만들어지는 지역이 그 기원이다. 게다가 유라시아 대륙의 서쪽 지중해 지역 혹은 비옥한 초승달 지역에 대부분 몰려 있어 이곳의 초기 농부들은 아주 다양한 선택이 가능했다."[15] 이런 식물들은 또한 재배하기가 더 쉬웠는데, 예를 들어 아메리카 대륙의 경우는 남과 북 모두 옥수수를 제대로 개량해 재배하는 일이 아주 어려웠고, 또 재배할 수 있는 지역도 제한되어 있었다는 사실이 나중에 밝혀지기도 했다. 옥수수가 제대로 자라기까지는 수백 년이 넘는 세월이 걸렸던 것이다. "비옥한 초승달 지역에서 농작물 다음으로 시도된 것이 과일과 견과류 재배였으며 이는 대략 B.C. 4000년경의 일이다. 농부들은 올리브와 대추야자, 무화과, 그리고 석류와 포도 등을 재배할 수 있었다."[16]

가축으로 길들일 수 있는 짐승들이 갖고 있는 각각의 차이점은 농작물의 그것과 비슷하거나 아마 훨씬 더 어려운 문제였을 것이다. 양과 돼지, 염소와 소는 중요한 식량 자원이었다. 뿐만 아니라 특히 소의 경우는 이동 수단이나 밭을 가는 데 중요한 역할을 했다. 이는 나중에 등장하게 되는 말과 인간이 마지막으로 길들인 가축으로 알려져 있는 낙타도 마찬가지였다. 말과 낙타는 이동 수단으로서 훨씬 더 많이 사용이 되었지만, 소의 젖과는 또 다른 진귀한 젖을 인간에게 제공했으며 말의 경우는 소와 마찬가지로 농사일에도 사용이 되었다.

문명의 진보와 더불어 다양한 범위의 혁신이 이루어졌다. 그중 일부는 그 후 이어진 산업화 이전 문화의 중심 역할을 했으며 지금까지 우리 생활에서 중요한 몫을 하고 있기도 하다. 그중 가장 중요한 것은 양털과 누에고치, 면 등 동물이나 식물 자원을 통한 옷감의 개발과 도기의 활용이다. 도기로 만든 작은 장식품 같은 것은 구석기 시대 후기부터 이미 유행을 했으며 실제 생활용품으로 사용하게 된 것은 신석기 시대부터다. 도기는 주로 물건을 담는 용기로 사용되었으며, 바구니 혹은 짐승 가죽에 진흙을 발라 액체를 운반하는 용기를 만들어 사용하기도 했다. 일본에서는 심지어 농업보다 도기의 제작이 먼저 시작되기도 했다. 그렇지만 도구나 무기에 대해서는 여전히 돌이나 흑요석이 널리 사용되고 있었다. 금속 기술이 알려지기까지는 아직 천 년이 넘는 세월이 더 지나가야 했다.

그렇지만 석기 기술에도 혁신은 있었다. 조잡한 석기를 쓰던 구석기 시대가 지나가고 좀 더 정교한 석기를 사용하는 시대가 오자 신석기 시대라는 이름이 붙여진다. 기존의 돌로 만든 도구는 개량과 개선을 거치게 되는데, 단순히 쪼개고 깨는 것이 아닌 갈고 닦는 작업을 통해 좀 더 정교한 도구가 더 많이 등장했다. 그 아름다운 모습은 지금까지도 수수께끼로 남아 있는 경우가 많다. 아주 비옥했던 메소포타미아의 일부 지역에서는 적절한 돌이 부족해지자 흙을 빚은 다음 구워서 낫을 만들기도 했는데, 유리처럼 날카로웠지만 또 역시 유리처럼 쉽게 부서지기도 했다.

유라시아 대륙의 경제와 불평등

지금부터는 최초로 나타난 불평등에 대한 그 실제 배경에 대해 한번 알아보려고 한다. 이에 대한 또 다른 내용은 제5장에서 다룰 것이다. 문자가 나타나기 이전 시대에 대한 고고학은 오로지 제한된 수준에서만 당시의 사회구조와 문화적 관계에 대해 밝혀낼 수 있을 뿐이다. 물론 그 제한된 수준의 내용도 상당히 실제적이고 중요할 수는 있다. 예컨대 건물의 경우 전체적인 모습이 아니라 일부만 남아 있어도 그 안에서 어떤 활동이 벌어졌는지 추측할 수 있으며, 그곳이 주거지였다면 주민들의 상대적인 사회적 위치 등도 가늠할 수 있다. 죽은 이의 매장 장소 같은 경우는 더 중요한 실마리를 제공해줄 수 있을 것이다.

거대한 이집트의 피라미드와 파라오 투탕카멘의 무덤의 경우, 문자가 있던 문화의 유물이라는 점을 감안해도 그 배경이 되는 청동기 사회의 정교한 기술과 장인들의 솜씨에 대해 엄청나게 많은 것들을 알려주고 있으며, 그 시절의 물질적인 풍요로움에 대해서는 말할 것도 없다. 특히 지배계층을 포함한 특권층과 부유층의 경우는 저승으로 갈 때 수많은 부장품들을 함께 묻었으며, 당시에는 당연히 상상도 못했겠지만 미래의 고고학자들에게 큰 도움을 주게 된다. 영국 서포크 주에 있는 서튼 후Sutton Hoo 유적은 7세기경 이스트 앵글리아의 왕이 묻힌 곳으로, 아주 색다르면서도 문자가 없었던 것으로 추정되는 시대의 문화를 잘 보여준다. 이 정도 수준의 선명하고 빈틈없는 증거들을 보여주는 고고학 발굴지는 아주 드문데, 특히 여기서 추측할 수 있는 사회의 모습은 여전히 논의 중이지만 다른 곳과 비교할 수 없을 정도의 수준이다.[17]

이런 고고학적 발굴을 통해 우리는 일반적인 가설에서 확실한 내용까지 다양한 결론을 도출해낼 수 있다. 생활 방식이 정착형이었다는 건 물자를 저장할 수 있었다는 뜻이다. 개인이 먹고 입고 혹은 소비할 수 있는 이상의 많은 물자가 생기면 그것이 농업 생산물이든, 다양하게 사용되던 수공예품이든, 결국 사회적인 차별이나 불평등이 생겨나게 된다. 또한 그 소유자가 한 개인이 아닌 부유한 가문으로서, 곤란이 닥쳤을 때 어려운 이웃들을 돕게 된다면 사회적 계층의 분화는 점점 더 가속화될 것이다. 이런 식의 신세는 언제가 되었든 반드시 갚아야만 했으며, 그 대가

노동, 성, 권력
Work, Sex and Power

는 아마도 노동이나 때로는 성性의 제공이었을 것이다. 그리고 이로 인해 한번 정해진 경제적 종속 관계는 더 단단하게 고착화되었을 것이다. 게다가 축적된 물자를 그것을 탐내는 이들로부터 지키려는 과정에서 사회적 갈등이 생겨나게 된다. BCE 8000년경의 도시 제리코Jericho는 최초로 알려진 성곽으로 무장을 하고 있었는데, 이것은 메소포타미아 남부에서 최초의 도시가 생겨나기 한참 전의 일이다.

아메리카 대륙

고고학적 성과를 통해 우리는 아메리카 대륙에서 농업이 시작된 다양한 이유들에 대해 더 자세히 알 수 있게 되었다. 아메리카 대륙에서 농업은 각각 중앙아메리카와 페루 연안이라는 거의 연결된 관계가 없는 개별적 지역에서 시작되었으며, 유라시아 대륙과 비교해서는 4000년에서 5000년 정도 뒤늦게 시작되었다. 마커스와 플래너리는《불평등의 창조: 인류는 왜 평등 사회에서 왕국, 노예제, 제국으로 나아갔는가The Creation of Inequality: How Our Prehistoric Ancestors Set the Stage for Monarchy, Slavery, and Empire》를 통해 매우 상세한 설명을 해주고 있다.

중앙아메리카 문명의 근간이 되어준 작물은 다름 아닌 옥수수로, 그 조상이 되는 야생 옥수수를 개량해 재배하기까지는 상당한 어려움이 있었다. 옥수수는 점차 북쪽을 향해 전파되어 북아메리카의 남서쪽을 지나 마침내 미주리 계곡과 같은 저 먼 북쪽에서도 옥수수를 재배할 수 있게 되었다. 옥수수를 제외한 다른 작물로는 호박과 콩이 있다. 지금의 페루 연안에서는 감자를 주로 재배했으며, 정착형 농업 공동체가 지금의 페루 북부 계곡을 따라 계속해서 생겨나게 되었다.

유라시아와 아프리카 대륙에서도 그랬던 것처럼, 이러한 공동체들은 적절한 때에 신격화된 군주와 주변의 명문 상류층이 지배하는 제국의 일부가 된다. 페루 해안지방에서 발생했던 모체Moche 문화는 나중에 페루 고산지대에 기반을 둔 잉카 제국으로 이어진다. 중앙아메리카를 지배한 제국은 여럿이 있었는데 유카탄Yucatan 반도와 그 주변 지역을 기반으로 했던 마야 제국이 가장 유명하며, 이후 멕시카Mexica 혹은 아즈텍Aztecs으로 불린 제국으로 이어진다. 아메리카 대륙의 제국들은 유라시아와 비슷한 모습을 띠고 있는데, 메소포타미아와 마찬가지로 제국의 변방이나 국경 지역의 지배자들은 혈족과 피지배계층에서 끌어 모은 병력을 이용해서 제국의 중심부로 침범해 들어갔다.

유라시아의 제국들을 문명화된 사회로 볼 수 있다면, 중앙아메리카의 제국들이 비록 신석기 시대의 기술을 배경으로 하고 있었지만 어떤 식으로든 하나의 문명으로 볼 수 있을 것이다. 에스파냐의 정복자들이 들어오기 바로 전까지도 잉카 제국은 금이나 은으로 된 장식품과 청동 도구를 막 사용하기 시작한 것을 빼고는 주로 부싯돌과 흑요석으로 각종 도구와 무기를 만들었다.[18] 이 문명이 다른 방해 없이 계속 발전할 수 있었다면 어떤 결과가 벌어졌을지 상상해 보는 것도 흥미로운 일일 것이다.

사회적 분화

고고학계에서는 신석기 시대 농업 공동체에 대해 자급자족을 할 수 없는 체계였다는 점을 분명히 지적하고 있다. 그렇다면 근처에서 구할 수 없는 물자에 대해서는 다른 공동체들과의 교역을 통해 문제를 해결했을 것이다. 여기에는 필수품이라 할 수 있는 소금이나 다른 사치품들도 포함이 되는데, 아마 구석기 시대에도 당연히 이런 교환의 경제가 존재했을 것이라 추정된다.[19] 서로 다른 씨족끼리 이어진 사회에서 이루어지는 교역에는 배우자의 문제도 포함이 되었을 것이며, 문화에 따라서는 남녀 간에 혼인을 할 때 각기 풍족하게 가지고 있는 물자를 결혼 선물로 주고받았을 것이라고 추정된다.

이제 정착형 농업 사회가 가져온 또 다른 결과들에 대해서도 살펴보도록 하자. 수렵과 채집을 하던 시절부터 인간은[20] 일종의 의식을 일깨우는 물질과 깊은 관련을 맺고 있었다.[21] 농업이 시작되기 전에는 야생의 식물에서 적절한 것을 찾았는데, 예컨대 환각 작용을 일으키는 버섯 등이 여기 포함된다. 농업의 시작은 놀라울 정도로 새로운 가능성의 시작을 알렸으며, 인공적인 재배를 통해 환각 물질을 만들어내는 시대가 열리게 된 것이다. 꿀과 과일은 물론 사실상 탄수화물이 들어간 모든 먹을거리는 발효 기술이 발전하면서 사람들을 취하게 만드는 물질로 바뀔 수 있었다. 보리를 사용한 맥주가 아마 제일 먼저 등장했을 것이며, 포도주가 그 뒤를 이었을 것이다.

짐승들을 길들이는 일은 비단 정착형 농업 공동체에만 국한되는 일이 아니었다. 이를 통해 새로운 형태의 사회가 출현하게 되었는데, 그것이 바로 목축을 하는 유목 사회다. 일부 학계에서는 이러한 유목 사회가 처음 모습을 드러낸 것을 BCE 60,000년경으로 보고 있다. 당연한 이야기이지만 모든 가축이 유목 생활에 어울리는 것은 아니다. 예를 들어 돼지를 몰고 이동하는 민족에 대해서는 전혀 알려진 바가 없다. 소 역시 이동에 적합하지 않은 경우가 많았는데, 아마도 먹이를 먹는 특별한 방식 때문에 이동이라는 일종의 사회적 질서에 어울리지 않았던 것 같다. 소에 의존하는 유목 사회는 대부분 아프리카 대륙에서만 발견된다. 대부분의 유목 민족이 선호했던 가축으로는 지역적인 특색에 큰 영향을 받는 순록이 있으며 양과 염소, 낙타, 그리고 말 등은 순록과 비교해 지리적인 영향을 덜 받았다. 널리 알려진 것처럼 이스라엘 민족의 조상은 양을 키우는 목자들이었으며 누군가의 말처럼 "진정한 유목민은 가난한 유목민뿐"일지도 모르겠으나, 때로 유목 생활은 정착 생활을 하고 있는 공동체를 공격해 재물을 빼앗는 기회가 되기도 했다.

이 문제를 통해 우리는 유목 민족과 농업 민족 사이의 빈번한 교류를 생각해볼 수 있다. 바로 호의와 적의가 뒤섞인 교류의 관계다. 어떤 유목 민족들은 기회만 닿으면 정착민들에게 일정한 공물을 거둬들이는 것보다는 정복을 하는 쪽을 택했다. 특히 훈족이나 몽골족의 사례를 보면 주로 전사 계급이 부족의 주도권을 쥐고 뛰어난 기동력을 확보했을 때 침략을 선택하는 경우가 더 많았다. 정착민을 습격한 유목 민족은 이내 자신들이 정복한 좀 더 진보된 문명 속으로 흡수가 되었고, 다시 또 적당한 때가 되면 다른 정착민을 습격하는 일을 반복했다. 중세 시대의 위대한 이슬람 출신 학자인 이븐 할둔은 이러한 반복을 자신의 역사 이론의 주제로 삼기도 했다.

정착 생활과 농업을 통한 식량의 생산은 사회적 분화를 낳았으며 이는 인간 종족 최초의 거대한 변혁을 불러온 핵심 요소였다. 그렇지만 특정 지역에서는 또 다른 요소들도 찾아볼 수 있는데, 예컨대 각기 다른 기후대의 대초원 지역에서는 가축을 기르고 돌보는 일이 또 다른 사회 규범으로 자리를 잡게 된 것이다. 그 결과 유라시아와 아프리카 대륙에서는 농업 민족과 유목 민족 사이의 교류가 생겨나게 되었고, 이는 근대 이전의 역사를 지배하는 중요한 배경이 되었다. 이런 현상의 핵심적인 측면에 대해서는 다시 계속해서 살펴보게 될 것이다.

노동, 성, 권력
Work, Sex and Power

제4장

성의 차이, 성관계와 혈연의 문제
Gender Differentiation, Sex and Kindred

"두뇌 조직 안에서 강력한 성적 욕망과 감정이 만들어지는 건 놀라운 자연의 섭리라고 할 수 있다. 열기로 달아오른 남녀에게 이런 감정의 목적이 결국은 종족 번식일 뿐이라는 사실을 굳이 알리는 일 없이도 말이다."

— 자크 팬스케프

다른 모든 생명체들과 마찬가지로 인간의 기본적인 진화의 기능은 바로 종족 번식 그 자체라고 할 수 있다. 인간의 다른 모든 활동은 이 중요한 목적을 향해 집중되어 있는 것이다. 인간과 생물학적으로 가장 가까운 침팬지와 보노보, 그리고 그보다는 약간 거리가 먼 유인원이나 긴팔원숭이들처럼 인간의 번식은 척추동물과 무척추동물을 포함한 대부분의 동물들의 그것과는 조금 다르다. 인간은 시기를 정해놓고 성관계를 하지 않으며,[1] 1년 중 어느 때라도 관계를 맺고 번식을 할 수 있다. 성관계의 형식에 있어 인간은 동물의 왕국에서 생각하는 것처럼[2] 그렇게 정도 이상으로 독특하지만은 않지만, 그래도 분명 좀 더 창의적이고 다양한 모습을 보인다.

그 해부학적 특징을 통해 다른 동물들은 상상할 수 없는 다양한 자세로 성관계를 맺을 수 있으며, 인간처럼 포르노물 같은 시각적인 자극을 통해 쾌감을 얻는 동물은 어디에도 없다. 성관계를 맺을 때 가학적이거나 피학적인 행동을 보이는 것도 인간에게서만 발견되는 현상이다. 인간은 또한 성기를 공개적으로 드러내는 것을 부끄러워하는 유일한 동물이기도 하다. 아주 다양한 형태로 그 부끄러움을 표출하기는 하지만 어쨌든 부끄러워한다는 사실에는 변함이 없다.

앞서 제3장에서도 언급했지만 호모 사피엔스나 네안데르탈인들뿐만 아니라 호모 에렉투스 및 그 진화의 선조들과 연결되어 있는 초기 인류는 두 발로 걷는 유일한 포유류였다.

이런 해부학적 특징은 엄청난 결과를 불러왔는데, 거기에는 움직임에 대한 확실한 감각과 도구 제작 등 많은 활동을 가능하게 해주는 양손의 사용은 물론, 사회적으로 보는 성적 관계의 내용 등도 포함이 된다. 성관계의 문제는 특히 두뇌와 두개골의 이상 발달과 합쳐져 가장 중요한 의미를 지니고 있는데, 이런 모든 것들은 다른 유인원들과 비교해 초기 인류의 사회적 행동이 크게 달랐다는 사실을 보여주고 있는 것이다. "두 손이 자유로워지자 암컷은 자신의 새끼를 양손으로 들고 좀 더 친밀하게 다룰 수 있게 되었으며, 필요한 것을 더 잘 제공해줄 수 있었다. 인간이 아닌 다른 유인원들의 경우는 새끼가 네 발로 움직이는 어미에게 꼭 매달려 있어야만 했다."[3]

인간이 아닌 유인원들의 골반과 하체는 기본적으로 나무 위에 살고 있는 생물로서 상대적으로 길고 홀쭉하며 땅에서는 네 발로 움직이는 데 적합했다. 그렇지만 초기 인류의 모습은 이것과는 크게 다른데, 여성의 경우 특별히 골반이 넓고 깊어서 직립보행을 하며 임신을 하는 데 적합했으며, 자궁과 질은 복부의 좀 더 앞쪽에 위치해 있었다. 유인원들과 비교해보면 직립보행을 하는 초기 인류 여성의 성기는 두 다리 사이에 좀 더 깊숙이 감춰져 있었다.

그것이 뜻하는 바가 무엇이든 간에 몸에 걸칠 것을 찾기 이전의 초기 인류 사회에서 성과 성적 관계에 대한 중요한 의미가 있었을 것으로 추정되는 모습이다. 이러한 신체적 차이점을 통해 초기 인류는 얼굴과 얼굴을 맞대는 자세로 성관계를 맺을 수 있었다. 이는 네발로 움직이는 포유류에게는 거의 불가능한 자세로, 인류는 이 자세를 더 선호했다. 물론 사실 여부를 아는 것은 불가능하지만 어쩌면 서로 더 끈끈한 유대감을 느꼈을지도 모를 일이었다.

할머니의 중요성

그렇지만 초기 인류의 사회적 관계에서 훨씬 더 중요했던 건 분만을 위한 여성의 성기 구조의 적합성이었다. 인간의 아기는 상대적으로 커다란 두개골을 가지고 있었기 때문이다. 진화를 통해 아기의 두개골 앞부분은 산도産道를 통과하는 동안 머리의 크기를 줄이는 움직임을 만들어낼 수 있었지만, 그건 단지 부분적인 해결책일 뿐이었다. 진화의 과정에서 여성은 출산 시 '출산의 역설obstetrical dilemma'을 이겨내고 생존할 수 있도록 진화했음에 틀림없다. 출산의 역설이란 직립보행을 하기 위해서 산도의 크기가 줄어들었는데, 그 대신 태어나는 아기의 두개골 형태는 다른 영장류들과 비교해서 훨씬 더 산도를 빠져나오기 어렵게 만들어졌다는 뜻이다. 이러한 문제를 해결하기 위해 인간의 아기는 태어날 때 점점 더 크기가 줄어들게끔 진화했으며, 따라서 제대로 자라는 데 더 오랜 시간과 보살핌이 필요했다.[4]

게다가 인간 여성의 성기는 외부의 도움이 없이는 출산이 어려운 위치에 있었다. 반면에 다른 유인원 암컷들은 상대적으로 아주 쉽게 새끼를 낳았다. 따라서 인간의 출산은 불가능한 일은 아니었지만 아주 어렵고 위험한 일이었으며, 누군가의 도움이 필요한 것이 일종의 규칙처럼 되었다. 그렇다면 가장 도움을 잘 줄 수 있는 주변 사람은 누굴까. 당연히 산모의 친엄마나 이모, 혹은 경험과 나이가 많은 친척 여성이 아닐까. 이렇게 해서 인간 및 사회적 진화 과정에서 나이 많은 할머니들의 역할이 중요해졌으며 이 문제는 비단 여기에서만 그치지 않았다.

인간의 아기는 걸음마를 할 때부터 유년기까지 수렵과 채집을 주로 하는 사회에서조차 다른 동물들과 비교해 엄청나게 긴 기간을 성인들에게 의존해야만 했다. 이는 부분적으로는 신체적 조건의 문제이기도 했으며, 또 꼭 배워야만 하는 사회적 학습 내용의 분량 때문이기도 했다. 그런데 공동체 구성원의 숫자를 유지하기 위해 산모들은 계속해서 임신을 하고 출산을 할 필요가 있었는데, 먼저 태어난 아이가 여전히 부모에게 의지할 수밖에 없는 상황이라면 여기서 다시 할머니나 친척 여성들이 이 문제의 생물학적, 그리고 사회학적인 해결책이 된다. 유인원 암컷들은 폐경이 지나면 대개는 곧 죽어버리지만 인간은 그렇지 않다. 커츠는 이렇게 주장한다. "이른바 이 할머니 이론은 폐경기가 지난 늙은 여성이 유인원에서 진짜 인간으로 진화하는 과정과 그와 관련된 사회 조직 안에서, 특히 가족 안에서, 예상치 못했던 역할을 하게 되었음을 알려주고 있다."[5]

노동, 성, 권력
Work, Sex and Power

섹스, 다산, 그리고 그에 대한 관리

　19세기에 널리 퍼진 생각 중 하나가 바로 초기의 인간들은 '원시적인 무리'를 이루고 다 함께 섞여 살았다는 것이다. 여기에는 완전히 자유로운 성적 관계가 존재했다는 거의 전설에 가까운 편견이 숨어 있다.[6] 모든 사회적 영장류들은 무리 안에서 위계질서를 유지하고 있으며, 가장 자유롭게 살고 있는 보노보도 마찬가지다. 그리고 이러한 질서는 거의 언제나 성적인 관계를 맺는 상대방을 구분하도록 하고 있다. 보노보는 상대를 가리지 않고 관계를 맺는다고 알려져 있지만 이런 경우는 아주 드물다. 그리고 그런 보노보조차 어미와 아들 사이의 관계는 피하고 있다고 한다.

　무리 안에서 서로의 위치가 다름으로 인해 성관계에 어느 정도의 규제와 제한이 있다고 한다면, 한정된 물자라는 환경 때문에 개체수를 조절하는 것은 또 다른 문제라고 할 수 있다. 그리고 개체수 과잉이 아닌 물자의 부족이 문제일 때 성관계를 방치하는 것 역시 또 다른 문제다. 시간과 공간에 따라 명확한 증거 자료가 존재하는 모든 인간 사회를 살펴보면 성관계는 규칙과 자격에 따라 엄격하게 관리되었으며, 종종 단순한 인구수 조절의 문제를 넘어서는 충분한 문화적 동기들도 있었다.

　무엇보다 사회적인 제약의 근본적인 이유가 상대적으로 분명하다는 것을 짚고 넘어가자. 수렵 사회의 인구수와 아직 초창기 형태에 불과했던 농업에 대한 의존은 언제나 아주 복잡한 체계의 가족 관계를 만들어냈다. 그리고 근친상간 금지는 가까운 친척의 범위까지 확장되었다.[7] 따라서 허용 가능한 성관계 가능 대상자의 숫자는 제한될 수밖에 없었으며, 결국 지역 공동체 밖의 사람들보다는 보통은 공동체 안 친족들 사이에서 결정이 되었다. 그렇게 되면 공동체와 가족 안으로 새로운 사람을

들이는 일을 통제할 수 있었다. 또 지참금이나 부동산의 권리에 대해서도 가능한 범위 안에서 서로에게 도움이 되도록 조정하는 일도 가능했다.

환경의 영향이 지속적이며 강력하게 영향을 미치고 인구수를 제한하는 일이 필요한 사회나 공동체에서는, 원로들이 쾌락을 위한 관계를 제한하는 역할을 맡는다. 혹은 보통 입문의 의식 중 일부로 진행되는 남성 성기 훼손, 그러니까 고환 한쪽을 제거하는 등의 극단적인 과정도 분란 없이 출산율을 줄이기 위해 시행되곤 했는데, 오스트레일리아의 어느 원주민 공동체에서 발견된 사실이다.

반면에, 출산율을 늘리는 일이 중요하다면 출산과 관계가 없는 성행위를 막는 일이 문제가 된다. 예를 들어 이스라엘 민족의 고대 법전이라 할 수 있는 모세 율법에 따르면, 가임기가 아닌 여성과 관계를 맺거나 관계 시 질외사정을 하는 일을 금하고 있으며 이를 어길 시에는 사형도 가능했다.

보통의 경우에는 출산율을 낮추는 일보다는 늘리는 일이 더 중요하게 생각이 되었다. 근대 과학이 등장하기 이전의 사회에서는 출산과 사고, 질병이나 전쟁 등을 통한 사망률이 언제나 출산율을 크게 앞질렀다. 수렵이나 채집 사회에서 농경 사회로 접어들고 산모들이 동시에 더 많은 숫자의 아이를 출산할 수 있게 되었어도 사정은 크게 변하지 않았다. 게다가 건강한 성인 남성을 많이 확보하고 있으면 전쟁에서 상대편을 압도할 수 있었다.

또 농경 사회의 부모 입장에서 보면 아이를 많이 갖는 일이 농업에서 많은 노동력을 확보할 수 있는 일이었으며, 동시에 나이가 들어서 의지할 곳이 생긴다는 의미이기도 했다. 나이가 들어 병이 들거나 일을 못하는 부모를 일종의 안락사처럼 죽도록 방치하는 관습은 북극권의 원주민들 같은 수렵이나 유목 민족에게서 볼 수 있는데, 때때로 농경 사회에서도 이런 모습이 발견되며 일본 농가에서도 이런 일이 있었다.

겉으로 드러나게 혹은 드러나지 않게 성적인 면을 억압하거나 도드라지게 하는 일은 어떤 사회에서든 발견할 수 있는 중요한 문화적 관습이다. 온몸을 덮는 긴 옷은 추위를 이겨내는 실용적인 목적 외에도 거의 예외 없이 성별이나 문화에 따라 성적 매력을 감추기도 하고 또 오히려 돋보이게도 한다. 그리고 화장은 매력을 발산시키는 도구다.[8] 기록으로 남아 있는 모든 역사를 살펴보면 남녀의 성구별은 의복을 통해 이루어졌고, 성별의 차이점을 더욱 드러나게 하는 것도 역시 의복이었다. 지금의 아프가니스탄이나 아라비아 반도의 이슬람 국가들을 보면 이해가 갈 것이다.

반면에 20세기에 시작되어 청바지로 상징되는 남녀 구별이 어려운 현대식 의복들은 서구나 동아시아 국가들 사이에서 큰 인기를 끌게 되었는데, 이런 모습은 역사적으로 한 번도 볼 수 없었던 진기한 현상이며, 앞서 언급한 국가들에서조차 일상생활이 아닌 공식적인 자리에서는 여전히 인정받지 못하는 모습이다.

전해오는 옛날이야기에서부터 텔레비전 드라마에 이르기까지, 남녀의 관계나 좀 더 노골적인 성의 문제에 대해 명쾌하게 아니면 에둘러서라도 제대로 관심을 가지고 전해주고 있는 곳은 거의 없다. 현대의 대중가요에서 성과 사랑은 매우 중요한 소재가 된다. 성별의 문제와 성관계는 종종 소유나 상속의 문제로 연결이 되며 법규와 판례의 상당 부분을 차지하고 있다. 현대에 이르러서는 과학적 연구를 통해 많은 부분을 밝혀냈으나, 여성의 역할을 무시하는 불평등한 관계에 의해 여전히 많은 문화적 영향을 받고 있다.

성과 권력

성별에 따른 불평등의 수준은 문화에 따라 매우 다양하지만, 그 정도에 상관없이 역사적으로 볼 때 보편적인 인간의 본성이거나 거기에 가까운 것 같다. 바로 자연의 법칙을 그대로 받아들이다가 극히 최근에 와서야 거기에 도전하고 있는 것이다. 신화나 전설에서조차 그런 모습이 역력한데, 우리가 잘 아는《구약성경》에서는 신이 남자를 먼저 창조하고 그 남자의 갈비뼈를 가지고 여자를 만든다. 게다가 재앙을 가져올 열매를 먼저 맛보고 배우자를 유혹하는 것도 여자다. 그리스 신화에서 여성은 인간이 받게 될 모든 고통의 씨앗을 세상에 퍼트린 당사자다. 중국의 전설에서는 반대로 인간을 창조한 것이 여신이기는 하지만 그렇다고 해서 중국 여성의 지위가 달라진 것은 아니다.

19세기 후반의 저술들을 살펴보면, 프리드리히 엥겔스는《가족, 사유재산, 국가의 기원Der Ursprung Familie, des Privateigenthums und des Staats》에서 인류학자인 루이스 모건의 글을 인용해 자신만의 근거를 이끌어낸다. 엥겔스의 설명에 따르면 처음에는 남녀가 평등했고 오히려 여성이 이끄는 역할을 했으나, 농업이 발전하고 가축을 기르면서 큰 가축들을 다루는 일을 하다 보니 남성이 더 우월한 존재가 되었다는 것이다. 이런 그의 해석에 따르면 남자가 주도적인 역할을 하게 된 것은 단지 힘쓸 일이 필요해서였다는 것인가. 사회의 주도권이 넘어가고 가부장적인 사회가 되면서 자연스럽게 '여성은 역사적으로 크게 패배한 성'이 되었다. 시몬 드 보부아르는《제2의 성Le deuxieme sexe》의 역사 관련 부분에서 이렇게 적었는데, 그녀는 엥겔스가 발전의 뒤에 숨어 있는 중요한 동기는 설명하지 않은 채 피상적인 내용만 언급했다고 비판했다. "……가장 중요한 문제가 은근슬쩍 넘어갔다……. 여성에 대한 억압이 사유재산 제도에서 비롯되었다는 사실을 이끌어내는 것이 불가능하다."[9] 그럼에도 불구하고

노동, 성, 권력
Work, Sex and Power

시몬 드 보부아르는 엥겔스의 인류학적 관점에는 동의를 했다. 비록 당시에 그들이 생각하던 혁신은 이제는 시대에 뒤떨어진 것이 될 수밖에 없긴 하지만 말이다.

그렇지만 성별에 따른 차별과 이어지는 불평등과 억압이 노동력 차이에 뿌리를 두고 있다는 견해는 의심해볼 만한 여지가 있다. 우선은 생물학적 차이점을 생각해봐야 하며, 좀 더 진지하게는 새롭게 주도권을 잡은 성별에 의해 만들어진 사적인 이득이 이끌어내는 관례와 습관의 문제도 살펴봐야 한다. 일단 사회적 관습이 진지하게 뿌리를 내리고 나면, 특히 그 뒤에 개인적인 이해관계가 얽혀 있다면, 그 뿌리를 뽑아버리기란 정말로 어려운 일이다. 그리고 그 사적인 이해관계에 성적 관계와 같은 근본적이며 의식을 지배하는 문제까지 얽힌다면, 그 어려움의 정도는 헤아릴 수 없을 정도로 더 복잡해지는 것이다.

역사의 과정 속에서 사회를 이끄는 성이라는 힘이 성별에 따른 차별의 문제와 합쳐지자 냉혹한 결과가 만들어졌다. 앞에서 언급했던 것처럼, 사회 계급에서 우선권을 쥔 남성들은 더 많은 숫자의 여성들을 만날 수 있었으며, 1만 1000년 전부터 시작된 농업혁명을 통해 축적된 부와 노예제도, 그리고 주로 남성들이 이득을 얻을 수 있었던 전쟁 등을 통해 여자들을 납치해서 한 남자만을 위해 봉사하도록 만들었다.[10] 역사가 기록되기 시작하면서부터 이런 일은 분명히 존재했으며 21세기인 지금도 아직 완전히 사라지지 않았다.

청동기 시대와 그 이후에 탄생한 이집트와 아시리아, 바빌로니아, 인도, 중국, 그리고 아즈텍과 잉카 제국의 지배자들은 자연스럽게 엄청나게 많은 후궁들을 두었으며 또 보통은 환관들도 아주 많았다. 그렇지만 황제들뿐만 아니라 귀족들과 황제의 총애를 받는 신하들 역시 이를 흉내 낼 수 있었다. 이런 현상은 농업과 도시, 교육과 금속 가공 기술이 발전하면서 생겨난 참으로 극적인 측면 중 하나다. 여성은 이제 너무도 자연스럽게 남성에게 종속된 소유물이 되어버린 것이다. 역사 속에 이따금씩 등장했던 여성 군주들도 남성들을 성적 노예로 부렸는지에 대해서는 아무런 기록이 남아 있지 않다. 심지어 절대 권력을 휘둘렀던 19세기 마다가스카르의 라나발로나 여왕도 그러지 못했다. 최소한 내가 알기로는 그런 일은 없다. 대신 서로마와 동로마 제국의 태후나 모후들은 환관들과 성적인 즐거움을 누렸다고 전해지며, 러시아의 예카테리나 2세는 여러 애인들을 두었다고 한다. 그렇지만 20세기 전까지 여성이 자신이 선택한 남성과 함께 공개적으로 성적 쾌락을 즐기는 경우는 정말로 드물었다.

환관들에 대해서 살펴보면, 이들이 처음 역사 속에 등장한 건 수메르의 도시국가 시절부터이며 나중에 제국들이 생겨나자 그 숫자도 크게 늘어나게 되었다. 중국의 왕조들은 초창기부터 거의 사업적인 규모로 환관들을 양성했으며 다른 문화권에서도 상황은 비슷했다. 환관의 조건은 정치적으로나 성적으로나 군주에게 절대로 도전하려는 의지가 없어야만 했다. 동로마 제국의 정치와 행정을 주로 담당한 건 환관들이었다. 이들은 교회는 물론 군부대에서도 높은 지위에 올라 장군이나 제독으로 맹활약을 했으며, 어떤 환관은 수도인 콘스탄티노플의 교회에서 가장 높은 지위인 대주교 자리에 오르기도 했다. 17세기에 들어 터키 제국이 수도를 포위했을 때는 양측의 해군 제독이 모두 다 환관인 경우도 있었다. 반면에 중세의 로마 가톨릭교회는 카스트라토castrato라는 이름으로 거세를 한 남성들의 성가대는 운영했지만, 거세를 한 남성이 성직자가 되는 것을 엄격하게 금했으며 새로 선출된 교황은 신체검사를 철저하게 받았다.

노동, 성, 권력
Work, Sex and Power

몇 가지 사례들

성과 기독교

로마 제국의 문화와는 다르게 유럽에 기독교가 본격적으로 퍼지면서 공적인 업무를 맡은 사람들은 성적인 문제에 대해 처음부터 많은 제약을 받았다. 이런 현상을 더욱 공고히 한 것이 바로 기독교 교회였다. 교회는 성적인 문제에 대해 아주 엄격했으며 성을 하나님과 멀어지는 인간 타락의 상징으로 보았다. 그리고 문제가 발생하면 여성의 탓으로 돌렸다. 이런 기독교 국가나 공동체에서는 결혼을 하고도 성관계를 완전히 끊고 금욕적인 생활을 선택한 사람은 크게 추앙을 받았으며, 처녀성을 지키는 일은 그보다 더 고귀한 일이었다. 로마 가톨릭교회의 초기 교부敎父 중 한 사람인 히에로니무스는 성관계가 유일하게 허용되는 건, 또 다른 동정녀나 동정남을 낳기 위해서일 뿐이라고 말하기도 했다.

예수 그리스도에 대한 기록이나 훗날 기독교를 전파한 일등 공신인 사도 바울의 서신들을 살펴보면, 둘 다 모두 결혼을 하지 않고 성관계의 경험도 없는 쪽을 선호한다는 것을 알 수 있다.[11] 그것은 아마도 두 사람 다 세상의 종말이 곧 닥칠 것으로 믿었고, 따라서 미래의 가족이나 사회에 대해서 고민할 필요가 없다고 여겼기 때문인 것 같다. 예수는 다음과 같은 말을 남겼다고 전해진다. "그러므로 내일 일을 위하여 염려하지 말라. 내일 일은 내일이 염려할 것이요, 한 날의 괴로움은 그날로 족하니라."[12] 거기에 이스라엘 사람들의 전통 안에서 구현이 되고 당시 로마 제국 입장에서는 이질적이었던 금욕에 대한 문화가 초기 기독교에 영향을 미치기도 했다. 상당수의 초기 기독교인들은 남녀 모두 이러한 양식을 받아들였다. 그들은 성스러움과 자유를 동시에 누릴 수 있다고 믿었는데, '동정을 지킨 자들의 천국'과 다른 여러 가지 이유들을 통해 정말 그렇게 되었다. 이런 믿음을 받아들인 남자와 여자는 종종 기독교를 믿지 않은 가족들이나 친척들과 심한 갈등을 빚었지만, 강압적인 성관계와 부담스러운 가족의 의무로부터 벗어나는 자유를 누렸다. 특히 여성의 경우 출산으로 인한 위험으로부터도 자유로워질 수 있었다. 그렇지만 이러한 모든 것들은 기독교의 창조 설화와 관련해서 특별한 근거가 존재하지 않는 것이다.

4세기 초 《구약성경》의 〈창세기〉에 등장하는 불순종의 죄에 대한 전설은 서구 기독교 전통에서 성과 관련된 죄로 바뀌게 되는데, 동방정교회와 콥트 교회에서는 상대적으로 이에 대한 내용을 찾아보기가 어렵다. 〈창세기〉의 내용을 있는 그대로 받아들이는 사람은 아담과 이브의 불순종은 그 후손들에게 재앙을 가져다주었다는 데 동의하겠지만, 그 내용 자체가 성문제와 관련된 죄라는 암시는 어디에도 없었다. 단지 두 사람은 건드리지 말라는 금단의 열매를 먹었고 그 결과로 자신들이 지금껏 벌거벗고 있었다는 사실을 깨닫게 된다. 게다가 침례를 받고 예수 그리스도를 믿으면 조상들의 죄로부터 벗어나서 아담과 이브가 죄로 인해 빼앗겼던 영생의 자유를 다시 찾을 수 있다고 하지 않았던가.

이러한 믿음과 이해가 관념적으로 뒤바뀌게 된 것은 모두 4세기 후반과 5세기 초의 두 인물 때문이다. 당시 로마 제국은 서쪽 국경부터 서서히 무너져가고 있던 중이었는데, 그 두 인물이란 다름 아닌 그리스어 성경을 라틴어로 번역한 히에로니무스와 로마 제국령이었던 북아프리카 히포의 주교 아우구스티누스다. 두 사람은 모두 말과 글을 통해 가차 없는 논쟁을 즐겼고, 두 사람의 설명에 따르면 성에 대한 탐욕 자체를 증오한다고 했다. 두 사람의 생각에 성이란, 창조주 하나님의 분노이자 그에 따른 처벌이다. 〈마태복음〉에 따르면 '시험과 처벌'인 셈이었다.[13] 아우구스티누스에 따르면 인간의 본성은 어쩔 수 없이 타락할 수밖에 없는

노동, 성, 권력
Work, Sex and Power

것이다. 구원은 오직 성스러운 하나님 한 분을 통해서만 이루어지는 것이며 구원을 받게 될 사람도 극소수에 불과하다. 성에 대해 절제의 믿음이 더 많이 퍼질수록 제국에서 기독교와 기독교를 믿는 사람들의 위상은 더 높아져갔다. 그리고 기독교가 땅의 끝까지 복음을 전하게 되는 날 구원을 받는 사람들도 더 늘어나게 되는 것이다.

성직자들

그렇지만 교회 자체는 이 문제와 관련해 곤란한 상황에 빠져 있었다. 물론 초기 기독교 교회는 그 밖에도 많은 문제점들을 안고 있었고 이에 대해서는 제9장에서 좀 더 자세하게 다루게 될 것이다. 어쨌든 기독교를 믿는 남녀가 곧 닥쳐오리라 믿고 있는 세상의 종말까지 살아남을 경우, 그때까지 성관계와 출산의 문제는 반드시 피해야 하는 것이었으며 그런 경험에는 공포가 함께하는 것으로 알려져야 했다. 그러면서 논리적 결론만을 원칙으로 하고 남녀를 창조한 우주의 창조주가 악한 신인가에 대해 논쟁을 벌이는 사람들은 얼마 지나지 않아 뒷전으로 밀려나게 되었다.

그렇다면 성관계를 피하기 위한 해답은 무엇인가. 그건 바로 세상과 완전히 멀어지는 것이었다. 먼저 황야로 가서 속세를 버린 은둔자가 될 수도 있고, 남은 날을 기둥 위에 앉아 보낼 수도 있었다. 그리고 남자든 여자든 수도원에 들어가는 것도 한 가지 방법이었는데, 수도원에서는 동정을 지킨 사람을 더 환영했다. 그렇지만 돈은 사라지지 않고 그대로 남았는데, 예컨대 아버지들은 딸을 강제로 수녀로 만들고는 시집갈 때 들어가는 지참금을 고스란히 남길 수 있었다.[14]

이렇게 종교적으로 고립을 택한 사람들은 신이 저버렸다고 생각되는 불경한 사람들로부터 멀리 떠나 누구에게도 방해받지 않고 마치 직업처럼 경건함을 수양할 수 있었다. 물론 그런 성스러운 삶을 지원해주는 건 다름 아닌 불경한 사람들 중에서도 부자들이었다. 그렇지만 성직자들에게 전해 들은 것들을 믿고 행하며, 자신보다 가난하거나 하류층의 사람들과 좀 더 소박한 형태로 수양의 길을 걷는 사람들도 있었다. 불교의 승려들과 힌두교의 은둔자들은 그런 점에서 비슷한 길을 걸었던 기독교인들과 아주 많이 닮아 있다. 일본과 타이완의 남녀 승려들은 결혼이 가능한데, 이것처럼 각각의 종교 사이에는 다양한 수행의 방법이 존재해서 일반화를 시키기는 어렵지만, 대부분은 속세의 모든 것들을 버리고 떠나 오직 성스러운 의식과 수행에만 전념했다. 다만 몇몇 종파의 기독교 수도승들은 수양의 일부로 농사와 같은 노동을 하기도 했다.

기독교 교회에는 수도원에 들어가지 않고 교구에 거주하며 사람들과 섞여 사는 성직자들도 있었다. 위로는 대주교부터 아래로는 일반 사제까지 다양했다. 이들은 일반 사람들을 계속해서 기독교로 이끄는 역할을 했는데, 성스러운 삶을 살고 있는 수도사와, 왕에서 농노까지 죄로 물든 속인들 사이의 중간 위치에 서 있는 사람들이었다. 초기 기독교 교회에서 이렇게 속세에 나와 있는 성직자들은 보통 결혼을 했지만, 11세기 무렵 서방의 로마 가톨릭교회와 동방정교회가 서로 갈라지면서 모든 성직자에게 독신 생활을 요구하는 로마 교황의 목소리가 높아져 갔다. 이렇게 된 배경에는 성직으로 얻는 모든 수입이 자식에게 대물림되는 것을 막으려는 속셈이 숨어 있었다. 물론 그렇다고 해서 수도사나 수도원장 같은 성직자들이 자식을 갖는 것을 완전히 막을 수는 없었지만, 이렇게 태어난 아이들은 사생아가 되고 정식으로 유산 같은 것을 물려받는 일이 불가능해졌다. 동방정교를 따르는 동로마 제국에서는 이런 일이 크게 문제가 되지 않아, 지역 교구의 성직자들은 계속해서 결혼을 할 수

노동, 성, 권력
Work, Sex and Power

있었으며 성직도 유지했다. 다만 고위 성직자는 수도원의 독신 성직자 중에서 임명이 되었다.

역시 같은 시기에 서방의 교회에서는 결혼과 상속에 대한 원칙과 규정을 엄격하게 정비하느라 분주했다. 스테파니 쿤츠 교수에 따르면, "중세 시대에는 결혼이라는 제도가 다양하면서도 모호했다".[15] 8세기에서 9세기까지 프랑크 왕국을 지배했던 샤를마뉴 대제는 기독교의 수호자로 불렸지만, 여러 명의 정식 아내 말고도 수많은 후궁들을 두었다. 그는 딸들이 결혼을 하는 것을 금했지만 애인에 대해서는 아무런 참견도 하지 않았다. 정복왕 윌리엄은 사생아로 태어나서 사생아 윌리엄William the Bastard으로도 불렸지만, 노르망디의 공작이 되는 데는 아무런 문제가 없었으며 잉글랜드의 국왕자리까지 오른다. 이런 일은 이후에는 불가능해졌으며, 역시 사생아로 태어난 윌리엄의 손자들은 왕의 후보에도 오르지 못했다.

이 시기에 사생아들은 자격만 갖춘다면 매우 높은 자리까지 오를 수는 있었으나, 유럽 어디에서도 합법적으로 군주의 자리에 오를 방법은 없었다. 누군가 그런 야망을 가지고 있다면 자신이 사생아가 아닌 적자赤子라는 사실을 어떻게 해서든 꾸며내야만 했다. 교회 역시 이런 사생아나 결혼에 관련된 기준을 더 엄격하게 넓혀가기 시작했다. 가까운 친족 사이의 결혼이나 성관계는 원칙적으로 금지되었다. 이렇게 결혼 대상자의 범위를 줄이는 목적은 귀족가문의 재산이 자기들 사이에서만 오가며 집중되는 것을 막고, 그 대신 교회로의 기부를 독려하기 위해서였다. 교회는 부자들의 유산을 차지하기 위해 혈안이 되었으며, 거기에 더해 모든 가정은 법적으로 전체 수입의 10분의 1을 교회에 십일조로 바칠 의무가 있었다.

성별에 따른 고통

농업과 문명, 사유재산 소유와 사치품의 시작은 특별히 여성들에게 안 좋은 소식이었다. 사유재산은 결국 상속이 되는 것이며 여기에는 부자父子 관계만 고려되었다. 여성들은 사실상 거래가 되는 상품으로 전락했고, 가족의 이익에 따라 남편이나 주인에게 강제로 예속되었다. 또한 훨씬 더 엄격하게 행동의 제약을 받았고, 심지어 복종을 확인하기 위해 성기를 훼손하는 일도 있었다. 행동을 제약하는 수준은 지역의 문화와 남자 친척들의 사회적 지위에 따라 각양각색이었다. 만일 농가의 여성이 귀족가문의 여성에 비해 상대적으로 덜 간섭을 받았다면 그건 단지 값이 덜 나가는 상품이기 때문이며, 고된 농사일을 시키기 위해 어느 정도 자유를 준 것뿐이었다. 예컨대 발을 묶어 작게 만드는 중국의 전족纏足 풍습은 주로 상류층에서 유행했고 여성들은 밖에서 일을 하지 못했다.

19세기에 엥겔스는 처음 노동이 구분되기 시작한 건 성별에 따라서였다고 말했는데, 이건 구석기 시대의 동굴 생활에서도 마찬가지였다. 아이를 낳고 기르는 책임의 차이에서 성별에 따른 노동의 구분이 자연스럽게 생겨나게 된 것이다. 다시 말해, 임신과 출산을 하고 수유를 하는 것은 여성의 몫으로, 여기에 생리가 더해져서 남녀 관계에 있어 여성은 육체적으로 불리한 위치에 서게 되었다. 또한 성별에 따른 외모의 차이도 당연히 있었는데, 일반적으로 남성이 덩치가 더 크고 힘도 강했다. 정리하자면, 남성은 자연스럽게 중요하지도 않고 보람도 없는 일 등을 여성들에게 떠맡겼고, 어떤 경우 정말 말 그대로 그런 상황이 이어졌다. 내가 어린 시절을 보냈던 시골에서는 하수구 시설이 제대로 없어서 배설물을 모아 바다에 갖다 버렸는데, 그 일을 맡은 것이 바로 동네 여자들이었다. 물론 상류층의 여성들은 그 일을 집안의 여성 도우미나 일꾼들에게 떠맡겼다.

아나스타샤 반쉰코바는 고대 이집트의 문서를 참고해서, 글을 읽을 수 있는 상류층을 위해 존재했던 일종의 교육 지침서를 찾아 이렇게 설명하고 있다.

"고왕국古王國, Old Kingdom 시절 시작된 이집트 여성들의 전형적인 모습이 점차 어떻게 발전해 나갔는지 그 복잡한 과정을 한번 살펴보자. 처음에 아내는 부부 사이에서 '두 번째' 권력자로, 부부는 상호 간에 균형을 맞추며 서로 독립적이고 친근한 개인으로 심리적인 조화를 목표로 한다. 신왕국 시절이 되면 아내는 '가족의 공동 관리자'로 남편을 따라 주로 '가정을 풍성하게 만드는 데 도움이 되는 것'들을 찾아내는 데 주력한다. 또한 이 시기에는 간통이라는 문제가 여성들을 위한 가르침의 주제로 처음 등장하기도 했다. 후기 왕국 시대에 들어서 아내에 대한 기본적인 개념은 변하지 않았으나, 실상은 성격이 좋지 않거나 악한 여성은 진정한 주체로 더 이상 인정받지 못하게 된다."16

반쉰코바가 이 글을 쓰며 찾아낸 근거들에 따르면, 이집트 여성들의 사회적 지위는 BCE 3000년에서 1000년까지 2000년의 세월이 흐르는 동안 서서히 낮아졌다는 사실을 알 수 있다.

"결혼의 유일한 목적은 자손을 얻기 위함이다. 개인으로서 여성은 완전히 무시되거나 굴욕적인 대우를 받았으며, 부부 사이의 심리적인 유대감 같은 것은 전혀 없다. 가족 관계에 있어 특별히 주의를 끈 유일한 사례가 있다면 아내의 간통이 모든 남편들에게 지속적인 위협으로 간주되었다는 것인데, 간통과 부정을 만들어내는 것은 다름 아닌 여성 '본연의' 공통된 본성 때문이라는 것이다. 그것 말고는 가족 내의 어떤 특별한 부정적인 상황도 남편을 크게 두렵게 만드는 일은 없었…… 여성을 가르치는 일은 마치 밑 빠진 독에 물을 채우는 일처럼 쓸모없는 일로 취급되었다."17

고대 그리스에서는 다른 도시국가들과 스파르타 사이의 관습 차이가 매우 컸는데, 스파르타 여성들은 당시 기준으로 볼 때 비정상적으로 풍족한 자유를 누렸다. 이 시기 아테네의 여성들은 특히 더 나쁜 대우를 받았다. 집안에서 격리된 생활을 했고, 집안에 아들이 없는 유일한 상속자일 경우는 가까운 친척과 강제로 결혼을 해야 했다.

심지어 이미 결혼한 상태에서도 자신이 집안의 유일한 상속자가 되면 이혼을 하고 친척과 새로 결혼을 했던 것이다. 상속인으로서의 여성은 오직 '같은 집안 안에만' 있어야 한다는 것이 그 이유였다. "고대 민주주의 사회에서는 여성의 결혼이 비교적 공평한 일이었을 뿐만 아니라, 결혼 전의 제한된 생활에 비해 더 많은 자유를 누릴 수 있었다."18 그 후 2000년이 지나 마르틴 루터는 자신은 누가 자신의 딸들의 남편이 되어 아이를 만들게 할지에 대해 소유하고 있는 암말들만큼이나 걱정하고 있다고 주장하기도 했다.

글로 기록된 모든 역사를 살펴보면 여성은 결혼을 통해 남성에게 종속되고 남성 친척들이 이끄는 가부장적 제도 안에만 있어야 했으며, 그 제도를 뒷받침하는 사람들 역시 남성 입법가나 사상가들이었다. 그 안에서 여성은 소모품이나 장식품 취급을 받았다. 오래전 세르비아와 같은 몇몇 지역에서는 여성이 자신의 성생활에 대해 거짓을 말하는 것도 남성처럼 명예를 지키기 위한 행동으로 인정받는 것이 가능했지만, 그건 아주 예외적인 경우이며 지금까지도 남성은 여성보다 더 우월한 대접을 받는다. 이 책을 시작하며 나는 발터 벤야민의 "모든 문명의 기록은 또한 야만의 기록이다"라는 말을 인용했지만, 거기서 한 걸음 더 나아가 모든 문명의 기록은 여성 혐오의 기록이라는 말을 할 수도 있을 것 같다. 물론 세월이 흐르면서 상황은 훨씬 더 나아졌지만, 세상 어디선가 첫걸음을 떼는 일에도 그렇게 오랜 세월이 걸린 것이다.

성행위—쾌락과 종족 번식의 사이에서

인간은 쾌락과 종족 번식을 위해 성행위를 한다. 당연한 이야기이지만, 그중에서도 쾌락은 성생활을 즐기는 대부분의 사람들이 가장 중요하게 생각하는 동기일 것이다. 하지만 여러 다양한 도덕군자들이 써내려간 역사에서 이런 사실은 철저하게 외면당해왔다. 성이라는 말에 도덕이라는 말을 붙여 성도덕이라는 말이 괜히 생겨난 것이 아니다.

성적 상호 교류라는 영역에서 가장 분명하게 드러나는 것이 바로 성별에 따른 불평등일 것이다. 역사의 기록을 통해서 보면 수천 년 전 남성들은 폭력에 기대어 성적으로 여성들을 억압했다. 이런 일은 때로는 동성 간에도 일어났고 미성년일 경우 남녀를 가리지 않고 강제로 억누르는 일도 많았다. 이런 일들은 그냥 어쩔 수 없는 일로 받아들여졌으며, 20세기 후반까지 영국 남성들은 결혼을 약속한 사이라면 동의 없이 성관계를 맺는 일이 범죄가 아니었다. 물리적인 강간이 불법인 국가에서조차 희생자가 상대방을 법정에 세우는 일은 자신을 드러낼 큰 용기가 없으면 할 수 없는 일이다.

남성이 여성을 종속시키는 모든 형태 중에서 특히 집안에서의 성적인 억압과 폭력은 시대와 관계없이 가장 근원적이며 고통스러운 느낌으로 기억된다. 어른이 아이들을 학대하거나 괴롭히는 일은 제쳐놓고라도, 이와 관련해 지난 세기 가장 빈번하게 일어났던 폭력 중에 여자 고용인들을 향한 것을 빼놓을 수 없다. 집안에서 하인이나 하녀와 같은 고용인을 두는 것이 일반적이었던 시대, 특히 하녀들은 고용주나 가까운 자신의 친척들에게 험한 일을 많이 당했다. 우리 시대에서 완전하지는 않지만 가장 많이 달라졌다고 여겨지는 개념이 바로 이상적인 성생활이다. 이상적인 성생활이란, 성인이 된 남녀가 상대방에 대한 어떤 강제나 폭력 없이 동등한 위치에서 완전히 합의를 한 후 자발적으로 이루어지는 것이다. 하지만 아주 길고도 고통스러운 역사를 지니고 있다. 이성애는 물론 동성애에서의 힘의 불균형 문제를 염두에 두더라도, 이런 이상이 현실과 얼마나 동떨어져 있는지는 지금도 세계 인구의 절반이 이 문제로 개인적인 고통을 당하고 있는 것을 보면 알 수 있는 것이다.

결혼과 이혼

세상에 존재하고 있는 모든 사회와 문화에서 엄청나게 다양한 모습으로 존재하기는 하지만, 우리가 '결혼'이라고 부르는 제도는 일반적인 기준으로 인정되는 일부일처제와 함께 매우 중요한 일종의 '사회적 사실社會的事實, social fact'이다. 일반적으로 볼 때 일부다처제가 받아들여졌던 문화권에서 이런 결혼의 비용은 오직 상류층들만이 감당할 수 있었다. 물론 일부일처제에서도 사람들의 시선이나 사회적인 권고에 상관없이 결혼은 많은 비용이 들어가는 일이다.

누군가는 이런 모습을 '외줄을 타듯' 아주 정신없고 소란스러운 일이라고 표현하기도 했다. 결혼의 가장 중요한 목적은 늘 그렇듯 사회를 위한 다음 세대를 만들고 키우며 교육시키기 위함이다. 다른 이유가 있다면, 더 이상 수렵이나 채집을 하지 않는 모든 사회에서는 특별히 상속이라는 사유재산의 관리 문제와 연관이 있다.

역사를 살펴보면, 남겨진 기록과 상관없이 결혼이란 두 당사자가 아닌 가족의 문제였다. 자녀들, 특히 딸들이 부모의 사유재산으로 생각되던 환경에서 아직 완전히 결혼도 하지 않은 상대방과 미리 어떤 관계를 갖는 건 철저하게 금지되었으며, 부모나 친척들이 주도하는 이런 결혼은 종종 재산과 권력의 문제가 얽혀 있었다. 그리고 당연히 미망인의 결혼도 미혼의 젊은 여성 못지않게 중요하게 여겨졌다. 이런 식의 결혼이 일반적인 문화권에서는 결혼 중개인이 집안 소유의 재산을 관리하는 중개인만큼이나 중요한 역할을 했다.

정착을 하는 농업과 목축 생활이 시작된 이래 역시 다양한 문화권에서 당연한 관습으로 자리를 잡은 지참금 제도는 종종 매우 슬픈 비극을 불러오기도 했다. 지참금은 기본적으로 한 가족이 다른 가족의 식구를 결혼을 통해 받아들일 때 가족 간에 오고가던 일종의 선물이다. 아프리카의 유목 부족처럼 남자 쪽 가족이 지참금을 건네야 하는 경우도 많았지만, 대부분의 경우 지참금이란 여자 쪽 가족이 책임지는 것이었다. 극단적으로 빈곤한 경우를 제외하면 사회의 모든 계층에서 이 지참금을 제대로 준비하지 못한 여성은 결혼을 하지 못하는 상태로 남겨질 수밖에 없었다. 나중에 제6장에서 자세하게 살펴보겠지만, 이런 불명예스러운 일을 피하기 위해 빚을 지다가 더 좋지 않은 결과를 만들어내는 경우도 많았다.

지참금처럼 사악한 관습은 오늘날에도 여전히 남아 있다. 인도에서는 분명히 불법인데도 버젓이 지참금을 요구하고 주고받는다. 그러다 남자 쪽에서 지참금 액수가 마음에 안 들면 더 많이 요구하기도 하고 종종 그 액수는 처음보다 크게 올라가는데, 원하는 만큼 지참금을 받지 못하면 결국 신부에게 휘발유를 끼얹어 불태워 죽이는 잔인한 일이 일어나기도 하는 것이다. 이런 일은 가정 내 사고로 묻히기가 쉬우며 진실을 증명해내기란 어렵다.

성행위와 사랑

따라서 역사적으로 볼 때, 결혼의 당사자인 각 개인들은 짝을 구하는 데 선택권이 거의 없거나 전혀 없었으며, 늘 그렇듯 여성은 남성보다 더한 차별을 받았다. 가톨릭교회는 결혼이란 자의적으로 만들어가는 관계가 되어야 한다고 했지만 이것은 안 하는 것만 못한 이야기로, 특히나 여성들은 가족의 압력에 의해 자신의 결혼에 대해서 그저 형식적인 찬성만 할 수 있을 뿐이었다. 중세 유럽에서는 집안에 남는 딸이 있으면 역시 일반적인 결혼 과정과 마찬가지로 본인 동의 없이 '예수의 신부'가 되는 수녀원에 보냈는데, 문화 비평가인 테리 이글턴은 자신의 회고록인《문지기The Gatekeeper》를 통해 과거뿐만 아니라 지금도 그런 모습을 볼 수 있다고 고백하기도 했다. 서로 합의를 한 성인들의 성관계는 어떤 형태든지 사회적으로 대부분 수용되는 현재 서구 문화권의 모습은 역사적으로 볼 때는 전례가 없는 일이다. 물론 지역에 따라서 예외는 있을 수 있고 편견이 섞여 있을 수도 있기는 하지만 말이다. 어쨌든 불과 100년이 지나기 전에 바뀐 모습들을 보면 극적이면서도 놀랍다.

결코 전 세계적으로 다 그렇다고는 말할 수 없으나, 세계 상당수의 지역에서 지금은 각 개인이 서로 자유롭게 원하는 성관계의 상대를 고를 수 있다는 것이 일반적인 기준으로 자리를 잡았다. 불법적인 행위는 아니지만 가족이 먼저 합의하는 결혼은 종종 사람들의 눈살을 찌푸리게 하며, 전통이라는 이름으로 행해지다가 지금은 은밀히 이루어지고 있는 강제 결혼은 끔찍하고 모욕적인 일로 여겨진다. 일부 국가에서는 범죄행위로 취급되기까지 한다. 가벼운 성행위와는 구분되는 결혼은 성관계와 함께 상호 간의 친밀한 애정을 바탕으로 하는 것이기는 하지만, 사실 그보다 훨씬 더 넓은 수준의 정서를 포함하고 있으며 그 정서와 감정은 모두 '사랑'이라는 애매한 말로 설명할 수 있다. 결혼의 정상적인 형태가 사랑이 되어야 한다는 개념은 17세기에 나타난 것으로, 특별히 17세기 중반 혁명을 겪은 영국에서 강하게 드러났다. 혁명 이후 영국에서는 사랑의 감정을 자유롭게 드러낼 수 있었으며, 소설이라는 새롭게 등장한 문학의 갈래는 부모의 억압과 갈등하는 '진정한 사랑'에 대한 이야기로 가득 채워졌다.

로맨틱한 사랑이 정말 현대적인 개념인지에 대해서는 심지어 20세기까지도 심각하게 논의된 주제였지만, 중세 말기의 유럽에서도 이 로맨틱한 사랑에 대한 개념은 있었다. 사랑의 증거는 아주 묘한 곳에서도 발견된다. 구약시대 이스라엘의 전승傳乘에는 야곱과 라헬의 이야기가 포함되어 있는데, 이 이야기의 틀이 갖춰진 건 BCE 10세기 중반의 일이지만 그 이전에 있었던 지역의 설화를 바탕으로 하고 있는 걸로 추정된다. 고전 시대 그리스의 주요 설화들은 주로 불륜의 관계를 바탕으로 하고 있으며, 헤로Hero와 레안드로스Leandros의 애절한 사랑 이야기도 그리스 신화에서 유래된 것이다. 아서왕 전설에 나오는 기사 랜슬롯과 왕비 귀네비어, 그리고 트리스탄과 이졸데의 사랑 이야기는 중세에 완성이 되었으나 역시 훨씬 더 오래전부터 전해 내려오는 전설을 바탕으로 하고 있다. 특히 트리스탄과 이졸데의 사랑 이야기는 아마도 페르시아 설화가 그 원작인 것으로 여겨진다. 좀 더 산문체에 가까운 엘로이즈Heloise와 아벨라르Abelard의 이야기는 실존 인물의 이야기이며, 중세이긴 하지만 말기가 아닌 12세기에 일어난 일이다. 인간은 복잡한 동물로, 두 남녀 사이의 강력한 성적 매력은 의식 속에서 반향을 불러일으키며, 이는 단순한 신체적인 느낌을 훨씬 초월하는 것이다.

기록된 역사를 살펴보면 결혼은 언제나 가장 불평등한 제도였다. 남성의 경우 모든 면에서 사회의 가장 밑바닥에 위치한 사람, 그러니까 심지어 노예라 할지라도 결혼을 하고 나면 가정에서 폭군으로 돌변했다. 그리고 드문 경우이지만 남편이 가정에서 아내에게 힘을 쓰지 못하면

몇 배 더 수치스러운 일로 여겨지기도 했다. 이러한 불평등은 당연히 결혼 생활이 끝날 때까지 이어졌는데, 기독교 교회에서 절대적으로 이혼을 금지한 것은 예외적인 경우가 있다 하더라도 아주 이례적인 일이었다.[19] 대부분의 사회에서는 민법을 통해 혹은 그에 상응하는 법을 통해 이혼을 인정했던 것이다.

당연한 일이지만, 이혼은 종종 남편만이 요구할 수 있는 특권이었다.[20] 어떤 경우 남편은 단지 "나는 당신과 이혼한다"라는 말을 세 번만 외치기만 하면 되었다. 그렇지만 이런 상황에서도 이혼의 횟수는 자녀와 관련된 문제 때문에 제한이 되는 것이 일반적이었다. 당연히 자녀가 없는 경우는 이혼이 더 쉬웠으며 '불임'은 종종 이혼의 정당한 사유가 되곤 했다. 그리고 이혼을 할 때는 아내가 결혼을 할 때 가져온 지참금을 그대로 돌려주는 경우도 많았다. 로마 제국 시절의 경우 여성이 다양한 이유를 가지고 합법적으로 이혼 절차를 시작할 수 있었다는 역사적 사례들도 있지만, 그건 가족의 지원이 있을 때만 현실적으로 가능한 이야기였다. 만일 아내에게 협박에 대항할 보호 수단이 없거나, 남편의 도움 없이는 살 수 없는 형편이라면 이혼은 어려웠다.

결혼은 여성이 스스로를 도매금으로 팔아넘기거나 팔려가는 것이며, 매춘은 소매로 파는 것이라는 어느 신랄한 풍자가 있다. 완곡하게 에둘러 말해 '역사상 가장 오래된 직업'이라고도 하는 매춘은 결혼과 마찬가지로 최초로 기록된 역사에서 사회적인 현상으로 등장한다. 고대에는 마을과 도시에서 찾아볼 수 있는 매춘 업소의 매춘부들 대다수가 주인들이 부리는 노예였고 몸을 파는 남자들도 많았다. 또 꼭 노예가 아니더라도 가난으로 인해 몸을 팔 수밖에 없는 사람들도 있었다. 고대 이집트의 기록에도 등장하는 노예가 아닌 고급 창녀나 '거리의 여자들'은 어느 사회나 문화권에서도 존재해왔지만, 특히 이 싸구려 '거리의 여자들'은 매춘부들 중에서도 가장 하찮은 존재로 멸시를 당했고 포주들이 마음대로 부리는 미끼나 다름없었다. 설사 혼자서 독립적으로 영업을 한다고 해도, 강도는 물론 손님이나 경쟁자로 인한 상해나 살해 등 끊임없는 위협에 시달려야 했다.

최소한 수메르 문명 이후부터 대부분의 사회에서는 매춘이 법에 의해 규제를 받거나 관리가 되곤 했는데, 이런 경우 법은 돈을 지불하는 남성에게 유리하고 자신의 몸을 파는 여성이나 어린 소년들에게는 불리하게 되어 있었다. 특히 손님이 권력자거나 군인일 경우 더 심했다. 따라서 매춘의 현장이야말로 노동과 섹스, 그리고 권력이 특별히 아주 밀접하게 얽혀 있는 곳이라고 할만 했다.

임신과 피임

이성 간의 교제의 목적이 꼭 그것 때문만은 아니겠지만, 교제가 이루어지는 경우 임신은 언제나 예상 가능한 결과다. 그리고 그 임신이 사회적으로 승인을 받지 못한, 특히 불륜의 결과라면 가장 환영받지 못하는 일이 되어버린다. 심지어 불평등하지만 '서로 인정하는' 관계에서조차 성관계가 강제로 이루어지고 피임을 제대로 하지 않는다면 임신이 반복될 수밖에 없다. 그렇다면 한 아이를 출산하자마자 다른 아이를 임신하는 경우도 있을 것이며, 이렇게 되면 가족의 재정 문제는 물론 산모의 건강에도 계속적인 위험이 되는 것이다.

고대부터 지금까지 임신을 막거나 낙태를 하는 방법은 매우 다양했으며 그 효과도 천차만별이었다. 어떤 방법은 그저 겉으로만 보이는 의식일 뿐, 말 그대로 전혀 효과가 없었다. 1950년대 영국에서는 성관계를 맺는 동안 손가락을 서로 엇갈리게 하거나 특정한 체위를 시도하면 임신을 막을 수 있다는 소문이 유행하기도 했다. 익명으로 운영되는 어느 인터넷 웹 사이트에서는 '지금 사용되는 그 어떤 방법보다 훨씬 더 끔찍한 과거의 피임 혹은 낙태 방법'을 소개하고 있기도 하다.[21] 그중 특별히 무시무시한 방법은 중국에서 유행했었다고 추정되는 것인데, 뜨거운 수은을 마시는 것이다. 확률은 떨어지지만 질외사정을 하거나 항문 섹스 등 여성의 질에 삽입하지 않는 다양한 체위의 성관계는 상당히 널리 사용되었다. 그러다 권력자들에 의해 강하게 금지를 당하는 경우도 많았고, 이러한 문제들은 지금까지도 논쟁의 주제가 되고 있다. 콘돔의 역사는 최소한 수백 년 전까지 거슬러 올라가며 19세기 후반 시작된 공장에서의 콘돔 생산으로 인해 콘돔 사용은 가장 인기 있고 쉬운 피임 방법이 되었다. 물론 아주 수익이 많은 사업이 되었는데, 1960년대에 피임약이 개발되면서 콘돔의 독주가 끝이 났다.

콘돔과 피임약을 비교해보면 성별에 따른 관계에 있어 아주 흥미롭고 재미있는 전기가 마련되었음을 볼 수 있다. 콘돔의 사용은 남성이 피임에 대한 책임을 지는 것이다. 반면에 피임약이 크게 유행하게 되면서 피임의 책임은 여성의 몫으로 돌아갔다. 사실 콘돔의 사용이 의학적으로 훨씬 더 안전하며 피임약을 계속해서 복용하면 호르몬에 영향을 미쳐 피임 효과가 떨어지는데도 말이다. 피임약의 사용이 여성들을 성적으로 해방시켰든 그렇지 않든, 그리고 일반적으로 믿고 있는 것처럼 그 효과가 클 수도 있고 부분적일 수도 있으나, 분명 산업화된 20세기 후반의 서구 사회에서 성생활의 일대 혁명을 가져왔음에는 틀림이 없다. 이로 인해 혼전 성관계를 사회가 자연스럽게 받아들일 수 있게 되었으며, 불륜이나 동성애에 대해서도 어느 정도 관대해졌다. 무엇보다 성적 담론의 영역 자체가 엄청나게 확장되었다. 콘돔은 계속해서 사용이 되고 있으며 어떤 경우 콘돔의 사용은 질병의 감염을 막아주는 장치로 강조되기도 하는데, 특히 1980년대 HIV가 불치병으로 대두되기 시작하면서 그렇게 되기 시작했다. 성생활에 대한 태도가 얼마나 달라졌는지에 대해서는 사방에 언제든지 사용할 수 있는 콘돔 자판기가 설치되었다는 사실이 하나의 작은 지표가 될 수 있을 것이다.

어찌되었든, 극히 최근까지도 모든 문화권에서 적법하지 않은 절차에 의해 아이를 임신하는 일은 불법적인 성생활의 증거라고 여겨졌으며, 수치스럽고 모욕적이며 잔인한 형벌쯤으로 인식이 되었다. 그리고 지금도 여전히 그렇게 생각하는 곳이 있다. 아무리 좋게 봐주려고 해도 원치 않는 임신은 명예를 실추시키는 일로 비난을 받아 마땅하며, 강간으로 임신이 된 것 같은 최악의 경우에는 여자가 살해를 당하거나 사형을 당하기도 했다. 전시에 침략군에 의해 저질러진 강간의 경우는 어느 정도 정상 참작이 되지만, 여전히 이런 경우도 수치스러운 일로 여겨지며 게다가 항상 여성의 잘못으로 생각하는 경우가 많다.

동성 사이의 성관계

과거에는 이른바 '정상 체위'로 역시 정상적인 질내사정을 통한 성행위 이외에는 모두 다 사회에 의해 '비정상적인 것'으로 비난을 받았다.[22] 그런데 앞서 언급했듯이, 이것은 전혀 사실이 아니며 그저 순수하게 관념적인 내용이 가장 좋지 않은 방식으로 설명된 것뿐이다. 또한 권력과 통제가 이러한 주장에 어떻게 영향을 주었는지도 알 수 있다. 인간 중에서 남녀를 포함해 아이들이 자기 자신의 것이나 친구들의 성기를 바라보고 노는 일은 아주 자연스러운 모습이며, 성적인 문제로 분류할 필요가 전혀 없다. 기껏해야 호기심을 충족시키려는 행동일 뿐인 것이다.

인간이 아닌 동물과 인간의 역사 모두를 관찰해보면, 동성 사이에서 느껴지는 성적 흥분은 지극히 '정상적인 것'이다. 다만 인간 사회에서 그 것이 용인되거나 심지어 인정을 받는 일은 보통 일반적인 관습의 틀 안 에서만 이루어질 수 있으며, 그런 문화권이라면 이성애와 동성애 사이 에서 어떠한 갈등도 일어나지 않을 것이다. 로마의 역사가 수에토니우 스는 율리우스 카이사르를 일컬어 "모든 남자의 상대역이나 모든 여자 의 상대역"이라고 하기도 했으며, 고대 중국에서는 스승과 남자 제자 사 이의 성적 관계를 극히 정상적인 것으로 여겼다. 아테네의 장군이자 저 술가인 크세노폰은 '비정상'인 사람으로 여겨졌는데, 양성애가 일반적 이던 시대에 오직 여성에게만 매력을 느꼈기 때문이다. 이와는 반대로 1950년대 영국의 국회의원이던 톰 드리버그는 모든 남자에게 닥치는 대로 구강성교를 받는 것을 즐겼고, 여성과 성적으로 접촉하는 일에 대 해서는 공포와 두려움을 느꼈다고 한다. 그러면서도 결혼을 강행한 건 사회적인 체면 때문이었다. 미국의 성 연구가인 알프레드 킨제이가 성 문제에 대한 자신의 이른바 '킨제이 보고서'를 40년대와 50년대 발표 한 이후, 대부분의 인간은 태어나면서부터 혹은 자라면서 동성애와 이 성애 모두를 받아들이지만 곧 갈라진다는 이론이 어느 정도 받아들여졌 다. 사회학자인 데이비드 T 에반스는 1993년 자신의 저서 《성적 시민권 Sexual Citizenship》의 제6장에서 이러한 이론에 대해 아주 분명한 사례들을 소개하기도 했다.[23]

그렇지만 고대 이스라엘의 율법과 문화에서 동성애는 질외사정의 여 러 경우와 함께 가혹한 비판을 받았으며, 이러한 종교적 저주는 그대로 기독교와 주류 이슬람교로 이어진다. 그 결과 수 세기에 걸쳐 잔혹한 차 별과 죽음의 형벌이 끊이지 않게 되는 것이다. 전부는 아니겠지만 그 대 부분이 두말할 나위도 없이 그저 다른 사람에 대한 무조건의 공포와 악 의에서 비롯된 것이다. 박해자의 입장에 선 사람들에게도 나름대로의 명분은 있었겠으나, 그들을 몰아붙인 건 성스러운 율법을 깨트리는 자들을 쓸어버리지 못하면 오히려 다른 사람들을 오염시켜 결국 신의 진노를 불러올 것이라는 확신이었다. 그중에서 가장 유명한 건 아마 《구약 성경》에 등장하는 소돔과 고모라의 전설일 것이다. 동로마 제국의 유스티아누스 황제는 동성애와 수간獸姦을 처벌하는 법이 반드시 필요하다고 역설했으며, 그런 행위는 지진을 불러올 것이라고도 했다. 지금 영국이나 미국에서 벌어지고 있는 사건들을 보면 그때와 다를 바 없는 잘못된 확신이 여전히 남아 있으며, 두 나라의 우파 정치인들은 동성애의 허용을 거의 천재지변 수준으로 보고 있다.

19세기 터키 제국에서는 동성애를 허용했지만, 대부분의 현대 이슬람 국가들은 동성애를 극렬하게 반대하고 있으며 사형까지 시키는 경우도 있다. 대부분의 주류 기독교 국가들은 1960년대에 들어서자 겨우 법적 금지와 처벌을 폐지하기 시작했지만, 미국의 우파 기독교인들은 이같은 현실을 전혀 인정하지 않고 강력히 저항하며 여전히 신의 진노로 인해 천벌이 내릴 것이라 주장하고 있다. 예컨대 9/11 테러와 세계 무역 센터 붕괴가 다 법으로 동성애를 허용하다 그렇게 된 것이라는 주장이다. 단순한 동성애 허용에서 완전한 인정까지 이르는 길은 아직도 이렇게 멀고도 험하다.[24]

혈연관계

중요성

인간 역사 전체를 살펴보면 혈연관계는 아주 중요한 것으로 사회적 관계의 가장 아래쪽에 놓인 주춧돌이라고 볼 수 있다. 그 중요성은 지금도 여전하다. 일부 현대 사회에서 부분적으로 그 중요성이 약화되었다 하더라도, 심지어 21세기에 가장 '선진국'이라고 하는 국가에서조차 여전히 혈연관계의 중요성이 큰 부분을 차지하고 있다. 우리는 낯선 외부인들보다는 당연히 친족이나 혈족을 더 크게 신뢰할 수 있다고 생각하고 또 그렇게 해왔다. 예를 들어 스코틀랜드에서는 최소한 20세기 초까지도 '친구'라는 단어에 '친족'도 포함이 되었다. 혈연관계는 생물학적 관계가 아닌 모든 관계에도 하나의 은유로 적용될 수 있다. 자신의 조국을 어머니를 뜻하는 모국母國이라고 부르고, 위대한 지도자가 있으면 국민의 '아버지'라고도 부른다. 친구親舊는 혈연관계가 아닌데도 친족親族이나 친척親戚처럼 같은 '친親' 자가 들어간다. 그리고 무엇보다도 기독교의 신을 하나님 '아버지'라고 부르지 않는가.

영어에서 혈연관계를 뜻하는 단어 '킨kin'은 친절을 뜻하는 단어인 '카인드kind'와 '카인드니스kindness'의 뿌리가 되는데, 인간 문화에서 오래전부터 가장 중요하게 생각해온 것이 무엇인지 여기에서 알 수 있다. 혈연관계는 핵가족 안에서 함께 생활하는 부모나 자식, 혹은 형제자매처럼 개인적으로 서로 잘 아는 가까운 사이뿐만 아니라, 훨씬 더 넓은 범위로 확장되고 또 확장된다. 심지어 한 번도 듣지도 보지도 못한 사람이 예상치 못하게 유전적 혈연관계로 나타날 수 있는데, 예를 들어 어릴 때 다른 곳으로 입양된 아이가 성인이 되어 생물학적 부모를 만나는 경우도 있는 것이다.

고대 그리스와 로마의 정치적 그리고 행정적 조직은 씨족을 중심으로 구성되었다고 전해진다. 세습 왕조 시대에 왕이 후계자를 남기지 않고 세상을 떠나면 그 자리를 차지하게 되는 것은 가장 가까운 '혈연' 관계에 있는 친척이다. 이런 왕위 계승 문제로 13세기 말과 14세기 초에는 잉글랜드와 스코틀랜드 사이에 독립전쟁이 일어나기도 했다. 현대에 와서는 사망한 사람의 친척들 사이에 유산을 사이에 두고 볼썽사나운 일들이 벌어지기도 하며, 심지어 친척이라고 나타난 사람들이 고인이 누군지도 모르고 또 서로가 누군지도 모르는 일도 많다.

이슬람 세력이 7세기에 수니Sunni파와 시아Shia파로 갈라서게 된 것은 이슬람의 시조인 무함마드의 후계자 문제 때문이었다. CE 1세기가 저물 무렵 기독교 공동체에서는 그 시조라고 할 수 있는 사도 바울이 자녀를 전혀 남기지 않고 사망했는데, 이건 오히려 운이 좋았던 경우로 만일 자녀들이 있었다면 이슬람과 비슷한 후계자 다툼의 문제가 있었을 것이다. 물론 기독교 역시 또 다른 이유로 분열이 일어나게 되며, 이 문제는 제9장에서 좀 더 자세하게 다루기로 하겠다. 예루살렘에 있던 원조 기독교 공동체에서는 이른바 나사렛 예수의 친족들이 지도자가 될 수 있는 자격이 있었지만, CE 70년 로마 제국에 대항하는 반란이 예루살렘에서 일어나 기존의 공동체들은 로마군에 의해 모두 괴멸된다. 훗날 거기서 살아남았다고 하는 사람들의 이야기는 모두 허구다.

친족 구조

과거 시절에 대한 정확한 증거는 물론 없지만 우리는 친족이 초기 인간 공동체의 핵심을 구성했다는 사실에 대해서는 어느 정도 확신을 가지고 있으며, 수렵과 채집을 하는 수십 명 내외로 구성이 된 당시의 부족은 이러한 공동체가 확장된 최초의 형태라고 볼 수 있다. 최초의 모든 수렵 공동체와 이후 역사의 기록 속에 등장한 농업 사회는 친족이라는 뿌리에 기반을 두고 이후 수 세기 동안 더 큰 공동체로 확장이 된다. 그렇게 도시가 건설되고 국가가 일어섰지만 그 기본적인 구조는 거의 변하지 않았다. 도시와 변경 지역 모두에서 노동 역시 친족의 구성에 따라 체계화되었다.

그 어느 곳이든 농업은 가족의 노동을 중심으로 개척이 되고 진행이 되었으며, 자기 소유의 땅이 없는 외부인은 형편이 넉넉한 가족을 찾아 그 세대의 구성원이 되면서 일거리를 찾았다. 목축업을 하는 사람들이 기르고 의지하는 가축은 당연히 그 가족의 소유였다. 정착해 살고 있는 지역의 농업 인구를 다스리는 건 대부분 세습 귀족들이었다. 땅의 소유권이나 농작물을 거래할 수 있는 권리와 같은 재산은 아버지에게서 아들로 상속이 되었으며, 때로는 딸이나 가까운 다른 친척이 상속받기도 했다. 그리고 농사를 짓지 않는 도시에서는 아들이 아버지의 기술과 직업을 이어받아 대를 이은 장인이 되었다. 인도에서는 이러한 관계가 더 엄격해지며 결국 우리가 알고 있는 엄격한 세습 신분제도인 카스트 제도caste system로 정착이 된다. 여기서 우리는 또다시 노동과 섹스, 그리고 권력이 어떻게 서로 얽혀 있는지를 확인할 수 있다. 그리고 농업을 기반으로 한 사회에서 다시 한 번 강조된 친족의 구조는 결국 권력이라는 관점에서 불평들을 바탕으로 이루어졌다. 성별에 따른 불평등까지 포함해서 또다시 그 불평등을 강화하는 체제가 되었던 것이다.

그런데 힌두교를 중심으로 한 카스트 제도의 제일 꼭대기에는 이른바 문화의 노동자라고 부를 만한 사람들이 자리를 잡고 있었는데, 그들이 바로 브라만Brahmin이라고 부르는 성직자 계급이다. 브라만은 세습이 되는 아주 폐쇄적인 계급으로, 유라시아 대륙의 다른 지역에서도 이와 비슷한 사례들을 찾아볼 수 있으나 로마 제국의 문화에서는 찾아볼 수 없다. 로마 제국의 경우 동로마와 서로마 제국 모두 최고위직 성직자들이 있었고, 서로마 제국의 모든 성직자들은 친족을 우선적으로 등용시킬 수는 있었으나 자리 자체를 물려줄 수는 없었다. 그들은 자신들이 사용하는 관사와 각종 특권은 자녀나 자녀가 없을 경우 가까운 남자 친척에게 양도했다. 그렇지만 성직자가 아닌 일반 세속 권력의 최고 권력자의 경우, 가장 강력한 권력을 휘두르는 제국의 황제에서부터 웨일스 같은 변방 소국의 왕까지 당연하게 그 자리를 자녀나 친족에게 물려주었다. 다만 동로마 제국의 경우는 약간의 예외도 있었다. 이탈리아 피렌체 공화국을 지배하던 메디치 가문은 14세기에서 15세기까지 가문의 재력과 친족들의 협력 체계 구축을 통해 군주에 버금가는 권력을 누렸다. 메디치 가문의 힘이 날로 강성해지자 결국 교황청과 갈등을 빚게 되었고, 그러자 아예 가문 사람들을 추기경 자리에 올리더니 결국 교황자리까지 메디치 가문 사람이 차지하게 된 것이다. 교황은 추기경들이 투표로 결정하기 때문이었다.

중앙 권력은 모든 지역을 모두 효과적으로 통치할 수는 없었고, 특히 변경의 농업 지역은 가문이나 씨족 간의 반목이 심해 종종 심각한 지경까지 이르렀다. 또 그런 일이 쉬지 않고 되풀이 되었다. 씨족 일원의 복수를 대신 해주는 건 의무이자 중요한 책임이었다. 유럽에서도 이런 문제로 특히 악명이 높았던 지역은 발칸반도, 그중에서도 알바니아 지역이었으며 이탈리아의 사르데냐와 코르시카도 유명했다. 시칠리아 섬은 다른 지역에 비해 덜 고립이 되어 있고 많이 개방된 곳이지만, 이곳에는 마피아Mafia라는 전통적인 폭력조직이 있어 역시 조직원의 복수를 잊지 않았다. 스코틀랜드의 고지대와 미국 동부의 '오지backwoods'도 본래 살고 있던 혈연관계의 농부들과 불법을 자행하던 밀주업자들 사이에 피비린내 나는 다툼이 끊이지 않던 시절이 있었다. 세계의 다른 여러 지역도 사정은 비슷했다. 재레드 다이아몬드는 뉴기니 섬 고산지대 사람들에게서 인상적인 사례를 발견했다. "나의 첫 남편은 엘로피Elopi 부족 습격자들에게 살해당했고 두 번째 남편은 나를 탐내던 남자에게 살해당했다.

그리고 세 번째 남편이 된 그 남자는 내 두 번째 남편의 동생에게 또 살해당했다. 죽은 형에 대한 복수였다."[25]

중세 초기에 있었던 일반적인 상속이나 계승에서는 보통 장남이 아닌 세상을 떠난 군주의 가장 가까운 친척이 그 주인공이 되었다. 우리가 알고 있는 장자 상속의 원칙, 그러니까 먼저 장남이 그 자리를 계승하고 장남이 없다면 나이와 적법성을 따져 그 순서대로 가장 가까운 남자 친척이 그 자리를 이어받는 원칙은 CE 10세기가 넘어서고 나서야 비로소 제대로 정착이 되었다. 그나마 모든 곳에서 다 그 원칙을 따르지도 않았다. 때로는 스코틀랜드의 전설에서 보듯 군주를 죽인 자가 그 힘으로 자리를 빼앗는 경우도 있었다.

근대가 되기 이전의 가족이란 하인과 노예는 물론 가까운 친족들까지 포함하는 개념이었다. 그리고 보통은 모든 문화와 사회에서 생산과 직업 훈련, 사회적 지위에 따른 교육, 이념의 주입, 그리고 가까운 씨족들 모임이 이루어지는 현장이었다. 이념적 주입에서는 종교적 내용도 빠지지 않았다. 고대 중국에서도 이렇게 가족을 중요하게 여기는 모습을 어디에서나 찾아볼 수 있었으며, 도교나 유교에서는 살아 있는 가족 못지 않게 죽은 조상을 섬기는 등 가족에 대한 의무와 책임을 강조했다. 고대 이스라엘의 경전도 이와 비슷했는데, 다만 기독교의《신약성경》은 어떤 부분에서는 가족을 부정하는 모습으로 보일 수도 있다. 이런 모습을 통해 우리는 가족의 누군가가 새로운 종교를 받아들이고 다른 사람은 그렇지 않을 때 일어날 수 있는 갈등을 확인할 수 있다. 이렇게 믿음의 문제를 통해 가족이나 친족의 유대감이 위기에 처할 수 있으며, 곧 닥쳐온다던 세상의 종말이 일어나지 않으면서 기독교는 이내 다른 종교처럼 가족 중심으로 자리를 잡는다.

18세기에 접어들어 산업화가 시작되자, 그 영향으로 가족의 본질에

노동, 성, 권력
Work, Sex and Power

극적이지도 급격하지도 않지만 어쨌든 중대한 변화가 생기기 시작한다. 가족은 느리지만 점점 작은 단위로 쪼개지고 확장되지 않았으며, 그것이 어쩌면 산업화 과정의 본질인 것 같았다. 이제 가족은 다음 세대로 교육이나 기술을 전달하기 위해 꼭 필요한 조건이 아니었던 것이다. 산업화 시대의 기업들, 그러니까 생산업체와 금융업체의 경우 처음에는 보통 가족이 운영하는 회사로 시작되어, 아들과 가까운 친척들이 창업주로부터 가업을 물려받을 것을 기대했고 그 과정에서 많은 논쟁과 적대감이 가족들 사이에 생겨났다. 이러한 모습은 문학 작품 속에 그대로 반영이 되었는데, 영국의 대문호 찰스 디킨스의 《돔비와 아들Dombey and Son》에서는 19세기의 생활상을 잘 보여주고 있다.

19세기 프랑스의 상류층 정치가 및 자본가들은 적대감을 가진 사람들에 의해 이른바 특권층인 '200가족'으로 불리었다. 1940년부터 1944년까지 이어진 나치의 허수아비 정권인 페탱Petain 장군의 비시 정부Vichy regime는 프랑스 대혁명의 구호였던 '자유, 평등, 박애'를 '노동, 가족, 조국'으로 바꾸려고 했다. 이런 시도는 당시의 저항 세력들에 의해 '강제 노역, 200가족, 배신의 조국'으로 풍자되었다. 20세기에 들어서서 전 세계적으로 보수주의 반동 운동이 퍼져 '가족'에 대한 헌신을 특히 강조하게 되었다. 급진적인 진보 활동이나 노조에서는 종종 함께하는 사람들을 '형제'와 '자매'라고 부르기도 했다.

개신교 문화에서는 가족 예배에 대해 강조를 했다. 가족의 기도와 성경 봉독을 이끄는 가족의 가장은 지역 성직자의 봉사를 돕는 존재로 인식이 되었다. 18세기 영국의 시인 로버트 번스는 〈어느 날품팔이 농부의 토요일 밤The Cottar's Saturday Night〉이라는 시를 썼는데, 이 시는 18세기 후반의 정서를 잘 보여주고 있다. 주로 농장에서 일을 하는 하류층 날품팔이 인부의 눈을 통해 노동자 계층이나 부유층 할 것 없이 겪어야 하는 경제 변혁의 시기에 가족의 중요성을 강조한 시다. 가족 단위는 노동력을 만들어내는 본질적인 핵심이었고, 부모와 가족들은 새로 태어나는 노동력을 돌보고 양육할 책임이 있었다. 이러한 모습은 특별한 변화 없이 19세기 후반까지 이어졌으며, 어느 정도 교육을 받은 노동력은 발전된 기술과 산업 조직에 있어 없어서는 안 될 존재가 되었다.

이 시기의 가족은 종종 아주 규모가 컸고 모든 가족 구성원이 하나 되어 일사분란하게 함께 움직였다. 나이가 많은 아이들은 본격적으로 노동을 시작하기 전까지 어린 동생들을 돌봤으며, 특히 성별에 따른 역할과 구분이 크게 강조되었다. 영국은 산업화 초기, 그러니까 19세기 초에 섬유 산업이 공장 생산방식으로 바뀌었는데, 어린이들이 물레를 돌리는 노동에 동원되었고 때로 고아원이나 구빈원에서 아이들을 데리고 오는 경우도 있었다. 대부분의 경우는 부모, 그중에서도 같은 공장에 고용된 어머니의 감독 아래 일을 했으며, 다시 다른 관리인이 그런 부모들을 감독했다.

가족은 아주 가혹한 환경이 될 수 있으며 역사적 기록을 통해 볼 수 있는 모습은 빙산의 일각일지도 모른다. 중국 문학에는 폭군과 같은 시어머니가 일상적으로 등장하며, 서구의 전래동화에는 사악한 계모가 주요 등장인물이다. 부모가 청소년기에 접어든 자녀들, 그중에서도 특히 여자 아이들을 학대하는 기록은 세계 어디에서나 찾아볼 수 있는 것이다. 사회 모든 계층의 아이들을 가족의 재산과 경제적, 사회적인 자산으로 보는 일이 당연시되었으며, 폭력과 공포는 부모들이 아이들을 다루는 데 즐겨 사용하던 수단이었다. 15세기에 쓰여졌다고 하는《페스턴 편지 모음집Paston letters》은 막 상류층으로 올라가려고 하는 잉글랜드 중류층 가족의 이야기가 담긴 아주 독특한 편지 모음집으로, 딸을 자신들이 원하는 대로 강제로 결혼시키려는 부모와 거기에 반항하는 딸의 이야기가

노동, 성, 권력
Work, Sex and Power

반복적으로 기록되어 있다. 그리고 어쨌든 부모의 뜻은 이루어지지 않는다.

분명히 20세기 전까지만 해도 모든 문화권에서 폭력과 공포는 아이들의 양육과 교육에 있어 아주 실용적인 전략으로 추천되었다. 고대 로마에서 이른바 가장의 권리에는 심지어 거의 성년에 이른 자녀가 자신을 지나치게 거스를 경우 죽일 수도 있는 권리도 포함되어 있었다. 이 정도면 가부장제도의 가장 극단적인 모습이라 할 수 있을 것이다. 이런 가부장제도의 가장 큰 희생양은 예나 지금이나 언제나 여성들이었고, 현대적인 의미로 해석하면 성별에 따른 관계로 거의 정확하게 적용할 수 있다. 하지만 역사적으로 볼 때 남성이라고 해서 고통을 겪지 않은 것은 아니다. 한 가지 악명 높은 예를 들어보면, 남성과 여성 모두가 겪은 자위행위에 대한 그악스러운 반응이었다. 서구 문화에서는 19세기에서 20세기 초까지 자위행위를 엄격하게 금지했다. 남성이든 여성이든 자위행위에 빠지게 되면 결국 온갖 병에 시달리게 된다고 생각했고, 특히 정신병의 가장 큰 원인으로 여겼다. 부모들이 다 자란 자녀들의 자위행위를 막을 수 있도록 해주는 별별 기묘한 장치들에 대한 광고가 신문에 실리기도 했으며, 심지어 성기를 훼손하는 일까지 있었다.

혈연관계는 모든 역사를 통해 가장 중요한 요소였으며 그렇게 될 수밖에 없었다. 혈연관계가 바탕이 되지 않은 사회적 종족들은 결코 살아남을 수 없었으며 혈연관계를 통해 좀 더 큰 공동체로 성장할 수 있었던 것이다. 종교도 이런 관계를 중심으로 성장했는데, 특히 동아시아 지역이 많이 알려져 있다. 강렬한 감정적 관계 외에도 피가 섞인 친족들은 서로를 돕는 중요한 역할을 했는데, 평상시는 물론이고 특히 위기가 닥쳤을 때 그 중요성이 더욱 강조되었다. 지금은 핵가족이 유행이고 실질적인 중요성도 과거보다 현저하게 약화되었지만, 혈연관계는 여전히 아주 중요한 의미를 지니고 있다. 이러한 관계가 여러 예술 작품 속에서 계속해서 중요한 주제로 자리 잡고 있는 건 결코 우연이 아닌 것이다.

그렇지만 물론 부작용도 있다. 혈연관계란 여러 가지 면에서 폭력적인 관계로 돌변할 수 있는데, 특히 가족의 재산 문제에 얽혀 있거나 개인의 안녕이나 공공의 복지보다 가족의 재산을 모으고 늘리는 일을 더 중요하게 생각할 때 비극은 발생한다. 예를 들어 20세기 중반 새롭게 독립을 한 국가들에서는 부패 문제가 심각했는데, 개인의 탐욕과 이기주의를 넘어서서 정치가와 공무원의 친족들이 그들의 수입을 나눠 갖기를 기대했기 때문이다. 혈연관계로 이어진 친족들은 너무 많았고, 결국 지위를 악용해 부정적인 이득을 취할 수밖에 없었다. 앞서 혈연관계로 인한 압박감에 대해서도 언급을 했지만, 역사를 통해 혈연관계는 아주 강력한 기능을 발휘해 차별적이고 불공정한 성별에 따른 관계를 강요하게 된다. 혈연관계는 인간이 가지고 있는 보편적인 모습이지만, 좋든 나쁘든 각기 다른 문화권에서 매우 다른 방식으로 인간의 삶에 영향을 미쳤다.

신분의 차별과 계급, 그리고 주도권

Status Differentiation, Hierarchy and Hegemony

"나는 지구에 살고 있는 인간의 90퍼센트 이상이 신분과 계급이 생겨나는 일을 막기 위해 애쓰고 있다고 믿고 있다."

— 마이클 만, 《사회적 권력의 원천들》 제1권

"한 개인이나 집단이 권력을 잡는다는 건, 결국 다른 누군가나 집단이 권력을 잃는다는 걸 의미한다."

— 이언 커쇼, 《히틀러 1889~1936》

제5장에서는 아주 작은 사회 계급에서 그 권력과 특권의 차원이 다른 커다란 계급으로 발전하고 변화하는 문제에 대해 다뤄보려고 한다. 그 경제적 기반에 대해서는 이미 앞서 제3장에서 간략하게 다루었지만, 이렇게 성취를 기반으로 하는 사회는 어떻게 억압적이고 계층을 나누는 사회로 바뀌어갔을까? 계급의 형태와 억압, 그리고 불평등은 처음 등장했던 그 순간부터 역사를 구성하는 또 다른 거대한 씨줄과 날줄이 되었

다. 좀 더 일반적인 관점에서 계급의 문제를 다뤄보고, 이어지는 장에서는 그 특별한 현상에 대해서 계속해서 알아보게 될 것이다. BP 1만 년을 전후로 해서 농업 사회의 출현과 함께 인류의 발전이 시작되었고, BP 5000년에서 6000년 사이 도시가 건설되기 시작되면서 그 발전에는 점점 가속도가 붙기 시작했다. 이 무렵에 신격화된 군주들이 등장했으며 셀 수 없이 많은 상류층과 절대 군주들도 모습을 드러내기 시작했다.

지금까지 우리는 인간이 발전할 수 있었던 배경을 대략적으로 살펴보았고, 이른바 '선사 시대'로 알려진 시대에 많은 주의를 기울이며 여러 내용들을 확인했다. 여기서 말하는 선사 시대란 이미 언급했듯이 문자가 발명되기 이전 시대, 그리고 기록된 역사가 나타나기 이전 시대를 의미한다. 지금으로부터 약 5000년쯤 전에 유라시아 대륙에서는 역사의 기록이라는 혁신적인 사건이 시작되었다. 그리고 우연히도 비슷한 시기에 문명이 시작되어 엄청나게 넓고 훨씬 더 명료한 시각으로 과거를 바라보며 예상치 못한 사회질서의 새로운 형태를 맞이하게 된다. 지식을 마음대로 사용할 수 있는 군주가 지배하는 그런 공동체가 등장한 것이다. 기술적 기반은 매우 다르지만, 역시 이 시기 아메리카 대륙에서도 좀 더 큰 규모로 비슷한 문명의 발전이 시작되었다.

몇 가지 이론적 고찰

인간의 실체는 다음과 같은 역설적인 말로 표현될 수 있다. "우리는 우리가 생각하는 그런 사람이 아니며, 동시에 아니라고 생각하는 그런 사람이기도 하다." 다시 말해, 우리 각 개인은 끊임없이 스스로를 미래를 향해 투영하며, 각 개인과 처해 있는 문화에 따라 크게 달라지는 목표를 성취하기 위해 애를 쓴다. 이러한 목표를 일단 성취하고 나면 또 다른 목표를 찾게 되며, 이전과 비슷한 목표일 수도 있고 완전히 다른 목표일 수도 있다. 누군가 이렇게 어떤 목표를 달성하는 모습을 아무 생각 없이 그저 멍하니 바라보는 일은 오랫동안 사실상 불가능한 일이었을 것이다.

인간의 기본적인 목표는 어쩌면 자손을 통해 자신의 존재가 영원히 이어지도록 하는 것이 아닐까. 아니면 어려운 여건을 탈출하는 것, 혹은 배움을 통해 그 어려움을 이겨나가는 것처럼 단순한 것이 아닐까. 아니면 또한 우주의 비밀을 밝혀내는 것 같은 거창하고 복잡한 일이 될 수도 있을 것이다.

중요한 건, 이런 모습이 어떻게 인간 실체의 기본적인 부분이 되느냐 하는 것이다. 인간의 실체는 아주 평범하면서도 엄청나게 대단할 수도, 가장 가치가 있으면서도 가장 타락한 것이 될 수도 있다. 우리의 시각은 언제나 다음 목표를 바라본다. 그 목표는 그저 이듬해 수확량이나 딸에게 적당한 짝을 구해주는 것, 그리고 영주가 부과한 세금을 피해보려는 것 등 대단하지 않은 것일 수도 있다.

기독교가 융성할 때 대부분의 신자들이 품고 있던 궁극의 목표는 하늘나라에 가는 것이었다. 또 다른 시간과 상황, 그리고 문화권이라면 원자의 비밀을 밝혀낸 후 쿼크와 힉스 입자의 비밀을 밝혀내기 위해 어려움을 이겨내는 것이 목표가 될지도 모른다.

이번 제5장에서는 이러한 인간 조건의 특성들 안에 있는 관습과 사회적 맥락에 대해서 이야기해보려고 한다. 인간의 조건이란 현상학적 용어로 말하자면 존재와 타인을 위한 존재쯤 될 것이며, 그 안의 관습이나 사회적 맥락은 지배하고 명령하고 통제하며 또 단지 개인적인 성취와 명예가 아닌 부와 권력을 위한 높은 자리에 오르기 위한 방향으로 바뀌어져간다. 어느 헝가리의 영주는 자신이 올라선 자리에 대해 이렇게 말했다고 한다. "영주 자리에 오르고 나니 그 아래로는 아무도 눈에 들어오지 않는다."

지금 우리가 살고 있는 사회에서는 보통 사람은 수백 번 죽었다 깨어나도 다 쓸 수 없는 재산을 가지고 있는 부호가 여전히 더 많은 재산을 원한다고 해서 잘못이라고 말하지 않는다. 좀 더 쉽게 이야기하면, 나의 월급이 수천, 수만, 아니 수백만 달러가 되어도 우리는 여전히 부족함을 느낀다는 것이다. "그 친구 월급이 나보다 더 많아!" 이렇게 비교로 인한 충격과 공포는 끊임없이 이어진다.

꽤 높은 자리를 차지한 정치인들은 자신들이 크게 성공하지 못했다고 여기며, 역사에서조차 대통령이나 수상 등 정점에 오르지 못한 정치인을 실패한 인물로 기록한다. 정상에 오르고도 그 자리가 여전히 부족하다고 느낀다면, 그 사람은 이번에는 비슷한 자리에서 더 위대한 일을 성취한 사람을 목표로 삼는다. 예컨대 수상의 자리에 올라도 이번에는 윈스턴 처칠 같은 위대한 수상을 목표로 해서 수상 자리에 더 오래 머물며 더 많은 일을 하기를 원하는 것이다. 마치 테니스 대회처럼, 두 사람만 있는 테니스 코트에서 2등은 아무런 의미가 없다. 오직 1등만이 가장 중요하다.[1]

따라서 목표를 이루고 싶어 하는 가장 큰 동기는 다름 아닌 '인정을 받고 싶은 욕구thymos'다. 다른 사람들 앞에서 좋은 모습을 보이고 싶은 욕망인 것이다. 이러한 현상은 모든 사회에서 다 찾아볼 수 있지만, 물질문명이 지배하는 복잡한 현대 사회에서는 오직 다른 사람을 압도하고 싶은 야망으로만 드러난다. 그리고 가능하면 상대방을 지배하고 싶어 하는 것이다.

노동, 성, 권력
Work, Sex and Power

평등의 유지

그리 멀지 않은 과거까지 존재했었고 어쩌면 지금도 이따금 찾아볼 수 있는 수렵 사회는, 인류학자들의 연구에 따르면 언제나 상대적으로 아주 평등한 사회라고 한다. 최소한 남성들 사이에서는 우리가 생각하는 계급은 그저 상대방에 대한 존중 정도에 불과하다는 것이다. 상황을 그와 같이 유지하기 위해 분명 매우 다양한 사회적 장치들이 사용되어 왔다. 서로를 비꼬거나 빈정거리는 일이 포함된 이러한 장치들은 결국 '스스로를 낮추는 일'이며,[2] 어쩔 수 없을 정도로 싫고 미운 사람은 '반대로 그를 추켜 세워주는 방식'으로 무시를 한다. "내가 생각하기에 부끄러운 의식을 만들어내는 중요한 장치는 징벌의 성격을 담은 사회적 도태다⋯⋯."[3] 크리스토퍼 보엠은 여기서 한 걸음 더 나아가, "어쩌면 계급을 반대하는 감정은 인간 본성의 중요한 한 부분일지도 모른다. 아프리카의 !쿵?Kung부족이 뛰어난 사냥꾼 위주의 실력주의가 우선시되는 걸 막기 위해 얼마나 애쓰고 있는지를 주목할 필요가 있다"라고 말한다.[4] 또한 이를 통해 평등주의라는 원칙에 가려 잘 보이지는 않지만, 이러한 예방책이 사실은 계급에 대한 욕망이 실제로 존재하고 있음을 역설적으로 보여주고 있는 것이다.

그럼에도 불구하고 지금까지 남아 있는 얼마 되지 않는 수렵 사회는 물론, 과거에 있었던 수렵 사회에서도 지위나 계층이 존재했다는 증거를 찾아볼 수 있다. 비록 크게 두드러지지 않고 상대방을 존중하는 정도의 의미를 가지고 있긴 하지만 말이다. 예컨대 신체적 능력이나 기술을 기준으로 아이와 어른 사이, 그리고 신참과 고참 사이를 구분하며 때로는 자녀를 얼마나 두고 있는지, 상대적으로 가장 능력이 뛰어난 사냥꾼이 누구인지 구분하는 것이다. 또한 수렵 공동체에서 가장 중요하게 대접을 받는 사람은 자연의 정령이나 죽은 사람의 혼과 교감을 나눌 수 있는 사람이었다. 보엠은 여기에 더해 구석기 시대와 이후 이어지는 중석기 시대의 공동체에서 가장 중요한 인물은 살아 있는 인간이 아닌 조상들의 혼이나 초자연적인 존재로, 이들은 자연적인 현상을 설명하기 위해 창조된 것이라고 주장한다.

그렇다면 공동체를 이끄는 지도자들은 보엠의 표현처럼 '2인자' 이상의 존재는 아니다. 다만 이들이 보여주는 지도력은 좋은 사냥감을 잡는 일에 꼭 필요한 덕목이었을 것이다. 그렇지만 만일 그것이 합리적인 생각이라면 꼭 공평할 필요는 없겠으나, 성공적인 사냥 후에 잡은 고기를 나누는 일에도 제대로 된 지도력이 필요할 것이다. 가장 중요한 건 사냥을 할 때는 위험한 상황이 닥치게 마련이며 그때는 적극적인 협동이 필요하다는 사실인데, 이런 경우 자발적인 협조와 그것을 기꺼이 받아들이는 지도력이 함께 작용을 해야 한다. 복종만을 강요하려고 하면 결속력이 흐트러질 수밖에 없고 효율성이 떨어지며, 공동체의 일원으로 서로 절대적으로 신뢰해야 하는 상황에서 방해만 하게 된다. 올바른 의지와 지도력은 사람들 사이에서 평등한 상태를 가능한 크게 유지할 때만 완성될 수 있는 것이다.

침해받는 평등

마르크스와 엥겔스는 이런 상황을 '원시 공산제primitive communism' 중 하나로 단순하게 규정지었다. 하지만 실제 상황은 그보다 훨씬 더 복잡하며, 특히 여성의 입장을 생각하면 더욱 그렇다. 그럼에도 불구하고 마르크스와 엥겔스 두 사람은 핵심을 정확히 파악하고 있다. 구석기 시대와 중석기 시대의 사회는 복잡한 사회적 분화를 유지할 수 없었고, 만일 그러한 분화가 있다면 노동의 구분 정도인데, 그 구분이 성별에 따라 이루어져 이후 계급과 지배 구조라는 극적인 사회적 구분으로 이어지게 된다. 그리고 그러한 모습은 제2장에서 설명한 씨족사회에서 이미 확인할 수 있다.

농업이 시작되면서 여러 가족이 합쳐져 이루어진 씨족은 여러 가지 계층으로 나누어지기 시작하는데, 결국 누군가 다른 사람보다 우월함을 주장하게 된 것이다. 개인이나 집단이 베푼 친절은 결국 어느 시점엔가 다시 돌아올 것이라는 기대는 좀 더 복잡한 형태로 발전하게 된 농업 사회에서 시대와 지역에 상관없이 인간이 지니게 된 보편적인 특성이다. 하지만 여기에는 큰 장점도 있고 동시에 아주 주목할 만한 단점도 등장하게 된다. 사회적 분화를 만들어낸 강력한 원인이라는 주장에 대해[5] 켄트 플래너리와 조이스 마커스의 설명을 들어보자.

"씨족은 '우리와 상대방의 대립'이라는 의식을 가지고 있었으며, 이는 인간 상호 관계의 이치를 바꿔놓게 된다. 씨족으로 이루어진 사회는 그렇지 않은 사회에 비해 훨씬 더 많이 집단적 폭력을 행사했다……. 씨족으로 이루어진 사회는 또한 사회적 불평등의 정도가 훨씬 더 심하다……. 이러한 불평등의 기원은 이미 빙하기 후반에 등장했던 것으로 추측된다."[6]

그렇지만 지배계층의 등장은 갑작스럽게 이루어진 것이 절대 아니며, 사회적 그리고 지리적으로 아주 오랫동안 억눌려 있었다.

"뛰어난 능력을 보이는 사람이 지도력을 갖는 마을 단위의 사회는 가장 보기 흔한 모습이다. 이런 사회들은 놀라울 정도로 안정되어 있으며, 조상을 기리고 경사와 선물을 나누며 모든 사람들을 태어날 때부터 평등하게 대우하는 혈연집단으로 이루어져 있다. 그리고 명예를 추구하는 재능 있는 일족이 있으면 그때는 또 기꺼이 그 뒤를 돕는다……. 사회를 바탕으로 한 성취는 농업과 정착 생활이 시작되면서 일상적인 현상이 되었다."[7]

분명 이러한 사회들은 강력한 제국이 지배를 하던 시절에도 변경 지역에서 계속 이어졌으며, 마르크스의 주장에 따르면 인디언 사회의 초기 모습이 그랬다고 한다. 그리고 만이 강조하는 것처럼 이런 마을 구조는 계급 구조가 확립된 제국들이 지배를 하게 되었을 때도 사라지지 않았다. "정착 생활이 시작된 초기 신석기 시대 사회의 계급 사회를 넘어서는 어떤 일반적인 사회 혁신도 일어나지 않았다."[8]

도시화 : 더욱 고착화된 계급과 그 종속 관계

세계 각 지역에 존재하던 농업 사회는 한때 지리적으로 크게 확장되어 계층 구조가 고도로 확립된 사회로 발전했었다. 이에 대한 어떤 설명을 들을 때도 우선 그 물리적인 배경의 실체부터 생각을 해야 한다. 앞서 설명했던 것처럼, 계급이란 수렵 사회부터 존재해왔지만 당시의 경제적 상황 때문에 거의 전적으로 각자가 맡은 역할에 의존을 했다. 먼저 정신적 지주인 무당이 있었고, 신체적인 능력과 사냥 기술은 물론 가문의 배경까지 등에 업은 지도자가 있었다. 첨언하자면 이 지도자는 '언제나' 남성이었다. 사람들 사이의 관계뿐만 아니라 재화에 대해서도 엄격한 구분이 시작되면서 정착 사회는 더 많은 잉여 물자를 생산할 필요가 있게 되었다. 여기에 더해 사람들이 늘어나고 더 넓은 교류를 통한 도움도 생겨나면서 높은 위치에 있던 개인이 일정 지역을 지배하는 주인으로 올라설 수 있게 된다.[9] 이렇게 탄생한 지배계급은 아랫사람들을 만족시킬

노동, 성, 권력
Work, Sex and Power

수 있는 충분한 재화를 확보해야만 했다. 이상적으로만 보자면 최초로 기록된 증거들에서 알 수 있듯이 관대함은 모든 지배자들이 가져야 하는 덕목이었고, 그 가장 극단적인 경우가 태평양 북동부 지역에 살았던 아메리카 원주민들의 '포틀래치potlatch'라는 풍습이다. 포틀래치는 일종의 축하 잔치로, 부족의 우두머리들은 이 잔치를 통해 경쟁적으로 선물들을 나누어주거나 심지어 값진 재물들을 일부러 불태워버림으로써 자신이 욕심 없고 관대한 사람임을 과시하였다.

신석기 시대의 정착 생활이 발전하면서 유라시아와 아메리카 대륙에서는 도시화가 진행되었다. 그리고 사회의 계급은 새로운 수준으로 다양해지고 그 구분이 더 엄격해졌다. BCE 3000년에서 1000년까지 거의 같은 기간 동안 장기적으로 이러한 현상이 일어났는데, 이때 유라시아와 중앙아메리카에서는 우연히도 대략 같은 시기에 문자로 된 기록이 출현했으며 아주 효과적인 통치 수단이 되어 주었다. 수메르의 쐐기문자는 그중에서도 가장 오래되고 분명한 사례 중 하나다. 각각의 마을 공동체들이 하나로 합쳐져 도시로 발전하는 데는 분명 복잡한 과정이 있었을 것이며, 주변의 농업 지역에서 필요한 물자를 조달하고 더 먼 거리에 있는 지역과는 교역 관계를 유지하는 체계도 필요했을 것이다.

역사 속에서 도시는 또한 종교적 숭배의 중심지로 등장한다. 기록된 내용 그대로라면 도시는 신이나 신들이 창조한 곳이다. 도시를 통해 우리는 문명의 지배를 경험하게 되며, 결국 쉽게 말해 '도시화'가 진행되는 것이다. 만의 설명을 들어보자.

"문명화는 중립적이지 못한 가치 판단적 표현으로 가장 크게 오해의 소지가 있을 수 있다……. 문명은 세 가지 사회적 요소와 합쳐지는데, 바로 각종 의식의 중심지와 문자 기록, 그리고 도시다. 이런 것들이 합쳐진 지역에서는 인간 공동의 능력이 자연은 물론 인간 자체를 뛰어넘는 일이 시작된다…… 바로 무엇인가 새로운 일의 시작이 되며…… 나는 '사회라는 이름의 새장social cage'이라는 비유를 사용하려고 한다."[10]

　　최소한 큰 강가에서 시작된 문명은 정기적인 홍수로 만들어지는 충적토 농업에 의존했고, 여기에서 가장 강력한 계급 제도가 탄생한다. 신성함과 지상의 권력이 합쳐져 신격화된 군주 제도가 만들어진 것이다. 이런 제도하의 왕조들은 수메르와 이집트, 바빌로니아, 아시리아, 중국, 중앙아메리카, 그리고 안데스 등에 등장하게 되며, 인더스 계곡에서 일어난 문명의 상황을 우리가 아직 잘 모르는 것은 그곳에서 발견된 문자와 문서를 해독해내지 못했기 때문이다. 그렇지만 고고학자들은 인더스 문명의 경우 앞서 언급한 문명들보다는 계급 제도가 좀 더 느슨했을 것으로 보고 있다. "이집트의 왕정은 우리가 지금까지 파악한 것들 중 제대로 된 지배자가 등장한 최초의 왕정이며 사실상 초자연적인 신성이 부여된 자리였다."[11] 이러한 제도는 처음에는 당연히 지리적인 환경에 제약을 받았으나, 나중에는 아프리카 사하라 사막 이남 지역과 태평양의 섬들 등 다른 많은 곳에서도 출현하게 된다.

　　이런 지배자들에게 부여된 신성의 수준은 매우 다양하다. 가장 극단적인 경우 왕은 이집트의 파라오와 같이 사실상 신이 인간의 형상을 빌려 현신現身한 것으로 여겨졌으며, 파라오는 태양의 신 호루스Horus의 대리인으로 경배를 받았다. 이집트를 지배하는 군주인 파라오의 몸에 호루스 신이 깃든 것으로 여겨졌던 것이다. 또한 이와는 조금 다르게 신 그 자체가 왕의 몸에 깃든 것이 아니라, 일본의 천황처럼 신의 핏줄을 이어받은 것으로 여기는 경우도 있고, 그보다 좀 더 수위를 낮추면 보통의 인간이 특별히 신의 선택을 받았다고 생각하는 경우도 있다. 고대 이스라엘 왕조가 여기에 해당하며, 이러한 전통은 지금까지 이어져 내려와 입헌군주국인 영국의 동전에도 바로 그런 내용이 새겨져 있다.[12] 그중에서도 가장 평범한 내용은 콘스탄티누스 황제 이전의 로마 제국 황제들에 대한 것으로, 이들은 살아생전에는 평범한 인간으로 남아 있다가 좋은 정치를 펼쳤을 경우 죽은 뒤에 신의 자리에 올라갈 수 있다고 믿었다. 물론 폭군으로 유명한 칼리굴라 황제처럼 자신은 신이라고 주장한 황제도 있었다.[13] 베스파시아누스 황제는 죽음을 목전에 두고 이렇게 불평을 했다고 한다. "나는 내가 신이 될 줄 알았는데!"

보통 우리가 왜 그런 계급 사회가 도시화와 기술의 발전을 따라 공고해지고 확장되었는지 생각했을 때 그 해답을 찾으려면 반드시 실용적, 심리적, 그리고 관념적 고찰을 통합해 현대의 전문용어로 표현해야 할 것이다. 당연한 일이지만, 사회 조직이 점점 더 확대되고 복잡해지면 그 구성원도 따라서 늘어나야 한다. 그렇지만 원칙적으로 볼 때, 그렇다고 해서 왜 사회 전 분야에서 정말 필요한 상황 이상으로 불평등이 그렇게 크게 심화되었는지에 대해서는 이유를 알 수 없다.

그렇지만 만일 가장 강력한 씨족 출신의 앞서가는 뛰어난 인물이 결국 정권을 잡게 되고 신의 대리인이자 매개자로 여겨지는 권력자의 자리에 오르게 된다면, 혹은 아예 자신이 신과 동등하다고 선언하게 된다면, 신과 함께하는 이런 모습은 사람들의 안녕에 꼭 필요한 것으로 여겨지게 된다. 그리고 인정을 받고 싶은 욕구에 힘입은 다음 과정을 따라 더 큰 절대 권력과 존경, 그리고 신성이나 신성에 거의 가까운 존재로 인식되는 것을 요구하게 된다. 그러면 그 군주에게는 거대한 무덤인 이집트의 피라미드처럼, 정도를 벗어난 재화들이 바쳐진다.

신격화된 군주의 직계 신하, 특별히 왕의 신성을 직접적으로 떠받드는 위치에 있는 신하는 바로 사제 계급으로, 이들은 자연스럽게 특별한 대우를 받는 위치에 오르게 된다. 이들이 차지한 지위는 보통 그 독점적인 권한을 통해 더 강화되는데, 그 독점적인 권한이란 글을 읽고 쓰는 기본적인 능력이나 대중에 대한 장악력 등이 아니라, 바로 신에게 제사를 올리는 권한이다. 고대 이스라엘의 경전에는 수도인 예루살렘의 사제들이 이런 독점적 권한을 강화하기 위해 엄청난 노력을 기울인 이야기가 자세하게 기록이 되어 있다. 사제가 아닌 일반 신하들, 그러니까 장군이나 장관들 역시 절대 권력의 지근거리에 있음으로 인해 많은 권한을 누리게 되며, 그런 주요 신하들의 신하들은 또 그보다는 덜한 특권과 재물을 누린다. 그렇지만 어쨌든 특권은 특권인 것이다.

이러한 특권에서 가장 중요한 건 재물의 소유이며, 재물의 기본적인 바탕이 되는 건 농업 사회에서 궁극의 재원이 되는 바로 땅이다. 땅은 처음에는 공공의 소유물로 경작이 되었다. 그러다 완전한 사유재산에까지는 이르지 못했지만, 단순히 개인적인 물건이라는 것 이상의 소유권이라는 개념이 처음으로 등장하게 된다. 고위직의 신하가 땅을 소유해도 왕은 그 소유권을 취소할 수 있으며 사제들만은 약간 다른 취급을 받았는데, 그건 사제들의 재산은 결국 신의 재산으로 여겨졌기 때문이다. 물론 서로 경쟁하는 여러 신들이 있을 경우는 문제가 더 복잡해질 때도 있었다. 왕이 비록 신을 대신하는 존재라고는 해도 그건 단지 살아 있을 때까지의 일일 뿐이었고, 따라서 사제들은 자신들에게 제공된 땅을 매우 안전한 상태로 공동으로 소유하며 별다른 걱정 같은 건 하지 않았다. 데이비드 그레이버의 설명이다. "그리고 분명한 건 사유재산이란 개인과 물건과의 관계가 아니다. 그건 사람들이 염두에 두고 있는 물건들 사이의 이해나 새로운 정리의 문제다."[14]

물론 땅의 소유권은 그 땅이 제대로 된 생산이나 경제활동에 활용되지 않는다면 거의 무용지물이나 다름이 없는 것이며, 주인을 자처하는 고위직 신하들은 당연히 그 일을 자기들 손으로 직접 하지는 않았다. 노동력이 끊임없이 요구되었다는 건 물리적이건 이념적이건 강제하는 힘이 필요했다는 의미인데, 그렇지 않고서야 아무런 대가 없이 다른 사람을 위해 자원해서 땀을 흘릴 사람이 누가 있단 말인가? 순전히 이타적인 마음이 아니라면 말이다. 이러한 상황에 대한 결과는 다음 제6장에서 자세히 다루게 될 것이다.

계급 제도와 새로운 기술

유라시아 대륙과 이집트의 초기 도시화의 과정은 기술 및 다른 사회적 발전이 집약되어 함께한 결과다. 그중에서도 중요한 두 가지가 바로 문자와 금속을 다루는 기술이다. 이 두 가지는 훗날 노동의 종류를 구분하고 경제적 분화를 가져오게 되며, 따라서 계급에 따른 차이를 더욱 강화시키는 장치가 되는 것이다.

글쓰기

문자로 된 최초의 기록은 수메르 문명의 쐐기문자로 된 기록이다. 나중에 메소포타미아 전역으로 퍼져나가게 되는 이 쐐기꼴문자는 교역과 세금 내역을 기록하기 위해 사용한 표시가 발전한 것으로 추측된다. 수메르 사람들은 점토를 굳혀 만든 판 위에 갈대 막대기로 문자를 새겼는데, 점토는 그 지역에서 가장 구하기 편리한 재료였다. 나중에는 문자를 돌 위에 새기기도 했으며, 이렇게 남겨진 기록들은 조건만 허락한다면 수백 년, 아니 수천 년까지도 보존이 될 수 있었다.

물론 이런 기록의 대부분은 왕의 포고문이나 승리에 대한 내용이었고 종종 승전이나 대학살, 고문과 포로 노획 등을 부풀려 기록하기도 했다. 동시대의 이집트 왕조도 역시 수많은 기념비에 기록을 새겨 남겼는데, 이집트 고유의 상형문자 혹은 신성문자를 사용했지만 돌 말고도 파피루스 papyrus를 사용해 기록을 남기기도 했다. 파피루스는 갈대를 짓이겨 만든 일종의 종이로 영어에서 종이를 뜻하는 '페이퍼paper'라는 말도 여기에서 파생된 것이다. 파피루스에 글을 쓸 때는 갈대와 잉크를 사용했는데, 중국의 경우는 표의문자인 한자를 붓을 사용해 기록했다. 파피루스는 식물이 그 재료라 당연히 오래 보관할 수 없었지만, 이집트는 토양과 기후가 특별했기 때문에 잘만 관리하면 수백 년 정도는 전해질 수 있었다. 최초의 알파벳 문자 기록은 페니키아인들이 남겼으며 역시 교역을 위해 고안된 것으로, 페니키아인들 자체가 고대의 위대한 무역 공동체였다.

문자를 읽고 쓰는 문제에서 반드시 나 자신이 그런 기술을 가지고 있을 필요는 없었다. 그런 특별한 기술을 가지고 있는 사람, 그러니까 서기를 고용할 수 있는 위치에 있는 것만으로도 충분했으며 이는 또다시 계급에 따른 엄청난 이득을 챙길 수 있다는 의미가 되었다. 사람들은 글을 읽고 쓸 수 있는 사람과 그렇지 못한 사람들로 나뉘었으며, 명령을 내리는 위치에 있으면서도 단순히 말로 하는 명령을 넘어서는 문자를 활용하지 못하는 사람들이 있었다. 이렇게 명령을 내리는 위치에 있는 사람들은 재산과 함께 다른 특권들도 누리고 있었으며, 따라서 이들은 원하면 글을 직접 배우거나 아니면 서기를 고용할 수 있는 여유가 있었다.

이런 유리한 점을 누리는 지배층들은 좀 더 효과적으로 의사소통을 했는데, 멀리 떨어진 곳에 있는 하급 관리들에게 명령을 전달하고 보고를 받을 수 있었다. 또한 세금과 노역에 대한 기록을 남기고 그에 대한 임금이 제대로 지불되었는지도 확인할 수 있었다. 자기 자신은 물론 조상들의 업적을 기록해서 남기는 일도 아주 중요한 문제였다. 또한 문자의 기록을 통해 구체적인 형태의 법률이 만들어질 수 있었으며, 위대한 사상의 의미와 종교적 믿음이 정리되고 기록되었다. 문자가 사회적 기능을 뒷받침하며 지배자의 위치에 정당성을 부여할 수 있었던 것이다.

당시에 글을 읽고 쓸 줄 안다는 건 어쩌면 지금 소프트웨어 프로그램을 다룰 줄 안다는 의미와 비슷한 것이며, 하나의 특별한 기술이 있는 직업인으로 지배계층의 목적을 위해 동원되었다. 이 기술을 완전히 습득한 서기는 주인들을 위해 읽고 쓰는 일을 했으며 자신들을 위해 하는 일은 거의 없었다. 서기라는 도구를 손에 쥔 지배자와 사제들은 권력을 더 강화할 수 있었고, 인류학자인 클로드 레비 스트로스에 따르면 '더 손쉽게 다른 사람들을 노예로 부릴 수' 있게 되었다.[15]

이러한 상황은 중앙아메리카의 신석기 문명에서도 그대로 반복이 되었다. 안데스 산맥의 잉카 사회는 문자는 없었지만 끈으로 매듭을 만들어 정보를 전달했고, 그 결과는 앞서 살펴본 것과 비슷했다. 오랜 훈련과 연습이 필요한 쐐기문자와 표의문자 그리고 상형문자 사용 기술이 중요하게 부각되면서 이를 사용할 수 있는 계층을 중심으로 사회적 분화는 특별히 더 심화되었다. 알파벳 문자의 출현은 어쩌면 글을 읽고 쓰는 일을 좀 더 넓게 퍼트렸는지도 모르지만, 그럼에도 불구하고 그런 기술을 활용할 수 있는 건 사회의 상류층으로 제한이 되었으며, 그들은 엄청난 사회적 그리고 문화적인 이득을 누렸다. 문맹자들이 문자로 기록된 문서를 경외감을 가지고 대하며, 특히 법률 같은 경우 문자로 기록이 되었을 때 더 큰 권위를 가질 것이라고 생각한 건 그리 놀라운 일이 아니다.

금속 가공 기술

캐내기는 힘들지만 상대적으로 다루기는 쉬운 금과 천연 구리를 제외한 다른 금속들은 생산과 처리가 아주 힘이 들며 기술을 습득하기 위해서는 특별한 훈련이 필요하다. 금속을 처리하기 위해서는 보통 높은 열이 필요하고, 원료 상태부터 손질을 해서 원하는 적당한 물건을 만들어내는 데는 또 그 분야에 대한 깊은 지식이 필요한 것이다. 다시 말해 금속을 다루는 기술이란, 광석을 녹여 금속을 뽑아낸 뒤 다시 그 금속을 가지고 필요한 물건을 만들어내는 작업 전체를 의미한다. 또한 필요한 비금속의 정확한 특징과 분량을 파악해 금속과 섞는 지식도 아울러 필요하다. 작업이 조금만 잘못되어도 최종적으로 만든 도구나 용기, 혹은 무기가 무용지물이 될 수 있다. 유럽의 중세 시대와 비슷한 시기에 일본에 살았던 장인들은 아마도 최고의 기술자들이었던 것 같다. 이들이 기계가 아닌 손으로 직접 만든 일본 칼은 수백 년이 지나도 변하지 않는 내구성을 자랑한다.

인간이 최초로 가공을 해서 필요한 도구나 장신구를 만들었던 금속은 바로 구리다. 앞서 언급했듯이 구리가 가공하기 가장 쉬운 금속이었기 때문이다. 비교적 최근인 1991년 알프스 산에서는 신석기 시대의 한 방랑자가 홀로 냉동된 상태로 발견되어, '아이스맨iceman'이라는 이름으로 유명해졌다. 대략 5000년 전에 살았던 것으로 추정되는 이 아이스맨의 옆에서 구리로 된 도끼날이 함께 발견되었다.[16] 순수한 구리의 단점은 특별히 찾기가 쉽지 않으며 또 상대적으로 부드럽다는 것인데, 그만큼 가공하기는 쉽지만 도구나 무기로서 사용하기는 한계가 있었다. 그렇지만 여기에 아연을 섞으면[17] 훨씬 더 단단한 청동이나 황동이 되었고, 특히 청동은 다양한 곳에서 폭넓게 사용이 되었다. 심지어 역사상 한 시대를 일컫는 이름에 들어가기까지 했는데, 그것이 바로 청동기 시대다.

중동과 중국의 초기 도시 문명은 대략 BCE 3000년경쯤까지 거슬러 올라가며 청동기를 사용했다는 공통점이 있다. 그렇지만 역시 구리가 상대적으로 귀했고, 거기에 섞는 주석은 많이 있었지만 또 주석 하나만으로는 쓰임새가 적었기 때문에 청동 역시 귀했다. 그런 관계로 망치나 쟁기처럼 그리 중요하지 않은 도구를 만드는 데는 여전히 석기가 더 많이 사용되었다. 중국의 경우 청동기는 주로 제사를 위한 도구에만 사용이 되었다.

철기 시대

철기는 기존의 금속 도구의 모든 단점을 극복했으며, 철광석 자체를 구하기도 쉬웠기 때문에 청동기보다 훨씬 더 단단한 도구들을 더 저렴하게 만들어낼 수 있었다. 철기의 단점이라고 한다면 훨씬 더 높은 열에 훨씬 더 어려운 작업 과정이 필요하다는 것이었다. 우리가 지금 사용하고 있는 강철은 철에 여러 가지 다른 재료를 섞어 가공을 한 것이다. 어쨌든 이러한 단점에도 불구하고 동아시아와 아프리카 대륙의 각 지역에서 매우 유용한 도구로 철기가 청동기를 대체하게 되었는데, 간단하게 줄여서 이야기하면 신석기 시대에서 철기 시대로 바로 옮겨가게 된 것이다. 그 시기가 언제인지는 정확하지 않으나, 대략 BCE 1000년경으로 추정된다. 한 가지 반드시 기억해야 할 것은 인류 역사 초기에 있었던 기술이나 문화적 변혁은 하루아침에 이루어진 것이 아니라 점차적으로 이루어진 것이며, 그에 따라 사회적 구조도 크게 영향을 받았다는 사실이다. 석기 시대에서 청동기 시대로 옮겨가는 동안, 그러니까 도시화가 진행되고 문자와 기록이 정착되면서, 인류의 발전은 일반 대중과 일부 상류층 사이의 간극을 더 넓히고 공고히 하는 쪽으로 흘러가게 된다. 그리고 상류층은 자신들의 권력을 일반 대중들에게 휘둘렀는데, 청동 무기와 갑주를 소유하고 있다는 건 바로 높은 지위에 있다는 상징이 되었다.

지금의 터키 지역인 아나톨리아에서 철기 제작 기술이 처음 선을 보였지만, 역시 여러 가지 어려움 때문에 발전 속도는 그리 빠르지 않았고 단점을 극복하는 데 시간이 걸렸다. 그렇지만 일단 기술이 완성되고 나자 철기는 더 뛰어나고 훨씬 더 쓰임새가 많은 도구로 자리를 잡았다. 철로 만든 도끼로 무장한 농부가 호메로스 시대의 청동 칼을 든 그리스 영웅들을 압도할 수 있는 유리한 고지에 올라선 것이다. 게다가 철기가 어디서든 널리 쓰이게 되었다는 건 농업과 수공업에서 생산성이 훨씬 더 높아질 수 있다는 걸 의미했다. 만은 철기 시대 혁명이 하급 농민 계층의 자의식을 일깨웠을 것이라고 주장했다. BCE 7세기 혹은 8세기 무렵에 활약한 것으로 추정되는 고대 그리스의 시인 헤시오도스가 쓴《노동과 나날Erga kai Hemerai》같은 시집은 이런 주장을 뒷받침하는 상징적인 사례가 되었다.[18]

그렇지만 금속을 사용하게 된 직후의 결과는 매우 혼란스러웠다.[19] 우선 BCE 1000년쯤에 중동을 중심으로 동쪽과 서쪽의 청동기 시대 제국들이 수명을 다하고 쓰러져갔다. 값이 저렴하고 쉽게 구할 수 있는 철기 때문에 권력의 균형추가 강가가 아닌 빗물에 의존해 농사를 짓는 농민들과 청동기 시대 문명에서 소외당한 변경의 떠돌이들 쪽으로 기울었는데, 마이클 만은 철기가 당시의 강력한 전쟁 무기인 전차戰車의 우월성에 종지부를 찍었다고 주장한다. 그리고 같은 시기 지중해 동부에서는 대규모의 거센 이주의 바람이 불었다.

이 시기 무너진 세력 중에는 그리스 본토의 미케네 왕국과 비옥한 초승달 지역의 제국과 왕국들, 그리고 아나톨리아의 히타이트 제국 등이 있었으며, 얄궂게도 이 히타이트는 철기를 최초로 사용한 제국이기도 했다. 그러다 마침내 이집트 제국도 괴멸의 위기를 맞았다. 처음에는 이른바 수수께끼의 '해양 민족sea people'과 전쟁을 했던 이집트는 이후 아시리아와 페르시아, 그리고 마케도니아 제국에게 잇달아 다시 공격을 당하면서 결국 무너지고 만다. BCE 1000년경에 벌어졌던 이런 사회·정치적 환경 때문에 무너진 제국들이 있는 반면, 고대 이스라엘의 왕국들처럼 같은 시기에 새롭게 일어선 세력들도 있었다. 마이클 만의 설명은 이렇다. "히타이트와 마케도니아가 몰락하고 이집트가 나일 강변 근처로 세력이 축소되면서 지중해의 동쪽 해안 지방에는 권력의 공백이 생겨났다. 이 지역 전체에서 권력은 분산되었으며 소규모 국가들이 여럿 생겨나기도 했다."[20] 여기에서 충격적인 건, 불과 몇 백 년이 지나지 않아 이런 '암흑시대'가 끝이 나자 제정일치 국가들이 다시 세력을 회복했다는 것이다. 또 거침없이 힘을 키운 폭압적인 권력이 이전보다 더욱 심하게 여성을 차별하게 되었고 환관들이 득세하게 되었다는 사실이다.

제국

일단 혼란의 시대가 지나가고 나자 BCE 1000년경 중동에서는 우리가 최초의 철기 시대 문명이라고 부르는 제국들이 일어선다. 다만 이들은 문자로 된 기록이 남아 있어 실제로 존재했던 것으로 여겨지는 것은 아니며, 고고학자들은 때로 문자 사용 이전의 공동체들에게도 이 '철기 시대'라는 개념을 적용한다. 이 제국들은 선배격인 청동기 시대 제국들의 계급 구조와 관습을 정확하게 똑같이, 혹은 때로 훨씬 더 강력하게 받아들인다.

이 지역 전체를 지배하던 제국들은 아시리아를 시작으로 바빌로니아와 페르시아로 이어지다가 알렉산더 대왕의 헬레니즘 제국, 그리고 마지막으로 로마 제국까지 이어진다. 이집트 사람들을 포함한 농민들의 세력은[21] 가장 큰 타격을 입은 희생자들이었으며, 심지어 청동기 시대나

아시리아 제국[22] 시대의 기준으로도 이들의 처지는 형편없었다. 당시 아시리아 제국의 수도 니네베는 메소포타미아 북쪽에 위치했는데, 도덕적으로 타락한 도시로 악명이 높았다. 이런 현상이 벌어진 건 단지 군주들의 잔혹함 때문만은 아니었다. 사실 이 시기의 군주들은 남녀노소를 가리지 않는 대량 학살과 고문, 추방 등을 일반적인 통치 방법으로 사용했다. 심지어 제국의 통치를 아무런 저항 없이 받아들인 지역도 계속해서 이어지는 세금과 공물 요구로 점점 궁핍해지다가 결국 헤어 나올 수 없는 절망에 빠지거나 가망이 없는 반란을 일으키기도 했다. 페니키아 사람들은 자신들의 해양 문화를 눈에 띌 정도로 발전시켜 아시리아 제국의 무절제한 횡포로부터 탈출하는 도구로 삼았다. 아시리아가 당시 강대국으로 군림할 수 있었던 건, 사실 제국의 원래 수도였던 아슈르Assur가[23] 전략적으로 교역로의 중심에 위치하고 있었기 때문이었다. 나중에는 제국의 왕들이 빗물로 경작하는 농토와 철광석 산지를 점령했다. 아시리아 제국에서 농부 겸 병사들의 역할은 훨씬 나중에 등장하는 로마 제국 시대와 비슷했다. 노예가 아닌 자유농민들은 일정 나이가 되면 제국의 병사로 복무할 의무가 있었다.

아시리아 제국은 원래의 모습보다 그 잔혹함이 훨씬 더 과장되고 강조되었다는 주장이 계속 제기되고 있는데, 그런 전대미문의 광폭함을 널리 알리며 나라 전체는 물론 주변 경쟁국들을 위협하는 수단으로 사용했다는 것이다. 그리고 잔혹한 짓을 저지르며 즐거워하는 모습을 묘사한 그림이나 기록 등을 심각하게 받아들일 필요도 없는데, 이런 선전 방식은 사실 그들 스스로 기꺼이 원해서 사용한 것이다. "전략적 재능이 뛰어난 권력층은 위협이나 혹은 가끔씩 군사력을 무자비하게 사용함으로써 이미 겁에 질린 사람들을 효과적으로 제압한다." 마이클 만의 설명이다.[24]

제국의 영향

제국들이 행했던 잔혹한 억압은 단지 동시대에만 그쳤던 것은 아니다. 이들은 유라시아 대륙 서쪽을 지배했던 이런 통치 방식과 문화, 그리고 사상을 이후에 전성기를 누린 국가들에게 그대로 물려주었다. "심각한 사회적 갈등이 끊이지 않았던 것이 로마 제국의 특징이었다. 그리고 그건 고대 모든 제국들이 다 마찬가지였다……. 어떤 의미에서 보자면 폭력과 갈등은 타락한 계층이 겪는 그들만의 전쟁이었던 것이다."[25] 만일 우리가 역사를 자세히 살펴본다면 고대 이스라엘의 종교와 신화가 이런 잔혹한 제국이 지배하던 시절에 완성되었다는 사실을 분명하게 알 수 있다. 특히 바빌로니아와 페르시아 제국이 그러했는데, 이스라엘과 관련되어 나중에 탄생한 기독교의 경우는 로마 제국과의 갈등을 통해 그 뿌리를 굳혔다. 그리고 이런 사실은 21세기에 접어든 지금도 우리에게 큰 깨달음을 주고 있다.

그렇지만 이렇게 아주 유사한 통치 방식이 동아시아와 아메리카 대륙에서 동시에 발전했다는 점은, 초기 농업 문명이 사용했던 도구에 상관없이 제정일치 사회를 이끄는 군주의 지배를 받았다는 자연스러운 공통점을 가지고 있음을 알려주는 것이다. 물론 동아시아나 아메리카 대륙의 경우는 폭력을 과시하는 점이 조금 덜했을 수도 있다. 이들도 제일 높은 자리를 차지하고 신을 자처하는 지배자와 상류층이 있는 계급 구조를 만들어냈으며, 자신의 땅을 소유하고 있는 중간 계층도 함께 존재했다. 또한 항상 그런 것은 아니었지만, 종교의식을 담당하는 계급이 별도의 상류층으로 자리하고 있기도 했다.

청동기 시대의 신격화된 군주들은 세 가지 기본적인 역할이 있었는데, 그 첫 번째는 바로 풍작을 불러오는 것이었다. 아마 처음에는 이 일을 제대로 해내지 못한 군주를 직접 희생 제물로 바치는 의식이 있었던 것으로 추정된다. 그리고 두 번째는 법을 집행하는 것이며, 마지막 세 번째는 전사들을 지휘해 적들을 막아내는 일이었다.

이러한 문화권에서 사람들은 법은 인간이 만든 것이 아니라 원래부터 존재하는 것이고, 신이 직접 정리를 했다고 믿었다. 물론 이런 믿음은 공동체의 관습을 통해 실제로 구현이 되었다. 왕이 하는 일은 이런 법을 확인하고 해석하며, 모호한 부분을 정리하고 최종적으로 집행하는 것이다. 가능하다면 BCE 18세기경의 유명한 바빌로니아의 왕 함무라비가 그랬던 것처럼 제대로 된 법전法典으로 남길 수도 있었다. 한편 마이클 만은 함무라비의 법전 역시 실제 내용을 담은 것이라기보다는 역시 희망 사항이나 과장된 면이 있었을 거라고 주장하기도 했다.[26]

함무라비 법전은 신들이 왕 자신에게 알려준 법을 기록하고 선포하라는 명령을 내렸다는 내용으로 시작이 된다. 폭력 행위에 대한 처벌은 귀금속으로 하는 금전적인 배상과 고문 혹은 절단이나 상대방을 노예로 삼는 방식까지 다양한데, 최종적으로 사형까지 시킬 수 있었다. 《구약성경》에 남아 있는 것으로 유명한 고대 이스라엘의 율법은 시나이 산에서 신이 지도자 모세에게 직접 알려주며 받아 적게 했다고 한다. 그렇지만 실제로 이 법이 문자로 기록이 된 건 BCE 6세기경 있었던 바빌론의 포로 시절이며, 정도 이상으로 종교적 의무를 강조하는 내용이 들어 있다. 나라가 멸망하고 포로가 된 이스라엘 사람들이 바빌로니아 문화에 동화되는 것을 거부한 건, 이념적 지도자라고 할 수 있는 종교 대표자들에게 의지하면서 비롯된 것이다. 다시 말해 이들에게는 종교적 율법과 법 사이에 분명하게 겹치는 부분이 있었다는 뜻이다.

법은 사람들의 행동을 규제하고 법을 깨트린 사람들에 대한 처벌 내용을 규정했다. 그리고 특히 여성들이 사유재산으로 여겨지며, 남편이나 혹은 노예일 경우 남성 주인에게 속해 있던 문화권에서는 성적 관계에 대한 내용이 상당히 많았다. 법은 또한 재산에 대해서도 규제를 했는데, 이런 내용은 훗날 민법으로 이어진다. 재산에 대한 권리문제를 법에 따라 처리되도록 정리한 것이다. 그렇지만 만일 관련된 법적 다툼에서 지게 된다면, 상대방에게 손해를 끼친 만큼 자신의 생명이나 팔다리로 갚아야 하는 끔찍한 결과가 나올 수도 있었다.

카스트

사회의 나머지 구성원들로부터 지배자와 중요한 사제들을 구분하는 일은 계급적 관계가 형성될 수 있는 형태들 중 그저 한 가지일 뿐이다. 공동체 전체를 서로 다른 계급 사이의 결혼을 엄격하게 금지하며 오직 혈통만을 바탕으로 차별적인 의무와 특권을 따르는 서로 다른 계파로 분리를 하는 것은 아주 중요한 역사적 현상이었다.

그중에서도 가장 널리 알려진 것이 인도 힌두교의 계급 구조로, 카스트라고 불리는 이 배타적 계급 분화는 역사적으로 유라시아와 아프리카 대륙 전역에서 널리 시행되었으며 심지어 지금까지도 남아 있다. 카스트는 직업적 배타성, 세습 혈통과 지배권, 그리고 종속 관계라는 세 가지 기본 요소가 합쳐진 것이다. 이 계급 제도의 제일 밑바닥에 있는 사람들은 단지 신체적인 학대로만 고통을 겪는 것이 아니라, 그들을 열등한 위치에 묶어두기 위해 자행되는 끊임없는 수치와 모욕으로 고통을 받았다.

BCE 1500년경 인도 대륙에 북부의 침입자들이 정착을 시작했다. 전차를 사용하는 것으로 인해 군사적 우위를 점했던 이 침략자들은 사제와 전사, 그리고 농부의 세 가지 계급으로 나뉘어져 있었다. 수 세기가 흐른 후 이 제도는 극단적으로 복잡하면서도 차별이 강조되는 제도로 발전했는데, 계급을 끝없이 세분화해 차별하는 것이 특징인 이 제도에 대해서는 제8장에서 좀 더 자세하게 다루게 될 것이다.

그 내용과 복잡함에 있어 그 어떤 배타적인 계급 제도도 인도의 카스트 제도에 비할 수는 없다. 좀 더 평범한 다른 지역의 배타적 계급 구조에는 공동체의 존경받는 지도층과 거기에 부자나 가난한 사람을 나눈다. 그리고 다시 특별히 아주 더럽고 상종할 수 없는, 즉 사회에서 버려지고 따돌림을 받는 계층이 더해진다. 이들은 단순한 차별을 넘어서는 박해를 받았으며, 말 그대로 공동체에서 완전히 추방을 당하기도 했다. 일본의 부라쿠민部落民, 로마 제국과 이후 유럽 전역에서 배척당한 이스라엘 민족의 후예들, 그리고 그 기원을 알 수 없지만 지금의 프랑스 서부 지역과 바스크 지역에 살며 천대를 받았던 카고Cagots 등이 여기에 속한다. 이렇게 사회 계급 자체에서 배척을 당하는 사람들은 인종적으로 주류 민족과 다르다는 공통점이 있는데, 예컨대 일본의 아이누Ainu, 현재 미국에 살고 있는 아메리카 원주민이나 아프리카계 미국인들, 그리고 남아프리카 공화국의 인종 격리 정책에 따라 구분된 백인이 아닌 모든 사람들이 그 대표적인 사례다. 그렇지만 앞서 언급했던 부라쿠민이나 카고, 혹은 집시가 아니면서 영국과 아일랜드를 떠돌던 사람들은 주류 민족과 거의 차이가 없는데도 그런 차별을 받았다. 이렇게 배척당하는 무리가 생겨난 것은 특별히 인간이나 동물의 시체를 다루는 직업과 관련이 있는 경우가 많았다. 장의사, 무두장이, 백정 등의 직업에 대해 사람들은 불결한 직업이라는 인식을 가지고 있었다.

물론 이스라엘의 후손들, 즉 로마 제국 시대 이후 유대인으로 불리게 된 사람들은 이런 범주에는 포함이 되지 않으며, 다만 초창기에 그들이

144 _

노동, 성, 권력
Work, Sex and Power

보여준 종교적 배타성이라면 그 충분한 이유가 될 수 있을 것이다. 그렇지만 직업에 따른 구분은 여전히 무시할 수가 없는데, 기독교인들이 바라보는 유대인은 주로 고리대금이나 귀금속을 다루는 직업을 가진 사람들이었고, 땅을 소유하는 일은 금지되었으며 각 장인 조합에서도 배척을 당했다. 집시들의 경우는 유대인들처럼 자신들만의 고유한 언어와 문화를 가지고 있었을 뿐만 아니라, 이리저리 방랑을 하며 마술이나 점술 같은 남들이 보기에 하찮은 일을 주로 하는 것이 문제였다. 한곳에 머물지 못하는 집시들의 생활 방식은 그 자체만으로도 마주치는 정착민들에게 배척을 당했고, 정착민이지만 변두리에서 어렵게 사는 사람들일수록 오히려 편견을 가지고 누군가를 괴롭힐 준비가 되어 있었다. 특히 종교나 다른 권력이 부추길수록 그런 모습은 더 두드러지게 나타났다.

명예

때로는 법의 개념에 따라, 또 때로는 법과 함께가 아니면 아예 그 반대되는 방향으로 가는 것이 바로 명예의 문제다. 또한 명예는 완전히 똑같지는 않으나 인정과 존경이라는 관점에서 '욕구thymos'와 밀접한 연관이 있다. 명예는 수렵과 채집을 하며 떠돌던 씨족사회에서 비롯되었다고 하며, 그 사회에서 명예에 대한 기준은 문자로 기록된 법전의 부재를 대신하는 것이었다. 예컨대 같은 무리의 누군가에게 무례를 범하거나 그의 소유물에 피해를 입힌다면 그것은 불명예스러운 행동이며, 그러한 소유물에는 속해 있는 사회의 기준에 따라 배우자와 자녀, 개인적인 물건들이나 기르는 가축 등이 포함된다.

명예의 개념은 농업 사회의 계급 혁명과 그 정착 과정에 중요한 영향을 미쳤지만, 또 변화하는 환경에 따라 함께 수정되거나 변경되기도 했다. 명예의 핵심은 각 개인들에게 이따금 자신이 원하지 않는 방향으로 노력을 기울이고 자기 자신의 감정과 상반될 수도 있는 행동을 하도록 요구하는 것이다. 다시 말해, 자신이 속해 있는 사회에서 개인적인 성향을 따르는 것이 아니라 다수가 요구하는 방향을 받아들이라는 의미다. 일반적으로 이런 개념은 자신이 물려받은 사회적 위치와 밀접한 관계가 있지만, 또 그런 위치와는 상관없이 해야 할 일을 제대로 하지 않았을 때는 쉽게 그 명예를 잃게 될 수 있다.

혈연을 바탕으로 하고 있지만 종종 양자養子의 입적이 허용되는 씨족 사회구조는 농업 사회와 도시화된 사회까지 그 기본적인 개념이 이어졌는데, 그 모습은 고대 그리스에서도 찾아볼 수 있으며 또한 로마의 씨족과 스코틀랜드 고지대의 씨족들도 그 예가 될 것이다. 씨족사회 구조는 분명 실질적으로 세계 어디서나 찾아볼 수 있는 문화이며, 유럽의 경우 중세 시대가 되자 그 모습이 점점 사라져갔으나 같은 시기 다른 곳에서는 그렇지 않았다. 노예나 환관들은 그들이 처한 특수한 상황을 볼 때 씨족사회와는 아무 상관없이 자신들이 모시는 주인의 선의善意에만 전적으로 의존할 수밖에 없었다.

씨족에게 명예란, 같은 식구들을 지키고 돌보는 것이며, 특히 외부의 적들이 가하는 위협을 막아주는 것이다. 또한 이들에게 가장 악질적인 범죄는 같은 씨족의 일원을 다치게 하거나 죽음에 이르도록 만드는 일이다. 지금은 보기 힘든 씨족사회는 결국 현대의 가족과 같은 의미로 볼 수 있으며, 그런 씨족의 명예는 아주 기본적이고도 중요한 일로, 법의 효력이 정상적으로 미치지 못했던 이탈리아의 사르데냐나 발칸반도의 알바니아 같은 곳에서는 피로 피를 씻는 갈등이 일어나기도 했다. 만일 어떤 사람이 살해를 당하면 살해를 한 당사자나 다른 사람이라도 상관없이 가해자의 씨족에 똑같은 보복을 해야만 했다. 이런 피를 부르는 보복을 끝내기 위해 앵글로 색슨 왕국에서는 이른바 보상금 제도라는 것을 만들었다. 복수를 대신해 일정 금액의 돈으로 보상을 받는 것이다. 만일 씨족의 누군가가 불명예스러운 일을 저질렀지만 명예를 회복하는 데 실패를 한다면, 씨족의 명예를 더럽힌 것으로 간주해서 자체적으로 엄한 처벌을 받았다.

명예란 또한 개인에 따라 다르게 적용되기도 했다. 만일 누군가의 사회적 지위가 높아진다면 그 사람이 지켜야 할 명예도 함께 늘어나며, 동시에 자신에 대한 복종이나 존경심을 지나치게 강조하면 또 명예를 잃을 수도 있다. 남성들의 경우 자신과 동등한 지위에 있거나 낮은 위치의 사람이 자신을 모욕하면 그에 대한 보상을 요구해야 하며, 이 일이 제대로 이루어지지 않으면 명예가 손상당하는 것이다. 여기에 만일 여성이 연관되어 있다면 상황은 이보다 조금 더 복잡해진다. 일본의 전사 집단이었던 사무라이는 명예를 잃으면 오직 자결로 문제를 해결할 수밖에 없는 경우가 있었다. 비슷한 처지의 두 사람이 명예 문제로 다투게 되면 죽음에 이르는 결투로 해결을 보았는데, 유럽 사회의 경우는 상대방에게 상처를 입히는 정도로 명예를 회복할 수 있다면 꼭 죽이는 일은 없었다. 상대방이 자신보다 신분이 낮은 사람이라면 맞서 결투를 할 가치가 없다고 판단하고, 물리적인 방법으로 처벌을 하거나 더 심하게 굴욕을 주는 것으로 상황을 처리했다. 이런 물리적인 처벌에는 매질이나 신체 절단, 그리고 심한 경우에는 법과 무관하게 죽이는 일까지 포함되었다.

그러나 이런 개인의 명예를 중요하게 생각하는 건 사회의 상류층만이 아니었다. 사회적 계급의 최하층을 제외한다면 왕국이나 영지에 살고 있는 보통 사람들이나 합법적으로 먹고사는 사람들도 나름대로 지켜야 하는 명예가 있었다. 신격화된 군주가 지배하던 시절의 각국 사절단이나 하급 귀족들은 왕 앞에서 엎드려 몸을 굽혀야 했는데, 만일 왕이 그들에게 걸맞은 대접을 제대로 해주지 못했을 경우에는 왕이 불명예스러운 행동을 한 것으로 여겼다. 일반 귀족들도 자신들의 시종이나 하인을 정당하게 대우해주어야 했으며, 지방의 영주라면 역시 자신이 부리는 소작농들이라도 함부로 대할 수는 없었다.

세월이 흐르며 서로 경쟁하듯 발전을 했던 농업 사회 공동체들 사이에서는 적대적인 관계가 전면적인 전쟁으로까지 확산이 되는 경우가 많았다. 명예의 문제가 점점 더 중요해지고 사회 상류층이 전사들로 이루어졌을 때 그런 현상을 자주 볼 수 있었다. 이런 전투에서 요구되는 명예로운 모습은 바로 용기다. 모든 인간의 자연스러운 본성이 싸움을 피하려 한다는 걸 생각한다면, 특별히 어려운 요구라고 할 수 있다. 이길 수 있는 확률이 적을 때는 특히 더 그렇다. 따라서 전장에서 비겁한 행동을 하거나 두려움을 내비치는 전사들은 그 어떤 것보다도 가장 불명예스럽고 부끄러운 모습을 보인 것이며, 특히 장교나 지휘관이라면 더 말할 것도 없다. 10세기 후반 노르웨이 해안에서 벌어진 어느 유명한 해전에서 바이킹 우두머리 중 하나가 겁에 질려 도망을 친 적이 있었는데, 그 행동은 다시없는 수치스러운 행동으로 영원히 기억되었다.

사회가 여성에게 요구하는 명예나 부끄러움의 기준은 정숙한 태도였다. 여기에는 남성 일가에게 엄격하게 복종을 하는 모습이 포함되어 있었으며, 여성 차별주의적인 관습이나 법이 강요하는 성적 규제와 밀접한 연관이 있었다. 여성은 여럿이 함께 모여 있는 자리에서 가능한 얌전한 모습만을 보이며, 집 안에만 있거나 심지어 몸 전체를 옷으로 감싸고 집 밖으로 나갈 때는 너울로 얼굴마저 가려야 했다. 바빌로니아의 함무라비 법전에 따르면 정숙한 여인은 얼굴을 가리지만, 명예도 부끄러움도 모르는 매춘부는[27] 아예 얼굴을 가리는 일이 금지되며 이를 어길 시에는 엄한 처벌을 받았다고 한다. 고대 중국의 유교 문화에서 정숙한 여인은 '세 가지 복종'의 법도를 지켜야 한다고 했다. 먼저, 결혼 전에는 집안의 아버지에게 복종하며, 결혼을 하고 나면 남편에게 복종하고, 남편과 사별을 하고 나면 이번에는 아들에게 복종을 해야 한다는 것이다. 실제로 중국에서 전해오는 여러 이야기들을 살펴보면, 이렇게 남자들에게 평생 복종만 하던 여인들이 며느리에게 폭군으로 돌변하는 모습이 자주 등장한다.

일단 법이 만들어지고 나면 사람들은 자연스럽게 다른 어떤 관습이나 명령보다는 법이 정한 명예의 기준을 지키려고 노력하게 된다. 명예 훼손을 금전적으로 보상하게 했던 앵글로 색슨 왕국의 법이 그 좋은 예다. 그렇지만 당연히 법으로도 해결이 되지 않는 문제가 종종 발생하곤 했다. 한 나라의 왕이 가장 중요하게 생각하는 일은 왕국 내의 평화 유지로, 평화가 유지되어야만 세금과 각종 공물이 잘 걷히게 되기 때문이었다. 하지만 귀족들은 모욕이나 상처를 입었을 때, 정도 이상의 개인적인 만족을 원하는 경우가 많았다. 가족의 명예 문제라면 그 모욕이나 상처가 크지 않아도 앞서 씨족의 경우와 마찬가지로 쉽게 큰 다툼으로 이어졌으며, 법적인 해결 과정과는 상관없이 평화를 뒤흔드는 결과로 나타나기도 했다.

상류층의 명예 문제 해결 방법인 정식 결투는 모욕을 준 자와 모욕을 받은 자 사이에 벌어졌으며, '결투를 신청하고 받아들이는' 방식으로 진행이 되었다. 최소한 이 결투는 다툼이 확대되는 것을 막아주었으며, 불법적인 행위기는 했으나 당시의 관행으로는 범죄로 인식되지 않아서 오늘날의 경범죄 수준 정도로 취급받았다. 19세기 초 영국의 장관 두 사람이 결투를 벌였지만 남들에게 보여주기 위한 연극 같은 인상이 강했다.

그렇지만 같은 시기 러시아의 위대한 시인 알렉산드르 푸시킨은 결투에 패해 총에 맞아 죽었고, 다른 사람도 아닌 미국의 부통령이 저명한 정치가를 결투에서 죽인 것도 이 무렵의 일이다. 그렇지만 정부에서는 이런 결투를 금지하려는 노력을 진지하게 기울이기도 했으며, 17세기 프랑스의 실질적인 지배자였던 추기경 리슐리외는 결투를 중대한 범죄로 규정했다. 어느 젊은 두 귀족이 추기경의 명령을 어기고 수도인 파리 한 복판에서 결투를 벌였는데, 추기경의 집무실 바로 아래에서 사형에 처해졌다. 그렇지만 여전히 프랑스에서는 결투에 대해서 관대한 편이었다.

왕좌를 차지하는 자 : 지배의 법칙

> "내가 아무렇지도 않게 그자를 내 눈앞에서 없애버린다 해도 조금도 거리낄 것은 없다만, 그래도 그렇게 할 수는 없다."
>
> — 윌리엄 셰익스피어,《맥베스Macbeth》

17세기 영국의 정치 철학자인 토머스 홉스는 유명한 저서《리바이어던Leviathan》을 통해 사회적 계약이 국가로부터 비롯되었다고 주장했다. 그 국가에서 사람들은 태어날 때부터 가지고 있던 '거칠고 잔인하며 또 그리 길지 않은' 삶의 자유를 포기한다는 것에 처음부터 동의를 하고, 대신 군주를 모시고 살아간다. 늘 그렇지만 여기서 이야기하는 사람에 여성은 포함되지 않으며, 일반적으로는 개인에게 해당되는 이야기이지만 때로는 단체나 무리에게도 해당이 된다. 군주는 그런 그들의 생명과 재산, 그리고 가족을 지켜줘야 할 의무가 있으며, 대신 사실상 절대적인 복종을 요구할 수 있다. 역사적인 관점에서 물론 이런 사회적 계약론은 이상적인 이야기에 불과하다. 다만 동시대에 살면서 군주는 태초에 신이 창조했던 첫 인간인 아담의 후손이기 때문에 그 통치가 정당하다고 주장했던 로버트 필머경보다는 덜 황당한 주장이었다. 그렇지만 개념상으로 보자면 홉스는 문제의 핵심을 잘 지적한 것으로, 심지어 가장 절대적인 권력을 휘두르는 군주도 동의라는 요소를 무시하고 그 자리에 설 수는 없었다.

유라시아 대륙의 역사에서 간혹 찾아볼 수 있는 농업 문명과 유목 문화 속 사악한 군주들은 자신의 역할을 제대로 하지 못하고 국민들을 괴롭히곤 했지만, 그건 오직 특별한 상황 속에서만 일어날 수 있는 일이며, 농업 사회와 유목 사회는 아주 다른 모습을 지니고 있다. 유목 사회는 제도나 법규가 훨씬 느슨하거나 자유롭다. 가축을 몰고 이리저리 떠돌게 되면 절대 권력 형성을 위한 배경을 충분히 만들어내지 못하며, 특히 우두머리 쪽에서 그런 일을 강하게 거부하는 경우가 많았다. 훈족의 아틸라나 칭기즈칸과 같은 유목 민족의 우두머리들은 만만치 않은 권력을 지닌 군주로 등극할 수 있었으나, 역사적으로 분명한 점은 정복자들이 이런 부족의 단합을 강력하게 이끌어낼 수 있는 능력을 발휘할 수 있는 건, 이미 정착이 되어 있는 공동체를 침략해 약탈할 수 있는 전망이 있을 때뿐이었다는 사실이다.

엄격하게 조직되고 흔들림이 없는 위치에 오른 반쯤 신과 같은 존경을 받는 군주가 반드시 필요로 하는 건, 특정 지역에 정착해서 국가를 지탱할 만한 충분한 국력을 만들어내는 일이었다. 그런 군주와 국가의 출현이 도시화와 함께 이루어진 것은 우연의 일치가 아니며, 도시화가 바로 근본적인 출발 지점이다. 토양과 기후라는 지리적인 여건에 의존하는 농업은 사람들과 땅이 충분해서 구심점이 될 수 있는 마을에서 시작되었으며, 그 땅은 강에 의존하든 빗물에 의존하든 물이 충분해야 했다. 대부분의 유라시아와 아메리카 대륙의 농가들은 강에 의존했고, 빗물에 의존하는 농업은 수목이 빽빽하게 들어찬 북부유럽에서만 가능한 일이었다. 앞서 언급했던 것처럼 마을 공동체의 생활양식은 사회적 분화를 가져왔으며, 점점 규모가 커지면서 혈족에 의존하는 관계를 벗어났다. 그리고 종종 영적인 세계와 접촉을 한다고 주장하는 현상과 맞물려 발전했다. 켄트 플래너리와 조이스 마커스 같은 인류학자들은 '남자들의 집men's house'은 종종 이러한 배경 속에서 만들어진다고 했다. 남자들의 집은 성년이 되지 않은 아이들의 출입을 금하는 것처럼 계급에 대한 정리가 끝난 각종 금기 사항이 지켜지는 건물로, 이런 건물은 나중에 특별한 신을 섬기는 도시화된 사원의 초기 모습이 된다. 그 내부에 숭배를 받는 대상을 보관하는 신성한 장소로 탈바꿈하는 것이다. 두 학자는 이러한 배경 속에서 우세한 씨족, 그리고 그 씨족 속에서도 우수한 혈통이 우두머리가 될 만한 개인을 배출한다고 주장했다.

이러한 개인은 자신에게 적당히 어울리는 복종과 존경, 그리고 재물을 요구하고 받을 수 있지만 동시에 그만큼 되돌려 줄 것을 사람들은 기대한다. 왕실이 가진 것을 베푸는 전통은 일반적인 모습이며 유럽에서는 근대 초기까지 전해 내려왔다. 인색한 군주는 인기가 없었고, 그저 이따금 통치권을 강화하는 데 효과가 있었으나 위험할 가능성이 더 많았다. 이러한 전통은 아래 계급까지 이어져 내려와, 로마의 경우 제국이 되기 전과 그 후에도 부유한 실력자들이 권력을 잡으면 시민들의 편의를 위해 아낌없이 베풀어 줄 것을 사람들은 기대했다. 그리고 이러한 기대에 부응하지 못하면 공공연한 공격을 받았다.

이집트와 메소포타미아, 그리고 중국에서는 군주의 권력이 상대적으로 더 쉽게 발휘될 수 있었던 것 같다. 가끔 보이는 갈등은 기본적으로

노동, 성, 권력
Work, Sex and Power

누가 군주의 자리에 오르느냐 하는 문제였다. 그렇지만 이런 군주의 권력은 전통적인 도시 문화권, 그중에서도 지중해 일부 지역에서 저항에 부딪쳤다. 고대 이스라엘에서 전해 내려오는 전설을 보면 왕을 거부하는 유명한 이야기들이 있고, 초창기의 아테네와 로마의 경우 각각 자신들의 왕을 추방하고 공화정이 되었으며, 스파르타와 카르타고의 왕은 이름만 있을 뿐 권력은 갖지 못했다. 고대 지중해의 상업 도시들은 주로 몇 명 정도가 함께 다스리는 방식을 취했지만, 그러다 왕정으로 바뀐 경우도 있었다. 아테네의 경우 여성과 노예, 그리고 아테네 안에 거주하는 외국인들을 제외한 순수 남성 시민들이 이끄는 민주주의 국가 체제를 오랫동안 유지했으나, 같은 그리스의 마케도니아 왕국에게 무너졌고 나중에는 공화국 로마에 의해 그 뿌리가 완전히 잘려나갔다. 왕정이 아닌 이런 다양한 지배 방식은, 유목 생활을 하다 새롭게 정착하여 점령한 지역을 제대로 다스리는 것이 어려웠던 국가나 혹은 주로 해안 근처에 정착해 상업을 주로 하던 도시들에서 시도되었다.

철기 시대 전후의 북부유럽에서는 정착을 해서 농사를 짓는 일과 더불어 사회적 분화가 시작되었다. 신들을 대신하는 신성시되는 인물들이 공동체와 씨족을 다스리게 되었으며, 어려운 상황에서도 점점 그 권력을 넓혀갔다. 습지에서 발굴된 당시 사람들의 시신을 살펴보면 많은 사실들을 알 수 있다. 우선 습지의 화학적 작용으로 인해 시신들은 놀라울 정도로 잘 보존이 되어 있는데, 사형을 당한 범죄자가 아닌 사회적 지위가 상당했던 사람들이 대부분인 것으로 보인다. 그리고 아마도 제물로 바쳐진 것이 거의 확실하게 보이는데, 이것은 당시에 그들이 살았던 기후 조건을 생각해보면 이해가 가는 부분이다. 최소한 그 시신들의 일부는 신을 대신하던 왕들로, 가장 중요한 의무인 날씨를 제대로 다스리는 일에 실패하자 신들을 달래기 위해 제물로 바쳐진 것으로 보인다.[28] 역사적으로 아일랜드에 자잘한 왕들이 갑자기 많이 늘어난 것은 이런 현상에 대한 실마리가 될 수 있을 것이다.

좀 더 북쪽, 그러니까 스칸디나비아 반도의 외떨어진 농가들로 이루어진 공동체로 가보면, 이른바 지역의 '실력자'에게 충성을 바치는 것은 가능해도 왕권에 대해서는 저항의 기운이 가득했다. 법을 만들거나 이주를 하는 문제는 '회의장Things'이라고 부르는 공개된 토론 장소에 모여 이야기를 나누었으며, 여기에는 최소한 각 가족의 가장들은 다 모였고 좀 더 규모가 커지면 성인 남성들이 다 모이는 경우도 있었다. CE 10세기 말에 등장한 왕들은 자신들의 왕권을 확립하느라 엄청난 어려움을 겪었고, 심지어 왕을 죽이려는 시도가 벌어지기도 했다.[29]

이 시기 북부유럽의 게르만 언어권 민족들 사이에서 왕권이 확립되는 일은 역사에서 알 수 있듯이 대단히 중요한 결과를 가져왔으며 또 특별한 배경 안에서 이루어졌는데, 그것은 다름 아닌 전쟁이었다. 동쪽에는 유목민들이 있고 남쪽에는 로마 제국이 버티고 있는 상황에서 부족들 사이의 협력이 만들어내는 건 바로 전쟁을 이끌 지도자였고, 그 지도자가 결국 왕과 비슷한 방식으로 사람들을 이끌었다. 전쟁을 승전으로 이끌면 권력과 위엄이 엄청나게 커지며 재산이 늘어나는 건 말할 것도 없었다. 물론 부족들 사이에 회의가 있을 때는 무장을 하고 있는 전사들에 대해 주의를 게을리하지 말아야 했다. 15세기가 시작되자 황제와 그들이 보낸 행정관들과 때로는 협력도 하고 또 때로는 싸움도 벌이면서 서로마 제국이 무너지고 있는 사이 자신들의 세력을 넓혀갔다. 일단 각 지역의 세력들이 하나로 합쳐지자 이들은 하나로 통합된 권력을 향해 숨 가쁘게 달려가게 된다. 페리 앤더슨은 몇 가지 사례를 들어 이렇게 요약을 하고 있다. "새롭게 탄생한 부르군트 왕국에서 왕이 '법전Book of Constitutions'을 만들어 선포한다……. 31명의 주요 귀족들은 이 법전을 높이 떠받들었으며, 이들은 이제 부족 공동체에서 지금까지 지켜왔던 중요한 법들을 확실하게 폐기해버렸다. 아프리카에 있었던 반달 왕국은 가장 잔혹한 1인 독재국가가 되었다……."[30]

농업 공동체에서 막 시작된 왕정 체제의 첫 중심은 주요 가문들이 서로 합의를 하는 것으로 자리를 잡아갔다. 이는 공동체를 위협하는 내부의 위기나 혹은 외부의 위협에 대한 반응이었다. 외부의 위협은 전쟁을 이끌 지도자를 필요로 했으며, 개인적으로 선택된 이 지도자에게는 적절한 신성불가침의 권위를 부여했다.[31] 그러면 지도자에게는 일종의 종교적 위엄이 더해져 아주 예외적인 특권과 금기의 보호를 받았다. 그렇지만 세계 각지에서는 지속적인 확장으로 영토와 세력의 범위가 더 넓어진 국가들이 계속해서 생겨났다. 저 멀리는 태평양의 폴리네시아 제도로부터 유라시아와 아프리카 북부, 그리고 아프리카 열대 지방과 아메리카 대륙까지 무장을 한 집단들이 때로 결혼을 통한 동맹의 도움을 받아 국가를 만들었다. 침략과 약탈을 통해 늘어난 재물과 영토는 승리한 침략자들의 위상과 세력을 더욱 강화시켜 주었으며, 동시에 경쟁자들을 압도하는 일종의 보험 역할을 했다.[32]

국가와 사회가 벌이는 전쟁의 세부적인 사항은 나중에 확인해볼 것이며, 지금은 왕의 승인받은 권력이 통하는 지역 안에서 통치의 '내부적인' 측면을 한번 생각해보자. 일단 왕의 자리에 올랐다면 어떻게 권력을 강화시켜 나갔으며 어떤 어려움과 마주하게 되었을까?

이미 알고 있는 것처럼, 전투뿐만 아니라 병사들의 징집과 병참 공급 등 꼭 필요한 전쟁 수행 외에 군주가 떠맡은 중요한 책임에는, 사람들의 의식 수행과 관련된 종교 문제, 그리고 사람들에게 법과 관습을 해석한 판결을 알리거나 혹은 알려야 하는 이유를 만들어내는 일 등이 있었다. 또 그보다 더 중요한 문제들도 있을 수 있었다. 왕이라면 시대와 지역을 불문하고 마주해야만 하는 기본적인 문제들이 있게 마련이었고, 정말 어떤 형태의 정부라도 지도자의 위치에 있는 개인이라면 반드시 헤쳐나가야 하는 문제들이었다. 여기서 반드시 이해해야만 할 것은, 지배자의 위치는 많은 특권이 따르지만 결코 쉽거나 안전한 일은 아니라는 사실이다.

왕실의 하인들

군주도 개인적으로 하인들이 필요하며 이들이 하는 일은 집사나 시종처럼 왕을 직접 모시거나 혹은 요강을 치우는 허드렛일까지 다양하다. 또한 흔히 볼 수 있듯이 왕의 후궁들을 보살피는 일은 환관들의 몫이었다. 이런 하인들 외에도 군주에게는 일종의 자문위원회와 왕의 명령을 받들어 행정적인 일을 맡아 수행하는 관리들이 필요한데, 이 일에 특히 어려움이 많았다.

중국의 황제는 아주 복잡한 검증 체계를 거쳐 중요한 고급 관리들을 중용했으며, 그 밖의 다른 경우에는 보통 추천 제도를 통해 관리들을 뽑았다. 그런데 군주의 주변을 살피는 일이 국가의 행정을 담당하는 일로 연결되는 경우가 종종 있었다. 리처드 3세는 '변기 청소 담당'과 많은 일들을 의논했는데, 왕의 뒤처리를 하던 이들은 그만큼 왕과 내밀한 관계를 가졌고 나중에는 왕의 가장 가까운 의논 상대를 지칭하는 표현이 되었다.[33] 행정관들과 자문위원들 외에 정식 신하가 아닌 왕의 주변 사람들이 왕 앞에 모여 나랏일을 의논했다. 지금 사용하고 있는 '서기관'이나 '사무장' 그리고 '경호원', '의사 진행 담당'과 같은 용어들은 중세의 왕의 시종들이 각각 담당했던 기능에서 파생되어 이어져 내려온 말들이다.

이러한 구성은 필연적으로 여러 문제들을 일으킬 수밖에 없었다. 후

노동, 성, 권력
Work, Sex and Power

궁들은 말할 것도 없고 주변의 하찮은 하인들까지 왕과 개인적으로 접촉해 불필요한 일들을 전달한다는 의심을 받았다. 그리고 이런 적절하지 못한 영향력은 왕의 주변 사람들 사이에서 질투를 불러일으켰다. 각자가 다 자신이 왕과 더 가까운 사이라고 생각하고 있었던 것이다. 그 악명 높은 사례가 바로 스코틀랜드의 메리 여왕이 거느렸던 개인 비서인 데이비드 리치오다. 리치오는 1566년 여왕과 부적절한 관계를 의심받다가 살해되었는데, 만일 정식 행정관들까지 이런 문제에 얽히면 상황은 훨씬 더 나빠질 수밖에 없었다. 제대로 된 책임을 다하는 것이 아니라 공연한 의심을 받지 않기 위해 단편적인 자문만 하는 역할로 전락할 수밖에 없었기 때문이다. 중국 황실이나 동로마 제국, 그리고 동로마를 멸망시킨 터키 제국의 경우, 때로 환관들이 엄청난 영향력을 행사했으며 마치 진짜 장관이나 총리대신 같은 역할을 하기도 했다.

왕국이나 제국의 주요 영주들은 이런 불유쾌한 일을 자주 겪었고, 정당하게 얻은 영향력 높은 자리에서 밀려난다는 느낌을 받으면 아주 격렬하게 분개했다. 물론 자신의 영지 등 돌봐야 할 다른 문제들이 있었기 때문에 계속 왕의 근처에 머물러 있을 수 없었고, 아주 가끔씩만 소환을 받으면 대회의에 참석했다. 당시의 불편한 교통수단을 생각해 보면 이들 실력자들이 왕이 필요할 때마다 가까운 자문 역할을 맡는 일은 사실상 불가능한 일이었다. 일반적으로 말해, 만일 군주가 자신의 상류층 지지 기반을 잘 달랜다면 이들도 상황을 받아들일 준비가 되어 있었다. 반면에 그들을 잘 달래지도 못하고 외국과의 전투에서 패한다든지, 천재지변을 만나고 또 사회적 갈등을 제대로 해결하지 못할 경우 왕도 큰 곤란을 겪게 되는 것이다. 특히 불만을 품은 실력자들이 군사력까지 손에 쥐고 있다면 상황은 더 악화될 수밖에 없었다.

심지어 이런 문제들을 피할 수 있다고 해도 고비는 끊임없이 닥쳐오고 음모와 파벌 싸움, 그리고 궁정에서 일어날 수 있는 배반도 신경 쓰지 않을 수 없었다. 왕이 겪는 어려움에 끝은 없었던 것이다. 이러한 상황에서 왕국을 떠받치고 있는 관료들은 궁정 안에 고립되어 있는 것이 아니었다. 외국에서 넘어온 노예 출신이 아니라면 대부분의 경우 궁정 바깥에 친구와 친족이 있게 마련이었으며, 따라서 그들을 위한 영향력 행사나 자신의 세력을 규합하는 일이 이어졌다. 그러면 결국 질시와 불만, 부패가 발생했고 국가의 재정을 빼돌리는 일도 벌어졌는데, 그러다 자신들이 하지 않은 일로 고발을 당하는 일도 있었다.[34]

이런 모든 일들은 상대적으로 자주 발생하는 문제라고 볼 수 있지만, 이보다 훨씬 더 심각한 위험도 항상 코앞에서 도사리고 있었다. 특별히 궁정 바깥과 잘 연결이 되어 있는 강한 권력을 거머쥔 관료는 왕을 허수아비로 만들고 자신과 주변 사람들이 실질적인 권력을 누릴 수 있도록 만든다. 이런 일은 세습을 하는 왕정 치하에서는 반복적으로 일어나는 일이었다.

유럽의 중세 시대가 시작되기 몇 세기 전의 갈리아 족 메로빙거 왕조에서 일본의 천황과 바그다드의 칼리프까지, 그리고 아직도 왕정이 유지되는 네팔까지 역사적으로 이런 일들은 자주 볼 수 있다. 만일 왕의 자리가 완전히 세습되지는 않거나 아예 세습제가 아니라면 여기에는 각각 장점도 있고 단점도 있었다. 이런 경우 강력한 권력을 틀어진 관료가 다음 대까지 자신의 영향력을 구축하는 일이 좀 더 어려워진다. 그렇지만 반면에 왕조의 정통성이 약해지고 사람들의 불만을 잠재우기 어려워지며, 왕좌를 노리는 야심만만한 귀족들을 견제할 세습 사제 계급도 사라진다. 동로마 제국에서 왜 그렇게 자주 반역이 일어났는지에 대한 이유가 바로 여기에 있다.

그러므로 왕정이 처음 등장한 이후 능력 있는 왕들을 배출하던 왕조

노동, 성, 권력
Work, Sex and Power

가 보통은 그리 오래 이어지지 않았던 것도 그리 놀랄 일은 아니다. 중앙정부와 변경 지역, 쉽게 말해 군주와 주요 영주들 사이에는 종종 험악한 설전이 벌어져 궁정의 정치학이라는 독배毒杯에 독을 더했고, 앞서 제4장에서 살펴본 것처럼 확실한 후계자가 없는 경우 왕위 계승 문제로 인해 상황은 더 악화되곤 했다.[35] 마키아벨리의 너무나도 유명한 저서 《군주론The Prince》은 지배자들이 통치를 하면서 마주치는 어려움들을 해결할 수 있도록 도와주는 지침서로, 결코 일반인들을 위한 책이 아니었다. 그렇지만 그 속에는 지배자들뿐만 아니라 모든 사람들에게 꼭 필요한 충고를 담고 있는데, 바로 "언제나 등 뒤를 조심하라!"는 말이다.

단지 궁정만이 아니라 언제나 거의 모든 집단에서 정도의 차이는 있지만, 남을 다스려야만 하는 일이 벌어진다는 사실은 아주 놀랍기 그지없다. 주어진 환경에 따라 다양하지만 결국 사회적 구조는 그 본질이 같은 것이다. 이런 사실은 교황이 있는 바티칸에서부터 제4장에서 살펴보았던 메디치 가문과 같은 속세의 지배자들에 이르기까지 다 적용이 되며, 현대의 독재국가도 마찬가지다. 이탈리아의 독재자 무솔리니는 자신이 이탈리아에서 가장 반항적인 사람이라고 말한 적이 있으며, 나치 독일의 제3제국은 주요 권력자들이 총통 히틀러의 비위를 맞추기 위해 서로 경쟁을 하다가 결국 곤경에 빠지고 말았다.[36] 소비에트 연방, 그중에서도 특히 권력의 정점에 있던 공산당 정치국은 스탈린 시대 이전, 스탈린 시대, 그리고 스탈린 이후 시대 등 시대상의 변화와는 상관없이, 다소 정리가 되어 있기는 하지만, 약간의 수정만 가할 뿐 계속해서 비슷한 모습만을 보여 왔다.

이렇게 거의 모든 상황에 적용이 될 수 있는 이런 모습은 민주주의 국가의 내각, 중앙정부 휘하의 군대, 모든 종류의 지방정부, 자본주의 하에서 벌어지고 있는 사업들,[37] 대학의 이사회와 신문사 편집실, 자원 봉사 단체와 모든 조직에서 다 발견된다. 나는 1970년대 후반부터 스코틀랜드 연금 협회Scottish Old Age Pensions Association와 스코틀랜드 연금 생활자 협회Scottish Pensioner에서 발행하는 월간 소식지의 편집일을 시작했으며, 그러다 연금 협회의 행정 위원회에도 참여하게 되었는데, 일을 하면서 겪은 경험들을 떠올리지 않을 수 없었다. 나는 종종 아직은 이른 나이에 늙어가는 경험을 했다고 농담을 하곤 하지만, 나를 놀라게 한 건 각자의 갈등과 악의, 책략, 내분, 그리고 이기주의였다. 그것도 이렇게 나이가 지긋한 사람들이 모인 곳에서 말이다. 모든 역사적인 증거들은 이러한 종류의 행동은 일반적인 것이며, 심지어 계급적 구조가 가장 부실한 조직에서조차 발견된다는 사실을 보여주고 있다.

개인숭배 현상

근대 초기의 프랑스 국왕들은 경쟁 관계였던 영국의 왕들과는 달랐지만, 동시대의 유럽 군주들과 비교했을 때 가장 절대적인 권력을 자랑했으며 화려한 명예는 물론 새로운 법질서의 근원이기도 했다. 물론 실제로 절대왕정이라고 해서 왕이나 여왕이 무엇이든 원하는 걸 마음대로 할 수 있는 자리라는 뜻은 아니었다.[38] 이러한 절대왕정은, 절대왕정과는 거리가 먼 이웃 나라 영국의 주장에 따르면, 종교적인 환경과 결합한 것이며 초기 문명에서 본 신격화된 군주의 후예라는 개념으로 정당하게 받아들여졌다. 초기 문명의 신격화된 군주라는 개념은 훗날 로마 제국의 황제들이 받아들여 그 후계자를 자처하는 유럽의 각국 왕들에게 이어졌고, 《구약성경》에 묘사된 왕과 일반인들을 성스럽게 구별하는 예식을 통해 자신들의 신비한 정당성을 확인하게 된다.[39] 중국의 황제들도 이와 비슷하게 자신들은 "하늘로부터 허락을 받은 자"라고 주장했고, 이슬람의 지배자들도 스스로를 "믿는 자들의 총사령관Commander of the Faithful"이라고 하면서 종교적 정당성을 내세웠다.

이러한 사상과 실천이 어떻게 사람들에게 받아들여질 수 있었는지를 생각하면 매우 흥미로운 의문이 생긴다.[40] 당연히 전통과 모방이 중요한 역할을 했겠지만, 또다시 각기 다른 지역에서 독립적으로 시작된 농업이라는 제도가 결국에는 아주 유사한 결과들을 만들어낸 것이다. 역시 당연한 일로 여겨지지만, 그런 주장을 펼칠 수 있는 권력을 손에 쥔 각각의 개인들은 진짜 세상의 거친 현실과는 가능한 멀리 떨어진 삶을 즐기는 경향이 있었으며, 농업을 기반으로 한 기술이 가능하도록 만들어낸 유리한 점을 활용했다. 그러면서 자신이 다스리는 대부분의 일반인들이 겪어야 하는 끝없는 괴로움과 불확실한 삶은 감당해낼 필요도 없었다. 권력과 무력을 손에 쥐었다는 건 노예들의 노동력을 마음대로 부릴 수 있다는 뜻이기도 했다. 또한 장인들의 기술과 수많은 후궁들이 주는 쾌락과 안락함도 그만의 몫이었다. 그리고 이런 특권을 누리는 데 대한 적절한 정당성을 확보할 수 있는 방법은 종교적 지도자로서 사람들의 엄청난 헌신을 이끌어내는 것뿐이었다.

여기서 놀라운 건 이런 모습을 지금까지도 여전히 생생히 목격할 수 있다는 사실이며, 다만 예상치 못한 특별한 장소에서 찾아볼 수 있다. 마하라지Maharaji나 사이언톨로지Scientology 숭배와 같은 비밀스러운 종교단체의 지도자라고 하는 사람들이 살고 있는 모습은 아주 악명이 높은데, 숭배의 대상이 되는 이런 사람들은 호화스러운 삶을 즐기며, 여기에 혹한 신도들은 삶을 포기하다시피 하고 돈을 끌어 모아 이들의 관대한 생활 방식을 후원하고 있다. 그렇지만 이런 개인숭배 현상의 정점에 있으면서도 종교적인 색채가 전혀 없는 곳이 있었으니, 그곳이 바로 20세기에 시작된 공산당이다. 공산당의 개인숭배 현상은 1956년 구소련의 지도자인 니키타 흐루쇼프가 혹독한 공격을 시작할 때까지 놀라울 정도로 크게 퍼져나갔다.

흐루쇼프의 공격 목표는 다름 아닌 소비에트 연방과 국제 공산주의자들의 지도자였던 이오시프 스탈린이었다. 1930년대 후반 스탈린의 권력은 절대 권력이 도달할 수 있는 최고 수준까지 올라 있었으며, 소박함을 과시하고 화려함은 피하는 그로서는 선택의 여지가 없는 신중한 생활 방식을 고수했다. 그리고 그런 그의 허울뿐인 겸손함은 엄청난 숭배의 대상이 되었다.[41] 그렇지만 그건 단지 스탈린만의 문제일 뿐만 아니라 공산당 지도부 대부분의 문제였다. 공산당이 국가를 지배하는 정당인가 아닌가에 상관없이 비슷한 모습의 개인숭배 현상이 계속 등장했던 것이다.

동시에 사람들은 케빈 모건이 스탈린에 대해 '거대한 광신super-cut'이라고 불렀던 현상에 짓눌려 그에 대해 맹목적인 복종만을 해야 했다. 그리고 스탈린의 통치 방식에 반감을 품고 그에게 등을 돌리거나 심지어 그런 생각만 해도 스탈린의 이름으로 그에 대한 처벌을 받았다.[42] 모건은 이렇게 설명한다. "개인에 대한 숭배를 한곳으로 끌어 모으면, 분열이 되어 있거나 아직 안정이 되지 않은 사회에 권위와 구심점을 제공할 수 있다."[43] 중국의 마오쩌둥이 1966년에서 1974년 사이 그의 말년에 경험했던 개인숭배 현상은 스탈린의 그것과 같거나 오히려 능가하는 수준이었다. 공식적으로는 스탈린과의 비교를 피하기 위해 마오 개인이 아니라 마오의 '사상'을 따르는 것이라고 하지만 그 말을 믿는 사람은 아무도 없다. 그렇지만 심지어 이런 기이한 숭배 현상도 북한의 김 씨 왕조에 비하면 아주 평범한 수준일 것이다. 김 씨 왕조에 대한 숭배 현상은

1950년대부터 지금까지 3대에 걸쳐 이어지고 있는 것이다.

반면에 쿠바 공산당 지도부에 대해서는 어떤 비슷한 일도 일어나지 않았다. 이런 예외적인 현상에 대해 정확한 증거를 쉽게 찾을 수는 없지만, 이 쿠바 섬의 혁명 이전의 문화가 중요한 역할을 한 것 같다. 또 이 쿠바 공산당 지도부가 마르크스 레닌주의의 전통에서 직접적으로 탄생한 것이 아니라, 그 뿌리가 다르기 때문이다. 말하자면 외부에서 공산당을 접수한 것도 그 이유가 된다고 볼 수 있다. 부족하지만 어떤 결론을 내려 본다면, 인간은 기회가 있을 때 본질적으로 독재자와 같은 방식으로 행동하는 경향이 있으며, 그럼에도 불구하고 일반적인 경우든 예외적인 경우든 각각의 사례는 내재된 문화와 결합한 외부와 내부의 압력이라는 원인으로 설명될 수 있다. 그리고 그 결과를 설명하는 일이 결국 모든 것을 깨달을 수 있는 방법이다.

새로운 정점

BCE 800년경 철기 시대가 시작되면서 전 세계 모든 대륙에서 거대한 정착지가 생겨나고 그 규모도 점점 커져갔지만, 여전히 사람들은 수렵과 채집 생활을 하고 있었고, 조상들의 생활 방식으로부터 크게 달라진 지역은 일부에 불과했다. 그리고 인류의 미래는 그 일부 지역에 살고 있는 사람들에게 달려 있었다.

신석기 시대와 청동기 시대의 유물들은 분명 아주 인상적이다. 박물관을 찾아가 고대 문명의 흔적들을 바라보는 사람들의 모습에서 그런 사실을 확인할 수 있다. 그렇지만 철기를 사용하는 기술은 농업 기술의 생산성을 엄청나게 늘려주었다. 예를 들어 청동기 시대에는 청동이 너무 귀해 농작물을 수확하는 일 같은 하찮은 작업에는 사용할 수 없었으나, 이제 값이 저렴한 철제 낫으로 훨씬 더 효율적으로 일을 할 수 있게 되었으며 부싯돌 칼날로 일을 하던 때와는 비교할 수도 없었다. 또한 이런 차이는 역시 석기와 철제 쟁기에서도 확인할 수 있다.

청동기 시대의 뒤를 이은 철기 시대는 오랜 기간 이어진 시대를 마감하는 새로운 정점이라고 볼 수 있다. 유라시아 대륙의 청동기 시대 농업 계급 사회는 비록 그렇게 되는 데 수천 년의 세월이 걸리기는 했지만 문명, 다시 말해 도시 생활을 만들어냈다. 도시 생활을 통해 계급 사회와 사회적 분화가 꽃을 피웠고, 이는 다시 종교와 사유재산에 대한 법, 문자로 된 기록, 그리고 금속 가공 기술로 더 공고해졌다. 철을 기반으로 한 기술은 무기 개발 능력과 생산력을 엄청나게 강화시켰고, 상류층들은 이를 통해 세상을 통제하고 지배할 수 있는 기회를 더 많이 잡을 수 있게 되었다. 결국, 이러한 수 세기에 걸쳐 강화된 사회적 분화가 의미하는 건, 사회의 상류층이 기본 생산자들의 노동으로 만들어낸 자원을 좀 더 잘 짜낼 수 있는 위치에 올라섰다는 사실이다. 이러한 과정이 어떻게 진행되었는지를 이제 제6장에서 살펴보게 될 것이다.

노동, 성, 권력
Work, Sex and Power

제6장

착취와 폭력
Exploitation and Violence

"정치 역사에서 보호를 빌미로 한 거대한 착취가 시작되었다. '나에게 복종하라. 그러면 내가 더 큰 폭력으로부터 보호해주리라. 만일 나를 믿지 못한다면 그 결과가 어떻게 될지 그 본보기를 보여주겠다.'"

— 마이클 만, 《사회적 권력의 원천들》 제1권

잉여 생산물에 대한 착취

이번 제6장에서는 앞서 살펴보았던 계급 사회를 통해 형성된 사회의 상류층이 어떤 방법과 방식으로 사람들에게서 물적 자원을 가져갔는지, 그리고 이러한 관계를 통해 발생한 갈등과 상류층이 그렇게 만들어낸 재산을 권력관계라는 맥락에서 서로 교환을 한 과정에 대해 생각해보려 한다. 폭력적 상호작용의 또 다른 형태에 대해서는 특히 제5장과 제7장을 참고하기를 바란다.

폭력과 경제적인 착취는 서로 밀접하게 연결이 되어 있으며, 특히 착취에 저항하면서 주로 폭력이 발생한다.《공산당 선언Manifest der Kommunistischen Partei》에서는 이렇게 이야기하고 있다. "지금까지 존재해 온 모든 사회의 역사는 계급 간의 투쟁의 역사다……. 압제자와 피압제자가 서로 끊임없이 대립을 해온 것이다." 훗날 엥겔스는 여기에서 자신이 이름 붙인 '원시 공산주의'라는 표현을 빼고 수정을 했다. 지금은 '수렵 공산주의'라는 표현을 사용하고 있다.

사회 계급은 물질적 착취를 분석하는 데 분명 가장 효과적이며 가장 현실적인 개념으로 지금까지도 사용되고 있다. 그리고 마르크스주의자들의 분석이 강조하는 부분도 이 대목이다. 그렇지만 계급이란 어느 정도 도움이 될 수 있을지는 모르나, 사회적 의식에 대해서는 아주 부족한 설명이며, 경제적 혹은 사회적 계급은 일반적으로 마치 적군처럼 서로 대립하는 현상을 간단하게 정리해주지 못한다. 또 바로 이 대목이 마르크스주의자들의 분석이 가장 취약하고 부족한 부분이기도 하다.

강제적인 착취의 네 가지 구조상의 형태는 바로 공물과 그 공물이 좀 더 강화된 형태의 농노제도, 그리고 사유재산으로서의 노예제도와 임금 노동자가 있으며, 그 각각의 형태는 다시 또 아주 다양하게 세분화된다. 공물이란 역사적으로 널리 알려진 형태로, 지배자에게 의존하고 있는 농부나 장인들이 자신들의 생산품 중 일부나 노동력, 혹은 둘 다를 어쩔 수 없이 일종의 세금처럼 지역의 우두머리나 중앙정부에 바치는 것이다. 그것이 상호 계약에 의한 것이든 폭력의 공포에 의한 것이든 이들은 공물 바치는 일을 거부할 수 없었다. 농노제는 이보다 한 걸음 더 나아가서 임금을 받는 노동자와 그 가족을 특정 영주에게 묶어두며, 그들에게는 관습으로 인정되는 최소한의 소유권만 존재한다. 그리고 노예제도는 거기서 소유권마저 빼앗는 것이다. 노예는 아무런 권리가 없는 주인의 사유재산이며 주인이 마음대로 처분할 수 있다. 물론 아주 극단적인 대우는 사회적으로 지탄을 받을 수도 있었다. 공식적으로는 자유로운 노동자도 고용주가 시키는 일을 무엇이든지 해야만 한다면, 거기에 강제적인 요소가 개입되어 있는 것이며 노동에 대한 보상이나 조건이 아주 형편없을 수도 있다. 21세기인 지금도 인도나 방글라데시, 인도네시아, 중국 같은 나라에서는 특히 여성을 포함한 수많은 노동자들이 이와 비슷한 상황에 처해 있는데, 이런 나라들은 의복이나 컴퓨터 장비, 혹은 스포츠 용품 등 주로 소비재를 생산하고 있다.

이러한 관계는 역사를 통해 모든 사상적인 정당성을 동원하여 포장되었고,[1] 그중에서도 주로 신의 명령이라는 종교적 방식이 가장 많이 사용되었다. 그렇지만 또 현대 사회로 들어서면서는 종교가 아닌 시장의 원리에 점점 더 많이 집중하고 있다. 이러한 정당화는 최소한 사회의 상류층들에게 매우 중요한데, 이를 통해 사상적 주도권을 만들어내고, 그 사상적 주도권은 또한 사회적 질서를 만들어내기 때문이다. 바로 필요성과 확실함이라는 가면을 쓴 질서다.

사회적 질서라는 문제에 대해서는, 계급만으로는 모든 사회에 적용되는 중요한 사회적 의식에 대해서 설명할 수 없다.[2] 때때로 하층 계급은 저항하고 반란을 일으키며, 중국의 역사를 살펴보면 농부들의 반란은 기록된 것만 시간 당 1.8회 꼴이었다고 한다.[3] 이러한 맥락에서 소극적인 저항에서 파업이나 소송을 지나 폭동으로 이어지는 등의 일정 수준의 계급투쟁은 항상 진행되고 있다고 볼 수 있다. 그럼에도 불구하고 지나간 대부분의 역사에서 지배를 당하는 계층은 마지못해 하면서도 자신들의 운명을 그대로 받아들여 왔고 개인적인 안녕을 추구했다.

그렇지만 이러한 사회적 수용 뒤에는 단순한 위협이든 실제 상황이든 언제나 폭력적인 억압이 존재해왔다. 기록된 역사를 살펴보면, 이러한 폭력은 항상 국가가 가장 중요하게 생각하는 해결책이었으며, 물론 분명하게 드러나지는 않았지만 더 이전 시대, 그러니까 국가가 아직 존재하지 않거나 막 형성되던 때에도 해당이 된다. '평상시'라면 어렵고 힘든 순간이라도 폭력에 대해 그리 크게 의존하지는 않을 것이다. 폭력을 행사하고 분노를 내비치면 억압에 대한 위협만으로도 보통은 상황이 진정되게 마련이다. 그렇지만 사회적 긴장감이 어느 지점을 넘어서면 국가는 결국 문제를 해결하기 위해 폭력을 행사하게 되어 있으며, 그렇게 해서 사회적 구조를 유지한다. 만일 그것이 실패하면 우리가 혁명이라고 부르는 사태가 일어나는 것이다.

우리가 이미 앞서 살펴보았던 것처럼 계급의 격차는 공동체의 정착과 안정화를 통해서만 공고해질 수 있는 것이며, 수렵과 채집을 하며 떠도는 공동체 사회는 일반적으로 분위기가 더 평등하다. 또한 개별 생산자의 생산 능력이 실제적으로 필요한 소비를 위한 생물학적 요구를 넘어설 때도 계급 간의 차이가 벌어진다. 그 결과 어떤 식으로든 잉여 생산물이 흘러나오게 되며 사회를 지배하는 상류층이 그 혜택을 누린다. 거기에, 각종 기술을 가진 일종의 공무원들은 상류층이 지배를 계속할 수 있도록 기술적으로 돕던지, 아니면 최소한 그들이 탐내는 상품들을 만들어내는 것이다. 군주와 영주들이 휘두르는 속세의 권력 곁에는 언제나 그렇듯이 각종 기술을 가진 이런 관원이나 공무원들이 함께 있었으며, 이들이 하는 일은 지배자의 권력을 주로 정신적인 세계와 관련된 설명과 함께 사상적으로 정당화하는 것이었다. 물론 또 다른 할 일도 있었다. 예컨대 메소포타미아에서는 달력을 만들고 별을 관찰하며 다가올 미래를 예언하는 일도 했던 것이다.

세상이 발전하는 것은 사실 근본적으로 불안정하기 때문이다. 상호

노동, 성, 권력
Work, Sex and Power

교류가 시작이 되면 의례히 정착민들이 서로 힘을 합치고, 그러면 도시가 탄생한다. 그리고 각각 사람들이 의지하는 지배자가 있는 도시들이 합쳐져, 농업을 기반으로 하고 신을 대신하는 군주가 지배하는 제국이 만들어진다.

이러한 사례는 특히 유라시아 대륙과 이집트에서 많이 찾아볼 수 있으며, 이들 제국은 주로 거대한 강과 계곡 근처를 근거지로 하고 있다. 비록 강은 없지만 이와 비슷한 발전 과정이 중앙아메리카와 안데스 산맥 근처에서 반복되었으며, 언제나 경쟁 관계에 있는 지배자들이 수많은 갈등과 유혈극을 겪었다. 이들은 자신들의 목숨은 물론 함께하는 사람들까지 이 도박에 내걸고 최고의 자리에 오르기 위해 다퉜다. 다음은 켄트 플래너리와 조이스 마커스의 설명이다.

"식민주의를 만들어낸 건 인류학자도 근대 제국의 군주들도 아니다. 그 역사는 최소한 4300년이 넘으며 땅과 공물을 탐냈던 당시 왕들의 작품이다. 수메르와 아카드, 아시리아와 히타이트, 그리스, 로마, 이슬람, 아즈텍, 그리고 잉카와 중국 사람들은 침략과 지배의 기술을 인류학자들에게서 배운 것이 아니다. 그들을 이끈 지도자들과 비교한다면, 예컨대 대영제국의 빅토리아 여왕은 선하디 선한 테레사 수녀쯤으로 보일 것이다."[4]

그렇지만 이러한 발전 과정은 들판에서 노역을 하고 전쟁터에서 피를 뿌리며 이어지는 대학살의 희생자가 되었던 각 개인들에게는 절망적인 소식이었을 것이다. 이들은 물질과 지성을 포함한 거대한 문화 확산 과정에 강제로 내몰린 사람들이다. 어쩌면 발터 벤야민의 유명한 지적은 이렇게 바꿔서 해석될 수 있을지 모르겠다. 수많은 야만의 기록은 동시에 문화의 기록이라고 말이다. 발전의 역사는 사실 강제로 동원된 노역의 역사라고 해도 과언이 아니다. 그 노역은 여러 가지 형

태를 취하는데, 그중에서도 가장 분명하게 확인할 수 있는 것이 바로
노예제도다.

강제 노역

공물

마이클 만은 이렇게 이야기한다. "잉여 생산물을 차지하기 위한 노력
과 발전으로 역사에 남을 국가들이 탄생했고, 그 뒤에는 노동 강도의 증
가가 있었다. 다시 말해, 육체적인 힘을 더 많이 필요로 했다는 뜻이다."[5]
만의 지적은 같은 시기에 여러 형태로 나타날 수 있는 기본적인 관계를
정의하고 있다. 노예제도는 그중에서도 가장 확실하게 드러나는 형태지
만 그렇다고 공물제도처럼 단순하지는 않으며, 이 두 가지 제도는 모두
순전히 강제로 시행되는 것이다. 물론 그 정확한 본질과 그로 인해 이어
지는 결과들에 대해서도 진지한 분석이 필요하다. 공물이라는 건 생산
자가 더 이상의 별도의 책임이나 법적 절차 없이 그저 단순하게 자신의
생산물을 지배자에게 강제로 바치는 것이다. 여기서 지배자는 지역의
악독한 영주에서부터 신을 대신한 황제에 이르기까지 다양하며, 황제에
게 바치는 공물이 바로 지금 우리가 세금이라고 부르는 것이다.

공물은 생산품 외에도 노역으로 대신할 수 있는데, 이 노역은 부역賦
役, 즉 임금을 지급하지 않는 노동으로 부른다. 예를 들어 잉카 제국에서
는 엄청난 규모의 부역 제도를 통해 길을 닦고 수로水路를 건설했다. 여
기에 적용되는 규칙은 '중앙집권화와 계급이라는 사상적 지배를 통해
허용 가능 수준까지 사람들을 몰아붙이는 것'이다.[6] 공물제도는 또한 상

노동, 성, 권력
Work, Sex and Power

황에 따라 복잡해질 수도 있는데, 예컨대 중간에 귀족이나 영주가 있어 생산자에게 거둔 생산물을 자신이 책임지고 공물로 바치는 경우다. 이 경우는 공물이 몇 가지 과정을 거쳐 최종적으로 전달되게 된다. 또한 감시나 강요가 필요한 경우 상황은 더 복잡해질 수 있는데, 그렇게 되면 공물을 거두는 입장에서는 병력을 동원해야 하며 동시에 그 병사들에게도 합당한 보수를 지급해야 한다. 그렇지 않으면 많은 로마의 황제들이 겪었던 것처럼 그 병력이 반기를 들 수도 있다.

노예제도

노예제도는 공물제도보다 더 단순하면서도 복잡한 관계다. 단순하다는 건, 노예는 주인의 사적인 재산이며 로마에서 이야기하던 대로 그저 '말을 하는 도구'에 불과하다는 점을 지적하는 것이다. 물론 노예가 있으면 먹이고 입혀야 하는 불편함이 있으며, 따라서 노예를 구매한 후에도 추가 비용이 들어간다는 문제가 발생한다. 투자한 상품을 보호하려면 의료비용 역시 반드시 계산에 넣어야 한다. 반면에 노예의 노동력은 온전히 주인의 것으로, 물리적인 노동은 물론 교육을 받은 노예를 통한 정신적인 노동과 그 생산물, 그리고 검투사로 내보내거나 성적 관계를 맺는 것과 같은 별도의 기능까지도 다 여기에 포함이 된다. 여기에서 정신적 노동 문제는 노예와의 관계를 복잡하게 만드는 이유 중 하나다. 노예에도 각각의 등급이 있으며, 이런 특이한 사례는 심지어 군대까지 확대되기도 하는데, 고대 아테네에서는 노예들이 치안을 담당하는 역할까지 했었다.

노예 판매자와 구매자 사이의 관계도 역시 복잡해질 수 있었고, 소유주에 대해서도 물론 여러 문제들이 있었다. 로마의 경우 노예가 노예를 소유하는 경우도 있었다고 전해진다. 최종적으로는 노예 소유주들이 노예들의 반란으로부터 어떻게 보호를 받을 수 있는가 하는 골치 아픈 문제가 남아 있었다. 특히 검투사로 나서는 노예들은 아주 위험했다. 로마가 지배하던 지역에서 시대에 따라 전체 노예의 숫자가 얼마나 되었는지, 혹은 인구 대비 비율이 얼마나 되었는지에 대한 정확한 자료는 남아 있지 않다. 심지어 역사가인 생트 크루아는 이렇게 말하기도 했다. "각각의 기간 동안 노예가 모두 얼마나 있었는지에 대해 결론을 내리려는 것 자체가 아주 잘못된 일일 수 있다."[7] 다만 그는 BCE 1세기경 있었던 로마의 스파르타쿠스 반란에서 살해당한 노예들의 숫자가 10만 명 정도였다는 기록을 언급하기도 했다. 로마가 제국이 된 직후에 원로원에서는 노예들에게 특정한 표시를 하자는 제안이 나오기도 했으나, 그렇게 하면 노예들 자신이 그 숫자가 얼마나 되는지 알 수 있게 된다고 하여 없던 일이 되기도 했다. 로마 군단은 노예들의 반란을 막을 수 있는 최고이자 최후의 방어 수단이었으며, 노예들을 통제할 수 있는 수단이기도 했다. 그리고 그 군단을 통솔하는 것이 바로 로마의 황제들이었다. 로마 사회의 상류층은 미치광이 같은 범죄를 저지르거나, 원로원을 위협하는 황제가 나와도 그것을 참고 견뎌야 했던 이유가 바로 이 때문이었다.

그리스 로마 사회에서는 개인 소유의 노예 이외에도 국가에서 관리하는 노예들이 있었는데, 이들은 노예들 중에서도 가장 비참한 대우를 받았다. 주로 귀금속을 캐내는 광산이나 건물, 그리고 기념비를 치장하는 데 쓰이는 대리석을 채취하는 채석장처럼, 인간이 일하기에 가장 최악인 환경 속에서 일을 했으며, 그렇게 강제로 무리한 노동을 하다 죽음에 이르기 일쑤였다. 아테네의 경우 그 최전성기를 노예들의 노동에 기반을 두었는데, 특히 남동부 라우리온Laurion에 있던 은을 캐는 광산의 경우, 생트 크루아의 표현에 따르면 기독교에서 이야기하는 지옥이 바로 그곳이었다고 한다. 이런 라우리온 광산과 비교할 만한 곳은 헬레니즘 시대의 이집트 광산들뿐이었다.

"이집트의 왕들은 주로 죄수나 전쟁 포로들, 그리고 잘못된 고발이나 단지 왕의 심기를 거슬렸다는 이유로 끌려온 사람들을 이런 광산으로 보냈다. 그중에는 왕의 친척도 있었다. 왕은 죄수들을 처벌하면서 그 노동력으로 이득을 취할 수 있었던 것이다. 광산에서는 모두 사슬에 묶여 밤이나 낮이나 쉬지 않고 일을 했다……. 채석장 안으로 깊숙이 들어가면 햇빛은 더 이상 비치지 않았고 대신 이마에 묶은 등잔불로 주변을 밝혔다. 갱도의 모양에 맞춰 온몸을 비틀어야 했으며…… 무자비한 감독관의 채찍질 아래 쉬는 시간이라고는 없이 일을 했고, 어린아이들은 이 지하의 창자를 거쳐 필요한 도구를 날랐다. 이런 비참한 모습을 그대로 바라볼 수 있는 사람은 아무도 없으리라. 심지어 이들은 몸에 두를 옷가지조차 입지 못하는 경우가 많았고 그런 자신의 처지에 대해 비참함을 느낄 여유도 없었다. 병들고 사지를 찢기고 나이를 먹어갔으며, 병약한 여인들까지 끼어 있었다. 그렇지만 그 어떤 동정도, 사정을 봐주는 일도 없었다. 모두들 채찍을 맞으며 묵묵히 일을 계속했고, 그러다 더 이상 견딜 수 없을 때 고통 속에서 죽어갔다……. 그리고 그 죽음조차 살아 있는 것보다 축복이라며 부러움을 샀다."[8]

노예제도가 정확히 언제 처음 시작이 되었는지 정확하게 알 수 있는 방법은 전혀 없다. 그렇지만 대략 그 기원은 BCE 8000년경까지 거슬러 올라갈 것으로 추측된다. 바로 신석기 혁명이 처음 시작되던 시기다. 일단 노예제도가 정착이 되고 나자 노예를 공급하는 두 가지 주된 경로가 생겨났다. 신석기 시대 공동체는 이후 나타난 직계 후계자들처럼 전쟁을 자주 일으켰고, 남성이든 여성이든 거기서 붙잡힌 포로들은 정기적인 노예 공급원이 되어 주었다. 전쟁 이외에 또 다른 주된 공급원은 바로 채무 관계였다. 빚을 지고도 갚을 수 없는 사람들은 자신의 몸을 팔아야 했으며, 그리스 로마 시대를 전후해서는 이런 상황이 사회적 긴장과 분노의 주된 원인이 되기도 했다. 전설에 따르면 아테네를 건국한 시조는 빚 대신 몸을 바치는 일을 무효로 선언하고 사회적 불만과 반란의 기운을 다독였다고 한다. 대신 앞으로 노예는 전쟁이나 외국과의 노예무역을 통해서만 충당한다는 것이었다. 이후 아테네에서는 동료 시민을 노예로 삼는 일은 엄격하게 금지되었다.

노예제도는 최초로 문자와 기록이 출현했을 무렵에 이미 하나의 제도로 자리를 잡고 있었으며, BCE 18세기경의 함무라비 법전에도 등장한다. 그렇지만 그리스 로마 시대를 제외한[9] 고대 사회와 그 이후에 이어진 역사에서 사유재산으로서의 노예제도는 특별한 강제 노역의 형태가 아니었다. 앞서 언급했던 것처럼, 공물과 세금의 형태로 일반 자유농민들도 임금이 없는 강제 노역을 해야 했고, 이 점에서 그리스 로마 시대는 아주 예외적인 경우라고 할 수 있다. 얄궂은 일이지만 노예들의 노역으로 건설된 대표적인 건축물로 알려져 있는 이집트의 피라미드는 실제로는 임금을 받는 노동자들이 세운 것으로 밝혀졌다. 물론 고대 이집트에서 분명 노예제도가 존재하기는 했었다.

노예제도는 경제적인 의미에서 근대 초기에 다시 그 모습을 드러냈으며, 실제로 지금의 세상은 그런 기반을 바탕으로 건설된 것이라고 해도 과언은 아니다. 사유재산으로서의 노예제도는 16세기부터 아메리카 대륙에서 산업적 규모로 시행이 된다. 처음에는 에스파냐 제국이 점령한 남아메리카 대륙에서 귀금속을 캐내기 위해 아프리카에서 잡아온 노예들을 동원했고, 이후에는 남과 북 전체에 걸쳐 코코아와 커피, 쌀, 설탕, 담배, 그리고 가장 중요한 목화를 재배하고 수확하는 대농장을 꾸리기 위해 다시 아프리카 노예들이 동원되었다. 이렇게 생산된 목화는 영국 산업혁명의 발판이 되었으며, 이후에 마르크스는 가장 발전된 형태의 생산방식이 결국 가장 원시적인 방법과 연결이 되어 있다고 지적했다. 비단 아메리카 대륙뿐만이 아니라 스코틀랜드의 광부와 제염소 노동자들은 고용주들을 위해 거의 강제 노역의 형태에 가까운 노동을 감내해야 했다. 노예제도와 크게 다를 바가 없는 이런 모습은 1780년대까지 계속되었다. 또한 대부분의 러시아 제국 농부들은 1861년까지 영주들의 소유물이나 다름이 없었다. 강제 노역의 또 다른 형태는 20세기에도 찾아볼 수 있으며 유럽의 각 제국들은 죄수들을 대규모로 노역에 동원했다. 이를 두고 철학자 사르트르는 "식민지는 교정을 위한 일종의 노동 수용소"라고 말하기도 했다. 유럽뿐만 아니라 미국과 소비에트 연방 그리고 중국도 죄수들에게 일을 시켰고, 그중에서도 가장 악명이 높은 것이 바로 나치의 제3제국이었다.

고대와 근대의 노예제도는 이런 제도를 정당화시켜 줄 수 있는 사상적 이유들을 찾아냈으며, 노예들이 여기에 순응했을 리는 없겠으나, 어쨌든 일단 설득을 시키고 나면 이들을 아주 효과적으로 활용할 수 있었다. 그렇지만 노예제도는 두말할 나위 없이 분명하게 폭력을 기반으로 한 제도다. 노예로 잡혀온 사람들은 이런 폭력에 길들여지고, 태어난 자식들까지 노예가 되어 이런 굴레를 벗어나지 못했다.

농노제도

노예를 소유함으로써 발생하는 다양한 문제들을 고려하면서 생산자들로부터 생산물을 착취하는 또 다른 방법으로, 공물제도를 바탕으로 한 좀 더 복잡한 제도가 만들어졌다. 이번에는 땅의 소유권과 관계된 방식이었다. 중세 유럽에서 농노제도라고 알려진 이 제도는 로마의 농장 노예제도에서 진화한 것으로, 경제와 잉여 생산물 착취라는 관점에서 씨족사회를 지나 자본주의의 출현을 맞이하며 크게 유행했던 형태라고 말할 수 있다.

농노제도는 그 변형된 형태와 진행 과정이 매우 다양하지만, 본질적으로는 다음과 같이 운영되던 제도다. 우선, 어떤 이유에서인지 지주는 자신의 땅을 노예나 임금을 주는 노동자를 통해 경작하는 일이 비효율적이고 불편하다는 사실을 알게 된다. 그러면서 그 땅을 일반 농부 가족이나 혹은 '마름'처럼 중간에서 땅을 관리하는 농부에게 빌려준다. 원래 영어에서 농부를 뜻하는 단어 '파머farmer'는 '무엇인가를 빌리는 사람'이라는 뜻이며, 세금을 국가 대신 중간에서 걷는 사람은 농업과 무관하지만 '세금 농부tax-farmer'라고 불렀다. 어쨌든 땅을 빌린 사람은 노동력을 동원하고 땅을 경작해 어떤 형태로든지 그 빌린 값을 지주에게 치른다. 지주는 자신의 땅 일부는 직접 사람을 부려 농사를 짓고 또 일부는 이처럼 남에게 빌려주면서 흉년이나 풍년에 상관없이 일정 수입을 확보한다.

땅의 임대비용은 종종 노동력으로 대체되었다. 즉, 빌린 땅에 농사를 짓는 한편, 지주가 직접 관리하는 땅으로 가서 일정 시간 일을 해주는 것으로 땅을 빌린 값을 대신하는 것이다. 서부유럽에서는 이런 형태를 장원莊園이라고 불렀다. 또한 추가로 생산물의 일부를 갖다 바쳐야 하는 경우도 있었다. 처음에는 닭이나 돼지, 양을 가져갔지만 화폐경제가 활성화되면서 돈으로 직접 임대비용을 갚아나가게 되었다.

그렇지만 농노제도의 진짜 특징은 이 제도 하에서 농사를 짓는 사람들에게 자유가 없다는 점이었다. 그들은 지주의 땅에 마치 지주의 가족처럼 묶여 있었고 법적으로 그곳을 떠날 수가 없었다. 게다가 개인적인 생활, 즉 결혼 같은 일도 지주의 허락을 받아야 했으며, 그런 허락을 받는 것도 또 추가로 대가를 지불해야만 했다. 중세 시대의 유럽, 그리고 서유럽보다 훨씬 더 오랫동안 농노제도를 유지했던 독일 국경 너머의 동유럽과 러시아에서는 땅의 주인이 꼭 일반 개인이 아닌 경우도 많아서, 교회나 도시의 상사 같은 형태를 갖추고 땅을 소유하는 경우도 있었다. 농노제도가 노예제도와 다른 점은 지주의 독단적인 재량에 따라 처분을 받는 것이 아니라, 어느 정도 관습에 의한 규제를 받는다는 사실이다. 예를 들어, 지주는 농노를 노예처럼 따로따로 팔 수 없고 가족과 가재도구까지 다 포함해서 한꺼번에 다른 지주에게 넘길 수는 있었다. 잉여 생산물에 대한 착취 방식에서 지주가 볼 때 이런 제한은 자신에게 불리한 점이 될 수도 있었다. 반면에 큰 장점은 고정된 노동력을 확보할 수 있었다는 것이다. 예컨대 동유럽 같은 경우 곡물의 수출이 호황이면 그 이익이 크게 늘어났으며, 게다가 조금씩 사라지기는 했으나 최소한 CE 12세기까지는 노예제도까지 함께 존재했었다.

그렇다면 왜 고대에서 중세 시대로 넘어갈 무렵에 기독교를 믿는 국가에서 농노제도가 노예제도를 대신하게 되었는가? 그 자세한 속사정은 중세를 연구하는 학자들에게도 논란의 여지가 많은 문제이며, 크리스 위컴 같은 학자가 가장 적극적으로 연구하고 있다.[10] 로마 제국이 몰락하면서 일종의 중앙집권 기능이 무너졌고, 각 지역의 왕과 영주들은 로마 제국과는 비교할 수 없을 정도로 약해지긴 했으나, 어쨌든 각지에서 독립적인 세력을 구축하게 된다. 그러자 이전에 농장에서 일하던 노예들이 조금 더 자유로운 농노의 신분으로 올라섰고 자유인 신분의 농부들은 그 숫자가 줄어들게 되었다. 지배층의 시각에서는 농사를 짓는 농노제도의 장점이 과거 절대적인 권력을 마음대로 휘두르던 시절보다 더 크다고 볼 수 있었다. 그리고 아주 미미하게나마 당하는 입장의 사람들은 노예보다는 농노가 더 낫다는 사실을 받아들였다. 또 종교적으로도 옹호하기가 더 쉬웠으며 치안을 관리하는 데도 비용이 덜 들어갔다.

물론 지주는 그냥 자유로운 신분으로 농사를 짓는 소작농들에게서도 잉여 생산물을 착취할 수 있었지만, 차이점이 있다면 이들은 한곳에 묶이는 일없이 합법적으로 어디든 옮겨갈 수 있었다. 일반 사람들을 지배하는 상류 귀족 계층의 특권이라는 관점에서 볼 때, 로마 제국이 몰락하고 난 뒤 등장한 봉건제도는 군사 및 정치적인 제도가 자유 소작민 경제와 합쳐진 것으로 볼 수 있다. 프랑스의 경우 18세기까지도 이런 모습을 찾아볼 수 있었다. 지주의 입장에서 봉건제의 장점이 있다면, 농노들과는 달리 일반 소작민의 생활에 대해서는 아무런 책임을 질 필요가 없다는 것이었다. 한편, 농사를 짓는 입장에서 자유 소작민의 단점은 문서로 작성된 임대 계약서가 거의 없었다는 점이다. 실제로 이런 계약서는 근대 초기까지도 찾아보기 힘들었다. 정식 계약서가 없다면 땅을 빌린 대가로 지불해야 하는 비용은 언제든지 멋대로 올라갈 수 있으며, 또 땅에 대해서 지주가 농사보다 더 이익을 올릴 방법을 찾았을 경우 언제라도 농사를 지을 수 없게 될 수도 있었다. 역사에 기록된 것처럼 영국과 아일랜드에서는 이런 일들이 아주 광범위하게 일어났다.

북아프리카와 유라시아, 그리고 아메리카 대륙에 있었던 농업을 기반으로 한 제국의 황제들은 사람들로부터 물자를 가져와 자기들 것으로 만들었으며, 황제가 부리는 관원이나 부하들도 조상들로부터 이어받은 관례대로 그런 착취에 가담했다. 그런 잉여 생산물의 착취를 가능하게 해준 건 군사력이었으며 물론 공정한 분배 같은 것은 없었다. 폭력과 이념이 결합한 결과는 아주 인상적이었다. 농부들의 반란은 제대로 성공한 적이 거의 없었으며, 다만 중앙아메리카의 마야 제국이 무너진 이유가 어쩌면 그 때문이 아니었을까 추측할 뿐이다. 《구약성경》에는 그와 유사한 불안한 상황에 대한 실마리들이 나와 있다. BCE 2세기경 시리아 제국에 대항해 성공적인 항전을 이끌었던 유다스 마카베우스는 종교적 결집이라는 배경을 등에 업고 있었으나, 확실히 농부 출신으로 기록이 되어 있다.

바로 다음에 살펴보겠지만, 농노나 노예와 거의 비슷한 또 다른 관계가 바로 빚으로 인한 관계다. 이는 완전한 노예라고는 볼 수 없지만, 채무자 가족은 채권자에 의해 거의 무기한으로 노역에 동원되었다. 그리고 주로 자신들이 생산한 농산물의 일부를 지불했기 때문에 농노나 빚을 갚기 위한 자발적 노예의 또 다른 형태로 볼 수 있다. 이런 모습은 특히 유럽의 식민지 지배를 받았던 중국과 동남아시아에서 많이 찾아볼 수 있으며, 남아메리카의 경우는 세금을 제대로 내지 못한 것이 채무로 이어졌다. 영국의 산업혁명 기간에는 광부들이, 그리고 18세기 초에서 19세기 말까지는 셰틀랜드 제도의 농부들이 이런 채무 관계에 시달렸다.

임금 노동자

소유 관계를 통해 잉여 생산물을 착취하는 마지막 방법이 바로 임금 노동자다. 이 내용에 대해서는 제13장에서 훨씬 더 자세하게 다루게 될 것이며 여기서는 대략적인 설명만 해보려고 한다. 앞서 언급했던 노예 제도 등 다른 더 오래된 제도들은 특별한 경우에 살아남아 지금까지 이어지고 있는 경우도 있는 반면, 임금을 받는 노동은 비교적 근대에 들어 크게 확산이 된 것이다. 임금 계약을 맺으면 고용주는 급여를 지불하고 이 급여는 노동자가 창출하는 가치보다 더 적어서 고용주는 이익을 남긴다. 이 이익은 모든 경제활동과 함께하는 금융 제도 안으로 흘러 들어가며 그 경제활동에서 임금 노동자는 결국 주된 착취의 대상이 된다. 만일 노동자에게 다른 독립적인 수입원이 전혀 없다면, 그 노동자는 싫든

좋든 이러한 종류의 관계에 어쩔 수 없이 매달릴 수밖에 없다. 지금은 거의 사용하지 않는 표현이지만, 과거에 사용했던 '임금 노예wage slavery'라는 말은 노동 운동에서 아주 널리 사용되었다. 전체적으로 보면, 주종 관계는 잉여 생산물을 착취하는 기술과 항상 함께하지는 않지만, 아주 밀접하게 대응되는 관계임에 틀림없다.

채무

사회적 분화와 착취를 가속화시키는 장치로서의 채무는 굉장히 중요한 개념이다. 데이비드 그레이버가 쓴 《부채 그 첫 5,000년: 인류학자가 다시 쓴 경제의 역사Debt: The First 5,000 Years》는 채무에 대한 가장 많은 정보를 담고 있는 상세한 분석 자료라고 할 수 있을 것이다. 채무 관계의 뿌리는 호의를 서로 주고받는 것으로 생각하는 기본적인 인간의 성향이다. "인류학을 통해 우리는 몇 가지 놀라운 인간의 공통적 특성을 찾아냈다. 인간의 기본적인 도덕적 원칙은 어디서나 그 모습을 드러내며, 사람들이 물건을 서로 주고받거나 혹은 어떤 사람이 빚을 지고 있느냐에 대해 논쟁을 벌일 때마다 항상 어떤 기준이 될 수 있다."[11] 그레이버는 채무의 원칙을 단순한 상호 관계와는 다른 것이며, 채무가 계속되는 동안 공식적인 상호 동의가 불평등한 것으로 바뀔 때 그것을 조정하는 것으로 정의한다.[12]

따라서 채무를 중요한 '사회적 조정자social driver'로 만드는 핵심은, 호의는 반드시 받은 만큼 계산하여 거기에 이자를 더해 갚아야 한다는 관념이다. 만일 이자가 오지 않으면 폭력을 동원해서라도 강제로 이자를

노동, 성, 권력
Work, Sex and Power

받게 된다. 상호 간의 도움은 이렇게 쉽게 강압적인 불평등으로 바뀔 수 있다.[13]

"만일 우리가 역사에서 무엇인가를 배웠다면, 그건 폭력에 기반을 둔 관계를 정당화하는 가장 좋은 방법은 채무라는 관계로 그 관계를 재구성하는 것이라는 사실이다……. 마피아 단원들은 누구보다도 이런 사실을 잘 이해했고 정복을 위해 진군하는 군대의 지휘관들도 마찬가지였다. 지난 수천 년 동안 폭력을 휘두르는 주체는 희생자들에게 무엇인가 빚이 남아 있기 때문에 그런 꼴을 당하는 것이라고 이야기할 수 있었다."[14]

경제와 이념의 상호 관계를 보여주는 좋은 사례로 이런 설명은 아주 적절한 것이라고 볼 수 있다. 보호비를 뜯어내는 폭력조직들은 의례히 그냥 돈을 요구하는 것이 아니라, 자신들이 상대편 조직으로부터 일종의 '보호'를 제공하는 것이라고 주장한다. 그리고 자신들의 수입원을 지키기 위해 그 '보호'하는 일을 매우 열심히 한다. 고리대금업자들은 그저 야구 방망이를 든 해결사들을 보내 무작위로 사람들의 대문을 두드리며 돈을 쓰라고 강요하는 것이 아니라, 먼저 미래의 희생자들과 금전적 관계를 맺는다.

인류학자인 그레이버가 지적하는 내용은 일반적인 사실만 알고 있는 사람들에게는 놀라움으로 다가온다. 경제학의 아버지라고 할 수 있는 애덤 스미스나 대부분의 경제학자들이 화폐경제 이전에 있었다고 생각했던 물물교환 경제는 완전히 허구라는 것이다. 그 어떤 시대라도 경제가 순수하게 물물교환으로 움직인 증거나 사례는 어디에서도 전혀 찾아볼 수 없다. 수렵이나 상업화와는 전혀 관계가 없는 농업 사회에서 물론 물물교환은 있었지만, 그건 고도로 의식화儀式化된 부정기적인 행사였을 뿐이다.

그렇다면 화폐가 존재하지 않던 시절에 교환의 관계는 각 사회 내부나 혹은 여러 사회들 사이에 어떻게 이루어진 것일까? 분명히 그 시대에도 경제활동은 있지 않았던가? 그 해답은 바로 채무다. 거래 내역은 합의된 기준에 따라 기록되고 평가되며, 바빌로니아의 함무라비 법전에서 찾아볼 수 있는 것처럼 그 기준은 곡물의 무게에서 은의 단위까지 다양하다. 메소포타미아에서 발견된 점토판에 기록된 이익과 손해에 대한 내용은 지금까지도 생생하게 남아 있다. 이집트와 수메르의 경제는 상품에 따라 정해진 신용 제도로 유지되었으며, 심지어 모든 가치를 은으로 계산했던 수메르에서는 사원이나 왕실 금고에 실제로 거래되는 것만큼의 은이 보관되어 있었다고 한다. 채무를 기록함으로써 교환이 가능해졌으며, 그건 단지 고대의 물질세계에서만 일어났던 일은 아니었다. 인간뿐만 아니라 신에게 진 빚을 갚지 않는 자들도 환생을 통해 보복을 당한다는 경고는 힌두교 법전에서 찾아볼 수 있다. 그레이버는 이러한 초자연적 요소와 관련해, 많은 인도 유럽 어족의 언어에서 '채무'라는 단어는 '범죄' 혹은 '잘못'이라는 단어와 그 어원이 같다고 지적한다. 그리고 이런 모습은 잉카족 언어에서도 찾아볼 수 있다.

교환의 기준이 되는 물건, 그러니까 금속의 주괴鑄塊나 작은 장식용 청동 칼의 뒤를 이어 화폐가 만들어져 교환 내용을 계산하고 가치를 유지할 수 있게 되었다.[15] 실제로 화폐는 BCE 10세기 중반 무렵에 등장을 했는데, 그레이버는 돈이 단순한 어떤 유형의 물질이 아닌 특별한 것으로, 그것이 동전이든 지폐든 상관없이 어쩌면 주판알처럼 채무를 계산하는 수단이라고 설명한다. 마치 차용증서와 같은 역할을 한다는 것이다.[16] "우리가 '돈'이라고 부르는 것은 실제로는 아무것도 아니다. 돈은 단지 수학적으로 비율에 따라 물건을 비교하는 방식이며, 말하자면 '1개의 X는 6개의 Y와 같다'라고 정하는 식이다."[17] 오늘날 우리가 사용하고 있는 전자화폐는 사회적 관계에서 가장 중요한 상징이다. 그레이버는 특히 그리스와 헬레니즘 시대의 은화로 대표될 수 있는 금속화폐의 주된 목적은 안정된 국가가 보장하는 고정된 가치를 쉽게 전달하기 위한 것이며, 리디아나 아테네 같은 나라들이 군인들, 특히 용병들에게 급여를 지급하기 위해 고안된 것이라고 주장한다.

지금은 빚을 제대로 갚지 못하면 다양한 좋지 못한 결과들을 맞닥뜨리게 된다. 채권자에 따라 단순한 압류에서 신체적인 상해, 심지어 죽음까지 맛볼 수 있다. 고대 사회에서는 또 다른 변제 방법이 있었는데, 그리스 로마 사회에서 채무자가 돈으로든 물건으로든 변제를 하지 못했을 때 노예가 되는 것은 당연한 일이었으며, 이는 또한 사회적 갈등의 주된 요인이 되었다. 당연히 채무자 자신이 노예가 되는 경우가 많았지만 꼭 그럴 필요도 없었는데, 채무자가 한 가족의 가장이라면 그 위치를 이용해 종종 가족 중 누군가를 대신 노예로 보낼 수 있었던 것이다. "부모가 자식을 파는 일은 수메르에서 로마, 그리고 중국 같은 거대한 농업 문명 국가 어디에서나 볼 수 있는 일이었다. 여기에서 또한 우리는 돈과 시장, 그리고 이자가 붙는 채무에 대한 증거를 확인할 수 있다……."

확실히 이 시기의 채무는 노예제도와 밀접한 관계가 있다. 그리스 로마 시대의 일반 시민으로서는 흉년과 같은 자신들이 감당할 수 없는 재난이 닥쳤을 때 살아남기 위해 빚을 질 수밖에 없었고, 빚에 한번 빠지면 거기서 빠져 나오는 일은 매우 힘이 들었다. 빚을 완전히, 혹은 일부라도 변제하는 일은 종종 가족 중 누군가를 노예로 넘길 때만 비로소 가능했으며, 채권자에게 직접 넘기거나 노예 상인에게 넘길 수도 있었다. 만일 그렇게 할 수 없다면 그때는 채무자 자신이 노예가 되어야 했다. 그러나 아주 급박한 상황에서만 한 가족이 그런 채무의 덫에 빠져드는 것은 아니었다. 결혼하는 딸의 지참금을 마련하기 위해, 혹은 종교적 의식을 위해 돈을 빌렸다가 비슷한 결과를 맞이하게 되기도 하였다. 그레이버는 로마법에서 강조된 절대적 재산권이라는 개념이 유럽의 역사를 통해 이어졌는데, 이는 노예와 주인의 관계가 변형된 것이라고 주장했다.[19]

확실히 그리스 로마 시대에서 지역에 상관없이, 절대적이라고는 할 수 없으나, 하류 계층의 중요한 사회적 요구 사항 중 하나가 바로 빚의 탕감이었다. 이런 요구는 토지의 분배 다음으로 지배층이 즉각적으로 반발할 만한 문제였다. 아주 드문 경우 이런 탕감 요구가 받아들여진 적이 있는데, 아테네의 경우 BCE 6세기경 민주주의가 시작되면서 채무에 의한 노예제도는 불법으로 규정되고, 이후 일반 시민을 노예로 삼는 일 자체가 금지되었다. 그렇지만 이런 아주 예외적인 사례는 그리 오래 지속되지는 못했다. 그레이버가 주장하는 가설에 따르면, 그리스의 도시 국가는 지중해를 따라 확장되었고 BCE 750년에서 550년 사이 흑해 연안까지 1000여 개에 가까운 식민지가 건설되었는데, 그 주된 목적이 채무자 신세로 전락하게 될 시민들을 구제해주려는 것이었고, 그러다 결국 심각한 사회적 위기를 초래했다는 것이다.[20]

채무의 구조는 농업 사회부터 기본적으로 존재하던 것이며 그 이후에도 있었고, 상호 관계라는 원칙을 생각해본다면 아마 오래전 수렵 사회 시절에도 어느 정도 수준으로 존재했다는 것은 분명하다. 채무는 그 형태에 상관없이 사회적 분화를 가져온 아주 강력한 원동력이었다. 심지어 가장 넓은 의미에서 보더라도, 아주 친절한 호의로 무엇인가 선물을 주고 그 보답을 전혀 바라지 않는다 해도, 실제로 받는 사람 입장에서는 빚을 졌고 그것을 갚아야 한다는 중압감을 느끼게 된다. 그래서 결국 베푸는 자와 그렇지 못한 자라는 관계가 형성되게 된다. 이런 일종의 후원의 관계는 원래는 호의에서 비롯된 것으로, 현대에 이르기까지 사회의

노동, 성, 권력
Work, Sex and Power

어디에서나 볼 수 있는 본질적인 관계다. 그리고 비단 민주주의 사회뿐만 아니라 지금은 사라진 공산주의 국가들과 그 후예들에게서까지 찾아볼 수 있는 것이다.

채무와 종교적 규칙

이미 잘 알려진 것처럼 종교 단체에서는 이미 금전적 채무에 대한 규정을 내놓았고 그에 따른 이권 문제에도 큰 관심을 보여 왔다. 고대 이스라엘의 율법에는 화폐가 만들어지기 이전부터 7년마다 빚을 탕감해주는 내용이 들어 있으며, 이것이 이른바 희년禧年이라는 개념의 기원이다. 기독교 신학의 근간은 기독교인들은 그리스도의 피의 희생으로 '구원'을 받았다는 것인데, 바로 태초에 아담과 이브가 창조주께 거역함으로써 후손들까지 짊어지게 된 '원죄'라는 채무가 사라진다는 개념이다. 이슬람 율법에서는 채무에 이자를 더하는 일을 금지시키고 있지만, 화폐 경제가 활성화된 이후부터는 이자를 받지 않는 일은 실제로는 불가능하다. 따라서 지금은 다양한 방식을 적용하고 있는데, 표면적으로는 이자를 받지 않으면서 금지법을 교묘하게 회피하고 있는 것이다.

중세의 로마 가톨릭교회에서도 교인들끼리, 혹은 최소한 같은 민족끼리 이자를 받는 것을 금하고 조금이라도 그런 일이 있으면 고리대금업자라고 비난을 했다. 그렇지만 역시 그런 규정도 얼마 지나지 않아 전혀 실용적이지 못하다는 사실이 드러나게 된다. 특히 베네치아와 제노바처럼 지중해를 근거로 무역을 하는 이탈리아의 도시들이 여기에 반발했는데, 마침 이들의 교역 상대는 대부분 같은 유럽의 기독교인들이 아니었다. 상업 도시들뿐만 아니라 중세의 군주들도 곤란하기는 마찬가지였다. CE 1000년이 넘어가면서 전통적인 방식의 국가 수입만으로는 재정이 부족해지고, 전쟁과 같은 특별한 상황뿐만 아니라 일반적인 국가 운영마저 어려워지자 대안은 돈을 빌리는 것뿐이었다. 그렇지만 이자도 받지 못하는데 거액을 빌려주는 곳은 없었다.

다행인지 불행인지는 관점에 따라 다르겠으나, 곧 해결책이 제시되었다. 기독교인이 아닌 유대인 상인들은 신학적 해석에 따라 돈으로 교역을 하고 대출에 대한 이자를 받는 것이 허락되었으며, 얼마 지나지 않아 금융 문제의 전문가들이 되었다. 이들은 땅을 소유하는 것부터 시작해 대부분의 다른 직업을 갖는 것이 금지되었으며, 영국의 왕 리처드 1세는 십자군 참전 비용을 바로 이런 유대인 대출로 해결을 했다. 물론 채무자들과 채권자들의 사이가 좋을 이유는 없었고, 특히 채권자들이 빚의 상환을 독촉하면 험악한 상황이 연출되기도 했으니 중세의 유대인들은 매우 위험한 사업을 벌이고 있는 셈이었다. 특히 권력은 있으나 재정이 부족하고 돈을 갚을 의지도 없는 왕이 있다면, 빚을 갚지 않기 위한 수단으로 유대인을 배척하고 학대하는 분위기를 조성하는 것은 그리 어려운 일이 아니었다. 이렇게라도 유대인 출신 채권자들을 압박해야 돈을 갚지 않을 수 있다는 계산도 숨어 있었다.

14세기와 15세기에 접어들어 각국 왕들이 자신들의 편의에 의해 지지하는 것을 제외하고는 교황권의 문화적인 권위가 약해졌다. 그러자 고리대금업 금지법은 점차 유명무실해졌고, 이탈리아의 대부업자들은 점점 유대인들을 대신해 금융 사업의 규모를 늘려가기 시작했다. 에스파냐 출신의 유명한 모험가이자 정복자로 불리는 코르테즈와 피사로는 각각 지금의 멕시코와 페루를 점령하러 떠나면서 베네치아와 제노바 은행가들에게 막대한 빚을 졌다. 두 사람이 아즈텍이나 잉카 제국의 황금에 집착했던 것도 단지 탐욕을 채우기 위해서뿐만 아니라, 당장에 빚을 갚아야 하는 급박한 사정이 있었기 때문이었다.

중세 시대가 끝이 나고 근대로 접어들면서 유럽 대륙의 군주들은 엄청난 액수의 빚을 지지 않고는 전쟁을 수행하는 일이 사실상 불가능하다는 사실을 깨닫게 된다. 심지어 신대륙 아메리카에서 엄청난 수익을 올리던 에스파냐조차도 전쟁을 수행하는 데 충분한 자금을 확보하지 못했다. 절대왕정 국가들은 가능한 모든 방법과 수단을 동원해 적자를 해소하기 위해 애를 썼고, 그중 가장 많이 사용한 방법이 작위나 지위를 팔아치우는 것이었다. 이도 저도 안 되면 아예 지급을 중지하고 국가 파산을 선언하는 경우도 있었다.

유명한 저항의 사례

유라시아 대륙에서 고통당하고 착취당한 농부들은 인간이 아닌 언제든지 대체가 가능한 생산을 위한 개체로 취급받고 멸시를 당했다. 그런 그들이 농업 기술을 활용해 살아남는 최선의 방법은 풍년이 들기 가장 좋은 상황에서도 오직 간신히 연명할 수 있는 정도 수준을 넘어서는 정도만 소출을 내는 것이었다. 물론 심지어 최소한의 소출로도 지주나 국가, 혹은 침략자들의 손길을 피할 수 없기는 했다. 지배자의 전횡에 시달리고 홍수와 기근, 그리고 질병과 같은 자연재해에 유린당하던 이런 농부들도 자신들의 운명을 말없이 그냥 따를 수만은 없는 순간이 있었다.

문명이 처음 시작되면서 초기 국가와 제국이 세워지던 청동기 시대의 지배층에게 실제로 농부들이 저항을 했다는 확실한 증거는 없다. 이집트의 경우 무덤과 사원을 짓던 노동자들이 식량과 세금 문제로 폭동을 일으켰다는 기록은 조금 남아 있기는 하다. 하지만 어쨌든 지금까지 우리가 알고 있는 바로는 이후 1000년 정도가 흐르는 동안 유라시아 대륙에서 농부들의 폭동이 있었다면 아마도 땅의 임대비용과 공물, 그리고 세금에 저항하기 위해 일어났을 것이다. 그나마도 그전에는 그런 일이 있었는지 잘 알려져 있지도 않다. 당연한 일이겠지만 대부분의 시간 동안 농부와 노예,[21] 하인들이나 노동자, 그리고 장인들은 저항하기보다는 그냥 견뎌나가는 쪽을 택했다. 꼭 성공한다는 확신이 없다면 저항은 아주 위험한 시도였을 것이다. 그렇지만 가끔씩은 그들도 목소리를 모아 "더 이상은 못 참겠다!" 정도의 감정을 폭발시키지 않았을까. 때때로 이들은 자신들의 주인이 신의 뜻을 거역하고 있다는 것을 근거로 자신들의 행동을 종교적으로 정당화하기 위해 노력할 수도 있었을 것이다. 농부나 기술자들을 공정하지 못하게 다루거나, 혹은 단지 전에 사회질서를 어지럽힌 것뿐인 외부인들을 침략해 들어가는 행위를 신의 공정한 뜻을 거역하는 것으로 본 것이다.

BCE 2000년대 후반에 들어서면 이따금 작은 저항의 불길이 크게 번져간 증거들이 발견된다. 〈아마르나 서신집Amarna Correspondence〉은 14세기경 쐐기문자로 점토판에 기록한 일련의 편지 모음인데, 가나안의 영주들이 파라오에게 보낸 일종의 보고서다. 여기에는 몇 가지 내용들이 들어 있다. 그중 한 가지가 해독이 되었는데, 작가이자 언론인인 존 피카드에 따르면 지역에서 일어나는 반란에 대항할 수 있도록 도움을 요청하는 내용이라고 한다.

"아브디-아시스타Abdi-Asista…… 아미야Ammiya 사람들에게 소식을 보냈다. '영주를 죽이고 아피루Apiru 부족에 합류하라.'[22] 관리들이 전하는 소식에 따르면, '그는 우리 모두에게 똑같은 일을 할 것이며 모든 땅이 다 아피루 부족과 합세할 것이다……. 이제 막 아미야 사람들이 그들의 영주를 죽였다. 나는 두렵다.' ……당시는 분명 엄청난 봉기들이 일어나던 시절이었다. 그것도 한 마을에서 벌어지는 작은 전투가 아니라 지금의 레바논이 있는 이집트 북쪽에서부터 남쪽 국경 지역까지 이어지는 거대한 봉기였다. 어쩌면 거기에 참여하는 인원도 수만 명에 달했을지도 모르며 이후 수십 년간 되풀이 된다……. 이 기록은 가장 오래된 혁명적 움직임에 대한 사례 중 하나다……."[23]

비록 논쟁의 여지는 있지만 피카드의 주장에 따르면, 이집트 기록에서는 샤수Shasu 부족이라고 말하는 아피루 부족이 중심이 되어 좀 더 일관된 지역의 반란이 조직되었으며, 이들이 바로 유일신 야훼의 기치를 높이 들었던 이스라엘의 조상이라는 것이다. 훗날 이들의 후예로 헬레니즘 시대에 시리아 제국에 대항해 성공적인 항전을 이끌었던 유다스 마카베우스와 지역의 협력자들은 분명 사회적 봉기인 동시에 종교적인 봉기의 중심이었다. 예수 그리스도의 근거지로 추정되는 갈릴리 호수 지역이 주목을 받은 건 당시 지역 영주들과 로마의 지배자들에 대한 소규모의 저항과 갈등으로 악명이 높았기 때문이었다. CE 60년에서 70년 사이에 일어난 유대인들의 대반란은 세금에 대한 저항으로부터 시작이 되었다.

중국 역시 BCE에서 CE로 넘어가던 시기 통일 진나라에 대항하는 각 지역의 봉기가 끊이지 않았으며 이후 중국을 통일한 한나라의 유방은 농부 출신이다. 또한 확실치는 않으나 인도 북부를 통일했던 굽타 왕조 역시 지배층의 압제에 대항하는 하류층의 반란의 결과일 가능성이 크다. 고대 그리스의 도시국가들 상당수와 각 지역의 영지들은 땅을 소유하고 있는 귀족들과 자유농민 및 도시 장인들 사이에 벌어지는 첨예한 갈등의 각축장이었다. 모진 갈등 끝에 BCE 6세기에서 2세기까지 시민들이 이끄는 민주주의가 아테네에 자리를 잡았지만 그 독특한 국가 체계는 노예제도와 여성 혐오를 기반으로 한 것이었다. 그것이 정점에 도달한 것이 바로 훗날 출현하는 제국주의다.

공화정이던 로마가 점차 제국으로 나아가던 시절, 노예들의 반란이
일어났다. 우리는 그중 가장 유명한 스파르타쿠스의 이름만을 기억하지
만, 신분이 낮은 자유민들도 역시 갈등이 있었다. 그런 로마의 시민들이
바로 원조 '무산계급無産階級' 혹은 프롤레타리아다. BCE 27년 카이사르
의 후계자인 아우구스투스가 로마 군단을 전면에 내세운 제국을 완성하
자, 비로소 노예들의 반란을 막을 수 있는 믿을 만한 보험이 탄생했다.

조직화되고 제도화된 폭력

"인간관계의 기본적인 틀을 완성하는 데 있어 무력의 역할은 우리
가 '전통적인 사회'라고 부르는 것 안에서의 역할보다 훨씬 더 분명하
다……."

— 데이비드 그레이버

조직화된 폭력은 법적인 처벌에서부터 다음 장에서 논의할 군대를 동
원한 대규모 침략 전쟁까지, 어떤 형태로든 나타날 수 있다. 또한 일부
개별 정착민 집단이 원주민을 비공식적으로 완전히 멸절시킨 일도 여기
에 포함된다. 이런 일은 정식 군대의 요청을 받아 그들을 도우며 이루어
진다.

잉여 생산물을 착취하는 모든 형태와 자원 수탈의 수많은 사례들은
결국 최종적으로 폭력에 의존하게 되어 있다. 임금과 관련된 관계는 가
장 드러나지 않는 측면이지만, 일정 지역에 국한된 일이든 아니면 좀 더

큰 규모의 일이든, 이 문제가 위협을 받으면 착취자들과 그들을 보호하는 무장 세력이 폭력적인 반응을 내보인다. 이 무장 세력이 폭력을 행사하는 건 사적인 이유이거나 혹은 국가 전체를 위해서다.[24]

　기록된 역사를 살펴보면 조직화된 폭력을 주로 행사하는 건 상류 특권층으로, 이들은 고분고분하지 않은 생산자들을 억누르거나 자원의 강제 수탈을 두고 서로 다투면서 폭력을 동원했다. 또한 이들은 자원 못지않게 그 생산자도 자신들의 소유물로 여기며 서로 다투곤 했다.

초기의 상황

　문제의 핵심은 인간, 그중에서도 특히 인간 남성이 서로에게 대항하는 자발적인 집합적 폭력성을 가지고 있는가 하는 것이다. 바로 그런 경향이 조직화된 폭력의 근간이 되는지를 지금부터 살펴보려는 것이다. 우리와 가장 가까운 영장류인 침팬지와 보노보를 살펴보아도 그 해답은 분명하지 않다. 침팬지는 알려진 것처럼 매우 폭력적이면서 동시에 공동으로 다른 영장류들을 사냥해 그들을 잡아먹는다. 또한 자신들의 영역을 침범하는 낯선 존재는 가리지 않고 공격한다. 반면에 보노보도 다른 원숭이들을 사냥하지만 전체적으로 보면 놀라울 정도로 평화스러운 동물이다. 초기 인간의 행동을 보면 이와 비슷한 모호함이 발견된다. 마이클 만의 설명이다. "정량적定量的 연구를 통해 살펴본 결과 원시 인류 50명 중 오직 4명만이 불규칙적으로 전투에 참여했다." 그렇지만 일반적으로 볼 때 이런 결과도 그렇게 크게 폭력적인 모습은 아니다.[25]

　네안데르탈인과 구석기 시대의 호모 사피엔스 사피엔스는 아마도 확실치는 않으나 모두 식인을 했을 것으로 추정된다. 그렇지만 식인의 대상이 사냥감이었는지 아니면 사고나 그냥 수명이 다해 죽은 사체인지는 알 길이 없다. 그리고 식인 풍습이 의식의 일부였는지 아니면 '경제적' 선택이었는지도 확실치 않다. 지금까지 드러난 것과는 다른 또 한 가지 가능성은 지금의 유럽 지역에서 초기 인류가 네안데르탈인에 대한 대량 학살을 저질렀다는 가설이다.

비록 이런 경우에 집단적 폭력에 대한 의식적인 계획이 있어 이런 절멸 작전을 진행했다고는 볼 수 없지만, 민속학과 고고학적 증거를 살펴보면 수렵 부족들 사이에 영역을 둘러싼 심한 다툼이 벌어졌던 것은 확실하다. 특히 인구 증가와 기후 변화로 인한 물자의 부족이 그 배경이었다. 또한 개인적인 유별난 행동을 통해 씨족의 집단적 이익에 피해를 주는 씨족의 일원에게도 실제든 단순한 위협용이든 폭력이 사용되었다는 민속학적 증거도 존재한다.

그리고 다른 인간에 대한 집단적인 폭력이 있었다면, 상황에 따라 사냥감이 되는 짐승들이나 위험한 포식자들에 대해서도 역시 비슷한 폭력이 자연스럽게 이루어졌다는 것이 납득할 만한 결론일 것이다. 다시 말해, 주로 젊은 남성이 주도해서 이루어지는 집단적으로 움직이는 싸움과 사냥은 서로 밀접하게 연결이 되어 있는 행위라는 것이다.

군대와 공권력에 의한 폭력

신석기 시대 혁명과 더불어, 그리고 특별히 농업 문명의 출현과 함께 집단적으로 조직이 된 폭력은 좀 더 지속적이면서 정리된 형태를 취해 나타났다. 기술적 발전, 그중에서도 청동을 사용한 무기는 물론 값이 비싸기도 했지만 아주 효율적인 기능으로 적극적인 공격을 가능하게 만들어주었는데, 청동 갑옷과 청동 방패로 무장을 한 전사들이 모는 전차가 그 좋은 예가 된다. 이러한 갑옷이나 무기는 보통 상류층들만 사용할 수 있었으며 일반 장교나 병사들은 가죽 갑옷 정도로 만족해야 했다. 나무 틀에 청동못이나 징을 박아 더 튼튼하게 만든 방패도 있었지만 전체를 다 청동으로 만든 방패는 오직 의식이나 행사에만 사용되었는데, 영국 런던의 템스 강에서 발굴된 켈트족의 방패에서 그러한 사실을 확인할 수 있다. 청동으로만 만든 방패는 무게가 너무 무거워서 실제 전투에서는 사용하기가 어려웠기 때문이다. 미케네의 영주들은 멧돼지의 어금니로 만든 투구를 썼고, 이집트 병사들은 몸을 보호하는 갑옷에는 거의 신경을 쓰지 않았다. 아시리아 제국이 특히 공포의 대상이 된 것은 단지 그들의 혁신적인 갑옷 때문만이 아니라, 군대를 정비하고 조직하는 기술이 뛰어났기 때문이었다.

청동기 시대와 초기 왕국들이 주로 경계를 했던 건 내부의 갈등보다는 외부의 경쟁자들이었다. 국력을 늘리는 방법 중 한 가지가 바로 군대를 이끌고 이웃 나라를 침략해 물자를 수탈하거나 혹은 강제로 공물을 바치게 하는 것이었는데, 때로는 이 두 가지를 다 실행하는 경우도 있었다. 이런 일종의 전쟁 사업이 성공을 거두게 되면 국가를 다스리는 군주의 위상과 권력이 자연스럽게 강화되는 결과를 가져왔으며, 이웃의 왕들을 공포에 질리게 만들 수도 있었다.

물론 여기에는 큰 위험도 뒤따랐다. 당연한 이야기이지만, 혹시 전투에서 패하기라도 한다면 단지 국력이 위축되는 수준을 넘어서 내부의 반란까지 초래할 우려가 있었다. 왕의 뒤에는 언제나 그 자리를 호시탐탐 노리는 다른 왕족들이 기다리고 있었던 것이다. 심지어 전투를 승리로 이끌어도 위험은 사라지지 않았는데, 만일 군주가 차지한 영토를 장군들에게 나누어준다면, 가장 큰 공을 세운 장군은 자신이 더 나은 왕이될 수 있을 거라고 생각할 수도 있었다. 그리고 거기에 휘하에 두고 있는 병력을 동원하면 자신의 야망을 실현할 수 있었다. 그런 기미가 보이는 장군을 처형하면 안전해질까? 그러나 병사들과 장군의 신뢰가 두텁다면 그런 시도 역시 아주 위험한 행동이 될 수 있었다.

이와 마찬가지로, 만일 군주가 자신의 군대를 직접 이끌어 자신의 신성한 품격을 위험에 빠트린다면, 그 군주는 뒤에 남겨두고 온 왕국의 수도에서 어떤 일이 벌어지는지 제대로 신경을 쓸 수 없을 것이다.[26] 한 가지 해결책으로는 군대를 포함한 각종 중요한 권한을 엄격하게 관리를 하거나 아예 가족이나 가까운 친족들을 가두는 방법도 있겠으나, 이럴 경우 가장 위험천만한 결과가 나올 수도 있었다. 가족이 가장 무서운 경쟁자로 돌변할 수도 있었던 것이다. 이런 상황은 수천 년을 두고 수없이 되풀이 되었으며 실제로 일상적인 일이 되어버렸다. 현실을 직시한 어떤 군주들은 미래의 경쟁자인 아들들을 죽이는 악행을 저질렀는데, 로마 황제를 대신해 유대 지방을 다스렸던 헤롯 대왕이 특히 유명하다.

마이클 만에 따르면, 아카드의 사르곤 대왕은 BCE 2400년경에 활약하며 최초로 역사에 개인적으로 이름이 기록된 인물이라고 한다. 물론 이집트와 메소포타미아 초기 왕국의 왕들도 그 이름들이 기록에 남아 있기는 하다. 만은 앞서 우리가 살펴본 것들을 시작으로 몇 가지 중요한 사실들을 설명하고 있다. 사르곤 대왕은 수메르족의 도시인 키시Kish의 왕족 중 한 사람으로, 왕을 죽이고 스스로 그 자리에 오른다. 그는 수메르의 도시들을 하나로 통일해 제국을 건설했고, 북쪽으로는 티그리스와 유프라테스 강까지 세력을 넓혔으며, 아카드 왕조의 시조가 된다. 이런 일이 가능했던 것은 적극적인 침략과 정복 때문이었지만 말처럼 쉬운 일이 아니었다. 청동기 시대에 병력을 파견하는 일과 병참 문제는 정말 골치 아픈 문제였을 것이다. 각 도시에서 전투 능력이 있는 젊은 남성들을 차출해 자신의 휘하에 두는 일은 쉬운 문제가 아니었으며, 특히 실

노동, 성, 권력
Work, Sex and Power

제 전투가 가져다주는 공포 속에서 조직된 군대가 한 몸처럼 움직이는 일도 어려웠다. 최소한 제대로 된 계획과 어느 정도 수준의 훈련이 필요했던 것이다.

일단 군대가 만들어지고 나면 효율적으로 활용하기 위해서 조심스럽게 그들을 다루어야만 했다. 보통 엄격한 징벌을 통해 강요할 수 있는 군율이 중요했지만 병참도 절대로 무시할 수 없었다. 당시의 군대는 '땅을 의지해야만' 유지될 수 있었으며 필요한 물자는 행군하면서 마주치는 주민들에게서 뭐든 충당했다. 그렇지만 그런 물자 공급이 불가능해질 때를 대비한 대책은 여전히 필요했다. 청동기 시대의 군대는 기본적으로 보병 중심이었으며 전차 부대와 궁수들이 보조를 하는 체계였다. 병력이 하루에 이동할 수 있는 거리는 모든 행군 계획을 세울 때 지형적 특성을 고려해야만 했다. 부상을 입은 병사들을 지원할 수 있는 대책도 세워야 했는데, 지휘관이 능력 있는 지도자라는 명성을 지키고 싶다면 운에 모든 것을 맡기고 부상병들을 그냥 내칠 수는 없는 노릇이었다.

근대 이전의 전쟁에서 가장 위협적인 문제는 적들과 마주치는 것보다 오히려 병사들이 처해 있는 상황으로, 병사들의 위생 상태는 일반적인 생활환경보다 훨씬 더 좋지 못했다. 특히 익숙하지 못한 기후에서 움직여야 할 때는 예상치 못한 질병을 만날 수도 있었다. 심지어 근대에 이르러서도 18세기와 19세기의 영국 군대는 열대와 아열대 지방에서 많은 희생을 치렀다. 중세 유럽의 교황들은 교황청이 있는 로마 인근의 말라리아 지대의 보호를 받는 것이 자신이 끌어 모을 수 있는 군대의 보호보다 훨씬 더 안전했으며, 열대 아프리카 대륙도 각종 풍토병의 도움으로 유럽의 침략을 막아냈다. 유럽인들은 19세기에 들어 말라리아 예방약인 키니네를 개발한 후에야 아프리카를 원하는 대로 점령할 수 있었다.

철기 사용 기술은 전쟁에도 혁신을 가져왔지만, 독재자가 좌지우지하는 제국의 지배 체제를 전복시키지 못했으며 그저 새로운 지배자가 나타났을 뿐이었다. 분명 철기는 중동과 남아시아, 중국, 그리고 일본에서 지배자의 위치를 강화시켜 주었으며 아프리카 대륙에서는 철기를 바탕으로 독재적인 지배자가 출현할 수 있었다. BCE 10세기경에 등장한 중요한 혁신은 기병대가 적절하게 사용할 수 있는 말안장이었다. 그렇지만 이러한 발명품의 진짜 가능성은 CE 15세기에 이를 때까지도 제대로 인정을 받지 못했다. 제대로 된 안장과 등자가 없이 말에 오른 기병들은 잘 훈련된 보병들의 공격을 받으면 제대로 말 위에 올라타고 있을 수도 없었으며, 주로 정찰이나 지휘 역할만 했을 뿐 실제 전투에서는 별 활약을 하지 못했다. 등자는 중국이 그 원조이며 초원지대의 유목민 전사들이 개량을 해 CE 5세기에 로마 제국을 침공했다. 그리고 등자의 등장은 전쟁의 역사에 있어 기념비적인 영향을 미치게 된다. 이 유목민족들에게는 거기에 더하여 적당한 목초지와 충분한 물만 있으면 말을 타고 오랫동안 행군할 수 있다는 또 다른 장점이 있었다. 또한 필요하다면 말 젖이나 그 젖을 발효시킨 음료수인 쿠미스kumis를 마시면서 버틸 수 있었던 것이다.

이 시기 수백 년의 세월을 거쳐 광범위하게 자리를 잡은 혁신적인 무기들은 더 이상의 군사적 개혁이 없이도 이미 기술을 바탕으로 천천히 안정된 발전을 이루어갔다. 14세기와 15세기에는 몸에 걸치는 갑옷의 효율성이 더 이상 오를 곳이 없을 만큼 최고조에 달해 있었으며, 귀족 기사는 몸 전체를 강철 갑옷으로 감싸고 특별한 혈통의 크고 힘센 말을 타고 전쟁터에서 싸웠다. 물론 그 말도 빈틈없이 갑옷을 걸쳤으며 그 무게 때문에 때로는 도구를 사용해 말에 올라야 할 때도 있었다. 기술의 진보

노동, 성, 권력
Work, Sex and Power

는 이른바 활 종류 무기의 발전을 불러왔는데, 우선은 선사 시대부터 이어져 내려온 전통 활이 있었고 BCE 10세기경부터 사용되어진 석궁도 있었다. 이 석궁은 훗날 중국 보병의 기본 무기가 된다.

처음으로 화약이 무기로 사용된 기록은 12세기에 등장한다. 바로 중국의 한 장군이 성을 공격할 때 사용한 것이다. 13세기에 접어들면 화약을 사용한 대포에 대한 기록도 드문드문 등장을 하는데, 특히 유럽 쪽에서 그런 기록을 확인할 수 있다. 하지만 14세기까지는 영국에서만 사용되었고, 15세기가 되면서 비로소 중요한 공성무기로 사용이 되기 시작한다. 터키 제국은 이탈리아 기술자가 만든 대포를 가지고 1453년 동로마 제국의 수도 콘스탄티노플을 무너트린다. 그리고 7년이 지났을 무렵에는 스코틀랜드의 국왕 제임스 2세가 그의 '새로운 장난감'이 폭발하는 사고로 사망을 한다. 휴대할 수 있는 총이나 소형 대포 역시 이 시기에 선을 보였는데, '손으로 쏘는 총' 혹은 '권총'이라는 말은 근대에 만들어진 말처럼 들리지만 사실은 이미 15세기부터 사용이 되었다. 헨리 7세는 부하들의 활쏘기 연습을 방해한다는 이유로 이 '손대포' 사용을 금지시키기도 했다.

사실 초기의 이런 화약 무기들은 활이나 석궁보다도 성능이나 정확도가 떨어졌으며 발사 속도도 훨씬 느렸다. 다만 어떤 병사라도 조금만 훈련을 받으면 사용할 수 있다는 것이 큰 장점이었다. 반면에 뛰어난 궁수를 길러내는 데는 10년 이상의 세월이 걸렸던 것이다. 초창기 소총의 정확도 문제는 18세기에 접어들면서 총신 안쪽에 이른바 강선腔線이라는 것을 새겨 넣으면서 해결할 수 있었다. 연발로 쏠 수 있는 총이 최초로 등장한 건 16세기 초의 일이며 실제로 헨리 8세도 연발 권총을 한 자루 가지고 있었다고 한다. 그렇지만 화약을 한꺼번에 많이 장전해야 하고 그러면 발사에 문제가 생겼기 때문에 실전에 제대로 사용할 수는 없었다. 18세기의 한 발명가는 같은 기독교인들에게는 둥근 총알을, 그리고 이교도인 터키인들에게는 더 큰 상처를 주기 위해 네모난 총알을 사용하는 기관총을 만들려다가 실패하기도 했다. 19세기에 화약의 품질이 개선되고 탄피에 탄환을 합체하는 기술이 개발되면서 비로소 연발로 쏠 수 있는 소총과 권총, 그리고 자동 권총 등이 실전에 배치되었다. 그리고 얼마 지나지 않아 진짜 기관총도 등장했는데, 개틀링이나 맥심 기관총은 전쟁터에서 크게 악명을 떨쳤다.[27]

이런 혁명적인 살인 기계들과 함께 대포의 개발에도 역시 중요한 기술적 발전이 있었다. 이제 대포는 단순한 탄환을 발사하는 것을 넘어 그 탄환 앞에 폭발 물질을 장착했는데, 그렇게 되자 육지는 물론 해상에서도 훨씬 더 큰 파괴력을 발휘하게 되었다. 20세기가 밝아오자 이런 무기들이 비행기나 로켓과 결합하게 되었고, 바다 밑으로는 잠수함까지 등장했다. 잠수함이야말로 오로지 파괴를 위한 목적으로 개발된 함선이었다. 1940년대에는 핵무기가 개발되었으며 50년대가 되자 드디어 훨씬 더 엄청난 파괴력을 자랑하는 수소폭탄까지 만들어지고 말았다. 지구상의 모든 생명체를 멸절시킬 수 있는 이런 무기들이 개발되자, 정상적인 사고를 가진 사람이라면 이제는 전쟁 자체를 일으키는 것이 불가능할 것이라는 생각을 하게 되었지만 현실은 그와는 판이하게 달랐다. 1945년 원자폭탄이 처음 사용된 후로는 한 번도 군사적인 목적으로 핵무기가 사용된 적은 없으나, 언제든 지구의 멸망을 불러올 수 있는 갈등이 폭발할 가능성은 영원히 사라지지 않게 되었다. 현재 지구상의 6개 국가가 계속해서 핵무기를 개발하고 비축하고 있는 중이다.

인간의 천재성이 이런 대량 학살을 불러올 수 있는 무기 개발에 열중하고 있는 동안 '재래식' 무기 역시 계속해서 '발전'을 거듭했고, 훨씬 더 치명적이고 강력한 타격을 어디든 할 수 있는 수준까지 올라섰다. 그렇지만 동시에 가장 원시적인 살인 도구, 그러니까 칼과 같은 무기로 엄청난 숫자의 사람들을 살해하고 상처를 입히는 일도 결코 사라지지 않았다. 조직화된 폭력은 사람들의 주장과는 반대로 서기 21세기인 지금까지도 기원전 21세기와 같은 모습으로 고스란히 남아 있다.

지금까지 우리는 군대와 관련된 폭력의 역사를 간략하게 살펴보았다. 물론 이 문제는 결코 단순하게 군대끼리의 대결 문제로만은 바라볼 수 없으며, 국가의 통제에 저항하는 비공식 무장 세력에 대항하는 폭력의 관점으로도 바라봐야 하는 것이다. 이런 비공식 무장 세력은 에릭 홉스봄이 분석한 것처럼 '사회의 의적social bandits'일 수도 있고 단순히 국가의 행위를 반대하는 조직화되지 않은 집단일 수도 있다.[28] 현대 국가들은 이러한 상황을 맞이하면 군대는 최후의 수단으로 남겨놓고, 대신 '경찰'과 같은 좀 더 덜 폭력적인 조직을 내세우려고 한다. 물론 대부분의 국가에서는 경찰도 무장을 하고 있지만, 이런 조직은 민간인들과 관련된 상황에서만 폭력을 행사하도록 분명하게 선이 그어져 있다. 만일 경찰이 밀리면서 위협을 당하는 상황이 되면 그때는 군대가 더 강력한 무기를 앞세워 행동에 들어가게 된다. 물론 이런 일은 아주 드물지만 분명히 일어나고 있다. 사실 군대가 처음 만들어졌을 때는 지금의 경찰과 같은 치안을 담당하는 일을 했었고, 그 후에 세월이 흐르면서 지금과 같은 공식적인 군대 조직으로 바뀐 것이다. 나치 제3제국의 무장 친위대는 군대가 치안도 담당했던 가장 유명한 사례이지만, 구 소비에트 연방의 NKVD나 KGB는 경찰이면서 군대와 같은 역할을 했던 상반되지만 비슷한 사례로, 이들은 군대와 구분이 되지 않을 정도로 중무장을 한 조직이었다.[29]

국가 구조에서 군대가 가진 폭력성의 구심점은 고대나 근대나 모두 군주다. 군주와 군대, 그리고 그 지휘관들 사이에서 유지되어온 특별한 관계를 한번 생각해보라. 과거에는 군주가 앞장서서 자신의 군대를 이끌고 전쟁터로 나가는 것이 아주 당연한 일이었는데, 비록 명목상 그렇다고 할지라도 그런 전통이 지금까지도 이어지는 경우가 있다. 그 대표적인 예가 바로 영국으로, 영국의 해군과 공군은 아직도 그 앞에 '왕립'이라는 수식어가 붙는다. 심지어 왕실이 거의 형식적으로만 남아 있는 서유럽의 다른 국가들에서도 군대 열병식 행사에 왕실 가족이 참석하는 일은 여전히 중요한 의무 중 하나이며, 그런 나라의 군대는 휘장이나 깃발에 왕실의 문양을 아울러 새겨 넣는다.

폭력은 과거에도 그렇고 지금도 여전히 무장 세력으로서 질서를 유지하는 공공연한 수단이다. 만일 어쩔 수 없이 필요하다고 판단될 경우, 군대가 직접 개입을 한다. 17세기부터 19세기 초까지 영국의 저술가들은 육군과 해군의 일반 병사들은 가능한 한 아주 험한 대우를 받아야 하며, 그래야 누군가를 죽이는 데 주저함이 없을 것이라고 권고하기도 했다.

시장과 영토

노예나 농노, 혹은 임금을 받는 노동자들로부터 그 노동이나 생산품을 직접 착취하는 일 이외에도 군대의 폭력은 처음 만들어졌을 때부터 자발적인 시장의 거래를 감독하거나 혹은 아예 그런 자발적인 성향 자체를 제한하는 역할을 해왔다. 여기에는 교역 및 판매로 등을 독점적으로 장악하는 일 등이 포함되어 있으며, 이런 상업과 교역에 필요한 편의 시설들을 빼앗기 위해 다른 국가나 집단을 위협하거나, 혹은 군대의 주인이 마음대로 사용할 수 있도록 지키는 역할도 역시 군대의 몫이었다.

노동, 성, 권력
Work, Sex and Power

예를 들어 중세 시대 지방의 권력을 쥔 실력자들은 개인이나 단체, 혹은 세속의 권력이나 성직자 가릴 것 없이 인근 지역의 농부들을 압박해 자신들의 통제 하에 두었다. 이 농부들은 시장에서 잉여 생산물을 거래할 때도 이런 실력자들의 통제를 받았고 거래를 하는 데 대한 대가도 따로 지불했다.[30] 소규모의 떠돌이 행상인들도 역시 똑같이 통제를 받고 세금을 바쳤는데, 좀 더 크게 보자면 이는 결국 교역로를 장악하는 것이며 역사적으로는 장거리 교역이 시작될 때부터 이런 일은 자주 갈등의 원인이 되어왔다. 로마와 카르타고가 벌였던 포에니 전쟁의 원인도 바로 이것이었으며, 이 전쟁에서 승리한 로마는 지중해와 그 주변 지역을 장악함으로써 결국 최고의 강대국으로 발돋움한다.

이러한 분쟁은 종종 여러 가지 모습으로 나타난다. 사르곤 대왕은 바로 이웃 나라 영토로 쳐들어가 물자와 자원을 장악했다. 중세 시대에는 종교나 왕실끼리의 경쟁의식 같은 다양한 이유로 각 왕국이 정치적 상호 교류를 지속적으로 유지하는 것이 특징이었다. 서유럽 기독교 국가들의 국경에서는 전쟁이 끊이지 않았는데, 무장이나 조직도 열세였던 슬라브계 민족들과 싸우거나[31] 혹은 비슷한 수준의 국력을 가진 이베리아 반도와 중동의 이슬람교도들, 그리고 같은 기독교이지만 '분리'해 나간 경쟁자인 동로마 제국과 계속해서 싸웠다. 15세기가 저물 무렵 종교의 허가를 얻은 정복 전쟁이 대서양을 건너 계속된다. 그리고 이어지는 세기에는 군사력이 떨어지는 동방의 제국들이 목표가 된다. 그렇지만 서유럽 기독교 국가들의 지배자들은 자기들끼리도 언제든 싸우고 약탈을 할 준비가 되어 있었다. 1066년 노르망디의 공작이 잉글랜드의 왕위 계승을 주장하며 전쟁을 일으킨 일 외에도 이와 비슷한 사례는 얼마든지 찾아볼 수 있다.

경제와 조직화된 폭력 사이의 관계는 또 다른 측면을 가지고 있다. 로마 제국은 로마 군단을 유지하기 위해 막대한 재정을 쏟아 부었고, 이와 관련하여 세금 부담이 높아지자 그 결과로 온갖 종류의 사회적 문제들이 발생하기 시작했다. 중세 시대와 근대 초기 국가들도 군비로 인해 국가의 사회 및 정치적 진로에 엄청나게 많은 영향을 받았다. 이 시기가 끝날 무렵인 18세기에 탄생한 은행 제도의 가장 중요한 역할이 바로 정부가 필요한 자금을 조달할 수 있도록 도와 군비를 마련하는 것이었고, 영국이 가장 적극적이었다. 지금 우리가 이야기하는 '상비군 경제permanent arms economy'의 중심은 영국과 미국이며, 이것이 중단될 경우 대량의 실업 사태와 파산이 일어날 것이다.

조직화된 폭력은 영원히 계속되는가

지금까지 많은 내용들을 살펴보았지만 여전히 의문은 남아 있다. 조직화된 폭력은 그 형태를 가리지 않고 왜 역사적 과정의 중요한 한 축으로 자리를 잡았는가?[32]

우리는 구석기 시대의 수렵 부족들이 서로 목숨을 건 다툼을 벌였을 가능성이 있다고 추측하는데, 아마도 분명히 그러했을 것이다.

중앙집권화가 된 국가들이 출현하기 전의 정착된 사회생활을 지배한 건 관습이었으며 폭력도 그 안에 함께 들어 있었다. 관습이나 관례에서는 비록 의도하지 않은 것이라 할지라도 사회적 관습이나 금기를 어기는 행동에 대해서는 신체 절단이나 죽음과 같은 엄격한 처벌이 뒤따랐다. 그리고 이러한 관행들은 그대로 최초의 법전으로 옮겨진다. 법전이 탄생하기 수 세기 전에 사회적 분화는 이미 엄격한 계급 구조로 진화했

노동, 성, 권력
Work, Sex and Power

는데, 이때 사회적 강자와 약자들 사이의 관계를 규정하고 관리한 것은 당연히 아직 법제화되지 않은 여러 가지 규칙들이었다. 폭력은 당시 사회를 지배하고 있던 신격화된 군주들에게는 제2의 본성이라 할 수 있었으며, 따라서 그 폭력을 조직화하고 확장하여 자신들의 영토 밖으로 뻗어나가도록 만든 것은 극히 자연스러운 현상이었다. 이러한 군주들은 무력을 동원해 사람들을 억누르는 동시에 서로 전쟁을 일으켰다. 인도유럽계 민족들과 이웃한 셈족들이 섬기는 신들이 대부분 아주 호전적이며 그들이 주로 하는 일이 전쟁이었다는 건 전혀 우연이 아니다. 그리고 그 신들이 고대 이스라엘 민족이 믿었던 야훼처럼 유일신으로 합쳐지면 역병과 기근, 홍수를 무기 삼아 세상을 휘두르는 엄청난 폭력의 화신으로 바뀌는 것이었다.

우리가 '사회적 폭력'이라고 부르는 것의 유일한 목적은 베버의 주장처럼 국가의 성격을 규정짓는 독점적인 폭력이 결코 아니다. 그 원칙은 과거에도 그랬고 지금도 그렇듯이 사회 경제적인 계층 사이의 물자의 이동을 책임지는 것이다. 이런 과정이 폭력 없이 평화적으로 이루어질 때, 사회의 질서는 안정이 되고 관계는 지배자의 권위가 아닌 자연의 법칙으로 받아들여질 것이다. 여전히 심각한 수준의 폭력이나 위협이 기본 생산자들로부터 잉여 생산물을 착취하는 일뿐만 아니라, 그러한 과정을 떠받치고 있는 사회 정치적 구조를 보호하고 유지하는 데 꼭 필요한 도구로 사용되고 있다.

폭력, 그중에서도 특히 무장한 세력이 서로 갈등을 일으키는 조직화된 폭력은 그 자체만의 논리를 가지고 있으며, 절대로 순수한 도구로만 사용되지 않는다. 우선 이런 폭력은 아주 진보된 기술이 사용될 경우, 아주 비용이 많이 들며 모든 자원을 탐욕스럽게 빨아들인다. 승리에 대한 대가를 통해 그 비용을 스스로 충당하기도 하지만, 그 승리 자체가 이미 엄청난 비용이 들어가게끔 많은 것들을 파괴하는 행위인 것이다. 18세기 영국의 시인이자 평론가인 새뮤얼 존슨은 〈욕망의 공허The Vanity of Human Wishes〉라는 시에서 이렇게 이야기하고 있다.

조상들이 남겨준 것을 저당 잡힌 국가들이여
대대로 이어지는 영원한 빚이 후회막급이구나.
제대로 써야 할 재산은 다 사라지고
남은 것은 녹슨 훈장과 폐허뿐이구나.

노동, 성, 권력
Work, Sex and Power

제7장

윤리, 야망, 범죄, 그리고 처벌

Ethics, Ambitions, Crime and Punishment

제7장에서는 몇 가지 일반적인 문제들에 대해서 고민을 해보려고 한다. 바로 앞 장에서 이야기했던 억압과 착취라는 주제와 밀접하게 연관되어 있는 인간의 사회적 관계에 대한 문제들이다. 사물의 실체가 무엇인지를 고민하는 존재론 그리고 우리가 알고 있는 지식의 본질을 묻는 인식론과 관련된 의문들은, 도덕이나 윤리의 본질과 더불어 문자를 지닌 모든 문화권에서 철학자들이 가장 중요하게 생각하는 주제였다. 물론 문자가 없던 문화권이라면 이런 문제는 좀 더 개인적인 의문에 가까웠을 것이다. 보통 이러한 의문은 좀 더 광의의 의미에서 종교적인 틀에 따라 생각하고 해결하려는 경우가 많았다. 브라만과 도교, 유교, 불교, 이슬람, 그리고 기독교의 사상가들과 학자들이 이 문제에 대해 고민을 했지만, 동시에 올바른 결론을 내리기 위해 모든 초자연적 측면을 배제하려는 사람들도 같은 고민을 했다.

데이비드 그레이버의 이야기를 들어보자. "인류학이란…… 아주 놀랄만한 공통점을 찾아내는 학문으로, 그 공통점이란 어디에나 존재하는 근본적인 도덕적 원칙이며 사람들이 물건을 주고받거나 누가 물건의 주인인지 다툴 때마다 항상 찾게 되는 원칙이다."[1]

이러한 논의에 대한 가장 중요한 고대의 사례에서, 관련된 사람들은 그 존재를 당연히 의식하고 있을지는 몰라도 어쨌든 신 자신은 이런 논쟁에 개입하지 않는다. 플라톤이 쓴 《국가》는 이상적인 사회가 어떻게 만들어지는지에 대한 깊은 숙고가 담겨 있는데, 소크라테스와 그의 제자 몇 명이 나누는 대화 형식의 이 글은 정의의 본질과 사회적 규칙을 위한 변호에 대해 논쟁을 하는 것으로 시작된다. 도덕의 기원과 정의의 원칙을 만들어내는 일은 인간에게는 아주 일반적인 모습이지만, 사회의 입장에서는 이를 단순하게 받아들일 수 없기 때문에 사람들이 이를 정당한 것으로 인정받게 만들어야 한다는 생각을 하게 된다.

논쟁에 참여한 사람들 중 한 명인 트리시마코스는 정의라고 불리는 것은 더 강하고 우월한 위치에 있는 개인이 도덕적 원칙인 척 위장하고 있는 극히 개인적 이해관계일 뿐이라고 냉소적으로 말한다. 소크라테스와 플라톤은 이러한 주장을 재치 있는 언변으로 살짝 피해가며 기본적으로 자신들이 증명해야만 하는 것들을 내세운다. 다시 말해, 객관적인 정의나 도덕의 기준은 분명히 존재하며, 지금 나누는 대화의 대부분은 그 의도하고 있는 의미를 밝혀내기 위한 과정이라는 것이다. 그 기준은 계급과 권위와 관련이 있으며, 플라톤의 정치적 관점에 따르면 바로 보수적인 귀족 정치 세력이다.

플라톤의 친척으로 알려져 있는 크리티아스는 그 역시 저술가인데, 지금까지 일부 남아 있는 그의 희곡을 살펴보면 분명하지는 않으나 트리시마코스의 주장과 비슷한 냉소적인 견해가 담겨 있다.

법은 인간이 공공연히 폭력을

노동, 성, 권력
Work, Sex and Power

휘두르지 못하도록 억누르지만
사람들은 여전히 아무도 모르게 악행들을 저지르지.
그러다 똑똑하고 선견지명이 있는 누군가가
재치를 발휘해 신들을 만들어냈다네.
지금까지 나쁘게 말하거나 행동한 것, 심지어 생각한 것까지
이제는 정말 두려워해야 할 거야.

크리티아스 역시 소크라테스의 제자였는데, 그는 훗날 30명의 참주로 불린 과두정 체제의 일원이 되어 잔혹한 방식으로 잠시나마 아테네를 다스렸던 사람이기도 하다.

정당화

초자연적인 설명과 관련되어 적절한 보충 내용만 있으면 대부분의 윤리적 제도는 스스로를 정당화하는 데 별다른 어려움이 없었으며, 이런 초자연적인 설명은 사회를 하나로 묶어주는 도덕적 가르침의 원천으로 여겨졌다. 이러한 설명의 핵심은 동양 문화권에서 보듯이 꼭 신일 필요가 없는데,[2] 동양에서는 업業이나 환생과 같은 좀 더 추상적인 개념과 연결이 되어 있다. 고대 그리스 로마 시대나 북구 바이킹들의 문화에서 신은 정말로 도덕적인 문제에는 전혀 관심이 없었고, 오히려 권력에 굶주린 폭력과 질투 같은 문제들에만 몰두했으며 거기에서 인간은 쓰고 버리는 장난감과 같은 역할을 할 뿐이었다.

그럼에도 불구하고 이러한 문화권에서 신들은 제사의 의무나 사회적 역할을 잘해내느냐 아니면 무시하느냐에 따라서 인간에게 상을 주기도

하고 벌을 주기도 하는 존재로 생각되었다. 게다가 그리스 문화에서는 복수의 여신 에리니에스 같은 초자연적 존재들이 가족과 관련된 악행, 그중에서도 특히 부모에 대한 범죄를 응징한다고 생각했다. 간단히 말해서 지구상 어디에서나, 그리고 사실상 모든 사회에서 사회적 관습을 깨트리는 행위는 인간의 응징을 피할 수 있을지는 몰라도 초자연적 존재가 내리는 형벌은 피할 수 없다고 여겼던 것이다.[3] 그리고 이러한 저주는 자자손손 이어질 수도 있었는데, 예를 들어 그리스 신화에서 미케네의 아트레우스 가문이 받은 저주는 친척을 잡아먹는 짓을 저지른 선조들의 죄로부터 기인하는 것이었다.

유일신을 믿는 종교에서는 신과 도덕 사이의 관계가 특별히 더 강조되어 있다. 이런 종교의 설명에 따르면, 기본적인 도덕률과 그에 따른 수많은 세부 사항들은 신이 직접 내려준 것이며 예언자가 그것을 받아 해석하고 모든 신자들을 하나로 묶는다. 그렇지만 이러한 주장은 그것을 해석하는 사람들에 따라서 피해갈 수 없는 중대한 문제를 만들어낸다.

예컨대 이런 의문은 어떨까. 행동에 대한 윤리는 신이 직접 명령을 해서 윤리적인 것이 된 것인가, 아니면 그것이 윤리적이기 때문에 사람들이 그렇게 결정한 것인가? 만일 신이 명령을 한 것이라면, 그 반대되는 내용도 신의 명령이라는 이유로 똑같이 올바르고 윤리적인 일이 될 수 있지 않을까. "너희들은 간음하지 말지니라" 대신 "너희들은 간음을 할지니라"라고 신성한 법이 이야기한다면? 실제로 17세기에 출간된 《성경》에서는 이런 유명한 인쇄상의 실수가 있었고 '부도덕한 성경the wicked bible'으로 불리기도 했는데,[4] 실수란 걸 몰랐다면 신자로서 그 말씀을 그대로 시행해야 할 책임이 있는 것이 아닐까. 신은 전지전능하며 자신의 의지와 즐거움을 위해 원하는 모든 것을 명령할 수 있는 능력이 있으니까 말이다. 그렇지만 이런 주장은 신자들 사이에서 공포와 혐오감을 만

노동, 성, 권력
Work, Sex and Power

들어낼 뿐이다. 그 어떤 사회에서도 신은 결코 직접 어떤 행동을 명령하지 않으며, 사회가 윤리적 원칙을 만들어낸다는 사실을 인정하기 싫어서 그렇게 주장을 하는 것뿐이다.

반면에 만일 신이 진짜로 윤리적인 내용의 법만을 허용했는데, 그로 인해 그 법은 신과는 무관하거나 신보다 앞서 존재한 것으로 인식되어 신의 전지전능함을 손상시킨다면 어떨까? 그렇다면 과연 도덕적 규범의 기원과 그 정당성은 과연 무엇이란 말인가? 사실 도덕적 규범이란 특정한 사회에서 인간관계를 규제하는 법칙들을 요약한 추상적인 표현이다. 아즈텍의 신들은 끔찍하게도 엄청나게 많은 인간 제물을 바치라고 명령했고, 당연히 그 신을 모시는 사제들은 자신들이 정당한 행위를 하고 있다고 믿었다.

인간은 수천 년 동안 이 어려운 문제를 풀기 위해 애를 써왔다. 그 시작은 몇몇 종교를 통해 전해지는 이른바 황금률the Golden Rule, 그러니까 행동에 대한 기본적인 원리였다. 예컨대 "내가 대접받고 싶은 만큼 남도 그렇게 대접하라"와 같은 권고다. 그렇지만 이런 건 마조히스트에게나 어울릴 만한 이야기가 아닐까. 차라리 철학자 임마누엘 칸트가 이야기하는 것처럼, 너 자신을 포함한 다른 사람을 수단으로 대하지 말고, 언제나 목적으로써 대하는 것이 더 그럴싸하게 들린다. 그렇다면 그 '대접'이라는 말이 어떤 의미인지에 대해 또 여러 가지 의문이 생긴다. 사실 이 문제는 해결 자체가 불가능한 것일지도 모른다. 그리고 도덕이나 윤리와 관련된 모든 체제는 그 윤리를 유지하는 공동체의 사회적 실천이 응축된 것이다. 또한 결코 거짓말을 하지 말라거나 훔치지 말라는 등 원칙적으로는 절대주의를 지향하지만, 실제로는 도덕적 규범은 언제나 상황에 따라 달라진다. 그리고 상황이 요구한다면 특정한 규범도 깨지거나 바뀔 수 있으며, 그 필요에 대한 적당한 이유도 언제든지 만들어낼 수 있는 것이다.[5]

도덕의 기원

인간과 가장 가까운 동물인 침팬지와 보노보는 유전적으로는 거의 동일하지만 아주 다른 행동을 보인다. 침팬지는 주로 아프리카 콩고 강 북쪽에 살고 있으며 계급의 구분이 매우 분명하다. 수컷 우두머리가 지배하는 침팬지 무리에서 우두머리는 무리 중 몇몇 다른 동료들의 도움을 받아 그 자리에 오르는데, 도움을 준 동료들은 우두머리 바로 밑의 특권 계층을 이룬다. 그러다가 바로 이 심복들 중에서 우두머리 자리에 도전을 하는 침팬지가 나오곤 한다. 반면에 보노보는 콩고 강 남쪽에 살면서 계층에 따른 구분이 거의 없으며 수컷들끼리 잘 뭉치지도 않는다. 그렇지만 그 성관계가 복잡하기로 유명하며, 성관계를 사회 갈등의 해결 수단으로 삼고 또 암컷 어미들을 자신의 편으로 이용한다. 유인원들은 지능이 뛰어나지만 그것과는 상관없이 특별한 도덕적 감각이 결여되어 있는 것처럼 보이며, 그 행동은 오직 공포나 허락에 의해서만 통제된다.

크리스토퍼 보엠은 자신의 저서인《도덕의 기원: 선의와 이타주의, 그리고 부끄러움의 진화Moral Origins: The Evolution of Virtue, Altruism and Shame》에서 이러한 관계를 자세하게 확인한다. 보엠이 생각하는 그 기원이라는 개념은 아주 다양하게 설명이 가능한데, 어떤 성향이나 기질에 대해서 문화를 통해 효과적으로 설명할 수 있을 때는 주로 유전적 기원을 그 원인으로 생각하는 편이다. "우리는 우연이라는 거대한 진화적 본질을 통해 지금의 도덕성에 도달할 수 있었다."[6] 보엠의 설명을 계속 들어보자. "인간이 도덕적인 건 우리가 그렇게 살도록 유전적으로 설정이 되어 있기 때문이다……. 문화의 전승에 대한 기존의 수용력 이상의 무엇인가가 필요한 것이다."[7] 보엠은 죄의식이란 보편적인 인간의 모습이 아니지만 부끄러움은 그럴 수 있으며, 특히 부끄러울 때 나타나는 모습 등을 보면 확실히 그렇다고 지적한다.[8] 그리고 여기에는 유전적인 문제가 어느 정도 관련이 되어 있다. 인지능력과 의사소통 능력을 갖춘 사회적 동물인 호모 사피엔스는 의사소통을 하려는 것만큼 사회적 규범을 이해하려는 성향을 반드시 갖추어야 하며, 그렇지 않으면 사회생활 자체가 불가능할 수 있다. 그렇지만 의사소통을 하는 것과 마찬가지로 서서히 발전해온 이러한 규범들 역시 잠재적으로는 명확하지 않은 기준에 대해서 어느 정도 융통성이 있으며, 모든 사회는 예외 없이 그 도덕률의 기원에 대한 다른 설명을 만들어낸다.

어쨌든 보엠이 지적하는 것처럼, 여기에도 부정적인 면이 있다. 바로 도덕적인 '무시'가 문화적으로 소외받는 사람들에게 적용될 수 있다는 점이다.[9] "살인하지 말지니라"라는 규범이 실제로는 "너희와 가까운 동료나 일족을 죽이지 말지니라"라는 의미가 될 수 있다는 것이다.

문화적 보수주의와 올바른 질서

역사적으로 볼 때 문화나 사회적 질서는 분명히 문화적, 그리고 도덕적 보수주의로 향하는 타고난 성향이 있으며 그 방식도 물론 아주 다양하다. 그리고 천천히 근본적으로 문화를 탈바꿈시키는 작업을 상당수의 사람들이 받아들이게 된 것은 불과 몇 백 년에 지나지 않는다. 결국 여기 저기 얽히고설킨 문화는 식량 공급과 다른 여러 필수품의 가장 중요한 공급원이며, 동시에 개인적인 삶의 의미와 문화적 복합체 안에서 자신의 위치에 대한 의식을 제공하는 사회적 질서와 이념적 토대의 중심이기도 하다. 의도한 것이든 아니면 우연히 그렇게 되었든, 문화에 있어서의 중요한 변화들은 수렵 사회가 지금과 같은 근대 사회로 강제적으로 발전할 때 발생할 것 같은 파국의 원인이 될 수 있다. 따라서 사회적 보수주의가 사회적 의식과 깊은 관계가 있다는 건 전혀 놀랄 일이 아니다. 각기 다른 시대와 문화권의 두 가지 농업 사회의 사례가 그 점을 잘 보여줄 것이다.

올바른 질서

고대 이집트에서 올바른 질서 혹은 올바른 행동을 뜻하는 '마아트 ma'at'라는 개념에는 국가에서부터 장례 의식까지 모든 것이 다 포함되어 있으며, 이 마아트가 바로 사회구조의 중심이 된다. 농부는 고된 밭일을 계속하며 공동체에 식량을 공급했고, 장인들이 당시에 만들어낸 놀라운 물건들이 지금 우리의 박물관을 채우고 있다. 사제들은 나일 강이 언제 범람할지 확인하고 계산했으며, 파라오는 신에게 경배하고 그 경배하는 행렬이 밤이고 낮이고 일 년 내내 끊이지 않도록 하거나, 사람들을 동원해 신을 기념하는 건축물들을 세우게 했다. 그리고 이웃 국가들과의 외교 관계를 이어가다 필요한 경우 군대를 이끌고 전쟁터에 나가기도 했는데, 이런 모든 일의 중심이 바로 마아트다. 수천 년이 지난 후 아즈텍에서는 왕이 이집트의 파라오와 비슷한 일을 했는데, 거기에 군대를 원정에 내보내 인간 제물로 쓸 포로들을 계속 잡아오게 하는 일이 더해졌다. 엄청난 규모의 인간 제물이 필요했던 건 태양이 졌다가 다시 떠오르는 일을 계속할 수 있도록 돕기 위해서였다. 그래야 들판의 옥수수가 여물 수 있었기 때문이었다.

좀 더 시간을 빨리 돌려 18세기 영국 본토로 가보자. 당시 영국은 예의 바른 남성이 지배하는 사회라는 상식이 사회적인 공감대로 어느 정도 자리하고 있던 사회였다. 그리고 신이 고개를 끄덕일 만큼의 완벽함에 가까운 그런 국가라고 스스로 생각했다. 영국은 신교도의 국가였으며 로마 교황이 이끄는 가톨릭교회의 절대주의로부터 완전하게 분리되어 있었다. 신교도의 공식적인 교리를 믿지 않는 사람들을 구별하기는 했으나 차별은 하지 않았으며, 심지어 가톨릭교도들까지도 그렇게 심한 대우를 받지 않았다. 또한 영국은 자유로운 국가로, 국민들은 왕정 아래에서 '자유민으로 태어난 영국인의 권리rights of freeborn Englishmen'를 마음껏 누렸으며, 북쪽의 스코틀랜드 사람들도 1707년 대大브리튼 왕국이 탄생한 이후부터 이런 권리를 함께 누릴 수 있었다. 또한 출판물의 경우 극장에서 상연될 극본을 제외한 일반 출판물은 사전 검열을 받지 않았지만, 보수적인 성직자들은 18세기가 시작되자 출판에 대한 공식적인 독점권을 갖기 위해 크게 다투기도 했다.

시장에 대한 법규에 따라 영국의 국내 거래와 생산은 크게 증가했는데, 다만 수입품에 부과되는 관세와 몇 가지 품목에 대한 소비세는 어쩔 수 없는 부분이었다. 이처럼 평화로운 시기에 '즐거운 수고와 알 수 없는 운명'을 견뎌내는 사람들은 신이 기꺼운 마음으로 내려준 자신의 위치와 신분에 만족해야 한다고 생각했다. 고용주와 공공의 이익을 위해 부지런히 일하고 교회에도 성실하게 출석해 신의 뜻을 익히고 배워야 한다고 생각했던 것이다. 그런데 국교회에서 말하는 신의 뜻이란, 예컨대 여자는 남편에게 복종하며 사회적 전통을 잘 지켜야 한다는 내용 등이었다.

법률의 제정을 담당한 사람들은 가톨릭교도들이 중심이 된 이른바 재커바이트Jacobite 반란 세력을 억누르면서 신교도들의 기득권과 현재 왕위를 차지하고 있는 하노버 왕가의 정통성, 그리고 국교회와 성직자들의 특권을 지키기 위해 노력해야 했다. 또한 무엇보다도 국민들의 사유재산을 보호해 적절한 법체계 안에서 각종 거래와 경제활동이 잘 돌아갈 수 있도록 만들어야 할 책임이 있었다. 모든 국민들은 사상적으로는 이런 상황을 충분히 누리면서 또 동시에 실제적으로《성경》의 가르침과 국가의 법률을 열광적으로 찬양했다. 이런 영국의 법에는 세월이 지날수록 계속해서 더 많은 사례에 적용되는 엄격한 형벌이 포함되어 있었다.[10] 이러한 사회에서 발견할 수 있는 한 가지 중요한 공통점은 바로 농업을 경제 기반으로 하고 있다는 사실이다. 그렇지만 그 밖에는 각 사회가 서로 다른 사회적 배경 안에 있으면서 극적일 정도로 다른 윤리적 기준으로 자신들이 처한 환경에 대한 물리적, 그리고 사회적인 실체를 반영했다. 또한 시간과 공간에 따라 다르게 위치하고 있던 다른 농업 사회에도 일종의 '동등한 다양성equivalent variations'이 적용되었을 것이다.

법, 국가, 범죄, 처벌

법전

문자를 아직 몰랐거나 혹은 이제 조금씩 문자가 알려지고 있던 사회에서 윤리에 대한 규범은 보통 관습을 따랐으며, 문자가 정착된 사회에서는 문자로 기록된 법전法典이 기준이 되었다. 물론 법으로 다룰 정도는 되지 않지만, 사회적으로는 인정받지 못하는 사소한 행위들은 언제나 존재했다. 전통적인 중국의 법 이론에서 주로 관습을 바탕으로 한 법을 지지하는 사람들과 국가에서 정식으로 공표한 정확하게 법전으로 기록된 법을 지지하는 사람들 사이의 이념적 충돌은 유가儒家와 법가法家라고 불리던 사상을 따르는 경쟁 관계의 학자들이 만들어낸 결과였다.

사람들은 문자로 기록된 법전이 공식적인 문서가 되어야 하는 것이 당연하다고 생각하겠지만 항상 그런 것은 아니었다. 아니, 오히려 고대 아테네와 로마에서는 법에 대한 시민의 알 권리에 대하여 심각한 사회적 갈등이 일어나는 것이 일반적인 모습이었으며, 법에 대한 지식은 사회의 지배층만이 알고 있었다. 그리고 이런 지식은 당연히 그들에게 큰 이익을 가져다주었다. 또한 법을 일반 국민들에게 제대로 알리지 않는 건 그렇게 과거의 일만은 아니었는데, 20세기에 들어서도 독재 정권들은 법을 자기들 입맛대로 마음껏 활용했다. 그중에서도 가장 악명 높았던 정권이 바로 나치의 제3제국이었다. 물론 나치의 가장 악독한 범죄들은 어떤 법적 승인 없이 그저 히틀러 총통의 애매한 말 몇 마디만으로 저질러진 경우가 더 많았다. 국민들에게 제대로 알리지 않고 비밀스럽게 이루어지는 법 제정은 21세기에도 계속되고 있다. 그중에서도 9/11 테러 이후 제정된 미국의 이른바 '애국자법the Patriot Act'에 따르면, 국가 기관은 법적 승인 없이 원하는 대로 의심스러운 사항을 우선 조사할 수 있으며, 동시에 이러한 법의 내용을 문서로 만들어 야기될 수 있는 일반 대중의 반감도 피할 수 있게 고안되었다.

역사적으로 그 기원이 서로 다른 공동체들을 합친 제국을 한번 살펴보자. 특히 초기 이슬람 제국이나 그보다 규모가 훨씬 더 작았던 10세기 에설스턴Athelstan이 통일한 잉글랜드 왕국은 지리적으로 아주 다양하게 퍼져 있던 공동체들을 하나로 끌어 모았는데, 이런 공동체들은 비록 하나로 합쳐졌지만 일상생활에 대해서는 계속해서 독자적인 법에 따라 유지되는 경우가 많았다. 그리고 군주들은 주로 자신의 이익에 부합하는 법만 계속 만들어냈다. 서유럽 기독교 국가들에서는 예컨대 이런 일도 있었는데, 두 가지 완전히 다른 법체계, 그러니까 세속법과 교회법을 각각 나란히 집행하다가 때로 왕이 성직자들의 요구를 거부할 때는 충돌이 일어나기도 했다. 실제로 터키 제국에서는 이슬람 율법인 샤리아 법 Sharia law이 해석의 범위가 아주 넓긴 했지만 세속법과 함께 집행이 되었다.[11] 교회법과 샤리아법과 같은 종교적 율법들은 성직자와 교회 조직의 문제에 주로 관여하면서도 동시에 일반 대중들의 개인적인 행위도 간섭을 했다. 특히 결혼이나 가문의 승계, 그리고 성과 관련된 문제들이었다.

민법과 형법

법은 크게 두 가지 종류로 나뉜다. 사유재산과 관련된 문제를 다루는 민법에서는 원칙적으로 불법적인 범죄를 다루지 않고 상황의 해결을 중요하게 생각한다. 그리고 사람이나 재산에 대한 범죄행위를 다루는 형법이 있다. 물론 민법과 형법은 근대에 들어 만들어진 개념이며, 역사적으로는 그 경계가 분명하지 않았다. 예를 들어 중세 초기에 볼 수 있었던 게르만족의 보상금 제도에 따르면, 살인도 상황에 따른 적당한 금액을 희생자의 가족이나 공동체에 보상하면 용서를 받을 수 있었으며, 그 보상이 이루어질 수 없을 때 처벌이 뒤따랐다.

사법제도가 발전함에 따라 민법이든 형법이든 정확한 판결이 이루어져야 했다. 최종적인 재판관 역할을 하는 것은 군주의 제일 중요한 책임이 되었는데, 법이나 재판은 계속해서 이어지는 문제이지만 군대를 이끄는 일은 늘 있는 일은 아니었기 때문이다. 이러한 판결과 그 판결을 위한 논쟁에는 전문가 집단이 필요했지만, 고대 중국의 경우는 대부분 비전문가들이 이 일을 담당했으며 고대 아테네에서는 웅변가나 수사학자가 이일을 맡았다. 이후에 전문가 수준으로 재판에 관여하는 사람들은 지금의 변호사 역할을 했다. 변호사가 최초로 중요하게 등장한 건 공화정과 제국 시대의 로마였으며, 그중 가장 유명한 사람이 키케로다. 이 변호사 업무는 로마 제국이 무너지고 여러 나라가 등장한 후까지도 이어졌다. 물론 북부유럽의 경우는 수백 년 가까이 법적인 논쟁과 고발이 자유 시민들이 모인 자리에서 이루어졌지만, 서부유럽 국가들에서는 어느 정도 지위에 있는 사람이 심사숙고하며 이런 일을 담당했다. 예를 들어 영국에서는 이미 12세기에 전문적인 변호사가 등장한 것으로 기록이 되어 있다.

대부분의 사람들은 보통 법이 범죄와 갈등, 그리고 다툼과 같은 여러 가지 사회의 치부 위에 올라서 있으며, 공평한 중재자로서 범죄를 처벌하고 분쟁을 해결한다고 믿고 있다. 또한 법은 로마 신화에 등장하는 정의의 여신으로 상징이 되는데, 이 여신은 두 눈을 가리고 한 손에는 칼을, 그리고 다른 한 손에는 양팔 저울을 들고 있다. 그렇지만 실제로는 잘 알려져 있는 것처럼, 법은 그 어떤 사회든 정치적인 관계를 나타내는 표현이며 정치적으로 권력을 쥔 사람의 의지와 가치를 나타낸다. 여기서 정치적인 관계라는 것은 또한 사회 지배층의 이익을 대변하는 것이다. 재산법은 그 좋은 사례로, 이 법은 재산이 아예 없거나 조금만 있는 사람들보다는 많은 재산을 가지고 있는 사람들의 이익을 대변하는 것이었다. 이러한 법들은 18세기 영국에서 농지를 가지고 있는 사람들의 권리를 빼앗기 위해 사용이 되었다. 또한 노조를 만들고 파업을 일으킬 수 있는 노동자들의 권리를 제한하는 법도 앞서 설명한 내용의 또 다른 사례가 된다.

국가

국가가 없는 사회가 있었다. 그리고 수천, 수만 년 동안 모든 인류는 국가가 없이도 아주 잘 적응해왔다. 국가는 메소포타미아 남부에서 상당 기간 동안 국가가 없는 공동체들이 국가로 향해 나아가는 진화의 과정을 거쳐 도시국가의 형태로 출현했다. 처음 그 모습을 드러낸 국가는 왕이 통치하는 곳이었으며, 그 후 수천 년 동안 어느 정도 선택의 여지는 있으나 일반적으로 이와 비슷하게 왕이 통치하는 형태를 취했다. 국가는 주어진 영토 안에서 법을 관장하는 책임이 있는 제도로 성장했으며, 국민들이 삶을 영위할 수 있는 배경과 조건을 만들어주었다. 국가의 기본적 기능은 주로 사회의 문제를 해결하는 것으로, 외부의 적들과 싸우고 내부에서 평화를 위협하는 또 다른 적들을 억눌렀다. 내부의 적들은 정치적으로 내분을 일으키는 무리일 수도 있었고 단순히 사람과 재산, 그리고 사회적 관습에 대항하는 폭력을 자행하는 반사회적인 무리들일 수도 있었다.

그렇지만 국가를 이루는 것은 결코 하나로 통일된 시민들의 집단이 아니었다. 개인과 집단, 조직, 서로 경쟁하는 상류층 등이 모두 각각의 계획과 야망, 그리고 권력과 재산을 향한 탐욕을 가지고 모인 곳이 바로 국가였다. 따라서 하나의 제도로서의 국가가 최고 상류층, 보통은 군주의 이익을 대변하기 위해 최선을 다하려면, 적절한 양보와 압력을 활용하며 이런 다양한 '사회력social force'들 사이에서 견제와 균형의 역할을 다해야 한다. 운하와 수도관, 혹은 원형 경기장 건설 같은 공공사업을 실시하는 것도 그런 전략의 일부가 될 수 있다. 그렇지만 더 중요한 임무는 언제나 국가를 지탱하는 권력관계를 유지하고 보호하는 것이다. 국가의 건설은 종종 공격적인 정복의 형태를 취하며, 작은 공국이 급성장해 왕국이 되고 그 왕국이 다시 제국이 된다. 혹은 국가가 되기 전 상태인 각 사회의 사회적 지배층 사이에 어떤 합의가 이루어져 국가가 만들어지는 경우도 있다.

노동, 성, 권력
Work, Sex and Power

처벌과 잔혹함

여기에서 고려해볼 문제는 바로 앞 장에서 중요하게 다뤘던 문제만큼 중요한 것으로, 무절제한 폭력의 확산이다. 법에 의한 처벌이란 국가의 권위에 도전하면서 사회적 기준이나 사람들과 부딪치는 범죄자들을 강제로 응징하는 것이다. 처벌은 결국 범죄자들이 원하지 않는 결과를 이끌어내는 것이며, 쉽게 말해 보복이라는 직접적인 응징에 덧붙여 범죄자가 같은 범죄를 저지르는 일을 예방하고 다른 잠재적 범죄자들에게는 하나의 본보기를 보여주는 역할을 한다.

대부분의 현대 사회에서 중간 수준의 범죄자들은 다양한 기간과 그 엄격함에 따른 수감 생활로 처벌을 받게 되며, 사형 제도를 폐지한 국가에서는 모든 중범죄에 대한 처벌 역시 수감 생활로 대체한다. 그리고 그 밖의 자잘한 범죄들은 보통 벌금을 내는 것으로 마무리되곤 한다. 살인이나 일부 국가에서 심각하게 받아들이고 있는 지능형 범죄와 같은 가장 심각한 범법 행위 등은 다양한 방식으로 사형에 처하는 일이 계속되고 있으나, 현재 국제연합에 등록되어 있는 국가들 중 사형을 실제로 집행하는 국가의 숫자는 절반 이하로 파악된다.[12] 극소수 국가에서는 신체 상해를 입히는 일이 처벌로 인정이 되는데, 이는 대부분의 사법제도에서는 인정하지 않는 제도이며, 수감 생활을 하는 것이 가장 일반적인 방식의 처벌이다.

그렇지만 수많은 범죄자들을 수감하고 관리하는 일은 정권의 본질과는 상관없이 현대 사회처럼 적절한 재원이 확보된 안정되고 조직화된 사회에서나 가능한 처벌 방식이다. 이를 위해서는 상당한 수준의 방대하면서도 비용이 많이 드는 구조가 필요한데, 예컨대 수감자가 탈출할 수 없는 형무소를 만드는 일은 그중에서도 가장 기본적인 작업일 것이다. 결국, 단순히 범죄자들을 위해 로마 제국의 원형 경기장과 같은 복잡한 건축물을 현대에 만들 수는 없겠지만, 국가의 규모와 상관없이 정규직 교도관들을 고용하며 최소한의 수준이지만 상당수의 장기 수감자들에게 음식과 생필품을 지속적으로 공급하는 일은 산업혁명 이전의 사회에서는 거의 불가능한 일이었다. 심지어 중국의 제국들도 감당하지 못했던 일이다.

더크 보드와 클래런스 모리스는 CE 10세기 초에 등장했던 중국의 송나라를 예로 들어 이렇게 설명한다.

"수도인 개봉開封이나 지방에 있는 감옥, 그리고 관리들의 관사는 대부분 그 규모가 작아서 죄수들을 적절하게 격리하는 데 필요한 시설을 갖추는 것에 어려움을 겪었다. 송나라의 감옥은 사실 국가의 무능력함을 대표하는 곳으로…… 적절한 음식과 위생 시설을 제공하지 못했다. 황제는 가난한 죄수들이나 가족이 가난하여 돌봐줄 수 없는 죄수들에게 식량을 제공하라는 명을 내렸지만, 모든 죄수들이 가장 곤란하게 생각했던 문제가 바로 이 식량 문제였으며 감옥에서 굶어 죽는 일도 빈번하게 일어났다. 황제는 감옥에 의원을 두라는 명도 내렸지만, 여전히 죄수들은 건강 문제로 고통을 받았다……. 감옥에 갇힌 죄수들은 불결하고 좁은 시설을 감내해야 했으며, 병에 걸리지 않거나 풀려나기 전에 죽지 않는 것만으로도 감사하게 여겨야 했다. 감옥에는 혐의만 받고 있는 사람도 갇혀 재판이나 혹은 판결과 관련해 증언을 해줄 목격자가 나타날 때까지 기다리곤 했으며, 또한 특별한 경우 감옥 안에서 비공식적인 거래가 이루어져 원래의 판결과는 다르게 처벌 방식을 바꾸는 일도 있었다."[13]

유럽을 살펴보면, 영국의 런던탑Tower of London은 아주 신분이 높은 죄수들이 갇히는 곳으로 유명했으며, 프랑스 파리의 바스티유 감옥은 신분이 높은 죄수는 물론 일반 죄수들이 장기 투옥되는 곳이었다. 그렇지만 보통 일반적인 감옥이라고 하면 거의 대부분 유치장과 비슷한 의미

노동, 성, 권력
Work, Sex and Power

로, 기본적으로는 재판의 판결이 나오거나 형이 확정된 죄수가 처벌을 받기 전까지 단기간 갇혀 있는 곳이었다. 산업혁명 이전의 사회에서 장기 수감되는 죄수는 대부분 신분이 높은 사람들로 사형에 처하기 곤란한 이유가 있는 사람들이었다. 그 대표적인 예가 바로 12세기의 노르망디공 로베르와 17세기 프랑스의 유명한 철가면 죄수다.

따라서 전 세계 어디에서든 근대 이전의 처벌은 금전적인 보상을 할수 없을 경우, 대부분 신체에 직접적으로 가해지는 방식이었으며 가장 대표적인 것이 사형제도였다. 그렇지만 그 밖에도 아주 다양한 수준으로 신체에 고통을 주는 잔인한 형벌들도 많았다.

태형笞刑은 아주 단순하면서도 죄질에 따라 쉽게 등급을 나누어 시행할 수 있는 방법이었으며, 그 숫자와 강도를 상대적으로 약한 수준에서 죽음에 이를 수 있는 고문 수준까지 조절할 수 있었다. 신체에 상해를 입히는 방식도 흔하게 실시되었는데, 낙인을 찍고 한쪽 눈을 멀게 하며 팔다리의 일부를 잘라내는 일 외에도, 동로마 제국의 황제에서 북부유럽의 대공大公들까지 중세 유럽의 군주들이 특히 선호했던 건 두 눈을 모두 멀게 하는 것과 거세去勢였다. 이렇게 하면 엄청난 고통과 신체 기능의 상실은 물론 인간으로서 큰 모욕을 주는 효과가 있었다. 이보다는 좀 더 부드러운 방식으로 중세 및 근대 유럽에서 큰 모멸감을 주기 위해 사용한 처벌 방법은 이른바 칼이라는 것으로, 죄수는 높은 단 위에 있는 판자 구멍에 목과 양손을 집어넣고 몸이 고정되어 지나가는 사람들이 던지는 쓰레기를 맞으며 모욕을 당했다. 여기에서 강도를 조금 더하면 양쪽 귀를 자르거나 못으로 귀를 판자에 박아 고정시키기도 했으며, 사람들이 던지는 물건이 단단하거나 그 숫자가 많으면 죄수가 거기에 맞아 죽는 일도 가끔 있었다.

사형과 고문

가장 흔하게 실시된 처벌 방식인 사형을 대신했던 건, 모든 기발한 정치를 동원해 가능한 한 죄수에게 길고 끔찍스러운 고통을 안겨주는 고문이었다. 고문은 죄수에게서 정보를 캐내거나 자백을 받아내고 또 고문을 하는 사람을 개인적으로 만족시키기 위한 수단으로 사용되었지만, 대부분은 사형까지는 시킬 수 없는 경우 죽음에 가까운 고통을 주기 위해 실시되었다.

사형을 대신하거나 사형에 앞서 실시되는 합법적인 고문은 죄수를 인격적으로 보지 않는 관점에서 시작된 것으로, 꼭 신분이 낮은 사람이 그 대상이 되는 것은 아니었으며, 그런 일을 당해도 충분하다고 생각될 때 실시되었다. 페르시아 제국에는 십자가에 매달아 죽이는 사형법이 있었는데, 로마의 십자가형은 그와 비교하면 먼저 고문으로 시작해 천천히 죽게 만드는 방식으로 여겨졌다.

미국이 처음 건국되었을 때 건국 헌법을 만들었던 사람들은 특히 '잔혹하고 비상식적인' 처벌 방식을 금지했다. 이들은 신체적인 상해를 입히는 영국의 처벌 방식은 귀족이 아닌 평민들을 반역죄로 다스릴 때 사용하는 것임을 잘 알고 있었다. 귀족의 경우는 고통 없이 빠르게 죽이는 방법을 사용했던 것이다. 잉글랜드 국왕 에드워드 1세 때 시작된 이런 처벌 방식은 18세기 중엽까지 이어졌으며, 특히 재커바이트 반역파들 중에서도 일반 조직원들에게 본보기로 시행되었다. 그리고 19세기까지도 일반 법령집에 그대로 남아 있었던 것이다. 신체에 상해를 입히는 처벌 방식이 실제로 자취를 감춘 건 1790년대로, 아마도 국민들에게 보여줄 수 있는 효과가 바다 건너 프랑스의 기요틴guillotine과 비교가 되었기 때문인 것으로 추측된다.

중세 시대의 악랄한 처벌 방식을 옹호했던 사람들은 하류층 사람들을

노동, 성, 권력
Work, Sex and Power

다스리는 일에는 공포감 조성이 반드시 필요하다며 자신들의 주장을 정당화했지만, 실상은 세상을 멋대로 부리기 위한 좀 더 확실한 방법을 찾는 것에 불과했다. 17세기 말에 접어들어 영국에서는 반역죄를 제외하고는 사형을 대신하는 잔혹한 형벌들이 대부분 사라졌다. 그렇지만 또 반면에 1688년에서 19세기 초까지 사형에 처할 수 있을 정도의 중범죄 판결이 기하급수적으로 늘어났는데, 그 대부분은 사유재산과 관련된 범죄였다. 법을 제정하는 사람들은 국민 전체가, 아니 최소한 하류층들은 언제든 이웃의 물건을 강도질하려고 혈안이 되어 있다고 멋대로 생각했고, 그런 범죄를 막는 방법은 오직 교수대뿐이라고 판단했던 것이다.

사실 중범죄를 받았어도 실제 사형 집행은 상대적으로 크게 늘어나지 않았으며 대부분의 사형수들은 형 집행 정지 처분을 받곤 했다. 핵심은 사형을 받을 수 있다는 가능성이 있다는 협박으로, 거창한 법정이며 교수대와 같은 모든 장치들이 그 협박에 위엄을 더했다. 다시 말해, 그 효율성을 떠나 새롭게 공포감을 조성해 범죄를 예방할 수 있다고 생각했던 것이다. 프랑스의 혁명파들은 중세 시대부터 이어져 내려온 잔혹하고 비상식적인 형벌에는 분명히 반대를 했지만, 그 대신 모든 사형 집행에 기요틴이라는 사형 집행 도구를 사용했다. 기요틴은 사용이 편리했을 뿐만 아니라 기요틴이라는 말 자체만으로도 엄청난 위협과 공포감을 조성해 '혁명 시대의 상징'이 되었다. 이른바 처음으로 '테러리스트terrorist'라고 불렸던 사람들은 폭력과 살인으로 국가에 저항했던 사람들이 아니라, 바로 이 혁명 시대에 권력을 잡았던 자코뱅Jacobin파였다.

그렇지만 혁명파만이 사형 집행을 통한 사회질서 유지에 찬성을 한 것은 아니었다. 19세기 초 프랑스의 정치가이며 유명한 보수 반동파인 조세프 드 메스트르는 사형 집행인은 사회질서의 중심축이라고 주장했고, 1820년대에도 같은 주장이 이어졌다. 영국의 법학자이자 사법제도에 대한 개혁을 주장했던 앤서니 해먼드보다 훨씬 더 신랄한 주장을 펼쳤다면 이해가 가지 않을까.

당연한 이야기이지만 고문에는 단순히 고통을 주는 것 이상의 다른 목적도 있었다. 앞서 언급했듯이 정보를 캐내거나 자백을 받아내는 방법으로도 널리 사용이 되었는데, 특히 이단 종교재판처럼 자백이 유죄 판결의 확실한 근거가 되던 시대에는 더욱 더 그랬다. 로마법에 따르면 노예의 증언은 고문에 의해 나왔을 때만 그 효력이 있었다. 이러한 목적을 가지고 자행되는 고문은 오랫동안 지속적으로 이어졌으며, 수많은 박물관에는 희생자를 죽이지는 않으면서 극심한 고통을 줄 수 있는 다양한 고문 도구들이 남아 있다. 설사 자백을 하거나 알고 있는 정보를 털어놓고 고문에서 살아남을 수 있다고 해도 그 대다수는 곧 사형에 처해졌으며 천수를 누린 사람은 거의 없었다.

고문은 근대 식민지 시절에 광범위하게 시행되었으며 프랑스령 알제리와 영국령 케냐가 특히 악명이 높았다. 유럽에서조차 20세기에 들어서 고문이 다시 부활했으며, 소비에트 연방의 스탈린주의자들과 독일의 나치는 특히 고문 기술의 전문가들이라고 할 수 있었다. 고문의 악령은 21세기에도 사라지지 않았고, 국제사면위원회Amnesty International와 같은 인권 단체들의 활약에도 불구하고 지난 몇 십 년보다도 오히려 지금 더 심하게 자행되는 것 같다. 동시에 사회적 매체를 통해 고문에 대한 전 세계 사람들의 혐오감도 빠르게 확산되고 있으며, '인권'과 인권 탄압에 대한 공식적인 언급도 늘어났다. 또한 그의 모든 부정확성과 판단에 대한 유보에도 불구하고, 푸코 같은 사람은 근대 사회에서 고문은 분명히 사라졌지만 대신 더 치밀하고 경계가 모호한 수단이 그 자리를 대신하게 되었다고 주장하기도 한다.

정신적 상태

신체에 대한 끔찍한 고문 외에도 다양한 방식의 정신적인 고문이 있었다. 이런 정신적인 고문은 희생자가 법정에 출석하고 신체적 외상이 대중들 앞에 드러날 경우 큰 파국을 몰고 올 수 있을 때 특별히 아주 유용하다. 이러한 고문 기술이 처음 시작된 것은 스탈린 시대부터라고 볼 수 있으며 헝가리 출신의 작가 아서 쾨슬러가 쓴 《한낮의 어둠Darkness at Noon》을 보면, 아르투르 런던과 같은 고문 생존자들의 증언을 바탕으로 정신적 고문이 어떤 방식으로 자행되었는지 거의 실제와 가깝게 묘사되어 있다. 고문실에 끌려온 사람들은 자신이 사회의 불순분자이며 배신자라고 자백하고, 또 자신들과는 전혀 상관없는 범죄행위를 고백해야만 살아남을 수 있었다. 만일 그렇게 하지 못하면 우선 가족에게 해를 끼치겠다는 아주 단순한 위협을 먼저 하는데, 사실 이 정도만으로도 거짓 자백을 받아내는 데 효과가 있었던 것이다.

또 다른 체제나 국가에서는 거짓 사형 집행으로 죄수에게 공포와 혼란을 심어주기도 했다. 물고문은 좀 더 복잡한 기술로, 희생자는 마치 자신이 물에 빠져 죽는 듯한 착각에 빠지게 되며, 또 시각과 청각을 완전히 차단해서 시간과 실제 상황에 대한 감각을 완전히 상실하게 만드는 고문 기술도 있었다. 원칙적으로는 정신이나 심리상태와 관련된 고문이라고는 하지만 결국 물리적인 압박이 함께 사용되며, 요란하고 공격적인 언어적 협박도 함께 사용된다.

상황을 파악하기 어려울 정도로 극단적인 상태라면 이런 정교한 고문을 견뎌낼 만한 정신력을 발휘하기 힘들다. 1757년 프랑스의 국왕 루이 15세를 칼로 공격하다가 붙잡혀 처형당한 로베르 다미엥의 유명한 사례는 푸코의 《감시와 처벌: 감옥의 역사Surveiller et punir: Naissance de la prison》의 도입부에 상세하게 기록이 되어 있다.[14] 비록 당시의 기록과 비교해서 아주 정확하지는 않지만, 이 처벌의 숨은 목적은 군주의 신체에 대해 아주 티끌만한 상처를 주는 일이라도 그 범인은 자신의 신체에 대한 최대의 고통을 통해 그 죄를 갚아야 한다는 사실을 알려주는 것임을 푸코는 정확하게 지적하고 있는 것이다. 비록 다미엥의 경우가 아주 예외적이라 할지라도, 극단적으로 참혹한 처형 방식은 전 세계 어디에서나 그보다 죄가 가벼운 사람에게도 종종 시행되곤 했다. 그리고 엄청난 지식과 예술성을 담은 작품들이 만들어지던 사회에서도 역시 사정은 마찬가지였다.

인간과 비인간

우리가 자주 사용하는 표현 중 하나가 '비인간적인 잔혹함'으로, 지금은 법적인 처벌이 아니라 무력을 사용하는 분쟁에 더 많이 사용되는 표현이다. 또한 '인간성 말살'이라는 표현에 대해 〈뉴 사이언티스트New Scientist〉라는 잡지에서 한 이야기를 들어보자. "이런 분쟁의 당사자들은 서로를 비난하며 같은 인간성을 공유하고 있다는 사실을 부정한다. 이들은 아마도 서로를 해충이나 병균처럼 멸절해야 하는 대상으로 보고 있는 것 같다."[15] 계속해서 이렇게 이야기한다. "히틀러는 정말로 독일에 살고 있는 유대인들을 해충이나 병균, 그리고 들쥐로 비유하며 그들을 박해했다……. 아프리카 르완다의 후투족의 극단주의자들도 투치족을 바퀴벌레라고 부르며 학살했……."[16]

그렇지만 '인간성 말살'은 설명부터 잘못된 접근이다. 이렇게 일상생활은 물론 대량 학살이나 그와 비슷한 맥락에서 아무런 의구심 없이 사용되는 이러한 표현 방식은 가해자와 피해자 사이의 관계에 대한 실상을 잘못 전달할 수 있다. 〈뉴 사이언티스트〉에서는 계속해서 이렇게 지적한다. "이렇게 가해지는 잔혹한 행위들은 너무 교묘해서 이른바 사회 생활을 잘하는 정교한 뇌의 기능도 속일 수 있다." 쥐나 바퀴벌레를 죽일 때 먼저 고문부터 하고 싶다고 생각하는 사람은 아무도 없다. 사실 지금은 그런 유해 동물이 포유류라면 괴롭히거나 학대를 하는 일은 범죄로 여겨질 수 있을 정도이지만, 동물을 학대하는 잔혹한 행동은 인간 사회에서 사라지지 않는 모습이며 최근까지도 그렇게 크게 비난을 받지는 않았다. 근대 초기에 영국인들은 동물들을 잔인하게 다루는 것으로 악명이 높았으며, 그 후에는 얄궂게도 지나친 동물 애호가로 악명을 떨치게 되었다. 그렇지만 동물을 잔인하게 대하는 일은 인간이 아닌 희생자를 증오하는 태도와는 관련이 없다. 그보다는 오히려 인간의 일을 돕는 가축을 대하는 일이나 혹은 개를 부추겨 소나 곰을 괴롭히는 오락거리처럼 어떤 기능적인 측면이 더 강하다. 잔혹한 행위의 대상은 결코 로봇 같은 것과는 비교될 수 없다. 로봇을 고문한다고 해서 어떤 만족을 얻을 수 있는 사람은 아무도 없을 것이다.

정확하게 말하면 가해자는 희생자가 자신과 같은 의식을 지닌 인간임을 잘 알고 있으며, 고문의 기술을 통해 원하는 결과를 얻을 수 있다고 기대하기 때문에 희생자를 괴롭히는 것이다. 로라 스피니는 〈뉴 사이언티스트〉에서 이탈리아 파두아 대학교의 예런 바이스 교수의 말을 인용한다. "마치 우리 머릿속에 작은 인간성 계측기가 들어 있는 것처럼 누군가 다른 사람을 볼 때마다 확인을 하는 것 같다."[17] 적절한 지적이지만 그런 일이 선의는 물론 악의로도 이루어진다는 사실을 덧붙여야만 할 것 같다. 가해자들은 자신들의 희생자가 자신과 마찬가지로 살아 있는 진짜 인간이라는 사실을 잘 알고 있으며 인간성 문제에 대해서도 고려하고 있다. 그렇지만 가해자와 피해자가 동등한 가치를 지니고 있지는 않다. 가해자들의 잔혹성이 노리는 것은 고통과 모욕을 통해 자신과 같은 다른 절대적 존재가 스스로를 하나의 개체로 인식하고 몰락한 처지를 확인하도록 강제로 만드는 것이다.

결론

인간뿐만 아니라 다른 영장류들도 마찬가지겠지만, 어쨌든 자신들이 이룩한 사회와는 상관없이 인간이 보여주는 보편적인 특징은 그 사회의 질서를 어지럽히고 범죄를 저지르는 것이다. 그 질서가 어떻게 만들어졌고 어떤 내용을 담고 있는지는 중요하지 않다. 그리고 앞서 살펴본 것처럼, 단순한 질책에서부터 사회에서 완전히 배제되는 것까지 포함되는 처벌의 범위에 따라 일종의 법적 제재가 만들어졌다.

그렇지만 사람들이 자신의 행동에 대한 결과로 인한 처벌을 두려워하고, 오로지 그 이유 때문에 전부 혹은 대다수의 사람들이 법과 질서를 지키게 된다고 해도 그것만으로는 그 어떤 사회도 적절한 기능을 발휘할 수는 없다. 실제로 한 공동체의 대부분의 구성원들은 규칙과 기준을 자신들이 사회화된 방식으로 내면화하며, 보통은 그런 규칙이나 기준을 깨트리려고 하지 않는다. 그리고 이런 모습은 더 규모가 큰 사회뿐만 아니라 각각의 사회 속 하위문화에도 각기 다른 수준으로 적용된다. 그렇지만 사회가 엄격한 계급과 문화적 차이에 의해 구분이 된다면 상황은 더 복잡해질 수밖에 없다. 그리고 지배 권력에 도전하며 윤리적 원칙을 주장하는 분명한 반대 움직임과 결합하는 상황이라면 더욱 더 그렇다.

각기 다른 문화권과 그 문화권들 사이에 계속해서 존재하고 있는 여러 가지 커다란 차이점들에도 불구하고 21세기의 이른바 세계화, 그중에서도 의사소통의 세계화는 역사상 그 어느 때보다도 더 엄청난 수준의 획일화를 가져왔다. 그리고 가장 놀라운 일은 아마도 신체적인 고문이 이제는 세계 어느 곳에서도 적절한 사법적 처벌로 인정받지 못한다는 사실일 것이다. 물론 여전히 그런 일들이 어디에선가 계속되고 있기는 하지만, 더 이상은 정식 재판의 선고나 공개적인 방식으로 인정받지는 못하는 것이다. 다만 죄수에게 돌을 던지는 것과 같은 방식을 달리했지만 잔혹함이라는 요소는 여전히 남아 있는 공개 처형 등은 계속해서 찾아볼 수 있다.

현재 대부분의 국가에서 이른바 교정학矯正學의 이론과 실제는 범법자들의 사회 복귀와 교정이라는 목표를 따르고 있다고 생각한다. 혹은 아주 위험한 반사회적 정신병자일 경우는 사회를 보호하는 측면도 고려될 것이다. 그렇지만 실제로는 정치적인 진술에 따른 의견 표출이나 언론의 보도와 기사 혹은 소셜 미디어가 형법제도까지 관여를 하며, 가장 중요한 대중의 감정은 보복과 앙갚음이라는 사실을 보여준다. 우리들 대부분은 우리가 가진 이성적이고 윤리적인 기준과 상관없이, 단지 우리가 증오하는 대상이 응분의 대가를 치르기를 바라고 있다. 만일 그런 본능적인 반응이 이성과 교육을 통해 극복될 수 있다면, 시간이 오래 걸리더라도 한 번 도전해볼 만한 과업이 될 수 있을 것이다.

제8장

초자연적 현상에 대한
믿음의 기원과 최초의 구원 종교

*The Origins of Belief in the Supernatural
and the First Salvation Religions*

"어린아이들이나 그런 그림 속 악마를 두려워할 뿐이에요."

— 레이디 맥베스

"사람들이 자신이 원하는 것을 얻을 수 있다고 믿게 만드는 방법이
마법이라면, 사람들이 자신이 얻을 수 있는 것만 원하도록 설득하는
제도가 바로 종교다."

—V G 차일드

종교적인 믿음은 기록된 모든 역사를 통해 전 세계 모든 사회생활에서
볼 수 있는 핵심적인 특징이며, 그 이전에도 그러했던 것이 거의 확실하
다. 종교는 우주와 그 안에 있는 인간의 위치를 설명해주며 사회적 질서
에 대한 구조를 제공한다. 그리고 지난 1만 년 동안 계급과 불평등을 정

당화시켜 주었고, 그 안에서 고통 받는 사람들에게는 위로를 전해주었다. 이런 모든 경우에서 종교는 실제 상황과 결합하여 특히 성문제에 대해 크게 관여했으며, 일반적으로 강력한 지배계층을 변호하는 데 동원되었다. 물론 때로는 반대로 지배층에 도전하는 역할을 한 것도 종교다.[1] 그렇지만 '종교'가 정확하게 어떤 의미를 가지고 있는지 정의내리는 건 전혀 쉬운 문제가 아니다. 재레드 다이아몬드는 《어제까지의 세계: 전통사회에서 우리는 무엇을 배울 것인가?The World Until Yesterday》라는 책에서 학자들이 말하는 종교의 16가지 서로 다른 정의에 대해 이야기한다. "……우리가 이런 정의에 대한 합의에 가까이 이를 수조차 없다는 것이 확실하다."[2] 중국의 도교와 유교, 일본의 신도, 그리고 심지어 불교까지도 삶에 대한 철학이라기보다는 종교로서 설명할 수 있을지에 대해서는 아직도 논쟁이 계속되고 있다. 다양한 기독교의 종파들, 특히 여호와의 증인 같은 종파들은, 그런 것들은 종교가 아니라면서 개종을 권하기도 한다. 어네스트 겔너는 이렇게 적고 있다. "힌두교와 불교에서 이야기하는 이 세상은 수많은 영적 존재들을 포함하고 있다. 속세와 영의 세계가 서로 합쳐져 진짜 세상과는 별개의 장소로 존재하고 있는 것이다."[3]

그럼에도 불구하고 정확한 전문용어가 무엇이든 간에 이런 모든 것들이 다른 확실한 종교, 특히 유일신을 믿는 종교는 물론 다른 모든 종류의 토속적인 믿음과 신비주의, 점성술 등과 공유하고 있는 한 가지 공통점이 바로 초자연적인 존재와 기운이 실재하고 있음을 인정하는 것이다. 따라서 이번 제8장의 제목은 별 다른 고민 없이 '초자연주의'가 되었다.

초자연주의는 그 정의를 내리기가 쉽지는 않으나 종교보다는 좀 더 하나의 의미로 고정되기가 쉽다. 초자연주의는 의식의 매개체에 대한 믿음을 의미하며, 그 매개체란 신과 그 초자연적인 충복들의 형태를 취할 수도 있고 아닐 수도 있다. 또 증거가 될 만한 규칙에 연연해하지 않는다. 다시 말해, 특별한 계시 같은 건 존재하지 않는다는 어네스트 겔너의 원칙을 어기고 있는 것이다. 모든 문제에 대한 설명은 논증할 수 있는 가능성을 가지고 반드시 확인이 될 수 있어야 한다. 그렇지만 초자연적 존재가 실재하느냐의 문제는 공개적으로 증명할 수 있는 범위를 넘어서는 것이며,[4] 납득이 갈 수도 있고 그렇지 않을 수도 있는 그런 주장에만 온전히 의지하고 있는 것이다.

근대 과학 시대 이전에 이런 모습들은 분명 아주 설득력이 있었다. 여러 사건들 사이의 우연한 결합이 원인과 결과라는 측면에서 잘못 해석되고 있는 곳이라면, 초자연주의란 정형화된 양식을 추구하는 생물에게는 완벽하게 자연스럽고 합리적이며 또한 지적인 반응일 것이다. 정확하게 알 길은 없지만, 초자연적인 믿음이 적어도 언어와 비슷한 시기에 탄생했거나, 적어도 좀 더 발전된 언어와 함께 나타났다는 추측은 적절한 것으로 보인다. 그런데 네안데르탈인들의 경우 그들의 장례 풍습에서 확인한 것처럼 아마도 이런 믿음에 대한 의식이 있었던 것으로 보이지만, 그 이후에 나타난 직립 원인인 호모 에렉투스의 경우에는 그런 증거를 찾아볼 수 없다. 물론 증거가 없다고 해서 그런 일이 존재하지 않았다고 말할 수는 없다.

기원

사회적 의사소통의 확대가 가능해지자마자 거의 필연적으로 초자연적인 믿음이나 신앙이 따라서 생긴 것으로 보인다. 먼저, 구석기 시대의 환경에서 존재란 불확실하고 믿을 수 없는 것이었으며 언제나 어쩔 수 없이 죽음과 가까이 있었다. 정형화된 양식을 추구하는 인간 종족은 항상 어떤 설명을 찾는 경향이 있으며, 이러한 상황에서 인간들을 가장 안심시키는 일종의 틀을 만들어낸다. 그리고 설명을 찾는 동시에 가능하다면 달갑지 않은 우연을 피하는 방법을 찾는다. 또 하나 기억해야 할 것은 구석기 시대에 죽음이 늘 가까이 있기는 했지만, 자신의 죽음을 예견하는 일은 불가능하지는 않아도 엄청나게 어려운 일이었다는 사실이다. 시몬 드 보부아르는 위험이 코앞에 닥쳐도 아무도 알아보지 못한다고 말하기도 했다. 이미 죽은 사람들이 무엇으로 변하는지에 대한 호기심은 또한 사람들을 자극하는 요인이었음에 틀림없다.

한 가지 가능한 해답은 죽은 사람들이 다른 생명체에 깃든다는 것이다. 환생에 대한 믿음은 오늘날에도 힌두교와 불교와 밀접한 관련이 있지만, 사실 수렵 공동체 시절부터 널리 퍼져 있던 믿음이었다. 예를 들어, 북극 지방의 원주민인 이누이트 사람들은 자신들이 사냥한 동물의 영혼이 같은 종족의 동물에게로 옮겨가며, 사냥꾼이나 사냥감을 처리하는 여자들이 먼저 무언가 마실 것을 권하는 식으로 존중하는 마음을 표시하면, 죽은 동물의 영혼이 기뻐하며 다시 기꺼이 사냥감이 되어준다고 믿었다.[5]

인간 역시 이런 믿음에 따라 환생을 하는데, 한 사람이 죽으면 새로 태어나는 아이의 몸을 빌려 다시 환생을 한다고 믿었으며, 이러한 믿음은 주변 상황이 너무 어렵거나 태어난 아이가 너무 약할 때, 혹은 병이나 장애가 있을 때 그 아이를 죽이는 일을 정당화시켜 주기도 했다. 북극 지방과 같은 험난한 자연 환경에서는 문제가 있는 아이는 공동체에 도움을 줄 수 없었기 때문이었다. 이런 행위는 사람을 죽이는 것이 아니라, 단지 아직 준비가 되지 않은 상태에서 환생했으니 훗날 다시 때가 되어 환생을 하라는 의미로 받아들여졌다.[6]

두 번째로, 인간이 어떻게 할 수 없는 자연의 힘이 있었다. 이런 자연의 힘은 식량의 확보와 관련이 있는 각 계절의 기후 변화에서부터 산불과 지진, 홍수, 화산 폭발 등 예측할 수 없는 자연재해까지 다양한데, 이런 자연 현상과 의식의 매개체를 연관 짓는 것은 자연스러우면서도 사실 너무도 당연한 일이었다. 결국, 최소한 수십만 년의 세월이 흘렀지만 우리 인간은 여전히 기계나 전자 장비가 뜻대로 움직이지 않을 때 절망하며, 심해 잠수부 같은 위험한 직업이나 자동차 경주 같은 불안한 운동 경기에 깊이 빠져 있는 사람들은 지독할 정도로 미신에 빠져 있는 경우가 많다.

세 번째로, 역시 아주 중요한 꿈에 대한 이야기가 있다. 꿈이란 현대에 이르러서도 여전히 수수께끼 같은 현상이며, 과학적 연구 조사에 따르면 꿈은 단순히 특별한 의미가 전혀 없는 그저 정신의 쓰레기장 같은 것이라고도 한다. 그럼에도 불구하고 꿈은 분명 각 개인에게는 깊은 의미가 있으며, 당연히 사회적 공동체를 막 이루기 시작하던 무렵의 인간의 조상들도 자신들이 꾼 꿈에 대한 이야기를 나누며, 지금 살고 있는 일상과는 완전히 다른 저 너머 세상에서 보내온 일종의 신호라고 결론 지었을 것이다. 인간의 영이 신체와 분리된 존재라는 개념이 생기는 데 가장 큰 영향을 미친 것이 바로 이 꿈이다. 더 나아가서 만일 자연의 힘도 의식의 매개체를 가지고 있는 것으로 여겨졌다면, 그 자연 속에 모든 영적 존재들이 모여 있다는 결론은 논리적으로 완벽한 내용이 되는 것이다.[7]

자연과 영적 존재에 대한 가장 넓은 의미로 모든 종류의 초자연적 믿음을 포함하는 종교가 만들어졌다면 그 유용성은 너무나 분명하다. 종교는 마치 여러 가지 도구가 달려 있는 똑똑한 주머니칼 같은 것으로, 수많은 목적을 충족시키는 일이 가능하다. 종교는 자연의 본질과 그 안에 있는 인간의 위치를 설명하고 윤리적 규칙과 목적을 이끌어낸다. 이로 인해 공동체의 결속을 강화하고 공동체에 시련과 어려움이 닥칠 때 위안을 준다. 특히 계급 사회에서 지배자가 다스리는 사회로 진화하면서 종교는 지배와 종속, 그리고 극단적인 사회적 불평등을 정당화했고 종교의식을 이끄는 전문가들이 지배층으로 성장할 수 있는 발판을 제공했다. 마이클 만은 이렇게 이야기한다. "삶의 궁극의 의미를 찾으려는 인간의 필요에서 이념적 권력이 탄생했다⋯⋯.[8] 강력한 이념은 이성과 도덕, 그리고 감성 사이에 연결 고리를 제공한다."[9]

시작

이 영역은 매우 불분명하고 논쟁의 여지가 많지만 전문가들의 가설에 따르면, 초자연적 숭배의 최초의 형태가 나타난 건 북극권에 가까운 시베리아 지역으로 이후 전 세계 곳곳에서 이러한 현상이 발견되었다고 한다. 이른바 샤머니즘shamanism의 출현이다. 이런 믿음의 체계에서 특별히 남들과 다른 능력을 가지고 있는 사람들이 나타났고, 고고학적 증거로 확인된 바에 의하면 이런 종류의 최초의 능력자는 여성이라고 한다.[10] 자연에서 구할 수 있는 환각제 등 다양한 방법으로 환각 상태에 빠진 이 일종의 영매나 무당은 죽은 자들의 세상으로 좀 더 쉽게 들어가서, 앞으로 어떤 일이 일어나고 또 어떻게 대비해야 하는지에 대한 중요한 지식을 얻어 돌아올 수 있었다.

종교적 의식이라는 관점에서 본다면, 이런 샤머니즘은 토테미즘totemism과 깊은 연관이 있다. 토테미즘은 특별한 동물이나 식물을 공동체와 연관 지어 공동체가 그 동물이나 식물의 후손임을 믿는 일종의 원시 종교다. 특히 그 동물은 인간에게 해를 끼치지 않는다고 믿었고 생물학적 연관성을 가장 중요하게 여겼다. 토테미즘은 수렵 및 초기 농업 공동체에 광범위하게 퍼져 있었다. 그런데 이러한 사회들 안에서는 물론, 이후 오랜 세월이 흐르는 동안에도 영적 세계와 실제 세계 사이에는 어떠한 명확한 구분이 만들어지지 않았다는 사실을 반드시 기억해야 할 것이다. 토테미즘에서는 두 세계가 서로 교류하고 있다고 믿었던 것이다.

농업 사회가 발전하면서 토테미즘이 사라지기 시작한 건 어쩌면 피할 수 없는 당연한 현상이었는지도 모른다. 그보다 더 강력한 초자연적 존재를 찾아내 자연의 질서를 살피고 그 질서가 계속 유지되도록 하며, 사회의 보호자로서 인간의 운명과 행위를 모두 관장하도록 해야 할 필요가 있었기 때문이다. 혹은 이 초자연적 존재는 자신의 모습을 마음대로 바꾸며 인간에게 악의와 선의를 동시에 보여줄 수 있는 그런 존재였는지도 모른다. 신은 각기 다른 문화권에 따라 세상을 각기 다른 모습으로 관장하는 것으로 그려졌다. 멕시코의 아즈텍 문명에서 신은 자연이 그 질서를 따라 제대로 움직이도록 하기 위해 엄청나게 많은 인간 희생 제물을 요구했다. 고대 그리스에서는 신들은 인간과는 다른 전지전능한 불멸의 존재이면서도 탐욕과 질투, 분노와 성욕 같은 인간의 모든 특징을 함께 공유하였다. 게르만족의 신들은 사실 그리스나 로마의 신들과 궁극적으로는 그 기원이 같다고 추정되지만, 그 강력한 힘에도 불구하고 영생불사를 누리지 못하고 운명에 순응했으며, 세상이 멸망할 때 함께 죽음을 맞이한다.

사실 그리스 사람들과 북유럽 사람들이 믿고 있었던 운명에 대한 개념은 거의 같다고 볼 수 있었다. 두 경우 모두 세 명의 늙은 여인이 인간의 운명을 관장하는데, 첫 번째 여인이 인간의 생사를 관장하는 실을 자

아니면 두 번째 여인이 그 실로 천을 짜고 마지막으로 세 번째 여인이 그 천을 끊어버린다. 북유럽 사람들은 이 세 여인을 노른Norn이라고 불렀고 그리스 사람들은 모이라Moira라고 불렀는데, 모두 운명의 여신이라는 의미다. 그리스의 만신전萬神傳, Pantheon에는 올림포스의 남신과 여신들보다도 먼저 이 세 여신들의 자리가 마련되어 있었다. 앞서 언급했던 것처럼 그리스 사람들은 여기에 복수의 여신이라는 개념을 더했으며 이들은 씨족의 계율을 어기는 자를 찾아내 응징을 했는데, 특히 운명의 여신이 미리 정해놓은 운명을 거스르려는 자들이 그 응징의 대상이었다. 그렇지만 모든 문화권에서 영이든 물질이든 상관없이 이러한 초인적인 신의 존재를 믿었던 것은 아니다. 중국이 바로 그 대표적인 예로, 영적인 존재가 있다고는 생각을 했으나 아즈텍이나 이집트, 인도 유럽 문화권이나 혹은 심지어 일본과도 다르게 그런 여러 신들을 모시는 신전 같은 건 세우지 않았다.

모든 근대 이전의 문화권에서 자연과 사회생활, 그리고 인간의 적의에서 비롯되는 위험한 상황을 마주하는 일은 엄청난 주의가 요구되었으며, 당연한 일이지만 신이나 초자연적인 힘의 뜻이 무엇인지 알아내도록 노력을 해야 했다. 각기 다른 여러 문화권에서 발달한 점성술은 이러한 노력이 표현된 것이다. 만일 어느 정도 예측이 가능했던 별들의 움직임이 자연 현상과 분명하게 연결이 되어 있다면, 그것이 인간의 운명과도 연결이 되어 있다는 추측을 하는 것이 자연스러운 일일 것이다. 별자리를 살피는 것 외에도 다양한 방법들이 사용이 되었는데, 주사위를 굴리거나 혹은 제물로 바친 암탉의 배를 갈라 그 내장을 확인하기도 했다. 《구약성경》이나 《신약성경》에서 볼 수 있는 것처럼 특별히 구별된 사람의 입을 빌려 신의 뜻이 전달되는 경우도 있었으며, 그리스 사회에서 신의 뜻을 전달받는 장소였던 델포이Delphoi를 중요하게 여겼던 건 제우스가 델포이를 바로 세상의 중심으로 선언했다는 전설 때문이었다.[11] 역사적으로 보면 그리스와 페르시아의 전쟁처럼 엄청나게 중요한 수많은 결정들이 이런 신의 예언에 따라 이루어졌다.

희생 의식

희생 의식이라고 해서 언제나 인간에 대한 폭력이 꼭 포함되어야 하는 것은 아니며, 사실은 그런 일은 거의 없다. 대부분의 문화권에서는 주로 동물이 희생 제물로 사용이 되는 것이다. 역사적으로 볼 때 종교적 희생 의식으로 생각될 수 있는 모든 사회적 행위는 정기적이든 간헐적이든 언제나 중요하고 본질적인 요소의 역할을 했다. 희생 의식은 맥주나 포도주를 땅에 뿌리는 일에서부터 사랑하는 자녀를 제물로 바치는 일까지 그 종류가 매우 다양하다.

이러한 희생 의식의 뒤에 숨어 있는 논리는 아주 단순하다. 만일 때를 맞춰 내리는 단비나 풍작, 전쟁에서의 승리와 역병이 돌지 않는 것, 개인적인 행운 등, 신에게 뭔가 인간에게 유리한 일을 바란다면 그만큼의 대가를 바쳐야만 한다. 이 경우 무엇인가를 서로 주고받는다는 원칙이 인간끼리가 아닌 초자연적인 존재와 이루어지는 것이다. 모두 다함께 모여 제물을 바치는 의식은 정기적인 축제에서 이루어졌는데, 이런 축제의 장을 통해 사람들은 하나로 가깝게 뭉쳤으며 이런 모습은 흔히 기독교에서 이교도라고 지칭하는 도교나 신도, 브라만교는 물론 모든 유일신을 믿는 종교에서까지 찾아볼 수 있는 일반적인 현상이다. 이러한 희생 의식은 이미 받은 것에 대한 감사일 수도 있으며, 또는 앞으로 바라는 것을 위해서, 또 신의 분노를 잠재우기 위해 드리는 것일 수도 있었다.

유일신을 믿는 종교를 살펴보면, 이슬람과 고대 이스라엘에서는 동물을 희생 제물로 바치는 일이 계속되었고, 이스라엘의 경우 CE 70년 로마 제국의 군대가 예루살렘 신전을 완전히 파괴하면서 그 맥이 끊기게 된다. 동물을 바치는 희생 제사는 BCE 6세기경 바빌로니아 제국에 끌려갔던 이스라엘 사람들이 포로 생활을 마치고 돌아와 예루살렘에 새로 신전을 짓고 다시 모였을 때 그들 문화의 중심이 되었으며, 신전이 아닌 다른 곳에서 제물을 바치는 일은 금지되었다. 이스라엘과 한 핏줄이면서 경쟁자였던 북쪽의 사마리아 사람들의 신전도 역시 마찬가지였다. 신전과 가까운 거리에 살고 있는 농부들의 경우 식량으로 쓸 가축을 도축할 때도 신전에 와서 제사를 드리는 형식을 취했으며, 물론 그 일부는 사제들이 수고비로 가져갔다. 따라서 신전이 파괴되고 나서는 이러한 관습도 사라지게 되었다.

예수 그리스도 이후의 기독교에서는 동물을 바치는 제사 의식을 전혀 하지 않았다. 아마도 주변을 둘러싸고 있는 이교도들 사이에 유행하는 관습이라서 더욱 그렇게 된 것 같다. 대신 다른 방식으로 제물을 바치게 되었는데, 예컨대 돈이 있는 사람은 돈을 내고, 시간이 있고 힘이 있는 사람은 또 나름대로 교회를 위해 봉사하는 방식이었다. 이런 모습은 지금까지도 이어지고 있다. 동물 제사는 인도에서도 크게 성행했다. 지금의 브라만교와 불교, 그리고 그 밖에 수많은 종교를 믿던 그들의 선조들은 동물로 제사를 지냈지만, 브라만교가 정식으로 자리를 잡아가면서 전부는 아니지만 이런 의식들 대부분이 사라지게 되었다. 그렇지만 힌두교와 불교, 기독교와 이슬람교를 믿는 독실한 신자들은 그 대신 스스로 하는 예배와 기도, 그리고 명상 등 자신을 직접 바치는 방식으로 제사를 지내기도 했다. 여기에는 종종 성관계와 가족, 그리고 물질적인 재산 등 모든 세속의 즐거움을 포기하는 엄격한 금욕적 수행이 동반되기도 했다. 기독교와 힌두교, 그리고 불교에서는 일종의 수도원에 들어가 수행자가 되는 방법도 있었으며, 그중에서 힌두교와 불교는 지금까지도 사람들에게 구걸을 하며 수행에만 전념하는 탁발 수행을 허용하고 있다. 기독교에서는 오래전에 이런 관습이 사라졌다. 이슬람의 수피Sufi파에서는 금욕적인 수도원 생활은 더 이상 인정하지 않지만, 아직도 비슷한 수행을 하는 수도승들이 남아 있다고 한다.

사람들은 법이나 관습을 어기는 행동은 신의 분노를 불러와 공동체에 위험을 가져온다고 믿었다. 따라서 분노한 신을 달래는 일은 지배자와 사제들의 중요한 책임 중 하나였다. 여기에는 인간 희생 제물을 바치는 일도 포함이 되어 있었으며 이 일은 일반적인 사형과는 구분되었는데, 중동과 중국에서 처음 문명이 시작되면서 점차 동물을 제물로 바치는 의식으로 대체되었다. 그렇지만 특별한 상황에서는 여전히 인간 제물을 바치는 일도 있었다. 로마와 마주하고 있던 카르타고의 경우 아이들을 제물로 바치는 일이 있었다고 하는데, 심지어 로마에서조차 보통은 아주 혐오하면서도 특별한 경우 그와 유사한 일을 하곤 했다는 것이다. 그리스와 고대 이스라엘의 민간전승에도 인간 제물과 관련된 많은 유명한 이야기들이 있지만, 실제로 인간 제물을 매년 축제 때마다 정기적으로, 그것도 거대한 규모로 신에게 바친 건 멕시코의 아즈텍 제국이 유일하지 않을까. 그 밖에 다른 지역에서는 아주 특별한 경우 극히 제한된 숫자의 희생자들만 있었을 뿐이라고 전해진다. 예컨대 도시를 건설한다는 등의 중요한 역사役事를 앞두고 있거나 혹은 위대한 군주의 장례식에서 그를 따르던 하인들을 함께 순장殉葬하는 경우로, 아메리카 원주민 문화나 초기의 중국 왕조, 아프리카의 여러 부족들, 태평양의 여러 섬들과 왕조가 들어서기 전의 고대 이집트 등지에서 이런 일이 행해졌다고 한다. 아즈텍에서는 신을 달래고 비를 제때 내리게 해서 옥수수가 잘 여물게 하고, 또 태양이 계속 떠오르도록 하기 위해 인간 제물을 바쳤다고 한다. 이 모습을 최초로 목격한 유럽의 침략자들은 큰 충격을 받았다고 전해지는데, 아이러니한 일이지만 이 침략자들은 또 다른 엄청난 대량 학살을 저지른 장본인들이기도 하다.

만일 자연의 힘에 어떤 살아 있는 의식이 있다고 한다면, 그 힘은 각기 다른 상황에 따라 선할 수도 있고 악할 수도 있으며 또 창조적이거나 파괴적일 수 있을 것이다. 그리고 만일 영적인 존재를 그 힘 뒤에 숨어 있는 진짜 주인으로 본다면, 여기에도 역시 비슷한 관점을 적용할 수 있을 것이다. 따라서 정상적이면서도 당연한 일이지만, 이러한 존재들을 달래고 경배와 제물을 바치며, 그들이 분노하지 않도록 조심하고 사나운 모습보다는 웃는 모습을 보여 달라고 기도해야 한다. 게다가 정해진 의식을 위반한 사람이나 그 일가에게 엄한 벌을 내리는 일 자체가 신성한 존재들을 성가시게 만들 수도 있었다. 그러면 그들의 분노가 공동체 전체에 내리게 되는 것이다.[12]

공동체의 관습에 바탕을 둔 윤리적인 체제는 궁극적으로는 씨족사회의 협동과 상호 관계의 필요성에서 나온 것이며, 거기에 지위와 명예, 경제적 문제, 의사 결정, 교육 등에 대한 개념이 덧붙여진다. 그리고 어떤 경우에는 신이 어떤 태도를 보이든지 상관없이 더 이상 신을 제일 우선시하지 않는 성숙된 면이 보이기도 한다. 바로 유교와 불교 문화권에서 그런 모습을 볼 수 있는데, 신이 존재한다고 해도 이들 문화권에서는 아주 적은 비중만 차지하게 되는 것이다. 불교를 창시한 석가모니 자신도 신의 존재에 대해서는 거의 아무런 이야기도 남기지 않았다. 대신 올바른 행동이란 카르마, 즉 업보의 원칙을 따라야 한다고 하는데, 이는 불교와 브라만교의 전통 모두에서 공통적으로 이야기하는 내용이다. 현생에 행한 일에 따라 내세에 복을 받을 수도 벌을 받을 수도 있다는 것이다. 그렇지만 카르마 자체는 추상적인 원칙일 뿐 특정한 신성과는 관련이 없다. 확실히 이집트의 신들은 인간의 올바른 행동을 주시하며 죽음 이후에 그 영혼을 심판하지만, 행위를 판단하는 구조 자체는 원래 마아트라는 추상적인 개념을 바탕으로 하고 있는 것이다. 물론 나중에 이 마아트는 여신이라는 구체적인 모습으로 바뀌기는 했다.

신이 중요한 위치를 차지하고 있는 문화권 중에서도 그리스와 로마의 경우 신은 종종 우리가 알고 있는 우주의 창조자로 여겨지며, 게르만 문화권에서는 창조자는 아니지만 황무지와 바다의 못된 괴물들과 대항해 싸우며 우주를 보호하고 관리한다. 고대 인도의 인드라Indra 신과 가나안 사람들이 숭배하던 바알Ba'al 신도 게르만의 신과 유사하다. 청동기 시대의 신들은 크든 작든 사람들의 경배와 제사에 대체적으로 만족했으며 보통은 법이나 규칙을 만드는 일은 인간에게 맡겨두었고, 자기들 마음대로 지내다가 역시 자기들 멋대로 인간들에게 도움을 주거나 고통을 주기도 했다. 예를 들어 함무라비 법전을 보면 그 시작과 끝이 자신에게 왕국을 내려준 신들을 찬양하는 내용으로 되어 있는데, 정작 자신이 정리한 그 법전의 내용이 신에게서 직접 받았다는 말은 어디에서도 찾아볼 수 없다. 어쩌면 다신교를 믿는 사회에서는 그런 일 자체가 불가능한 것이었는지도 모른다.

여러 신들을 섬기는 종교에서 신이란 결국 인간의 감성과 행위를 초자연적인 규모로 확대해 표현한 것이 아닐까. 각기 다른 숭배자들을 거느린 각기 다른 신들은 역시 각기 다른 방식으로 세상에 관여하는데, 그리스 신들의 경우 종종 신이 할 일을 내려놓고 인간 여성들을 강간하기 위해 세상에 내려오는 경우도 있었다. 또한 다신교의 신들은 자기들

노동, 성, 권력
Work, Sex and Power

끼리도 마치 인간들처럼 폭력과 간통과 속임수가 난무하는 관계를 이어갔다. 대부분의 신들은 영생불사의 존재이며 서로를 죽일 수가 없는데, 북구의 신화에서는 서로 죽이기도 하고 상처도 입히며 상대방을 놀리고 괴롭히기도 했다. 또 때로는 필멸의 인간들을 자신들이 벌인 놀이판에 끼워주기도 했다. 그리스와 북구의 신화에는 모두 속임수의 신이 있는데, 그리스 신화에서는 헤르메스Hermes, 그리고 북구에서는 로키Loki가 바로 그런 신이었다. 고대 그리스의 장님 시인 호메로스가 그렸던 트로이 전쟁은 세 명의 여신이 벌였던 다툼에서부터 시작된 것이며, 북구 신화에서 로키는 경쟁자였던 발두르Baldur 신을 속임수를 써 죽음에 이르게 한다. 다행히 발두르의 영혼은 계속해서 살아남기는 했지만 말이다.

현세와 내세

앞서 언급했듯이 사람들로서는 죽음이 모든 것의 마지막이라는 현실을 받아들이는 일이 아주 어려웠으며 어쩌면 불가능에 가까운 일일지도 몰랐다. 사실상 지금까지 알려져 있는 모든 문화권에서는 어떤 식으로든 죽음 뒤에도 또 다른 삶이 있다고 생각했으며, 죽은 자의 영이 환생의 과정을 거쳐 다시 태어나 새로운 삶을 살아간다고도 생각했다. 또 죽은 자들만의 완전히 다른 세상으로 떠난다고도 생각했다. 그리스 로마 시대와 고대 이스라엘의 전통에서 죽은 자들의 세계는 음울하고 무서운 곳이며, 지상에서 볼 수 있는 생명의 빛이라고는 하나도 없는 어둠 속을 가련한 영혼들이 방황하는 곳이었다.

호메로스의《일리아스》를 보면 트로이의 왕자 헥토르가 아킬레우스에게 죽임을 당하자, 그의 영혼은 육신을 떠나며 현세의 즐거움들을 남겨놓고 떠나는 것을 슬퍼하는 장면이 나온다. 그리고《오딧세이아》에서는 주인공 오딧세우스가 저승을 찾아갔을 때 죽은 아킬레우스를 만나는데, 아킬레우스는 죽는 것보다는 가장 천한 신분이라도 살아 있는 것이 더 낫다는 불평을 하기도 한다.《구약성경》의 〈욥기〉편을 보면 주인공 욥은 아무런 이유 없이 부당한 고통을 당하면서 이런 고통에 대해서는 내세에서 보상을 받을 수 있지 않을까 하는 기대감을 내비친다. 그렇지만 이집트 사람들이 생각하는 내세의 개념은 조금 달랐는데, 사람이 죽고 나면 그 영혼은 심판의 과정을 통과하게 되며, 살아 있을 때 마아트의 규범을 잘 따랐다면 신들에게 좋은 평가를 받고 내세에서 영광스러운 삶을 누리게 된다. 그곳은 이집트 사람들이 이상향으로 그리는 곳이며, 누릴 수 있는 삶은 물론 개인별로 차이가 있다.

이런 개념들이 주변 문화권에 얼마만큼의 영향을 미쳤는지는 확실치 않다. 그렇지만 BCE에서 CE로 넘어갈 무렵 중요한 전환점이 있었다는 것은 분명하다. 알렉산더 대왕의 후계자들이 세상을 지배하고 계급 간의 갈등이 커지면서 사회적 긴장감이 높아지던 헬레니즘 시대에 사람들은 호메로스가 이야기하던 끔찍한 저승 세계의 개념에 대해 점점 의문을 품게 되었다. 원래는 신들만의 낙원이던 엘리시움Elysium은 이제 보통 사람도 살아생전 고결한 인생을 살았다면 죽은 뒤 영혼이 되어 갈 수 있게 되었고, 저승 세계인 하데스에도 특별히 더 사악한 인간들이 죽어서 떨어지는 타르타로스Tartarus라는 무저갱無低坑이 생겨났다. 금욕을 중시했던 스토아학파와 쾌락을 추구했던 에피쿠로스학파를 보면, 두 학파의 사상은 보통 반대로 알려져 있고 실제로도 여러 가지 면에서 부딪치는 점이 많았으나, 내세의 개념에 대해서는 모두 반대하는 입장이었다.

BCE에서 CE로 넘어갈 무렵에 내세와 현세에 대한 새롭고도 중요한 관점이 출현하게 된 것이며, 마이클 만은 이를 '구원의 종교salvation religions'라고 불렀다.

고전 시대의 수수께끼 같은 숭배 의식

이러한 구원의 종교들은 초자연적 세계에 대한 접근을 시도하다 금방 사라져버렸지만, 그런 종교들 중에서도 그 규모나 영향력 면에서 가장 성공적이었던 종교의 출현을 위한 기반을 닦아주었다는 점에서는 아주 중요한 의미가 있다. 그리스 로마 세계의 고전 시대가 저물어 갈 무렵에는 정체를 알 수 없는 숭배의 문화가 크게 유행을 했는데, 여기에는 아테네 근처에서 시작된 전통적인 고대의 엘레우시스 신비 의식Eleusinian Mysteries부터 그보다 훨씬 더 나중에 출현하는 여러 의식들까지 다양한 의식들이 포함되어 있다. 이런 신비 의식이나 숭배 문화는 입문자의 영혼을 정화시켜 죄를 씻어내고 영생불사의 몸으로 만들어 결국 신들과 교류를 하게 해준다고 약속을 했다.

나중에 생겨난 신비 의식들 중 가장 유명한 것이 바로 오르페우스 밀교密敎다. 이 밀교에서는 그리스 신화 속 시인이자 음악가인 오르페우스를 섬기는데, 트라키아에서 시작되었다가 무역과 산업이 성행하면서 아테네까지 전파되었다. 이는 일종의 '도시화 혁명의 자연스러운 결과물'인 셈이며,[13] 고통 받는 농부들의 마음을 대변한다. 오르페우스 밀교는 이 세상과 인간의 기원에 대한 설명을 BCE 8세기경 활약했던 그리스 시인 헤시오도스에게서 빌려왔는데, 헤시오도스 역시 사회로부터 억압받고 고된 노동에 시달리던 농부 출신이었다. 그는 헬리콘Helicon 산자락에 있던 자신의 농지를 보고 "저주받은 땅이여, 겨울에는 잔혹하고 여름에는 단단하게 굳어 있으니 한 번도 기쁨을 주는 적이 없구나"라고 묘사하기도 했다.

　오르페우스 밀교를 믿는 사람들은 삶 자체를 고통으로 생각했다. 바로 디오니소스 신을 죽여 삼켜버린 거인족의 죄를 속죄하기 위해 비참하고 힘든 삶을 살아가며 회개한다는 것이다. 제우스가 벼락으로 거인족을 무찌르고 난 후 그 배 속에 있던 디오니소스 신에게서는 인간의 영혼이, 그리고 벼락을 맞아 불타버린 거인족 사체의 재에서는 인간의 육신이 만들어졌다고 한다. "육신은 영혼의 무덤이다⋯⋯. 모든 삶은 죽음의 전주곡일 뿐이며 영혼은 그런 감옥으로부터 탈출할 수 있는 유일한 희망이다."[14] 그렇지만 만일 사람들이 아주 사악한 행동을 할 경우 그 영혼은 영원한 고통을 맛보게 된다. 구원을 받을 만한 행동을 한 사람이라면 세 번의 삶을 금욕적으로 산 뒤 올바른 의식을 거쳐 환생을 해 낙원의 들판에서 축복받은 사람들과 함께 할 수 있다. "⋯⋯인간은 신에게, 육신은 영혼에게, 그리고 노예는 주인에게 속해 있는 것이다." 이 말은 달리 생각해 보면 플라톤의 귀족주의와 악명 높은 반민주주의 사상의 근간이 되는 것이며, 또한 기독교 신화와 유사점이 있는 것도 우연은 아닐 것이다. 아마도 농부들이 겪는 고통으로부터 처음 영감을 얻어 만들어졌을 이 비밀의 종교는, 이 세상에서 겪고 있는 농지와 노예 생활, 혹은 비참한 가난에 대한 걱정을 더 이상 하지 않도록 만들어주었다. 그렇지만 곧 농부들뿐만 아니라 사회의 모든 계층에게 이런 사상이 스며들게 되는데, 거기에는 플라톤 같은 상류층들도 포함이 된다. 그리고 약간의 변형이 이루어진 뒤 자신이 속한 민족인 유대인의 생활 방식을 버리고 로마 시민으로 평탄하게 살고 있던 사울도 이 교리를 접하게 된다. 그가 바로 훗날 사도 바울로 불리게 되는 사람이다.

　조지 톰슨의 설명을 들어보자.

노동, 성, 권력
Work, Sex and Power

"오르페우스 밀교를 믿는 사람들은 가진 것에 만족해서 안주할 수 없었다. 왜냐하면 그들은 애초에 가진 것이 하나도 없었기 때문이다. 그렇지만 이 사람들의 희망은 품고 있는 욕망처럼 끝이 없었다. 모든 삶은 투쟁과 악전고투로 가득 차 있었고, 만일 누군가 용기를 가지고 인생을 살려고 한다면 세상에 그보다 비참하고 가련한 사람은 없었다. 그렇지만 그는 마침내 영광의 자리에 올라 신이 될 수 있는 것이었다."[15]

이런 주장이 실제와는 어떻게 다를지는 아직까지 알 수는 없으나, 주어진 사실만을 놓고 볼 때 이 오르페우스 밀교는 기독교와 마찬가지로 상류층을 포함한 사회 전 계층에 삽시간에 퍼졌지만, 고통과 구원만 강조를 하면서 정작 그 기원에 대해서는 제대로 된 설명을 내놓지 못했다. 또 다른 고전 시대의 여러 수수께끼 같은 숭배 의식들 역시 입문자들에게 평안과 희망을 준다고 약속했을 뿐 올바른 질서에 대해서는 신경을 쓰지 않았다. 이런 종교들은 역사적으로 보면 덧없이 사라져간 것들이지만, 더 중요한 구원의 종교를 만들어내는 원인이 되었던 사회적 긴장과 고통을 반영하고 있었다.

최초의 구원 종교와 경쟁 종교들

마이클 만은 구원의 종교가 인간 역사에 있어 완전히 새로운 사상을 대표하고 있다고 주장한다. 대략 20만 년 가까운 세월 동안 인간들이 만나보지 못한 사상으로, 그 계속해서 이어지는 중요성이 충분히 그런 사실을 증명해주고 있다. 이 종교들은 당시에 유행하던 다른 일반적인 종교들을 보완하거나 밀어냈다. 사람들은 적절한 믿음과 수행 그리고 아주 엄격한 고행까지 더하면, 내세에서나 혹은 죽은 뒤에 다시 환생했을 때 더 나은 존재가 될 수 있다는 약속을 믿고 거기에 매료가 되었다.

처음 선을 보인 구원 종교는 베다 신앙에서 발전한 브라만교이며 또 여기에서 불교가 파생되었다. 불교는 그 고향이라고 할 수 있는 인도 본토에서는 거의 자취를 감췄지만, 대신 섬나라인 스리랑카와 북쪽의 티베트로 퍼졌고, 중국과 인도차이나 반도 그리고 일본에 엄청난 영향을 미치게 되었다. 그러면서 각 지역에서 기존의 토착 문화를 보완하기도 하고, 또 함께 경쟁을 하기도 했다. 우리가 유대교라고 부르는 이스라엘의 종교 역시 이와 비슷한 과정을 거치는데, 먼저 기독교가 파생되었고 6세기가 지나서는 마지막으로 또 다른 거대한 구원 종교인 이슬람교가 탄생하게 된다.

'기술 결정론technological determinism'과 같은 주장을 조심스럽게 피하면서도 때로 강력하게 주장하고 싶은 건, 이러한 종교들이 철기 문화가 확산된 이후에 출현하기 시작되었다는 사실 때문이다. BCE 10세기는 더 침략적이고 파괴적이며 강력한 제국들이 앞서 청동기 시대의 제국과 문화들을 무너트리던 시대다. 청동기 시대 제국들은 나라 안에서 노동력과 잉여 생산물을 착취하는 데 기술적으로 철기 문명에 뒤졌었다. 새로운 압제와 착취의 시대가 사회적 재앙으로 마감을 하게 되었다는 사실은 그리 놀랍지 않다. 베네딕트 앤더슨의 말처럼 "고통과 질병, 상해, 비탄, 노쇠와 죽음이라는 인간이 지고 있는 거대한 짐에 대한 새로운 가상의 대응책"이 생겨나야 했던 것이다.[16]

그럼에도 불구하고 한 가지 기억해야 하는 중요한 사실은, 구원의 종교는 이슬람교와 같은 예외적인 경우를 제외하면, 아무 곳에서 어느 날 갑자기 출현한 것이 아니라 기존의 다른 종교가 있는 곳에서 변화를 거쳐 진화하는 형식으로 나타났다는 사실이다. 유라시아 대륙의 일부 지역에서는 그런 기존의 종교들이 그대로 살아남아 계속해서 영향을 미치기도 했다. 기존의 경쟁 종교로서 비록 계속 이어지지는 못했으나, 기독교 신앙이 출현하는 데 크게 영향을 미치고 또 주요한 유산을 남긴 것이 고대의 다른 우상 숭배 신앙들이다. 이 문제에 대해서는 이번 장의 결론 부분에서 다시 다뤄보기로 하겠다.

베다교와 브라만교

베다 신앙은 가장 오래된 '구원의 종교'이며, 〈리그 베다Rig Veda〉에서 그 이름이 유래되었다.[17] 〈리그 베다〉는 역시 가장 오래되었지만 지금도 사용되는 종교 경전으로, 청동기 시대가 끝날 무렵에 문자로 기록이 되었다고 추정된다. 하지만 그보다 더 오래전부터 구술을 통해 전승된 것으로 추측되고 있다. 〈리그 베다〉와 관련된 베다 신앙은 BCE 2000년에서 1000년 사이 이란 고원 지역에 살고 있던 인도 이란어나 인도 유럽어를 사용하는 사람들에 의해 발전되었으며, 역사적으로 엄청나게 중요한 의미를 가지고 있다. 이와 관련된 각기 다른 여러 공동체들이 서쪽과 남쪽, 그리고 동쪽으로 이동했고, 그로 인해 베다 신앙이 켈트와 게르만, 그리고 북구 문화권을 포함한 유럽 전역의 고대 종교들의 기반이 되었다. 이 사실만으로도 그 중요성을 실감할 수 있으며, 그뿐만 아니라 힌두교와 거기서 파생된 불교, 조로아스터교를 거쳐 마침내 유일신 신앙까지 만들어졌던 것이다.

비록 많은 변화가 있었지만 지금까지 남아 있는 베다 신앙의 직계 후예는 인도 대륙의 힌두교 혹은 브라만 교파이며, 여전히 〈리그 베다〉를 경전으로 사용하기 때문에 제일 먼저 거론하는 것이다. 전사들로 이루어진 새로운 계급이 이 종교로 무장하고 인도 대륙을 침략했으며, 처음에는 북쪽의 인더스 계곡부터 차지해 들어갔는데 그것이 BCE 2000년에서 1000년 사이에 일어난 일이다. 처음 그들이 모습을 드러냈을 때는 청동기를 사용하고 있었으며, 전차를 사용하는 전쟁 기술을 개발해 군사적 우위를 점하고 침략 전쟁을 승리로 이끌 수 있었다. 나중에는 새로 도입된 철기로 무장을 한 뒤 남쪽으로 세력을 확장했는데, 사실 여기에는 농업 생산물을 기반으로 하고 흥망성쇠를 거듭했던 수많은 지역 제국과 왕국들의 매우 복잡한 역사가 숨어 있는 것이다.

1979년 발간된 《소비에트 대백과사전Great Soviet Encyclopaedia》에 소개된 브라만교에 대한 설명을 여기에 인용해 보겠다. 내용은 조금 길지만 충분히 그만한 가치가 있다.

"브라만교는 물신 숭배와 정령 숭배, 그리고 조상 숭배를 그대로 유지했던 다신교라고 볼 수 있으며 여기에는 각 지역 부족의 다양한 신들이 다 포함이 되어 있다. 브라만교의 최고의 신들은 우주의 창조자이자 그 현신이라고 할 수 있는 브라마Brahma와 자비의 신 비슈누Vishnu, 그리고 파괴의 신 시바Siva인데, 시바는 자연의 생산력을 관장한다. 브라만교 교리의 밑바탕은 자연의 기운과 살아 있는 모든 것들의 환생이라는 개념이다. 하나의 영혼이 다른 생명으로 두 번 세 번 다시 태어나는 일은 전생에 저지른 선행이나 악행의 업보를 따라 진행된다. 처음 환생할 때는 아주 고결한 지위를 가진 인간이나 심지어 하늘의 거주민으로 태어날 수 있지만, 그 다음 환생할 때는 좀 더 낮은 계층이나 심지어 동물이나 식물로도 태어날 수 있는 것이다……. 보통 사람들은 이해할 수 없는 고대의 언어인 산스크리트어로 된 경전을 읽는 의식을 제대로 수행하는 데는 아주 오랜 훈련 기간이 필요하다. 덕분에 브라만교의 사제들은 높은 지위를 차지할 수 있었다. 의식의 순수성이라는 개념은 놀라울 정도로 계속 유지되어 왔는데, 이것을 더럽히게 되면 반드시 정결의 의식을

노동, 성, 권력
Work, Sex and Power

다시 치러야 한다. 브라만교는 금욕적 수행을 통해 신의 은총을 입고 초인적인 역량을 얻을 수 있는 인간의 능력이라는 개념을 발전시켜 왔다. 불교와의 갈등을 빚던 브라만교는 결국 그 영향력 때문에 AD 10세기가 되기 전에 힌두교로 변모하게 된다."[18]

당연한 이야기겠지만, 이 백과사전의 설명은 부족한 면이 많이 있다. 그러나 중요한 핵심은 놓치지 않았다. 브라만교는 특별히 명확하고 집중된 방식으로 농업 문명의 전형적인 사회관계 속에서 지배와 종속 구조에 대한 이념적 기반을 제공했으며, 역사가인 노먼 콘은 이를 "신성하게 만들어진 질서로 기본적으로 무한히 변화 없이 계속되지만 절대로 평화롭지는 않다"라고 설명했다.[19] 베다 신앙은 고대의 인도·이란 문화권에서 그 근원과 함께 모든 신들을 포용하며, 특히 인드라 신은 '분노를 뿜어내는 강력한 영웅이며 군대를 거느린 정복자'다. 중동과 고대 유럽에는 이 인드라 신과 그 뿌리가 같은 유사한 신들이 있으며,[20] 인도 문화에서 최초로 기록된 문서라고 볼 수 있는 〈리그 베다〉에는 이런 신들에 대한 찬양과 업적이 기록되어 있다.

〈리그 베다〉와 그 뒤를 잇는 경전을 만들고 오랜 세월 구술을 통해 전해온 사람들이 살던 사회구조가 유지해온 사회질서의 중심에는 바르나 varna라는 교리가 있었다. 훗날 카스트나 자티jati 제도로 이어지게 되는 이 바르나는 사람들을 세 가지 계급으로 나누었는데, 사제와 전사, 그리고 농업과 목축업에 종사하는 일반인 계급이었다. 인도·이란 민족이 처음 인도 대륙으로 들어왔을 때 모든 성인 남성은 자신들의 영주를 위해 군에 동원되었다. 그렇지만 정착과 사회적 분화가 진행되는 과정에서 '전문' 전사들의 계급이 생겨나게 되었다.

초기에 등장한 기록이나 경전이 전쟁의 신들의 행적에 집중하고 있다는 사실은 당시에는 전사 계급이 사회의 지배층이었다는 사실을 시사하고 있다. 그렇지만 구술에 의한 전승이 밀려나고 문자로 된 기록들은 점점 더 신성한 지식에 대한 내용만 전달하게 되자, 결국 그동안 찬양을 받았던 중요한 신들도 뒤로 밀려나게 된다. 그러다가 이런 지식의 수호자나 전달자, 즉 예배와 의식을 담당하는 사람들이 일반 전사는 물론 장군들의 자리까지 대체하게 되었는데, 그건 바로 사회구조의 핵심 요소라고 할 수 있는 그들이 스스로를 신성한 존재로 생각하게 되었기 때문이다. 신성한 지식과 제사 의식을 올바르게 수행하는 방법을 독점한 전문 사제 집단, 즉 브라만 계급이 중요한 위치를 차지했던 건 신이 정상적으로 활동을 하려면 많은 제사를 지내야 했고, 거의 모든 기본적인 제사 의식에는 의식을 진행할 수 있는 브라만이 필요했기 때문이었다. 물론 이 브라만은 자신의 전문 지식에 대한 대가를 받았다. 사람들은 자연재해가 일어나는 건 제사가 부족한 탓이라고 여겼으며, 가장 악랄한 범죄는 바로 브라만을 적대하거나 무시하는 일이었다.

카스트 제도

시간이 흐르면서 새로운 침입자들과 기존의 정착민들 사이에 폭력을 수반한 상호 교류가 계속 이어졌고 그 속에서 변화와 발전이 이루어졌다. 힌두교는 계속해서 발전하고 변화하는 종교이며, 완성된 모습이 존재하지 않는다. 다만 그 기본적인 틀은 BCE 5세기경에 완성이 되어 '통합 힌두교Hindu synthesis'라고 불렀던 베다 신앙이 그 출발점이 되지만, 그 밖에도 수많은 다른 종교와 사회적 요소들이 함께 합쳐져 발전한 것이다. 마이클 만의 설명을 들어보자. "힌두교는 매일의 일상생활에 스며든 강력한 의식으로 지구상 그 어떤 종교보다도 더 위대하다."[21] 카스트 제도는 힌두교가 아주 복잡한 현상으로 완성되어 자리를 잡을 때까지 신

노동, 성, 권력
Work, Sex and Power

분을 규정하는 계급의 숫자를 엄청나게 많이 늘려갔으며, 계급을 나누는 핵심적인 원칙은 신성한 의식을 얼마나 더럽히고 있는가 하는 것이다. 이런 원칙은 일본의 지배계층이 부라쿠민이라는 특별한 계층을 만들어 불결하다고 생각되는 사람들을 일본 사회에서 몰아낸 것과 비교될 수 있을 것이다. 카스트에서 가장 낮은 계층은 '불결함으로 가득 차' 있었으며 불결함과는 전혀 거리가 먼 브라만 계급과 비교되었다.

인도에서 이러한 사회 계급이나 자신이 속해 있는 공동체를 의미하는 '자티jati'는 다른 사회 계급과 마찬가지로 종사하고 있는 일을 기준으로 하지만 절대로 평등을 대변하지는 않는다. 한 개인이 자신의 사회적 계급을 바꾸는 것은 가능하지만, 완전히 고정되어 있는 자신의 카스트는 절대로 바꾸지 못한다. 지금의 인도에서 하류 카스트 계급의 사람이 아주 중요한 정치가나 혹은 재벌이 될 수도 있지만 여전히 하류 카스트 계급으로 남는다. 힌두교의 교리를 바꿀 수 있는 사람은 아무도 없으며 원하는 카스트 계급을 받을 수 있는 사람도 없다. 원칙적으로 보자면 공동체에서 그렇게 할 수 있으며, 과거 브라만교가 히말라야에서 동남아시아까지 퍼져나갈 수 있었던 것도 바로 그 때문이었다. 그러나 그렇게 하기 위해서는 먼저 그 공동체가 새로운 카스트를 만들어낼 수 있는가가 문제가 된다. 20세기에 들어서는 역동적인 개종 운동을 포함한 일종의 의식 개혁 운동인 하레 크리슈나 운동Hare Krishna movement이 시작되면서 상황이 바뀌어가고 있지만, 그러기 위해서는 먼저 진정한 힌두교의 형식으로 받아들여져야 한다.

종교학적인 관점에서 보는 카스트 제도는 하나의 계율의 표현이며 힌두교에서 말하는 '리타rita', 즉 법칙이나 규정으로 부를 수도 있다. 이 리타는 고대 이집트의 마아트와 비슷한 것이다. 각 사람이 타고난 카스트는 업보를 달리 표현한 것이라고 볼 수 있으며 힌두교의 중심은 바로 환생이라는 개념이다. 초자연적인 정의 구현의 추상적인 형태인 환생은 살아 있는 지금 자신의 위치에서 얼마나 최선을 다했느냐에 따라 다음 생애에서 보상이나 응징을 받는다는 것이다. 예컨대 살아 있을 때 악행을 저지른 인간은 죽은 뒤에 벌레로 다시 태어날 수 있다. 이런 사상은 사회를 통제하는 데 놀라울 정도로 효과적이었으며, 만은 "계급에 대한 도덕적 수용"이라고도 표현했다. 또한 덕분에 사람들은 채식주의를 더 많이 따르게 되었는데, 내가 먹는 고기가 어쩌면 죽은 가족이 환생한 동물의 고기일지도 모르기 때문이었다.

이미 언급한 것처럼 환생은 수렵 사회의 신앙에서도 자주 발견할 수 있는 특징이며 도교에까지 스며들어 있다. 그리고 불교 신앙 체계에 수용되었고 고대 그리스의 학파들 사이에서도 발견된다. 특히 BCE 6세기 경의 피타고라스학파가 이 환생을 믿었다고 한다. 거기에 인도의 영향이 남아 있었는지는 확실치 않지만 교역과 지적인 교류가 존재했었다는 사실은 분명하다.

브라만교에서는 환생을 했을 때 이전 삶에 대한 기억은 모두 지워진다고 말한다. 그렇게 본다면 환생은 죽음과 별다를 것이 없어 보인다. 모든 기억이 다 사라지고 이전 삶에 대해서는 아무것도 기억할 수 없다면, 그 사람에게 결국 이전 삶은 존재하지 않는 것이나 마찬가지이기 때문이다. 사르트르가 말했던 것처럼, 우리에게 과거는 없다. 우리가 바로 우리의 과거다.

모호함

힌두교에 대해 외부 사람들이 가장 크게 충격을 받는 부분은 기본적 원칙들 안에서 발전한 그 엄청나게 복잡한 내용과 다양성일 것이다. 유

노동, 성, 권력
Work, Sex and Power

일신을 믿는 다른 종교들과는 달리 힌두교의 사제들은 이러한 원칙들에 대한 다양한 해석들을 억압하지 않고 오히려 그런 모든 것들을 흡수해 힌두교를 믿는 사람들이 성향에 따라 자유롭게 적용할 수 있도록 해주었다. 힌두교의 신들은 특별한 존재이거나 혹은 서로의 모습을 투영한 각기 다른 분신으로 여겨졌고, 때로는 최고의 신인 브라흐마의 분신들로 여겨지기도 한다. 브라흐마는 최고의 신인 동시에 삼위일체의 신들 중 하나이며 세 신은 각각 창조와 유지, 그리고 파괴를 담당하거나 혹은 추상적인 우주의 원칙 그 자체로 여겨지기도 한다. 따라서 힌두교는 다신교일 수도 있고 일신교일 수도 있는데, 만일 브라흐마가 실체가 있는 신이 아닌 하나의 원칙으로 해석된다면 힌두교를 신이 없는 전통적인 가르침의 하나로 보는 것도 가능할 것이다. 이런 해석은 사실은 베다의 가르침과 완벽하게 맞아떨어지는 것이라고 보는 사람들도 있다. 힌두교는 어떤 종교보다도 가장 복합적이고 혼합적인 종교이지만, 여러 가지 면들을 고려한 힌두교와 카스트 제도의 구조에 대한 페리 앤더슨의 역사적 평가는 냉정하다.

"혐오와 금기의 사이사이에 세습 제도와 계급 제도, 그리고 직업에 대한 계율이 새겨져 있는 힌두교의 사회 조직은 사람들을 5000여 개가 넘는 신분으로 나누었고, 그중에 동일한 지위나 신분은 거의 없었다. 그 어떤 사회 조직도 이렇게 극단적으로 불평등하고 복잡하지는 않았다. 대부분의 경우 귀족과 평민, 부자와 가난한 자, 상인과 농부, 배운 사람과 못 배운 사람 정도로 구분을 하지만, 힌두교는 불결한 자와 깨끗한 자, 눈에 보이는 자와 보이지 않는 자, 비참한 상황의 사람과 그보다 더 절망적인 상태에 있는 사람, 그리고 아예 인간 대접을 못 받는 사람들까지 구분해버린 것이다. 이렇게 사람들의 머릿속에 종교적인 영향과 더불어 신분과 지위가 고착되어 버렸다."[22]

불교

대부분의 사람들이 불교가 브라만교에서 파생된 것이라고 생각하지만, 실제로는 베다 이전 혹은 베다와 전혀 관련이 없는 종교적 믿음과 실천에서 일부 비롯되었다고 생각할 만한 충분한 이유도 아울러 존재한다. 훗날 고타마 혹은 깨달은 자라는 뜻의 '붓다Buddha'로 불리게 되는 불교의 창시자 싯다르타는 BCE 6세기에서 5세기경 인도 북부의 한 작은 왕국의 왕자로 태어났다. 따라서 그가 주창한 교리는 브라만교의 핵심 내용과 사실상 다를 수밖에 없었는데, 훗날 수 세기에 걸쳐 통합된 상태를 이루기 전의 혼란스럽고 분열된 상황에서 나온 불교의 교리는 어쩌면 불교가 받는 도전에 대한 대응이었을 것이다.

불교의 교리 혹은 철학에서 신에 대한 이야기는 거의 등장하지 않는다. 고타마는 자신이 생각하는 사람들의 교화 계획에 신은 거의 상관이 없다고 생각했으며, 사람들은 명상과 정신 수련, 그리고 올바른 행동을 통해 지금 살고 있는 인생에서의 고통을 초월하고 마침내 몇 차례의 윤회와 환생을 거쳐 열반의 세계에 들어갈 수 있다고 생각했다. 그 열반의 세계에서 인간의 모든 오욕칠정五慾七情은 사라지고 영적으로 깨어나 새롭게 부활할 수 있는 것이다. 그리고 이런 과정 이후의 인간의 의식 상태에 대한 의문은 옳지 못한 것으로 취급을 받았다.

그렇지만 불교는 브라만교와 비교하면 두 가지 큰 차이점이 있었다. 먼저 동물을 희생 제물로 바치는 문화를 거부했고 비교적 카스트 제도를 중요하게 여기지 않았다. 반면에 업보와 환생의 개념을 받아들여 부족한 부분을 보완했다.

BCE 3세기경 인도 대륙의 대부분을 지배했던 아소카 황제의 비호를 받았던 짧은 기간 동안 불교는 북쪽과 남쪽으로 크게 퍼져나갔으며, 히말라야 산맥을 넘어 지금의 아프가니스탄과 티베트 지역까지 알려졌다. 나아가 중국과 한국을 거쳐 일본까지 전파되었으며 동남아시아와 바다 건너 오늘날의 스리랑카까지 퍼졌는데, 당시 실론 섬으로 불리던 스리랑카는 아소카 황제가 다스리던 영역 밖이었다. 그렇지만 정작 인도 대륙 본토에서는 큰 호응을 얻지 못했는데, 비록 지금 인도에는 700만 명 정도의 불교도가 있다고 알려져 있지만,[23] 고향에서 홀대받기 시작한 이유는 아마도 황실과 상류층의 후원이 사라졌기 때문일 것이다. 물론 브라만 사제들의 심한 견제도 있었겠지만, 불교의 진짜 약점은 희생 제물을 바치는 의식을 거부한 것이었다. 이러한 의식은 불교의 경쟁 종교들에게는 중요한 수입원이었으며, 따라서 불교는 훨씬 더 많은 후원자나 기부에 의존할 수밖에 없었고 고정적인 수입은 거의 없었다.

실론 섬과 티베트에서는 기존의 초자연적 신앙을 압도하는 중요 신앙이 되었고, 앞에서 언급했던 또 다른 지역에서는 이미 자리를 잡고 있는 종교와 더불어 매우 중요한 위치를 차지하게 되었다. 예컨대 도교가 있는 중국과 신도가 있는 일본에서 불교 승려는 아주 중요한 사회적 영향력을 행사했으며, 때로 전쟁이 일어나면 속세의 권력자들과 함께하기도 했다. 인도 대륙을 벗어난 이런 지역에서의 성공 비결은, 적어도 중국의 불교에는, 과거의 삶에 대한 업보가 절에 공양을 하면 사라진다는 믿음이 있었기 때문이라고 여겨진다. 거기서 더 발전된 형태가 되어 이 지역에 있는 기존의 초자연적 믿음에 더 쉽게 받아들여질 수 있었다. 이렇게 받아들여진 불교는 인도에서 그랬던 것처럼 다른 종교들을 밀어내려고 하기보다는 보완하려는 역할에 더 주력했다. 때로는 속세의 지배계층과 갈등도 있었지만, 아소카 황제와 그랬던 것처럼 보통은 서로 조화롭게 지내며 수용과 순종의 가치를 가르쳤다.

경쟁자들

도교

도교道敎는 BCE 4세기경에 살았던 것으로 전해지는 전설적인 인물인 노자老子가 만들어낸 사상으로 훗날 하나의 종교로 발전한다. 그 기원이 무엇이었든 간에 도교는 고대 중국의 농업 토속 종교로부터 발전했다고 추정된다. 모든 종류의 상황과 직업에 따른 모든 종류의 신과 정령을 다 받아들였으며, 서구 문화권에서 '조상 숭배'라고 부르는 것도 강조했다. 조상 숭배란 죽은 조상들이 영의 형태로 살아남아 후손들이 적절하게 대접만 하면 그에 상응하는 복을 내려준다는 개념인데, 현대 중국에서도 여전히 수많은 사람들이 이런 조상 숭배를 게을리하지 않고 있다. 도교는 이러한 믿음들을 수용하는 동시에 놀라울 정도로 추상적이며 정교한 철학 체계를 완성해, 서로 반대되는 것들이 하나가 되는 개념을 발전시켰다. 서구 문화권에서는 이런 도교의 가르침이 음과 양의 조화라는 개념으로 특히 잘 알려져 있다.

도교는 그 당시 중국에서 일어난 수많은 철학적 움직임 중 하나이며,[24] 처음에는 그보다 먼저 있었던 유교의 가르침과 어떤 면에서 경쟁 관계처럼 보이기도 했다. 누군가는 "제국의 지배 체제를 떠받치는 엄격한 법가 사상에 당의糖衣를 입힌 것"으로 묘사하기도 했다. 도교는 초자연적인 면을 좀 더 수용한다는 점에서 차이가 있었으며, 따라서 하류 계층의 형편이 어려운 사람들에게 좀 더 편안하게 다가갈 수 있었을 것이다. 그렇지만 사회적 교의敎義라는 관점에서 볼 때 그 본질은 내세를 좀 더 덜 중요하게 여기는 유교와 크게 다를 바가 없었다.[25] 왜냐하면 유교나 도교 모두 조화로움과 무저항, 그리고 지배자에 대한 복종을 강조하고 있기 때문이다. 따라서 CE가 시작되면서부터 유교와 도교는 불교와

노동, 성, 권력
Work, Sex and Power

함께 중국의 전통 사회를 떠받치는 이념이 되어 왔다.

도교라는 이름에서 '도'는 한자로 '길'을 의미한다. 유교와 도교, 그리고 불교 모두는 신자들에게 개인의 삶과 사회적 관계 속에서 조화를 찾는 길을 보여주려고 하며 평화스러운 삶을 살 수 있도록 이끈다. 이러한 개념은 고대 중국의 역사에서 지배층과 피지배층이 극단적인 폭력 사태에 휘말리는 것을 막아주지는 못했다. 게다가 수많은 사람들이 이러한 교리를 따르게 되었지만, 실제로 그 뜻에 통달한 사람은 엄격하게 공부하고 수양을 한 사람들뿐이었다. 다시 말해, 인구의 대다수를 차지하며 노동을 해서 지배자들을 위한 자원을 공급하면서 살아갈 수밖에 없는 일반 사람들이 아니라는 말이다. 삶에 여유가 있는 상류층만이 그런 일을 할 수 있었고, 사제도 철학자들도 그런 상류층에 의지했다.

유교,[26] 도교, 그리고 중국식 불교는 모두 삶과 사회적 질서에 대해 극단적으로 보수적인 믿음과 철학을 가지고 있었다. 이 세 종교는 세상만사는 있는 그대로의 모습대로 흘러가야 하며 다른 길은 없다고 생각했다. 물질적인 삶에서 기대할 수 있는 그 어떤 중요한 발전 같은 것은 없다는 점을 무엇보다 도교가 제일 크게 강조를 했다. 개인이 할 수 있는 유일한 방법은 기도를 올리거나 명상이나 올바른 행동거지를 통해 세상과 정신을 분리시켜 물질적인 문제가 더 이상 중요하지 않은 의식의 상태로 들어가는 것이었다. 그러나 어떠한 노력도 피지배층의 반란이나 지배층의 압제를 막아주지는 못했다.

신도

구석기 시대 후반부터 BCE 4세기경까지 이어지는 조몬じょうもん, 繩文 시대부터[27] 시작된 섬나라 일본의 토속 신앙은 분명 초자연적인 존재

를 숭배하는 신앙이었으며, 역시 거기에는 크고 작은 수많은 신과 정령이 다 포함되어 있었다. 그리고 숭배의 방식 역시 특별한 신들에 대한 경배, 절기에 따라 계속 이어지는 축제와 의식, 제사, 마법, 점술, 신앙에 의한 치료 등 그 종류도 다양했다. 그리스 신화처럼 정리된 신과 의식이 등장하기 이전 유럽의 전통적인 고대 신앙과 비슷한 이런 일본의 신앙은 심지어 도교 신앙까지 뒤섞일 정도로 특별한 교리 같은 것은 없었다.

도교의 '도'가 '길'을 의미하는 것처럼 신도神道의 '도' 역시 '길'을 의미하며, 기존의 문화적 기준에 따른 만족하는 삶을 향하는 길을 '가미かみ, 神'라고 부르는 신령의 도움을 받아 알려주는 것이다. 신도는 오랜 세월 동안 특별히 조직화되는 일 없이 다른 토속 신앙처럼 다양하고 정리되지 않은 상태로 남아 있었다. 신도에는 의식을 통한 정결의 개념이 있었지만, 브라만교처럼 엄격하거나 적절한 의식을 통해 정결하게 만드는 부분은 어디에서도 찾아볼 수 없었다. 각기 다른 씨족과 공동체들은 각자의 다양한 방식으로 신도를 믿고 따랐으며, 역사 시대가 시작되고 한반도를 통한 중국 대륙과의 접촉이 빈번해지자, 도교와 불교 모두로부터 중요한 핵심 요소와 믿음에 대한 내용들을 받아들인다. 이러한 것들은 토착 신앙과 믿음에 의해 오히려 크게 영향을 받아 일본적인 형태로 바뀌게 된다.

그렇지만 17세기와 18세기에 들어서자 모토오리 노리나가와 같은 일부 저술가와 고전 학자들은 신도를 수입되어 들어온 도교나 불교와는 구별되는 일본 고유의 종교로 강조하기 시작했다. 특히 19세기 중반에 서구 세력이 일본을 강제로 개항시키고 난 후 기독교와 신도의 위치가 극적으로 뒤바뀌게 되었는데, 1868년 있었던 이른바 메이지 유신에 대한 반작용이기도 했다. 이러한 정치적 그리고 사회적 격변 뒤에 있던 일본의 지배층은 정교하고 전략적으로 고안된 계획을 통해 '엄청난 변화

속에서 지금 그대로의 모습을 유지하는' 일을 시작한다.

간단하게 말해서, 일본의 지배계급은 서구의 과학과 기술, 그리고 입헌군주제와 조직화된 방식 등을 도입하여 상류 귀족 중심의 정치 체제와 새로운 봉건주의 가치를 강화하는 것이 목적이었다. 바로 일본을 산업 강국으로 만들어 서구 제국들에 대항하기 위해서였다. 이러한 과정에서 일종의 균형을 맞추기 위해 일본의 전통이 선전되고 강조되었다.[28] 일본의 천황은 그 동안 막부 정권 하에서 명목상의 군주에 불과했지만, 이제는 태양의 여신의 후예로 선언이 되었고 엄청난 권력을 쥔 국가의 상징이 되었다. 물론 정말로 권력을 쥐었는지는 알 수 없지만 말이다. 신도는 이러한 발전의 한 축을 담당했고 이제는 전통 토착 종교로서 국가의 지원을 받게 된다. 일본은 신도가 가장 중요한 모습으로 구현될 수 있는 사원인 크고 작은 신사神社를 지었고 그 안에서 사제들은 신도의 의식을 거행했다. 현재 일본에는 8000개가 넘는 신사가 있다.

지금까지 비교적 공정한 시각으로 믿음의 전통에 대해서 살펴본 내용들을 보면, 그 안에서 발견된 개념과 의식 수행의 엄청난 다양성에도 불구하고 그 중심에는 분명한 사례들 사이에서 은연중에 드러나는 본질적인 유사성이 있다는 사실을 알게 된다. 그 유사성은 바로 우주의 올바른 질서라는 개념에 대한 집착이다. 그 질서가 신이 내려준 것이든 아니면 널리 퍼져 있는 추상적인 원칙이든, 인간은 자신들을 이끌어 고통이 없는 결말을 안겨주는 그런 질서를 반드시 지키려고 한다. 이러한 접근 방식은 당시의 지배계층의 관심사와 매우 적절하게 맞아 떨어졌으며, 동시에 이러한 전통을 따르는 수많은 사람들에게 힘든 생활을 좀 더 잘 견뎌낼 수 있는 방법과 기술, 그리고 약속을 제공해주었다.

이러한 개념은 베다의 신앙과 중국의 도교, 혹은 일본의 신도처럼 자연의 세계와 초자연의 세계를 연결한다. 따라서 하늘의 천체를 계속해서 움직이게 하는 힘은, 비를 내리게 하고, 식물을 자라게 하고, 가축을 번성하게 하고, 무엇보다도 사회질서의 특징이 되는, 그런 힘과 같은 것이다. 이러한 힘은 사람들에게 사회와 자연 속에서 자신에게 맞는 자리를 마련해주고, 특별한 방식으로 윗사람은 물론 아랫사람과 같은 신분의 사람을 각각 그에 맞게 대할 것을 요구한다. 그리고 여성들에게는 남편과 시부모를 공경하도록 요구한다. 또 자녀들에게는 나이에 상관없이 부모에게 복종하며, 모든 사람들이 지배자에게 복종할 것을 아울러 요구하기도 한다. 물론 지배층이 자주 확인하게 되는 것처럼, 실제와 이상은 크게 다르기는 하다. 이러한 교리들의 더 큰 야망이, 불교의 그것처럼 명상과 의식, 그리고 정신 수양을 통해 지상의 번뇌를 잊고 삶의 고통이 전혀 마음을 혼란하게 하지 않는 평정의 상태로 들어가는 방법을 알려주는 것이라는 사실은 그리 놀랍지 않다. 헬레니즘 시대에도 스토아 철학이 이와 유사했으며, 알렉산더 대왕의 원정이 인도까지 미쳤던 점을 생각하면 어느 정도 수준의 접촉이 있었을 것이다.[29] 어네스트 겔너는 자신의 견해를 이렇게 밝혔다. "문자가 존재했던 위대한 문명 중 하나인 힌두교는 플라톤의 이상과 가장 가까이 맞닿아 있다……."[30]

여기에서 확인할 수 있는 중요한 핵심은 도교와 신도가 불교와 경쟁을 하긴 했지만, 이러한 신앙을 믿는 사람들 사이에 어떤 심각한 적대감도 생겨나지 않았다는 사실이다. 오히려 이렇게 중국과 일본에서 서로 교류하고 섞여 갔던 사람들은 불교도 믿고 도교도 신도도 함께 믿는 데 전혀 어색함을 느끼지 않았다. 이 세 종교는 서로 갈등하기보다는 부족한 점을 보완했으며, 이런 점은 유일신을 믿는 서구의 구원 종교와는 크게 다른 모습이었다.

다음 장에서는 앞서 살펴보았던 역시 구원의 종교라는 본질을 함께 공유하는 신비한 숭배 의식은 잠시 접어두고, 유일신 중심의 서구의 사상을 살펴보게 될 것이다. 역사가인 로빈 레인 폭스의《이교도와 그리스도인Pagans and Christians》을 보면[31] 고대의 이교도 문화는 일반적으로 구원의 방향을 향하고 있으며, 그게 어떤 신이건 상관없이 기원을 드리는 사람이 좋아하는 신과의 소통을 더 많이 강조한다. 굶주림과 학살, 고문, 역병과 노예 생활은 물론, 노역과 질병, 노화, 성폭행, 가난 그리고 병충해의 끊임없는 위협으로부터 자유로운 내세의 존재에 대한 열망은 매우 강력한 것이었다. 앞으로 다루게 될 일신교인 기독교의 신앙과 숭배가 비교적 쉽게 뿌리를 내릴 수 있었던 건 이전의 이교도 신앙이 먼저 그 바탕을 잘 다져 놓았기 때문이었다.

제9장

일신교
Monotheism

여기에서 이야기하려는 일신교는 마이클 만이 이야기하는 최초의 '구원의 종교'에 속하지는 않지만, 완전히 새로우면서도 심지어 직관적이지 않은, 그리고 그 기묘한 새로움에도 불구하고 당대에 이례적으로 세력이 강력했으며, 훗날 유라시아 대륙의 대부분을 지배하고 대서양을 넘어 아프리카까지 퍼져갔던 그런 종교다.

세계 3대 종교는 일신교로 분류되지만 그러면서도 완전히 일신교인 종교는 없다. 세 종교 모두 신 외에 천사나 악마와 같은 또 다른 초자연적인 존재를 인정하는 것이다. 그렇지만 다른 두 종교는 적어도 그 주류 신자들이라는 측면에서 보면 기독교에 미치지 못한다. 《성경》과 이스라엘의 경전과 그리스 철학의 왜곡된 조화 속에 있는 모순을 바탕으로 한 삼위일체의 역설적인 교리는 자신들이 믿는 신은 하나인 동시에 셋이라는 주장을 한다. 중세 스콜라학파의 철학자 중 한 사람인 로스켈리누스는 신자들이 세 가지 신을 개별적으로 인정하고 받아들여야 한다고 주장했지만, 그런 그의 주장은 인정을 받지 못했다.

일신교 신앙이 출현했을 무렵에 유라시아 대륙에서는 BCE 2000년대가 끝이 나면서 청동기 시대에서 철기 시대로 접어드는 중요한 변혁이 일어났다. 그리고 지금의 지중해 동부와 중동 지역이 그 중심부가 되었다.

조로아스터교

조로아스터, 혹은 자라투스트라Zarathustra로 더 익숙하게 알려져 있는 이 인물은 자료가 그다지 많이 남아 있지 않아 전설로까지 치부되지만, 예수 그리스도와 무함마드처럼 분명 실제로 존재하는 인물이었다. 거기에 사실에 입각한 중요한 내용이 첨부되어 전설처럼 전해졌을 것이다. 그의 이름을 따서 시작된 조로아스터교는 엄격한 일신교라기보다는 이원론적 세계관을 가지고 있었다. 그럼에도 불구하고 여기에서 소개하는 이유는 그 두 신이 서로 평등한 관계가 아니기 때문이다. 선한 신이 악한 신보다 위에 있는 것이다. 오늘날 존재하는 일신교는 어쩌면 전혀 깨닫지 못하고 있는 사이에 이 조로아스터교에 많은 빚을 지고 있는지도 모른다.[1]

조로아스터교가 출현하던 당시의 이란 고원은 비옥한 초승달 지역과 마찬가지로 농업과 목축업 경제가 이미 7000년 이상 중요한 위치를 차지하고 있었으며, 2000년 이상 도시 집중화 현상이 계속되고 있었다. 그런데 역사는 아주 오래되었지만 여전히 세상은 불안했으며, 청동기 시대에서 철기 시대로 넘어가는 기술적 혁신의 시대에 그 불안은 더욱 가중되었다. 홍수와 사막화, 기근과 역병으로 인한 혼돈이 계속해서 세상을 위협했다. 물론 전쟁도 끊이지 않았다. 서로 경쟁 관계에 있는 군주들과 바다의 해적들, 그리고 유목민들이 벌이는 갈등 사이에서 조로아스터 본인도 희생자였다는 기록이 전해진다. 중요한 종교적 이념이 이러한 중요한 상황들을 반영하고 있는 것은 그리 놀라운 일이 아니다.

따라서 중동 지역 지배자들의 주된 책임은 신들을 대표하는 자격으로 신성한 특성과 빨리 조화를 이루거나, 혹은 스스로 신분이 낮은 신이 되어 이 세상 삼라만상을 주관하는 서열 높은 신들을 기쁘게 하는 적절한 의식을 수행함으로써 안정을 유지하고 위험을 제거하는 일이었다. 그런데 신들이 관대하여 두려운 혼돈의 상태가 일어날 때마다 그것을 막아준다면, 불안한 지배 상태가 그냥 그대로 영원히 계속될 수도 있고, 전통적인 계급 구조도 그대로 영원히 계속될 수 있는 것이 아닌가. 사람들이 섬기는 신들 중에는 용맹한 전쟁의 신도 있어서 이들이 공동체를 위협하는 혼란의 괴물들을 제압하고 무찔렀다.

조로아스터의 가르침

어느 때인가 엄청난 종교적 격변이 일어난다. 아마도 BCE 1000년경이 아니었을까. 베다 신앙과 별반 다르지 않은 신성한 우주 개벽설을 따르는 사제로 훈련받던 한 이란의 예언자가 있었고 그가 바로 그 격변의 주인공이었다. 그 예언자를 따르던 사람들은 베다 신앙으로부터 이어져 온 불에 대한 특별한 경외심을 가지고 있었다.[2]

이들의 충격적인 이런 특징 때문에 유럽에서는 이들을 배화교도拜火敎徒, 즉 불을 숭배하는 사람들이라고 부르기도 했다. 그렇지만 이건 잘못된 표현이었는데, 불은 신이 아니라 다만 순결의 상징일 뿐이었다. 조로

노동, 성, 권력
Work, Sex and Power

아스터에게는 오직 두 개의 신만이 있었다. 그 자신의 표현에 따르면 '중요한 두 정령', 즉 창조와 빛, 그리고 정의의 신인 아후라 마즈다와 그 반대편에 있는 악마인 앙그라 마이뉴, 혹은 아리만이다. 그 밖의 다른 초자연적 존재들도 중요하기는 했으나 두 신의 하인 정도의 수준에 불과했다.

이것만으로도 중요한 일대 혁신이었지만, 조로아스터는 여기에서 그치지 않고 기쁨으로 가득 찬 영생도 약속했다. 단지 특별한 사람들에게만 국한된 것이 아니라, 자신의 윤리적 개념을 따르면서 정해진 종교적 의무를 성실히 행하는 모든 사람들에게 다 그렇게 한 것이다. 그보다 더 새로웠던 약속은 신성한 세상의 종말인 '놀랍고 새로운 창조making wonderful'로, 그때가 되면 죽은 자들이 부활하며 고결한 생애를 보냈던 사람들은 새로운 지상 낙원에서 영원한 생명의 육신을 보상으로 받는다. 그리고 앙그라 마이뉴를 포함한 악인들은 완전히 멸망하게 된다. 기독교적 세계관에서 말하는 세상의 종말과 아주 비슷한 내용이다.

노먼 콘에 따르면 조로아스터의 가르침은 당대의 사회적 갈등을 반영했으며, "기존의 질서는 모두 사라질 것이며 지금의 지배자는 멸절되고 억압받아온 신도들은 그 억울함을 풀고 고결한 자로 거듭날 것"을 약속했다.[3]

속세의 지배자들이 조로아스터교를 받아들이게 되자 자연스럽게 수많은 변화와 수정이 일어났다. 그렇지만 그 본질과 정수는 BCE 6세기와 4세기 사이 팔레스타인 지역을 포함해 중동을 지배했던 페르시아 아케메네스 제국 시절에는 그 모습 그대로 남아 있었다. 다시 말해, 당대의 수많은 신앙인들은 물론, 그 이후에는 유대교가 조로아스터교를 받아들이고 영향을 받을 가능성이 충분했다는 뜻이다.

유대교

이스라엘의 기원에 대해서는 지금도 정확하게 밝혀지지 않았으며 주로《성경》을 통한 전설 같은 이야기만 남아 있다. 심지어 전설이나 초자연적인 부분을 다 걷어내고 나서도 여전히 납득이 가지 않는 부분이 많은 건 사실이다. 아마도 이스라엘 민족은 훗날 가나안으로 불리게 되는 비옥한 초승달 지역의 일부인 고지대로 어쩔 수 없이 밀려나게 된 동쪽 출신의 유목민들일 것이다. 이들은 농지를 개간하고 독자적인 도시를 세웠지만 대개는 이집트와 같은 주변 제국들의 지배를 받았다. 아니, 어쩌면 이 이스라엘, 혹은 히브리인들로 불리는 사람들은 원래부터 그냥 부족 공동체에 불과했었는지도 모른다. 존 피카드는 앞서 제6장에서 살펴보았던 BCE 14세기의 〈아마르마 서신〉이 레반트Levant, 즉 동부 지중해 연안 지역에서 일어났던 당시의 피 튀기는 계급투쟁의 증거를 보여주고 있다고 주장했다. 레반트 지역의 상황이라든가 이스라엘 민족의 전쟁 등은 혁명에 가까웠던 투쟁의 결과이며, 야훼는 그 혁명 세력을 끌어 모은 상징이고,[4] 그들이 주장했던 신과의 계약은 정치적 동맹을 나타낸 것이라는 주장이다.

어쨌든 BCE 9세기에서 7세기 사이 이스라엘 혹은 히브리 민족은 두 개의 작은 왕국을 세운다. 바로 예루살렘을 중심으로 한 유다Judah 왕국과 북쪽의 이웃 나라인 이스라엘 왕국이다.《구약성경》에서는 다윗 왕이 유다 왕국을 세웠다고 하지만, 그가 실존 인물이라고 해도 기껏해야 산적 무리의 우두머리 정도로 추정된다. 이 두 왕국은 이웃하고 있던 가나안의 종교까지도 함께 나누게 되었는데, 거기에는 최고의 신인 엘El을 중심으로 수많은 신들이 포함되어 있었다. 엘이라는 이름은 다른 여러 이름으로 파생되어 조엘Joel 혹은 에스겔Ezekiel 그리고 심지어 이스라엘

노동, 성, 권력
Work, Sex and Power

Israel이라고까지 바뀌어 불리기도 했다.

야훼

엘에게는 아들이자 심복 부하인 바알Ba'al 신이 있었다. 이 바알은 베다의 인드라나 메소포타미아의 마르두크Marduk와 비슷한 강력하고 무시무시한 폭풍과 전쟁의 신으로, 세상을 혼란 속으로 몰아넣는 괴물들을 무찌른다. 이스라엘 민족에게 바알은 곧 야훼YHWH, Yahweh와 같은 의미의 신이며 정확하게 같은 특징들을 공유하고 있다. 좀 더 정확하게 말하자면, 그리스와 로마의 신들처럼 똑같은 신이 서로 다른 이름을 쓰고 있다고 봐도 무방할 것이다. 결국 야훼는 엘과 하나가 되어 처음에 여성화된 짝이 있었던 것 등을 포함해 엘의 모든 특징들을 다 가지게 되는데, 둘 사이의 본래의 차이점에 대한 실마리는 여전히 《성경》에서 찾아볼 수 있다. 따라서 야훼는 우주의 창조주인 동시에 이 세상과 사회를 만든 장본인이며, 영원히 사라지지 않는 불같은 분노와 미칠 것 같은 질투심으로 자신이 선택한 인간들의 일거수일투족을 감시한다. 그들이 자신이 아닌 또 다른 신을 섬기지 못하게 하려는 것이다. 물론 인간들이 자신의 계율을 잘 따르기만 하면 야훼는 온후하고 다정한 신이었다. 그렇지만 그렇지 않을 때는 병적일 정도의 가학적인 모습을 보여주는 것이다.

야훼는 여러 가지 면에서 기존에는 볼 수 없는 새로운 모습의 신이었다. 아니, 어쩌면 그 신도들이 혁신적이었기 때문에 역사상 처음 보는 그런 종교를 만들어냈는지도 모른다. 그 종교가 진짜든 아니면 단순한 흉내 내기에 불과한 것이든, 야훼가 새로운 신이었다는 사실이 중요하다. 처음에는 유일신의 성격을 띠고 있지 않았지만, 그럼에도 불구하고 야훼는 어떤 의미로는 서로 비교가 되는 어떤 신들과도 다른 윤리적 행위의 바탕이 되었다. 야훼의 새로운 모습 중 하나가 바로 의식과 도덕을 밀접하게 연결한 것으로, 이런 일이 처음이었기 때문에 더 중요한 의미를 갖는다. 이것이 결국 성공했기 때문에 야훼의 기본적인 계율은 동물을 바치는 희생 제사를 쉬지 않고 계속하라는 것이었으며, 그 제물은 어느 누구도 아닌 야훼 자신만을 위한 것이었다. 게다가 거기에 덧붙여 엄청나게 복잡하고 많은 계율과 금기 사항들이 있었는데,[5] 그 숨은 의도는 자신을 따르는 신도들을 다른 공동체와 구별 짓고 그 특별함을 강조하기 위함이었다. 세월이 흐르면서 이런 모습들은 예기치 못한 역사적 사건들과 맞물려 독특한 유대 종교의 상징처럼 되어버렸다.

윤리와 관련된 계율을 생각해보면 이러한 모습들은 기존에 있던 일반적인 씨족사회의 전통적인 규범들을 공식적으로 다듬은 것이라 볼 수 있다. '같은 씨족 사람을 죽이면 안 된다. 다른 사람의 물건을 훔치거나 탐내지 말라. 특히 남의 아내는 더욱 더 탐내서는 안 된다. 거짓 증거를 퍼트려서 그 당사자가 씨족사회 안에서 곤란을 겪도록 만들어서는 안 된다. 그리고 씨족의 여성들은 남성들을 존중하고 남녀 관계에 있어 몸가짐을 조심하여야 하며 그렇지 않을 경우 엄한 처벌을 받는다. 물론 남성도 남녀 관계를 조심해야 하지만 여성보다는 좀 더 자유롭다.'

물론 공동체 자체의 숭배 문화에 적합한 독점적인 제도를 만들려고 애를 쓴 건 사제들이었다. 사제들이 이러한 기준과 개념들을 퍼트려 야훼의 경전이 알려주는 내용들을 따르지 않으면 아주 심각한 대중들의 저항이 일어나도록 만들었다. 그런데 역설적이게도 이러한 시도가 제대로 자리를 잡은 건 BCE 586년 바빌로니아 제국이 침공해 예루살렘과 성전을 파괴하고 사제들을 포함한 지배층들을 포로로 끌고 간 다음이었다. 아마도 그 이후에 오늘날 우리에게 익숙한 내용을 담고 있는 역사적인 기록들이 새로 만들어지고 정리되었을 것이라 추정된다. 이런 것들이 합쳐져 우리가 알고 있는 지금의 《구약성경》이 탄생한 것이다. 전쟁으로 뿔뿔이 흩어지게 된 공동체를 다시 하나로 묶기 위해서 오직 야훼만 믿는 믿음이 중요한 쟁점으로 떠오르게 되었고, 배교背敎는 특히 자신들이 지금 겪고 있는 모든 재앙의 원흉으로 크게 지탄을 받았다. 그리고 전에 같이 믿고 있던 다른 신들은 아예 지워버리거나 아니면 천사나 악마로 그 격을 낮췄다.

바빌로니아에서의 포로 생활이 끝이 나고 팔레스타인으로 돌아오는 길은 처음 포로로 끌려갈 때만큼이나 중요한 의미가 있다. 그 몇 십년 동안 바빌로니아 제국은 무너지고 페르시아 제국이 그 자리를 대신하게 되는데, 새로운 제국의 건설자인 키로스 황제는 포로로 끌려온 이스라엘 사람들을 돌려보내며 제국의 영향력 아래에서 새롭게 왕국을 다시 세울 수 있도록 허락을 해준다. 물론 모두 다 이런 결정에 감사했던 것은 아니며 '오직 야훼'만을 외치던 사람들만이 고향으로 돌아갔다. 고향으로 돌아간 사람들은 페르시아 황제에게 깊이 감사했으며, 아마도 어느 정도 일신교의 성격이 짙었던 조로아스터교에 대해서도 고마운 마음이 있었을 것이라 추정된다. 그 가까웠던 관계를 통해 세상의 종말에 대한 조로아스터교의 가르침을 배울 기회를 얻을 수 있었을 것이다.

이스라엘 사람들의 경전이라고 할 수 있는 《구약성경》에서 〈다니엘서 the Book of Daniel〉는 처음 세상의 종말을 언급한 책이자 가장 나중에 만들어진 책이다. 〈다니엘서〉는 바빌로니아에서 만들어졌다고 전해졌지만, 실제로는 이스라엘 사람들과 그들이 믿고 있는 종교가 BCE 2세기경 알렉산더 대왕의 그리스 혈통 후계자가 지배하던 중동에서 핍박을 받을 때 만들어진 것이다. 이는 나중에 실제로 벌어지게 되는 이스라엘 사람들의 저항을 부추기기 위한 의도가 숨어 있었다. 〈다니엘서〉의 뒤를 잇는 〈에녹서the Book of Enoch〉와 〈환희서歡喜書, the Book of Jubilees〉는 일종의 외경外經으로 조로아스터교의 예언과 아주 유사한 방식으로 종말의 결과를 그리고 있다.

두 번째 성전을 세운 이스라엘 사람들은 처음에는 페르시아를 따랐고, 이후 알렉산더 대왕의 마케도니아 제국을 따랐다. 그리고 그 다음에는 로마 제국의 영향권 아래 들어가게 되는데, 그 와중에 서로 대립하는 신학학파들이 생겨나게 된다. 이른바 사두개파Sadducees와 바리새파Pharisees 그리고 에세네파Essenes다. 사두개파는 일반적으로 사회의 지배계층에 속하며 로마 제국과는 협력 관계였다. 이들은 내세에 대한 어떤 믿음도 인정하지 않았으며, 내세를 인정하면서도 죽음 이후의 선인과 악인의 운명에 대한 해석으로 갈라진 것이 바리새파와 에세네파다. 지금의 기독교는 그 신학적 개념이 에세네파와 가장 가깝다고 볼 수 있으며, 일단 종교로 정착을 하게 되자 유사한 차이점을 더욱 강조하게 된다. 좀 더 넓게 보면 기독교 이전의 예수는 일반적으로 바리새파의 관점에 더 가까운 경향이 있었고, 기독교 경전에서 이러한 내용이 사라지게 된 건 종교적 개념에 대한 반목이라기보다는 나사렛 예수 개인에 대한 경쟁적인 관점과 더 관계가 있다.

기독교

"우리의 숫자는 적지만 선택받은 사람들.
그리고 나머지 사람들은 모두 끝이야.

노동, 성, 권력
Work, Sex and Power

지옥은 아마 공간이 충분하겠지.

천국이 붐비는 건 싫거든."

— 작자 미상, 미국 남부 침례교도로 추정

    기독교가 성립되기 이전에 예수를 따르던 무리들은 로마의 지배 아래 자리를 잡아가는 와중에 내부적으로 크게 갈등을 빚고 있던 유대교에서 갈라진 한 일파였다.《신약성경》의 복음이《구약성경》에 담긴 설명이나 이야기보다는 역사적으로 아주 조금 더 신뢰할 수 있지만, 존재 자체는 인정할 수 있는 나사렛 출신 예수 그리스도는 로마 제국의 임박한 멸망을 설교하던 이스라엘 출신의 예언자였음이 분명하다. 신의 섭리로 로마는 멸망하고 행복이 찾아올 것이라는 예수의 설교가 처음 겨냥한 건 로마 제국과 협력 관계에 있었던 유대교의 사제들이었다. 그렇지만 기독교《신약성경》의 4대 주요 복음서는 그 진위가 의심스러운 예수의 평화를 사랑하는 사상에 대한 이야기를 전하고 있다. 복음서가 만들어진 건 이스라엘 사람들의 반란에 대해 로마가 주목하고 있던 시기로, 따라서 생각이 있는 사람이라면 자연스럽게 예수 그리스도가 반란에 반대하는 입장이었다는 점을 강조하는 데 신경을 쓸 수밖에 없었다.[6]

    자신의 이름을 걸고 하나의 종교적 분파가 만들어졌다면, 그 사람의 역사적 위치에 대해서 치열한 논쟁이 벌어질 수밖에 없다. 누군가는 "이름을 걸고 만들어졌다"는 말을 쓰고 싶지 않을 수도 있겠는데, 이 사람에 대해 정확하게 알려진 바가 거의 없음에도 불구하고 복음서를 비롯한 현존하는 문서들은, 이 사람이 절대로 어떤 종교를 세울 의도가 전혀 없었다는 사실을 분명하게 보여주고 있다. 예수의 실체에 대해 논쟁을 벌이는 학자들의 주장을 살펴보면, 나사렛 예수는 가공의 인물이며 이스라엘 사람들의 경전에서 특정 내용을 가져와 분석하여 만들어냈다는 것이다. 거기에 동정녀 탄생과 죽음에서의 부활 등 신화나 전설에 등장하는 영웅의 특성을 가미했다는 것이다.

20세기 초에 이러한 주장을 앞장서서 펼친 사람은 독일의 역사학자인 아르투어 드레이프스였고, 다시 최근에는 존 피카드가 그러한 주장을 보충했다. 피카드는 2013년《신화의 뒤안길: 유대교와 기독교, 그리고 이슬람교의 탄생Behind the Myths: The Foundations of Judaism, Christianity and Islam》이라는 책을 펴냈고 거기서 가능한 사례에 대한 주장을 펼쳤지만, 그가 찾아낸 증거들이 원칙적으로 예수의 존재에 대해 부정적임에도 불구하고 그 실질적인 '증거력the weight of evidence'은 오히려 그의 주장을 반박하고 있는 것처럼 보인다.

복음서의 이야기들은 여러 가지 측면에서 다르게 해석될 수 있지만, 당시 유대교가 영향력을 미치던 지역 중 변두리 지역이었던 팔레스타인 북쪽 갈릴리에서 예수가 설교를 시작했다는 사실에는 동의하고 있다. 또한 이 지역은 같은 이스라엘 사람들은 물론 로마 제국 지배자들에게도 굽히지 않던 저항 운동의 본거지로 악명이 높았다. 예수는 그 이후에 로마 제국의 통치에 저항을 했다는 이유로 처형을 당하는데, 복음서들은 그런 내용을 감추기 위해 최선을 다하고 있지만 사실은 그 내용이 가장 중요한 것이다. 만일 신적인 존재나 신에게서 영감을 받은 어떤 인물이 인위적으로 만들어진다면, 일생의 대부분을 변두리 지역에서 알려지지 않은 존재로 지내다가 범죄자로 처형당하며 생을 마감하는 식으로 그려지지는 않을 것이다. 좀 더 실제에 가까운 인물을 찾자면 예수의 친동생으로 알려져 있는 '의인' 야고보James the Just가 있다. 야고보는 실제로 존재했었다는 증거가 비교적 뚜렷하게 남아 있으며, 그는 예수와의 혈연관계를 바탕으로 한 예루살렘 기독교인들의 준비된 지도자였다. 따라서 신화와 전설의 뒤에는 이렇게 진짜 인물이 있을 가능성이 있다. 비록 역사적인 면을 중시하는 이상 그런 일은 거의 문제가 되지는 않지만 말이다.

예수를 따르는 무리들 중에서 그리스 문화에 동화된 사울 같은 사람들의 행적은 제외하고, 이스라엘 사람들과 이스라엘 출신이 아닌 사람들이 갈라지게 된 중요한 사건은 바로 로마 제국의 공격이었다. 로마는 CE 66년에서 70년 사이 일어난 이스라엘 대人반란 기간 동안 예루살렘의 신전과 이스라엘 기독교 공동체를 완전히 말살해버린다.《신약성경》의 제일 마지막 책이자 조로아스터교의 교리와 비슷한 내용을 담고 있는 〈요한계시록〉은 이 사건이 일어난 지 약 25년 후 이스라엘 출신 기독교인에 의해 만들어졌으며, 이스라엘의 전통적 종말론의 정점이라고 할 수 있다. "……그동안은 보통의 이스라엘 사람들이 당연하다고 생각했던 내용들을 이제는 기독교를 믿는 사람들도 받아들이게 되었다." 콘의 설명이다.[7]

CE 70년에 있었던 대격변이 끝나고 고향을 떠난 기독교는 로마 제국에서 새로운 활로를 찾아 이스라엘만의 종교를 벗어난다. 처음에는 박해를 받았지만 결국에는 로마 제국을 신의 뜻에 따라 새로운 종교를 퍼트릴 수 있는 기회로 여기게 된 것이다. 당시 로마가 지배하던 세상은 극단적인 빈부격차, 자유에 대한 억압, 일상적인 폭력과 고문, 정신병자 같은 폭정과 늘어나기만 하는 세금, 학살과 역병, 그리고 굶주림이 가득 찬 세상이었다. 특히 여성은 극소수의 운이 좋은 상류층을 제외하고는 전부는 아니라 할지라도 대다수가 형편이 더 좋지 않았다. 여성들은 사실상 남성들의 소유물로 인식이 되었으며 그 권위에 전적으로 복종을 해야 했다. 남성들의 의사에 따라 결혼도 했다가 버려지기도 했으며, 이런 상황에 대한 개선의 가능성은 전혀 보이지 않았다.

단지 사회의 극단에 내몰린 극빈자들뿐만 아니라 대다수의 사람들이 앞서 언급했던 모든 고통의 위협에 시달렸으며, 지금 살고 있는 세상에서는 어떤 개선에 대한 희망도 가질 수 없었다. 자신들의 근심과 걱정에 대해서는 초자연적인 존재로부터 위안을 찾았고 기존의 신비한 숭배 의식보다 이쪽을 더 신뢰했다. 물론 비용이 더 적게 든다는 것도 이유가 되었으리라. 초기 기독교가 전한 소식이 신뢰를 얻었던 건 그 뒤에 자리하고 있던 신성한 경전의 권위 때문이었다. 이스라엘의 전통 경전은 이제 그 내용이 다시 정리되어 거기에 예수의 출현을 예언하는 내용이 첨가되었다.

또한 이 새로운 종교를 통한 물질적인 도움도 있었는데, 초기 기독교 공동체에서 형편이 나은 사람들에게 주어진 계율 중 하나가 바로 같은 공동체 안의 어려운 사람들을 지속적으로 도우라는 것이었다. 어려운 사람들은 물질적인 도움을 받고, 도움을 준 사람들은 영적인 은혜를 받았다.[8] 여성들도 역시 많은 힘을 얻었는데, 이제는 아버지와 형제, 그리고 남편들에게 특히 강제 결혼과 성적 괴롭힘에 대해 종교를 통한 확신과 자신감을 가지고 저항할 수 있었다. 그 확신은 다름 아닌 현세에서 신념을 지킨 대가로 받게 되는 고통은 내세에서 보상을 받을 수 있다는 것이었다. 여성들은 또한 주변 남성들을 바꿀 수 있다는 희망도 품을 수 있었다.

내적 갈등

기독교는 그 시작부터 분열과 다툼의 움직임을 보여 왔다. 무엇보다도 제국 전체를 통해 초창기 몇 십 년 동안 기존의 예루살렘 교회와 기독교 공동체 사이의 첨예한 갈등이 심각한 수준으로 고착화되었고, 그 중심에는 이른바 사도 바울이 있었다. 이러한 갈등이 이스라엘 대★반란과

노동, 성, 권력
Work, Sex and Power

그로 인한 예루살렘 기독교의 괴멸 전에 해소가 되었는지는 분명하지 않다. 그렇지만《신약성경》을 쓴 사람들 중에 적어도 바울과 다른 저자들은 계속해서 내부에서 일어나고 있는 신앙의 갈등에 대해서 언급하고 있다.

〈요한계시록〉의 저자는 이러한 내용에 대한 논쟁으로 글을 시작하고 있으며, 바울이 썼다고 하는 편지들도 거짓된 내용을 가르치는 사람들에 대한 경고를 끊임없이 하고 있다. 이런 편지들은 겉으로는 신앙과 믿음에 대해서 이야기하고 있지만, 결국 자기의 뜻에 따라 달라진 내용들을 전하고 있는 것이다. 당연한 이야기이지만 그런 바울에게도 경쟁자들이 있었다. 기독교가 탄생한 후 2000여 년의 세월이 흐르는 동안 말 그대로 수백 개가 넘는 이념적으로 다른 교파들이 생겨났으며, 이들은 자신을 제외한 다른 교파를 이교도나 정도를 벗어난 분리파, 혹은 잘못된 숭배 의식을 따르는 교파로 생각하고 있다.[9] 각국의 정부가 종교의 자유를 인정하고 어떤 기독교 교파도 정통성과 독점권을 주장하지 못하도록 한 이후부터 이런 현상은 기하급수적으로 늘어가고 있다.

기독교가 이런 식으로 흘러가게 된 것은 우연이 아니다. 독자적인 신학을 바탕으로 탄생한 기독교는 잠시 동안 자신이 속해 있는 세상의 물질적인 압박은 생각하지 않기로 했다. 구원의 종교 이전에 있었던 종교들은 본질적으로 실천의 종교였으며, 예수를 따르는 종교를 제외하고는 대부분이 그랬다. 따라서 구원도 마찬가지였다. 믿음의 기준은 타인이 요구하는 관점을 따랐지만 보통은 아주 단순한 것들이었다. 예컨대 이슬람에서는 유일신 알라와 그의 예언자인 무함마드를 믿으라고 요구했고, 이런 믿음을 충실히 따르는 사람은 내세에 낙원에 이르게 될 것이라고 했다. 이렇게 기준은 간단한 반면 그에 따라 실천해야 하는 일은 아주 많아서, 이슬람교도는 성지를 순례하고 라마단 기간 동안은 단식을 해야 하며 또 매일 정해진 시간에 기도를 드려야 한다. 기독교가 아닌 유대교 역시 신앙생활의 일부로 여러 가지 해야 할 일들이 많았는데, 그 결과 이러한 종교들은 따르고 실천하는 방법이 매우 다양했음에도 불구하고 기독교처럼 서로 갈등을 빚을 만한 유해한 요소들은 거의 가지고 있지 않았다. 그러나 얼마 지나지 않아 이런 기독교의 편협함과 비타협적인 태도가 이슬람 사회로 크게 유입이 되어 이슬람교에서도 서로 다른 교리적 해석이 나오게 된다.[10]

믿음의 중요성

그렇지만 다른 종교의 기준으로 볼 때 기독교가 전하는 내용은 놀라울 정도로 복잡했으며, 따라서 다른 무엇보다도 '믿음' 그 자체가 더 중요시되었다. 표면적으로는 "주 예수를 믿으라, 그리하면 너희가 구원을 얻으리라"라는 단순한 명제를 내세웠지만, 그 뒤에는 언급되지 않은 수많은 추측과 곤란한 질문들이 숨어 있었다. 먼저, 예수는 누구이며 왜 그의 초자연적인 모습을 믿어야만 하는가? 둘째, 무엇으로부터의 구원이며 여기에서 말하는 구원의 의미는 무엇인가? 기독교를 믿는 사람들은 야훼의 아들인 나사렛 예수를 받아들일 것을 요구받는다. 여기서 또 '아들'이란 어떤 의미일까? 분명 생물학적인 의미의 아들은 아닐 것이다. 예수의 어머니는 처녀였으며, 예수는 에덴동산에서 신을 거역했던 아담과 이브의 죄를 물려받은 지금의 후손들을 구하러 세상에 왔다. 그 구원의 방법은 자기 스스로를 아버지 야훼에게 피의 제물로 바치는 것이다. 즉, 죄악으로 물든 인간을 대신한 희생으로 야훼의 분노를 가라앉히는 것이다. 그렇지만 기독교에서 이야기하는 이른바 '삼위일체설Trinitarian belief'에 따르면, 예수는 단지 야훼의 아들이 아닌 야훼 자신이며 따라서 신은 하나뿐이다. 그렇다면 신은 자기 자신에게 스스로를 희생 제물로 바친 것이다. 이는 바이킹 최고의 신인 오딘Odin이 이 우주를 떠받치고 있는 거대한 물푸레나무인 이그드라실Yggdrasil에게로 가서, 더 깊은 지식을 얻기 위해 가지에 목을 매달아 자신을 제물로 바쳤다는 전설을 떠오르게 한다.

그렇지만 여기서 끝이 아니다. 기독교를 믿으려면 또 예수가 죽은 뒤 무덤에서 실제 육신 그대로 부활을 해 제자들에게 그 모습을 보인 후 하늘로 승천했다는 사실도 믿어야 한다. 이 이야기는 세상의 종말이 오면 모든 죽은 자들이 무덤에서 부활할 것이라는 교리의 증거로 사용되는데, 죽은 육신이 다시 하나로 짜 맞춰지며 영혼은 그 육신과 하나로 합쳐진다. 그런 뒤 신실하게 신앙생활을 했던 사람들은 천국에서 영원한 복락을 누리는 보상을 받게 되며, 악인들이나 이교도들은 지옥의 불바다 속에서 영원한 고통을 맛보게 된다. 아마도 신실한 신도들은 하늘 천국에서 그 장관을 구경하게 될 것이다.

이러한 내용들을 바탕으로 필수적인 믿음의 범위는 계속 확장되었고 믿음과 실천에 대한 의견의 불일치도 엄청나게 커져갔다. 신성한 경전에서 이야기하는 진짜 믿음과 가짜 믿음이 무엇인지에 대한 서로 다른 해석들은 분열과 갈등, 그리고 적대감의 원인이 되었다. 때로는 경쟁적 관계의 종파들끼리 피 튀기는 대결을 펼치기도 했다. 초기 기독교인들은 로마 제국과 일반 폭도들에게 박해를 받기도 했으며, 그 직접적인 이유는 꼭 신앙 때문만은 아니었다. 비록 기독교인들인 같은 이스라엘 사람들과 그 신앙으로부터 갈려져 나왔지만 현재 박해를 받는 동족의 종교적 전통에 대해서 아직까지는 어느 정도 따르는 경향이 있었고, 또 표면적으로 신과 같은 대우를 받던 로마 황제의 위치를 인정하기 거부한 것도 박해를 받는 이유가 되었다. 따라서 이들은 사회적인 불순분자 취급을 받았으며, 동시에 이 기독교인들은 이교도인 로마 황제들보다 자신들 내부의 갈등으로 더 많은 고통을 겪고 있다는 사실도 알려졌다.

그러다 박해를 받는 위치에 서게 되고 스스로는 아무런 힘도 가지고 있지 못한 상태가 되자, 내부적인 갈등과 반목은 어느 정도 상대적으로 정리가 가능하게 되었다. 거기에 순교자라는 본보기와 평판은[11] 신학적으로 갈라져 있던 신도들을 서로 단결하게 만드는 역할을 하였다. 비록 그와 동시에 박해 아래에서 변절을 하고 기독교를 버리려 했던 믿음 약한 형제들이 다시 돌아오는 것에 대해서는 또 다른 갈등이 있었지만 말이다. 그렇지만 기독교 신앙이 걷잡을 수 없이 퍼져나가자,[12] 로마 제국의 황제들은 기독교의 뿌리를 뽑을 수 없다는 사실을 깨닫고 이들을 박멸할 수 없다면 차라리 함께하는 것이 더 낫다고 생각을 했다. 마침내 CE 312년, 기독교 숭배 사상은 기독교 교회가 되어 황실의 보호를 받게 되었고, 권력과 재산 모두를 손에 넣게 된다. 교회의 우두머리인 주교, 특히 제국 안의 주요 5대 지역인 알렉산드리아와 안티오크, 예루살렘, 콘스탄티노플, 그리고 수도 로마의 주교들은 아주 중요한 인물들이 되었으며, 이 자리에 오르려는 경쟁도 치열해졌다.

이러한 점들을 생각하면, 이제 신학적인 갈등이 커져가면서 교회란 무엇인가 하는 의문이 생기고, 지금까지보다 훨씬 더한 반목이 일어나게 되었다. 그런 갈등과 반목의 대부분은 바로 예수와 야훼 사이의 관계의 본질에 대한 의문에서 비롯되었다. 둘은 보통 그렇게 이야기하는 것처럼 정말 아들과 아버지의 관계인가? 콘스탄티누스 황제는 이 문제를 매듭짓기 위해 지금의 터키 북서부에 있는 니케아Nicaea에 주교들을 모아 이른바 니케아 공의회公會議를 열었다. 그 결과 서로 의견을 달리 하는 사람들은 그대로 자기들 의견을 고수하게 되었다. 황제의 권위를 가지고 강제로라도 하나로 통합하려는 노력을 했으나, 새롭게 개종을 한 게

노동, 성, 권력
Work, Sex and Power

르만 출신 주교들의 반대로 뜻을 이루지 못했다. 이들은 제국의 변경에 살던 이교도들로, 언제든 제국에 위협이 될 수 있는 세력이었던 것이다.

정통파들, 다시 말해 니케아 공의회의 결정을 받아들인 쪽에서도 예수 그리스도의 신성神性에 대해서 갈등이 남아 있었다. 바로 예수의 신성과 인성을 동일시하는 측과 분리되어 있다고 하는 측 사이의 갈등이었다. 정통파에서는 그 어느 쪽도 아니라는 해결책을 제시했다. 그렇지만 콘스탄티노플과 안티오크, 그루지아 혹은 아르메니아가 생각하는 정통파는 이집트의 그것과는 달랐으며, 지금으로 치자면 튀니지와 스페인의 입장 차이만큼이나 달랐다. 제국의 영역 안에서조차 완전히 분열되고, 적대적인 분위기의 회합이 다시 열리게 될 상황이었다. 그중에서도 기존의 이집트와 에티오피아의 콥트 교회Coptic church는 당시에 다른 길을 가게 되었고, 경쟁자 격인 네스토리우스Nestorius파는[13] 중앙아시아 전역으로 세력을 떨쳤지만 훗날 이슬람 세력에 무릎을 꿇고 만다.[14]

무엇을 믿느냐 믿지 않느냐의 문제가 중요한 사회적 문제는 물론, 삶과 죽음을 가르는 기준이 된 것은 세계 역사상 처음 일어난 사건이었다. 사실, 이런 표현도 그 중요성에 비하면 수위가 약한 것이다. 이 문제는 단순한 삶의 문제 그 이상으로, 올바른 믿음에 따라 개인의 운명은 영원한 구원이나 지옥으로 갈라지는 것이었다. 거기에 누군가 이단의 믿음을 가지고 있는 사람이 있으면, 공동체가 오염되고 다른 사람들의 불멸의 영혼도 위험에 빠트리게 되는 것이었다. 따라서 오염의 매개체를 없애는 일은 아주 다급한 문제였다.

초자연적 우주의 본질에 대한 이런 서로 다른 신념들의 의도 자체는 순수했다는 것에는 의심의 여지가 없다. 그렇지만 그 뒤에는 언제나 권력과 재물에 대한 문제가 도사리고 있다. 누가 신도들을 확보하여 그들로부터 수입을 얻어낼 수 있을까? 또 누가 지배층의 환심을 사고 그들과 가까이 할 수 있을 것인가? 따라서 주변에 있는 모든 사람들을 강제로라도 개종시키려는 노력은 어쩌면 당연한 결과였다. 그리고 이후 약 1세기 동안 제국 안의 이방 종교들과 예배 의식 등은 조금씩 박해를 받아 4세기가 저물 무렵에는 완전히 불법적인 행위로 낙인찍히게 된다. 여기에서 이스라엘 사람들의 종교는 제외가 되는데, 그건 이들의 자발적인 개종이 세상의 종말이 시작되기 전 꼭 필요한 단계였기 때문이다. 물론 이들은 기독교로의 개종을 거부한다. 그 결과 이스라엘 사람들은 심한 박해와 학살의 대상이 되었지만, 이런 일들이 부정기적으로 일어난 덕분에 완전히 절멸되는 일만은 간신히 면하곤 했다.

비슷한 시기에 확인할 수 있는 거대한 신학적 소용돌이 중 하나가 바로 개인이 수행하는 엄격한 금욕 생활에 대한 문제다. 금욕 수행을 한 사람은 다른 사람들로부터 큰 존경을 받게 되고 온갖 문제에 대한 조언을 해줄 수 있는 위치에 올라서게 되었다. 금욕 수행이 브라만교와 불교에서도 중요시된 건 이와 비슷한 이유 때문이었다. 그렇지만 이 당시 기독교의 성자로 불리는 사람들은 그 수준이 사뭇 달랐다. 우선 성인이 된 이후부터 기둥 같은 곳 위에 올라가 비가 오나 눈이 오나 그 자리를 지켰고, 극단적인 단식과 최소한의 수면 시간, 각종 질병이나 고통 참기 등이 여기에 더해졌으며, 아예 벌레가 피를 빨도록 내버려두기도 했다. 당연히 굶주림과 수면 부족은 성적인 욕구가 줄어들게 만들고, 마음을 가라앉혀 이런 고행을 할수록 영적으로 신과 하나가 된다는 목표에 더 가깝게 다가갈 수 있다고 확신할 수 있었다. 시간이 흐르자 이런 극단적인 수행은 사라지고 금욕을 통한 수행은 주로 수도원 등에서 일과처럼 하는 행사가 되었다. 하지만 이전보다는 그 강도는 덜하지만 홀로 수행을 하는 은자隱者들은 여전히 중세 시대 내내 남아 있었다.

노동, 성, 권력
Work, Sex and Power

권력과 분열

이 당시 기독교의 주요 분열과 갈등은 11세기에 일어났는데,[15] 비록 신학적인 문제들이 포함되어 있기는 했지만 성령聖靈, the holy ghost을 묘사하는 올바른 라틴어 표현에 대한 문제를 중심으로 결국 권력과 권위를 다투는 갈등이었다. 로마의 주교도, 콘스탄티노플의 장로도 교회 안에서 주도권을 장악하고 싶어 했고, 나중에 교황이라고 불리게 된 로마의 주교는 오랜 세월 동안 콘스탄티노플에 있는 동로마 제국의 황제에게 복종을 해왔었다. 그렇지만 9세기가 시작되자, 서유럽 프랑크 왕국의 국왕 샤를마뉴가 로마 제국의 후예로 새로운 '서로마 제국' 혹은 '신성로마 제국'의 황제 자리에 올라 동로마 제국과 경쟁하며 로마의 교황을 보호하게 된다.[16] 이체 교황은 전설 속에서 기독교 교회의 첫 수장이라고 전해지는 성 베드로의 후예임을 앞세워 자신이 교회에서 최고의 권위를 지니게 되었다고 선언한다. 그리고 11세기가 되자 이번에는 노르만족이 교황의 승인을 앞세워 이탈리아 남부에 남아 있던 동로마 제국의 세력을 완전히 몰아낸다.

콘스탄티노플에 있는 동로마 제국의 황제가 이탈리아 로마에 다시 세력을 뻗칠 수 있는 가능성은 전혀 남아 있지 않았지만, 황제는 자신의 영토 안에서 로마 교황의 존재를 철저하게 무시한다. 동서 양쪽의 타협과 화합을 이루려는 노력에도 불구하고 마침내 1054년 돌이킬 수 없는 대분열이 일어나게 된다. 이후 300년 가까운 세월 동안 상호 간의 학살과 파괴에 의해 동서의 갈등과 분열은 정점을 찍었고, 15세기 중반 터키 제국의 이슬람 군대가 콘스탄티노플을 공략할 준비를 하자 다시 마지막으로 화합을 위한 노력을 기울였다. 그러나 모든 것은 수포로 돌아가고 만다. 기독교인들의 입장에서 보면 대재앙이었던 콘스탄티노플 함락과 동로마 제국의 멸망은 서유럽의 외면으로 이미 예견된 일이었다. 상업적

이해관계가 걸려 있던 이탈리아 베네치아 공화국의 군사적 지원을 제외하고, 유럽의 군주들은 동쪽의 기독교인들이 자신들의 운명을 따르도록 내버려두었다.

앞서 언급했던 것처럼, 사람들은 구원이나 천벌을 받는 문제는 원칙과 세부 사항 모두에서 올바른 신앙생활에 달려 있다고 믿었고, 거기에는 진심을 다한 실천과 복종이 포함되었다. 죽음의 수용소보다 훨씬 더한 위협이 되는 지옥이라는 개념의 도입으로, 죄를 지은 사람들이 내세에도 지독한 고통을 당하게 되었다. 그 기간은 정해져 있거나 사람들이 죄를 인정하면서 끝이 나는 것이 아니라 영원히 지속되는 것이며, 사회적 규율과 종교에 대한 복종을 각인시키는 가장 효과적인 도구가 되어 주었다.

설교자들은 기꺼이 이런 저주와 고통에 대한 내용들을 새롭게 정리해서 만들어냈다. 그럼에도 불구하고 이것만으로는 충분하지 않았는지, 기독교가 세력을 넓히던 수 세기 동안 폭동과 종교적 갈등은 계속해서 이어졌다. 따라서 상황이 심각해지면 질수록 지배층도 그 반대파들도 자신들은 구원을 받게 되지만, 적들은 영원히 저주를 받을 것이라고 열정적으로 믿을 수밖에 없었던 것이다.

그 이후에도 기독교의 거대한 양대 세력인 동방과 서방 모두에서는 분열과 서로 다른 종파들이 난립했지만, 특히 더 심했던 건 서방 교회 쪽이었다. 13세기가 되자 프랑스 남부에서는 이른바 카타르Cathar의 이교도들을 뿌리 뽑기 위해 엄청난 규모의 파괴와 학살, 그리고 여러 잔혹한 행위들이 벌어졌다. 그리고 그 밖에 규모가 작은 이교도들을 대상으로 한 여러 박해들도 시작되었다. 16세기에는 역시 서방 쪽에서 더 큰 갈등이 일어났다. 로마 교황의 권위가 도전을 받고 거부를 당하게 된 후 서방 각국에서는 반대파들이 성공적으로 자리를 잡았는데, 이들은 곧 신학적 문제에 대한 더 첨예한 논쟁을 벌이며 서로를 박해하고 공격하기 시작했던 것이다.

물론 기독교 교회의 중심에 공포가 있기는 했어도 공포만이 교회를 떠받치는 유일한 기둥은 아니었다.[17] 거기에 더해 교회는 눈에 보이고, 귀에 들리고, 코로 냄새 맡을 수 있는 무엇인가를 더 제공해야 했다. 최소한 16세기와 17세기의 칼뱅주의파 종교 개혁가들이 하나님의 말씀, 즉《성경》에만 집중해야 한다고 주장하면서 자신들의 정치적 영향력이 미치는 지역 안에서 그 외의 것들을 비난하고 몰아낼 때까지 이런 일들은 계속되었다. 그렇지만 교회는 내세에서 겪을 고통뿐만 아니라 기쁨에 대한 약속을 계속했던 것이다. 물론 칼뱅파에서는 그런 기쁨을 누릴 사람은 극소수일 것이라고 하긴 했지만 말이다.

기독교 신앙은 중요한 인생의 순간을 축하해주는 기능이 있었다. 특히 출생과 결혼, 죽음과 같은 순간들이다. 교회의 모임은 단지 신자들만 모이는 것이 아닌 바로 사회적인 회합이 되었으며, 물론 다른 종교들도 마찬가지였다. 교회의 모임이나 예배를 통해 사람들은 인생과 우주, 그리고 그 밖의 모든 것들에 대해 배울 수 있었으며, 특히 자기 자신의 삶이 어떻게 진행될지 이해할 수 있었다. 아마 무엇보다도 천사와 성자라는 상상 속의 강력한 친구가 생겨 악마의 형상을 하고 나타난 악의 유혹을 이겨낼 수 있도록 도와준다는 것이 가장 중요했으리라. 물론 교회는 물질적인 곤란에도 어느 정도 도움을 주었다. 특별히 복음주의 개신교에서는 이런 상상의 친구가 심지어 하나님 그 자신이 될 때도 있었다. 바로 "예수님은 우리의 친구!"였던 것이다.

단지 기독교를 믿는 개인들만이 자신이 성스러운 힘의 도움과 지원을 받는다고 믿었던 것은 아니다. 서유럽의 기독교 국가들도 어려움을 겪을 때마다 이런 신념을 버리지 않았다. 기독교를 국교로 삼은 로마 제국의 지배층, 그러니까 콘스탄티누스 황제와 그 후계자들은, 배교자로 불렸던 율리아누스 황제를 제외하고, 자신들이 기독교를 믿는 왕국을 세웠기 때문에 신의 뜻이 자신들과 함께할 것이라는 사실을 믿어 의심치 않았다. 로마 제국은 이후 점점 더 자주 거센 풍랑에 휘말리게 되었는데, 살아남은 이교도 지식층들은 그때마다 이런 고난이 고대의 신들을 버린 결과라고 불평을 하기도 했다.[18] 이후에 일어난 모든 왕국과 군주들은 자신들이 신의 특별한 보호를 받고 있다고, 아니 그래야만 한다고 믿었다. 셰익스피어가 《햄릿》에 "무릇 왕이라면 신의 가호가 함께하기 마련이거든"이라는 대사를 집어넣은 것은 다 그만한 이유가 있었기 때문이다.

"고트 미트 운스Gott Mit uns" 즉, "신께서 우리와 함께하신다"라는 말은 나치의 제3제국까지 사용되었던 독일군의 구호로, 그 기원은 오래전 중세의 튜턴 기사단Teutonic Knights까지 거슬러 올라간다. 러시아의 로마노프 왕조 역시 이와 비슷한 구호를 가지고 있었으며, 영국은 아예 국가國歌에 신께 영국의 왕에게 승리를 내려달라고 기원하는 가사를 집어넣었다. 이와 동시에 기독교가 주는 위로의 기능을 간과하지 않는 것도 분명히 중요하다. 다른 종교와 마찬가지로 기독교 역시 '무정한 세상에 정을 주는' 기능이 있는 것이다. 때로는 단순한 종교적 위로뿐만 아니라 물질적인 지원도 함께 있었다. 기독교라는 종교의 가치와 미덕이 중요한 것이 아니라, 그것을 실제로 행하는 신실하게 믿는 사람들의 명성을 인정하는 것이 중요한 것이다.

이슬람의 배경[19]

기독교가 서구 사회의 중요한 동력원이 된 지 6세기가 지나 아라비아 반도 서부에서 이슬람교가 그 모습을 드러냈다. 상업 활동의 교차로였던 이곳은 이스라엘의 유대교와 기독교, 그리고 그 다양한 종파들은 물론 사산조 페르시아 제국의 국교였던 조로아스터교와 그 분파쯤 되는 주르반교Zurvanism까지 많은 종교를 익숙하게 접할 수 있는 그런 곳이었다. 이슬람교도들은 일신교가 아닌 이원론적 종교인 조로아스터교를 진리라고 생각하지는 않았지만, 적어도 기독교와는 달리 이교도가 아닌 정통성이 있는 종교라고 생각하고 있었다.

일신교인 이슬람 신앙의 상당 부분은 이스라엘의 전통을 따르고 받아들이고 있으며, 기독교의 교리와도 일부 유사한 점이 있다. 예를 들어 예수 그리스도를 신의 아들은 아니더라도 예언자 정도로는 인정하고 있다. 대신 십자가에서 처형당한 사실은 인정하지 않는데, 신의 예언자는 그런 부끄러운 죽음을 당해서는 안 되기 때문이다. 중세의 기독교에서는 이슬람을 경쟁자라기보다는 기독교의 한 분파나 이단 종파로 여겼다. 단테가 쓴《신곡》의 제1부인 〈지옥〉편에서 무함마드를 지옥에 떨어진 것으로 묘사한 건 그가 기독교 신앙을 분열시켰다고 생각했기 때문이다.

예수와 마찬가지로 이슬람교의 창시자인 무함마드의 생애도 수수께끼로 가득 차 있다. 독일인이면서 이슬람교로 개종을 한 뮌스터 대학교의 무함마드 스벤 칼리쉬 교수가 2008년에 한 이야기를 들어보자.[20] 그는 무함마드의 생애에 대한 고대의 자료들에 대해 많은 학자들이 의구심을 가지고 있다고 지적한다. 아무런 기록이 남아 있지 않은 그의 출생 전후 사정은 무함마드가 사망했다고 알려진 632년 이후 100년이 지나서야 알려지기 시작했으며, 제대로 기록이 된 건 그보다도 훨씬 더 나중의 일이라는 것이다. 그의 이름이 제대로 새겨진 동전이 처음 등장한 건 7세기 후반의 일이다. 존 피카드 역시 비슷한 점을 지적한다. 그는 예루

살렘에 있는 이슬람교의 대사원인 바위 사원Dome of the Rock에 있는 명각
銘刻에서 무함마드의 이름을 거의 찾아볼 수 없다는 점을 주목했다. 그리
고 그나마 있는 무함마드라는 표현은 개인의 이름이 아닌 '존경받을 만
한 자'라는 일종의 명칭이나 직함이라는 것이다.

　이슬람이라는 종교 그 자체에 대해서 이야기하자면, 지금까지 알려진
초창기의 이슬람 기록은 이방인들이 아닌 이스라엘 사람들과 기독교인
들을 대상으로 전하는 설교로, 신앙과 믿음을 새롭게 가다듬어 진정한
의미를 깨닫자는 주장이 실려 있다고 한다. 그런데 이것만으로는 완전
히 새로운 내용이라고는 할 수 없다. 피카드는 종교로서의 이슬람이 분
명 동로마 제국의 '겉만 번드르르한 기독교'가 아닌 진정한 종교를 갈구
하던 아라비아의 기독교인이나 이스라엘 사람들의 공동체에서 만들어
진 것이라고 주장하고 있다.[21] 예루살렘이 기독교에서 차지하고 있는 중
요한 위치는 이슬람교에서도 마찬가지다. "이슬람교의 경전인 《쿠란》의
내용 상당 부분은 이스라엘과 기독교의 경전에 나와 있는 내용과 유사
하다." 그리고 논란의 여지는 있지만, 그 내용의 3분의 1 이상은 이슬람
교가 성립되기 이전의 것으로 추정된다는 것이 피카드의 주장이다. 사
산조 페르시아가 세력을 떨치고 지금의 이란 지역의 기독교인들에 대한
정복 전쟁이 시작되면서 아라비아의 일신교 신도들은 '새로운 이스라엘
사람들'로 여겨지기도 했는데, 지금 사용하는 표현으로는 '신新유대교
neo-Judaism'쯤 될 것이다.

　사실상 피카드는 이슬람교가 이전에 기독교도였거나 유대교도였던
아라비아의 제국주의자들이 만들어낸 종교라고 주장하고 있는 것이며,
이들에게는 아라비아의 종교적 환경과 구별되면서도 갈등을 빚지 않는
그런 이념적 지주가 필요했다. 피카드의 설명이다.

　"모하메드 혹은 무함마드라고 불렸던 아라비아의 지도자의 역할이

노동, 성, 권력
Work, Sex and Power

무엇이었든 간에 그의 이름을 따라 일어난 종교는 7세기 중반까지 존재하지 않았으며, 다만 아라비아 제국 내부의 계급과 인종적 갈등, 그리고 7세기의 엄청난 정복 전쟁을 유지하기 위한 압박과 긴장 등을 통해 만들어진 것이다."[22]

나사렛 예수의 경우와 마찬가지로 이에 대한 논쟁은 지금까지도 활발하게 이어지고 있다. 그렇지만 역시 예수의 경우와 마찬가지로 훗날 그의 이름을 둘러싸고 어떤 주장이 제기되었는지에 상관없이, 어떤 특별한 개인이 한 종교의 출발점이 되었을 가능성은 부인할 수 없다. 그리고 어쩌면 이 내용이 가장 중요한 문제일지도 모른다.

정복 활동

아라비아 반도의 주도권을 장악하게 된 이 새로운 종교는 아라비아 전역의 정복 활동을 통해 그 교세를 더욱 확장하게 되며, 대부분의 사람들이 스스로 개종을 선택한다. 영국의 역사가인 에드워드 기번은 자신의 역작 《로마 제국 쇠망사The History of the Decline and fall of the Roman Empire》 중 한 권을 할애해 무함마드와 이슬람교의 영향을 다루었다. 이슬람교의 예배 의식과 실천, 그리고 통합의 이념과 군대의 규율과 효율을 세우는 데 도움이 된 규칙적인 기도 생활, 위생, 잘 다듬어진 명령 체계 등에 대한 기본적인 분석은 최소한 그의 설명이 지금까지도 가치 있게 다루어지는 이유가 되어 주었다. 이런 이슬람의 믿음과 신앙에는 또 다른 장점들이 있었는데, 아주 단순하고 직설적인 형태로 기독교가 만들어낸 신학과 예수 그리스도 본인에 대한 미궁과도 같은 갑론을박을 벗어날 수 있었던 것이다. 앞서 소개했던 스벤 칼리쉬에 따르면, 자신이 개종한 이유도 이슬람교가 가장 이성적인 형태를 지닌 종교였기 때문이라고 한다. 이슬람교는 기독교와는 달리 아량이 있으며, 물론 이따금 무력에 의한 강압적인 개종도 있었지만, 보통은 새로운 종교의 장점을 함께 나누고 싶어 하지 않았던 이방인들까지도 아주 부드럽게 대해주었다. 단지 종교에 대한 특별한 세금을 부과했을 뿐이다. 다시 말해 처음에는 특별히 개종을 할 만한 이유는 없었던 것이다. 이슬람교가 동로마 제국이나 사산조 페르시아의 경제적 압박에 의해 고통받는 사람들 사이에서 빠르게 퍼져나간 것은 전혀 놀라운 일이 아니며, 특히 동로마 제국은 그리스도에 대해 다른 의견을 가지고 있는 사람들을 박해했다.

1세기가 지나기 전에 이 새로운 종교는 지금의 이라크 지역을 포함하고 있던 페르시아 제국을 무너트렸다. 시칠리아 섬을 포함한 동로마 제국의 영향력이 아직 남아 있던 지역의 대부분을 정복했고, 지금의 에스파냐 지역에 있던 서고트 왕국도 손아귀에 넣었다. 심지어 프랑크 왕국도 공격을 받을 정도였다. 10세기가 되자 이슬람의 세력은 에스파냐와 북아프리카 연안, 중동 지방을 거쳐 중앙아시아와 중국의 일부 지역, 그리고 티베트까지 이를 정도였다.

당연한 이야기이지만, 이런 광대한 지역을 한 곳의 중심부와 연결해서 다스리는 것은 불가능한 일이다. 이슬람의 중심지는 처음에는 다마스쿠스였고 그 다음은 바그다드였는데, 얼마 지나지 않아 서로 적대적인 관계의 여러 작은 왕국들로 쪼개진다. 일부 왕국은 이집트의 경우처럼 종교적인 갈등이 분열의 원인이었으나, 기독교처럼 신앙의 교리에 대한 많은 문제들이 발생한 것은 아니었다. 다만 이슬람에도 분명히 교리상의 갈등이 존재했었고 실제로는 전통의 해석, 즉 누가 예언자 무함마드의 진정한 후계자인가 하는 문제가 더 많이 거론되었다.

이후 이슬람의 세력은 동남아시아와 지금의 인도네시아 지역, 나일강 북부의 수단 지역, 그리고 홍해 연안을 따라 소말리아 땅을 거쳐 사막

노동, 성, 권력
Work, Sex and Power

민족인 투아레그족의 도시인 팀북투가 중요한 문화적 중심지 역할을 하는 사하라 사막을 지나 서아프리카의 열대지방에까지 이른다. 서아프리카에서는 이슬람 지배자들이 세운 여러 강력한 국가들이 정복보다는 개종을 통해 세력을 넓혀갔다. 이슬람교가 21세기까지 별다른 반발 없이 계속될 수 있었던 중요한 이유는 바로 이 때문이 아니었을까.

문제가 되는 내용들

유일신을 믿는 종교들은 각각 경전을 가지고 있는데, 모세나 무함마드와 같은 예언자들을 통해 신이 직접 그 내용을 알려주었다고 주장하기도 한다. 그리고 기독교의 4복음서와 같이 다른 구원 종교의 경전이나 그 밖의 다른 범주와 비교나 적용이 되지 않는 고유한 특성을 가지고 있는 경전도 있다. 이런 경전들에는 분란의 원인이 될 만한 내용들이 들어 있는 것이 사실이며, 심지어 종말에 대한 가장 확실한 내용이 들어 있는 조로아스터교와 유대교, 그리고 기독교의 경전들에서조차도 이런 모습들이 발견된다. 여기에서는 자신의 종교를 믿는 사람들에게는 낙원을 약속하면서 고관대작들에게는 저주와 응징을 앞세워 위협을 하는데, 반대파나 반란군, 그리고 종교 혁명가들은 자신들이 직접 필사하고 해석한 경전들을 앞세워 아주 빈번하게 갈등의 구심점으로 삼았다. 역사상 마지막으로 있었던 유명한 종교 혁명은 1640년에서 1660년까지 있었던 영국의 청교도 혁명일 것이다. 따라서 어떤 종교든 그 주류파가 중립적인 위치를 취하려 했던 것은 그리 놀라운 일은 아니다. 조로아스터교에서는 훗날 좀 더 순화된 모습의 주르반교가 만들어졌고, 이스라엘 사람들은 〈다니엘서〉를 제외하고 종말에 대한 내용을 정식 경전에 포함시키지 않았다. 그리고 기독교의 주교들은 〈요한계시록〉에 대해 모호한 입장을 취했고, 정식 경전에 포함시킨 건 수백 년이 지난 후의 일이었다.

그렇지만 이런 종말에 대한 내용이 없이도 일신교의 경전들은 여전히 반대파들에게 영감을 주고 있다. 기독교를 잠시 제쳐두더라도, 일신교에서 신은 오직 하나뿐이며 신의 말씀은 신성한 것이다. 그런데 불행히도 신의 말씀이 모든 믿는 사람들에게 분명하게 전달되는 것이 아니라서, 같은 종교를 믿는 사람들 사이에서도 다양한 많은 해석이 나올 수 있는 것이다.[23] 신이 알려준 계율이 하나의 제도로 정착이 되고 정설로 인정받는 해석이 나와, 기독교의 경우 공식적인 회의를 개최하고 교황 무오류설 같은 이론이 정착되었다. 하지만 거기에 잘못된 해석과 왜곡, 그리고 변조가 있었다는 주장과 함께 주류 정통파에 저항하는 움직임은 언제나 있어 왔다. 정말 기이한 일이지만, 이러한 갈등과 저항은 언제나 우연히도 여러 사회적 문제들과 함께 일어나, 시간과 장소를 가리지 않고 신실한 신도들을 흔들어댔다.

종교를 전체적으로 바라보면, 그 초자연적인 가정들에 대해서는 인정할 만한 증거 같은 것은 없지만, 전 세계에 존재하고 있는 수많은 다양한 종교들은 그렇게 존재할 만한 충분한 이유가 분명히 있다. 어떤 근대 과학 이전 문명의 초자연적 신앙이라 할지라도 그 근간에는 분명 사람들이 자연스럽게 받아들일 수 있는 무엇인가가 있으며, 하나의 지켜야 할 전통으로 빠르게 자리를 잡게 된 것이다. 신앙을 받아들인 사람들을 살펴보면, 여러 가지 종교들을 살펴보고 심사숙고 끝에 결정하는 것보다는 자신이 자라고 교육받은 전통 안에 있는 종교를 따르는 비율이 훨씬 더 많다. 아마도 90퍼센트 이상은 될 것이다.

노동, 성, 권력
Work, Sex and Power

초자연적 신앙이 특별히 의미를 갖고 자리를 잡게 되는 것은 그 종교가 평온한 일상에 대한 반영이나 숙고를 담은 문제를 이야기하는 것이 아니라, 극단적으로 위험하고 고통스러운 상황에서 끔찍한 실상에 대해 이야기할 때다. 그런 상황에서 미신과 종교는 특별히 사람들을 매료시키는데, 물론 종교에 의지했지만 아무런 소용이 없을 경우에는 자신들이 겪은 정신적인 충격이 오히려 부정적인 반응을 이끌어낼 수도 있다. 예를 들어 유럽에서는 제1차 세계대전 당시 모든 교전국들이 끊임없이 신의 도움을 간구했지만, 아무런 소용없이 대량 학살만 이어지기도 했다.

심지어 진짜 피부로 느껴지는 위험이 없을 때도 교묘한 선전을 통해 우리는 그러한 위험이 존재하고 있다고 확신하게 되며, 종교를 적극적으로 열심히 믿고 따르게 된다. 예를 들어 1964년에 발표된 〈미국 정치의 편집증적인 모습The paranoid style in American politics〉이라는 글을 보면, 당시의 미국 국민들이 냉전 기간 동안 신을 믿지 않는 공산주의자들이 침략해와 미국을 점령할 것이라는 상상을 하며 두려움에 떨었음을 알 수 있다.[24] 그리고 지금의 우리는 이슬람 세력에 대해 똑같은 두려움을 가지고 있는 것이다. 1940년대의 사람들은 종교란 이제 죽어가는 신념의 체계이며, 아주 부분적으로만 살아남게 될 것이라고 다들 생각했었다. 물론 만일 다양한 종교들이 새롭게 세워진 종교의 중심지들에서 그 생명을 유지할 만한 적극적이고 충분한 지원을 받지 못했다면 사정은 크게 달라졌으리라. 그리고 세상의 정치 세력들이 그 몫을 제대로 해내지 못했을 때 대중 사회 속 개인과 국가에게 인생의 문제를 해결하는 해답으로 자리매김한 것이다.[25]

상상 속의 공동체 :
표시와 상징, 정체성과 민족

Imagined Communities :

Signs and Simbols, Identities and Nations

'상상 속의 공동체imagined communities'란 베네딕트 앤더슨이 민족적 감상주의에 대해 설명한 표현이다. 그 주제는 관련 범위가 넓고 일반적인 내용을 다루고 있으며, 이렇게 10장 전체에서 다뤄야 할 정도의 많은 논쟁을 불러일으킨다.

그렇지만 여기에서 나의 목적은 특별히 중요하면서 역사적 발전 과정속에서 끊임없이 반복되는 것처럼 보이는 특정한 측면들을 찾아내는 것이다. 바로 역사의 흐름 속에 내재되어 있는 상징이나 정체성 같은 것들이다.

또한 나는 민족, 성별, 인종, 계급 혹은 차이를 만들어내는 다른 요소들과 상관없이, 사회적 집산주의集産主義와 사회적 차별을 고착화시키는데 사용된 수단들에 대해 집중해보려고 한다.

정체성과 그 밖의 것들

자신이 속해 있는 사회와 공동체가 형성되는 과정과 함께 개인의 개념적 정체성은 언어와 신상, 의식, 공동의 노동, 그리고 사회적 상호작용뿐만 아니라 공동체 밖의 사람들과의 비교와 구별을 통해서도 만들어지는 것이다. 물론 그 밖에도 공동체 안에서 또 다른 차별의 유형을 만들어내는 사회적 균열과 다양한 언어, 그리고 같은 공동체의 다른 부분에 반하는 자아 일치의 개념 등이 있다.

당연한 이야기이지만, 공동체 정체성의 가장 초기 형태는 가족의 개념이 확장된 것으로, 기술과 능력, 상태의 차이가 만들어낸 환경 안에서 모두들 생산과 생존이라는 공동의 목표에 참여하고 있다. 그리고 모든 사람들은 서로를 개인적으로 다 잘 알고 있다. 공동체의 모든 구성원들은 같은 언어와 같은 종교의식, 같은 초자연적 개념, 그리고 공동체 안에서 허용될 수 있는 같은 행동의 범위를 공유한다. 그리고 이런 모든 것들은 친족이라는 개념을 바탕으로 하고 있는 것이다.

친족이라고 생각되는 사람들의 관계가 더 넓은 지역으로 확장되고 씨족이 구성되면, 베네딕트 앤더슨의 표현처럼 이른바 '상상 속의 공동체'가 탄생하게 된다. 더 넓은 범위의 연합체에서도 이렇게 머릿속으로 상상하는 관계는 사회적 질서를 하나로 결합하고 가능한 부드러운 상호 관계를 만들어내는 데 필수적인 요소다. 이러한 상상 속 관계는 거의 언제나 공동체의 종교적 의식이라는 형태를 취하는 경향이 있다. 사회적 집단이 확장되면서 조밀하게 자리를 잡은 마을이나 도시의 수많은 가족과 가족 관계의 공존은 결국 사회와 개인의 갈등을 만들어내게 된다. 그러면 공동체든 개인이든 할 것 없이 이러한 갈등을 조정하거나 억누를 수 있는 전체적인 권위가 필요하게 되며, 그 권위나 권력은 또 높아진 주요성을 강조하기 위해 많은 애를 쓰게 된다.

초기 문명의 신격화된 군주들과 이후에 등장한 로마 제국의 황제들은 눈에 보이는 조각이나 초상화 같은 상징적인 표시의 중요성을 매우 잘 이해하고 있었다. 그리고 아시아의 군주들도 역시 마찬가지였다. 돌이나 청동으로 만든 조각상이 그 대표적인 예이지만, 주화鑄貨가 일반적으로 통용이 되자, 그보다 훨씬 더 영향력이 크고 널리 알릴 수 있는 선전 방법으로 주화에 그런 모습을 새기기 시작했다. 주화에 새겨진 지배자의 얼굴로 그 지배자에 대한 인상이 만들어졌으며, 그 모습이 일정하게 고정이 되면서 오히려 변방에 사는 최하층민들에게도 친숙한 모습이 되어 갔다. 이슬람의 지배자들은 이런 점에서 어느 정도 불이익을 감수해야만 했는데, 우선 이슬람교에서는 인간의 형상을 만드는 일을 금지했다. 이슬람의 지도자인 칼리프 중 한 명은 이런 시도를 했다가 빠르게 포기를 하고, 주화에 새긴 얼굴을 지운 다음 다시 글만 채워 넣기도 했다.

수렵 사회와 초창기 농경 사회의 생존자들에 대해 지금까지 알려진 내용들을 살펴보면, 각각의 씨족 집단 사이에 있었던 복잡한 상호 교류가 그들 사이의 관계를 특징짓고 있음을 알 수 있다. 그런 상호 교류의 대부분은 어떤 동물이나 식물을 수호신으로 섬기고 있으며 금기시하는 관계는 무엇인지, 그리고 다른 씨족 사람과의 결혼은 가능한지 등을 바탕으로 하고 있다. 누군가 친족이 아니거나 다른 수호신을 섬기는 집단의 사람과 맺어지고 싶다면, 그 상대방은 새로운 씨족으로 들어오는 동시에 자신이 태어난 친족과의 관계는 계속 유지하고 있는 것이다.

이렇게 관계가 이어지면 유전자 공급원이 확장된다는 장점이 있지만, 물론 전혀 그런 목적은 아니었을 것이다. 관계의 교류가 완성이 되면 각각의 씨족 사이에서 평화와 협동이 가능하게 되며 자연스럽게 물자의 교환이나 교역도 활발하게 이루어진다. 다른 씨족 사람들을 습격해서 납치를 하는 공동체들이라면 이러한 교류가 결국 적대감이나 전쟁을 의미하겠지만, 흥미롭게도 이런 갈등은 아즈텍의 제사 문화에서 보듯이 실제로는 의식하고만 관련된 것이다. 한 공동체가 완전히 사라지는 그런 일은 거의, 아니 절대로 일어나지 않았다.

초기 문명에서 '다른 사람들'에 대항하는 '우리'는 신격화된 군주가 다스리는 사람들이며, 물론 그 안에서도 주류 계층과 하류 계층 사이의 차이점은 있다. '다른 사람들'이란 군주의 통치권 밖에 존재하는 사람들이며, 서로 간의 적대적인 대치 상황은 자주, 그리고 반복적으로 일어나곤 했다. 물론 그렇다고 해서 서로 간의 교류를 완전히 배제할 필요는 없었지만 말이다. 고대 중국에서는 스스로를 '중화中華'라고 부르며 세상의 중심임을 자처했고 우주의 주도권을 쥐고 있다고 생각했다. 고대 이집트와 메소포타미아에서도 역시 이와 비슷한 주장을 발전시킨 것으로 알려져 있는데, 베네딕트 앤더슨은 이렇게 설명한다.

"지금 사람들이, 왕조에 의한 지배가 대부분의 사람들이 생각할 수 있는 유일한 '정치' 체계였던 세상에 대해 공감을 하는 것은 아마 매우 어려울 것이다……. 국경은 분명히 정해지지 않고 허술한 곳이 많았으며, 왕이 바뀐다고 해서 크게 달라지는 것은 거의 없었다. 따라서 역설적인 이야기이지만, 근대 이전의 제국과 왕국들은 엄청나게 이질적인 구성원들을 모아서 통치를 하는 것이 오히려 더 쉬웠으며, 오랜 기간 지배를 하면서도 서로 동질성이 아주 강한 구성원들이 모이는 경우가 오히려 더 적었다."[1]

지중해 연안의 독립적인 도시국가들에서 그 구성원들은 시민과 비시민으로 정체성을 구분했는데, 둘 다 사실은 모두 외부에서 온 이방인들이었다. 예컨대 페니키아 도시의 주민들은 스스로를 티레 사람이라고도 하고 시돈 사람이라고도 했지만, 페니키아 사람이라고는 하지 않았다. 그리스 도시국가들에서도 마찬가지 모습을 발견할 수 있지만, 이 경우는 그리스어를 말하는 사람들을 전체적으로 하나로 묶어 거의 국가에 가까운 개념으로 '헬라스'라고 불렀고, 그리스어가 아닌 다른 언어를 사용하는 이방인들은 '바르바로스barbaros'라고 불렀다. 이 바르바로스는 영어로 야만인을 뜻하는 '바바리안barbarian'의 어원이 되며 노예로 부릴 수 있는 사람들이라고 여겼다. 바르바로스는 훗날 페르시아나 이집트 같은 문명화된 이방인과 북쪽의 부족 공동체와 같은 문명화되지 않은 이방인으로 다시 구분되었다.

그리스의 도시국가들은 사회적 긴장감과 갈등이 극단적으로 폭발하는 무대였고, 그 밑바탕에는 아주 분명하게 들어나는 빈부의 격차가 있어 종종 학살과 추방이 일어나곤 했다. 아테네에는 이에 대한 기록이 아주 상세하게 남아 있으며, 스파르타의 경우 막강한 무력을 갖춘 시민 지배층은 사회적 차별의 근간이 되는 물질적 재산의 보유를 할 수 있을 만큼 제한했다. 또한 스파르타의 노예 계층 역시 다른 그리스 도시국가들의 노예와는 아주 다른 위치에 있었다.

마이클 만은 스파르타와는 달랐던 아테네에 대해 이렇게 설명하고 있다. "아테네에서 일어나는 모든 종류의 사회적 긴장들은 바로 수 세대에 걸쳐 이어진 엄청난 빈부 격차가 그 원인이었다."[2] 토지를 보유한 부유층들은 시민을 중심으로 하는 민주주의를 증오했지만, 대부분은 노예를 충분히 공급받기 위해 민주주의를 받아들였다. 그러면서도 플라톤의 주장에서 확인할 수 있는 것처럼, 자신들을 재산이 적거나 재산이라고 부를 만한 것이 아예 없는 무산 계급의 공동체와 완전히 다르게 생각했다. '일반 대중' 혹은 '민중'이라는 말은, 다시 말해 '열등한 위치에 있는 사람들'이라는 뜻이다. 그렇지만 노예를 부리는 남성 중심의 이 민주주의 국가를 실제로 떠받치고 있는 것은 포도와 올리브를 재배하고 소규모의 자산을 가진 일반 자영농들이었다.

공화정 로마 역시 그리스와 비슷하게 시민과 시민이 아닌 사람들의 구분을 중요하게 생각했다. 또 그리스와 마찬가지로 계급 간의 구분을 엄격하게 유지했다. 그리고 이러한 구분은 종종 폭력 사태로 이어지기도 했다. 늘 그렇듯 서로 대립하게 된 두 계급에는 특별히 구분을 짓는 이름이 붙게 되었는데, 바로 부유한 귀족 계층과 일반 평민 계층이었다. 노예를 제외한 평민들은 다시 둘로 나뉘었는데, 귀족은 아니지만 말을 가지고 전쟁에 참가할 수 있을 정도의 재산을 가진 기사 계급과 일반 평민들이었다. 이러한 계급 구분에 의해 피 튀기는 갈등은 계속 반복해서 일어났으며, 거기에 더해 노예들의 반란 위협까지 이어지자, 결국 BCE에서 AD로 바뀔 무렵 원수元首 정치가 등장하면서 공화정을 대신하게 된다.

로마에서 남성이라는 특권은 시민권 그 자체를 포함하고 있을 뿐만 아니라, 그 시민이 속해 있는 계층에 상관없이 실질적인 이익을 가져다 주었다. 우선 고문이나 십자가형을 면할 수 있었으며 원수정 치하에서는 하급법원에서 직접 원수에게 청원을 할 수 있었는데, 사도 바울이 그 좋은 예다. 바울의 원래 이름은 사울로 로마 태생이 아니라 아나톨리아의 어느 도시 주민이었다. 당시에는 로마 시민권을 훨씬 더 자유롭게 얻을 수 있었으며, 이후 수 세기 동안 시민권을 받을 수 있는 범위는 더 많이 확대되었다. 처음에 로마 시민권은 계급으로 인한 갈등을 뛰어넘어 사람들을 하나로 묶어주는 역할을 했으며, 원로원의 의원들은 시민권이라는 말을 강직하고 청렴결백한 도덕성을 대표하는 은유로 사용했다. 나약하고 쇠퇴한 동방과 카르타고 혹은 북쪽의 야만인들과는 대조되는 말이었다. 특히 나라의 큰일을 치르면서 대중들의 감성을 자극해 지지를 얻고 싶을 때 시민이라는 말을 강조하곤 했다.

　기독교가 로마의 국교가 된 이후부터 이방인이나 외부인이라는 말은 곧 기독교도가 아니라는 의미였다. 이들은 항상 무시를 당하거나 정기적인 박해를 받았고, 그중에서도 이스라엘 사람들이 제일 심한 고초를 겪었다. 이슬람이나 다른 이방 종교를 믿는 사람들도 비슷한 처지로 정복 전쟁에 꼭 맞는 상대이기도 했다. 이슬람 왕국과 제국들도 상황은 비슷했으나, 외부에서 온 사람들이라고 해도 종교만 다르지 않으면 비교적 관대한 대우를 받았다. 그리고 종교가 달라도 특별 세금만 납부하면 심각한 위기 상황이 아닌 이상은 괴롭힘을 당하지 않았던 것이다.

합리적인 이유

　친족 관계로 이루어진 초창기 수렵 및 채집 집단은 그런 정체성 자체가 합리적이었다고 생각될 수 있는데, 집단을 유지하고 보존하기 위해서 꼭 필요한 조건이 바로 끈끈한 협동 정신이었기 때문이다. 처음 자리를 잡은 마을 공동체도 이와 비슷했다. 이제 막 시작된 사회적 분화가 사람들을 계층별로 나누기 시작하기는 했으나, 마을의 모든 주민들은 서로를 잘 알고 지내야만 했는데, 다만 이후에 국가가 처음 구성되는 모습은 그와는 완전히 다른 문제였다. 사회적 통합의 필요성을 제기한 것은 경제나 환경이라는 불가피한 조건이 아니라, 바로 사회의 지도자가 된 신격화된 군주의 배경이 되는 신화였다. 이 신화는 어떤 특별한 상황이나 환경과는 상관이 없었으며, 그 군주를 돕는 보이지 않는 존재, 즉 신이 인간의 운명을 결정지을 수 있다고 생각했다.

노동, 성, 권력
Work, Sex and Power

종교와 정치는 서로 밀접하게 연결이 되어 있지만, 정치를 따르는 종교는 BCE 막바지에 생겨나 CE 7세기경에 꽃을 피운 '구원의 종교들'과는 완전히 다른 형태의 괴물이다. 이른바 이교도들의 종교는 그 세부적인 내용이 엄청나게 다양한 모습으로 변주될 수 있지만, 수많은 신들을 모시는 그 종교들의 본질적 신앙은 모두 똑같아서 자신을 모시는 공동체를 잘 돌봐주는 대가로 정기적인 동물 제사 정도만 요구하는 수준이었다. 그렇지만 정복자의 입장이 되면 상대방의 종교를 존중하지 않으며 필요하다고 생각하지도 않아, 새로 정복한 지역의 종교를 모든 수단을 동원해 말살하거나 크게 개입하려고 한다. 물론 정복자들은 자신들의 최고의 신과 그에 따른 의식들이 새 지역에서 존중받기를 바라며, 정복자로서 존경과 두려움을 함께 받고 싶을 때는 상대방의 신을 모시는 신전을 찾아가 알렉산더 대왕이 그랬던 것처럼 존중하는 모습을 보일 수도 있다.

　그렇지만 구원의 종교 역시 왕조의 지배와 연결이 되면 또 다른 사회적 상황이 펼쳐진다. 물론 그 왕조가 자신이 지배하는 지역에서 필요한 종교 하나만을 남기고 다른 소수파 종교들을 반드시 박해하거나 멸절시킬 계획을 세우는 것은 아닌데, 다만 기독교는 이런 점에서 아주 예외적인 경우라고 볼 수 있다. 구원의 종교와 왕조가 서로 힘을 합친다는 그 실제 의미는, 사람들이 스스로를 특별한 종교를 믿는 공동체의 일원으로, 그리고 특별한 왕조의 지배를 받는 대상이라는 사실을 동시에 인식한다는 것이다. 또한 각자 다르게 그 중요성을 평가받는 현실을 마주하게 된다는 것이다. 앞서 소개했듯이, 처음 기관총이 만들어졌을 때 같은 기독교인에게는 부드러운 모양의 둥근 총알을, 그리고 터키 사람들에게는 더 큰 충격을 줄 수 있도록 사각형 총알을 사용했다는 일화는, 사실 같은 종교를 믿고 있어도 서로 다른 왕을 모시고 있으면 필요할 경우 죽일 수도 있다는 의미다. 하지만 다만 좀 더 문명인다운 방식으로 죽이겠다는 이야기였다.

역사에서 로마 제국이 사라지고 동서 양 제국으로 분열이 되자 유럽의 서로마 제국은 여러 왕국들로 쪼개졌으며, 동로마 제국은 아주 조금씩 느리게 쇠퇴해가며 그 영향력이 줄어들어갔다. 그 이후 이어진 수백 년의 세월을 우리는 중세라고 부르는데, 중세 시대의 동로마 제국은 아시아와 유럽의 중간 지대에 위치해 있으면서 거대한 중국의 제국들과 칼리프의 아라비아 제국, 그 뒤를 이어받은 터키 제국, 혹은 이슬람이 지배했던 페르시아 제국이나 절름발이 티무르Timur the Lame 같은 칭기즈칸의 후예들이 세운 제국들과 어깨를 나란히 했던 유일한 제국이었다.

한편, 유럽의 여러 왕국들은 여전히 개인적인 이해관계에만 몰두하고 있었다. 이른바 신성 로마 제국의 황제는 한 지역의 국왕 그 이상도 이하도 아니었지만, 그래도 여전히 황제로 대우를 받았으며 교회와 함께 서구 기독교 사회를 지탱하고 있는 두 기둥 중 하나였다. 결국 나중에는 독일 남부에 있던 합스부르크 가문이 결혼 동맹을 통해 다뉴브 강가에 있는 황제의 작은 직속 영토를 확보함으로써, 이후 독점적으로 신성 로마 제국 황제 자리를 계승하게 된다. 다만 19세기가 될 때까지 스스로를 황제라고 부르지는 못했다.[3] 잉글랜드 왕실은 지금의 프랑스 영토를 침공해 들어가면서 제국 건설에 박차를 가하는데, 지금의 에스파냐에 위치했던 카스티야 왕국은 이베리아 반도와 이탈리아, 그리고 지금의 네덜란드와 벨기에 지역을 공략해 들어갔고, 모스크바 공국은 훗날 러시아 제국이 되는 기틀을 확립한다. 잉글랜드는 결국 프랑스에서 패배하고 물러나 영국 제도만을 중심으로 왕국을 유지하게 된다. 이 시기에 이런 각 제국들은 유라시아 대륙 넘어 세력을 떨치게 되는데, 각 제국의 지배자들은 신에 의해 인정을 받은 종교적 우두머리 역할을 했으며, 그보다

노동, 성, 권력
Work, Sex and Power

규모가 작은 왕국의 국왕들도 그런 모습을 따라했다.

17세기에 접어들자 이러한 전통은 무너지기 시작한다. 15세기 초 스위스의 농부들과 자치도시의 시민들은 당시 스위스를 지배하고 있던 부르고뉴 왕국을 무찔렀다. 네덜란드 자치 도시의 시민들은 신교를 받아들여 로마 가톨릭을 따르던 에스파냐 왕국으로부터 벗어났고, 처음으로 스코틀랜드 왕까지 겸했던 잉글랜드의 국왕 찰스 1세는 국민의 이름으로 공개적으로 참수형에 처해졌다. 이 사건은 당시에는 큰 충격을 몰고 왔는데, 당시 국왕 정도 되면 그 위엄을 생각해 조용히 죽음을 당하는 것이 관례였다. 그러나 유럽에서 왕실에 의한 정치는 더 이상의 정치적인 대안이 없었기에 이후로도 수백 년 이상 지속이 되긴 했지만, 예전과 같은 모습을 결국 영원히 되찾지는 못했다. 그 자리를 채운 것은 일반 대중의 애국심에 초점을 맞춘 민족주의 혹은 국가주의였으며, 일반 대중의 신뢰를 얻기 위해 이후의 군주들은 스스로를 왕조가 아닌 국가의 대표자로 내세워야만 했다.

민족과 민족주의

19세기가 되자 종교를 앞세웠던 제국과 왕국들, 그리고 황제와 왕들은 사방에서 여러 가지 어려움에 직면하게 된다. 민족주의를 기치로 내건 정치와 사회 세력들이 각국의 군주들을 압박한 것이다. 이 시기 군주제 국가들은 군주제를 유지하고는 있었지만 각각 이탈리아와 독일, 그리고 스웨덴에서 국민 중심의 국가로 천천히 바뀌어가고 있었다. 민족주의는 근대 이념 중에서 가장 설득력이 있는 것으로, 사회 각 분야에 걸쳐 정체성과 애국심에 대한 의식을 널리 고취시켰으며, 종교적인 측면이 어느 정도 있다는 사실이 분명했다. 앤더슨의 설명이다.

"계몽과 혁명이 신으로부터 부여받은 신분제 왕조의 정당성을 무너트리던 시대에 자주적인 독립국가라는 상상 속의 개념이 탄생했다……. 민족이란 항상 깊고 평등한 동지애를 불러일으킨다. 궁극적으로 보면 지난 200년 동안 국가와 민족이라는 개념이 만들어지게 된 것도 이 동지애나 동포애 덕분이다. 결과적으로 큰 희생은 없었지만 수천만 명의 사람들이 이런 가상의 제한된 개념을 위해 기꺼이 목숨을 바치려고 했다."[4]

이러한 상상 속 개념이 가지고 있는 위력을 강조하기 위해 앤더슨은 "만일 누군가 상상을 해보려고 노력한다면, 이름 모를 어느 마르크스주의자의 무덤이나 영락한 자유주의자들을 위한 기념비 같은 것이 있다고 말해보라"라는 농담을 소개하기도 한다.[5]

18세기 후반부터 20세기 후반, 그리고 그 이후까지 우리 시대의 대중의 정체성, 상상 속의 공동체가 지향하는 바는 인종적 혈통에 상관없는 하나의 민족이나 국가가 되는 것이었으며, 다른 민족의 시민들과 외부인들은 언제나 정치적인 적이 될 수밖에 없었다. 왜 이런 변화가 일어났는지는 정말 수수께끼가 아닐 수 없는데, 민족이 계급주의 왕조에서 중요하게 생각하던 충성이라는 개념을 대신하긴 했지만, 20세기에 있었던 두 차례의 세계대전이 끝날 때까지 이러한 감상을 한곳으로 모으는 모든 노력은 바로 지배계층의 몫이었다. 그 대표적인 사례가 바로 영국이다. 또 다른 사례인 일본은 신과 같았던 천황에게 집중되어 있던 특별한 인종의 숙명이라는 확신이 아주 쉽게 과도한 민족주의로 바뀐 경우로, 인종적 우월감에 대한 의식은 일본 내의 다른 인종들을 엄격하게 다루도록 만들었다. 아이누 원주민은 물론, 같은 인종이면서도 차별을 받았던 부라쿠민이 그 대표적인 사례다.

노동, 성, 권력
Work, Sex and Power

같은 공동체 안의 외부인들이라고 생각되는 집단에 대한 여론의 공론장에서 그 정체성에 대한 확인은, 그 사람들이 국가의 시민인지의 여부를 떠나 모든 경제적 그리고 사회적 문제와 어려움에 대한 희생양 역할을 했느냐는 것이다. 이 문제는 20세기와 21세기의 정치와 사회의 관계에서 중요한 역사적 화두를 던져주고 있다. 이런 사례로 가장 악명 높은 것이 바로 이스라엘 사람들이지만, 꼭 이들만으로 한정되지는 않는다. 그리고 경제적 어려움이 방대한 언론의 확대 보도와 합쳐지는 요즘, 이 문제는 계속해서 세계의 중요한 화두로 이어지고 있다.

근대 제국주의

과거의 제국들이 부패와 파멸의 길로 나아갈 때, 새롭게 태어난 유럽의 세력들은 16세기에서 19세기에 걸쳐 거대한 해외 식민지 중심의 제국을 건설해갔다. 대영제국의 경우는 전성기에 지구 육지의 4분의 1을 차지하기도 했다. 이러한 모습은 서구 사회가 세계를 지배하기 전의 상황인데, 이 당시까지도 여전히 공식적으로는 영향력을 발휘하고 있던 중국이나 터키, 그리고 페르시아 같은 오래된 제국들의 영역까지 주도권을 잠식해 들어갔던 것이다. 다음은 마이클 만의 설명이다.

"민족은 더 열정적이고 더 공격적인 모습으로 바뀌었다. 여기에서 말하는 열정이란 원칙적으로 가족과 이웃의 상호작용 속 격렬한 감정적 공감과 국가 사이에서 만들어지는 더 끈끈한 관계에서 파생되는 것으로, 이 안에서 국가의 교육과 육체적, 그리고 정신적 기반이 더 크게 확장되었다. 이념은 민족을 어머니나 아버지가 있는 따뜻한 가정이 확장된 것으로 보았다. 국가 간에 공격적인 성향이 나왔던 건 모든 국가들이 군사 우선주의로 계속해서 진행하고 있었기 때문인데, 사실 모든 국가는 지정학적으로 군사 우선주의를 실천할 수밖에 없었다. 따라서 자국 문제에만 집중한 건 일부 국가에 불과했다."[6]

식민지가 아닌 본국에 살고 있는 사람들은 '자신들의' 제국과 조국을 모두 포함하는 민족주의에 대한 교육을 받았으며, 식민지 사람들도 이런 내용을 함께 배워갈 것으로 기대되었다. 이러한 초제국주의ultra-imperialism는 훨씬 더 못한 취급을 받고 있던 식민지 사람들 사이에서 자연스럽게 반민족주의 정서를 불러일으켰다. 앤더슨은 네덜란드의 식민지였던 인도네시아의 한 작가의 글을 인용하고 있는데, 이 작가는 네덜란드 식민지 개척자들이 식민지 사람들도 네덜란드 독립기념일을 함께 축하하길 바랐다는 사실을 풍자한다. "만일 내가 네덜란드 사람이었다면 독립을 빼앗긴 사람들이 살고 있는 곳에서 독립을 축하하는 행사 같은 건 준비하지 않았으리라."[7] 프랑스의 식민지였던 알제리나 베트남에서 1789년 대혁명을 기념하며 프랑스 국가를 부르거나, 혹은 영국 식민지에서 영국 국가를 부르고 대헌장을 암송한다면 어떨까. 1975년 물러났던 포르투갈의 파시스트 정권이 모든 해외 영토를 포르투갈의 일부로 포함시키며, 식민지 사람들도 "포르투갈은 소국小國이 아니다!"라는 구호와 함께 뭉친, 모두 다 같은 포르투갈 국민이라고 주장하려 한다면 역시 같은 반응이 나올 것이다.

인종차별주의

우리가 아주 대략적으로 근대라고 지칭하는 지난 600여 년 동안, 인종차별의 문제는 역사에서 아주 중요한 부분을 차지하게 되었다. 특히

19세기 제국주의 시대에서 이런 모습이 가장 분명하게 드러났다. 앤더슨의 표현을 빌면 인종차별은 "생물학적 특징에 대한 적을 줄임으로써 희생자의 문화적 우수성을 지워버리는 효과"가 있었다.[8] 근대 이전에는 적대적인 집단이나 사회에서 추방당한 것으로 인정되는 사람들에게는 차별과 박해가 분명 엄청나게 많이 있었다. 그렇지만 이런 모습은 유전적인 혈통을 근거로 했을 때만 유일하게 예외로 인정되는 것이며, 일본의 부라쿠민, 프랑스와 로마의 카고, 그리고 유럽 전역의 집시들이 여기에 속한다. 예를 들어 이스라엘 사람들에 대한 박해와 따돌림은 종교적인 이유로 정당화되었지 인종적인 이유로 그렇게 된 것이 아니었다.

외부 사람들을 싫어하는 것은 완벽하게 전통적이며 일반적인 현상이고, 그 외부 사람들이란 심지어 바로 옆 마을에 사는 주민들일 수도 있었다. 13세기 스코틀랜드 사람들은 국경 넘어 살고 있는 잉글랜드 사람들에게 꼬리가 달려 있다고 믿었다고 한다. 그렇지만 혈통부터 인종적으로 열등하거나 사악하다고 여겨지는 기준은 어디에서든 터무니없는 것으로 취급을 받을 수 있었으며, 최소한 지식인 계층에서는 그렇게 생각했다.

물론 유전에 따른 원칙은 사회적 구조와 기능의 핵심으로, 특히 인도에서 이런 모습을 확인할 수 있다. 그렇지만 다른 곳에서는 언어의 차이와 심지어 종교적 차이까지 극복하는 모습을 볼 수 있기도 한데, 예컨대 십자군 수뇌부는 가장 막강한 적수이자 쿠르드족 귀족 출신인 살라딘 Saladin을 명예를 지키는 위대한 전사로 대우했으며, 살라딘 역시 이에 상응하는 보답을 했다. 전체적으로 보면, 언급한 예외적인 경우를 제외하고 근대 이전의 외부인 집단에 속한 사람이라도 없어서는 안 될 재주나 능력을 가지고 있다면, 공동체의 완전한 일원으로 받아들여질 수 있었으며 성직이든 세속직이든 높은 자리까지 올라갈 수 있었다.

최초로 공식적인 차별이 이루어진 사례는 종교나 혹은 다른 형태의 요인과는 거리가 먼, 순수하게 혈통 문제를 바탕으로 하고 있었다. 바로 15세기 에스파냐에서 시작된 차별로, 그 핵심 기준은 이른바 '순수 혈통 limpieza de sangre'이었다. 이 차별은 이스라엘이나 이슬람 혈통을 가진 사람들을 공직에서 몰아내려는 의도로 시작되었다.[9]

당연한 이야기이지만, 17세기부터 시작된 서아프리카의 노예무역은 인종주의에 의한 차별이 일어나는 데 큰 역할을 했다. 희생자로 부를 수 있는 노예들은 유럽인들과 그 외모가 크게 달랐으며, 미국에서는 노예들의 후손들 숫자가 엄청나게 불어났기 때문이다. 또한 그 문화적 배경 때문에 이들은 본질적으로 열등하다고 여겨졌으며《성경》에서 언급되었던 내용도 여기에 한몫을 했다. 그렇기 때문에 기독교로 개종을 해도 별 소용이 없었다.[10]

반면에 동아프리카에서 크게 성행했던 아라비아 사람들의 노예무역은 이슬람 공동체 사이에서 이와 비슷한 문제를 일으키지는 않았던 것 같다. 요약하자면, 인종차별주의는 '순수 혈통만 인정한다'는 한때 유행했던 잘못된 주장에 바탕을 둔 전형적인 편견의 형태로 정의할 수 있다. 다시 말해, 이미 정착된 공동체들의 구성원들이 그저 상상만으로 좋지 않은 모습이 유전된다고 믿었던 것이다. 과거에는 유전이라는 말이 없었기 때문에 여기에서는 혈통이 곧 유전의 의미로 사용되었는데, 역사적으로는 아주 중요한 의미를 지니고 있는 은유다. 우리의 머나먼 선조가 헤엄치고 다니던 고대의 바다를 떠올리면,[11] 특별히 강력한 상징적 연관성이 있다고 볼 수 있는 것이다. 각기 매우 다른 근대 이전의 문화들 사이에서 왕족의 피를 보는 일은 아주 불길하게 여겨졌으며, 따라서 왕족들은 피를 보지 않는 다른 방식으로 살해당했다.

18세기 후반에서 19세기 사이 유럽의 열강들은 양 대륙 연안에 마련해놓은 전진기지들로부터 전에는 상상조차 할 수 없었던 방식으로 아프리카와 아시아를 침략해 들어갔으며, 북아메리카 동부 연안에 있는 정착촌의 상당수는 아프리카 노예들의 노동력에 크게 의존하고 있었다. 유럽인들은 오스트레일리아에서 그렇게 했듯 북아메리카 대륙에서도 원주민 학살을 시작했다. 우월한 힘을 가지고 있다는 교활함 속에서 노예나 원주민 같은 희생자들이 유럽인들의 각기 다른 기준에 따라 열등한 인종으로 분류된 건 하나도 놀라운 일이 아니었던 것이다.

종족의 멸종의 위기 앞에서 북아메리카의 대륙 중부 평원 지대 원주민들이나 아프리카의 줄루족, 혹은 뉴질랜드의 마오리족들처럼 격렬하게 저항을 했던 원주민들은 전투에서의 용맹스러움으로 이름을 널리 떨쳤다. 하지만 여전히 야만인들에 불과했다. 중국 사람들이나 대부분의 인도와 아프리카 원주민들처럼 그저 경멸이나 멸시의 대상이었던 것이다.

18세기 후반 유럽에서 교육을 받은 사람들은 인도, 이슬람, 중국의 문화와 과학, 그리고 예술적 성취에 대해 깊은 인상을 받기도 했다. 그러나 19세기에 접어들면서 이러한 좋은 인상들은 폄하되고 경시되기 시작했는데, 이들 문화에 대한 조사의 연구 결과에 따라 퍼진 인식, 이른바 '오리엔탈리즘Orientalism' 때문이었다.[12]

지식인들의 견해는 둘로 갈라졌다. 이러한 '인종들'은 오랜 기간 동안의 '학습'을 통해 최종적으로 유럽인들 기준의 문명화에 도달할 수 있을 것인가, 아니면 타고난 유전과 혈통은 이러한 성취 자체가 불가능하도록 가로막을 것인가. 결국 1857년에 일어났던 '세포이 반란' 혹은 '제1차 인도 독립전쟁'의 결과로 원주민들의 문명화는 불가능하다는 결론이 내려지고 말았다.

가짜 과학

　19세기의 과학이 사람들의 넘치는 상상력을 조금씩 진정시키게 되자, 인종차별을 정당화하기 위한 가짜 과학이 등장하게 되었다. 그리고 심지어 가짜 과학을 신봉했던 이론가들은 인종차별과 제국주의에 가장 반대했던 사람들인데, 마르크스 같은 사람들도 이런 실수를 어느 정도 저지르게 된다. 다윈의 자연 선택 이론은 인종차별주의자들에게는 마치 복음과 같은 것으로, 이들은 이 이론을 '인종'에 대해 잘못 적용하게 된 것이다. 19세기 후반에 유럽의 제국주의가 우생학의 개념과 조제프 아르튀르 드 고비노, 그리고 휴스턴 스튜어트 체임벌린과 같은 '과학적 인종차별주의'의 전도사들과 함께 그 정점에 달한 것은 결코 우연이 아니다. 대표적인 인종차별의 사례는 바로 반유대주의antisemitism다. 이스라엘 혈통의 사람들은 분명 유럽인들과는 겉모습이 다르지 않지만 오히려 더 큰 차별을 받았다. 이스라엘 혈통의 사람들을 하나의 '인종'으로 잘못 분류하고 악의를 가지고 대하게 된 것은, 실제로는 또 다른 이유로 만들어진 오래된 증오심에 가짜 과학이 덧붙여진 결과일 뿐이다.[13] 19세기와 20세기 초에 볼 수 있는 이러한 형태의 편견이 가장 악명 높게 나났던 곳은 프랑스와 중부유럽의 합스부르크 제국, 그리고 러시아 제국의 동부 지역이었다. 농부들을 포함한 소시민 계급이 주로 살고 있던 이 지역에서는 이스라엘 혈통의 사람들을 경제와 문화의 위협으로 생각했다. 가짜 과학이 이렇게 악의에 찬 결과를 만들어낸 것은 역사상 유일무이한 일일 것이다.

　그렇지만 이런 현상은 단순한 가짜 과학 이상의 무엇인가가 있다. 모든 인종차별 관련 문서 중 가장 악의에 찬 오해를 만들어낸 것이 바로 〈시온 장로 의정서The Protocols of the Elders of Zion〉다. 이 문서에는 이스라엘 혈통의 유대인 지도자들이 세계를 전복시킬 음모를 꾸미고 있다는 내용이 들어 있다고 하는데, 사실 이 문서는 러시아 정교회의 한 사제가 만들어낸 것으로, 다가올 세상의 종말에 대한 내용을 담은 문서 중 일부였다.[14]

언어

아프리카 사바나 지역에 살고 있던 직립보행 영장류의 또 다른 중요한 생존 도구가 되어준 언어의 출현은 표현의 시작이라고 볼 수 있다. 행동이나 표시를 통한 시각적 상징 기호도 물론 중요하지만, 이러한 것들도 거기에 덧붙여진 언어적 해설을 통해 설명되고 해석되며 보완되어야만 한다. 사회적 차별의 출현과 연관된 언어의 중요성은 종교와 정치적 세력, 그리고 민족주의의 발전과 상관없이 다음과 같은 내용들이 핵심을 형성한다.

언어와 지위

말이란 이미 잘 알려진 것처럼 그 자체로 권력을 가지고 있으며, 인간의 정체성과 지위와 관련될 때 더 특별한 힘을 지닌다. 이러한 모습이 결정적으로 드러나는 경우는 아마도 사람의 이름이 비밀로 되어 있고 오직 그 주인만 알 수 있는 특별한 문화권에서일 것이다. 이러한 환경 속에 살고 있는 모든 사람들은 당연히 일반 대화 속에서 사용할 수 있는 또다른 이름을 가지고 있지만, 자신의 비밀 이름을 드러내게 되면 사악한 마법의 힘에 휘말릴 수 있다. 만일 이런 모습이 무지한 미신일 뿐이라고 생각된다면, 거의 모든 문화권에서 신의 이름이 엄청나게 강력한 위력을 지니고 있었음을 상기해보는 것이 좋을 것이다. 특히 이스라엘 사람들의 신은 그 이름의 발음법조차 정확하게 알려져 있지 않다. 공공장소에서 그 이름이 한 번도 제대로 불린 적조차 없으며 게다가 이스라엘 문자에는 모음이 전혀 없기 때문이다. 적을 때 'YHWH'라고 쓰는 이 신의 이름은 쓸 때마다 붓이나 펜을 새로 씻고 쓸 정도로 신성한 존재였다. 지금은 '야훼'라고 발음하지만 그것도 단지 추측에 불과할 뿐이다.

앵글로 색슨의 문화에서는 법적인 금지 조항 같은 것이 전혀 없어도 '지저스(예수)'를 일반인이 이름으로 사용하는 경우는 없으며, '크라이스트(그리스도)', '야훼' 혹은 '제호바(여호와)' 같은 이름도 거의 붙이지 않는다. 다만 철자는 같지만 '크리스트' 정도로 다르게 발음이 되는 성姓을 이따금 볼 수 있는 정도다.[15]

이와 유사한 언어적 현상의 또 다른 사례를 살펴볼 수 있는 경우가 지위의 높낮이에 따라 상대방을 부르는 방법이다.[16] 앵글로 색슨 문화의 군대에서는 상급자를 보면 '서Sir' 혹은 '맘Ma'am'이라고 부르며 경례를 하는데, 1960년대 문화혁명이 일어나기 전에는 훨씬 더 광범위하게 사용되었고 지금도 자연스럽게 쓰이고 있다. 지금은 일반시민이 미국 대통령을 두고 '대통령님'이 아니라 '버락'이나 '조지'라고 친근하게 이름을 부르는 일을 상상하기 어렵지 않은데, 영국이라면 엘리자베스 2세 여왕을 두고 '여왕폐하'가 아닌 '엘리자베스'라고 부르는 일은 결코 있을수 없다. 지난 2002년 사망한 여왕의 동생인 마거릿 공주는 누군가 자신을 부를 때 '공주 마마'라는 공식적인 명칭을 빠트리면 매우 화를 냈다고 전해진다. 소생小生 혹은 소인小人 등으로 자신을 낮추어 말하는 표현방식은 영어에서는 거의 사라진 것이나 마찬가지이지만, 여전히 많은 언어권에 남아 있다.

노동, 성, 권력
Work, Sex and Power

언어는 이름이나 명칭을 부를 때만 사람을 차별하는 것이 아니다. 전부는 아니지만 아주 많은 경우 문법적으로도 사회적 구조를 나타내기도 한다. 영어에서 왕이 자신을 가리킬 때 '국왕으로서 나는'이라고 하지 않고 '국왕으로서 우리는'이라는 1인칭 복수형인 '위we'를 사용하는 것은 권력과 권위의 무게감을 더하는 표현이라고 볼 수 있는데, 이렇게 높은 지위에 있는 개인이 '나'보다는 '우리'라는 표현을 더 많이 사용하는 경우는 다른 곳에서도 찾아볼 수 있다. 언어에서 이렇게 문법을 통해 지위를 나타내는 건 분명 아주 복잡한 일이며, 사용되고 있는 존칭에 따라 수많은 존칭어와 문법 규칙을 바꾸는 일도 필요하다. 전체적으로 보면 인도 유럽 어족에 속한 언어들이 이런 면에서 더 단순하며, 그중에서도 아마 영어가 가장 어렵지 않게 이런 일이 가능할 것이다.

이런 사례 중 가장 두드러지는 경우가 바로 별개의 2인칭 단수 형태를 무시하는 일일 것이다. 잘 알려진 것처럼 영어에서는 '유you'라는 단어가 바로 2인칭 단수도 되고 2인칭 복수 형태도 되는데, 지역 방언이나 퀘이커 교도들 사이에서는 아직도 둘을 구분하는 예스러운 표현을 사용하고 있다고 한다.

예전에는 자기보다 윗사람을 부르는 올바른 표현이 바로 '유you'였으며, 비슷한 지위나 아랫사람에게는 '그대여', '그대에게', '그대를'이라는 의미로 '다우thou', '디thee', '다이thy' 그리고 '다인thine' 등의 표현을 사용했다. 대신 신은 비공식적인 2인칭으로 표현되었다. 영국의 국왕이었던 찰스 2세는 퀘이커 교도인 윌리엄 펜이 신대륙 개척을 보고하러 와서는 자신을 보고 당시의 예절에 어긋나게 모자도 벗지 않고 '그대는'이라고 말하는 것을 듣고 깜짝 놀랐다. 다행이 장난기가 많았던 왕은 자기가 먼저 모자를 벗고는 왕을 만날 때면 적어도 둘 중 한 사람은 반드시 모자를 벗어야 한다고 말했다고 한다. 당시의 분위기라면 왕이 당장 펜을 불경

죄로 사형에 처해도 이상하지 않을 정도였다. 왕 앞에 서는 사람들이라면 또한 고개 숙여 절하기, 무릎 꿇기, 혹은 문화권에 따라 아예 바닥에 납작 엎드리는 등 상황에 맞는 적절한 몸짓을 보여야 했다. 이러한 관습은 아래 계층으로 이어져 남성의 경우 사회적으로 자신보다 우월한 위치의 사람을 만나면 모자를 살짝 들어 올려야 했는데, 모두 다 권위와 그에 따른 복종의 모습을 표현하는 문화에서 비롯된 것이다.

언어와 국가

인간 역사의 대부분의 기간 동안 언어와 종교를 통한 구분은 정체성과 사회적 계급을 알려주는 표시 역할을 했음에도 불구하고 처음에는 그렇게 갈등을 불러일으킬 만한 요소는 아니었다. 그런데 여기에는 아주 엄청나게 중요한 예외가 하나 있었다. 그 예외란 다름 아닌 이스라엘 출신 사람들에 대한 종교적 박해였다. 이런 박해와 따돌림은 분명히 종교적 공동체의 차이점을 구분하고 또 보호하기 위한 장치였는데, 이스라엘 사람들은 단순한 최고의 신만이 아닌 유일신이라는 고대 세계의 관점에서는 매우 기묘한 개념을 가지고 있는 사람들이었다. 근대 이전 시대의 정복자들은 대체로 새로 정복을 한 지역에 대해 종교만큼 언어에 대한 핍박이 꼭 필요하다고 생각하지 않았다. 당시의 환경에서는 다양한 언어가 사용되었고, 언어에 따라 사람들이 다른 사람보다 타고난 우월성이 있다고는 아무도 생각하지 않았던 것이다. 그렇지만 고대 그리스 사람들이 그리스 말을 못하는 사람들을 문화적으로 자신들만 못하다고 생각하기 시작하면서 이러한 관례도 깨어지게 된다. 그리스에서는 아예 언어를 통해 사람들을 구분하며 '야만인'이라는 말까지 사용했던 것이다. 얄궂은 일이지만 그리스를 정복한 로마는 이런 고루하고 낡은 사고방식을 가지고 있지 않았고, 실제로 그리스 말은 물론 언어, 그리고 문화적 실체에 대한 그리스 방식의 정의까지 모두 다 거부감 없이 수용했다. 공화국 말기와 제국 초기 로마의 상류층들이 사용하던 언어는 라틴어가 아니라 그리스어였으며, 다만 원로원 같은 정치 무대에서는 공식적으로 모국어인 라틴어를 사용했다. 능력 있는 노예 가정교사를 두고 그리스어를 구사할 수 있는 능력은, 글을 읽고 쓰는 능력과 마찬가지로 상류층과 그렇지 않은 계층을 구분해주는 표시이기도 했다.

로마 제국이 무너지고 유럽에서 중세가 시작되자 이전에 구축되어 있던 상호 의사소통의 기반도 함께 무너져, 각 공동체들은 이전보다 훨씬 더 고립이 되었고 이제 막 일어선 국가들은 각기 자신들의 방식대로 발전하기 시작한다. 물론 언어도 서로 달랐는데, 정복민과 피정복민이 서로 다른 언어를 사용하는 어려운 상황이 벌어지기 시작한 것이다. 영국이 그 대표적인 사례로, 11세기 노르망디 공작 기욤, 즉 윌리엄이 잉글랜드를 정복하자 영어를 쓰는 사람들은 하층민으로 전락했고, 그때까지 번성하던 각 지방의 방언 문학들은 갑작스럽게 그 맥이 끊어진다. 만일 누군가 살해를 당하고 그 신원이 밝혀지지 않았다면, 근처에 살고 있는 앵글로 색슨족 사람들은 살해된 사람이 노르만족이 아니라 색슨족 사람이라는 증언을 해야 하기도 했다. 정복민인 노르만족이 사고를 당하면 그 마을은 엄한 처벌을 받아야 했기 때문이다.

그 후 수백 년 동안 지배계층은 일반 사람들과는 다른 언어를 사용했다. 지배 구조 안에서 자신들이 맡은 기능에 따라 프랑스어 혹은 라틴어를 사용했던 것이다. 스코틀랜드의 대문호 월터 스코트가 쓴《아이반호 Ivanhoe》의 첫 장면은 두 색슨족 사내들이 자신들의 신세를 한탄하는 것으로 시작된다. 두 사람은 잉글랜드 땅에서 자란 암소며 돼지, 양, 닭 등이 주인들 밥상에만 올라가면 제 이름을 잃고 프랑스식으로 소고기는 비프, 돼지고기는 포크, 그리고 양고기는 무통으로 이름이 바뀐다고 투덜거린다. 얄궂은 일이지만 이렇게 잉글랜드를 정복한 노르만족의 조상인 바이킹들은 독일어 사용자들이었음에도 불구하고 불과 몇 세대 만에 완전히 프랑스화가 되어버린 것이었다.

14세기 후반에서 16세기 초까지 영국에서 언어가 정착되기까지 이런 모습은 일시적인 현상이 아니었다. 교육의 기회가 늘어나자 이번에는 프랑스어에 뿌리를 두고 있는 라틴어 계통 언어의 세력이 줄어들기 시작했다. 그 대신 교육받은 중산층과 성직자들이 심사숙고해서 내어놓은 정책 제안의 결과로 이른바 근대 영어가 활성화되기 시작했던 것이다. 법원과 대학에서 영어를 우선적으로 사용했고, 특히 근대 영문학의 아버지라고 불리는 제프리 초서 같은 문학가들이 영어로 작품을 쓰기 시작했다. 영어의 이러한 부상은 언어학적, 그리고 정치 종교적으로 큰 의미가 있다. 프랑스와 교황이 동시에 영국의 적이 되고 깊은 불신의 대상이 되면서 영어가 힘을 얻은 것이다.[17]

이제는 영어가 지배층의 언어가 되었고 우월함의 상징이 되었다. 한편 라틴어는 17세기까지 계속해서 지식층의 장신구와 같은 역할을 했다. 심지어 중세가 저물 무렵 각 지방에 남아 있던 켈트어 계통 사용자들은 스코틀랜드와 웨일스, 그리고 아일랜드에서까지 차별과 박해의 대상이 되기도 했다. 특히 완전히 다른 언어를 사용했다고 하는 맨 섬Man island 정도를 제외하고, 이렇게 켈트어를 사용했던 사람들은 아예 정치적인 위험 요소 취급을 받기도 했다.

언어와 민족주의

앞서 살펴보았던 영국과 비슷한 상황은 유럽은 물론 유라시아나 아메리카 대륙에서도 찾아볼 수 없다. 19세기 유럽에는 주로 나폴레옹 제국에 대한 반발로 민족주의나 독립에 대한 향수가 강하게 퍼져 있었는데, 그렇기 때문에 언어로 차별을 하는 일은 전에는 없는 사회적 그리고 정치적인 반발을 샀다. 근대 사회에서 일반적인 언어가 아닌 고유의 언어들은 오히려 그 민족의 정체성을 정확하게 드러내는 것으로 근대 민족주의의 초석이 되었다. 같은 언어를 사용하면서 서로 적대감을 드러내는 일은 아주 드문 현상으로,[18] 아일랜드와 구 유고슬라비아 연방 정도가 예외적인 경우에 속하는데, 심지어 아일랜드의 경우는 다른 언어를 사용하기 위해 많은 노력을 쏟기도 했다. 아프리카의 르완다는 같은 언어를 사용하면서도 서로를 학살했는데, 주로 정치와 경제, 그리고 종교적인 이유 때문이었다.

민족주의가 대두되면서 고대 이스라엘의 언어인 히브리어처럼 사라졌던 언어들이 되살아났고, 인도네시아어처럼 새로운 언어가 만들어지기도 했다. 물론 인도네시아어 같은 경우 말레이 방언을 바탕으로 하고 있으며 대부분을 다른 언어에서 차용한 것이다.[19] 유럽 중부와 동부는 물론 다른 지역들에서도 민족주의로 무장한 언어학자나 문헌학자들이 소수파 언어의 단어와 문법을 수집하고 정리하여 공식적으로 사용할 수 있게끔 독려했고, 역사학자들 역시 새롭게 정의된 자기 민족의 자랑스러운 역사나 수난사를 정리했다. 이러한 언어적 형태를 표준화하고 역사적 내용들을 퍼트리는 데 있어 인쇄와 출판의 중요성 역시 크게 강조된다.

이러한 활동들이 권력자들에 의해 잘해야 일종의 자극적인 소동으로, 그리고 최악의 경우에는 위협으로 여겨진 것은 그리 놀랍지 않다. 그리고 이들의 기세를 꺾어놓기 위한 노력은 끊임없이 계속되었다. 영국 본토에서는 이러한 일들이 그리 심각하지 않을 정도로 탄압을 받았는데, 법적인 조치를 제외한 여러 가지 방법으로 특히 교육 분야에서 소수 언어와 지방의 방언을 사용하지 못하도록 압박했던 것이다. 학교에서 스코틀랜드와 아일랜드의 고대 언어인 게일어, 그리고 웨일스어를 사용하는 아이들은 심하게 벌을 받았는데, 심지어 쉬는 시간에 그런 말을 써도 벌을 받았다. 그렇지만 아일랜드에서는 민족적 감성이 너무 강해 영국이 지배하는 동안에도 그런 시도 자체가 제대로 이루어진 적이 없었다. 프랑스에서는 브르타뉴와 프로뱅 지방, 그리고 코르시카 섬이 비슷한 이유로 탄압을 받기도 했다. 1860년대 이탈리아가 새롭게 하나의 국가로 통일이 되었을 때는 피렌체 지방 방언이 이탈리아 반도의 공식 언어로 채택이 되었다.[20]

에스파냐에서 카스티야어는 공식 언어이긴 하지만 인구의 70퍼센트 정도만 제1언어로 사용하고 있을 뿐이다. 이베리아 반도가 통일이 되던 1580년에서 1640년 사이에 사실 카스티야어는 소수 언어에 속해 있었다. 카스티야어의 주요 경쟁자는 카탈루냐어와 바스크어가 있는데, 20세기에 접어들면서 카탈루냐와 바스크 지방이 에스파냐 경제를 떠받치고 지역 독립 문제가 불거지자, 이 소수파 언어들이 중요한 쟁점으로 부각이 되었다. 그리고 내전에서 승리한 우파 파시스트들에게는 이런 모습이 공산주의나 분리주의와 같은 것으로 판단되었다. 따라서 이 두 언어는 당시의 우파 독재정권에 의해 모두 극심한 탄압을 받게 되었지만, 결국 더 격렬한 무장 투쟁을 불러왔을 뿐이며 특히 바스크 지역의 저항은 엄청났다. 아주 최근에는 터키에서 이와 아주 유사한 사례를 확인할 수 있는데, 현재 박해의 대상이 되는 것은 다름 아닌 쿠르드어다. 근대 민족주의가 기세를 떨치던 시절, 국가에 반감을 가지고 있을지도 모를 언어적으로 다른 소수파 민족을 다스리던 지배층들은, 지배계층의 언어를 강요했다. 그러면 인종적으로 서로 다른 소수 민족들을 더 고분고분하게 만들어 동화시킬 수 있다고 확신했던 것 같다.

프랑스어와 네덜란드계 방언인 플라망어가 각 지역의 정체성을 상징

노동, 성, 권력
Work, Sex and Power

하는 벨기에의 경우, 언어 때문에 국가적인 긴장이 높아지고 국가 자체가 분열될지 모른다는 두려움이 끊이지 않고 이어진다. 반면에 노르웨이에서는 두 가지 다른 형태의 문자 기록 체계가 아무런 문제없이 공존하고 있으며 언어 자체도 두 가지가 섞여 있다. 지금과 같은 결과가 나온 것은 19세기 말과 20세기 초 민족주의 운동의 결과로, 노르웨이는 처음에는 오랜 기간 동안 덴마크의 지배 아래 있다가 그 다음에는 스웨덴의 통치를 받았다. 국기만 봐도 노르웨이 국기는 이웃한 덴마크 국기에 파란색 십자가를 겹쳐서 만든 것임을 알 수 있다. 스위스의 경우는 더 유명해서, 3개의 서로 다른 공용어를 사용해도 아무런 문제가 없다. 최근 몇십 년 동안 어느 한 지역이 국가나 정치 조직의 변화를 경험했을 때, 그 지역이나 국가 이름이 그에 따라 바뀌는 것은 전혀 이상한 일이 아니다. 이런 모습이 가장 두드러지게 드러나는 곳이 중부유럽과 동부유럽으로, 나치 독일이 동유럽을 장악했을 때 지명이 독일어로 바뀌었고, 1945년 나치가 패망하자 다시 본래 이름으로 돌아갔다. 독일이 점령 지역에서 물러간 후 지명을 바꾼 폴란드가 그 대표적인 사례다. 예컨대 테레첸Terezin은 테레지엔슈타트Theresienstadt가 되었다가 다시 이름을 되찾았고, 브로츠와프Wroclaw도 브레슬라우Breslau가 되었다가 다시 제 이름으로 돌아왔던 것이다.

시각적 표시와 상징들

구석기 시대의 공동체들이 어떤 기호나 상징을 사용해서 표현을 했다는 것은 분명하다. 그 의미에 대해서는 오직 추측만 할 수 있을 뿐이지만, 전 세계에서 발견되는 바위나 동굴에 그려진 유명한 그림들은 그 분명한 증거가 된다. 신석기 시대 이후부터는 이러한 표현들은 훨씬 더 넓게 확장이 되어서, 모든 사회에서 상징을 통한 표현들을 찾아볼 수 있게 되었으며, 그림에서 건축까지 그 범위도 훨씬 더 다양해졌다. 전부다 그렇다고는 할 수 없지만 어떤 공통점을 찾자면, 이러한 내용들은 거의 대부분 사회적 구분과 관련되어 있으며 지금 이야기하고자 하는 핵심이 바로 이런 내용에 관한 것이다. 역사가들은 유라시아 대륙의 초기 신석기 시대인 BCE 4000에서 3000년 사이 약 1000년 동안 어떠한 상징을 표현하는 물건이나 구조물에 대한 해석을 도와줄 문자 기록이 전혀 없다는 사실에 크게 실망하고 있지만, 서유럽의 거석 유적에서부터 영국 오크니 제도에 있는 신석기 시대의 '사원'에 이르기까지 수많은 유물이나 유적들이 미신과 종교라는 '보이지 않는 힘'과 연결되어 있다는 사실에는 의심의 여지가 없다. 그리고 우리는 이와 관련된 주제들을 이미 이 책의 앞부분에서 다루었다.

머리에 쓰고 몸에 걸치는 것들, 그리고 권력

상징을 통한 표현의 형태 중 우리가 매일 확인할 수 있는 인간과 가장 밀접하면서도 본능적인 것은 바로 의복에 따른 성별 구분일 것이다. 짐승의 가죽을 걸치던 시대를 지나 옷감을 사용할 수 있게 된 그 순간부터 거의 모든 사회에서는 이렇게 옷으로 남녀를 구분할 수 있게 되었다. 다시 말해, 이런 모습은 신석기 시대 혁명부터 시작되었다는 것이다. 의복에 의한 남녀 구분과 관련된 규칙을 어기는 일은 종종 아주 심각한 범죄로 받아들여졌으며, 특히 남성의 우월성에 도전하기 위해서라면 더욱 그랬다. 그리고 비록 불법은 아니더라도 사회적인 추문임에는 틀림이

노동, 성, 권력
Work, Sex and Power

없었다. 근대에 들어서는 남편과 집안 대소사를 휘어잡고 있다고 소문이 난 여성을 두고 '바지를 입고 있는 여자'라고 부르기도 했다. 역사가인 안나 클락의 경우, 그녀가 썼던 논문의 제목이 바로 〈바지에 대한 투쟁: 성, 그리고 영국 노동계급의 완성The Struggle for the Breeches: Gender and the Making of the British Working Class〉이기도 했다.[21] 머리 매무새 역시 남녀를 구별 지을 수 있는 대표적인 일종의 표시였다.

대체로 보면, 여성에게 허락된 의복은 남자에 비해 좀 더 단정하고 행동에 제약이 많았으며 머리 매무새 역시 마찬가지였다. 20세기 중반 이후의 현대 산업 사회에서는 최소한 구석기 시대 이후 처음으로 상대적으로 남녀 구분이 없는 옷을 입는 것을 허용하고 있으며 머리 모양도 마찬가지다. 물론 이런 옷차림은 일반적으로 공식적이지 않은 자리에서만 받아들여질 수 있다. 남녀 모두 각 개인이 머리에 무엇을 쓰고 장식하느냐 하는 문제도 이와 비슷한 과정을 거쳤다.

각 개인을 상징적으로 나타낼 때, 모자나 머리 장식은 오랜 세월 이어져 내려온 핵심적인 요소로 사회적 계층까지 구분해주었다. 예컨대 천으로 만든 납작한 모자와 위가 솟아 있는 중절모는 아주 직설적으로 모자를 쓰고 있는 사람의 신분을 알려주었다. 그렇지만 역시 20세기 후반의 산업화된 문명을 통해 역사상 처음으로 남녀 가리지 않고 일반 사람들은 모자 없이 다니는 일이 일반적인 모습이 되어버렸다.[22] 물론 군대나 경찰 조직 같은 경우 공식적인 절차와 형식의 의미를 담아 여전히 모자를 반드시 착용한다.

사회적 계급의 등급에 따라 모자나 머리 장식은 권력의 상징이 되기도 한다. 잘 알려진 것처럼 고대 이집트의 파라오는 상하 두 이집트 왕국의 통합을 상징하는 이중으로 된 왕관을 썼고, 교황은 자신의 권위와 임무를 나타내는 삼중 보관寶冠을 썼다.[23]

중세 각 제국들이 남긴 그림들을 보면 국왕은 왕관이나 머리 장식으로 자신을 나타내며 이런 관습은 지금까지 이어져 내려오고 있다. 다만 동로마 제국의 황제는 머리보다는 발에 걸치는 것으로 황실의 위엄을 나타냈다. 그러나 서유럽의 왕실에서는 중세 이후부터 지금까지 왕관으로 그 신분을 구분한다.[24] 따라서 왕실의 서열이나 신분에 따라 그들이 쓰는 관도 여러 가지 종류가 있다.

가장 큰 차이는 덮개로, 윗부분에 천으로 된 덮개가 있는데, 쓰고 있는 사람의 머리를 가려주는 '닫혀' 있는 왕관이 있고, 영국이나 중세의 다른 왕국의 왕들을 묘사한 그림에서 흔히 볼 수 있는 '열려' 있는 왕관이 있다. 열린 왕관은 일반적인 왕이나 여왕 혹은 왕비를 나타내며, 닫힌 왕관은 보통 샤를마뉴부터 시작된 제국의 황제임을 나타낸다. 이는 황제가 여러 왕들을 지배하며 그 황제의 위에는 더 이상 아무도 군림할 수 없다는 것을 상징적으로 나타내는 것이다. 이후에 등장한 신성 로마 제국의 황제는 실질적인 권력은 전혀 없었으나 서유럽 기독교 왕국의 다른 왕들보다 윗자리에 있는 것으로 여겨졌다. 영국 왕실의 경우 헨리 8세가 누구에게도 고개를 숙이지 않는 독립 왕국의 수장임을 주장하면서 이른바 닫힌 왕관을 사용하게 되었다. 헨리 8세는 1530년 제국을 선언하는데, 식민지를 거느리고 있는 제국이 아니라 교황이나 다른 국왕들의 간섭을 받지 않는다는 의미를 담고 있었다.

이런 왕관은 아니지만 영국과 프랑스의 귀족들은 공식적인 의미를 담고 있는 다른 형태의 관들을 쓰고 스스로를 구별 지었다. 이런 관들은 작은 왕관이라는 의미로 소관小冠 혹은 그냥 화려한 장식이 붙은 관이라는 의미로 보관寶冠이라고 불렸으며, 다른 나라에서는 특별히 구별해서 부르지 않았다. 이런 관들의 정교함이나 장식 등은 최하층 귀족부터 공작이나 제후 같은 최상층 귀족까지 그 신분에 따라 매우 다양했다. 이러한

노동, 성, 권력
Work, Sex and Power

관이나 머리 장식은 대관식과 같은 아주 특별한 국가적 행사가 있을 때만 착용했으며 추기경이나 교황도 마찬가지였다.

이런 특별한 왕관이나 머리 장식처럼 유럽의 각 왕실과 귀족가문을 특별하게 구별해서 나타내는 또 다른 상징물이 있는데, 그것이 바로 문장紋章이다. 일본의 귀족가문에도 있었던 이 문장에는 보통 왕관이나 보관에 새겨진 표지 등이 포함된다. 문장은 중세 초기에 기사들이 방패 등에 새겼던 문양에서 시작된 것으로, 말 그대로 방패 주인이 누구이고 어떤 가문인지를 보란 듯이 알리는 일종의 소유물의 표시와 같은 개념이었다. 이처럼 독점적인 재산을 나타내는 문장을 나중에는 국가에서 수여한 특별한 자치권을 가진 도시나 마을, 그리고 대학과 그 밖의 상류층을 위한 고등 교육 기관도 사용할 수 있게 되었다. 이렇든 권력의 상징은 어디에서나 확인할 수 있다.

문장은 본래의 목적을 넘어 또 다른 방식으로 차용되어 나타나게 되는데, 국기 외에 이런 문장을 가지고 있는 국가들도 있으며 또 각 기업들을 대표하는 상표나 상징의 먼 조상으로도 볼 수 있다. 여러 기관들, 그중에서도 특별히 교육 기관들은 공식적인 문서에 자기들만의 문장을 만들어 사용한다.[25] 문장에는 다양한 색상과 물건, 그리고 식물 및 동물들이 등장하는데, 유럽의 경우 특정한 방식에 의해 색상을 선택하며, 주로 무기와 관련된 그림이 들어가고 식물의 경우 떡갈나무를 선호한다.

문장에 들어가는 동물은 주로 맹수들인데, 말이나 전설의 동물인 유니콘은 이 점에서 예외에 속한다. 독수리와 사자, 그리고 두 동물을 상상 속에서 변형시킨 용과 그리핀은 고결하고 용맹스러운 모습으로 인기가 있으며, 따라서 하이에나 같은 동물은 실제로는 용맹도 의리도 뒤지지 않지만 문장에는 절대로 들어가지 못하는 것이다. 지금까지 이야기한 이런 상징이나 기호는 모두 계급을 반영하는 것으로, 국경과 문화를 넘어서 비슷한 모습을 계속 찾아볼 수 있다. 예컨대 용은 중국 황실의 상징이며, 아즈텍의 전사들을 상징하는 것은 독수리나 재규어였다.

옷가지가 지위를 나타내는 상징이 된 건 이미 수렵 사회부터였다. 당시에는 새의 깃털을 사용해 서로를 구별했는데, 아메리카 원주민들은 깃털로 머리 장식을 만들었고 스코틀랜드 고지대의 씨족들은 모자에 깃털을 꽂았다. 이런 모습을 구석기 시대의 사회에서도 찾아볼 수 있는 건 어쩌면 논리적으로 당연한 일일 것이다. 이처럼 눈에 보이는 표시로 사회적 불평등을 드러내는 모습이 사회 전 계층에 나타나기 시작한 건 문자를 처음 사용하기 시작한 사회부터이며, 최근에 들어서야 그 상징성이 옅어지기 시작했다. 물론 지금까지도 완전히 사라진 것은 아니며, 특히 군대의 경우 그 자질이나 용맹의 수준을 알려주지는 않지만 계급을 구분한다는 의미로 여전히 소속된 모두에게 적용되고 있다.

공화국 시절의 로마에서는 사치를 법으로 엄격하게 금지시켰으며 의복과 음식도 종류에 따라 구분했다. 거기에는 과도한 사치뿐만 아니라 사회 계층을 구분하는 것을 막아보겠다는 의도가 있었던 것으로 추측된다. 제국 시대가 되어서도 엄청나게 비싼 진홍빛 염료로 염색한 외투를 걸칠 수 있었던 건 오직 황제뿐이었다. 기사 계급은 당시 로마 시민들의 일반복인 토가toga에 가느다란 진홍빛 선을 넣어 자신들의 계급을 밝혔고, 원로원 의원들의 선은 그보다는 좀 더 넓었다고 한다.

의복을 통한 사회적 계층의 구분은 사회적 통제를 더 원활하게 하는 기능을 한다. 중세 유럽에서 소수 교파는 기독교도건 이슬람교도건 모두 구분할 수 있는 표시를 달아야 했는데, 그렇게 해서 당시의 시대 상황에 따라 좀 더 쉽게 세금을 부과하고 또 때에 따라서는 차별도 할 수 있었다. 이런 모습은 지금까지도 이어지고 있다. 물론 지금은 강제적인 집행을 하는 것이 아니라 반대로 그러한 일을 금지하는 것으로 상황을 관리하고 있다. 중국과 일본 제국 역시 사회적 차별을 위한 표시를 제도화했으며, 특히 일본의 경우 가장 포괄적이면서도 엄격하게 규제를 하는 제도를 운용하고 있었다. 영국에서는 모자나 머리 장식의 모양까지 포함해서 무엇을 입거나 옷에 달고 있느냐를 사회적 계급에 따라 결정했는데, 명예혁명 이후까지도 법적 규제의 대상으로 남아 있었을 정도였다. 어떤 작가의 말처럼, 제임스 1세 시대의 영국에서는 상류층 사람들이 마치 지금의 군인이나 경찰이 정해진 제복을 입듯 무엇을 입을지에 대해 별 걱정을 할 필요가 없었다. 그저 몇 가지 장식을 다느냐 마느냐 정도만 고민하면 되었던 것이다.

기치旗幟 혹은 깃발

국가나 군대의 형태를 전체적으로 규정하는 상징들의 유래는 고대의 제국 시절까지 거슬러 올라간다. 고대 전쟁에서 깃발은 특히 중요했는데, 사령부의 위치를 확인하고 비상시에 마지막 반격을 위해 어느 곳에 집결해야 하는지를 알려주었던 것이다. 군대 깃발 중 가장 널리 알려진 것이 로마 군단의 독수리 깃발이다. 이 깃발은 단순한 군단의 상징을 넘어 신성한 표시로 여겨졌으며, 군단의 깃발을 잃어버리거나 빼앗겼을 경우 엄청난 수치와 불명예로 여겼다. 토이터부르크 숲 전투에서 게르만족은 3개 로마 군단을 전멸시키고 그 깃발을 빼앗아간 전례가 있다. 군단에 속해 있는 각 보병대 역시 각자의 깃발을 가지고 있었지만 군단의 독수리 깃발만큼 중요하게 취급되지는 않았다. 근대 이전의 전투에서 적군의 깃발을 빼앗는 일은 보통 승리의 상징이 되었으며 해전에서는 18세기 후반까지 이런 전통이 이어졌다. 적함에서 깃발이 내려가면 항복을 알리는 표시가 되었던 것이다.

중세 유럽의 군대에서는 대부분 천으로 만든 깃발을 사용했고 동로마 제국에서는 중국처럼 연 비슷한 모양의 깃발을 사용했다. 이런 깃발들은 현재 각국 국기의 선조쯤 된다. 국기는 각 나라의 정체성을 상징하는 핵심이며, 특히 미국에서는 국기에 대한 존경심이 강하다. 국기는 여러 사회적 정체성을 하나의 국가로 모았다는 상징적인 의미가 있으며 역사와 사회, 그리고 문화를 하나의 집약된 형상으로 압축해서 보여주는 장치다. 여러 정치적 활동이나 운동에서 깃발은 중요한 역할을 했으며, 그중에서 권력을 잡는 데 성공한 측의 깃발이 결국 국기가 되는 경우가 많다. 아일랜드의 삼색기와 독일의 나치 깃발이 그 예다. 사회주의와 공산주의 운동의 상징인 붉은색 깃발 역시 유명하며, 각종 노조의 깃발들도 조직의 정체성을 온전하게 대표한다고는 볼 수 없지만 역시 중요한 역할을 하고 있다.

제복을 입은 모든 사람은……

완전히 통일이 되지는 못했지만 로마 군단의 갑옷은 군단 소속 병사들의 모습을 비슷하게 만들어주었으며, 병마용갱兵馬俑坑에서 출토된 병사들의 모형으로 알 수 있듯이 중국의 황제들도 병사들에게 같은 갑옷을 입혔다. 중세 유럽의 신하나 하인들은 각기 주인을 나타내는 일정한 모양의 옷을 갖춰 입었으며 기독교 성직자들은 항상 통일된 복장을 더 선호했다. 현대적인 의미의 군복이 그 모습을 드러낸 건 17세기부터다. 군복의 기능은 우선 말 그대로 전투에 적합해야 했으며, 다른 한편으로는 군복을 입은 사람이 비정규병이나 첩자가 아니라 공식적인 전투 요원이라는 사실을 알려주는 역할을 했다. 그리고 나중에는 거기에 위장이나 보호의 기능까지 추가되었다. 그렇지만 이런 모든 것들보다 앞서는 중요한 역할이 있었으니 그건 바로 군복을 입은 병사들의 연대 의식을 고취시키는 일이었다. 군대 용어로 말하자면 이른바 사기진작의 효과라고 할 수 있을 것이다. 이에 따라 유럽의 군대에서는 사단이나 연대 아래 속해 있는 작은 부대들도 서로를 구분할 수 있는 작은 표시를 달아 각 부대의 역사나 전공을 알렸다. 역시 같은 부대 병사임을 서로 확인하고 사기를 진작시키기 위함이었다. 각 병사나 혹은 그와 비슷한 임무를 맡은 사람들에게는 훈장이나 특별한 공적을 알리는 장식을 수여한다. 영국군에서는 특별한 전투에 참전했던 모든 병사들에게 동일한 훈장을 수여했으며, 특히 아주 뛰어난 전공을 세운 병사에게는 더 특별한 포상이나 장식을 수여했다. 물론 이런 것들도 계급을 바탕으로 구분을 했는데, 예컨대 장교들이 받는 훈장은 사병들이 받는 그것보다 등급이 더 높았으며, 대신 최고의 명예를 기리는 빅토리아 십자 훈장 같은 경우는 계급에 상관없이 누구에게나 인정을 받는 최고의 훈장이다.

제복은 또한 일종의 신분을 상징하며 제복을 입은 사람들이 일반 민간인들보다 우월함을 느낄 수 있도록 해준다. 일반 사병이라 할지라도 군복을 입고 있으면 최소한 거리의 불량배처럼은 보이지 않는 것이다. 특히 군대 내의 상부 계층이라고 할 수 있는 장교들은 언제나 이런 우월한 의식을 가지고 있는 것처럼 보인다. 제국 시대 독일의 경우 특별히 장교들이 입은 군복은 민간인들을 어르고 위협할 수 있는 그런 느낌을 주도록 만들어졌다. 18세기 정예 보병 부대 병사들이 쓰는 모자는 마치 교회 주교들이 쓰는 관처럼 삼각형 모양으로 우뚝 솟아 있어 키가 훨씬 더 커 보이도록 했으며, 프로이센의 국왕들은 거기에 더해 특별히 키가 큰 병사들을 골라 부대를 구성하고 이런 군모를 쓰도록 했다. 독일이 통일되고 제국이 되었을 때는 군복을 모욕하는 민간인을 적절하게 응징하지 못하는 장교는 큰 벌을 받기도 했다.

제복이 주는 상징적인 의미는 아주 크며 19세기가 되면 제복의 사용이 아주 다양하게 확대된다. 경찰들도 따로 제복을 입게 되었으며, 영국 경찰들은 일반 모자 대신 유럽인들이 열대 식민지에서 즐겨 썼던 열사병 방지용 모자를 변형해 쓰게 되는데, 이 모자는 지금까지도 영국 경찰의 상징처럼 되어 있다. 철도 회사에서는 직원들에게 제복을 지급했고 항공사 역시 승객 운송 업무를 하게 되면서 직원들에게 제복을 입히게 된다. 각 지방정부들은 지역 내 운송과 수송을 담당하는 사람들이 제복을 입도록 제도화했다. 병원이나 요양원 직원들도 제복을 입었으며 고급 학교, 아니 일반 학교에 다니는 아이들까지도 교복을 입었다. 20세기에 접어들어서는 준군사 단체나 정치 모임 등이 제복을 채택하는 진귀한 현상도 목격하게 된다. 역시 군대의 군복과 같은 이유 때문이다. 공동체 내의 결속과 외부인이나 반대파들에 대한 위협이 목적인 것이다.

꼭 완전히 통일된 복장이 아니더라도 보통 입는 옷가지 중에 하나만 통일해서 비슷한 효과를 노릴 수도 있는데, 최근에는 아일랜드 독립 무장단체였던 IRA가 그랬다. 본래 그 시초는 이탈리아의 독재자 무솔리니의 이른바 검은 셔츠단Camicie nere으로, 제1차 세계대전 당시 이탈리아의 정예 돌격부대였던 아르디티Arditi의 복장을 본 따서 만들어진 단체다. 시몬 드 보부아르는 회고록을 통해 자신과 사르트르의 친구인 예술가 장 주네에 대해 언급한다. 주네는 나치에 대해서는 일말의 동조도 하지 않았지만 미군의 자유분방한 복장을 보고는 "군복 입은 민간인"이라고 했고, 독일군에 대해서는 "점령군이지만 최소한 멋은 있다"고 평가를 했다고 한다.

20세기에 들어서는, 제복을 입은 사람들 스스로가 인식하는 정체성에 대한 주제로 간간이 연구가 진행되고 있다. 확실히 제복은 잘못된 신념을 가져다주는 중요한 요소가 되는데, 제복 자체가 본질적인 특권을 준다는 확신이 생겨나면서 제복을 입는 순간 그 의미에 빠져들게 되며,

자신들이 민간인들의 사회를 통제할 수 있다는 상상을 하고 즐기게 된다. 아인슈타인은 군복을 입고 그 군복이 주는 은유에 빠져 행진을 하는 병사에게는 두뇌 같은 건 전혀 필요가 없다는 말을 하기도 했다. 그냥 기본적인 뇌의 줄기만 있어도 충분하다는 것이었다. 거리에서 시위대에 맞서는 경찰들이 입고 있는 제복이 주는 연대 의식에 취해 폭력적인 행동을 보이는 현상도 자주 보도되고 있다. 만일 나치의 친위대가 민간인 복장 그대로 그런 잔인한 임무를 수행해야 했다면, 아마 분명히 그 '일'은 훨씬 더 어렵게 느껴졌을 것이다.

제복은 또한 다른 의미에서 불명예와 수치의 원인이 되기도 한다. 예컨대 많은 국가에서는 죄수들에게 동일한 죄수복을 입힌다. 물론 그 표면적인 목적은 다른 사람들과의 구별을 쉽게 하기 위해서이지만 실제로는 국가에서 제도적 장치로 모욕을 주는 것이다. 군인이 군복을 입음으로써 자부심을 느끼고 일반 사람들 사이에서 그 자부심이 더욱 고취된다면, 죄수들이 입는 죄수복은 사회로부터의 격리된 무가치한 인간이라는 수치심을 느끼라는 의도로 만들어진 것이며, 교화된 삶을 살라는 자극을 주기 위함이다.

그렇지만 이러한 내용들은 사회적 정체성과 그 상징의 문제에 대한 표면적인 부분만 살펴본 것이다. 진짜 문제는 이러한 것들이 개인과 집단의 상상을 엄청나게 강력한 힘으로 지배하고 있다는 사실이다. "만국의 노동자들이여 단결하라!"라는 구호는 19세기에서 가장 유명한 말 중 하나이지만 동시에 가장 덧없는 시도 중 하나였음이 증명되었다. 경제적 계층이라는 이성적인 개념에 바탕을 둔 사회적 정체성에 대해 정치적인 반향을 울려보려고 했던 정당이나 각종 운동의 노력은 언제나 '상상 속 공동체'라는 상징적 상황을 앞세우는 주장 앞에서 속절없이 무너지고 말았다.

눈에 보이는 부분의 의미를 다루는 연구를 통해 우리는 그런 상징이 갖는 위력을 실감할 수 있다. 이집트 파라오 시대 이후로 계속 그렇게 해온 것처럼 특별한 지배자를 기념하는 기념물은 그 시대를 부정하고 싶은 후계자에 의해 파괴되며, 지배자에 대한 기록들은 모두 사라지고 얼굴이나 모습을 새겨놓은 부분은 지워버린다. 이러한 관습은 인기가 없었던 로마 제국의 황제 사후에도 찾아볼 수 있으며 지금까지도 이어지고 있다. 공산주의 정권이 무너지고 나서 시민들이 제일 먼저 한 일은 바로 공산주의를 상징하는 상징물들을 파괴하는 것이었다. 이름이나 명칭도 마찬가지다. 러시아의 제2의 도시 상트페테르부르크는 1914년 독일과 전쟁을 하며 러시아식 이름인 페트로그라드로 바뀌었다가 공산 혁명이 일어난 후 레닌그라드로 다시 이름이 바뀌었고, 1991년 공산 정권이 무너지자 다시 제일 처음의 이름으로 돌아갔다.

우리가 지금까지 살펴본 귀에 들리고 눈에 보이는 표시와 상징들, 즉 언어와 의식, 의복과 행동거지, 그리고 각종 장식물 등은 모두, 개인들 사이에서 사회적 정체성이라는 감성과 공동의 목표를 만들어내는 데 일조를 하고 있는 것들이다. 그리고 또 반대로 누군가를 내치기 위해서도 사용된다. 동시에 이런 상징들은 역사적으로 사회적 차별과 계급 관계를 강화해왔으며, 따라서 불평등의 구조를 심화시켜온 것이다.

제11장

더 넓은 시각—제국의 순환

A Broad View — The Rhythm of Empire

"잘 먹고 잘살아 봐."

— 중국식 저주(어니스트 브라마 스미스가 소개한 것으로 추정)

16세기에 접어들면서 전 세계는 역사상 두 번째로 거대한 변화를 겪게 된다. 이 두 번째 변화는 새로운 모습의 제국이라는 틀 안에서 산업화 사회가 시작된 것으로, 삶과 죽음의 모든 측면에서 훨씬 더 빠르고 심각하며 중요한 일들이 일어나게 되었다.

제11장에서는 제국과 관련하여 앞에서 소개했던 문제들을 좀 더 깊게 살펴보려고 한다. 그리고 특별히 세계의 다른 지역들에 대한 유럽 각국의 주도권 다툼으로 일어난 사건들의 역사적 배경과 그 과정들도 확인하게 될 것이다. 표면적으로만 본다면 유럽의 이런 세계 지배는 이치에 닿지 않는 일일지도 모른다. 유럽 대륙의 면적은 우랄 산맥 서쪽의 러시아까지 합해도 아시아의 4분의 1도 되지 않으며 오스트레일리아보다 조금 더 큰 정도다. 정말로 유럽만을 가지고 대륙으로 생각할

수 있다면 말이다. 인구 역시 역사상 언제나 아시아의 인구 숫자보다 훨씬 더 적었다.

역사에서 확인되는 유라시아와 북아프리카 발전은 이집트의 파라오와 아카드의 사르곤 왕의 시대부터 시작되었다고 볼 수 있으며, 중국의 서쪽에서 시작된 문명의 흔적이 유라시아와 북아프리카 전역에서 반복적으로 발견된다. 이 지역에서 아직 틀이 잡히지 않았던 여러 제국들이 등장한 건 농사를 지으며 정착한 사람들의 대부분을 끌어안을 수 있는 유일한 정치 체계였기 때문이었다. 그리고 수 세기에 걸쳐 여러 제국들이 출현했다가 사라졌다. 제국의 바탕은 사람들에게서 수탈한 노동력과 공물 등이었으며, 나중에는 농부들로부터 현물 대신 화폐의 전신이라고 할 수 있는 금이나 은을 거둬들였다. 이 농부들은 지역 영주들의 다스림을 받았고 영주들 위에는 신과 같은 추앙을 받는 군주들이 자리하고 있었다. 국경 너머에 살고 있던 유목민들은 이따금 이런 군주들을 위협했으며 제국 내부에서도 상류층이나 하류층의 반란이 끊이지 않았다. 아메리카 대륙의 원주민 문화에서 확인할 수 있는 것처럼 초기 농경 사회 제국의 문화는 신석기 시대 기술을 바탕으로 하고 있지만, 유라시아와 아프리카에서는 곧 금속 가공 기술이 사회혁명의 중심으로 자리를 잡는다.

축軸의 시대?

BCE 마지막 1000년 동안 이루어진 발전을 두고 독일의 철학자 카를 야스퍼스는 이른바 '축의 시대'라는 개념을 만들어낸다. 대략 BCE

800년에서 200년까지 이어지는 시대다. '축의 시대'는 기본적으로는 종교적인 개념으로, 야스퍼스는 이 시기에 중국과 인도, 이란, 그리고 그리스에서 실제로 있었던 혹은 존재했다고만 여겨지는 위대한 인물들과 함께 위대한 종교적, 그리고 철학적 체계가 갖추어졌다고 주장하고 있다. 어쩌면 과장된 면도 있겠지만, 청동기 시대의 제국들을 공격한 철기 사용자들이 불러온 사회적 위기라는 충격을 통해 새로운 문화의 형태가 만들어졌고, 그 안에는 분명 이런 새로운 체계의 바탕이 되는 무엇인가가 있었을 것이다. 상류층에 속하는 지식인들과 사상가들은 자연의 질서 속에서 인간의 위치를 설명할 수 있는 방법, 신이 불러오는 재앙의 이유들을 찾고 있었다.

　BCE에서 CE로 넘어가는 동안 또 다른 새로운 제국들이 연이어 자리를 잡기 시작한다. 유라시아 대륙에는 로마와 페르시아, 인도에서는 굽타, 그리고 중국에서는 한나라가 탄생한다. 특히 굽타 제국과 한나라는 각각 나름대로의 '황금시대'를 누리며 문화를 꽃피웠다. 굽타 제국의 학자들은 수학에서는 '0'의 개념을 만들어냈고 태양과 지구의 관계를 밝혀내 천체가 태양을 중심으로 돌아간다고 주장하기도 하였다. 앞서 있었던 제국들과 마찬가지로 이들은 철기를 사용하는 농경 중심의 계급 사회였고 문자를 사용했다. 그리고 일반 농부들이 바치는 세금을 기반으로 하고 있었다. 몇 세기가 지나 이런 모든 제국들은 내부의 문제와 외부의 공격으로 심각한 곤란에 빠지게 되었으며, 크게 피해를 입고 멸망할지도 모른다는 두려움에 떨게 되었다. 그 후 물론 다른 유사한 제국들이 그 뒤를 잇기는 했지만, 보통은 이런 제국들이 몰락하면서 고대 세계가 끝나고 지금 우리가 알고 있는 세계가 만들어지기 시작했다고 알려져 있는 것이다. 그에 따른 배경을 지금부터 살펴보도록 하겠다.

지중해

두 개의 가장 큰 반도를 포함해 지중해의 역사적 중요성에 대한 유럽 중심의 지나친 강조에 대한 반작용이었을까. 이 육지로 둘러싸인 바다의 중요성은 최근에 들어 과소평가된 느낌이 있다. 그렇지만 누가 뭐라고 해도 지중해의 역사적 중요성은 대단하다고 말할 수밖에 없다.

지중해는 아주 독특하고 특별한 지리적 특성을 갖춘 곳이며 세계 어디를 찾아봐도 이곳과 유사한 곳은 없다. 기껏해야 300만 제곱킬로미터밖에 되지 않는 면적을 감안하면 바다라기보다는 차라리 거대한 소금호수로 봐도 될 법하다. 지중해는 미국의 오대호 전체를 합친 것보다 대략 11배 정도 넓으며 서유럽 전체 면적의 2배가량으로, 앞서 언급했던 큰 반도들과 수많은 섬들을 포함하고 있다. 또한 엄청나게 다양하고 독특한 지형들이 지중해 연안을 둘러싸고 있는데, 산맥과 사막은 물론 초원지대와 기름진 경작지까지 찾아볼 수 있다. 그곳에서 역시 매우 다양하고 서로 다른 사회 경제적 구조와 정치 체제가 자라날 수 있었다. 산업화 시대 이전의 지중해는 각 지역을 연결해주는 중요한 동맥이었으며 이 길을 따라 교역과 전쟁이 이루어졌다. 그리고 물론 셀 수 없이 많은 배들이 지중해 바닥에 가라앉았다.

비옥한 초승달 지대와 중동의 거대한 제국들도 지중해와 이어져 있었으며 세계 3대 일신교와도 아주 중요한 연관성이 있다. CE가 되기 전 3000년 동안 지중해 연안을 따라 엄청나게 다양한 사회적 집단들이 생겨나 뒤섞였으며, 서로 소통하면서 언어도 섞이게 되었다. 서로의 문화를 배우고 영향도 주고받으며 때로는 전쟁도 불사했다. 이런 사회적 집단이나 공동체들 중에서 역사적으로 가장 널리 알려진 건 이집트인들과 지중해 동부 연안의 아시리아 제국의 속국들, 지금의 소아시아 지방에

노동, 성, 권력
Work, Sex and Power

있었던 히타이트, 페르시아 제국의 속국들, 미노아 사람들, 지중해와 흑해 연안에 있던 수많은 그리스 식민지들, 페니키아와 페니키아의 식민지였던 카르타고, 그리고 에트루리아와 로마 사람들이다. 이렇게 다양하게 뒤섞인 문화 속에서 페니키아 사람들은 표음 문자를 만들어냈으며 그리스 사람들은 이를 이어받아 지중해 전역에 퍼트렸다.

지중해를 중심으로 태어난 여러 가지 것들 중 진정한 승자가 있다면 그건 바로 과두 정치 체제의 공화국 로마일 것이다. 로마는 앞서 언급했던 축의 시대 끝자락에 탄생해서 지중해 주변 국가들과 사람들은 물론 내륙지방까지 진출하게 된다. CE 2세기 무렵에는 로마의 주인이 곧 지중해의 주인이었다. 제국이 된 로마에 대항할 수 있는 유일한 제국은 페르시아와 마케도니아의 후예인 파르티아뿐이었다.[1]

군사력 측면에서 보자면 아우구스투스의 원수 등극 이후의 로마 군대는 심지어 동시대의 중국 제국을 앞지를 정도였다고 추정된다. 훗날 로마 군대는 많은 문제들을 불러오지만, 어쨌든 아소카 왕이 죽고 몰락의 길을 걷게 된 마우리아 제국 이후 등장한 인도의 여러 왕국들 같은 경우 분명 로마의 상대가 되지는 못했다. 로마는 에트루리아로부터는 도시 문화를, 그리고 카르타고로부터는 해군의 구성과 전술을 배웠다. 문학과 예술은 그리스로부터 배우더니 종국에는 CE 312년 이스라엘로부터 종교까지 받아들이게 된다. 로마의 문화적 영향력은 실로 대단해서, 로마의 뒤를 이은 서유럽의 왕국들은 모두 그 영향을 받았고 나중에는 잠시 동안이나마 세계를 지배하게 되는 것이다. 이런 로마의 모습은 지금의 미국에서 여전히 찾아볼 수 있다. 제국을 뜻하는 단어인 '엠파이어empire', 그리고 황제를 뜻하는 '카이저kaiser' 혹은 '차르tsar'도 모두 로마 문화에서 비롯된 것들이다.

아프리카의 사하라 사막 이남 지역

비단 지난 500년 세월뿐만 아니라 그보다 훨씬 이전부터 아프리카 대륙은 유라시아 대륙에서 일어난 사건들에 크게 영향을 받아왔는데, 특히 지중해와 맞닿아 있는 지역에서는 두말할 나위가 없었다. 지중해를 마주보고 있는 이 연안 지방은 지리적으로는 아프리카에 속하지만 역사적으로는 유라시아 대륙의 연장선으로 여겨진다. 또한 역사를 통해서 볼 때 지중해에서 멀리 떨어져 있는 아프리카의 남부 지방 역시 그 영향을 받은 것으로 확인된다. 철을 제련하는 기술은 중국과 비슷하게 아프리카에서 독립적으로 발전해 왔다고 추정되지만, 아시아와 유럽, 그리고 아프리카 사이에 있었던 교류의 수준을 생각해본다면, 사하라 사막 이남의 어느 지역에서 처음 제련 기술을 받아들였는가에 상관없이 기술이 전파된 가능성 자체를 배제할 수는 없다.

아프리카 대륙의 각지에서 확인할 수 있는 전체적인 발전의 형태는 다른 지역들과 크게 다르지 않았다. 농업이나 목축업에 종사하는 인구를 발판으로 많든 적든 제국들이 탄생하게 되었으며, 이런 제국들은 경제 환경 및 기후의 변화, 그리고 지배층 사이의 내분 등을 통해 분열이 되었다. 여기에는 하층민들의 불만도 일조를 하였을 것이다. 그리고 그 자리에는 다시 비슷한 모습의 다른 왕국들이 자리를 잡았다.

나일 강과 홍해 사이의 지역은 아라비아 반도와의 접근성과 더불어 해양을 통한 교류에서 특별히 중요한 역할을 했다. 지금의 수단 하르툼 북쪽에 있었다고 전해지는 쿠시Kush 왕국은 수도가 메로에Meroe였으며, 이집트에서 이어받은 문화를 크게 발전시켰다. BCE 750년경에는 이집트를 정복해 파라오가 지배하는 제25왕조를 열기도 했다. 쿠시 왕국의 뒤를 이은 악숨Aksum 왕국은 로마 제국과 인도 사이의 교역의 중심지로 특히 중요한 역할을 했는데, 중국과도 상업적 교류를 유지했다. 7세기 무렵 아라비아 사람들이 아프리카 북부를 정복한 이후에는 이슬람과 기독교 지배자들이 번갈아가며 이 지역의 패권을 두고 다투었다. 기독교도들은 결국 에티오피아 고원지대에 자신들의 세력을 구축하게 되었으며 이슬람교도들은 그 지역을 제외한 모든 곳을 점령하였다. 그리고 그 세력권은 남쪽으로는 아프리카 동부 잔지바르Zanzibar 섬까지 이르렀으며 섬을 마주보는 연안 지역도 이슬람의 영향권 아래 있었다.

　CE로 접어들자 사하라 사막 남쪽의 초원지대인 사헬Sahel과 기니 Guinea 연안 북쪽의 열대 우림 지역을 포함하고 있는 아프리카 대륙의 서부 지역도 다른 지역 못지않게 중요한 역할을 하게 된다. 처음 사하라 사막을 가로지르며 활발한 교역을 했던 건 카르타고와 로마였으며 이후 이슬람 제국이 그 뒤를 잇게 된다. 이 교역로는 이 지역 왕국들이 가장 중요하게 생각하는 거래의 장이었으며 주요 품목은 노예와 황금이었다. 또한 소금은 가장 중요한 수입품이었다. 교역을 시작한 첫 아프리카 왕국은 가나Ghana 왕국이었는데, 지금의 가나 공화국과는 이름만 같을 뿐 전혀 다른 지역에 위치하고 있었다. 그리고 말리Mali 왕국이 그 뒤를 이었는데, 역시 지금의 말리와는 아무 상관이 없으며 이 무렵에 이슬람왕국이 되었다. 메카Mecca를 오가는 성지 순례자들의 재력과 잘 훈련된 하인들은 이집트 사람들을 크게 놀라게 할 정도였다고 한다. 이 지역에서도 이슬람은 왕과 일반 사람들을 개종시키는 등 중요한 영향을 미쳤지만 연안의 열대우림 지역까지는 파고들지 못했다. 그 지역에도 다호메이Dahomey나 아샨티Ashanti와 같은 독립된 왕국과 제국들이 각각 자리를 잡고 있었다.

　규모가 컸던 인류의 이동 중 하나로 역사에 기록될 만한 사건은 BCE에서 CE로 넘어가던 시기에 일어났다. 바로 반투Bantu어를 사용하는 농경민족이 지금의 카메룬과 나이지리아 서부 지역에 있는 고향을 떠나 대륙 남쪽으로 가로질러 내려간 사건이다. 이 이동은 인도 유럽 어족이란 고원을 떠나 서쪽과 남쪽으로 이동했던 일과 비슷하며, 따라서 집단적 탈출이나 대규모 이주라고는 할 수 없으나 수 세기에 걸쳐 서쪽의 각기 다른 방향으로 계속 이동해 간 것임에는 틀림없다. 이들은 일단 서쪽으로 내려간 후 다시 대륙의 동쪽과 서쪽으로 이주했다. 그 생김새가 최초의 인류와 많이 닮았고 수렵과 목축을 주로 하던 코이산Khoisan이라는 이름의 이 지역 원주민들은 이들 침입자들에게 떠밀려 아프리카 대륙의 남쪽 끝 지방과 사막까지 쫓겨나게 된다.

경제적, 그리고 기술적으로 더 앞서 있던 반투어족 사람들은 비록 처음 이주를 시작했을 때는 철기를 갖추고 있지 못했다. 그러나 이주 과정에서 철기 제작 기술을 습득하고, 서아프리카와 비슷하게 정착하는 곳마다 농경 중심의 왕국과 제국들을 건설하고 세금을 거둬들인다. 또한 가능할 때마다 교역 관계를 맺었는데, 이때에도 역시 가장 중요한 품목은 황금이었다. 이러한 발전 과정은 지금까지 살펴본 다른 국가 구조와 마찬가지로 몰락과 또 다른 왕국의 건설이라는 모습을 되풀이해서 보여준다. 그레이트 짐바브웨 유적지The ruins of Great Zimbabwe는 가장 강성했던 아프리카 왕국의 힘과 성취를 증명하고 있는 유적지로, 그 마지막을 장식했던 건 19세기 지금의 나탈 지역에 있었던 줄루Zulu 제국이다.

아프리카는 아메리카 대륙 밖 근대 이전 세계에서 유라시아 대륙 전체에 영향을 미칠 수 있는 중요한 역할을 했다. 그 이후에도 아프리카의 주민들과 그 후손들은 15세기 무렵부터 중요한 몫을 담당하며 엄청난 경제 및 사회 변화를 이끌어내는 등 과거 못지않게 여러 차례 세계사에 큰 영향을 미쳤다. 인간과 관련된 가장 기본적이면서도 폭압적인 노동과 협력 체계, 즉 노예제도를 통해 그렇게 할 수 있었던 것이다.

고대에서 유럽 봉건 시대까지

CE가 시작된 후 몇 세기가 지나 또 다른 민족의 대이동이 시작된다. 이 이동은 뜻하지 않게 로마 제국의 몰락을 가져왔고 유라시아 대륙 전체의 판도를 뒤흔들게 된다. 역사 속에 훈족으로만 알려져 있는 수수께끼의 동아시아 유목민들이 그 주인공으로, 이들은 이동 수단과 먹을 것과 마실 것 등 모든 필요한 것들을 오직 말만 가지고 채울 수 있는 사람들이었다. 철기를 사용했지만 구석기 시대의 선조들과 비슷한 생활 방식을 유지했다. 석기 시대 선조들처럼 이들에게 짐승은 주로 식량을 의미하는 것이었고 그러면서도 상황에 따라 아주 편리하게 이용하기도 했다. 말도 예외는 아니어서 생각해보면 당대의 최첨단 장비도 되었지만 젖을 짜먹고 죽여서 고기도 먹었던 것이다. 이들은 특히 등자鐙子와 편자를 도입했고 기병용 활을 개량해 가장 애용하는 무기로 만들었다.

훈족은 이런 놀라운 신기술과 여러 씨족들을 모아 강력한 군대로 만들 수 있었던 역량 있는 지도력을 통해, 남쪽과 서쪽의 농경 정착지와 도시 공동체들을 침략할 수 있는 발판을 마련했다. 그리고 훈족은 이 기회를 놓치지 않았다. CE 5세기가 되자 훈족은 눈 깜빡할 사이에 중부유럽에서 아시아 서쪽에 이르는 거대한 제국을 세웠으며, 지금의 이탈리아와 프랑스, 그리고 발칸반도를 공격했다.

그렇지만 훈족은 자신들이 직접 이룬 정복보다 그로 인한 연쇄적인 효과로 더 유명하다. 훈족의 제국에서 순수 훈족은 극소수였고, 게르만

어를 사용하는 부족이나 자신들이 정복하고 끌어들인 사람들이 훨씬 더 많았다. 그리고 위대한 지도자였던 아틸라 대왕이 죽고 나자 이들은 모두 기다렸다는 듯 훈족에게 반기를 들게 된다. 훈족의 침략은 게르만족을 위협했고, 이들은 본격적인 침략이 시작되기 전에 동과 서로 흩어져 로마 제국 안으로 쏟아져 들어가게 된다. 그중에는 로마 제국이 어쩔 수 없이 월경越境을 허락한 경우도 있었다. 결국 게르만족은 서유럽에 있던 로마 제국의 영토 안에 자신들의 지배권을 확립할 수 있었으며, 결국 오늘날 서유럽 각국의 선조가 된다.

혼란의 시대

CE 5~6세기경에 존재했던 제국들이 10세기 이후까지 존속될 수 있었다면, 인간의 역사는 아마 크게 달라졌을 테지만 역사에는 가정이란 없다. 한때 번성했던 제국들은 여러 가지 이유로 무너지거나 분열되었고, 비슷한 모습의 다른 나라들이 그 자리를 대신했다. 주로 유목 부족 연합이 세웠던 아시아 중부의 제국들이 그렇게 빠르게 일어섰다가 무너져가면서 그런 결과들을 불러왔다. 13세기 칭기즈칸이 세웠던 몽골 제국도 그 대표적인 사례가 된다. 몽골의 후계자라 할 수 있는 티무르 제국은 수도를 아시아 중남부의 바하라에 두고 수많은 정복 전쟁을 치렀다. 하지만 중국 본토를 삼키고 싶다는 야망을 버리지 못했고, 역시 유라시아 대륙의 평화를 뒤흔들게 된다.

로마 제국은 아틸라의 침략과 가혹한 수탈로 크게 그 세력이 위축이 되었으며, 특히 서유럽 지역은 정치 중심지의 역할을 상실하게 된다. 각

노동, 성, 권력
Work, Sex and Power

부족의 귀족들은 농민 계층을 직접 지배하게 되었고 토지 소유권을 빼앗아 자신을 따르는 무리들과 함께 새로운 지배 체제를 확립한다. 로마 제국을 침략한 게르만족은 아틸라와 동맹을 맺기도 했으며, 그 전에 이미 도망을 친 부족도 있었고 혼란의 와중에서 그저 자신들의 이익만 챙기려고 한 부족도 있었다.[2] 흔히 비잔티움 제국이라고도 부르는 로마 제국의 동부는 침략으로 인한 몰락을 면하고 계속 세력을 유지하며, 경쟁 관계였던 페르시아를 굴복시킨다. 하지만 결국 영토의 대부분을 잃고 만다. 그중에는 다마스쿠스와 바그다드 같은 요지 중의 요지도 있었는데, 이 두 지역은 아라비아의 이슬람 제국의 손에 떨어져 훗날 그들의 수도가 된다.

이슬람 제국은 CE 10세기 무렵 유라시아와 북아프리카 지역에서 중요한 역할을 했지만 나중에 이집트와 에스파냐 등 몇 개의 작은 제국들로 분열된다. 그러다 종국에는 역시 침략의 대상이 되어 처음에는 몽골 제국과 그 후예들에게 무릎을 꿇었고, 그 다음에는 셀주크와 오스만 제국의 지배 아래 들어간다. 오스만 터키 제국은 1453년에는 동로마 제국까지 무너트리며 동유럽의 심장부까지 쳐들어갔고, 이후 중국의 서쪽에서 300년 가까이 가장 강력한 제국으로 군림하게 된다.

물론 지역별로 아주 다양한 차이점들이 발견되기는 하지만, 유라시아의 철기 사용 제국들에서 찾아볼 수 있는 이런 반복적인 흥망성쇠의 모습은 2500년 가까이 지속된 것이다. 이런 제국들은 처음에는 지역의 작은 왕들의 개인적인 역량을 중심으로 일어나게 되며 보통은 그 왕의 이름을 따서 누구의 왕조라는 식으로 부르게 된다. 그렇게 비슷한 다른 많은 왕이나 왕조들과 함께 어깨를 나란히 하다가 주변의 수많은 서로 다른 어족들과 지역 문화를 결합하는 제국으로 성장하게 되는 것이다.

특히 유목민 제국에서 많이 찾아볼 수 있는 것처럼 중앙집권화된 행정 체계나 권력 구조의 부족은 제국의 창립자와 후계자들 사이에서 복잡한 후계 구도의 다툼을 불러일으킨다. 그러다 결국 제국은 정치적, 지역적으로 분열되고 깨어지며, 다시 또 새로운 제국의 창립자가 나타나게 되는 것이다. 그렇지만 중국의 경우는 조금 다른데, 중국 대륙을 지배하게 되는 사람이 중국 원주민이건 아니면 몽골이나 만주족 같은 외부의 침략자이건, 그들은 매우 빠르게 중국 고유의 법도와 기준에 고개를 숙여 따르게 되고 결국 왕조는 바뀌더라도 그 문화는 계속해서 이어지게 된다. 종교로서의 이슬람도 이와 비슷해서, 이슬람 지역을 정복한 칭기즈칸의 후계자들은 별다른 저항 없이 그대로 이슬람교로 개종을 하고 그들의 문화를 따르게 되었다.

반란과 봉기

제국의 이런 흥망성쇠에는 지금까지 살펴보지 못한 두 가지 특징이 있다. 바로 반란과 전염병으로, 이 두 가지는 때로는 함께 관련되어 발생하며 역사상 가장 악명이 높았던 전염병은 흔히 흑사병黑死病이라고도 부르는 페스트다. 흑사병은 CE 10세기 전후에 유럽과 아시아 서부에서 창궐했으며, 특히 1340년대 엄청난 위력으로 유럽을 휩쓸었고, 인구의 3분의 1 이상이 사망하면서 사회구조의 근간을 뒤흔들었다. 흑사병의 원인이 되는 페스트균은 원래 몽골 지역에서 시작되었지만, 중국과 인도는 이 참화의 영향을 거의 받지 않았다.[3] 흑사병이 서유럽으로 퍼졌고 노동력이 부족해지면서 살아남은 농부들은 더 유리한 조건으로 노동력을 제공할 수 있게 되었다. 하지만 동시에 기존의 지배 관계를 계속 유지하려는 영주들의 폭정도 그치지 않았다.

17세기에 이르기까지 유라시아 대륙 전체에서는 말 그대로 체제 전

체를 뒤흔들 만한 도시와 각 지역의 반란이 수십 차례나 계속해서 일어
났다. 그보다 소규모의 반란은 너무 많아 셀 수 없을 정도였다. 로마 제
국 후기에 지금의 프랑스와 에스파냐 지역에서 일어났던 농민 폭동은
진압하는 데만 수십 년의 세월이 걸렸다. 8세기 중국에서 일어났던 안
녹산安祿山의 난으로 피해를 입은 사람은 수백만 명에 달한다. 그 시작은
당나라 제국의 장군이었던 안녹산의 야망 때문이었으나, 거기에 기름을
부은 건 불만에 쌓인 각 지역의 주민들이었다.

　이러한 유명한 반란이나 봉기는 결국 성공을 하지 못했으며, 아주 드
문 경우에 성공을 거두었다고 해도 항상 다시 혼란에 빠지면서 결코 오
래 지속되지 못했다. 이런 반란들이 지배층과 종속 계급 사이의 권력관
계에 바탕을 두고 사회적 구조를 바꾸려는 목적으로 일어난 적은 거의
없었다. 좀 더 마음이 넓은 지역 영주에게 더 나은 대우를 받고자 하는
목표뿐이었던 것이다. 그렇지만 때때로 종말과 관련한 소문이 퍼질 때
도 있었는데, 조로아스터교의 '신세계 건설'이나 기독교의 종말론처럼
신의 섭리를 통해 사회구조가 모두 다 뒤집힌다는 것이었다. 바로 "가난
한 자는 좋은 것을 얻고 부자는 빈손으로 돌아가리라"와 같은 믿음이었
다. 그렇지만 국가 전체가 붕괴되는 상황만 아니면, 보통은 기존의 권력
자나 지배층이 훨씬 더 많은 재원과 강력한 군사력을 바탕으로 이러한
반란이나 봉기를 제압했다.

　또 대부분의 경우 반란이나 봉기에 참여한 사람들과 지도층 사이에서
내분이 일어나기도 했다. 예를 들어 로마 제국에 항거한 이스라엘의 대
반란에서 반란의 주모자들은 로마 군단과 싸우는 와중에도 자기들끼리
세 가지 다른 파로 갈라져 다툼을 벌였다. 누구나 생각하는 이상적인 모
습은 반란의 지도자들이 서로 합심하는 것이며, 적을 무찌르는 데 성공
하면 이전보다 덜 폭압적인 정치를 펴는 것일 것이다. 바로 중국의 한나

라나 인도의 굽타 제국이 그런 성공 사례다. 그렇지만 여전히 기존의 사회적 관계에 바탕을 두고 근본적으로 다른 정치를 펴지는 못했다.

그럼에도 불구하고 폭압적인 정치를 펴는 압제자들에 대항하는 일은 결코 사라질 수 없었다. 그동안 얼마나 많이 이런 시도들이 실패로 돌아갔는지에 상관없이 곧 또다시 저항의 불길이 타올랐다. 그리고 '근대'에 이르러서는 특별히 무시할 수 없는 세력을 이루어내 혁명 세력이 권력을 쥐게 된 것이다. 비록 이런 혁명 정권들이 오래 가지는 못했으나 왕들이 공개적으로 처형을 당하기도 했고, 러시아 제국은 농노들이 일으킨 두 차례의 각기 다른 봉기가 나라 전체로 퍼져나가기도 했다. 이러한 움직임은 다음 세기로 접어들면서 훨씬 더 크고 분명한 모습으로 일어나게 되었다.

유럽의 중요성

벨기에 출신의 저명한 역사가 앙리 피렌느는 자신의 사후인 1937년 출간된 《무함마드와 샤를마뉴Mohammed et Charlemagne》에서 7세기에 이슬람 세력이 지중해 남부 연안과 이베리아 반도를 정복한 것은 매우 중요한 의미를 가지고 있다고 지적한다. 피렌느에 따르면, 역사적으로 볼 때 동로마 제국의 해군처럼 에게 해와 아드리아 해를 성벽처럼 활용했던 예외적인 사례가 있기는 하지만, 지중해를 장애물이 아니라 오히려 고속도로처럼 활용한 일이 몇 가지 측면에서 유럽의 발전에 크게 영향을 끼쳤다는 것이다.[4] 학계에서는 피렌느의 이런 주장을 완전히 받아들이지는 않았으나, 세부 사항을 제외한 큰 줄기는 타당성이 있다는 평가를 받았다. 지중해를 사이에 두고 서로 비슷하던 문화가 갑자기 서로 양립할 수 없는 적대적인 일신교의 문화로 대립하게 된 것 역시 역사적으로 무시할 수 없는 큰 영향력을 발휘했다. 아시아나 북아프리카와 비교해 고전 시대 이후의 유럽에서만 특별한 사회적 혁명이 일어난 것도 역시 지중해 교류의 직간접적인 영향이라고 볼 수 있다.

이 시기 동안 있었던 이러한 특별한 변화는 결국 유럽의 사회 정치적 구조의 특징을 만들어내게 된다. 유럽을 제외한 다른 지역에서는 여전히 거대한 영토를 가진 제국들이 사회적 기준으로 남아 있었다. 기존의 제국이 사라지면 곧 또 다른 제국이 그 뒤를 이었는데, 예컨대 오스만 터키 제국은 사실상 동로마 제국의 합법적인 계승자라고 할 수 있다. 콘스탄티누스 황제가 로마의 국교를 기독교로 바꾸었다면 동로마 제국을 멸망시킨 술탄 메흐메드는 다시 기독교에서 이슬람교로 종교를 바꾼 것뿐이다. 8세기 에스파냐를 지배했던 아라비아의 이슬람 세력이 정말로 진지하게 지금의 프랑스 지역까지 탐을 냈는지는 분명치 않다. 러시아 제국의 전신이라고 할 수 있는 키예프 공국 서쪽의 유럽은 하나의 거대한 영토를 가진 제국으로 통합되어 있지는 않았으나, 그 대신 여러 개의 작은 왕국들과 독립적인 자치 도시로 나뉘어져 있었다. 이렇게 쪼개진 서유럽은 정교한 정치공학적인 모습과는 한참 거리가 있었다. 동서로 쪼개진 로마 제국의 성직자와 귀족들은 오래전의 이상을 잊지 못하고 있었고, 그것을 되살리기 위해 엄청난 노력을 하고 있었다. 마이클 만의 설명이다.

"야만족들이 기독교로 개종을 한 것은 어쩌면 일반적인 문명화의 상징이라고도 볼 수 있을 것이다……. 476년 서로마 제국이 마침내 멸망을 하고 나자 특히 지식인 계층에게 이러한 문명의 유산을 독점적으로 공급할 수 있었던 건 바로 기독교였다."[5]

마이클 만의 설명을 더 들어보자.

"……몰락한 로마 제국의 문화를 대신한 것은 야만족들의 문화가 아니라 바로 각 지역에서 살아남은 로마 제국의 문화다."[6]

6세기 동로마 제국의 황제인 유스티아누스의 장군들은 북아프리카에 있던 게르만족의 일파인 반달족의 왕국과 지중해 서부의 섬들을 점령함으로써 옛 로마 제국의 영토를 성공적으로 수복했다. 그리고 이번에는 이탈리아에 있는 동고트족 왕국으로 쳐들어가 도시를 파괴하고 사람들을 몰살시킨 끝에, 시칠리아 섬을 포함해 이탈리아 반도 대부분을 탈환할 수 있었다. 그렇지만 또 다른 게르만족의 일파인 롬바르드족이 침입했을 때는 거기에 맞서 싸울 수 있는 물자가 충분치 않았다.[7]

　사라진 로마 제국의 이상을 회복하려는 노력은 교황인 레오 3세로 이어졌다. 레오 3세는 동로마 제국과 사이가 틀어지자 전임 교황이 황제에게 했던 충성의 서약을 저버린다. CE 800년, 레오 3세는 프랑크 왕국의 왕인 샤를마뉴를 사실상 동로마 황제와 맞설 수 있는 서로마 제국의 황제로 등극시킨다. 프랑크 왕국의 군사력이라면 다시 유럽을 통일하고 이슬람 세력이 지배하고 있는 이베리아 반도와 북아프리카 지역까지 다시 수복할 수 있을 것이라 기대했던 것이다. 샤를마뉴 황제가 비록 서유럽 대부분과 중부유럽, 그리고 피레네 산맥의 동쪽과 서쪽까지 이어지는 제국을 건설하기는 했으나, 로마 제국의 부활이라는 이상은 완전한 환상에 불과한 것이었다.

작은 제국들

　광활한 영토를 지배했던 샤를마뉴 황제의 제국은 814년 그가 죽자마자 곧 분열이 되기 시작한다. 샤를마뉴 황제의 뒤를 이어 새롭게 유럽을 중심으로 하는 제국을 건설하기 위해 노력했던 것은 샤를마뉴 제국 영토의 일부인 작센Sachsen에 그 뿌리를 두고 있었던 오토 왕조다. 오토 왕조의 대표적인 인물인 오토 1세는 962년 교황에 의해 다시 황제로 등극하게 되어 이른바 신성 로마 제국의 황제로서 지금의 독일과 이탈리아 왕도 겸하게 된다. 그로부터 1세기가 채 되지 않아 신성 로마 제국은 아무런 실체가 없이 이름만 남게 되며,[8] 영토의 대부분은 여러 영주들이 다스리는 지역과 상업 중심의 자치 도시들로 쪼개지게 된다. 12세기와 13세기에, 붉은 수염 프리드리히 1세와 그 손자인 프리드리히 2세가 각각 신성 로마 제국의 황제에 오른 뒤 다시 한 번 각 지역을 통일해 실질적인 제국을 건설하려고 했으나 무위에 그치고 만다. 결국 신성 로마 제국의 황제라는 자리는 합스부르크 가문의 영주들이 돌아가면서 맡게 되었으며, 동시에 이들은 중부와 남부유럽의 각 왕국의 주인을 자처하게 된다. 이렇게 한동안 유럽 전체를 지배하던 합스부르크 가문을 무찌른 것이 바로 프랑스의 나폴레옹이다.

중세 후기의 유럽은 자치 도시와 각 지역이 그 크기와 각기 다른 언어를 말하는 사람들, 그리고 역시 각기 다른 문화와 경제 체계에 따라 천차만별로 쪼개져 있었다. 예전과 같은 하나로 통일된 영토를 보유한 거대한 제국은 찾아볼 수 없었다. 그렇지만 그 어느 때보다도 난폭하고 호전적인 시절이었다. 각 지역의 영주들은 잔인함의 극치를 달리며 서로 싸웠고 적지의 농노들을 학살했으며, 단지 자신들의 이기적인 목적을 충족시키기 위해 도시며 사회 기반시설 등을 파괴했다.

이런 시기를 거치면서 그 규모가 줄어든 여러 작은 제국들이 탄생하게 된다. 노르만 왕가는 치열한 전쟁을 거치며 스코틀랜드를 제외한 영국과 프랑스, 그리고 아일랜드를 손에 넣었고, 에스파냐에는 카스티야 왕국이 들어섰다. 합스부르크 가문은 앞서 언급했던 것처럼 중부유럽을 지배했고, 경쟁 관계였던 덴마크와 스웨덴 왕가는 스칸디나비아 반도에서 불안정한 상태를 유지했다. 발칸 반도에는 세르비아와 불가리아 왕조가 있었고, 동부유럽은 폴란드와 리투아니아 왕조가 지배했다. 여기에 상업을 중심으로 하는 두 제국이 더해지는데, 바로 지중해의 해양 도시국가이자 필생의 경쟁자였던 베네치아와 제노바 공화국이다. 발트 해와 북해는 항구 도시 연합인 이른바 한자 동맹the Hanseatic League이 지배하고 있었는데, 이 동맹의 주체는 주로 독일계 상인 조합이었다. 한자 동맹과 비슷한 성격의 상업 자치 도시들은 라인 강변에서도 건설되어 지중해와 발트 해를 잇는 교역로를 관리했다.

그리고 기독교를 믿는 각 왕국의 지배층들의 폭력적인 확장 정책이 시작된다. 이들은 단지 영토만 빼앗는 것이 아니라, 기독교의 축복을 거부하는 사람들이나 지역이 있으면 강제로 기독교를 전파하기 위해 애를 썼다. 그중에서 가장 악명 높은 역사적 사건이 바로 십자군 원정이다. 십자군 전쟁은 셀주크와 이집트의 이슬람 제국들을 상대로 11세기 후반에서 13세기 후반까지 이어졌는데, 십자군 원정을 처음 시작한 건 교황 우르반 2세. 당시 교황은 기독교 왕국의 귀족과 군주들이 벌이는 거듭되는 내전에 시달리고 있었으며, 게다가 교황 자신도 일부 연관이 되어 있었다. 또한 우르반 2세는 예루살렘을 탈환해서 자신의 이름을 역사에 길이 남기고 싶어 했다. 그를 통해 오래전 있었던 갈등으로 갈라선 동로마 제국의 교회 지도자들을 앞서는 우위를 점하고 싶었던 것이다.

교회에서는 이 대원정에 참여하는 사람들에게는 속세의 죄를 면제해 주겠다고 약속했는데, 이는 당연히 가장 중요한 동기가 되어 주었다. 사람들은 내세에 대해 진심으로 믿고 있었으며, 따라서 죄사함을 간절히 원하고 있었던 것이다. 그렇지만 그 못지않게 중요한 목적은 바로 이교도들로부터 빼앗을 수 있는 땅과 재산이었다. 당시 예루살렘을 차지하고 있던 사람들은 무시무시한 이슬람 전사들과 평화주의자 이스라엘 사람들, 그리고 우연히 그곳에 흘러들어간 기독교인들이었다. 십자군들은 동부 지중해 연안을 점령하고 자리를 잡지만, 2세기 후에는 완전히 쫓겨나게 된다. 한편, 지중해 반대편 끝에서는 에스파냐 사람들이 이슬람 세력에 대항해 싸웠고 계속해서 전쟁을 이어나간 끝에, 1492년 드디어 이베리아 반도에서 이슬람교도들을 완전히 몰아내게 된다.

발트 해 남쪽 연안에서는 또 다른 전쟁이 벌어지고 있었다. 이 지역에는 다양한 기사단들이 자리하고 있었으며, 가장 유명한 튜턴 기사단을 비롯한 여러 기사단들은 이교도에 대항하는 신성한 전쟁을 벌였다. 그 첫 번째 희생양은 주변에 아무런 해를 끼치지 않았던 슬라브계 프로이센 사람들이었다.[9] 하지만 유럽의 마지막 이교도 국가였던 리투아니아 왕조는 훨씬 더 만만치 않은 적수임을 과시하며 기독교로 개종을 할 때까지 싸우며 버틸 수 있었고, 결국 리투아니아 귀족들은 자신들만의 작은 제국을 건설하고 유지할 수 있었다.

이 시기 유럽에서 만연했던 무서울 정도로 폭력적인 성향은, 분명 근대에 들어 몇몇 유럽 국가들이 해외 식민지 제국을 건설하는 데 이념적인 도움을 준 것이 분명하다. 아메리카 대륙의 상당 지역을 정복한 에스파냐 사람들은 자신들의 정복 행위를 이슬람교도들로부터 이베리아 반도를 탈환했던 전쟁의 연장선상으로 생각했다. 이탈리아의 독재자 무솔리니가 에티오피아를 침략할 때 내세운 근거 중 하나가 바로 기독교의 한 분파인 콥트교를 믿는 사람들에게 제대로 된 로마 가톨릭교를 전파하겠다는 것이었다. 20세기 초에 독일은 동부유럽에 대한 주도권을 목표로 하고 우크라이나와 벨로루시를 지배하겠다는 야욕을 숨기지 않았는데, 훗날 히틀러는 자신의 유명한 저서 《나의 투쟁Mein Kampf》에서 아주 분명하게 이렇게 말하고 있다. "따라서 우리 국가사회주의 당원들은…… 600년 전 우리가 잃은 것들을 회복해야만 한다……. 그리고 동쪽으로 우리의 시선을 돌려…… 독일 민족의 미래를 위한 새로운 땅을 찾아야 한다."

교황권

샤를마뉴 황제 이후 유럽 대부분이 실질적인 하나의 제국으로 다시는 합쳐지지 못했으나, 그 대신 로마가 지배하는 교회라는 형태의 제국은 존재했다. 어쩌면 일종의 문화 제국이라고도 부를 수 있는 이 제국은, 좀 더 광범위한 관점에서 본다면 과거 로마 제국의 연장선에 있다고도 할 수 있었다. 8세기 이전 서유럽 교회 조직은 그 세력이 미약했으며, 로마의 주교는 동로마 제국의 지배를 받았고 로마 밖에서는 아무런 권위도 내세우지 못했다. 그러나 8세기가 되자 프랑크 왕국의 군주들이 교황들을 도와 목소리를 크게 낼 수 있도록 해주었고, 농노와 노예들로 꾸려나가는 영지도 제공해서 필요한 재원을 마련할 수 있도록 했다.

이후 약 500여 년 동안 대단히 열정적인 교황들이 등장해 절대적인 종교적 권위를 주장했는데, 거기에는 특히 개인을 지옥으로 보낼 수 있는 권위가 있다는 주장도 포함되어 있었다. 각국의 국왕들을 다투게 만들고, 그 안에서 다시 영적인 정통성을 인정하는 식으로 교황들은 서부와 중부유럽에서 자신들의 권위를 점점 더 높여갔다. 물론 일부 군주들과 마찰은 피할 수 없었다.

이런 일이 가능했던 건 사실상 교회가 당대의 독점적인 지식 전달 조직이었기 때문이다. 각국의 국왕들은 국가를 운영하는 일에 성직자들의 힘이 절대적으로 필요했다. 교회법은 처음에는 로마 교황청 안에서만 효력을 인정받다가 12세기부터 실제 법률과 같은 기능을 발휘하기 시작했다. 예컨대 각국의 대학들도 교회법을 기준으로 움직이게 되었다. 이 법은 단지 교회의 문제들만 해결해주는 것이 아니라 신도들의 개인적인 행위에도 관여를 했는데, 여기에는 유대인들을 제외한 모든 사람들이 다 포함이 된다. 단식일과 성축일에 관련된 문제에서부터 부부생활과 성관계에 이르기까지 온갖 문제들에 대한 기준이 된 교회법은, 각 신도의 고해성사라는 행위를 통해 더 그 권위를 내세울 수 있었다. 중세 후기까지 교회법은 서부유럽에서 유일하게 권위를 갖는 법전이었다.

또한 교회는 경제적으로도 아주 중요한 존재였다. 수도원은 영적인 목적으로 세워졌지만 종종 농장의 역할까지 겸했다. 교회는 방대한 영지를 소유하고 있었을 뿐만 아니라 각 가정으로부터 십일조를 세금처럼 거둬들였고, 결혼이나 침례, 그리고 장례식을 집전할 때마다 따로 수고비를 받았다. 그렇지만 헨리 8세가 스스로 교회의 수장이 되어 교회의 재산에 관여하면서 토지 소유권에 대한 혁명이 시작되었다. 이런 모습이 이후 영국의 농업 자본주의로 이어졌다고 볼 수도 있는데, 어쨌든 아주 중요한 사건이었음에는 분명하다.

마이클 만은 교회의 또 다른 중요한 역할에 대해 지적한다. 바로 교회가 주도권을 장악하고 있는 지역에서 사회생활의 갈등을 줄여주는 이념적 역할이다. 교회는 또한 경제적으로 아주 중요한 요소인 각종 계약이나 약속의 유효성을 보장해주며, 상인과 시장들 사이의 기능이 원활하게 돌아가는 데 도움을 주기도 했다. 만일 페리 앤더슨도 주장한 것처럼 이러한 내용들이 사실이라면, 로마 가톨릭교회와 그 절대적 권위의 정점인 로마 교황은 중국과 인도의 황제들이 했던 역할과 비슷한 일을 한 셈이다. 다음 12장부터는 왜 서로 갈라져 다투던 중세와 근대 초기의 유럽 국가들이 공통된 문화와 상업적 교류를 통해 어느 정도 진정된 모습을 보였는지, 그리고 훗날 유라시아의 막강한 제국들로 성장해 세계를 지배할 수 있었는지, 그 이유를 살펴보게 될 것이다. 포식자로서의 유럽의 '성공' 비밀은 어쩌면 그 분열로 인한 다양성에서 기인한다고도 볼 수 있을 것이다. 이러한 측면에 대해 페리 앤더슨은 자신의 저서인 《고대에서 봉건제로의 이행Passages from Antiquity to Feudalism》과 《절대주의 국가의 계보Lineages of the Absolutist State》에서 자세하게 설명하고 있다.[10]

결론

　이집트 파라오의 시대로부터 농업 생산력과 천연 자원을 갖춘 국가는 결국 제국으로 발돋움했으며, 그 뒤를 잔혹한 독재와 노예나 농노들을 동원한 강제 노동이 떠받쳤다. 그렇다고 해서 관개시설에서부터 마구馬具에 이르는 기술이나 기능과 관련된 물질적인 발전의 실체를 외면할 수는 없다.[11] 또한 지적, 그리고 문화적 측면이 크게 돋보이는 공예품과 문학작품, 그림과 조각품들도 제국 시대에 큰 성취를 이루었다.

　이러한 발전은 폭압적 정치와 함께 사회적, 성적 압제라는 벽을 맞아 느리게 진행되었다. 서로마 제국이 붕괴되고 난 후 제대로 된 강한 제국이 부재한 틈을 타 폭력과 공포의 시대가 더욱 가중되었다. 하지만 그 1000년에 가까운 시대를 지나는 동안 경제와 사회 체제가 다져지는 밑바탕이 되어 주었다. 그리고 세상이 변화하면서 역사라는 천은 그 짜임새와 모양을 갖추어갔다. 이러한 변신과 변화에 대해서는 다음 제12장에서 다뤄보기로 하겠다.

제12장

변화하는 인간의 현실: 근대의 인간, 이주, 그리고 노동

Human Reality in Transformation:
Modern Population, Migration and Labour

12장에서는 인류 역사에 있어 두 번째로 일어났으나, 가장 큰 영향을 미쳤던 변화에 대한 몇 가지 중요한 측면들을 다룰 것이다. 농업을 기본 바탕으로 한 문화에서 인공적인 동력에 의존하는 기계가 중심이 되는 그런 변화로, 거기에는 지금까지 있었던 모든 인간의 역량이 총 집결이 되어 있다. 그러한 변화의 방향은 처음에는 아무도 알아차릴 수 없는 것이었으며 당연히 계획에 따른 것도 아니었다. 누군가는 1485년 헨리 튜더가 리처드 3세를 무찌르고 나서 말에서 내리지 않은 채로 병사들을 향해 "자, 친구들, 이제 중세는 그만 끝내자고. 지금부터는 근대를 향해 나아가는 거야!"라고 외쳤어야 했다고 농담처럼 이야기하기도 했다.

그렇지만 몇 년이 지나지 않아 동시대의 유럽 사람들은 비록 생활환경에 있어 큰 변화는 알아차리지 못했어도, 서쪽으로 배를 타고 가면 지금까지 알려지지 않은 거대한 땅에 도착할 수 있다는 사실을 알게 되었다. 그리고 그 땅의 주민들은 신의 힘을 앞세운 적대적인 외부인들이 사악한 목적을 가지고 자신들을 찾아왔다는 사실을 어쩔 수 없게 깨닫게 된다.[1]

근대는 분명 1500년을 전후해서 시작이 된다. 그리고 단지 유럽 사람들뿐만 아니라 궁극적으로는 세계 모든 사람들에게도 근대가 시작되었다고 볼 수 있다. 이후 몇 세기 동안 세계의 인구는 전대미문의 잔혹한 인간관계 속 본성이 드러나는 와중에도 상상을 초월할 정도로 그 숫자가 불어났다.

20세기를 지나면서는 도시 인구가 지방의 인구를 앞서게 된다. 살림을 꾸려가고 필요한 생필품을 얻는 방식 역시 이전과는 완전히 달라졌다. 삶의 기준과 의사소통 방식도 마찬가지로 달라졌다. 특히 전례가 없을 정도로 발전한 의료기술의 혜택도 받을 수 있게 되었다. 사람들은 이전과 비교도 할 수 없을 정도의 수준으로 이주를 시작했다. 낡은 정치 체계는 완전히 뒤집혔고, 각지의 사람들이 전에는 전혀 볼 수 없었던 모습으로 뒤섞이고 있다.

5000년 가까운 세월 동안 세상의 기준이 되었던 사회상을 뒤흔든 원인을 한마디로 단순하게 확인하고 설명할 수 있는 분석 방법은 없을 것이다. 지금부터 이어질 내용들과 관련해 제시할 수 있는 한 가지 주장은, 이 세상에서 개인과 집단이 추구했던 단기적인 목표들이 모두 다 이루어졌다는 것이다. 사회 재건과 같은 매우 장기적인 목표 등은 20세기 후반에 접어들어 선을 보였는데, 지금까지의 사례들을 살펴보면 원래 의도와는 반대되는 결과를 가져온 경우도 많다.

역사가들, 최소한 서구의 역사가들은 편의에 따라 대략 1500년에서 1789년까지를 근세近世, Early Modern 라고도 한다. 그리고 1789년 프랑스 대혁명부터 제2차 세계대전 종전까지를 근대近代, Modern, 1945년 종전부터 지금 현재까지를 현대사現代史, Contemporary History라고 부른다. 이런 구분은 물론 임의로 정한 것들이지만 최소한 중요한 역사적 변환을 기준으로 하고 있다.

18세기 이전 유럽의 기술 발전은 중요한 의미는 있으나 역사적인 변화를 불러올 만한 그런 수준은 아니었다. 그리고 사회구조 역시 노예제도가 사라진 점을 제외하고는 별로 주목할 만한 점이 없었다. 콘스탄티누스라는 이름의 어느 로마 제국 시민이 18세기 영국으로 간다면 물론 많은 변화를 느끼겠지만, 전체적으로 볼 때 극적이라고 할 만한 차이점은 없는 것이다. 그리고 도로 체계에 대해서라면 오히려 자신이 살던 로마 제국 시대보다 토목 공학 기술이 심각하게 퇴보했음을 깨닫게 될 것이다.

사람들 대부분은 여전히 주로 토지에 의지해 힘겹게 살고 있으며 사용하는 도구들은 과거와 크게 달라진 것이 없다. 그리고 그런 사람들을 지배하고 있는 것도 여전히 각 지역의 부유한 귀족들이며, 그 귀족들은 잔혹한 법 집행을 일삼고 있긴 했지만 그래도 로마 시대보다는 덜 심하다. 콘스탄티누스는 각 가정에서 노예를 부리지 않는다는 사실에 잠시 어리둥절해하겠지만 대서양을 건너 미국으로 가면, 그러면 그렇지 하는 생각을 다시 하게 될 것이다. 하지만 콘스탄티누스가 다시 20세기 중반으로 오게 되어도 별로 차이점을 느끼지 못할까. 전대미문의 기술 변화가 300년 가까이 이어지면서 일어난 사회의 변화를 한번 생각해보자. 이러한 변화의 기초는 인구 성장과 혁명적인 기계의 발전, 도시와 지방 모두에서 일어난 생산 과정의 재정비, 그리고 시장 구조의 확장과 강화였다.

인구

역사적으로 인구의 크기는 사회 지배층의 입장에서 볼 때 단 한 번도 적당했던 때가 없다. 과거부터 현재까지 언제나 너무 적거나 너무 많았다. 대부분의 역사적 기간 동안 인구는 언제나 부족했고 따라서 항상 문제가 되었다. 문자가 만들어지기 이전 고대 사회에서 출산율은 매우 중요한 문제였으며, 지금까지 남아 있는 유물을 통해서도 그런 사실을 확인할 수 있다.

문자와 문명이 탄생한 이후에도 출산율 문제에 대한 집착은 계속되었는데, 거기에는 그럴 만한 이유가 분명하게 있었다. 이스라엘 사람들의 경전이나 기독교의 《구약성경》에 나와 있는 성관계에 대한 모세의 법을 찾아보면, 임신과 상관이 없는 성관계를 종교적으로 금지하며 무엇보다도 출산율에 대해 염려하고 있음을 확인할 수 있다.

이후 수 세기가 흐르도록 지배층은 자신들이 다스리는 지역의 인구 숫자에 대해 늘 깊은 관심을 가졌으며 가능한 인구가 많이 늘어나기를 바랐다. 바로 세금과 전쟁 시 공격이나 방어에 동원할 수 있는 인력 자원을 고려했기 때문이었다. 지배층이 이런 바람을 가지고 있었다고 해서 그것이 그대로 국가의 팽창과 연결이 되지는 않았다. 당시에 인구의 자연 증가에 대해 정책적으로 취할 수 있는 선택의 여지가 하나도 없는 것은 어쩌면 당연한 일이었으리라. 앞서 언급했던 것처럼 종교적 율법으로 임신과 무관한 성관계를 금지시킬 수는 있었으나, 아무리 종교의 도움을 받아도 이런 일을 강제로 명령하는 것은 사실상 아주 어려웠던 것이다.

부족한 인구에 대한 고민은 20세기 초까지도 계속 되었다. 18세기와 19세기 동안 영국에서는 인구가 빠르게 늘어났는데, 당시의 경제학자

노동, 성, 권력
Work, Sex and Power

였던 맬서스를 제외하면 이는 대체적으로 반가운 현상으로 받아들여졌다. 어쨌든 인구가 늘어나면 시장도 커지고 산업도 발전하기 때문이었는데, 특히 '잠재적 노동력', 다시 말해 구직자들이 크게 늘어나면서 임금을 계속해서 낮게 유지할 수 있었다. 같은 이유로 미국 정부 역시 제1차 세계대전까지는 미국으로의 이민을 크게 장려했고, 이전 세대까지는 별로 이민에 대한 관심이 없었던 많은 유럽 사람들이 미국으로 이주하게 된다. 영국은 '통치권'의 유지라는 또 다른 이유로 이민을 장려한다. 원주민들을 대신해 이주민들로 식민지를 채우는 정책이었다.

  19세기 프랑스 정부 역시 사정은 비슷해서, 인구가 조금씩 줄어들면서 세금과 군대, 그리고 시장의 유지가 어려운 상황이었다. 프랑스는 대혁명 이후 소규모 자작농들이 늘어났는데, 이런 농가의 가장들은 상속이나 생계 문제 때문에 가족의 숫자를 가급적 줄이는 쪽을 택했다. 그리고 임신과 관련 없는 성관계에 대한 교회의 권고도 무시를 하는 형편이었다. 특히 프랑스 남부에서는 보다 확실한 방법으로 질외사정보다는 항문 성관계의 기술을 더 선호한다고 알려지기도 했다. 20세기에 들어서서 제1차 세계대전이 일어나자 이런 인구 감소 현상과 더불어 건강한 젊은 남성들의 숫자가 크게 줄어들었다. 따라서 인구 문제에 대한 고민은 이제 아주 심각한 상황으로 접어들게 되었다. 출산 장려론자들의 선전은 제1차 세계대전에서 제2차 세계대전 사이 기간 동안 크게 늘어났는데,[2] 할 수 있는 정치적 방법은 다 동원되었고 피임은 1967년이 되어서야 합법화되었다.

  19세기 영국의 놀라운 인구 성장에도 불구하고, 19세기 말이 되어 새로운 독일 제국의 인구가 영국을 앞지르자 언론인과 정치인들은 우려를 나타내기 시작했다. 물론 미국은 말할 것도 없었다. 20세기 초가 되자 영국과 미국 양국은 이번에는 이른바 '황화黃禍, yellow peril'의 두려움에 사로잡히게 된다. 황화란 황색인종이 주는 위협이라는 뜻으로, 엄청나게 많은 동아시아의 인구와 신흥 군사 대국인 일본의 힘이 합쳐질 수 있음을 나타낸다.

맬서스의 함정?

과거에 인구 문제가 정말 '맬서스의 덫'에 빠져든 적이 있었는지에 대해서는 의문의 여지가 있다. 맬서스는 19세기 초 성직자 겸 경제학자로 그의 이름을 딴 '맬서스의 덫'이란, 쉽게 말해 인구가 농업 생산량이 식량을 감당할 수 있는 수준을 넘어서 증가하게 되면 식량 부족 현상이 일어나게 되고, 그러면 다시 인구가 줄어드는 현상이 반복되는 것을 의미한다. 식량 부족 현상은 분명 신석기 시대 혁명 이후, 아니 그보다 훨씬 이전부터 굉장히 자주 발생했다. 그런 대재앙을 제외하면 지구상의 인구는 일반적으로 감소와 성장을 반복하며 전체적으로는 조금씩 늘어났음을 확인할 수 있다. 여기서 문제는 인구 숫자 그 자체가 식량 부족의 진짜 핵심적인 원인이었나 하는 것이다. 일반적으로 식량 부족 현상은 지금까지 적절하게 이루어지던 식량 공급이 갑작스럽고도 엄청난 사정으로 인해 제대로 이루어지지 못하면서 발생하게 되는데, 주로 기후의 변화나 농업 인구를 학살하는 등의 초토화 작전 같은 정치적인 행위가 그 원인이 된다. 한편, 근대 이전 사회에서 일반적인 경우라면, 높은 영아 및 성인 사망률과 정기적으로 발생하던 전염병을 통해 식량 부족 현상이 일어나지 않을 정도로 인구의 숫자가 유지되었을 것으로 추정되기도 한다.

인구가 줄어드는 현상에 대한 이러한 일반화에 대해서는 물론 몇 가지 예외적인 상황이 있을 수 있으며, 동시에 이에 대한 외부적인 요소 역

노동, 성, 권력
Work, Sex and Power

시 찾아낼 수 있다. 우선 13세기와 14세기 초에 유럽, 특히 영국에서는 확실히 인구가 증가했다. 이때 상대적으로 곡물 생산량은 그대로였기 때문에 곧 식량 공급에 어려움이 발생하게 된다. 따라서 덜 비옥한 땅도 개간을 해 가능한 한 생산량을 늘리려고 노력했지만, 당연히 그런 땅은 소출이 적었고 결국 그 결과로 14세기 중반에 인구가 엄청나게 줄어들게 된다. 누군가는 전 세계 인구가 4억 5000만 명에서 3억 5000만 명으로 무려 1억 명이나 감소했다고 추정하기도 한다.

이런 인구 감소에 영향을 미친 것으로 잘 알려진 두 가지 외부적인 요인 중 하나가 바로 흑사병이라고 불린 전염병 페스트다. 14세기 중반 흑사병은 유럽을 휩쓸었고 주민의 절반 정도가 사망했다. 이보다는 덜 유명하지만 이른바 '소빙하기Little Ice Age'도 있었을 것으로 추정이 되는데, 14세기가 시작되자 갑자기 기온이 떨어졌고 당연히 농업 환경에 큰 영향을 미치게 된다. 이 두 가지만으로도 인구 감소의 이유를 설명하기에 충분하지만 또 다른 원인이 있다. 앞서 언급했던 것처럼 13세기가 지나면서 인구가 증가하는데, 각 지역의 영주들은 농부들에게 더 많은 세금을 바칠 것을 요구했고 이 과정에서 자연스럽게 농부들의 일반적인 건강과 위생상태가 악화되었다. 따라서 전염병이나 급격한 기후 변화에 저항할 만한 체력을 갖출 수 없었던 것이다.

19세기로 넘어오면 훨씬 더 유명한 사례가 있다. 바로 아일랜드 대기근the great Irish famine이다. 앞서 18세기에는 아일랜드의 인구가 불어났는데, 심지어 영국 본토의 성장 속도를 능가할 정도였다. 그리고 영주들은 18세기 유럽의 영주들과 마찬가지로 소작농들을 정도 이상으로 쥐어짜며 영지에서 수익을 올리는 데만 급급했고, 농부들은 어쩔 수 없이 점점 더 줄어드는 감자 수확으로만 연명을 해야 했다. 1840년대 감자 잎마름병이 창궐하게 되자 엄청난 식량 부족 현상이 일어난다. 그렇지만 아일랜드 사람들은 당시 상황을 "감자병을 내려 보낸 건 하나님이시지만 우리가 굶주리는 건 모두 영국놈들 탓"이라고 이야기한다. 사실 아일랜드에는 식량이 충분히 있었지만 정부는 대기근의 와중에도 곡물의 수출을 허가했던 것이다. 차르가 이끌던 러시아 정부도 20세기 초반에 같은 실수를 저지른다. 다시 한 번 이야기하지만 이런 현상들은 단순하게 '맬서스의 덫'으로는 설명할 수 없으며, 대규모 식량 부족 현상이 일어나거나 악화되는 것은 역시 기후 변화와 정치적 현상이 합쳐진 결과인 것이다.[3]

그렇다고 해서 맬서스의 덫이 완전히 허구이며 지배계층이 자신들이 저지른 만행의 책임을 떠넘기는 데 이용하는 단순한 도구에 불과하다는 것은 절대로 아니다. 심지어 그 덫에 대한 분명한 역사적 사례를 들지 못한다 해도 19세기 영국 본토의 경우라면 덫을 설명할 수 있는 가능성이 있지 않을까. 다만, 맬서스의 덫 이론에 따라 영국에서 일어날 수 있었던 대규모 식량 부족의 현상은 러시아와 북아메리카 초원지대가 개발되면서 상업용 곡물이 재배되고, 그 곡물이나 다른 식량을 수입할 수 있는 역량을 영국이 갖추고 있었기 때문에 피해갈 수 있었다. 발달한 철도와 증기선을 이용해 엄청난 식량이 영국 본토로 운송된 것이다. 전 세계적으로 보면 곡물을 재배하는 농지는 1859년에서 1920년까지 70퍼센트 가까이 늘어났다.[4]

대륙을 넘나드는 이주

우리가 지금 근대라고 부르는 시대의 주춧돌은 1500년대 유럽인들이 세운 것이다. 당시 사람들은 유럽과 동아시아 사이 어딘가에 아직까

노동, 성, 권력
Work, Sex and Power

지 잘 알려지지 않은 거대한 대륙과 수많은 섬들이 존재하고 있다는 것 정도는 알고 있었다. 그리고 이후 이러한 '신세계'로의 이주가 수백 년에 걸쳐 아주 거대한 규모로 진행이 되기 시작한다. 이런 이주와 이주해서 정착한 사람들의 자연스러운 증가는 사실 원주민들에게는 엄청나게 비극적인 소식이 아닐 수 없었다. 그런데 이 원주민들의 머나먼 선조들 역시 여러 가지 경로를 통해 동북아시아에서 이주해온 사람들이었으며, 수 세대에 걸쳐 다시 남쪽으로 이동을 해 각기 다른 지역에 신석기 시대 문명들과 함께 수렵 및 농경문화를 건설했다. 어쩌면 또 다른 민족에 대한 복종이나 혹은 멸망은 그들의 공통된 운명이었을지도 모른다.

환경적, 경제적, 사회적, 그리고 정치적인 측면에서 유럽 그 자체의 영향력으로 인한 결과는 헤아릴 수 없을 만큼 어마어마하다. 지금의 멕시코와 페루를 침략한 에스파냐의 정복자들은 처음에는 금이나 은과 같은 귀금속들을 노렸다. 그들은 막대한 부를 축적했고 그중에서도 특히 은은 지금의 볼리비아에 있는 포토시Potosi 광산에서 채굴했는데, 당연히 주변의 자연 환경은 크게 훼손되었다. 처음에는 지역 원주민을, 그리고 나중에는 아프리카에서 끌고 온 노예들을 부려 채굴한 은은 에스파냐 왕실에 엄청난 부를 가져다주었고, 은을 실어 나르는 함대는 영국 해적들의 주요 목표가 되기도 했다. 남아메리카의 귀금속이 유럽 경제에서 정확하게 어떤 역할을 했는지는 논쟁의 여지가 있다. 그렇지만 최소한 아시아와 교역을 하는 데 중요하게 사용되었으며, 경제 발전에 어느 정도 영향을 미쳐 결국 산업화를 불러왔다는 사실은 분명하다.[5]

그렇지만 이런 귀금속들은 단지 시작일 뿐이었다. 대서양을 건너 도착한 이국적인 식물과 동물들은 유럽의 문화 자체를 바꿔놓았다. 코코아와 담배, 그리고 원산지는 동남아시아이지만 아메리카 대륙에서 가장 많이 재배된 사탕수수, 옥수수, 감자, 그리고 칠면조와 기니피그 같은 동식물들도 이 시기에 들어왔다. 모두 다 하나도 빠짐없이 엄청나게 중요한 영향을 미친 것들이다. 그렇지만 그중에서도 한 가지만 고르라면 아마도 그건 감자가 아닐까.[6] 감자는 18세기와 19세기에 유럽 인구가 극적으로 성장하는 데 중요한 원인이 되었다. 면화는 아메리카 대륙과는 전혀 상관이 없는 아시아 여러 지역에서 재배되던 작물이었는데, 유럽의 식민지 개척자들이 북아메리카 대륙에서 재배를 시작해 산업화 과정에서 빼놓을 수 없는 위치를 차지하게 된다.

아메리카 대륙의 식민지 개척자들은 담배와 사탕수수, 그리고 면화를 대규모 농장을 조성해 재배했다. 이런 일이 가능했던 건 다양한 이주나 이민의 힘이었는데, 그중에서도 서아프리카에서 끌고 온 노예들은 앞서 제6장에서 살펴본 바와 같이 이른바 강제 이주라고 할 수 있을 것이다. 노예무역은 17세기에서 19세기까지 매우 중요한 해상 교역 중 하나였으며, 특히 18세기에 가장 성행했다. 글래스고나 리버풀, 맨체스터와 브리스톨 같은 영국의 항구 도시들, 그리고 프랑스의 보르도 같은 곳들은 직간접적으로 이러한 교역과 생산품에 의존하고 있었다. 이렇게 해서 발생한 수익은 영국의 각 도시와 마을의 산업 발전의 원동력이 되었으며, 심지어 동부의 뉴캐슬 같은 곳까지 직접적으로 관련이 있는 서부 연안 도시들 못지않게 이런 상황에 영향을 받은 것이다.

도제 계약 노동

19세기 후반이 되자 대서양을 중심으로 한 노예무역은 자연스럽게 쇠퇴하게 되었지만, 이번에는 또 다른 형태의 강제 이주가 시작되었다. 이른바 도제徒弟 계약 노동이라는 것으로, 18세기에 아메리카 대륙에서 담배와 면화 농장에서 노동력을 확보하기 위해 노예제도에 추가되어 시작된 노동 계약의 형태다.

우선은 자원하는 노동자들을 아메리카까지 공짜로 데려다주는데, 대신 일정 계약 기간 동안은 급료를 지불하지 않는다. 계약 기간이 끝나 자유의 몸이 되면 적어도 영국보다 나은 삶을 살 수 있을 거라는 희망을 품고 많은 사람들이 바다를 건너갔다.

19세기 후반에는 이러한 노동 계약은 남아프리카 광산으로까지 확대된다. 그렇게 도착한 노동자들은 대부분 중국 사람들로, 이들은 계약 기간 동안은 아주 지독한 환경 속에서 사실상 노예처럼 일을 하며 지냈다. 영국을 중심으로 이런 일이 벌어진 건 1906년 당시 집권 보수당이 총선에서 참패를 한 것과도 어느 정도 관계가 있다. 중국인 노동자들은 결국 대부분 고향으로 돌아갔지만, 일부는 남아서 이주민으로 정착해 20세기 초 남아프리카에서 공공연한 인종차별 정책이 실시되기 전까지 주로 상업 분야에 종사하게 된다.[7]

그렇지만 당시 이런 노동 계약이 주로 성행했던 곳은 다름 아닌 오스트레일리아의 사탕수수 농장이었다. 노동자들은 주로 태평양의 섬 출신들이었으며 스스로 자원해서 온 경우는 거의 없었다. 이들은 납치를 당했거나 혹은 속아서 오게 되었는데, 이런 납치나 유괴를 '블랙버딩 blackbirding'이라고도 불렀다. 주로 범죄 조직의 하수인들이 이런 일을 맡아 가짜 계약서로 노동자들을 끌어 모았으며, 남아메리카에서 대규모 농장을 경영하던 사람들도 이와 비슷한 수법을 사용했다. 또한 같은 시기 포르투갈령 아프리카 섬들에서 코코아를 수확했던 앙골라 출신 노예들도 비슷한 방식으로 끌려온 것이다.[8]

오스트레일리아에서 일을 하고 있던 노동자들은 오게 된 경위와 상관없이 20세기가 시작되자 갑자기 모두 쫓겨나게 된다. 20세기 후반, 제2차 세계대전이 끝난 후 분단이 된 서독에는 터키와 유고슬라비아에서 임시 계약으로 많은 노동자들이 들어왔는데, 이들의 노동력이 없었다면 전후 독일의 경제 기적은 불가능했을 것이다. 얄궂은 일이지만 이들은 '가스타바이터Gastarbeiter' 즉, '초청 근로자'라고 불렸지만 계약 기간 동안 사회적인 권리는 거의 누릴 수 없었으며, 어떠한 경우에라도 독일 영주권을 취득할 수 없었다.

지금까지 인류 역사상 인류의 운명과 관련해서 가장 중요한 의미를 지닌 이주가 있다면 바로 북아메리카 대륙으로의 이주일 것이다. 18세기와 19세기에 북아메리카는 유럽 전체를 포함해 전 세계 거의 모든 국가와 민족들로부터 엄청난 규모로 이주민들을 받아들였고 그 선두에는 영국과 아일랜드 사람들이 있었다. 프랑스의 경우는 무슨 이유에선지 이상할 정도로 그 숫자가 적고, 지금 북아메리카 대륙에 남아 있는 프랑스계 주민들은 대부분 예전 캐나다 이주민들의 후손들이다. 또한 현재 미국에 살고 있는 라틴계 주민들은 유럽의 에스파냐에서 직접 건너온 것이 아니라 대부분 남아메리카에서 온 사람들이다.

18세기 후반 동부 연안에 건설된 13개 영국 식민지 주민들은 영국 본토에 저항하며 미합중국이라는 독립국가를 건설하는데, 이 새로운 국가가 품고 있는 야망은 이미 그 시작부터 확인할 수 있었다. 그 후 100년도 채 되지 않는 세월 동안 외국과의 전쟁, 원주민들과의 전쟁, 남북전쟁과 같은 내전, 그리고 엄청난 사회적 그리고 인종적인 갈등이 있었음에도 불구하고 미국은 급격하게 발전을 거듭한다. 그 어떤 어려움이나 문제도 미국이 산업화 시대에 발맞춰 세계의 우두머리가 되는 일에 방해가 될 수는 없었다. 1914년에서 1918년까지 있었던 제1차 세계대전을 통해 미국은 경제적으로 세계를 지배할 수 있는 힘을 갖추게 되며, 제2차 세계대전이 발발하기 전까지 대공황을 겪으면서도 미국의 위상은 흔들리지 않는다. 1945년 전쟁이 끝나자 역시 여러 가지 어려움들을 극복하고 정치적, 그리고 군사적 주도권까지 쥐게 되는 것이다. 19세기 말부터는 아시아계 이주민들을 더 이상 많이 받지 않게 되는데, 미국 서부에 정착한 중국과 일본계 주민의 대부분이 사실상 이런 이주민 출신이었다. 제2차 세계대전이 끝나고 나서는 유럽에서 오는 이주민들의 숫자까지 제한하기 시작한다.

이러는 사이 세계의 또 다른 지역에서는 강제 이주가 중단된 것이 아니라 오히려 더 끔찍한 결과를 불러오며 끊임없이 계속되고 있었다. 영국의 지배가 끝난 후의 인도 북부가 그랬고, 제2차 세계대전이 끝난 후 이스라엘이 건국된 팔레스타인 지역이 그랬으며, 1991년 해체가 되기 전의 유고슬라비아와 아프리카 대륙의 거의 대부분의 지역에서 주민들에 대한 강제 이주는 계속되었다.

동시에 1945년 이후 본인들이 원해서 이주를 결심하는 경우는 이제 새로운 국면을 맞게 된다. 어떤 의미에서는 이전에는 생각하지 못했던 세계화가 마침내 진행되고 있었던 것인데, 그 중요한 모습 중 하나는 이른바 '개발도상국'의 주민들이 서유럽 국가들로 이주하는 것이었다. 전부 다라고는 할 수 없지만 많은 서인도 제도와 파키스탄의 주민들이 영국으로 이주했으며 아프리카 알제리 주민들은 프랑스로 이주했다. 그리고 난민이나 망명자 등 어쩔 수 없이 고향을 떠나 새로운 터전을 찾는 사람들은 어디든 가리지 않고 새로운 땅을 찾았다.[9]

유럽경제공동체The European Economic Community, EEC는 처음 창설될 때 생각했던 범위를 크게 넘어서는 단체로 성장을 했으며 결국 유럽연합 the European Union이 탄생하게 된다. 유럽연합 내에서는 국경의 장벽 없이 돈과 상품, 그리고 노동력이 오고갈 수 있다. 구소련 연방이나 동구권에 속해 있던 상대적으로 빈곤한 국가에서 훨씬 더 풍요로운 소비자의 천국인 서구로의 이동은 유럽연합의 탄생과 더불어 더 활기를 띠게 된다. 물론 매춘 여성들이 불법적인 경로로 서유럽을 찾는 경우도 크게 늘어났으며, 좀 더 넓게 보면 동구권 출신들의 불법적인 이민이나 이주도 적지 않다. 경제역사학자인 이매뉴얼 월러스틴은 이렇게 지적한다. "자본주의 세계의 경제는 특정한 지역에서 필요한 노동력을 채우기 위해, 강제가 되었든 자기 의지가 되었든지에 상관없이 지속되는 사람들의 이주와 자본주의의 기능이 가장 적절한 상태로 확산되는 것을 필요로 한다."[10]

국내 이주

한 국가 안의 인구 이동이라는 관점에서 보면 지방에서 도심 지역으로 이주하는 일 역시 매우 중요한 문제다. 현재 이런 모습이 과거처럼 크게 나타나고 있지는 않지만, 역사적으로 볼 때 도시 정착이 시작되었던 초창기부터 이런 형태의 인구 이동은 분명하게 확인할 수 있다. 물론 서로마 제국이 무너지는 동안 그랬던 것처럼, 중요한 환경적, 경제적, 사회적, 그리고 정치적인 대격변이 일어나고 유행이 뒤바뀌며 도시가 무너지면, 이런 현상은 종종 중단이 되기도 했지만 말이다.

같은 시기 중국과 이슬람 제국에서 도시 지역으로의 이주가 크게 유행했던 것과는 달리, 중세 유럽에서는 이런 식의 이주가 완전히 중단된 적은 없지만 상대적으로 아주 적게 일어났다. 도시는 봉건제도 아래에서 노역으로 신음하던 농부들이 도망쳐 숨을 수 있는 피난처 구실을 하기도 했지만, 보통은 딸린 가족이 없는 젊은 사람들만이 그런 위험을 감수할 수 있었다. 자유농민의 신분으로 고향땅에서는 더 이상의 희망을 찾아볼 수 없어 고향을 등지는 사람들의 사정도 이와 비슷했다. 15세기 영국의 실존 인물이라고 하는 딕 위딩턴의 이야기는, 고향을 떠난 가난한 청년의 성공담에 사람들의 희망을 담은 여러 가지 과장이나 전설이 덧붙여진 것이다.

16세기부터 지금까지 유럽의 도시화는 놀라울 정도로 아주 빠른 속도로 진행되었다. 16세기의 도시 집중화 현상은 런던의 식량과 연료 공급을 아주 어렵게 만들었으며 그 때문에 장작대신 석탄을 연료로 사용하는 일이 시작되었다. 기존의 크고 작은 도시들은 빠르게 몸집을 키워갔고 산업화의 확산은 전에는 시골 마을로 불리던 곳들을 새로운 도시로 탈바꿈시켰다. 예컨대 영국 북부의 맨체스터나 프랑스 북부, 그리고 독일의 라인란트 지방 같은 곳들이다. 당연한 일이지만, 이렇게 도시 집중화 현상이 일어나면서 주택과 위생 문제가 불거졌으며 각종 질병도 만연했다. 현대 사회와 마찬가지로 이런 도시들은 결국 사회적 분열의 중심이 되었으며, 범죄와 빈곤, 알코올중독이며 매춘도 크게 늘어나게 되었다.[11] 또한 당대의 사상이나 관계를 반영하는 사회 계급과 질서에 대한 저항도 일어났다. 18세기 영국의 극작가인 존 게이의 오페라 작품인 〈거지 오페라The Beggar's Opera〉에는 이런 풍경이 잘 묘사되어 있다.

20세기 들어서 이런 국내 이주는 마이크 데이비스의 표현처럼 '지구를 뒤덮는 슬럼'의 형태로 뒤바뀌어 확산이 된다.[12] 가진 것이 거의 없는 이런 이주자들은 도시의 외각 지역에 임시변통의 거대한 주거지를 만들어 정착하게 되는데, 흔히 '슬럼'이라고 부르는 이런 지역은 지구상에 있는 대부분의 대륙에 다양한 이름으로 존재하고 있다. 이곳에는 물이나 위생 시설, 전력은 물론 최소한의 문화 시설들도 거의 제공되지 않는다. 20세기 말에 이르러서는 지구 인구의 상당수가 지방이 아닌 도시에 거주하게 되었다.

동기

　지금까지 인류의 다양한 이주 형태에 대해 대략적으로 살펴보면서 아마도 이런 현상이 일어나게 된 동기가 궁금해졌을 것이다. 물론 상황에 따라 아주 다양한 대답이 있을 수 있다. 가축을 돌보며 이동하는 것이 자연스러운 유목민 문화에서는 이런 이주나 이동은 전혀 극적이거나 대단한 생활양식의 변화가 아니다. 물론 유목민들이라 할지라도 가축을 돌보고 사냥을 하기 아주 좋은 환경을 찾았다면 그곳을 떠나는 일이 내키지는 않았을 것이다. 그리고 아주 특별한 이유가 없고 상황만 허락한다면 그 자리에 정착했을 가능성도 크다. 가축이나 기타 식량 문제와 관련된 기후의 변화는 사람들의 이주에 영향을 미쳤을 것이며, 주변의 더 크고 공격적인 부족이 있는 것 역시 이주의 문제와 관련이 있을 수 있다.

　토지와 물, 그리고 농사에 쓸 수 있는 가축 등 필요한 조건이 갖춰진 곳에서 농사를 지으며 정착해서 사는 사람들, 그리고 그 지역에서 숭배되는 신과 깊은 관계를 맺고 있는 사람들이라면 이주를 꺼리는 성향이 훨씬 더 컸을 것이다. 그럼에도 불구하고 이주나 이동이 있었다면 그건 강제로 이루어졌을 가능성이 크다. 주변의 공격적인 이웃으로 인해 학살과 강간, 그리고 노예 생활과 같은 일들이 일어날지 모른다는 공포는, 아마도 이주에 대한 중요한 동기가 되었을 것이다. 만일 생활을 유지할 수 있는 또 다른 대안이 있다면 이런 공포를 피해 이주를 하려고 했을 것이다. 농사를 지으며 정착해서 살고 있는 사람들이 이주를 한다면 그 이유는, 이렇게 좀 더 나은 생활의 조건을 찾을 수 있을지 모른다는 희망 때문일 것이다. 하지만 실제로 그런 '언덕 너머 더 살기 좋은 곳'을 찾을 확률은 매우 드물다. 또 기후 변화나 메뚜기 같은 해충들로 식량 공급을

노동, 성, 권력
Work, Sex and Power

위협받는 경우처럼, 희망과 관련 없이 오직 살기 위해서 이주를 감행하기도 했다.

근대에 이르러 공동체 전체가 스스로 원해서 이주를 하는 경우는 거의 찾아볼 수 없게 된다. 그렇지만 강제적인 수단으로 많은 사람들을 몰아내는 일은 여전히 계속해서 일어났다. 아프리카 노예무역의 경우는 공동체라기보다는 개인과 관련된 문제이기 때문에 예외로 하고, 이런 강제 이주의 적절한 사례가 되는 것은 아마도 '인종 청소'일 것이다. 이런 종류의 이주에 대해 '인종 청소'라는 말이 쓰이게 된 것은 1990년대 이후부터다. 근대 초기에 에스파냐 왕국이 통일되고 자리를 잡아가면서 이스라엘 사람들과 이슬람교도들에 대한 추방이 있었고, 심지어 이들이 로마 가톨릭으로 개종을 한 후에도 '콘베르소Converso'와 '모리스코 Morisco', 즉 각각 유대인 출신 개종자, 이슬람 출신 개종자 등으로 불리며 차별을 당하기도 했다.

19세기에 들어서는 미국 정부가 앞장서서 이런 일들을 저질렀다. 흔히 인디언이라고도 불렸던 원주민 공동체들을 강제로 몰아내면서 이른바 제한된 '보호구역' 안에 그들을 가뒀다.[13] 20세기에는 유럽에서 전례가 없는 강제 이주와 인종 청소가 벌어진다. 먼저 제1차 세계대전이 끝나자 그리스와 터키 사이에서 사람들의 강제 이주가 있었고, 1930년대에는 소비에트 연방의 독재자 스탈린이 '쿨라크kulak', 그러니까 혁명 이전부터 있었던 부유한 농부들을 중앙아시아나 시베리아로 강제 이주시켜 이 농부 계층은 완전히 소멸되어버린다. 제2차 세계대전이 시작되자 소비에트 연방 소속 민족들 중에 국가관과 충성심을 의심받지 않는 민족은 하나도 없었다. 특히 크리미아 타타르계 주민들Crimean Tatars과 볼가 강변 독일계 주민들Volga Germans이 큰 탄압을 받았고, 심지어 최전선에서 함께 싸우던 전우들도 인종에 따라 의심과 차별을 받기도 했다.

독일의 나치는, 유대 민족 멸절 계획으로 이미 잘 알려져 있지만, 폴란드에 살고 있는 폴란드 사람들도 같은 방식으로 몰아내려고 했다. 이 경우는 긴급한 상황에 대한 급작스러운 대응이 아니라 전부터 조심스럽게 준비한 계획이었다고 한다. 전쟁이 끝나자 이번에는 반대 방향으로 인종 청소가 시작이 된다. 전쟁 기간 동안 독일군이 점령했던 폴란드 지역에 살고 있던 독일 사람들은 모두 추방을 당하며, 체코슬로바키아에도 슈데텐Sudeten에 정착했던 독일 사람들을 추방한다.[14] 그로부터 얼마 지나지 않아 영국으로부터 갓 독립을 한 인도와 이웃 국가인 파키스탄 사이에서는 힌두교도와 이슬람교도 주민들의 대규모 이주가 벌어지는데, 국경 근처에서 충돌이 벌어지면서 잔혹한 학살이 자행되었다. 1990년대 유고슬라비아에서 벌어진 내전에서도 비슷한 모습을 확인할 수 있으며, 이때부터 '인종 청소'라는 말이 처음 등장하게 되었다.

그렇지만 전체적으로 보면 역사에 기록된 이주의 형태는 대부분 본인들이 원해서 이루어진 경우가 많다. 물론 어떤 협박에 의해서 저항하지 못하고 본인이 자원하는 형태로 이루어졌거나, 혹은 의사를 표현할 수 없는 아이들에게 이주를 강요한 경우도 분명히 있다. 어쨌든 일반적으로 보면 한 지역의 전체 인구가 아니라 개인과 소규모 집단, 그리고 가족들 중심의 이주가 대부분이었다. 이러한 경우 그 동기는 고향에 대한 불만족에서부터 다른 환경에 대한 환상과 유혹, 혹은 이 두 가지가 모두 결합된 경우 등 매우 다양하다. 18세기 후반과 19세기 중반 사이에 있었던 아일랜드 사람들의 이주를 예로 들어 그 동기가 어떻게 변할 수 있는지 살펴보기로 하자.

우선 18세기 후반 같은 경우 아일랜드의 젊은이들을 자극했던 건 앞서 예를 들었던 것과 같이 고향 생활에 대한 불만족이었다. 인구가 증가하면서 일자리는 점점 줄어들자 일을 할 수 있는 젊은 사람들이 바다를

노동, 성, 권력
Work, Sex and Power

건너 새로운 땅으로 간 것이다. 당시 영국 본토에서 진행되고 있던 수로 건설 사업은 매우 위험하고 어려운 작업이었다. 따라서 그런 일을 감당할 만한 노동자들을 불러 모으려면 그만큼 높은 임금을 지불해야 했다. 위험한 만큼 조건이 맞지 않으면 좀 더 안전한 일자리를 찾아 사람들이 떠날 수 있었기 때문이다.

그렇지만 1840년대 아일랜드 대기근을 겪으면서 벌어졌던 이주는 이와는 완전히 다른 경우다. 이때 할 수 있었던 선택은 기껏해야 고향을 떠나든지 아니면 굶어 죽는 것뿐이었다. 따라서 무한한 기회가 있었고 반反아일랜드 정서가 영국 본토보다는 덜한 미국이 목적지가 될 수밖에 없었다. 미국으로 향하는 이주민들은 물론 아일랜드 사람들뿐만이 아니었다. 영국은 물론 유럽 전체에서 수많은 이주민들이 직업과 땅을 찾아 미국으로 몰려들었다. 그리고 자신의 고국 정부와 마찰을 빚고 박해를 피해 탈출한 사람들도 있었는데, 특히 동유럽 출신의 이스라엘계 주민들이 많았다. 이주가 제한이 될 때까지 19세기에 미국으로 건너온 이주민 중에는 중국과 일본 등 동아시아 사람들도 많았다.

남아프리카의 금광 개발은 이주 노동자들의 노동력에 의존했으며, 중국계 이주민들이 줄어들자 다음에는 주로 남아프리카 북쪽 지역인 모잠비크와 앙골라 출신의 아프리카계 노동력에 의존했다. 물론 남아프리카 내부에서도 금광 쪽으로 일을 하러 이주한 사람들이 많았다. 이러한 이주 노동자들의 계약 조건은 언제나 아주 형편없었으며, 1948년 남아프리카 공화국의 공식적인 인종차별 정책이 실시되자 더 비참한 풍경이 연출되었다. 이주 노동자들은 가족을 데려올 수 없었고, 계약 기간이 끝나거나 더 이상 노동을 할 수 없게 되면 그냥 일자리에서 쫓겨나 고향으로 되돌아갔다. 이런 악조건에도 불구하고 언제나 일을 할 사람들은 넘쳐났으며, 고향의 가난한 사정을 생각하면 광산을 찾아 그런 고통을 감내할 만한 가치가 충분히 있었다. 그렇게 해서 돈을 벌고 일부는 가족에게 생활비를 보냈다.

오스트레일리아로 이주한 사람들은 주로 영국인들로, 자원해서 간 사람도 있고 강제로 끌려간 사람들도 있었다. 지금 오스트레일리아 사람들의 선조는 영국 최고의 재판관들이 뽑아서 보낸 사람들이라는 농담이 있을 정도다. 사실 오스트레일리아는 미국이 독립을 한 후 더 이상 죄수들의 유형지로 쓸 수 없게 되자 1780년대부터 그 자리를 이어받은 것이다. 주로 강력 범죄를 저지른 죄수들이 사형을 면하는 조건으로 끌려가 강제 노동을 하게 되었는데, 이따금 돈 몇 푼을 훔친 좀도둑들이 끌려가게 되는 경우도 있었다. 유형 기간은 보통 7년에서 14년이며 종신형을 받기도 했고, 원칙적으로는 유형 생활을 마치면 다시 영국으로 돌아올 수 있었다. 그렇지만 대부분은 고향으로 돌아가지 않았는데, 여비를 감당할 수 없거나 혹은 또 새롭게 정착한 땅을 떠나고 싶지 않아서였다.

뉴질랜드는 오스트레일리아와는 또 사정이 달랐는데, 최초의 영국 출신 정착민들은 오스트레일리아의 유형지를 탈출한 죄수들이었으며 이후에 온 이주민들은 모두 자신들이 원해서 온 사람들이었다. 이들을 끌어당긴 것은 온후한 기후와 놀라울 정도로 비옥한 토지였다. 물론 지형상 화산이 폭발할지도 모른다는 위험이 늘 있긴 했지만, 뉴질랜드 원주민들은 오스트레일리아 원주민들에 비해 상대적으로 외부의 침입자들에 저항할 수 있는 무기 하나를 더 갖추고 있는 셈이 되었다.

제2차 세계대전 이후 시작되어 지금까지 이어지고 있는 인류의 이주는, 꼭 그렇지만은 않지만 강제적인 요소보다는 가고자 하는 목적지의 이로운 점에 이끌리는 경우가 더 많다. 또 때로는 생명을 위협하는 결과로 이어지는 고향땅의 정치적인 불안정이나 전쟁이 이주의 원인이 되곤

노동, 성, 권력
Work, Sex and Power

하는데, 예컨대 이라크나 아프가니스탄처럼 서방측의 공격 이후 그런 상황에 처하게 되는 경우가 있는 것이다. 지금 벌어지고 있는 사람들의 이주는 주로 더 부유하고 경제적, 사회적, 그리고 문화적인 기회가 많은 땅을 찾아 현재의 어려운 생활을 탈출하려는 목적으로 이루어지는 경우가 많다. 살인이나 강간 혹은 자연재해나 기근 같은 당장에 닥쳐오는 위험이 전혀 없는데도 불구하고 이렇게 이주를 선택하는 사람들이 있는 것이다.

제13장

비인간적인 권력:
자본주의, 산업화, 그리고 그에 따른 결과들
Inhuman Powers:
Capitalism, Industry and their Consequences

자본주의

> "자본주의는 더 많은 돈을 벌기 위해 돈을 사용하는 방법 중에 다른
> 무엇과도 비할 수 없는 최고의 예술이다……. 여기에 감춰져 있는 추
> 악한 비밀은, 자본주의란 노예들의 강제 노동이 없이는 결코 이루어지
> 지 않는다는 사실이다."
>
> — 데이비드 그레이버

커다란 변화와 관련된 모든 발전은 재산을 가진 사람들이 지배하는
시장 사회 안에서 이루어진다. 이들의 재산은 동산이나 부동산으로 이
루어져 있으며 부동산을 바탕으로 돈을 빌려 다시 자본을 늘릴 수 있다.
최소한 20세기까지는 이러한 방식을 통해서만 발전이 이루어질 수 있
었다. 마이클 만의 설명이다. "구체제의 다양한 이해관계가 상업적 자본

주의에 의해 하나로 융합이 되었다. 토지, 상업, 그리고 금융을 손에 쥔 자본가들은 하나의 강력한 정치적 계층으로 통합되었다……."[1]

시장은 공동체가 정착이 되고 농경이 시작된 이래 역사적으로 아주 중요한 역할을 해왔다. 시장은 사회적 통합을 이루는 중요한 요소이며 시장이 많을수록 그 사회는 더 많이 복잡해지고 분화된다. 시장은 엄청난 힘으로 역사적인 변화와 발전을 이끌어내며 실제로 역사를 통해 지금도 계속해서 그렇게 하고 있는 중이다. 근대는 16세기 세계 시장이 열리면서 시작되었다고 말할 수 있다. 그 세계 시장이란 유라시아와 아프리카, 그리고 아메리카 대륙이 서로 연결이 되면서 만들어진 것으로, 특히 남북아메리카 두 대륙이 중요한 역할을 했다. 토마스 D 홀은 학술지 〈사회적 진화와 역사Social Evolution & History〉를 통해 이렇게 주장하고 있다.

"아시아로 가는 더 짧은 거리나 경쟁이 덜한 항로를 찾고, 새로운 종류의 운송 수단을 개발하는 것만큼 중요한 일은 없었다……. 서유럽은 이를 바탕으로 변화의 길로 접어들었고, 식민주의와 중상주의가 대두되면서 자본주의 국가와 산업혁명이 탄생하게 된다. 이른바 '유럽의 발흥'은 분명 내부적인 요인들만으로는 제대로 설명할 수 없다. 만일 그렇게 주장하는 사람들이 있다면 그들은 유럽 각지의 사회 조직에 영향을 미칠 수 있는 배경을 만들어냈던 아프리카와 유럽, 그리고 아시아가 서로 연결되는 과정을 무시하는 것이다……. 유럽에서 일어난 수많은 사건들은 이런 더 큰 배경 안에서만 설명이 가능하다……."[2]

부르주아지bourgeoisie, 즉 중산층 자본가들은 마르크스가 표현한 것처럼 가장 혁명과 가까운 계층이었다. 그렇지만 마르크스는 자신의 저서에서 '자본주의'라는 단어는 한 번도 제목에 사용한 적이 없다. 그의 가장 유명한 저서의 제목은《자본론資本論, Das Kapital》이며 이는 자본주의와는 크게 다른데,《자본론》의 부제목은 〈정치 경제학 비판〉이기도 하다. 자본은 경제 생산의 '사회적 기제social mechanism'이며 자본주의는 자본이 포함되어 있는 사회적 구성체다. 마르크스의 정의에 따르면, 자본주의는 상품 생산에 의한 지배를 받는 사회를 나타내며, 그 사회에서는 노동력 그 자체가 상품이 될 가능성이 아주 높다. 그리고 이런 과정을 통해 사회는 "시장이 사람들로 하여금 시장의 지시를 따르지 않으면 죽게끔 몰아붙이는 그런 환경"을 조성하는 것이다.[3] "부르주아지의 숙명은 모든 인간관계, 생산, 소비, 그리고 정치적 과정 자체와 사회적 기여 등의 모든 측면에 시장을 끌어들여 자본주의를 인도적으로 만드는 것이다."[4]

자본과 자본가들은 오래전부터 존재해왔으며, 그 역사는 최소한 BCE 5세기경 처음으로 주조 화폐가 만들어지기 시작한 무렵까지 거슬러 올라간다. 결국 노예무역상들도 일종의 자본가로 생각할 수 있는 것인데, 그렇지만 그런 관점은 자본의 본질이 나타내는 중요한 차이점을 두드러지게 지적하게 된다. 근대 초기의 상업 자본은 상품의 교역을 통해 축적이 되었는데, 그 상품은 전통적인 조직과 기술이 만들어냈다. 임금을 받는 노동을 통해 만들어지는 상품은 극히 적었다. 반면에 자본주의 사회의 특징인 자본이 유입되면서 생산의 과정이 생산성을 강화하는 쪽으로 바뀌게 된다. 다시 말해, 노동이나 혹은 기계에 의한 생산을 구분 짓는 지금까지의 기준이 바뀌게 된 것이다.

잭 구디와 존 A 홉슨 같은 저술가들은 중국과 이슬람의 일부 제국들이 최소한 18세기까지, 아니 그 이후까지도 모든 경제 분야, 즉 개발과 생산, 생산량, 그리고 교역에서 유럽을 앞질렀다고 주장한다. 그렇지만 자본주의 사회로는 발전하지 못했다. 이 점이 결국 자본주의와 함께 발전하게 된 새로운 산업화와 세계 주도권의 향방을 결정짓는 중요한 차이점이 되고 말았다.

세계화

근대의 가장 극적인 특징 중 하나가 유럽의 강국들이 교역과 식민지 개척이 서로 혼합된 제국을 세워 전 세계로 확대해나갔다는 점인데, 17세기 초부터는 영국이 단연 앞서나가게 된다. 더글러스 애덤스는 자신의 공상과학 소설인 《은하수를 여행하는 히치하이커를 위한 안내서 The Hitchhiker's Guide to the Galaxy》를 통해 '세계화와 지구, 그리고 근대라는 궁극의 질문에 대한 대답'을 찾았는데, 이 질문에 대한 해답은 아마도 1492년이 되지 않을까. CE 1492년, 에스파냐어로는 크리스토발 콜론Cristobal Colon, 그리고 이탈리아어로는 크리스토포로 콜롬보Cristoforo Colombo라고 불렸던 크리스토퍼 콜럼버스Christopher Columbus가 대서양을 건너 히스파니올라 섬에 상륙한다. 홉슨은 이 해가 바로 에스파냐 종교재판이라고 불리는 악명 높은 이단 심판이 시작된 해라는 사실을 우리에게 상기시켜 준다. 콜럼버스는 4차례에 걸친 항해를 통해 자신이 발견한 섬들이 아직 유럽 사람들에게는 알려지지 않은 거대한 대륙의 일부라는 사실을 결코 인정하지 않았다. 그 후 몇 십 년이 지나지 않아 에스파냐의 모험가들을 시작으로 아메리카 대륙의 수탈이 시작된다. 그리고 결국 남북아메리카 두 대륙과 인근 섬들은 유럽의 식민지가 된다. 처음 발견했을 당시 인도로 잘못 생각을 했던 일 때문에 그 섬들은 서인도 제도West Indies라고 불리게 되었다.

15세기 초 포르투갈의 모험가들은 동남아시아로 가는 항로를 찾았는데, 그곳에서 군사적 그리고 경제적으로 유럽을 능가하는 문명과 조우하게 되었다. 그렇지만 그 후 1세기가 지나지 않아 포르투갈 왕실은 지금의 스리랑카, 당시에는 실론Ceylon이라고 불렸던 섬의 해안 지역을 차지하게 되었다. 경쟁국이었던 에스파냐는 필리핀 군도를 차지한다. 훗날 이 두 나라를 밀어내게 되는 네덜란드는 자국의 동인도 회사Vereenigde Oost-Indische Compagnie, VOC를 앞세워 인도네시아와 동인도 제도의 섬들을 식민지로 삼는다.

이들의 목표는 진귀한 동방의 향신료였다. 향신료는 이미 사막을 가로지르는 낙타 대상隊商들을 통해 유럽으로 수입되고 있었지만, 이렇게 함대를 보내 전진기지를 설치함으로써 향신료의 원산지 자체를 통제할 수 있게 되었다. 이로 인해 정치적인 갈등으로 육지의 교역로가 막혀 수입이 중단되는 일도 피할 수 있었다.

훗날 네덜란드 동인도 회사는 실론 섬 내륙의 캔디 왕국과 손을 잡고 포르투갈 사람들을 몰아내게 되지만, 자유를 주겠다는 약속을 어기고 자신들이 직접 실론 섬을 장악하게 된다. 당시의 네덜란드 함대와 화력은 명나라 해군을 크게 앞서지는 못했다. 만일 15세기 초 명나라 환관 출신으로 세계 일주 항해를 떠났던 정화鄭和의 대함대를 만났더라면 아마 아시아에 자신들의 세력을 뻗칠 수 없었을 것이다. 그렇지만 유럽 사람들이 본격적으로 동양에 모여들 무렵 중국은 해군의 필요성을 크게 느끼지 못하고 신경을 쓰지 않았다. 해군의 주력 함선이었던 중국식 대형 범선인 정크선은 사용하지 않고 버려지고 있는 실정이었다.

유럽의 관점에서 보는 이러한 세계화가 시작되면서 막대한 부가 창출되기 시작했다. 특히 남아메리카 동쪽 연안의 섬들과 북아메리카 대륙 연안 등지에서는 아프리카에서 끌고 온 노예들을 동원해 담배와 설탕, 그리고 면화와 같은 고급 상품들을 엄청난 규모로 생산해낼 수 있게 되었다. 철강업과 조선업, 그리고 범선의 건조와 관련된 돛과 밧줄을 만드는 산업들도 함께 크게 발전하면서 거대한 사업체들이 만들어졌다. 운송 체계 역시 더 확대되고 발전되어 갔다. 18세기가 저물 무렵에는 스코틀랜드의 광산과 소금 제조업에서 노예나 다름없이 노동자들을 부리던

노동, 성, 권력
Work, Sex and Power

제도가 사라졌고,[5] 영국은 본격적인 자본주의 사회로 접어들게 된다. 그렇지만 반대되는 의견을 주장하는 측에서는, 당시 영국이 지배하고 있던 노예무역을 포함한 교역 체계는 아주 중요하기는 했으나, 이매뉴얼 월러스틴이 '세계 체제론World systems theory'을 통해 확인한 것처럼 그 중요성은 본격적인 자본주의 사회로 변신하는 데 있어 가장 중요한 환경은 되지 못했다고 이야기한다.

엘렌 매이크신스 우드는 그 대신 17세기와 18세기 초의 영국의 농업경제가 세계 자본주의의 시동을 걸었다고 주장해왔다. "경제적인 필요성에 의해 어쩔 수 없이 소작농이 된 사람들이 역사상 유례가 없는 자급자족형의 지속적인 성장이라는 새로운 동력을 이끌어내기 시작한 것이다."[6] 이러한 모습은 곧 전 세계로 퍼져나가게 된다. 로버트 브레너 역시 비슷한 주장을 한다. 18세기가 저물 무렵 영국에서 토지를 소유한 자영농들이 사실상 다 사라지고 농부들은 무산노동계급으로 떨어지게 되며, 이들은 여전히 영국의 노동 인구의 대부분을 차지하고 있었다. 따라서 도시와 지방에는 '자기 몸뚱이밖에는 팔 것이 없는' 엄청나게 많은 잠재적인 노동 인구가 남아 있게 된 것이다. 남자와 여자를 가리지 않고 6세부터 시작해 노동을 할 수 있는 모든 연령층이 굶어죽기 일보 직전에 쏟아져 나옴으로써, 영국 전체의 임금은 아주 낮은 수준으로 떨어지게 되었다. 이러한 해석에 따르면, 세계 교역 체제와 이를 통해 서유럽 경제에 흘러들어가는 부는 자본주의가 성장하는 과정에서 부수적인 역할밖에 하지는 못했지만, 그래도 여전히 아주 중요한 요소임에는 틀림없었다.

어디서부터 시작이 되었나?

자본주의 탄생과 산업혁명에 대한 마르크스주의자들의 해석에서 두

드러진 특징은 이 두 가지 과정이 강제적으로 이루어진 현상으로 보는 것이다. 임금에 대한 전적인 의존은 처음에는 이 임금에 매달릴 수밖에 없는 노동자들에게는 굴욕적인 것으로 받아들여졌다.[7] 그리고 이들은 합법적으로 수입을 얻을 수 있는 다른 모든 합법적인 방법이 막혀 있는 상태에서 더욱 자신들이 받는 임금에 매달릴 수밖에 없었다. 그 뒤를 잇는 다른 노동자들에게도 선택의 여지는 전혀 없었다. 물론 그들은 '임금을 받는 자유노동자'였으며 개인적인 자본가에게 예속이 되는 노예나 농노가 아니었지만, 사실상 모두 다 자본가 계층에게 매달린 임금의 노예였던 것이다.

이 노동자들은 고용주에 의해 노동에 매여 있었는데, 이른바 '기업 도시' 같은 한 지역 전체가 특정 산업이나 기업에 의존하고 있는 곳에서는 노동을 끝마치고 나서도 직장으로부터 자유롭지 못했다. 그리고 이들의 고용주 뒤에는 자본주의 구조에 저항하는 어떤 시도도 힘으로 억누를 준비가 되어 있는 국가가 버티고 있었다.[8] 게다가 이러한 과정을 정착시키기 위해 축적되기 시작한 유동자본은 '원시적 축적primitive accumulation'으로 알려진 자본주의에 앞서 자본이 축적되는 역사적인 과정에 의해 강제적으로 얻어진 것이다. 거기에는 심지어 겉으로만 보이는 노동자 계급의 개인적인 자유조차 없이 모두 강탈과 약탈, 강제 노동, 식민주의, 그리고 노예들을 통해 이루어진 것이었다.

부르주아 경제학자와 경제역사학자들은 계속해서 이러한 역사적 사실을 인정하려고 하지 않지만, 마르크스주의 역사학자들 사이에서도 역시 심각한 갈등은 존재하고 있다. 바로 자본주의 정착 과정에 있어서 다양한 강제적인 측면들 사이의 관계에 대한 것인데, 가장 치열하게 논쟁을 벌이고 있는 것이 바로 우드와 브레너, 그리고 이매뉴얼 월러스틴이다. 잉글랜드와 스코틀랜드 저지대, 그리고 북아메리카 식민지는 자본주의가 정착되기 이전에는 시장을 기반으로 하는 사회였으며 산업화가 먼저 이루어졌다. 1770년대 경제학의 아버지 애덤 스미스의 이론을 통해 유명해진 이들의 시장경제는, 두말할 나위 없이 자본주의 발전의 가장 기본적인 전제조건이었으며, 자본을 축적할 수 있는 원동력 역할을 해서 18세기 후반기에 자본이 생산을 점점 더 많이 통제할 수 있도록 만들어주었다. 그리고 최종적으로는 기술적인 문제의 해결이 끝난 후에는 동력을 사용한 기계화의 세상이 시작되도록 이끌었던 것이다.

지금까지는 일반적인 내용들이었다면 진짜 논쟁은 1940년대부터 시작이 된다. 특히 영국의 경우 내부적인 발전으로부터 시작된 자본주의 발전 과정에 대한 각각의 개별적인 요소들과 해외 교역에 중점을 두는 전 세계 상업 제도의 중요성이 대두되었는데, 그 어느 쪽도 더 중요하다거나 덜 중요하다고 말할 수는 없었다. 문제의 핵심은 이 두 가지를 가지고 어떻게 균형을 맞추느냐 하는 것이었다.

1946년 영국 공산당 역사가 모임을 이끌게 되는 모리스 돕은《자본주의 발전의 연구Studies in the Development of Capitalism》라는 저서를 출간하게 되는데, 여기에는 영국 자본주의 출현에 대한 깊은 연구와 세계에 미친 영향에 대한 내용이 들어 있다. 그리고 미국의 마르크스주의자인 폴 스위지가 그의 저서에 대한 비평을 내놓으면서 논쟁이 촉발되었다. 한 인터넷 블로거는 다음과 같이 그 내용을 정리했다.

"돕은 봉건제도 자체에 대한 내부의 갈등으로부터 자본주의가 탄생했다고 주장한다. 스위지는 거기서 한 걸음 더 나아가 자본주의는 봉건제도와 상관없이 독립적으로 발전했으며, 외부적인 영향력으로 봉건제도를 밀어내고 그 자리를 대신하게 되었다고 주장한다. 봉건제도와 비교해 자본주의가 훨씬 더 역동적이었기 때문이라는 것인데, 이 두 가지 주장이 바로 이 논쟁의 핵심이다."[9]

여기에 스위지가 이야기하는 한 가지 주장을 덧붙여보자. 스위지에 따르면 돕은 봉건제도를 무너트리고 자본가 계급의 출현을 이끌어낸 장거리 교역의 중요성과 영향력에 대해 너무 과소평가를 하면서 충분한 접근을 하고 있지 못하다는 것이다. 다시 말해, 세계 경제 체제의 구조에 대한 더 많은 관심을 기울여야 했다는 것인데, 돕 자신은 이 문제에 대해 부분적으로 인정을 하기는 했다.

하비 케이는 다음과 같이 이 논쟁에 대해 요약하고 있다.

"이 논쟁에서 우리는 경제의 발전과 역사에 대한 마르크스주의자들의 분석이 두 가지로 나타나 갈라지고 있음을 알 수 있다. 그 하나는 스위지의 주장으로, 순전히 경제 그 자체에 대한 것이며 교환의 관계에 대해서 초점을 맞추고 있다. 다른 하나는 돕의 연구와 대응에 나오는 내용으로, 정치 경제적인 관점이며 생산에 대한 사회적 관계에 초점을 맞춰 계급투쟁에 대한 분석으로 이어진다."[10]

월러스틴과 우드, 그리고 브레너는 이 부분을 시작으로, 후에 이 논쟁을 더욱 발전시킨다. 논쟁과 관련된 모든 장점과 단점을 포함한 각자의 입장에 대해 헨리 헬러는 자신의 저서《자본주의의 탄생The Birth of Capitalism》을 통해 매우 깊이 있는 연구와 조사 내용을 보여주고 있다.[11] 이 책에서는 산업자본주의의 탄생에 대해서 다루고 있는데, 그 팽창과 발전은 결국 전 세계로 퍼져나가게 된다. 19세기 중반의 산업자본주의의 수준은 마르크스와 엥겔스가 공동 집필한《공산당 선언》에 강렬한 문체로 잘 요약이 되어 있다.

그렇지만 여기서 언급하고 넘어가야 할 부분이 있는데, 조반니 아리기의《장기 20세기: 화폐, 권력, 그리고 우리 시대의 기원The Long Twentieth Century: Money, Power, and the Origins of Our Times》에서 이야기하는 자본주의의 발생과 상업 및 산업 자본의 시대에 대한 해석이다. 아리기는 근대의 세계화된 시장 체제는 항상 지배적인 중심 배경 안에서 존재해왔는데, 그 중심인 세계 경제의 주도권은 세월이 흐르면서 한 국가에서 다른 국가로 넘어가게 되며, 그 원인은 경제적/군사적 쇠락이라는 것이다. 아리기는 에스파냐 왕국과 그 뒤를 이은 네덜란드, 그리고 네덜란드가 쇠락하면서 새롭게 떠오른 영국과 지금의 미국을 그 예로 들고 있다.

산업화

지금까지 살펴본 자본주의의 형태는 비록 정확하지는 않으나, 때로 '중상주의적 자본주의merchant capitalism'라고도 불리며 근대화가 시작하는 원동력이 된 산업화의 기초를 닦았다. 바로 우리가 알고 있는 산업혁명이다. 약 250년 동안 이 혁명은 역사라는 옷감의 무늬와 색을 완전히 바꿔버렸다. 1만 년 전 있었던 신석기 시대 혁명 이후 두 번째로 닥친 거대한 변화였던 셈이다. '산업혁명'이라는 표현이 처음 등장한 건 1820년대로, 프랑스 혁명과 비슷한 어감을 가지고 있었으며 1800년대 중반에는 엥겔스도 같은 표현을 썼다. 그렇지만 이 말이 유행하게 된 건 1880년대 후반 영국의 경제학자이자 사회학자인 아놀드 토인비에 의해서이며, 이러한 변화의 중요성이 완전히 인정을 받은 후였다.

'산업혁명'이라는 표현이 정말로 타당한가에 대해서는 다음과 같은 이유로 의문을 제기하는 사람들이 많았다. 즉, 이러한 변화는 특별히 빨리 이루어지지 않았으며 종종 수십 년에 걸쳐 천천히 이루어졌고, 또 혁명을 겪으며 살고 있다는 것을 느끼는 사람들이 극소수였다는 점에서 혁명이라는 표현이 적절치 않다는 것이었다. 1750년에서 1850년 사이에 일어난 일들이 산업혁명이라고 부르기에는 충분치 않다면 실제로는 어떤 모습이었을까?

이런 의문들이 계속해서 이어지는 것은 결국 그 과정의 수많은 측면들이 여전히 논쟁의 주제가 되고 있음을 의미하는 것이다. 단순하게 일반인들이 생각하는 모습은 기본적으로는 기술적인 혁신이 일어났다는 것이며, 산업혁명의 모습을 가장 잘 드러내는 분야가 바로 기술 분야다. 그렇지만 역시 그 실상은 좀 더 복잡할 수밖에 없다. 이러한 기술적 혁신은 국제적인 상업 질서뿐만 아니라, 기술과는 무관하지만 그런 새로운 기술을 뒷받침해줄 수 있었던 배경들, 그리고 오랜 세월 축적되어온 경험이 합쳐져 이루어진 것이다. 우리가 지금 이야기하고 있는 기술적인 발전과 혁신은 결국 수십 년 아니 수백 년에 걸쳐 이어진 옛 기술들의 덕분이기도 하다. 예컨대 시계 제조 기술은 오랜 역사를 지녔지만 새로울 것은 없는데, 거기에 사용되어온 이런 정밀한 기술들 덕분에 산업혁명이 가능했다는 주장이다. 또한 탄광업은 산업혁명에서 가장 중추적인 역할을 했지만, 안전등 같은 것을 제외하고는 산업혁명 기간 동안 기술적인 발전과는 거의 상관없이 전통적인 방식으로 지속되었다.[12]

산업혁명에 대해 기술하는 교과서라면 우리가 앞서 제12장에서 살펴보았던 것처럼 인구 증가에 대해 상당 부분을 할애할 터인데, 이런 인구 증가와 이주의 산업화는 과거에는 전혀 찾아볼 수 없었던 특별한 현상이었다. 인구가 늘어나면 시장과 노동력이 함께 커지게 되며 따라서 경제 성장에 도움이 된다.

근대적 의미에서 산업화가 가장 먼저 시작된 국가는 영국이며, 우리가 확인한 것처럼 영국 본토에서 증가한 인구는 국내의 산업 중심지로 이동을 하게 된다. 그렇지만 아마도 가장 중요한 이주는 노예무역을 통한 강제 이주일 텐데, 이렇게 만들어진 노동력은 남아메리카 동부 연안 섬들의 사치품에 가까운 상품 생산과 북아메리카 본토의 담배 및 면화 생산을 위해 제공되었다. 북아메리카는 처음에는 영국의 식민지였지만 나중에 미합중국으로 거듭나게 된다. 18세기와 19세기 초 영국에서 가장 복잡한 기술이 사용된 산업은 면제품 제조업이며, 그 원료인 면화 재배는 바로 노예들의 노동력으로 이루어진 것이다.

19세기까지 면제품의 생산과 판매는 대부분 인력과 자연적인 동력원에 의존을 했으며 엄청나게 많은 이익을 남겼다. 영국은 식민지가 많아, 전 세계라는 엄청나게 큰 시장을 상대로 판매를 할 수 있었기 때문이다. 거기에 범선을 이용하는 해운업 역시 비교할 수 없는 강국이었기 때문에 면제품은 물론 그 밖의 다른 수익성 높은 상품들까지 전 세계로 실어 나를 수 있었던 것이다. 이렇게 만들어진 수익은 식민지에서 수탈한 물자들과 합쳐졌는데, 해외무역과 식민지 수탈은 종종 정확하게 구분하기가 어려웠다. 특히 인도의 경우가 그러했으며, 여기에 1807년까지는 노예무역으로 인한 수익까지 포함이 되어 영국 본토가 더 큰 경제적 발전을 할 수 있는 유동성 자본을 제공하게 된다. 해양 제국으로서 갖는 이러한 이점을 충분히 활용하기 위해서는 종이로 찍은 화폐와 더불어 은행업과 신용 제도가 반드시 필요했다. 이런 금융 제도는 얼마 지나지 않아 곧 자리를 잡았다. 물론 그 후 100년 정도는 잦은 은행 파산과 주식 시장 붕괴 등 아주 불안한 상황을 겪으면서 그 기능을 이어갔다.

이러한 배경들이 먼저 자리를 잡지 않았다면 산업혁명은 결코 일어날 수 없었을 것이다. 그렇지만 절대 여기서 끝이 아니다. 최초로 산업화에 성공한 영국은 자연적인 환경의 축복도 아울러 누렸다. 특히 영국에는 상업적 채굴이 가능한 탄층이 아주 풍부해서 각기 다른 다양한 목적에 적합한 석탄을 채굴할 수 있었다. 예컨대 증기기관에 쓰이는 석탄과 가정용 난방에 사용되는 석탄 등이다. 또한 지질학적 특성으로 철광석을 비롯한 다른 광물들도 풍부해서 철강 산업에 반드시 필요한 원료들을 충분히 공급했다. 영국은 강과 하천이 많아 수로가 발달했고, 거기에 인공 수로나 운하가 더해져 이런 원료나 상품을 운송하는 일이 용이했다. 그리고 19세기가 되면 여기에 전국적인 철도망까지 합쳐지게 되는 것이다.

마법과 같은 기술들

산업혁명과 함께 이루어진 기술의 혁신은 앞서 간략하게 설명한 것처럼 경제적인 것과 그 외 다른 배경들이 뒷받침되어 주지 않았다면 결코 일어날 수 없었을 것이다. '그렇게 해서 결국은 시장과 노동력을 어떻게 활용할 수 있었느냐'라는 결론으로 귀결이 된다. 산업화에 대해 많은 사람들은 우선은 기술적인 면을 그 중심에 놓게 되지만, 비록 기술이 매우 중요한 문제라고 하더라도 그것만으로는 충분치 않은 것이다. 특히 이런 일반적인 관점에 반응해서 경제 비평가와 역사가들은 기술의 역할을 과소평가하는 경향이 있으며, 산업화 과정의 다른 요소들을 더 과장해서 중요하게 평가한다. 정말로 중요한 것은 기술 그 자체가 아니라 우리가 활용할 수 있는 그런 종류의 기술이다.[13]

자연의 힘에 의존하는 기술도 그 나름대로 최고의 수준까지 발전할 수는 있으나 역시 태생적인 한계가 있으며, 따라서 시대에 따라 활용할 수 있었던 기술이 각기 다르다.[14] 그러다가 기술자들이 화석연료 안에 숨겨져 있던 힘을 꺼내 사용하는 방법을 배우게 되면서 비로소 진정한 근대 사회가 탄생한 것이다. 나는 몇몇 역사학자들이 증기력의 중요성

노동, 성, 권력
Work, Sex and Power

을 과소평가하는 듯한 모습에 오히려 더 놀라곤 한다. 심지어 헨리 헬러와 같은 냉철한 분석가도 그 중요성에 대해 덜 신경을 쓰는 듯한 모습을 보이는 것이다.

증기 기관은 18세기 초에 그 모습을 처음 드러내지만 아주 제한된 경우만 사용할 수 있었으며, 처음에는 오로지 펌프로 물을 뽑아내는 일에 사용하기 위해 개발이 된 것이다. 또한 초기의 증기 기관은 제대로 그 기능을 발휘하는 것처럼 보여도 실제로는 그렇지 않은 경우가 많았다. 기술적으로 말하자면, 마침내 이런 엔진이 바퀴를 움직일 수 있게 되었을 때, 이제 하늘만이 그 앞길을 가로막는 한계가 되었다.

따라서 신석기 시대 이후의 모든 역사를 통틀어 가장 중요한 사람을 한 명만 고르라고 했을 때, 증기 기관을 개량한 제임스 와트가 바로 그 사람이라는 주장은 과장이라고 말하기는 어렵다. 와트는 진정한 의미의 증기 기관을 처음으로 만들어낸 사람이다. 물론 그가 실패했다 하더라도 누군가는 그의 뒤를 이어 성공을 할 수는 있었을 것이다. 와트 이전에는 회전식 증기 엔진이 만들어져 공장에 천천히 보급이 되기 시작했지만, 제작과 유지비가 너무 비싸 대중화되기 힘들었다. 그래서 꾸준히 규칙적으로 사용하기는 어려워도 비용이 더 저렴한 수력을 많이 사용했는데, 여기에서도 경제적인 문제가 중요하다는 사실을 잘 알 수 있다.[15]

그렇지만 면화 시장의 엄청난 규모 덕분에 30년 동안 상대적으로 적은 숫자의 증기 엔진이라도 사용이 되면서 제 몫을 하게 된다. 증기력이 실제로 제 역할을 하게 된 건 기차와 기선이 개발되면서부터다. 특히 기차와 철도는 당시 가장 중요한 운송 수단이었다. 이러한 운송 수단의 발전이 없었다면 증기력은 아마도 아주 제한된 수준으로만 사용이 되는 데 그쳤을 것이다.

철도

얄궂은 일이지만 19세기 초 영국 경제의 상황을 고려하면, 증기 기관차가 달리는 최초의 근대적인 철도망은 결코 만들어질 수 없는 것이었다. 강과 수로, 그리고 말을 이용하는 기존의 운송 체계는 당시의 상황에 아주 완벽하게 맞아떨어졌던 것이다. 새로운 체계를 건설하는 일을 이끈 건, 더 많은 수익에 대한 탐욕과 새로운 투자 방식, 그리고 저렴한 금융 이자였다. 앞서 50여 년에 걸쳐 완성된 수로는 건설 비용이나 운영비 모두에서 수익성이 최고였다. 철도에 투자하는 사람들은 그런 성공이 다시 한 번 반복되기를 간절히 바라고 있었지만 대개는 실패하고 말았다. 완전한 투자 실패는 아니었어도 철도는 투자에 비해 얻는 수익이 너무 적었던 것이다.[16]

그럼에도 불구하고 철도는 인간 생활의 모든 면에 영향을 미치게 된다. 물론 석탄과 철이 필요하다는 점에서는 역시 경제적인 영향이 가장 중요했을 것이다. 어쨌든 얼마 지나지 않아 영국과 영국 사회는 산업과 경제, 사회, 그리고 군사와 정치, 문화 등 이루 헤아릴 수 없는 수많은 분야에서 급진적인 변화를 경험하게 되며 이러한 모습은 곧 세계 전체로 퍼져나간다.[17]

철도가 없었다면 산업혁명과 연결되어 우리가 느낄 수 있는 일반적이며 보편적인 변화는 훨씬 더 느리게 나타났을 것이다. 증기선은 기차에 비해 상대적으로 덜 중요하게 여겨지지만 역시 엄청난 영향을 미친다. 단지 해양 운송에서 그 속도와 양이 극적으로 증가한 것뿐만 아니라 증기선을 건조함으로써 관련 산업도 크게 발전을 한 것이다. 게다가 석탄과 철을 많이 사용하게 되면서 세계 각지에는 석탄 저장 기지가 건설되었다. 이는 영국을 비롯한 유럽 각국에게 아주 중요한 의미가 있는데, 결국 이를 통해 제국주의가 그 세력을 확장하게 된다.

노동, 성, 권력
Work, Sex and Power

제2차 산업혁명

경제 역사가들은 종종 19세기의 마지막 30년 동안의 발전상을 '제2차 산업혁명'이라고 부른다. 제철 기술과 같은 기존의 기술이 놀라울 정도로 발전을 했고, 증기 엔진 역시 터빈 기술이 추가되어 특히 선박 등에 유용하게 사용되기는 했으나, 이 '제2차'라는 표현은 세 가지 특별하고 중요한 기술의 도입과 발전에서 나온 말이다. 바로 석유의 사용과 전기의 발명, 그리고 화학 산업의 새로운 분야 개발이다.

먼저, 휘발유와 디젤 엔진이 상용화되면서 철도와 해운업에도 큰 변화가 일어나게 된다. 그렇지만 경제적, 사회적, 군사적, 그리고 문화적으로 훨씬 더 중요한 변화는 증기 엔진보다 더 가벼운 내연기관이 일반 도로용 운송 수단에 사용되면서 일어나게 되었다. 또한 20세기 초에는 동력으로 움직이는 비행기까지 개발이 되는데, 이러한 모든 개발과 발전은 결국 필요한 연료의 조달 문제와 연결되었다. 전기가 상용화된 것은 1840년대부터이며 처음에는 유선 전신 기술에 사용이 되었고, 1870년대부터는 유선 전화를 포함하여 아주 광범위한 분야에 적용이 된다. 이어 무선 통신기술과 전등, 기존의 내연기관보다 더 작고 사용이 간편한 전기 모터 등이 개발되었다. 미국에서는 처음으로 전기로 감전시켜 사형시키는 기술이 도입되었는데, 그 첫 번째 사형수가 아프리카계 미국인이었다는 사실은 사실 그리 놀라운 일도 아닐 것이다. 또한 전기를 통해 만들어지는 불꽃은 사실 휘발유 엔진을 움직이는 데 반드시 필요한 기술이기도 하다. 전기 사용의 확산은 역시 제국주의 정책과도 연결이 되는데, 전선을 만드는 데 필요한 구리의 안정적인 공급원을 확보할 필요가 있었기 때문이었다.

세 번째 중요한 기술인 화학 기술 역시 아주 광범위하게 활용될 수 있었다. 인조염료와 약품 등이 특히 중요하게 취급되었으며, 새로운 형태의 폭발 물질이 14세기부터 사용되어 오던 기존의 흑색 화약을 대신하게 되었다. 그렇지만 가장 중요한 것은 바로 고무나무 수액을 화학적으로 처리하여 고무를 사용할 수 있게 된 것이다. 고무는 엄청나게 다양하게 사용이 되었지만, 그중에서도 자동차 타이어 생산에 사용됨으로써 내연기관을 장착한 일반 도로용 운송 수단이 상용화되는 데 결정적인 기여를 한다. 물론 자전거의 등장도 빼놓을 수 없다. 여기에서도 역시 원료의 확보 문제가 중요하게 대두된다. 원산지가 남아메리카 대륙인 고무나무는 유럽과 미국, 그리고 일본 등 산업 사회에서 정치적으로 매우 중요한 위치를 차지하게 되었고, 남아메리카와 중앙아프리카에서의 끔찍한 노예 노동으로 이어지게 된다.

왜 중국은 하지 못했나?

중국에 대한 의문은 지난 몇 십 년 동안 계속되었으며, 자본주의와 산업혁명이 전 세계 어디에서나 일어나고 발전할 수 있는가에 대한 질문이 되기도 한다. 또한 '탈식민주의'로 알려져 있는 이론에 대한 특별한 주제가 되기도 하는데, 이 탈식민주의 이론은 유럽 중심의 편견에 따라 유럽식 주도권에만 초점을 맞춘 세계사의 해석을 반대하는 이론이다. 영국이 산업화에 성공하고 제국의 자리에 오른 것은 그 군사적인 측면까지 모두 다 정말로 우연히 일어난 일일까? 영국과 비슷하거나 오히려 더 앞서나가던 다른 모든 사회를 제치고 그 자리에 오른 것이?

이 문제에 대한 해답을 얻으려면 먼저 산업화나 발전은 어떤 경주가 아니라는 사실부터 강조해야 한다. 근대화된 세계와 그 세계를 지배하

노동, 성, 권력
Work, Sex and Power

는 유럽의 주도권을 위한 경제적인 기초를 닦았던 모든 개인과 집단은 사실 그런 식으로 세상을 바꿀 의도는 처음부터 전혀 없었다. 이 지구가 공장과 광산, 거대 도시와 철도, 그리고 기선들로 뒤덮이게 되리라고는 아무도 예상하지 못했다는 뜻이다. 그리고 그 모든 일이 다 유럽 국가들에 의해 시작되고 지배를 받게 될 줄은 더욱 더 몰랐을 것이다. 사람들은 그저 돈을 벌고 싶어 했을 뿐이며 돈을 버는 방식 자체에 대해서는 특별한 관심이 없었다. 지금 우리에게 익숙한 이 세상은 사실 본질적으로는 돈을 벌겠다는 야심의 부산물인 것이다. 마르크스는 모든 세대는 단지 앞으로 이루어질 일들에 대한 기초를 닦을 뿐이라고 말한 적이 있다. 인간이 진행하는 모든 계획들은 얼마나 거창한지, 혹은 얼마나 혁명적인지에 상관없이 그러한 계획을 세우는 사람들이 익숙한 사회의 기준 안에서 준비가 되며, 그건 사회적인 변혁도 마찬가지다. 알 수 없는 미래의 모습 같은 것은 깊은 어둠 속에 잠겨 있는 것이다. 다시 말해, 앞으로 확인하게 되겠지만, 자코뱅이나 볼셰비키와 같은 혁명파들은 산업을 이끄는 기업가들과 다를 바 없는 존재들이었다.

지금까지 잘 알려진 것처럼,[18] 분명 18세기까지 그리고 어쩌면 1800년대 후반까지, 아시아, 그중에서도 특히 중국은 인쇄 기술은 물론 종이에 인쇄를 한 돈을 처음 만들어낸 국가답게[19] 유럽을 경제적으로나 기술적으로 앞서고 있었다. 또 어쩌면 당시 유럽의 지성인들이 인정했던 것처럼, 몇 가지 사회적인 측면에서도 앞서나갔는지도 모른다. 당시 중국 제품의 품질은 유럽이 도저히 따라갈 수 없을 만큼 앞서 있었다는 건 이미 잘 알려진 사실이다. 유일하게 중국 사람들을 놀라게 한 건, 튼튼하고 효율적이며 경제적이면서 운송이 쉬운 저장 용기인 유럽식 나무통으로, 이것만은 중국에서 제대로 만들어내지 못했다. 그렇다면 자본주의 산업화가 터키나 페르시아, 혹은 무굴 제국, 그리고 중국이나 일본 사람들에 의해 처음 시작되지 못한 것은 무엇일까? 페리 앤더슨이 지적한 것처럼, 그들의 봉건제도가 유럽이나 영국의 그것과는 너무 달랐기 때문일까?

이러한 견해를 적극 지지하는 사람 중 하나가 바로 존 A 홉슨으로, 그는 《서구 문명은 동양에서 시작되었다The Eastern Origins of Western Civilization》라는 자신의 저서를 통해 아주 적극적으로 이런 주장을 지지하고 있다. 이 책은 아주 흥미로운 내용을 담고 있기는 하지만 불행하게도 그리 크게 설득력이 있지는 않다. 홉슨은 중국과 이슬람 제국이 지식과 사회 제도, 그리고 기술 등에서 서양을 앞섰다며 여러 가지 증거들을 자세하게 제시하고 있지만, 이러한 설명은 이론에만 그칠 뿐 심각하게 받아들여질 수는 없는 것들이다.

"결정적으로, 남반구 육지의 실제 면적은 정확히 북반구의 두 배가 된다."[20] 이런 명백하게 잘못된 주장 등을 통해서는 신뢰가 생겨나지 않는다. 어쨌든 중국과 대부분의 이슬람 국가는 모두 지구 북반구에 위치하고 있는 것이다. 여기에 덧붙여 그가 설명하는 '세계화'는 아메리카 대륙이 다른 세계로부터 완전히 고립이 되었던 기간 동안 일어났다. 홉슨이 의미하는 것은 바로 의사소통의 연결망인데, 이 연결망은 분명 유라시아 대륙의 동부와 서부 사이에 존재했으며, 여기에 '세계화'라는 용어가 전혀 어울릴 것 같지 않은 아프리카도 추가가 된다.

존 홀은 학술지 《역사 리뷰the English Historical Review》를 통해 홉슨의 주장을 확인하며 이렇게 이야기하고 있다.[21] "(홉슨은) 자신의 주장과 일치하는 다른 저술의 일부만을 인용하며 학계의 주장 전체를 피해가곤 한다." 또한 유럽 중심주의에 대한 그의 특정한 견해는 종종 중요한 논점을 피해가고 있다. 확실히 홉슨의 저서를 보면 전체적으로 이런 식의 구성이 계속해서 이어진다. 유럽 중심주의가 동양의 업적을 깎아내리는

노동, 성, 권력
Work, Sex and Power

주제에만 집중하는 일종의 지적 음모론을 나타내고 있다는 사실은 매우 인상적이다. 사실 두말할 나위 없이 19세기 해석가들의 유럽 중심주의에 대한 주장은, 그들이 마치 계속해서 지식인들이 합의한 내용을 대표하는 것처럼 비쳐진다. 이러한 내용들은 분명 서구 사회의 발흥을 '도덕적인 성취의 결과'인 것처럼 나타낸다. 마르크스 역시 같은 맥락에서 제국주의적 시간에 대한 특별한 설명과 함께 폄하된다. 세상에 유입되는 자본은 "온몸 구석구석에서 흘러나오는 피와 땀"이라는 마르크스의 말은 절대로 인용되지 않으며, 마르크스가 자본주의의 승리를 도덕적인 성취의 결과라고 인정했던 사실 역시 이야기해주지 않는다.

　이런 식의 접근 방식이 문제가 되는 건 역사적 사실을 정확하게 밝히는 데 방해가 되는 오해를 만들어내기 때문이다. 중국 제국의 영향력과 당대의 성취에 대해 올바르게 이해하려면 역사적인 사실을 정확하게 파악하는 일은 필수적이다. 윤리적인 차원에서 이야기를 하자면, 동양과 서양은 안 좋은 면에서는 서로 크게 다를 바가 없었다. 따라서 문제의 핵심은 엄청난 천연 자원을 바탕으로 막강한 경제력을 보유했던 천자의 제국이 왜 그런 모든 이점에도 불구하고 우리가 알고 있는 그런 산업혁명을 처음 시작하지 못했느냐 하는 것이다.

　에릭 홉스봄은 이미 벌어진 제1차 세계대전에 대해 전쟁이 일어나지 않을 수도 있었는지에 대해 논쟁하는 건 아무런 의미가 없다고 말한 적이 있다. 1914년의 전쟁 당시에 그런 재앙을 피할 수 있는 가능성이 있었을지도 모른다. 그렇지만 어쨌든 전쟁은 일어났다. 어떤 사회가 인공적인 동력원을 바탕으로 산업화 과정을 먼저 시작할 수 있었느냐 하는 질문에도 비슷한 접근 방식이 필요하다. 분명히 중국 제국은 산업화로 진행할 수 있는 완벽한 경제적 잠재성과 금융 제도를 갖추고 있었으며, 사회의 지식층도 새로운 발전을 바라고 있었다. 그렇지만 유럽의 국가들, 특히 영국이 18세기 후반과 19세기 초에 산업화에 성공을 하는 동안 중국은 아무것도 하지 않았다. 조건이 갖추어졌다고 해도 실제로 어떤 일이 이루어지지는 않는다는 사실을 이제는 우리도 잘 알고 있다. 하지만 그럼에도 불구하고 그에 대한 의문은 계속되는 것이다.

우선 두 가지 실질적인 고려를 해볼 수 있다. 먼저, 산업화 이전의 자본주의 시대에서 중국 제국의 위상은 동아시아 거의 대부분의 지역을 뒤덮고 있었지만, 유럽의 제국들이 식민지와 기지를 세웠던 것과 비슷하게 전 세계로 미치지는 못했다. 당시의 영국 사람들은 세계 각국의 전진기지들을 '공장'이라고 부르기도 했는데, 어쨌든 유럽은 풍족한 자원을 확보하지 못했다. 따라서 증기력이나 철도와 같은 새롭고 실험적인 첨단 기술에 투자할 수밖에 없었다. 즉, 위험을 감수할 준비가 되어 있었다는 말이다. 위험을 무릅쓰고 아메리카 대륙과 인도 대륙, 그리고 인도네시아까지 진출하여 자원을 수탈한 것은 서구 국가들이었지 중국은 아니었다. 또한 서양은 노예들의 노동력을 동원해 엄청난 수익까지 창출했던 것이다. 게다가 천자天子의 제국 중국은 자신들이 보유한 자원을 쓰는 곳이 따로 있었다.

두 번째로, 중국 제국의 사회적 구조의 문제가 있었다. 넓게 보면 일종의 '봉건제도'라고도 할 수 있는 이 구조의 밑바탕에는 지역의 영주와 황제에게 공물을 바치는 가난한 농부들이 있었다. 중국에도 분명 많은 상인들이 대규모로 교역을 하고 있었으며 이들을 따로 상인 계급이라고 불러도 상관없을 정도였다. 그렇지만 그들은 엄밀한 의미에서 자본가 계급은 아니었다. 직접 생산에는 관여하지 않고 무산계급이 된 노동자들과 접촉하며 기술적인 부문에 투자를 해 이윤을 축적했다. 중국의 과학과 사회 문제에 관한 한 서구 최고의 전문가인 조지프 니덤이 내린 결론이 제반 상황에 대한 가장 믿을 만한 진단이라고 볼 수 있다.[22] 니덤은

노동, 성, 권력
Work, Sex and Power

중국은 서양식 생산방식으로 발전하다가 유교에 발목을 잡힌 사회와 정부 때문에 주저앉고 말았다고 주장하고 있다.[23] 특별히 농업 경제 사회에서 유교를 배우고 따르던 정부의 관료들은, 진정한 의미의 자본가 계층이 탄생해서 사회의 근간을 이루는 것을 결코 허가할 수 없는 그런 위치에 서 있었다.

평가

분명히 영국에서 일어난 최초의 산업혁명은 지금까지 설명했던 모든 우연한 현상들이 합쳐지면서 일어날 수 있었던 것이다. 즉, 적절한 지리적 위치와 자연 환경, 탐욕스러운 사업가들과 풍부한 저임금 노동력, 대서양과 아프리카에서 수탈한 자원들, 그리고 협조적인 정부 등이다. 이들 중 단 한 가지라도 없었다면 산업혁명은 어쩌면 일어나지 않았을지도 모른다. 자본주의의 시대는 시작이 되었을지 모르지만, 그것 역시 가능성은 크게 줄어들었을 것이다. 또한 기계화 시대의 시작, 좀 더 자세히 말해, 인공적인 동력 사용의 시작은 굉장한 어려움을 이겨낸 후에야 비로소 시작될 수 있었다는 사실을 이해하는 것도 반드시 필요하다. 다시 말하자면, 이런 혁신들은 반드시 시작을 할 만한 가치가 있어야 하며, 적절한 조건이 뒷받침되었을 때만 일어날 수 있는 것이다.

만일 풍부한 저임금 노동력을 동원할 수 있다면 새롭게 시작된 기계화의 물결은 그만한 노력과 비용을 들일 만한 가치가 없을지도 모른다. 육체노동을 하는 노동력은 필요할 때만 불러서 쓰고 자급자족 형태의 농업을 통해 식량을 조달한다면, 특히 더 값싸게 활용할 수 있다. 노동자들을 격려할 수 있는 부가적인 보수 같은 건 아예 존재하지 않는다. 또한 공장의 생산 역시 적당한 숫자의 노동력을 필요로 하는 동시에 임금을 만족스러운 수준으로 낮게 유지할 수 있도록 충분한 예비 구직자들을 필요로 한다. 그렇게 만들어진 상품을 판매할 수 있는 시장이 필요한 것은 두말할 나위가 없다. 다시 말해 모든 균형이 정확하게 맞아 떨어져야만 하며, 그것도 단지 일시적이 아니라 장기적으로 그래야만 하는 것이다. 이후에 생기는 장애물이라고 한다면, 정부가 과도하게 세금을 책정해 수지 타산이 맞지 않거나, 혹은 아예 도덕적인 견지에서 정부가 의심을 가지고 이런 새로운 체제의 결과로 벌어지는 사회적 분열에 대해 계속 주의를 기울이는 상황 정도가 될 것이다. 개인적인 관점으로 보면, 첫 번째 산업혁명이 일어난 영국은 모든 조건이 혁명이 시작되기에 완전히 들어맞았으며, 바로 그랬기 때문에 산업혁명이 일어날 수 있었다고 생각한다. '성공'이란 정말 우연의 산물이기는 하지만, 그런 우연이 발생할 수 있었던 곳이 영국 말고는 아무 데도 없었던 셈이다.

그렇지만 일단 산업혁명의 과정이 시작되자 이 과정은 여러 가지 측면에서 탄성을 얻기 시작했다. 새로운 기술로 탄생한 제품을 원하는 다른 분야, 특히 군에서는 선택의 여지없이 반드시 새로운 기술을 쫓아가야만 했으며, 일본의 경우처럼 이러한 변화는 소규모 기업들이 아닌 정부 주도로 이루어지게 되었다. 또한 각 분야를 넘나드는 자본가들 사이의 경쟁은 각 경제 주체들이 기존의 방식과 기술을 계속 활용한 확장이 아닌, 개선된 조직과 좀 더 발전된 기계장치들을 통해 계속해서 더 우수하고 값싼 제품을 생산해내도록 독려했다.

피터 래슬릿의 유명한 저서인 《우리가 잃어버린 세계The World We Have Lost》에서는 근대 이전 시대에 대해 설명을 하고 있는데, 우리는 정말로 많은 것들을 잃어버렸다. 크리스토퍼 힐 같은 사람은 이렇게 지적하기

노동, 성, 권력
Work, Sex and Power

도 한다. "우리는 '살기 좋은 영국'이라는 말로 영국을 이상향으로 만들어 중세 시대의 분열을 통해 많은 것들을 잃어버렸음을 일부러 상기시킬 필요는 없다." 그가 지적하는 것처럼 긍정적인 과거 공동체의 특징들 뒤에는 뼈에 사무치는 빈곤이 있었으며, 그러한 고통은 현대의 소비사회를 살아가는 사람들이라면 대부분 견딜 수 없는 것들이다. 그렇지만 좋든 나쁘든 잃어버린 것들은, 최소한 엄청난 피해를 불러오는 방식이 아니라면, 다시는 회복할 수 없고 또 다시 만들어낼 수도 없는 것이다.

20세기

제2차 산업혁명의 혁신적인 기술들은 복잡한 사회 경제적 구조와 잘 맞아떨어졌다. 20세기 접어들어 제1차 세계대전과 제2차 세계대전 사이의 기간 동안 대공황도 있었지만, 이러한 기술들은 영화와 텔레비전 방송, 그리고 최초의 플라스틱 개발과 같은 부산물들과 더불어 완전히 만개한 소비사회의 기초로서 자기 역할을 최대한 해냈다. 그리고 제2차 세계대전이 끝난 후에도 지속적인 발전을 통해 산업화 사회로 연결이 되었다. 새로운 세계에서 기존의 기술들은 전자 기술의 확산과 맞물려 발전했다. 물론 전자 기술도 전기의 사용을 바탕으로 하고 있으며, 현대의 모든 기술은 사실상 전기에 의존하고 있다고 볼 수 있다.

컴퓨터가 최초로 사용된 것은 제2차 세계대전 중으로, 연합군에서 독일의 암호를 해독하고 최초의 원자폭탄을 제조하는 데 이용했다. 전쟁이 끝나자 컴퓨터는 계속해서 엄청나게 많은 분야에서 활용된다. 1960년대와 1970년대에는 원자력 발전소의 기계 장비를 통제하는 등 산업적인 목적으로 사용되기 시작했다. 당시에는 일종의 자동 제어 장비로 알려졌으며 또 우주 개발 프로그램에도 사용이 되었다. 컴퓨터가 진정한 혁신을 일으킨 것은 1980년대 이른바 개인용 컴퓨터가 개발이 되면서부터로, 지난 25년 동안 지속적인 소형화 과정을 거치고 이른바 월드 와이드 웹이 만들어지면서 엄청난 성장을 하게 된다. 그 거대한 규모를 생각할 때면 나는 종종 내가 공상 과학 소설 속 세상에 살고 있는 것 같은 착각이 들 정도다.[24] 최신 컴퓨터 장비와 디지털 미디어 플랫폼의 사용량에 대해 들었을 때는 새로운 기술에 대한 반감마저 들 정도였다. 아니, 최소한 왜 그런 저항 운동이 벌어지는지에 대해 이해가 갔다.

그렇지만 기술은 아무리 중요하다고 해도 결국 전체의 일부분일 뿐이다. 기술은 독립적으로 존재할 수도 없으며, 역사 속에서 기술의 위치는 어디에서 어떤 목적으로 사용되느냐에 달린 것이다. 게다가 다른 모든 것들과 마찬가지로 시장경제의 수요에 따라 좌우되는 것이다. 21세기가 시작될 무렵 일어났던 이른바 닷컴 버블dot-com bubble 현상은 기술이 결코 시장을 앞설 수 없다는 아주 극명한 사례다.

19세기 군사 기술의 파괴력은 미국의 남북전쟁에서 최초로 그 진면목을 드러내게 된다. 그리고 최초의 기관총이 등장해서 재래식 무기로 무장한 식민지의 원주민들을 상대하게 되는데, 이들은 결국 인도적인 서구 군대에 의해 원치 않는 '문명화'를 겪게 되거나 혹은 자본주의 세계의 즐거움을 맛보게 되었다. 계속해서 일어난 두 차례의 큰 전쟁인 프랑스와 프로이센의 전쟁, 그리고 남아프리카에서의 전쟁은 그리 길게 이어지지는 않았다. 덕분에 새로운 전쟁 기술은 그 진정한 파괴력을 선보일 수 있는 기회를 놓쳤고 그에 따른 교훈도 심어주지 못했다. 1912년에서 1913년까지 있었던 격렬했던 발칸 전쟁에서는 기술로 인해 어떤 결과가 벌어질지에 대한 암시를 좀 더 주기는 했다.

노동, 성, 권력
Work, Sex and Power

결국 1914년에서 1918년까지 제1차 세계대전이 벌어지면서 그 참혹한 결과를 모두 확인할 수 있었고, 1918년에서 1920년까지 있었던 러시아 내전은 더욱 분명하게 그런 사실을 확인시켜 주었다. 전쟁에 사용되는 첨단 기술의 이런 절대적인 위력은 1939년에서 1945년까지 벌어진 제2차 세계대전에서 그 절정에 도달한다. 1930년대 중국과 에티오피아, 그리고 에스파냐에서 실전을 거친 기술들이 본격적으로 투입이 된 것이다. 1945년 원자폭탄이 개발되고 동서 냉전을 통해 핵무기가 확산되자, 지구 자체가 멸망할 수 있다는 전망이 나오게 되었다. 그리고 거의 그렇게 될 뻔했다.[25]

이런 일련의 사건들은 독립적인 과정을 통해 벌어진 것이 아니다. 세계를 분열시킨 제1차 세계대전을 일으킨 직접적인 원인은, 유럽 국가들의 경제문제와 식민지 개발에 따른 경쟁 관계가 아니라 전 세계가 경제적으로 분열되어 다투게 되었기 때문이다. 물론 당시 독일 제국의 산업과 농업을 이끌던 지배층은 분명 유럽 안에서의 경쟁을 염두에 두고 전쟁을 일으켰을 것이지만 말이다. 전쟁의 근본적인 원인은 산업 자본가 세력의 갈등 때문이며, 여기에는 심지어 경제적으로 크게 뒤쳐졌던 러시아 제국까지 포함이 된다. 각 세력들은 사활을 건 이해관계가 걸려 있다고 믿는 순간 언제든 전쟁을 일으킬 준비가 되어 있었다. 당연히 그 밑바탕에는 상대방에 의해 심각하게 위협을 받는 경제문제가 깔려 있었다.

전 세계 경제를 뒤흔드는 전쟁과 이후 이어지는 정치적인 갈등의 책임은 분쟁 지역에 있다. 분명 세계대전은 뛰어든 서구 세력들을 파산시켰고, 볼셰비키들이 러시아 제국을 지배할 수 있는 기회를 주었으며, 영국 파운드화를 기반으로 하는 전쟁 이전의 체제를 붕괴시켰다. 덕분에 미국은 경제적인 주도권을 행사할 수 있는 위치에 올라설 수 있었다.

그렇지만 제1차 세계대전과 제2차 세계대전 사이에 있었던 대공황과 1929년에서 1932년 사이에 벌어졌던 최악의 경제 위기 사태가 경제 발전이 지나치게 가속화되면서 일어난 결과인지에 대해서는 논란이 계속되고 있다. 근본적으로는 원료 공급자와 산업화된 경제 사이에 불균형이 있었으며, 전쟁은 그저 부수적인 요인에 불과했다는 것이다.

만일 그렇다면 세계의 경제 불황과 그 영향을 받은 독일은 히틀러가 등장해서 권력을 잡게 된 일에 대한 직접적인 책임이 있다. 히틀러가 아니었다면 어쩌면 제2차 세계대전은 일어나지 않았을지 모르며, 최소한 전쟁의 형태로는 일어나지 않았을 것이다. 그리고 20세기 후반의 세계 역사 역시 크게 달라졌을 것이다.

당시 공산당은 대공황이 자본주의의 마지막을 알리는 위기라고 확신했으며, 이후 나타난 결과들을 보면 그런 그들의 생각은 그리 크게 틀리지 않았다. 1930년대 후반에 접어들면서 경제가 겨우 조금씩 회복이 되었지만, 대공황이 끝날 가능성은 실제로는 전혀 보이지 않았다. 이런 상황에서 미국과 자본주의 세계 경제가 대공황을 탈출할 수 있도록 도와준 건 바로 제2차 세계대전과 이후 이어진 냉전으로, 엄청난 수준의 수요를 만들어냈으며 정부는 기꺼이 그 수요를 채우려고 했다. 처음에는 군대와 관련된 수요뿐이었으나 곧 모든 분야에서 연쇄반응이 일어난다. 만일 대공황이 끝없이 이어졌다면 어떤 사회적, 그리고 정치적인 결과가 일어났을까. 단지 상상에 맡길 뿐이다.

이러한 발전의 중심에는 미국이라는 제국의 힘과 그 힘을 제어하는 지배계층이 있었다. 이들의 경제적, 정치적, 군사적, 그리고 문화적인 면을 포함한 세계 주도권 장악은 신중하게 계획된 장기적인 계획이었으며, 경쟁 관계인 공산주의 소비에트를 무너트리기 위한 것이었다. 페리 앤더슨의 설명이다. "모든 미국의 지정학적 이점과 다른 이점들은 대중

노동, 성, 권력
Work, Sex and Power

들의 합의를 바탕으로 하는 제국주의적 이념으로 합쳐졌다……. 국내와 국외 모두에서."[26] 필요하다면 19세기와 20세기 초까지 남아메리카 국가들에서 그랬던 것처럼 군사력도 동원이 되었다.[27] 미국이 가치를 두는 기준은, 공화국이 시작되었을 때부터 그랬던 것처럼 세계 사회에 대한 지배였다. "따라서 그 격렬했던 과정에도 불구하고 냉전은 결국…… 세계 지배라는 더 큰 역사 안에서는 '단지 부차적인 것'에 불과했다. 미국이 주도하는 자유주의적 국제 질서가 최우선이었던 것이다."[28] 이러한 계획이 어느 정도 성취되었을 때, 그 성공은 프랜시스 후쿠야마가 1992년 '역사의 종언'을 선언하며 축하하는 것으로 끝을 맺는다.[29] 그렇지만 결국 역사가 다시 살아 돌아오는 데는 그리 긴 시간이 걸리지 않았다. 다시 앤더슨의 이야기를 인용한다.

"공산주의와의 전투로 남겨진 제도와 결과, 이념과 그에 대한 반동은 이제 그 자체의 역동성으로 거대한 역사적 복합체를 구성하게 되었다. 더 이상 소비에트 연합으로부터의 위협을 통해 이끌어갈 필요가 없다……. 냉전은 끝이 났지만 세계 경찰의 역할은 결코 끝나지 않을 것이다. 그 어느 때보다도 더 많은 파병이 이루어질 것이며 더 진보된 무기가 생산된다. 더 많은 군사기지들이 추가되고 더 큰 영향을 미칠 개입의 명분이 만들어질 것이다. 과거는 과거일 뿐이다."[30]

이 세상에 공짜는 없다: 균형, 기회비용, 그리고 의도하지 않은 결과에 따른 역학 관계

No Such Thing as a Free Lunch: Trade-Offs, Opportunity Cost and the Dinamic of Unintended Consequences

제14장은 어떤 의미에서 보면 지금까지 해온 이야기들을 정리하는 장으로, 자연적인 현상과 인간사 모두에서 수많은 서로 다른 맥락들의 실체를 고민해보려고 한다. 특히 인간과 관계된 문제에서는 다양한 종류의 결핍과 구조적인 한계 때문에 목표와 그 목표 달성의 가능성 사이에 일종의 균형이 이루어진다. 그리고 그 어떤 경우라도 의도하지 않은 결과는 항상 일어날 수 있다. 때로는 그런 결과가 도움이 되기도 하지만, 역사를 통해 살펴보면 원치 않은 결과가 더 큰 영향을 미치기도 한다.

생물학적 토대

균형 혹은 타협은 모든 유기 생명체들이 따라야 하는 본질이며, 부분적으로는 에너지의 보존과 기회비용의 문제이기도 하다. 육체와 두뇌 모두는 그렇게 안정적이지 못하며, 사실은 아주 역동적인 체계를 갖추고 있기 때문에 한 가지 방향으로의 진화론적 발전은 다른 쪽의 제한을 담보로 이루어지는 것이다.

또한 유기체가 좀 더 복잡하게 진화될수록 기능에 문제가 생길 확률도 더 늘어나게 되며 오작동이 더 많이 일어날 수 있는 것이다. 가장 단순한 유기체라고 할 수 있는 고세균류古細菌類와 박테리아도 이미 분자라는 측면에서 볼 때는 복잡한 생명체이며, 수많은 단세포와 모든 다세포 유기체를 구성하고 있는 진핵세포는 아주 작은 생명체인 동시에 훨씬 더 크고 복잡한 생물이 될 수도 있다.

진핵생물은 10억 년 전 식물과 균류, 그리고 동물계로 나뉘어졌는데, 식물과 균류는 은유적으로 말하자면 고정된 위치에 남아 있는 쪽을 선택했다. 해면이나 산호, 말미잘과 같은 무척추동물들도 이와 비슷하며 스스로 필요한 영양분을 만들어낸다. 물론 이런 기능에는 유리한 점이 분명히 있다. 우선 먹을거리를 찾아 움직일 필요가 없으며, 식물과 동물 모두에서 진화된 유성생식의 경우도 식물은 바람이나 수분, 혹은 곤충의 힘을 빌려 해결을 한다. 그렇지만 그 대가로 이들은 신경계를 '희생'했으며 감각을 느끼는 부분도 없어 동물과 구별이 된다. 이러한 기능은 확실히 움직이지 않는 유기 생명체인 식물의 경우 쓸모가 없거나 불편할 수 있다. 그렇지만 움직이는 생명체라면 음식과 짝을 찾기 위해 반드시 필요한 기능이다.

동물계에서는 이러한 일종의 균형을 엄청나게 많이 찾아볼 수 있다. 지하 호수의 물고기처럼 완전한 어둠 속에서 살아갈 수 있도록 진화한 동물들은 시각을 잃고 대신 다른 감각을 얻었다. 두뇌는 그 자체로 놀라운 신체 기관 중 하나이지만, 그럼에도 불구하고 역시 그 능력에는 한계가 있다. 그리고 완전히 어두운 환경에 적합한 감각을 발전시키는 데 집중하며, 이루어지는 진화는 대신 볼 수 있는 능력을 희생하는 것이다. 심지어 완전히 어둡지 않은 환경 속에서 살고 있는 박쥐도 잘 알려진 것처럼 시력이 그다지 좋지는 않다. 박쥐는 방향을 확인하기 위해 초음파를 사용할 수 있도록 진화했지만 역시 그 대가를 치른 것이다. 고래나 돌고래의 선조가 되는 동물들은 원래는 지상에 살고 있었지만, 수중 환경에 적응하면서 몸의 형태가 바뀌는 식으로 진화가 진행되었고, 대형 고래들은 몸 크기도 늘어났다. 지상에서 움직일 때 필요했던 다리는 사라졌다. 척추동물들은 해부학적 구조에 따라 앞다리를 사용해 걸을 수 있지만 그 외에는 아주 제한된 범위에서만 사용할 수 있는데, 만일 하늘을 날게 된다면 앞다리는 퇴화되어 아무것도 할 수 없게 되어버린다. 곤충들의 경우에는 다리도 있고 날개도 있지만, 그 크기와 무게가 태어날 때부터 극히 제한되어 있는 것이다.

자이언트 판다는 진화적 발전에서 이러한 균형과 교환이 주는 장점과 단점에 대한 아주 좋은 사례다. 판다의 조상은 육식 혹은 잡식성 동물이었지만, 야생 판다가 먹는 것 중 99퍼센트는 대나무다. 이런 모습은 소화기관의 진화에 따른 결과인데, 판다의 소화기관이 진화의 속도를 따라가지 못했기 때문이다. 여전히 육식을 할 수 있는 능력은 남아 있다고는 하지만, 이제는 적절한 영양분을 섭취하려면 엄청난 양의 대나무만 먹어야 한다.

그리고 언제나 늘어져 있는 경향이 있어 어쩌면 짝짓기가 어려운 것이 바로 그 때문이 아닌가 생각되기도 한다. 판다의 조상이 채식을 택한 것은 육식보다 먹을거리를 찾는 일이 훨씬 더 쉬웠기 때문일 것이라고 추측된다. 대신 한 가지 먹을거리에만 의존하게 되었고, 인간의 개발로 인해 대나무 숲이 줄어들게 되자 멸종 위기 동물이 되어버렸다.

노동, 성, 권력
Work, Sex and Power

인간의 해부학적 구조

인간의 해부학적 구조 역시 이러한 진화의 균형에 대한 좋은 사례다. 인간의 진화는 동물계에서 상대적으로 가장 크고 능력이 뛰어난 두뇌의 발전에 집중되었다. 그렇지만 그런 놀라운 능력을 얻은 대신 신체적인 능력은 현저하게 줄어들게 된다.

앞서 언급했던 것처럼 호모 사피엔스는 늘 두 발로 걷는 살아 있는 유일한 포유류이며, 특별히 그 거대하고 놀라운 두뇌와 결합하면서 분명 엄청난 이점을 얻게 되었다. 지상에 살면서 목의 길이가 짧아진 대신 눈으로 볼 수 있는 범위가 넓어졌다. 그런데 그보다도 더 중요한 건, 팔을 자유롭게 사용할 수 있게 되고, 특히 다른 손가락과 마주보는 엄지손가락 덕분에 온갖 종류의 동작을 할 수 있게 되었다는 사실이다. 또한 세상에 상대적으로 덜 알려진 놀라운 사실이 있는데, 인간은 포유류 중에서도 제일 달리기를 오래 할 수 있는 동물이다. 물론 네발로 움직이는 동물이 단거리에서 쉽게 인간을 앞지를 수 있지만, 숙련된 경험이 있는 인간이라면 어떤 동물들보다도 더 오래 달릴 수 있는 것이다. 수렵 사회에서는 바로 이러한 기술을 이용해 사냥감을 따라잡아 죽일 수 있었다.

그렇지만 인간도 판다의 소화기관과 유사한 점이 있다. 인간의 해부학적 구조에서 기본적인 부분들, 특히 순환계는 똑바로 서서 걷는 진화의 속도를 따라잡지 못했다. 그 결과는 치명적인 것은 아니지만, 불편한 정도로 치질이나 부정맥 같은 질병이 발생하게 되었다. 탈장 역시 직립 보행의 좀 더 위험한 부작용 중 하나이다.

진화가 정상적인 속도로 이루어진 부분도 분명히 있겠지만, 역시 그에 따른 중요한 대가가 뒤따른다. 모든 대형 유인원들 중에서 인간은 가장 성장이 더딘 동물이다. 침팬지나 오랑우탄, 혹은 고릴라는 말할 것도 없이 비비원숭이 정도쯤 되는 덩치가 큰 원숭이들과 비교해 보면, 인간은 육체적으로 전혀 그들의 상대가 되지 못한다. 아무리 강한 인간도 유인원을 만나면 제대로 목숨을 보존할 수 없다.

인간은 두뇌를 얻기 위해 다른 중요한 신체 능력들을 희생하면서 진화했는데, 그 인간의 두뇌는 인간 신진대사의 20퍼센트에서 25퍼센트를 차지하고 있으며, 그에 비례해서 막대한 열량의 투입을 필요로 한다. 또한 여기서 끝이 아니다. 거대한 두뇌가 인간의 머리에 들어가기 위해서 다른 유인원들이 가지고 있는 강력한 턱 관절이 줄어들거나 아예 없어져야 했던 것이다. 이에 따라 이도 줄어들었는데, 특히 크고 튼튼한 송곳니가 없어져 인간은 선조로부터 물려받은 유용한 방어 수단을 잃었다.

인간은 분명 가장 오래 사는 포유류는 아니지만, 그 수명이 매우 길며 다른 영장류들과는 비교할 수도 없을 정도다. 모든 동물에게 긴 수명은 분명 축복이지만 역시 여기에도 단점은 있다. 속담에도 있듯이 그저 나이 먹는 것으로만 끝나지 않는 것이다. 세월이 갈수록 해부학적 구조와 기능은 퇴화하며, 육식동물의 경우라면 사냥 능력이 떨어져 굶어서 죽게 될 것이다. 반대로 사냥감이 되는 초식동물이라면 바로 육식동물의 먹잇감이 된다. 코끼리나 고릴라와 같은 초식 포유류는 덩치가 크고 힘이 세기 때문에 천적이 없다. 인간은 신체적 조건과는 또 다른 이유로 천적이 없는 경우다. 만일 인간이나 거대한 초식동물이 사고나 질병으로 인한 죽음을 피할 수 있다 해도, 역시 노화로 인한 퇴행성 질환은 피해갈 수 없다. 인간은 몇 가지 예외적인 경우를 제외한다면, 특히 두뇌 기능의 노화를 가장 크게 겪게 된다. 인간의 두뇌는 거저 얻어진 것이 아니다. 두뇌는 장점이 단점을 앞서기는 하지만, 신진대사라는 측면에서 볼 때 아주 값비싼 대가를 치르고 얻은 것이며, 그렇지 않았다면 두뇌와 관련된 진화의 과정은 아마 일어나지 않았을 것이다. 그런데 인간처럼 독특한 의식과 자의식을 지니게 되었을 때 어떤 진화적 불이익이 있을 수 있는지에 대해서는 지금까지 그리 많은 연구가 이루어지지는 않았다.

이 질문에 대해서는 여러 가지 해답이 있을 수 있다. 이러한 의식을 통해 인간은 고통을 더 심하게 느낄 수 있는 능력을 가지게 되었으며, 분명 아주 오랜 시간 동안 그런 고통을 감내해왔을 것이다. "불길이 자연스럽게 하늘로 치솟는 것처럼 인간은 고통을 겪기 위해 태어났다." 여기에서 확인할 수 있는 논리는 인간의 진화와 관련된 균형과 타협 중에서 가장 중요하고 고통스러운 모습일 것이다.

제1장에서 살펴보았던 이른바 '잘못된 판단'에 대해 반응하는 성향의 진화론적 장점도 한번 생각해보자. 구석기 시대에는 유용했던 이런 성향도 정착 생활과 사회적으로 분화된 공동체라는 배경 안에서는 달라진다. 예컨대 밤에 보이는 그림자를 사악한 유령으로 잘못 판단했는데, 거기에 우연한 사고가 겹치면 그 사람은 마녀나 악마의 눈을 가진 사람으로 오해를 받게 된다. 처음에는 일부 사람들에게 오해를 사다가 결국 집단 전체로부터 죄인이라는 낙인이 찍히게 되는 것이다. 또한 불특정한 모습을 어떤 분명한 형체로 보게 되는 경우가 있는데, 아무런 근거 없이 구름 속에서 성모마리아를 본다든가 혹은 화성의 바위를 예수 그리스도의 얼굴로 생각하는 등 특정한 얼굴로 보는 경우다.

의도하지 않았던 결과

이러한 생물학적 실체들은 모두 다 의도하지 않은 결과라는 공통점을 지니고 있다. 모두 유기 생명체의 자연적인 구성에 따른 어쩔 수 없는 결과이며 인간도 예외는 아니다. 그렇지만 의식의 선택의 결과인 인간의 활동, 다시 말해 문화라는 것은 이러한 상호작용을 새로운 수준으로 끌어올린다. 의식 같은 건 실제로 존재하지 않는다는 주장도 있지만 여기에서는 그런 건 넘어가도록 하자.

앞에서 강조했던 불의 사용은 자연과 문화를 나누는 경계선으로, 의도하지 않은 결과에 대한 논리를 보여준다. 인간의 몸을 따뜻하게 데워주고 전에는 살 수 없었던 추운 환경에서도 정착을 가능하게 해준 것은 불이다. 불은 먹을거리를 장만해 좀 더 맛있고 안전하게 먹을 수 있도록 만들어주며, 위험한 짐승들을 쫓아버리거나 아예 죽일 수도 있으며, 아주 고통스럽게 상처를 줄 수도 있다. 또한 불을 가지고 인간은 늑대를 길들여 오늘날 우리가 알고 있는 개라는 가축으로 만들 수 있었다. 개는 사냥과 가축 관리, 그리고 사람과 재산을 지키는 등 온갖 일에서 인간을 도와온 귀중한 동반자이지만, 덩치가 큰 개들은 조상인 늑대의 품성을 다시 되찾을 일말의 가능성이 있었다. 다시 말해 치명적인 위험으로 돌변할 수 있다는 뜻이다. 개 이외에도 가축이 된 소나 말은 그 가축화의 마지막 과정에서 위험스러운 적의를 드러내기도 했는데, 전부는 아니지만 특히 거세를 하지 않은 수놈들이 그런 모습을 보이는 경우가 많았다.

BCE 8000년경 사람들이 서로 모여 정착을 하게 되었지만, 이런 가축들로 인한 위험은 계속 늘어가기만 했다. 앞서 언급했던 것처럼 사람들이 모여 사는 새로운 환경은 무척추동물 기생충들이 창궐할 수 있는 최적의 조건을 제공했으며, 들쥐와 같은 청소부 역할을 하는 척추동물도 함께 넘쳐나 치명적인 미생물들을 퍼트렸다. 그러는 사이 농작물들 역시 가뭄과 병충해, 혹은 메뚜기 등으로 인해 제대로 자라지 못할 위험에 늘 시달려야 했다.

유기 생명체의 진화에는 특정한 방향성 같은 것은 없으며, 그 모습은 인간이 꼭대기에 자리하고 있는 피라미드형의 크리스마스트리 같은 형국이라기보다는 둥그스름한 덤불숲 형태에 더 가깝다. 그리고 그런 방향 중에 한 곳은 우리가 지금까지 강조했던 것처럼 당연히 우연하게도 두뇌의 역량을 확장하고 강화하는 쪽으로 이어졌던 것이다. 그리고 일단 그러한 과정이 시작되면서 다른 진화의 과정들이 연쇄적으로 이어졌다.

기술은 정말 축복인가?

지금까지 확인한 사실들을 통해 유추를 해보면 인간의 역사는 기술적 정교함이 발전해서 이루어진 것이며, 거기에 개선과 발전은 지역과 지역, 그리고 문화와 문화를 넘나들며 변신을 하는 경향이 있었다. 이러한 모습들 중 가장 중요한 내용들은 이미 앞에서 확인을 했다. 민간인들의 조직이나 기술이 발전하면서 군사 기술 역시 세월이 흐를수록 그 파괴력을 더해갔다. 기존의 무기들까지 신기술을 활용한 무기 못지않게 그 살상력이나 파괴력이 강력해졌지만, 대신 일반 무기로 같은 결과를 얻으려면 훨씬 더 많은 인력이 필요했다. 경제적인 측면에서 본다면 재래식 무기는 생산성이 떨어진다고 볼 수 있는 것이다. 로마 제국이 지중해 세계를 지배할 수 있었던 건 다른 무엇보다도 군대가 잘 조직되어 있었기 때문이며, 거기에 아주 잘 발달된 정교한 보급 체계까지 갖추고 있었다. 또한 아주 잘 발달되고 정교한 공성 무기, 다리와 도로 건설 기술력도 한몫을 했다.[1]

로마 제국 이후에 유라시아 대륙 각 지역에서 일어나 세력을 넓힌 제국들은 로마와 유사한 방식을 따랐으며, 중국의 제국들 역시 기술력에서는 뒤지지 않았다. 중국에서는 CE 9세기경에 이미 화학무기를 개발했지만, 군사적인 목적으로는 거의 사용하지 않았다. 왜 그랬는지에 대해서는 훗날 많은 논란거리가 되었다. 아마도 중국의 경우는 인력이 풍부했기 때문에 새로운 기술을 활용할 필요를 느끼지 못했던 것이 아닐까. 그리고 어쨌든 중국은 기술과 경제 분야를 제외하고는 문화 자체가 매우 보수적이며 전통적인 사회였다. 오스만 터키 제국의 초기에 술탄들은 인구도 충분하지 않았고 전통에도 덜 얽매였기 때문에 화약무기를 더 자유롭게 활용했다. 특히 성을 포위하고 공격하는 데 유용하게 사용했다. 이렇게 세월이 흘러 20세기가 되자, 드디어 핵무기가 그 모습을 드러냈다.

기술의 발전이 의미하는 내용들 중 가장 중요한 핵심은 살상과 파괴에 아주 쉽게 그런 기술을 적용할 수 있게 되었다는 점일 것이다. 한편 프랜시스 베이컨과 같은 철학자는 과학적인 노력을 통해 '인간의 상황이 개선될 것'으로 보기도 했다. 르네상스 시대의 천재 레오나르도 다빈치는 예술과 의학, 그리고 일반적인 발명에 몰두하면서도 동시에 전쟁 무기를 개발하는 데 전력을 다했다. 역사를 살펴보면 이렇게 민간인 천재들이 군대와 연결이 되는 경우가 많다. 원자 물리학의 선구자들은 자신들의 연구가 가공할 무기로 뒤바뀔 줄은 예상하지 못했으며, 많은 학자들은 이런 일에 거세게 반발하기도 했다. 불과 몇 세기 전만 해도 하늘을 나는 기계는 그 개념 자체가 두려운 것으로 여겨졌으며, 세월이 흐른 뒤에야 발명가들은 좀 더 자유롭게 도전을 할 수 있었다.[2]

비록 로켓 자체는 중세 시대부터 군사적인 목적으로 사용되긴 했으나, 중력을 거스르는 로켓 엔진에 대한 상상력은 무기 개발을 염두에 둔 것은 아니었다. 처음의 의도는 우주 비행과 궤도 위성이라는 순수하고 어쩌면 비현실적인 계획을 실현하는 것이었으며, 나중에 군사 목적의 감시 위성으로 사용될 것이라는 예상은 하지 못했다. 수학적인 문제를 해결할 수 있는 모든 자동 연산 장치들은 당연히 군사적으로 사용될 가능성이 있었지만, 적어도 그런 장치의 개발을 시도한 사람들은 처음부터 그런 생각을 하면서 개발에 뛰어든 것은 아니었던 것이다. 의도하지 않은 결과들에 대한 모순은 이런 사례들을 통해서도 확실하게 드러나고 있다.

군사 장비들은 사람들을 죽이고 건물을 파괴하려는 목적으로 발명되고 개발된다. 이런 장비들에게 의도하지 않은 결과 같은 것은 없다. 그렇지만 그 뒤에 있는 과학과 기술, 그리고 전문적인 지식들은 처음부터 그럴 의도를 가지고 개발된 것들이 아니다. 기술적 발전의 의도하지 않은 결과의 가장 납득할 만한 사례가 바로 이런 경우가 아닐까. 그렇지만 인간의 활동에 따른 여러 예상하지 못한 결과들이 모두 다 군사적인 문제와 연결이 되는 것은 아니지만, 적어도 간접적으로는 그렇게 되는 경우가 많다.

발전의 위험

수렵 사회에서 정착 생활로 생활양식이 바뀌면서 겪게 된 위험들에 대해서는 이미 앞에서 언급했다. 일반적으로 말해, 신석기 시대로부터 혹은 도시국가들이 생겨난 이후 근대 사회가 시작될 때까지 일어난 변화들은 앞 장에서 살펴보았던 초자연적인 현상들의 출현을 제외하면 그리 많은 것은 아니다. 다만 이런 것들은 수많은 규제와 억압들을 통해 국내 사회의 시민들의 생활을 개인들이 감당하기에 더 가혹하게 만들었으며, 이전보다 더 번거롭고 강제가 많은 생활이 되게 했다. 심지어 종교까지도 신도들이 여러 가지 규칙을 지켜야 내세에 더 나은 생을 누릴 수 있다는 주장을 설파하기도 했다.

17세기부터 경제 혁명이 가속화되자 엄청나게 불어난 다양한 사람들이 겪는 고통도 더 늘어났다. 우리는 여기에서 의도하지 않은 결과라는 모순을 두 가지 중복되는 범주로 나눌 수 있다. 첫 번째 작은 범주는 인간의 계획적인 의도와 방향성으로부터 완전히 빗나가버린 결과들로 이루어져 있다. 하지만 이런 결과들은 체제의 부산물이라고 할 수 있다. 사람들이 임금을 통해 생활을 유지하게 되었을 때 경기 순환 속 변동을 통해 겪게 되는 빈곤과 굶주림도 그 한 가지 사례다. 또 다른 범주는 당시의 시장 사회에서 도시 생활자들이 겪던 비위생적인 환경이다. 도시에서는 더러움과 질병이 넘쳐났으며, 거기에 19세기가 되자 전에는 일정 지역에서만 발생하던 콜레라 같은 전염병이 전국으로 확대되었고 새로운 직업병들도 생겨났다.

의도된 결과와 의도하지 않은 결과가 서로 겹치는 사례 중에는 상점을 통해 공급되는 질이 떨어지는 먹을거리와, 미국과 유럽에서 광범위하게 사용되던 아편을 원료로 제조된 진통제가 있었다. 식료품과 진통제를 공급하는 입장에서는 구매자들을 죽일 의도는 전혀 없었을 것이다. 그렇지만 그런 일은 자주 일어났다. 이와 유사하게 아일랜드에서 소작농들을 땅을 빼앗고 오직 감자로만 끼니를 연명하게 만들었던 영주들도 실제로는 소작농들을 죽이기 위해 그렇게 한 것은 아니다. 오히려 아일랜드의 인구가 불어나는 일은 그들에게는 반길 만한 일이었던 것이다. 그렇지만 감자가 병이 들자 그 결과는 누구나 예상할 수 있는 쪽으로 전개되었다.

근대 초기와 식민주의가 본격적으로 시작되면서부터는 이와 유사한 일들이 전 세계적인 규모로 일어나기 시작했다. 예를 들어 원주민에 대한 대량 학살과 몰살은 절대로 의도한 결과는 아니었지만, 분명히 심사숙고한 정책임에는 틀림없었다. 북아메리카와 오스트레일리아의 원주민들의 경우가 그 좋은 예다. 앤드류 잭슨이나 율리시스 그랜트, 그리

노동, 성, 권력
Work, Sex and Power

고 시어도어 루스벨트 같은 미국의 대통령은 심지어 원주민들을 죽인 일들을 자랑스럽게 이야기하고 다니기도 했다. 그렇지만 대부분의 다른 경우에서는 식민지 정책의 예상하지 못한 결과로 원주민들이 희생된 것이다.

에스파냐와 포르투갈의 정복자들이 중앙아메리카와 남아메리카에서 벌인 일들은 제국주의를 확장하며 대량 살상을 불러오기 위한 의도가 아니었다. 그들은 오히려 원주민들을 개종시키거나 노예로 삼는 일을 더 선호했다. 하지만 비참한 대우로 인한 굶주림과 외부인들이 몰고 온 전염병, 그리고 저항하는 원주민들에 대한 공격으로 그러한 결과가 벌어진 것이다.

마이크 데이비스가 확인했던 영국 빅토리아 여왕 시대 말기의 대학살도 결코 정교하게 계획된 말살 정책의 결과가 아니었다. 다만 식민지에 대한 경제와 사회 정책, 그리고 엘니뇨와 엘니냐 같은 해류의 변화로 일어난 홍수와 기근 같은 기후 변화가 겹쳐 그러한 결과가 일어난 것이다. 그와는 반대로 근대 초기, 특히 16세기 유럽에서 유행한 매독梅毒은 보통 아메리카 대륙에서 유럽으로 돌아온 남자들이 옮겨온 질병으로, 원주민들은 면역력이 있었지만 다른 인종들은 매우 취약했기 때문에 벌어진 일이라고 추측된다.[3] 의학적 연구 자료가 지적하는 대로 이 추측이 맞는다면, 분명 의도하지 않은 결과가 아주 극적으로 전개된 사례일 것이다.

이러한 내용들은 이번 제14장의 주제를 잘 나타내고 있는 사례들이다. 의도하지 않은 결과가 역사에서 어떤 역할을 하는지에 대해서는 대부분의 사람들이 아주 기본적인 부분을 차지하고 있다고 생각하고 있다. 어떤 상황에서 긍정적으로 작용하던 일이 시간이 지남에 따라 위협으로 변하는 일은 분명 역사의 흐름을 뒷받침하는 바탕이 되어 준다. 따라서 역사를 가로지르는 인간의 기본적인 계획은 자연으로 탈출하거나 혹은 자연을 대신할 문화를 만들어내는 투쟁으로 정의할 수 있다. 추위와 굶주림, 질병과 천적, 그리고 그로 인한 이른 죽음 같은, 인류의 조상인 호모 사피엔스와 그 선조들을 괴롭힌 자연이 주는 고통과 맞서 싸우는 것이다. 이런 것들과 맞서려는 인간의 꿈과, 예측할 수 없는 위험을 이겨내기 위해 할 수 있는 모든 해결책이 제시되었다. 인간은 사회적 동물이며, 인간이라는 생물학적 결과들로부터 탈출하기 위한 모든 노력이 사회와 계층이라는 배경 안에서 수행되어야만 했다. 이 계층이나 계급은 심지어 수렵 사회 안에서도 제한된 수준이지만 존재를 했고, 구석기 시대에서도 존재하고 있었다는 사실을 우리는 잘 알고 있다.

앞서 강조했던 것처럼 정착 생활을 하게 되면서 인간은 수렵 생활을 할 때보다 병균이나 기생충으로 인한 감염에 훨씬 더 취약해진다. 그리고 정착 생활을 통해 이전에는 제한된 형태로 존재하던 계층은 일종의 계급 사회로 진화한다. 다시 말해, 사회의 한 계층이 다른 계층의 노동력을 강제로 사용할 수 있게 된 것이다. 동시에 여성 혐오도 굳어진다. 인구가 늘어나고 계급이 분화되면서 신을 달래기 위한 인간 제물에 쓸 희생자를 찾는 일도 늘어나게 되는데, 여기서 신은 인간의 능력을 넘어서는 방식으로 자연을 통제하기 위해 인간이 만들어낸 것이다. 도시화와 그에 따른 결과는 이러한 관계의 특성을 확장하고 크게 강화한다. 분명 유라시아나 아프리카 혹은 아메리카에 상관없이 정착 생활을 시작한 본래의 공동체는 이러한 결과를 결코 의도하지는 않았을 것이다.

여기에 아주 일반적이면서 효과적인 기술들이 미신을 믿는 풍습과 함께 발전한다. 별자리 연구는 원래는 방향을 찾는 실용적인 일에 활용되었고, 심지어 어떤 경우에는 나일 강의 범람과 같은 자연 현상을 예측하는 일에도 사용되었다. 그렇지만 천체天體가 신으로 여겨지던 때, 이런

노동, 성, 권력
Work, Sex and Power

별들의 움직임은 인간의 운명에 영향을 줄 수 있다고 사람들은 생각했고, 따라서 점성술과 관련된 미신이 출현하게 된다. 인간은 모두 자연 변화의 형태를 알아보고 싶어 하며, 알 수 없는 불안한 미래의 사건들을 예측하는 능력을 갖게 되기를 꿈꾼다. 그리고 아마도 문자가 생기기 이전에는 점성술보다 더 믿기 힘든 점을 치는 문화가 빠르게 퍼져나갔던 것 같다.

의학

질병과 부상, 그리고 여러 자질구레한 병치레 등은 항상 우리 곁에 존재하는 위험이다. 전통 의술과 약초로 만든 치료제는 제한적인 효과밖에 내지 못하는 것이 사실이다. 이런 전통 의술들이 의학과 합쳐지고, 히포크라테스나 아리스토텔레스, 그리고 갈레누스와 같은 당대 지식인들이 인간의 해부학적 구조나 생리를 과학적인 방식에 가깝게 연구를 하면서, 환자들에게는 어느 정도 수준의 치료가 제공될 수 있게 되었다. 물론 이른바 위약僞藥효과라는 것도 결코 간과할 수는 없을 것이다. 그렇지만 전문적인 의사가 탄생했다고 해서 결코 순수하게 치료만 진행되는 것이 아니었다. 제사와 예배, 그리고 기도는 여전히 치료의 일부로 남아있었으며, 온갖 종류의 쓸모없거나 유해한 치료제도 계속 처방전에 포함되었다.[4]

이후에 환자들을 위한 병원이 세워졌지만 상황은 거의 호전되지 않았다. 이러한 진료기관들 자체가 오히려 질병이 퍼질 수 있는 장소가 되었기 때문이다. 18세기 영국 병원에 환자로 입원했다 죽는 사람은 적어도 병원 안에서 병에 걸려 죽는 것은 아니니 그래도 운이 좋다는 말이 있을 정도였다. 19세기 말이 되기 전의 의사들은 아마도 치료를 받지 못한 사람들보다 오히려 더 많은 사람들을 죽게 만들었을 거라는 통계도 있다. 그 와중에 천연두에 대한 예방법이 개발된 것은 대단한 일이라고 볼 수 있지만 물론 이 예방법도 완전한 것은 아니었다.

그 후에도 헌터와 파스퇴르, 코흐와 심슨, 그리고 리스터 같은 여러 학자들이 등장하고, 그에 따른 발전이 이루어져 의학은 완전히 과학적인 바탕 위에서 발전하게 되었지만, 여기에서도 의도하지 않은 결과의 법칙은 계속 적용되었다. 예컨대 방부제와 마취제는 거의 완전히 운이 좋게 만들어진 것으로, 훗날 지나친 남용으로 환자를 죽이거나 뇌에 손상을 입히는 경우도 많았지만, 맹장염 수술 등에 사용됨으로써 많은 생명을 구할 수 있었다. 백신 접종을 통한 예방법은 천연두뿐만 아니라, 유아들에게 치명적이었던 디프테리아와 역시 유아들을 신체적 장애아로 만드는 중요한 원인이었던 소아마비 등과 같은 질병들을, 거의 완전하게 예방하는 데 성공했다. 그런데 항생제의 경우는 조금 다른 경우다. 1940년대 항생제가 처음 사용되기 시작했을 때는, 말 그대로 마법의 지팡이같이 전에는 치료가 어렵거나 불가능했던 모든 질병에 항생제를 사용했다. 예컨대 성병과 결핵, 폐렴 같은 병들이었다.[5] 여기서 의도하지 않은 결과가 1960년대에 나타나기 시작한다. 항생제로 인해 우연히 미생물의 진화가 일어나면서 이전까지 처방되던 항생제를 이겨내는 슈퍼버그superbug로 불리는 박테리아가 출현하게 된 것이다. 결국 항생제에 대해 완전한 면역성을 갖게 된 것이다. 주요 전염병들 중 완전하게 박멸된 건 천연두가 유일하며 말라리아는 여전히 창궐하고 있다. 저수지나 물웅덩이는 결핵이나 독감, 매독, 심지어는 페스트균 같은 다른 중요한 치명적 질병들이 숨어 있는 곳이다.

대영 박물관은 제약회사에서 만든 다양한 약품들을 캡슐 형태로 전시하고 있는데, 관람객들은 그 엄청난 종류와 다양함에 그저 깜짝 놀랄 뿐

노동, 성, 권력
Work, Sex and Power

이다. 대략 폭이 1미터에 길이만 몇 미터에 달하는 공간이 약으로만 가득 차 있는 것이다. 당연히 이런 화학 물질들은 많은 장점들을 가지고 있으며, 삶의 질을 개선시켰고 수많은 사람들의 목숨을 구했다. 그렇지만 동시에 재앙을 가져오는 물질이 될 수도 있는데, 그중에서 가장 악명 높은 사건이 바로 임산부 진정제였던 타밀로마이드thalidomide 사건이다.[6] 일반적으로 의학 기술이 발전하면 당연히 그에 대한 부작용도 생겨난다. 그중 한 가지가 사람들이 고통을 느끼며 더 이상 살고 싶지 않은데도 강제로 살아남게 되는 경우다. 의학이 아니었다면 그런 사람들은 자연스럽게 죽음을 맞이했을 것이다. 또한 독재국가의 경우 국가의 명령이 있을 때 의사가 아주 효과적인 고문자의 역할을 할 수 있다는 것도 슬픈 진실이 아닐 수 없다. 그럼에도 불구하고 의학이 주는 이점들을 포기하고 싶은 사람은 거의 없을 것이다. 그렇지만 언제나 부작용이 있다는 사실을 마음속에 새기고 있어야 한다.

위험한 혁신

서로 어느 정도 관계가 있는 사이의 상호작용이라면, 농업 과학과 실제 농업을 들 수가 있으며 여기에도 역시 여러 가지 측면들이 있다. 삼림의 벌채는 나무들이 제공하는 빗물의 저장과 바람막이 역할을 파괴함으로써 넓은 지역을 농사를 짓기 힘든 쓸모없는 곳으로 만들 수 있다. 비료, 그중에서도 화학 비료를 과도하게 사용하면 토양에 심각한 손상을 입힐 수 있으며, 심지어 유기농 비료도 비슷한 영향을 줄 수 있다. 이와 유사하게 농약이나 제초제를 과도하게 사용하면 앞서 언급했던 항생제의 경우처럼, 그 목표 대상들 사이에 새로운 진화 과정이 일어나 해충이나 잡초가 약품을 이겨내고 이전보다 더 강력해질 수 있는 것이다. 유전적으로 개량된 농작물은 물론 장점을 지니고 있으며 지금까지는 안전하지 않다는 증거는 나오지 않았다. 그렇지만 여기에는 토양과 다른 식물들, 그리고 곤충들에게 어떤 영향을 미치는지에 대한 문제는 고려되지 않고 있다.

기계 공학과 연료 공급 문제에 있어 원자력 에너지는 수많은 요구에 부응하는 해답처럼 보인다. 분명 1950년대에는 핵무기 반대 운동이 일어나면서 거리에는 "평화를 위한 원자력"이라는 구호가 울려 퍼졌다. 당시는 물론 현재의 원자력 에너지 옹호론자들이 이야기하지 않는 것은 바로 원자력 발전소에서만 일어날 수 있는 사고와 핵폐기물의 처리 문제다. 이 폐기물들에는 수만 년 혹은 수백만 년 동안 방사능이 그대로 남아 있는 것이다. 또한 공학적 측면에서 보면 민간 항공사는 엄청난 장점이 있으며 전체적으로 볼 때 안전한 운송 수단이지만, 그럼에도 불구하고 한 번 사고가 나면 엄청난 인명 피해가 발생한다.

시장의 힘

이러한 형태의 모순들이 가지고 있는 공통점은 바로 시장의 힘에 의해 만들어졌다는 점이다. 물론 시장경제의 반대 지점에 있던 소비에트 연방에서도 상황은 별로 나을 것이 없었다. 앞서 언급했던 여러 가지 상품이나 기술을 만드는 사람들의 목적은 판매와 이익을 늘리고 가능한 법적 규제를 피하는 것이었다.

그렇다면 시장의 힘이 만들어내는 오류나 모순을 한번 살펴보자. 마르크스는 자신의 《자본론》 제1권에서 상품의 종류에 대해 분석한다. 마

노동, 성, 권력
Work, Sex and Power

르크스의 정의에 의하면, 상품이란 구매자를 만족시키기 위해 판매되는 물건으로, '머리'나 '위장'이 만족해야만 했다. 다시 말해 구매자가 물질적으로 혹은 정신적으로 만족을 해야 한다는 뜻이었다. 당시에 그는 왜 구매자가 기본적인 필요를 넘어서는 상품을 갖기를 원하는지에 대해서는 적절한 이유를 제시하지는 않았다. 그렇지만 그 이유는 그리 먼 곳에서 찾을 필요는 없다. 여기에서 다시 한 번, 거래에 관계된 개인들의 본질적인 존재와 그들이 구매를 통해 즐기기를 원하는 것 사이의 거리는 직접적이든 간접적이든 가능한 멀리 벌어진다.

시장은 물론 아주 오래전부터 존재해왔다. 어쩌면 심지어 구석기 시대에도 원시적인 형태의 시장이 존재했었는지도 모른다. 수렵 생활을 하는 부족들 사이의 관계를 통해서 말이다. 그리고 시장은 생산을 늘리고 사회적 변화를 가져오는 강력한 동력원이다. 구석기 시대 이후 수천 년 동안 시장은 계속해서 엄청난 규모로 확대되었으며, 전쟁과 자연재해, 그리고 온갖 종류의 방해에도 불구하고 경제의 수많은 분야가 그 안에 속하게 되었다.

그렇지만 반드시 기억해야 할 시장의 가장 중요한 특징은, 최소한 18세기까지 시장은 정부의 통제를 받았으며 지금도 여전히 많은 시장이 그런 상태라는 사실이다. 그리고 이후에 출현한 이상주의적 주장과 널리 퍼진 가설과는 반대로 시장은 통제를 받는 것이 좋다는 게 일반적인 사람들의 생각이다.

시장은 또한 그 자체가 모순적인 존재이며, 정부의 규제와 개입으로부터 자유로운 시장이라는 이상주의자들의 관점은, 시장과 정부의 관계가 분리됨으로써 일어나는 실체와는 크게 다른 것이다. 사람들이 처음에 시장은 정부의 통제 아래 있어야 한다고 생각한 것에는 두 가지 이유가 있었다. 하나는 지배층의 관점이고, 다른 하나는 피지배층의 관점이다.

먼저 첫 번째는 17세기와 18세기의 유명한 중상주의 정책에서 볼 수 있듯이 정부의 개입이 국가의 이익을 위해, 그리고 적극적으로 무역을 장려하기 위해 필요하다는 관점이다. 경제 제도의 다양한 분야를 균형에 맞게 유지하는 것이다. 물론 주로 지배층의 이익에 부합되게 유지함으로써 국가의 이익을 도모하고 동시에 또한 경쟁 국가를 이겨내며, 당시의 주요 품목이던 노예무역 등을 적극적으로 장려하는 것이다. 영국 정부가 통과시킨 이른바 '항해 조례Navigation Acts'는 이에 대한 좋은 사례다. 항해 조례의 목적은 상품 운송을 오직 영국 국적의 상선이나 중요한 동업자들의 상선에만 맡기게 함으로써 영국의 해운 사업을 돕는 것이었다. 그리고 특히 네덜란드가 중심이 된 중개상인들을 거치지 않는 것이 핵심이었다.

그렇지만 동시에 왕실 주도로 판매되던 사치품의 국내 독점 판매권에 대해서는 세수 확보를 목적으로 예외로 했는데, 이런 예외 조항은 크롬웰이 정권을 차지하면서 폐지되었다. 그리고 크롬웰의 공화정이 끝난 후에도 다시 부활하지 못했다. 그러나 해외무역에서 동남아시아 같은 특정 지역의 전매권은 그대로 남아 있게 된다.

두 번째는 피지배층의 관점으로, 당시에는 정부가 시장에 개입을 해서 특정 지역의 식량 부족 현상 등을 해결해줘야 한다는 요구가 당연한 것이었다. 특히 곡물의 경우 가격을 통제해야 상인들이 가격을 올려 식량 부족으로 인해 이익을 보는 것을 막고, 또 부족한 지역에서 식량이 빠져나가는 일도 막을 수 있다는 것이었다. 그렇지 않으면 가난한 사람들은 먹을거리를 제대로 구하지 못할 수도 있었다. E P 톰슨은 이에 대해 18세기의 경제를 도덕적 경제라고 지적했으며, 이는 필요한 상품을 공정하다고 여겨지는 가격에 판매를 하면 곡물을 약탈하는 폭도들이 생겨나지 않는다는 사실로 증명이 되었다.

이상적 관념주의자들

자유무역을 지지하는 이상적인 관념주의자들은 이러한 내용에 대해 논쟁을 벌였다. 애덤 스미스는 경제학자라기보다는 철학자에 가까웠으며 전혀 사업가들 편이 아니었는데, 이런 점은 그의 이름을 걸고 논쟁을 벌이는 20세기의 관념주의자들과는 상반된 모습이었다. 그는 상인, 무역상, 그리고 공장 등을 소유하고 있는 사람들은 선천적으로 사기꾼들이며 기회가 있을 때마다 사람들을 속인다고 생각했다. 그렇지만 이에 대한 해결책은 정부의 규제가 아니라 자유롭게 경쟁하는 시장이라고 했다. 상인과 무역상, 그리고 공장이나 생산 설비의 소유주들은 자신들의 이익을 추구하는 동시에 공공의 이익에도 부합하는 행동을 하게 되어, 낮은 가격의 품질 좋은 상품을 공급하게 될 것이며, 그렇지 않을 경우 고객들이 떠나서 사업에 실패하게 된다는 것이었다.

논쟁은 계속 확대되었다. 경쟁을 통한 압력은 동시에 혁신을 불러오며 생산을 맡은 조직도 이를 통해 크게 발전할 수 있게 된다. 다만 스미스는 산업혁명은 예측하지 못했으며 자연의 힘을 이용하는 것을 당연한 것으로 생각했는데, 어쨌든 경쟁을 통해 각 개인이 이익을 얻으면 그 결과 사회 전체의 이익이 크게 늘어난다는 것이었다. 예컨대 자유 시장에서 곡물을 책임지면 먹을거리가 부족하거나 굶주림을 겪는 일은 일어나지 않는다. 대신 농부와 토지 소유주들을 자극해 소출을 늘리도록 유도하며, 그 결과 사람들은 더 저렴한 가격으로 빵을 먹을 수 있게 된다. 또한 여기에는 임금이 줄어드는 현상이 발생할 수도 있었다.

이러한 주장을 해외무역에 적용해도 결과는 마찬가지일 것이다. 자유 시장은 애덤 스미스의 대표작의 제목이 의미하는 것처럼 국가에 엄청난 부를 가져다 줄 수 있다. 그리고 자유 시장이 더 확대되면 이익도 더 늘어날 것이다. 또한 이러한 정책은 상업으로 연결된 각 국가들 사이에 평화를 가져온다. 이런 국가들은 상품을 생산하는 데 집중하는데, 자신들에게 각각 어울리는 상품을 만들어내기 때문에 각자의 경쟁력을 유지하며 따라서 서로 전쟁을 할 필요가 사라진다. 다시 말해, 자유 시장을 주장하는 사람들은 모두의 이익을 추구하는 것이지, 어떤 사악한 의도나 결과를 생각했던 것이 아니다. 애덤 스미스가 살던 시대의 정부의 규제는 특별히 생산량을 늘리는 일과 관련해 일종의 장애물 구실을 했다. 자유 시장을 주장하는 사람들의 처방이 받아들여져 훗날 완전히 다른 결과를 만들어낸 것은 그들의 잘못이 아니었다.

몇몇 신자유주의 근본주의자들에게는 불만스러운 일이겠지만, 정부의 개입으로부터 완전히 자유로운 시장은 지금까지 단 한 번도 존재한 적이 없으며, 심지어 자유무역의 이상이 절정에 도달했을 때도 마찬가지였다. 자유무역이 정설처럼 받아들여지던 19세기 후반의 영국에서도 정부는 다른 모든 국가의 정부들처럼 화폐 주조를 완전히 독점했을 뿐만 아니라, 발행에 직접적인 책임이 없는 종이화폐에 대해서도 엄격하게 규제를 했다. 종이화폐는 원래 은행들의 소관이었다. 또한 영국 정부는 개인이 소유한 철도에 대해서도 매우 엄격하게 관여를 했으며, 만일 철도 회사가 소기의 목적을 달성해내지 못할 경우는 회사를 공공의 소유로 돌리는 방안의 가능성에 대해서도 부인하지 않았다.[7]

영국 식민지의 경제문제는 훨씬 더 엄격하게 통제가 되었으며, 인도의 경우는 마치 프랑스의 악명 높은 절대왕정 시대의 사회 체제인 '앙시앵 레짐ancien régime'이 부활한 것처럼 보일 정도였다. 인도에서는 심지어 개인이 바닷물을 증발시켜 소금을 만드는 일까지 금지시켰다. 따라서 인도의 식민지 정부는 완전한 독점 체제를 구축할 수 있었던 것이다.[8] 영국의 국제 교역이 제한이 거의 없이 모든 경쟁자들에게 거의 다 개방이 되고 아주 적은 관세만 부과될 때도, 다른 국가들, 특히 독일 제국과 미국은 엄격한 관세 정책을 운영했다. 게다가 모든 종류의 사업과 상업, 금융업, 농업, 혹은 산업에서 자유 경쟁은 부득이하게 관련 경제 분야가 지배하는 독점 혹은 과점 체제로 바뀌어 갔으며, 더 크게 성공한 자본가들이 그렇지 못한 쪽을 합병해버렸다.

그럼에도 불구하고 심지어 이런 특별한 상황들을 고려한다고 해도 자유 경쟁을 하는 개방된 시장은 근대 서구 사회에서 가장 기본적인 요소였다. 그리고 그 결과는 놀라웠다. 산업혁명은 그중 하나였으며, 산업혁명은 허리가 휠 것 같은 노력을 덜어준 것이 아니라 오히려 산업 시설이나 공장을 통해 노동의 부담을 훨씬 더 가중시켰고, 시장이 지배하는 공장에서는 아이들까지 부모를 따라 나와 일을 해야만 했다. 산업화가 되기 이전의 도시들도 물론 불결함으로 인한 질병에 시달리곤 했지만, 산업화 초기에는 거기에 엄청난 매연과 화학물질 오염이 더해졌고 쓰레기까지 쌓여갔다. 운송 분야에서는 보험과 관련된 상업 분야를 통해 이른바 노후선coffin ship이 탄생했다. 짐을 잔뜩 실은 낡은 배가 별로 거칠지 않은 날씨에도 침몰을 한다. 그러면 선주는 배와 화물에 대한 보험금을 받아가는 것이다.

육상에서는 철도 때문에 많은 부상자가 생겨났다. 수익 문제 때문에 수리와 보수가 제대로 진행되지 않은 구간에서 사고가 일어나는 것이다. 그렇지만 철도 사고는 상대적으로 그 규모가 작은 축에 속했다. 자동차는 제조사나 판매자에게 사망 사고에 대한 책임을 묻지 않았고, 운전자나 보행자의 부주의만으로 수십 년 동안 엄청나게 많은 희생자들이 발생했다. 시장의 모순은 특히 도시 지역에서 빨라진 운송 수단의 속도와 같은 혁신의 표면적인 목적을 이렇게 뒤엎어버린다. 꼭 그게 전부라고는 할 수 없지만, 이런 일이 벌어진 건 수많은 개인용 차량들이 일으키는 교통 혼잡 문제를 제대로 해결하지 못했기 때문이었다.

시장이 만들어내고 소비자가 이끈 산업화로 인해 아주 심각한 수준의 의도하지 않은 결과들이 발생했다. 그렇지만 훨씬 더 안 좋은 일들이 그 모습을 드러낼 때를 기다리고 있었다. 간단히 말해, 열대우림을 파괴하면서 지구를 파멸시킬 수 있는 위협적인 일들이었다. 나무들이 사라지면 이산화탄소 흡수와 생물이 다양하게 존재할 수 없게 되며, 엄청난 양의 이산화탄소와 메탄가스 등이 그대로 대기 중으로 방출이 되면, 지구의 온도가 급격하게 상승하게 된다. 그러면 해양 먹이 사슬의 제일 아랫부분에 위치해 있는 플랑크톤이 사라지며, 결과적으로 해양 생물 전체에 영향을 미치게 된다. 이런 온난화 현상으로 인해 벌어지는 또 다른 위협으로는 지상의 식물들을 파괴하는 산성비와 북극의 빙하가 녹음으로써 올라가는 해수면 등이 있다. 해수면이 올라가면 단지 해안 지방이 물에 잠기는 것으로 끝나는 것이 아니라 바람과 해류의 방향에 엄청난 영향을 미치게 되는 것이다.

분명 지구 온난화 현상은 지금도 진행 중이며, 지난 2억 5000만 년 동안 기록된 것보다 훨씬 더 빠른 속도로 진행되고 있다.[9] 그렇기는 하지만, 역사를 돌이켜보면 이런 일들이 지구를 금성이나 화성처럼 사람이 살 수조차 없는 행성으로 만들지는 않을 것이다. 또한 인간의 멸종도 일어나지는 않을 것이다. 그렇지만 그 대신 수십억 명의 사람들을 죽게 만들고, 살아남은 생존자들이 근대 이전의 끔찍했던 생활을 다시 경험하게 만들지도 모를 일이다.

근대 시대의 부채와 돈

제6장에서 우리는 근대 이전 사회에서 채무 관계의 역할에 대해 살펴

보았다. 채무 관계는 물론 아주 중요하다. 근대에 접어들면서 채무는 '유동성 자원'이라는 배경 안에서 심지어 더 중요한 의미를 지니게 되었는데, 유동성 자원이란 다름 아닌 돈을 의미한다. 《성경》에서는 "돈을 사랑하는 것이 모든 악의 뿌리"라고 말하는데, 이 말은 종종 "돈은 모든 악의 뿌리"로 잘못 알려져 있기도 하다. 그런데 이렇게 잘못 알려진 내용이 오히려 더 중요한 것이 아닐까. 돈과 채무는 모두 처음에는 사회적 관계를 매끄럽게 유지할 수 있도록 해주는 아주 편리한 혁신으로 생각되었다. 그렇지만 얼마 지나지 않아, 특히 최근에 들어서는 곤경에 빠진 사람들을 손아귀에 쥐고 흔드는 기묘한 힘처럼 생각되어 왔다.

서양의 철학자들이 중세라고 정의하는 몇 백 년 동안 금속으로 주조한 화폐는 언제나 중요하게 여겨졌지만 상대적으로 부수적인 역할을 해왔다. 그러던 것이 대략 15세기쯤부터 개인과 사회, 그리고 국가가 이 빛나는 금속에 점점 더 전적으로 의존하게 되고, 그런 모습은 지금까지도 이어지고 있다. 과거와는 달리 지금은 이른바 국제금본위제도라는 것이 사라졌지만, 미국 정부가 보관하고 있는 금은 여전히 세계 통화제도를 떠받치고 있는 가장 중요한 기준이다. 돈이 만들어지면서 채무 역시 더 쉽게 만들어 부과할 수 있게 되었다. 자신이 생산한 물건의 일부를 영주나 군주에게 바쳐야만 하는 것도 쉬운 일은 아니었지만, 바쳐야 하는 공물을 먼저 돈으로 바꾸는 건 더 힘들고 어려운 일이었다. 어떤 이유에서든, 예컨대 가격의 변동 등으로 돈을 마련하기가 어렵다면 빚을 질 수밖에 없었으며, 빚을 갚을 때까지 자신의 딸을 영주의 노리개나 하녀로 맡길 수밖에 없었다. 그렇게라도 빚에 대한 보증이 된다면 말이다.

17세기 후반 영국에서는[10] 당시의 어떤 국가든 빠질 수 있는 국가 부도의 위험에 대한 탁월한 해결책을 마침내 고안해낸다. 그 해결책을 통해 영국은 이후 군사력과 상업적 성공을 이루어내며 세계를 지배할 수 있는 힘을 기를 수 있게 된다. 또한 시장을 기반으로 하는 국가들은 모두 이런 영국의 해결책을 기준으로 삼게 되는데, 그것은 바로 중앙은행이라는 조직을 통해 계속해서 국가의 차입과 채무 결제를 맡아하도록 하는 것이었다. 이러한 기능은 적정한 이익을 보장하는 아주 매력적인 투자처로 여겨졌는데, 영국정부가 발행하며 엄격하게 보장하는 채권, 즉 '우량주'를 통해 영국 전역의 투자자들의 투자를 끌어 모았다. 그레이버의 설명이다.

"나는 이미 근대의 화폐는 정부의 채무를 바탕으로 하고 있는 것이라는 사실을 지적했다. 그리고 정부가 돈을 빌리는 건 바로 전쟁 비용을 충당하기 위해서다……. 주전론자들과 금융업자들 사이의 이해관계가 맞아떨어지면서 둘이 힘을 합친 것이 제도화한 중앙은행의 탄생이다. 이런 중앙은행은 이미 르네상스 시대 이탈리아에서 시작이 되었으며, 결국 금융 자본주의의 근간이 된다."[11]

지난 세기 동안 채무는 산업화 사회의 일반 시민들의 생활 속에도 광범위하게 스며들게 된다. 영국과 미국의 경우 시민들이 짊어진 주요 채무는 주로 주택 구매와 관련된 것이었다. 여기서 '주택'이란 개인주택과 아파트 등 모든 종류의 거주 장소를 의미한다. 다시 말해 장기간 및 단기간에 걸쳐 갚아나가야 하는 엄청나게 많은 빚이 만들어졌다는 뜻이다. 제2차 세계대전이 끝난 후 이어진 이른바 '풍요의 시대' 동안, 이러한 형태의 채무는 후後지급 방식, 혹은 '할부 구매'라는 수단을 통해 주택을 구매하는 경우가 늘어나면서 더 규모가 커지게 된다. 이러한 채무는 흔히 우스갯소리로 "절대로, 절대로 끝나지 않는 채무"라고 불리기도 한다. 1970년대에 불황, 좀 더 점잖게 말해 경기 침체가 시작되면서 봉급생활자들과 노동조합에는 많은 압력이 가중되었다. 그리고 개인 채무는 줄어들기는커녕 반대로 늘어나기만 했는데, 느리게 올라가거나 혹은 심지어 줄어버린 실질 소득을 능가할 정도가 되었다.

따라서 정부와 채권자, 사업가와 심지어 때로는 개인 채무자까지 수세기에 걸쳐 발전하며 이득을 누렸던 채무 제도는 21세기의 첫 10년 동안 마치 1929년에 그랬던 것처럼 전체적으로 파국을 맞게 된다. 1930년대의 대공황은 그 세부적인 상황이 약간 달랐지만 기본적인 중요한 실체는 비슷하다. 1950년대와 60년대의 기대와는 반대로 의도하지 않은 결과라는 역사적 모순은 멀리 사라지지 않았고 다시 한 번 그 모습을 드러냈다.

현대 사회의 산업 경제는 채무를 바탕으로 하고 있으며, 그건 자산 시장도 마찬가지다. 심지어 일상적인 소비 지출의 상당 부분도 채무로 채워져 있다. 실제로 싸움은 일어나지 않아도 이런 상황에서 조직화된 폭력은 빠지지 않는다. 앞서 언급했던 군대의 경제문제는 궁극적으로는 국민들의 세금에 의해 해결되는 것으로, 바로 차입에 의해 자금이 공급되는 중요한 분야다. 따라서 재무 부서를 통해 채권자들에게는 어마어마한 자금이 흘러들어가며, 그 채권자들은 대부분 은행과 금융기관들이다.

정치적인 발전

역사적인 모순은 단지 사회와 문화의 물질적 토대뿐만 아니라 그 사회의 정부 안에서 의식적으로 일어나는 개입에도 적용이 된다. 아테네 사람들은 페르시아 전쟁에서 승리한 후에 자신들에게 유리한 에게 해의 상업 제국을 건설하며 실제로 아테네에 큰 이익이 된다. 우리가 지금 알고 있는 수많은 문화유산들, 즉 파르테논 신전부터 각기 다른 양식의 예술품까지 모든 보물들은 그 당시의 개발을 통한 이익으로 만들어질 수 있었다. 그렇지만 이 상업 제국은 동시에 관련 도시들로부터 깊은 반감을 불러일으켰으며 결국 아테네 사람들 자신도 무너지게 된다. 그로부터 2000년이 지난 후 잉글랜드의 국왕 헨리 8세는 화폐 가치 절하를 결정하는데, 이 결정은 이미 심각한 수준에 있던 통화 인플레이션에 불을 붙이고 말았다. 헨리 8세는 자신이 내건 정책의 결과를 보기 전에 운 좋게 세상을 떠나지만, 훗날 찰스 1세가 고스란히 그 결과물을 이어받게 되는 것이다.

계속해서 이 주제에 대해 이야기를 해보자. 1642년 잉글랜드의 저명한 의원들은 조심스럽지만 놀라운 한 걸음을 내딛으며 무장 봉기를 일으켜 왕실에 도전을 한다. 그들이 결국 경험하게 된 것은 크롬웰에 의한 추방과 왕의 참수였다. 이때 참수를 당한 찰스 1세의 아들 찰스 2세는 독재자 크롬웰이 죽고 나자 1660년 다시 왕좌를 되찾고, 1685년 절대왕정의 기틀을 다시 성공적으로 세운 것을 스스로 자축하며 사망했다. 찰스 2세는 자신의 왕정복고가 결국에는 잉글랜드에서 절대왕정과 자신의 왕조가 무너지는 데 일조를 했다는 사실을 알지 못했다. 1916년 아일랜드에서 부활절 봉기가 일어나자 주모자들이 처형을 당했는데, 아일랜드 독립 운동을 영원히 끝장내겠다는 의도였지만, 그 대신 결국 아일랜드가 영국으로부터 독립을 하게 되는 결정적 단서를 제공하고 말았다. 부활절 봉기 이전에는 독립은 별로 중요한 문제가 아니었다. 자치를 인정받는 정도로 충분했던 것이다.

이러한 특별한 사례들은 어떤 의도를 가지고 행동을 취했을 때, 그 일이 어떻게 자신의 의지를 가지고 본래의 의도를 넘어서게 되는지를 잘 보여주고 있다. 때때로 이런 모습을 그저 예외적인 경우라고 볼 수도 있을 것이다. 네덜란드는 16세기와 17세기에 걸쳐 일어났던 에스파냐 왕위 계승 전쟁의 와중에서 독립을 했고, 처음 의도했던 그런 국가가 되었다. 바로 상업과 제조업에 바탕을 두고 권한이 약한 왕실이 있는 중산 계급의 국가였다. 국가의 권력은 부유한 시민들 중심의 과두정치 체제에 안전하게 집중되어 있었다. 1780년대 탄생한 미합중국은 네덜란드처럼 식민지 생활을 청산했으며, 역시 네덜란드처럼 의도했던 대로 국가 정책을 밀고 나간다. 시장을 기반으로 하고 자산을 보유한 지배층이 사회 하층 계급의 심각한 도전 없이 쉽게 국가를 번영으로 이끌어나가는 것이다. 실제로는 네덜란드와 조금 다르게 미국에서는 개발이 가능한 광활한 영토가 있었으며, 에스파냐가 지금의 미합중국 영토의 서부와 남서부 지역을 여전히 장악하고 있었지만 국가의 건설은 문제없이 진행이 되었다.

전쟁은 어떤 형태든 그야말로 말로 설명하는 것 이상으로 끔찍한 것이며, 실제 전쟁터에 대해서는 어떤 식으로든 절대로 설명을 할 수는 없다. 수백 수천 명의 사람들이 피에 물든 채 쓰러져 있으며, 창자가 터져 나온 그 냄새가 어떻지 어떻게 전달할 수 있을까. 근대로 접어들면서 도시에서 벌어진 전투에서는 민간인들도 똑같은 꼴을 당했다. 1776년에서 1783년까지 있었던 미국 독립전쟁은 비무장 민간인들은 거의 관련되지 않은 정규군들만의 싸움으로, 어쩌면 할 수 있는 한 '문명화된' 전쟁이었다고 볼 수 있다. 심지어 당시 아메리카 식민지 주민들은 영국 스파이들에게도 동정심을 보였다고 한다. 그렇지만 16세기의 네덜란드 독립전쟁은 전혀 달랐다. 군대의 전투 외에도 민간인들에 대한 처형과 학살이 있었던 것이다. 이 두 독립전쟁의 공통점은 그 어느 쪽도 기존의 사회구조를 완전히 뒤바꾸는 것이 목표가 아니었다는 것이다. 따라서 분쟁이 벌어지고 있는 지역 밖에 있던 또 다른 지배층이 전쟁을 지원할 수 있었다. 미국 독립전쟁에는 프랑스와 에스파냐가 개입해 식민지 편을 들었고, 네덜란드 독립전쟁은 영국이 네덜란드 편을 들었다. 그렇지만 사회의 근간을 뒤흔드는 심각한 도전이 일어났을 때는 역시 의도하지 않은 결과의 모순이 훨씬 더 극적으로 나타났던 것이다.

노동, 성, 권력
Work, Sex and Power

제15장

사회적 비평
Social Critique

계급 사회—초기 비평

계급 사회에 대한 어떤 비평을 하기 전에 먼저 전제 조건이 꼭 필요하다. 순수하게 개인이나 가족의 개념이 아니라, 더 넓은 일반 대중의 일부로서 불만족을 경험한 사람들의 기대와 희망을 반박하는 어떤 실체가 존재한다는 사실을 깨달아야만 하는 것이다. 그리고 사회생활의 구조 안에 존재하는 문제점들에 대해서도 알고 있어야 한다.

이와 관련하여 가장 먼저 알려진 비평은 역사의 발전에 비해 상대적으로 늦게 나타났다. 여기서 '나타났다'라는 표현에 주목하자. 계급 구조의 존재 자체로부터 이익을 얻는 사회의 지배계층은 유일하게 글을 읽고 쓸 줄 아는 사람들이었으며, 이들이 사회에 대한 어떤 비평이나 비판을 기록으로 남겼을 리는 만무하다. 그렇지만 BCE 2000년 무렵, 그러니까 문명이 가장 먼저 시작되었을 무렵에 지배계층조차 사회에 대한 비평을 하지 못했다는 사실은 그 당시에는 비평이라는 것 자체가 알려져 있지 않았던 탓이 아닐까. 불평과 불만은 폭동의 원인이 될 수 있으며 실제로 왕실 안에서 반란이 일어나기도 했지만, 이런 일로 사회적 기초가 흔들리지는 않았다. 그런 반란이 성공해서 기존의 군주가 또 다른 군주로 바뀐다 하더라도 여전히 큰 틀에서는 예전과 같은 방식의 통치가 계속되는 것이다.

계급 관계에 대한 비평이 나타났을 때, 불가피하게 종교적인 문제와 연결이 될 수밖에 없었으며 자신들의 목적을 달성하기 위해서는 신의 도움을 구해야 했다. 조로아스터의 '아름다운 세상 만들기making wonderful'는 아마도 부분적이기는 하지만, 이런 내용과 관련된 최초의 기록일 것이다. 이 글에서 조로아스터는 당시 계급 사회의 단점들은 다른 속세의 고통들과 함께 영원한 싸움 안에 갇혀 있는 악령의 탓이라고 봤다. 그리고 거기에는 자신의 추종자들이 따를 것으로 예상되는 욕망의 조건들을 상징하는 적수도 함께 있었다.

훗날 사회에 대한 종교적 비평은 이와 비슷한 모습을 취했으며 2000년 이상 이어졌는데, 이에 대한 권력자들의 적절한 전략은 반대되는 종교나 믿음을 끌어들여 공식적으로 인정해서 반란의 기운을 잠재우는 것이었다. 앞서 언급했던 것처럼 그것이 조로아스터교의 운명으로, 조로아스터교는 주르반교로 대체되었으며 훗날 기독교도 비슷한 과정을 겪는다.

세상의 종말

BCE 5세기경부터 이스라엘 왕국과 주민들은 아시리아와 바빌로니아, 페르시아, 그리스, 그리고 로마에 이르기까지 외세의 지배를 받게 된다. 그리고 이들 제국들은 각각 통치 방식이 달라서 특별히 페르시아처

노동, 성, 권력
Work, Sex and Power

럼 관대한 경우도 있었지만, 모두 다 당대의 최고 강국들로 이스라엘의 운명을 좌지우지했다. 알렉산더 대왕의 후계자들은 이전의 지배자들보다 한 걸음 더 나아가서 아예 이스라엘 사람들이 믿는 종교 자체를 없애려고 했으며, 마카베오 전쟁을 통해 격렬한 저항이 일어나기 전까지는 어느 정도 성공을 거두기도 했다. 독립을 향한 이스라엘의 투쟁은 자연스럽게 그들의 종교가 더 굳건해지는 결과를 가져왔지만, 동시에 내부적인 갈등과 문제점도 표출되었다.

이런 문제들을 통해 이스라엘 사람들이 믿는 종말론이 대두된다. 이 종말론에 대한 내용은 지금의 《성경》에는 포함되어 있지 않고 주석으로만 남아 있는 외경 등을 통해 전해지고 있는데, 그중에서도 《에녹의 서 Book of Enoch》와 《희년의 서 Book of Jubilees》 등에는 이스라엘을 억압한 세력들과 그 추종자들이 응징을 당하고 멸망하는 내용 등이 담겨 있다. 그리고 그 뒤를 이어 낙원의 세상이 펼쳐지며, 믿음을 지킨 모든 이스라엘 사람들은 모든 것을 풍족하게 누리며 아름다운 낙원에서 더 이상 압제와 고통이 없는 삶을 누리게 된다는 것이다. 앞서 제9장에서 살펴보았던 것처럼, CE 1세기 무렵에 기독교에서도 비슷한 믿음이 생겨났고, 《신약성경》 중 한 권인 〈요한계시록〉에 그 내용이 기록되어 있다. 이전의 내용보다 더 무시무시한 종말을 예고하고 있으며 엄청난 죽음과 대재앙이 올 것이라고 경고하고 있다. 이런 내용은 '지상의 평화와 온 인류를 위한 복음'이라는 기독교의 교리와는 반대되는 것이다.

기독교의 경전인 《신약성경》의 제일 마지막 책에 오직 한 번만 등장하는 이러한 종말에 대한 내용은 교리와 너무나 모순이 되기 때문에, 처음에 많은 교회 지도자들은 〈요한계시록〉이 전달하고 있는 사회적인 경고의 내용, 즉 속세의 지배자들이 무서운 응징을 당한다는 내용을 잘 믿지 못하고 그 정확한 의미에 대해 논쟁을 벌였다. 콘스탄티누스 황제 시절의 주교 유세비우스는 기독교 교회에서 이러한 내용에 대해 심각한 불신을 표시했던 최초의 교회 지도자이자 역사가였다. 그렇지만 일반 평신도들은 이런 내용을 매우 마음에 들어 했는데, 왜냐하면 그들은 자연스럽게 자신들의 불만과 분노를 여기에 투영했기 때문이었다. 종말이나 최후의 심판이 마침내 일어나면 자신들은 해방이 된다는 것이며, 그날은 그리 멀지 않다고 생각했다.

비록 남긴 글마다 그 문체가 각기 다르기는 해도 사도 요한이 써서 남겼다고 알려져 있는 〈요한계시록〉과 함께 이러한 믿음은 결국 사람들에게 받아들여졌고, 여기에 최후의 심판까지는 사회적 문제들을 그대로 견뎌나갈 수밖에 없다는 장점도 곁들여졌다.[1] 그건 계시록의 내용이 글을 쓴 사람이 혼자서 완전히 새롭게 만들어낸 것이기 때문이 아니었다. 나사렛의 예수를 따랐던 최초의 이스라엘 사람들은 그를 신으로 확신하며, 그의 도움으로 로마를 몰아내고 새롭고 영광스러운 새로운 사회를 건설할 수 있을 것이라고 생각했다. 그리고 이스라엘 사람들 입장에서는 이방인이자 경쟁자인 사도 바울이 이끄는 새로운 기독교인들에게도 세상의 종말이 다가온다고 믿을 만한 분명한 이유들이 있었다. 끔찍한 종말의 모습을 그린 계시록의 저자는 마지막에는 오랜 전통을 따라 행복한 결말을 그려냈던 것이다.

종말론을 의심했던 유세비우스의 우려는 정확했다. 이후 수 세기 동안 이 계시록은 사회적 급진파들에게 영감과 용기를 주는 끊임없는 원천이 되어 왔다. 이들은 자신들이 살고 있는 시대의 지배 세력을 뒤집어 엎을 희망을 품고 있었으며, 지금 벌어지고 있는 역사적 전개 과정을 계시록의 예언이 성취되는 것으로 생각했다. 이런 모습은 지금까지도 계속되고 있다. 다만 지금 그 예언을 믿는 건 사회적 급진파가 아닌 종교적으로 동기부여를 받은 사회적 반동주의자들이라는 것만 다를 뿐이다.

심지어 지난 수천 년 동안 사회적 변혁의 가능성은 일반 대중들을 대표하는 급진주의자들뿐만 아니라 지배층의 종말을 원하는 사회적 정치적 반동주의자들에 의해서도 예견되었다. 그중에서도 가장 유명한 것이 아테네의 귀족 플라톤과 그가 쓴 책《국가》다. 이 책은 격렬한 사회적 갈등에 자극을 받아 쓰인 것이며 아테네 공동체 안에서 격렬한 논쟁을 불러일으켰다. 토지를 소유한 지배층은 비록 아주 제한된 형태로 실시된다고 해도 자신들이 아테네의 민주주의라는 틀 안에서 살아가야만 한다는 사실에 대단히 거부감을 느끼고 있었다. 플라톤은 자신과 같은 귀족들 중 가장 능력 있는 사람들이 지배하는 국가를 꿈꿨다. 여기에서 말하는 능력이란 철학적 추상성을 이해하는 힘으로, 이들은 3가지 단계로 나누어져 있는 사회구조 안에서 그 누구와도 비교할 수 없는 절대적인 권력을 누린다. 그러면서 이 사회구조는 계층 간의 이동이 어느 정도는 가능한 구조이기도 하다. 물론 이런 플라톤의 개념에서 최상위층에 있는 '수호자'들은 자신들의 개인적 이익이 아닌 공공의 이익을 위한 정치에 전념해야 한다. 그 뒤를 잇는 사회적 반동주의자들, 그중에서도 대표 격인 로마의 키케로는 이러한 개념에 대해 논의하며 발전을 시킨다. 하지만 당시의 변화하는 사회상은 이런 사상을 실질적인 통치의 방식이 아닌 그저 추상적이며 그럴듯한 이상으로만 취급했다.

종교적 반역

기독교가 CE 312년부터 어떤 의미에서든 정권에 대한 반대 운동이 되는 것을 중단하고 그 대신 로마 제국을 움직이는 힘의 일부가 되었을 때, 기독교의 미래의 예언과 현재의 상황 사이의 모순이 특히 극명하게 드러나게 되었다. 도나투스Donatus파와 몬타누스Montanus 같은 반대파의 '이단적'인 움직임이 나타났으며, 이런 종교를 따르는 폭도들의 숫자가 크게 늘어났던 것이다. 이들은 예전의 사상과 종말이 임박했다는 믿음에 집착하며, 이런 종말을 더욱 앞당기기 위해 순교까지 서슴지 않았다.

서로마 제국 말기에 북아프리카 히포의 주교인 아우구스티누스 역시 틈이 날 때마다 도나투스파를 박해하며 이러한 갈등을 해소할 수 있는 신학 이론을 고안해냈다. 그는 처음에는 물질세계를 경시하고 증오하는 마니교 신앙에 의지하면서, 에덴동산에서 신을 거역하면서부터 인간의 모든 악행이 시작되었다는 교리를 주장했다. 특히 성적인 죄악은 그러한 거역의 결과이자 상징이며, 오직 신의 은총을 통해서만 용서를 받아 관대한 처분을 받을 수 있다는 것이었다. 그리고 종말은 임박하지 않았으며 아마도 수천 혹은 수만 년 뒤로 미뤄져, 사회적 변화가 속세와 종교적 권력 모두에 복종해야 하는 기독교인들의 난처한 처지를 해결해주고 나면 그때야 비로소 종말이 다가온다는 것이었다. 낙원이란 인간의 역사가 끝나게 되는 것을 의미하는데, 아담과 이브 시절에 사라진 낙원은 세상의 종말과 함께 다시 회복된다. 하지만 이 시작과 끝 사이에 있는 기독교 제도 안의 개인의 존재는 아무것도 아니며, 이 세상은 고통 그 자체라는 것이 아우구스티누스의 설명이었다. 역사가인 엘렌 매이크신즈 우드는 이렇게 이야기한다. "아우구스티누스는 가장 반기독교적인 속세의 지배자들에게조차 절대적으로 복종을 하는 이유에 대해 아주 설득력 있게 설명을 했다."[2]

중세 유럽 시대 동안 유럽과 이슬람 세계 모두, 그리고 인도와 중국까지 종교의 영향을 받은 반란과 정권에 반대하는 움직임이 끊임없이 일어났지만, 새로운 하늘과 땅을 원했다기보다는 상상 속의 '좋았던 옛 시절'로 돌아가는 것을 더 원했다. 심지어 그 좋았던 옛 시절이 아주 오랜

노동, 성, 권력
Work, Sex and Power

옛날 일이어도 말이다. 이러한 모습은 '노르만의 멍에Norman yoke'라는 개념으로 예를 들어 설명할 수 있는데,³ 이 개념은 18세기까지도 영국의 급진적 정치 활동에 그대로 남아 있었다. 심지어 더 오래전 좋은 시절도 떠올리게 되는데, 예를 들어 14세기 영국에서 반란을 일으켰던 농부들은 이런 구호를 외쳤다고 한다. "아담이 밭을 갈고 이브가 옷을 짓던 시절에 도대체 누가 주인 노릇을 했단 말인가?"

그렇지만 16세기 종교개혁의 시대부터 유럽에서는 노먼 콘의 표현을 빌면 천년 왕국을 기다리는 일이 다시 한 번 실제로 정치적인 활동의 이유가 되었다. 그중에서 가장 유명한 것이 바로 독일 농민 전쟁의 지도자였던 토마스 뮌처로, 이 전쟁은 루터의 종교개혁을 따르며 급진적인 사회 평등을 주장했다. 이후에 등장한 재침례파의 지도자 레이덴의 얀Jan van Leiden은⁴ 뮌스터 시를 장악하고, 이른바 새로운 예루살렘 건설을 위한 활동을 벌였지만 곧 진압을 당하고 만다.⁵ 1640년에서 1660년 사이에 있었던 영국의 시민 혁명 기간 동안에도 종교적 영감을 받아 기존의 질서를 파괴하려는 그와 비슷한 움직임이 시작되었다. 그 중심에는 지금과는 많이 다른 모습의 퀘이커파와 감리교, 머글톤파, 그리고 제5왕국파 등이 있었는데, 이 제5왕국파는 그리스도가 이 세상을 통일한 다섯 번째 왕국을 세우는 일이 곧 다가온다고 믿었다. 신대륙 아메리카로 이주한 청교도들 역시 기독교적 이상향인 '언덕 위의 도시'를 세우는 것이 목표였는데, 고향인 영국의 기독교와는 완전히 다른 종교적 이상향을 세우려고 했던 것이다. 그렇지만 이런 시도도 개인의 재산과 관련해서는 어떤 문제도 일으키려고 하지는 않았다.

사유재산이나 소유에 대한 문제는 일종의 사회 제도처럼 현대 제도에 지대한 영향을 가져온 그들의 사상과는 무관하게 18세기 계몽주의 사상가들에게 중요한 의미가 있었다. 계몽주의는 어떤 통일된 계획 같은 건 전혀 가지고 있지 않았지만, 18세기 서유럽 지식 계급의 사상 속에서 매우 분열되고 모순된 경향을 보였다. 전반적으로 살펴볼 때, 프랑스의 디드로와 콩도르세, 볼테르, 스코틀랜드의 흄과 스미스, 독일의 칸트 같은 이름만 들어도 알 수 있는 유명한 계몽주의 사상가들은 제도와 그 실행에 있어서 진보의 개념을 크게 신봉했다. 마르크스의 표현을 빌자면, "이성의 잣대로 스스로를 정당화한 것"이다. 이성은 그들의 기준이었으며 서로 의견은 달리해도 모두들 이러한 기준에 따라 사회의 제도가 개혁되기를 원했다. 이 사상가들은 경제문제에 대해서는 자유무역이 적합하다고 봤지만, 사유재산과 관련된 제도에 대해서는 어떤 문제도 제기하지 않았으며, 대체로 기존의 정치적인 구조를 뒤흔드는 시도도 옹호하지 않았다. 대신에 절대왕정과 같은 기존의 제도를 활용해 자신들이 지지하는 개혁을 실행할 수 있을 것이라고 생각했다. 예컨대 오스트리아의 요세프 2세와 같은 계몽군주를 기대했던 것이다.

장 자크 루소는 이와는 조금 다른 의견을 주장했는데, 루소가 계몽주의 사상가 중에 들어갈 수 있는지에 대해서는 아직도 의견이 분분하다. 그의 사상의 바탕은 자연에 대한 그의 이상만큼이나 이성적이지 못했으며, 또한 루소는 진보의 개념도 받아들이지 못했고, 초기 저술을 통해 자연에 대한 문명의 승리는 인간을 위한 축복이라기보다는 재앙에 더 가까운 것이라고 주장했다. 루소는 또한 지성에 대해서도 다른 계몽주의 사상가들과 다른 태도를 보이는데, 보편적인 의지에 대한 자신의 관점과 함께 조금 애매하지만 민주주의를 옹호하는 듯하다. 분명 그는 정치제도와 교육의 변혁을 옹호했으며, 부와 가난 모두 선을 이루는 데 장애가 된다는 견해를 가지고 있었다. 그의 꿈은 지나친 부를 경계하고, 농부와 장인들이 이끄는 적당하게 풍요로운 공동체를 이룩하는 것이었다.

재산에 대한 문제

사유재산과 가난한 사람들에 미치는 영향에 대한 문제는, 18세기 후반 로버트 팔머가 명명한 최후의 위대한 '대서양 혁명들' 이후 찾아온 근대 초기에, 정치적으로 아주 민감한 주제였다. 1789년에서 1799년까지 이어진 프랑스 대혁명 역시 의도하지 않은 결과라는 모순에 대한 가장 중요하고도 극적인 사례를 보여준다. 물론, 네덜란드와 영국, 혹은 아메리카 대륙의 혁명처럼 처음에는 그 누구도 그 혁명의 과정이 치명적인 결과를 가져오도록 의도하지는 않았다. 그렇지만 프랑스 대혁명은 그 자체만으로 이후 이어진 모든 혁명의 도화선이 되어버렸다.

대혁명의 과정은 상류 지배층 사이의 다툼으로부터 시작되었다. 이들은 모두 보수적인 반동주의적 목표를 마음속에 품고 있었으며 당시 국왕이던 루이 16세는 이전 봉건 시대의 대표자 회의인 이른바 삼부회三部會, Etats-Generaux를 소집하여 난국을 교묘하게 빠져나가려고 했다. 이 삼부회는 만들어진 지 거의 200여 년이 넘는 낡은 제도로, 이를 위해 각 계층의 대표가 베르사유 궁전으로 모여들었지만, 왕을 비롯한 귀족과 성직자 등 지배층의 통제력은 빠르게 그 힘을 잃어갔으며, 수도인 파리 근교에서 폭동이 일어나면서 프랑스 정치의 역학 지도를 근본적으로 바꾸게 된다. 바로 부르주아 출신의 새로운 정치가들이 전면에 나서면서 처음에는 함께하기로 했던 구체제 귀족 지도자들을 빠르게 몰아내기 시작한 것이다.

처음에는 모든 것이 다 의도된 것으로, 널리 퍼져 있는 경제적, 사회적, 그리고 문화적인 불평불만들을 고쳐나가는 것이 목표였다. 그렇지만 그러한 시도가 근본적인 사회구조를 뒤흔들게 되면서 구시대의 봉건제도는 모두의 동의를 얻어 말 그대로 하룻밤 만에 폐지가 되었다.

농노제도 역시 이미 많은 곳에서 자취를 감춘 후였다. 이러한 움직임은 사유재산에 대한 권리와 특권에 대한 공격으로 이어지며, 영국의 보수적 반동주의자인 에드먼드 버크 같은 사람은 엄청난 충격과 공포를 느끼기도 하였다. 심지어 버크는 미국의 독립전쟁을 이념적으로는 지지까지 했던 사람이었다. 혁명이 시작되면서 일반 대중들 사이에 막연하면서도 거대한 희망이 솟아오르자 사회적 불안이 가중되었다. 프랑스의 대다수 국민들은 헤아릴 수 없을 정도로 오랜 세월 동안 왕실과 귀족들에게 물질적인 수탈을 당했을 뿐만 아니라 멸시와 모멸감까지 견뎌왔던 것이다.

이제 그들은 굴레를 벗어던졌다. 아직도 여전히 합법적인 왕실이 남아 있었고, 귀족들은 봉건 시대의 특권을 잃어버린 대신 그 보상을 기대하고 있기는 했지만 일반 국민들은 처음으로 '인권'을 누릴 수 있었다. 그런데 왜 계속 갈등과 문제가 일어났을까? 혁명은 불과 몇 개월 만에 멋지게 성공했지만, 일단 불이 붙은 사람들의 열망은 그렇게 쉽게 진정되지 않았다. 정권을 쥔 부르주아 정치가들은 이제 계몽주의적 원칙에 따라 프랑스 사회를 새롭게 고치고 싶어 했으며 갈 길은 아직 멀었다.

민주주의를 위한 투쟁

얼마 지나지 않아 사람들은 그 동안 성취해낸 일들은 다양한 방향에서 가해져온 위협 아래에서 이루어진 것임을 알게 되었다. 서로 의견을 좁히지 못한 귀족들은 외국의 도움을 받아 무력행사를 통해 자신들의 특권을 되찾으려고 했으며, 지방의 분쟁으로 도심 지역에는 식량이 제대로 공급되지 못했다. 혁명정부는 계속해서 들어섰지만, 이미 완벽하게 붕괴되어 철저한 개혁이 필요했던 기존의 불공정한 세수 제도 때문

노동, 성, 권력
Work, Sex and Power

에 재정 상태는 늘 궁핍했다. 국왕은 국경을 넘어 반동주의자들 쪽으로 탈출하려고 했지만 실패했고, 이웃의 왕실들은 프랑스의 국왕과 귀족들을 동정하며 군대를 움직이기 시작했다. 초기 혁명정부가 불필요한 자존심을 내세우며 국민들의 관심을 다른 곳으로 돌리기 위해 먼저 전쟁을 선포했던 것도 전쟁이 벌어지게 된 또 다른 이유가 되었다. 혼란한 상태에서 군대를 동원했지만, 전쟁의 양상은 혁명정부에 불리하게 돌아갔으며, 프랑스는 외세의 침략에 시달렸다. 그야말로 강렬한 불신이 싹틀 수 있는 아주 적절한 환경이 만들어진 셈이었다. 외국의 군대가 정말로 국경을 넘어 아무런 어려움 없이 진격을 해오고 있었으며, 혁명으로 얻은 모든 것들을 다 파괴하겠다고 위협을 가하고 있었던 것이다.

별로 달라진 것이 없는 혁명정부들이 연이어 가톨릭교회까지 손을 보려고 시도를 했을 때는 이미 혼란이 극에 달한 상태였다. 정부가 교회를 겨냥한 것은 교회가 가지고 있는 재산을 징발해 자신들이 새로운 지폐를 찍어내면서 초래한 재정적 위기를 모면하려는 의도는 아니었다. 오히려 혁명정부의 목표는 성직자들을 자신들에게 굴복시켜 새로운 혁명 시대를 인정하도록 만들려는 것이었다. 이러한 시도는 사회 모든 계층에서 격렬한 반발을 불러일으켰으며, 경제적인 혼란과 파리 혁명정부의 중앙집권화, 그리고 이에 대한 각 지역의 무시와 저항 등이 겹치게 되자, 새롭게 자유를 얻은 수많은 국민들은 왕실과 귀족들이 지배하던 때보다 자신들이 처해 있는 상황이 더 좋지 않다고 느끼게 되었다. 얼마 지나지 않아 리옹 같은 대도시는 물론 각 주요 지방에서도 불만이 끓어오르기 시작했다.

이런 상황의 결과로서 표출된 위기 의식은 그 자체로 또 다른 의도하지 않은 결과들을 만들어내게 된다. 파리의 중산층 이하 평민들, 즉 긴 양말을 신은 사람들이라는 의미의 상퀼로트sans-culotte들은 혁명의 주체이면서 가장 많은 것들을 혁명을 통해 얻은 계층이다. 이에 따라 새롭게 등장한 급진적 정치가들은 자코뱅 클럽Société des Jacobins이라는 이름의 급진적 정치 단체와 파리 시 자치 행정부를 중심축으로 삼아 국민들의 분노를 자극했다. 마침내 1792년 8월 프랑스 왕실을 완전히 무너트렸고, 결국 새롭게 만들어진 국민공회를 통해 국왕이 처형되면서 급진파와 경쟁 관계에 있던 정치 세력들은 제거되었다. 그렇지만 외국의 군대들은 침략을 멈추지 않았으며 국내에서는 내전이 시작되었다.

급진적인 자코뱅파가 지배하던 국민공회는 이전보다 더 강력하게 파리를 중심으로 한 중앙집권 체제를 강화했으며, 내부적으로 더 강도 높은 수준의 독재정치를 펼쳤다. 또한 수도를 둘러싸고 있는 지역으로부터 들어오는 물품들을 장악하기도 했다. 국민공회 초기에는 적국의 공격으로 인해 자극을 받은 파리의 반혁명분자들이 끔찍한 공격과 학살을 감행하는 것을 방관하기도 했으며, 파리는 서로 다른 사상을 따르는 무리들이 무자비한 공격을 일삼는 곳이 되어버렸다. 상퀼로트 계층이 국민공회에 책임을 묻자, 이들은 일종의 비상 상태를 선포하고 무력과 공포를 동원한 '긴급조치'를 실시한다. 그리고 임시로 설치된 특별 법정이 그 뒤를 떠받쳤다. 이들은 병사들을 징발하고 일종의 경찰력을 동원해 치안과 감시를 강화했으며, 반혁명분자들로 의심되는 사람들의 재산을 가혹하게 수탈하며 경제에 대한 통제를 실시했다. 다음은 아르노 메이어의 지적이다. "어쩌면 이후 이어지는 발전과 결과들이라는 측면에서 혁명만큼 그 첫 시작을 이해하고 확인하는 일을 기꺼이 해보고 싶은 매력적인 주제는 없을 것이다……."[6]

국민공회의 가혹한 정책은 성공을 거뒀다. 각 지역의 반란은 분쇄되었으며, 새로 징집한 군대가 투입되면서 기존의 무능력하거나 반역의 기미가 있는 장교들은 모두 처형되었다.[7]

노동, 성, 권력
Work, Sex and Power

국내 사정은 진정되었고 침략군들은 국경 밖으로 물러났다. 수세에 몰렸던 프랑스 공화국이 이제 공세로 돌아선 것이다. 그럼에도 불구하고 자코뱅파의 지도자들은 얼마 지나지 않아 자신들이 역사적 모순이라는 무자비한 수레바퀴 속으로 빨려 들어가고 있다는 사실을 알게 되었다. 국민공회를 이끌던 자코뱅파와 파리 시 지도자들은 세 갈래로 갈라졌다. 체제의 중심이 되는 쪽에서는 로베스피에르를 중심으로 선의와 공포가 지배하는 이른바 '선의의 공화국'을 건설하는 것을 목표로 했으며, 또 다른 계파에서는 지금의 공포 정치만으로는 부족하며 상퀼로트들의 필요를 제대로 충족시켜 주지 못한다고 생각했다. 그리고 이와는 반대로 현재의 상황이 너무 가혹하다고 여기는 사람들도 있었다.

소수의 혁명파 관료들은 말할 것도 없고 국민공회 의원들의 절대 다수는 이 마지막 온건파에 속해 있었다. 이들은 지금까지 이루어진 것들을 간절히 누리고 싶어 했다. 자신들이 소유하게 된 재산과 정치적 영향력을 이제는 실제로 활용해보고 싶었던 것이다. 1794년도 중반에 이르자 이들은 외세의 침략 위협으로 야기된 절망적인 상황에서는 벗어나게 되었지만, 자코뱅파에서 이야기하는 선의를 위한 억압에 지쳐 있었으며, 혁명재판소가 주는 공포에 움츠러들어 있었다. 1794년 7월에 이들과 일시적으로 협력하게 된 살아남은 초강경파들이 혁명정부를 타도하고 지도부를 숙청한다. 그리고 좀 더 '온건한' 체제를 내세우며 상퀼로트들을 강경하게 억누르고, 지금까지 얻은 이익을 누리려고 했다. 사유재산 문제가 다시 한 번 사태의 핵심이 된 것이다.

그렇지만 국민공회를 대신하게 된 새로운 총재정부는 제대로 자리를 잡지 못했다. 이에 대한 분명한 해결책은 1660년 경쟁국 영국이 그랬던 것처럼, 특정 상황에 걸맞게 공화국에서 왕정으로 복귀하는 길뿐인 것 같았다. 그렇지만 이 계획은 너무 위험하다는 이유로 거부되었다. 만일

부르봉 왕조가 다시 돌아온다면 공화국과 관련된 수많은 지도자들은 끔찍한 고통을 겪으며 목숨을 잃게 될 터였다. 다양한 입헌적 실험과 조치들이 시도되었지만 어떤 것도 제대로 자리를 잡지 못했고, 체제는 상황에 따라 좌와 우로 조금씩 흔들렸다. 파리에서는 자코뱅파와 왕정 지지자들이 계속해서 음모와 모반을 일으켰다. 결국 1799년 나폴레옹 보나파르트가 등장하면서 총재정부는 막이 내리고 군사 독재 정부와 다름없는 통령정부가 수립된다. "사형대인 기요틴이 칼로 바뀌었다."[8] 아르노 메이어의 적절한 표현이다. 5년이 지난 후 이번에는 왕정이 다시 시작된다. 통령이었던 나폴레옹이 스스로 황제에 즉위한 것이다. 대관식에 참석했던 한 혁명파 퇴역 장군은 주변을 둘러보며 이런 말을 남겼다고 한다. "모두 다 여기 모였군. 이런 일이 다시는 일어나지 않도록 하기 위해 목숨을 바쳤던 사람들만 빼고 말이야."

루소는 어쩌면 가장 진보적인 자코뱅파의 예언자였을지도 모른다. 그는 사유재산이 너무나 좋은 것이기 때문에 모든 사람들이 원하는 만큼 많은 재산을 갖고 싶어 한다고 생각했다. 필요하다면 사유재산의 재분배를 통해서라도 말이다. 그리고 자코뱅파가 지배하던 마지막 몇 개월 동안, 그러니까 1794년 초반에는 실제로 왕당파나 반역자들의 재산을 대상으로 선량한 시민들에게 재분배하는 방식이 논의되기도 했었다. 이 계획은 자코뱅파가 몰락하면서 없던 일이 되어버렸다. 어쨌든 애초에 실현 불가능한 것이었는지도 모른다. 자코뱅 시대가 끝난 지 얼마 지나지 않아 그라쿠스 바뵈프와 그가 이끌었던 실패한 조직인 '평등파의 음모'에서는 사유재산은 그 자체로 잘못 분배가 되어있는 것일 뿐만 아니라, 그것이 바로 사회적 문제의 핵심이라고 주장했다.

자코뱅파는 남성들 위주의 평등한 참정권을 수용했을 뿐만 아니라 프랑스령 식민지의 노예제도 폐지를 선언했다. 이들이 보여준 건 아마도 당대에 생각할 수 있었던 최고 수준의 사회적 개혁이었을 것이다. 한편 바뵈프가 시도했던 혁명은 그 기회조차 잡지를 못했다. 다만 경제문제에 대한 그들의 막연한 개혁 시도와 그 실패는 또 다른 접근 방식을 제시해주었다는 점에서 의미가 있다.

산업의 영향

19세기 서유럽과 미국에서 새로운 산업화 시대를 눈으로 확인한 사람이라면 분명 그 모순된 모습에 당혹스러워할 것이다. 철학자 헤겔이 자신의 철학 중심에 그러한 개념을 둔 것은 결코 우연이 아니었다. 새로운 발명과 혁신은 새로운 상품의 생산을 가능하게 만들어주었으며 그런 상품들은 생활의 발전을 가져다주었다. 또 지금까지는 오직 높은 수입을 올리는 사람들만이 누릴 수 있었던 것들을 보다 많은 사람들도 함께할 수 있도록 만들어주기도 했다. 예를 들어 면직물은 영국 산업화의 일등 공신이면서 당시에는 아주 놀랍고도 새로운 종류의 옷감이었다. 무게가 가벼우면서도 더운 날씨에는 시원하고 추운 날씨에는 따뜻하며, 세탁이나 염색, 가공 등도 아주 쉬웠던 것이다. 이와 유사하게 많은 사람들이 사용하게 된 또 다른 혁신적인 상품은 도자기와 유리, 강철제 식기도구, 그리고 모직물 등이었다. 철도는 상품과 사람, 그리고 정보가 지금까지와는 완전히 다른 속도로 전달될 수 있도록 해주었다. 앞서 소개한 적이 있는《아이반호》에서 작가 월터 스코트는 자신의 책에 직접 주석을 달아 과거의 귀족들이 자신이 지금 살고 있는 시대의 중산층보다도 훨씬 더 불편한 생활을 했다고 지적하기도 했다.

그렇지만 이러한 발전과 함께 시작된 도시화는 새로운 인구가 완전히 지옥과 같은 곳으로 몰리도록 만들고 말았다. 도시는 더러움과 불결함으로 가득 차 있었으며, 산업화 이전의 크고 작은 도시의 좋지 않았던 점들을 해소해주기는커녕 더 심하게 만들었다. 상황이 이렇게 된 건 어디에서나 사용이 되던 화석연료인 석탄 때문이었다. 점점 더 많은 수의 어른과 아이들이 말로 표현할 수 없을 정도로 힘들고 극단적인 위험이 도사리고 있는 지하 갱도로 내몰려 일을 해야 했고, 공장이나 주택가 할 것 없이 검은 매연으로 가득 찼다. 영국의 대문호 찰스 디킨스는 아예 자신의 작품 배경으로 등장하는 도시 이름을 '코크타운Coketown', 즉 석탄의 도시라고 붙이기도 했다. 화학물질과 관련된 작업이 벌어지는 곳에서는 매연과 각종 독성 물질들이 뒤섞였다. 땅에서 소금물이 배어나오는 곳에 살고 있는 주민들은 건물의 토대가 약해지면서 붕괴 사고가 자주 일어나는 일까지 감수해야만 했다.

사회적, 그리고 문화적 환경도 더 나을 것이 없어서, 영국의 역사학자 토머스 칼라일 같은 경우는 모든 관계가 사라지고, '인간미 없는 금전에 의한 결합'만이 남은 것에 대해 푸념을 할 정도였다. 유럽에서는 프랑스를 제외하고는 각 지역의 영주나 넓은 토지를 보유한 귀족들이 여전히 그대로 남아 있었으며, 영지의 주민들에 대한 태도 역시 중세 시대의 그것과 별로 다를 것이 없었다. 프랑스 역시 아직도 그런 지역들이 남아 있었으며, 아일랜드처럼 모든 상황이 훨씬 더 좋지 않은 곳도 있었다. 이런 영주들은 산업화 시대가 되자 공장이나 관련 시설의 주인이 되었고, 마치 중세 시대 영주들이 주민들을 대하듯 그렇게 노동자들을 대하게 되었다. 독일의 크루프 철강 회사가 그 대표적인 사례다.

여기에 더해진 것이 바로 풍요 속의 극단적인 빈곤이었다. 또한 많이 개선된 모습 속에 여전히 불결하고 더러운 생활환경도 남아 있었으며, 산업화 이전 시대에 그 뿌리를 두고 있는 새로운 사회적 계층도 탄생하게 된다. 이 시기에는 오랜 세월 상인이나 유복한 농민 등으로 존재해왔던 중산층이 성장하게 되었는데, 동시에 노동력을 통해 주로 일주일 단위로, 그것도 제대로 지급받지 못하는 경우가 많은 급료에만 사실상 의존할 수밖에 없는 노동자 계층도 탄생을 한다. 게다가 이들은 이런 안정되지 않은 수입원마저 언제라도 중단될지 모른다는 공포를 늘 느끼면서 살 수밖에 없었다.

당연한 일이지만, 이런 상황에서는 개인과 집단 모두 각자 특별한 반응을 보일 수밖에 없었다. 19세기 낭만주의 운동을 주도한 이상주의자들은 향수어린 시선으로 유럽 중세 시대의 더 단순하고 순수하며 전원풍의 '유기적'인 시대를 그리워했는데, 이것은 현재 그들이 살고 있는 영혼이 없는 '기계화된' 문명 시대와는 사뭇 비교되는 모습이었다. 어쩌면 과장된 표현이라고도 할 수 있겠으나, 이들을 일종의 자연 숭배자로 묘사하는 일은 완전히 근거가 없는 일은 아닐 것이다. 낭만주의 운동은 19세기 내내 이어진 지적 흐름이었으며, 그 정점에 있었던 사람이 바로 윌리엄 모리스다. 그는 자신의 예술 작품에 중세풍을 가미하고 마르크스주의가 지향하는 유기적 사회에 대한 꿈을 더했다.

그렇지만 이런 모습을 보인 것은 지식인 계층만이 아니었다. 견딜 수 없는 도시의 환경으로부터 탈출을 해 조화로운 전원으로 떠나겠다는 이상에 자극을 받은 사람들이 아메리카 대륙의 야생에서 새로운 이상향을 찾으려고 했다. 그중에서 유명한 마을의 이름이 바로 '뉴하모니New Harmony'다. 최소한 19세기 중반까지 영국의 노동자 계층 중 상당수의 사람들은 시골로 귀향하는 일에 큰 매력을 느꼈으며, 이런 이상과 개념은 차티스트 운동Chartist movement의 중요 주제 중 하나가 되었다.

이즈음에는 또 산업 문명을 거부하는 것이 아니라 그것을 끌어안아 인간에게 유리하게 이용하자는, 새롭고도 놀라운 개념이 등장하게 되는데, J R 매컬로크와 나소 시니어 같은 사람들이 이런 생각을 열렬하게 지지했다. 저명한 영국의 경제학자 알프레드 마셜은 19세기 후반에 이러한 현상을 요약해 설명했다. "나는 이런 모든 빈곤을 인간이 더 나은 모습으로 진보하는 과정에서 잠시 마주치게 되는 악한 모습이라고 생각한다."[9] 이와는 생각이 달랐던 새로운 사상가들은 산업화가 주는 희망과 사유재산 관계에 대한 비판을 함께 생각했다. 1790년대 이런 개념을 처음 소개한 바뵈프는 최초의 혁명적 사회주의자라고도 볼 수 있으며, 실제로 '사회주의'라는 용어는 19세기 초 앙리 드 생시몽이 처음 만든 것이다.

제16장

사회주의 : 그 약속과 역설

Socialism : Its Promise and Paradox

　사회주의 이론은 매우 다양하지만, 그 정수는 사회적 문제의 본질은 산업화 그 자체가 아니며, 오히려 수천 년 동안 조금씩 황폐화되어온 인간 존재가 종말을 고할지도 모른다는 불안한 가능성이었다. 그렇지만 물론 여기에는 사회적 배경의 문제가 고려되어야 한다. 문제는 서로 먹고 먹히는 관계의 소유적 개인주의다. 인간의 탐욕, 그리고 금전으로만 서로 연결되고 반응하는 관계가 만들어졌다. 노동자들의 감정과 상황에 상관없이 가능한 가장 낮은 임금으로 노동자들을 고용하여 최악의 조건 속에서 장시간 노동을 시키는 상황으로 이어진 것이다. 또한 세금이 투입되어야만 하고 단기간에 이익이 나지 않는 공중 보건이나 편의 시설에 대한 개선은 뒤로 미뤄졌다. 공동작업과 공동생활, 그리고 탐욕이 아닌 필요에 의한 생산이 그 자리를 대신해야만 했다.

　이런 근본적인 출발 지점으로부터 사회주의적 사상은 서로 모순이 되는 수많은 방향으로 갈라졌다. 생 시몽, 샤를 푸리에, 그리고 로버트 오언 같은 사람들은 이른바 이상향적 사회주의자들utopian socialists로 분류

되는 사회주의자들 중에서도 가장 유명한데, 이상향의 추구라는 근본적인 목표가 이성과 사례의 적용을 통해 이루어질 수 있다고 생각했기 때문이었다. 생 시몽은 이러한 관점의 유익한 면을 이해하고, 자신이 그 일을 실현할 수 있도록 도와달라고 상류층 사람들을 향해 호소했다. 푸리에는 어쨌든 그 성패의 여부에 상관없이 미국에 만들어지는 이상향적 공동체의 기틀을 닦았다.

로버트 오언은 성공한 자본가이자 사업가로, 인도주의적 자세로 사업체를 운영했던 경험이 있으며 처음에는 이 사회가 자신이 택한 방법 등을 통해 바뀔 수 있다고 믿었다. 그의 노력이 영국 내에서 큰 성공을 거두지 못하자, 그는 이상향적 공동체에 대한 실험도 시도했으며, 결국 영국 안에서 대안이 될 수 있는 협력적 경제 제도를 만들기 위해 노력했다. 노동시간을 화폐 단위로 하는 노동 화폐labour currency로 자본가들과 경쟁을 하려는 것이었다. 19세기 중반의 이러한 시도들은 몇몇 경우를 제외하고는 거의 다 무시되었으며, 이전보다 더 세분화된 사회주의 사상의 세 가지 주요 흐름이 협동주의자들의 이념 분야를 지배하게 되었다.[1]

무정부주의

세 가지 중요한 흐름 중 그 첫 번째는 이른바 무정부주의로, 비폭력주의와 혁명주의의 두 가지 방향을 모두 추구했다. 그 기본적 개념은 인간은 사회적 동물이라는 사실에서 출발한 것이다. 물론 대부분의 무정부주의자들은 이런 개념과는 반대가 되는 개인주의를 더 중요하게 생각했으며, 이상적인 사회주의의 형태는 개인들이 서로 협동하면서 살아가는 작은 공동체라는 개념을 발전시켰다. 이렇게 하면 잔혹하고 비인간적인 상황들을 개선할 수 있다는 것이었다.

이들의 가장 큰 적은 당시의 부유한 귀족들과 소수의 정치가들이 지배하고 있는 국가였지만, 그 국가가 변절한 혁명가들에 의해 지배가 된다면 역시 사악하기는 마찬가지였다. 국가가 사용하는 도구, 그중에서도 군대와 경찰, 종교도 이러한 비난의 대상에 들어갔다. 무정부주의를 가장 잘 받아들였던 사람들은 바로 산업 자본주의의 발전에 위협을 받던 사회 계층으로, 농부와 자영업을 주로 하는 기술자 등이었다. 무정부주의는 이탈리아와 스위스, 프랑스, 러시아 제국과 미국, 그리고 무엇보다도 에스파냐와 과거 에스파냐의 식민지였던 남아메리카 국가 등지에서 큰 인기를 끌었다.

20세기에 접어들면서는 무정부주의는 잠시 동안 산업 노동자들 사이에서 강력한 하나의 흐름이 되기도 했으며, 정치로부터 자유로운 노동조합 운동과 무정부주의 노동조합 운동으로 발전했다. 그리고 개혁주의자나 혁명주의자에 상관없이 노동자들의 세력은 산업별 노동조합을 통해 실질적인 힘을 얻어 자본주의를 몰아내고 사회주의 공동체를 세울 수 있었다.

개혁주의

두 번째 중요한 흐름은 개혁주의적 사회주의로 역시 여러 가지 다른 모습으로 갈라진다. 기본적인 개념은 자본주의 사회의 악행은 단기간에 끝낼 수 있는 사회적 소요를 통한 대중의 압력으로 지배계층을 그 자리에서 내몰아야 극복할 수 있다는 것이다. 이러한 행위는 최소한 자본가가 지배하는 정부를 압박해서 경제 분야의 대부분이 사회화되는 것을 받아들이고, 남녀노소와 건강 상태에 상관없이 노동계급이 최소한의 생활 기준을 유지할 수 있도록 해주는 인도적인 복지 제도를 만들 수 있도록 해줄 수 있었다. 다시 말해, 어느 정도의 수준을 보장하는 포괄적인 개혁이었던 셈이다. 이런 일은 민주적 참정권을 통한 투표권과 선전 활동 등을 통해 이루어낼 수 있으며, 때로는 파업과 같은 고압적인 방법을 동원할 수도 있었다. 실제로 1890년대 벨기에에서는 투표권을 얻기 위한 투쟁이 있었다.

개혁주의적 사회주의에서 찾아볼 수 있는 수많은 주요한 내용들은 진화론적 개념들을 바탕으로 하고 있다. 아니, 어쩌면 그런 개념들을 잘못 이해한 것일 수도 있다. 생물의 진화를 일종의 목적론으로 보고 비슷한 사상을 사회적 진화에 적용시킨 것이라는 말이다. 오랜 세월을 거쳐 이루어진 생물의 진화는 마침내 최고의 성과물인 인간을 만들어냈다. 사회 역시 진화를 거듭하다 보면 집산주의적 사회가 만들어지고, 기술과 산업의 놀라운 성과를 자본가의 이익보다는 인간의 복지를 위해 사용하는 것이다.

지배계층은 여기에 반대하고 저항하겠지만, 이미 사라져가는 사회적 종種으로서 그런 저항은 무의미한 것이다. 그것은 마치 공룡들이 시대에 저항하다 멸종한 것과 마찬가지다. 철혈재상으로 유명한 독일의 비스마르크는 1870년대와 1880년대 반사회주의자법을 통해 자신의 반사회주의 계획을 실현하려다 실패했는데, 그의 이런 시도는 앞서 언급한 내용의 적절한 사례라고 볼 수 있다.

이러한 이념이 수많은 산업 노동자들은 물론 다른 계층의 선의를 가진 사람들에게도 매력적으로 받아들여진 것은 그리 놀라운 일이 아니다. 폭력을 수반하는 혁명은 참가자들과 그 가족들에게 매우 위험한 사업이며, 감옥에 갇히거나 빈곤한 처지가 되고 최악의 경우에는 죽음도 맞이할 수 있다. 따라서 아주 극단적인 상황이 아니라면 그런 폭력적인 방향으로는 전개되지 않는다. 역사적으로 보면, 대체로 당시 기준으로도 높은 수준의 교육을 받았거나 독학으로 깨우친 사회주의자들은, 프랑스 대혁명과 많은 피를 흘렸던 19세기의 여러 다른 혁명들의 사례들을 잘 알고 있었다.[2]

개혁주의적 사회주의를 신봉하는 사람들 중에는 이 이념을 자국 내에서 실현할 수 있다고 생각하는 사람들이 있었다. 그런데 사회주의 모임이나 정당이 한 국가 내에서 조직이 되기는 했지만, 일반적으로 알려진 개념에 따르면 사회주의는 기본적으로 국경을 초월한 국제적인 운동이었다.

가장 보수적인 독일 사회주의자 중 한 사람인 게오르그 폴마르는 심지어 '국가 사회주의national socialism'라는 표현을 사용하기도 했다. 공정하게 말하자면, 폴마르 자신은 어떤 예언의 능력을 지니고 앞날을 내다볼 수 있었기 때문에 그런 말을 한 것은 아니었다.

개혁주의적 사회주의의 또 다른 특징은 유럽이 지배하는 식민 제국을 당연한 것으로 여기는 경향이 있었다는 점이다. 식민지에서 수탈한 자원으로 자국민의 대우가 더 나아지는 것을 옹호하면서 말이다. 여기서 다시 한 번 진화론적 사고가 잘못 적용되고 있음을 알 수 있는데, 유럽의 문명은 최고 수준에 올라 있는 것으로 여겨졌다. 따라서 '원주민'들을 가르치고 이끌 수 있는 적절한 지도자가 될 수 있다는 것이었다.

개혁주의적 사회주의 운동의 첫 번째 중요한 시도는 1860년대 프로이센에서 일어났다. 비록 당대에는 큰 반향을 불러일으키지는 못했으나, 그 창시자인 페르디난트 라살레는 불안정하지만 통솔력이 뛰어난 지도자로, 비스마르크와도 힘을 합치려고 했던 인물이었다.[3] 그가 조직한 전독일노동자협회Allgemeiner Deutscher Arbeiterverein, ADAV는 이후 만들어진 독일 사회민주당SPD의 두 가지 주요 세력 중 하나가 되었다.

공산주의

무정부주의를 지향하는 세 번째 주요 흐름은 바로 공산주의였다. 물론 그 이름 자체는 70년 가까이 묻혀 있기는 했지만 말이다.[4] 공산주의의 기본적인 원리는 1847년 카를 마르크스와 프리드리히 엥겔스가 공동으로 만든《공산당 선언》이라는 선언문에 구체적으로 언급되어 있다. 이 선언문은 과학과 근대 산업을 바탕으로 하고 있는 집산주의적 사회와 연결되는 개혁주의적 사회주의와 사회적 진화의 개념을 공유하고 있지만, 그 진화의 과정은 아주 달랐다. 계급 사회의 기초가 이루어진 이후의 역사적 발전의 대략적인 모습을 영원한 갈등으로 특징지어지는 냉혹한 현실로 설명한다. 압제자 역할을 하는 한 계급이 사라지면 또 다른 계급이 그 자리를 대신하며, 사회의 기본 생산자들을 괴롭히고 수탈한다고 보는 것이다.

그렇지만 이러한 과정은 결국 부르주아지가 만들어낸 필요에 의해 이루어지는 것이며, 이 부르주아지들이 근대에 일어난 전례가 없는 놀라운 사건들에 대한 원인이 된다. 그리고 이들은 그 놀라운 발명과 장치에 따른 결과로 인해 더 이상 필요 없게 되면서 결국 불필요하고 쓸모없는 존재가 되었다. 그렇지만 부르주아지들이 이런 조용한 퇴장을 말없이 받아들일 수 없었을 것이며,《공산당 선언》에서도 어떻게 그들이 사라질지에 대해서는 구체적으로 언급하지 않았다. 그렇지만 마르크스와 엥겔스의 다른 저술들을 보면 폭력을 동반한 혁명만이 그 일을 해낼 수 있다고 분명하게 말하고 있다.

혁명에 동참하는 사람들이 누구인지도 명확하게 규정이 되어 있었다. 바뵈프나 그의 이념적 후계자였던 오귀스트 블랑키를 따랐던 정체성이 모호했던 사람들이 아니라, 프롤레타리아라고 부른 무산계급, 즉 공장 같은 산업 시설에서 노동으로 먹고 사는 계층이 혁명의 핵심이었다. 두 사람은 특히 이후에 등장할 사회주의 사회가 어떤 모습인지, 혹은 어떻게 운영되어야 하는지에 대한 어떤 규정도 제공하는 것을 거부했다. 그러면서 어떤 형식적인 틀이 만들어진 것을 '새로운 예루살렘을 위한 안내지도' 같은 것부터 만들었던 이상향적 사회주의자들의 탓으로 돌렸다. 그렇지만 마르크스는 훗날 많은 노력 끝에 사회주의 사회가 피해야 할 모습은 어떤 것인지에 대해 한 소책자를 통해 자신의 의견을 기록하기도 했다.

그 소책자의 제목은 〈고타 강령 비판Kritik des Gothaer Programms〉으로, 독일의 상황에 대한 일종의 답변서였다. 당시 독일의 마르크스 지지자들은 라살레의 지지자들과 힘을 합쳐 통일된 사회주의 운동을 시작하고자 노력하고 있었다. 이러한 노력에 대해 마르크스는 반혁명적인 이상주의적인 생각이라고 비판했지만, 지지자들은 마르크스가 마지못해 인정을 해주자 1870년대와 80년대 비스마르크의 공격을 견뎌가며 힘을 합치려는 노력을 계속했다. 그리고 독일 사회민주당의 이름으로 성공적인 사회주의 운동의 대표적인 사례를 완성했다. 당의 이름에서 공산주의가 빠진 것은 지나치게 선동적인 느낌을 주지 않기 위해서였다.

사회주의의 발전

20세기 초 사회민주당의 탁월한 이론가였던 카를 카우츠키는 자신이 속해 있는 당을 "혁명정당이지만 혁명을 일으키지는 않는 당"으로 규정하면서 갈등을 해결하기 위해 노력했다. 그러자 다수의 독일 산업 노동자들의 지지를 얻을 수 있게 되었으며, 동시에 국가가 인정하는 공식적인 정당의 반대 위치에 있는 당의 지지자들에게는 새로운 문화적 대안을 제시했다. 사회민주당은 다양한 내용을 담은 출판물, 즉 일간지, 주간지, 월간지, 그리고 학술 잡지 등을 간행하며, 강력한 노동조합과 상상할 수 있는 모든 사회 및 문화 단체들과 교류를 맺었다. 바로 여성 조직, 청년 조직, 교육 및 여가 활동 조직, 그리고 소비자 협동조합 등이었다.

지금까지는 자본주의가 자체적인 모순의 결과로 막다른 골목에 부딪혀 무너질 것이라는 것이 대다수 혁명가들의 궁극적인 전망이었다. 부르주아지는 그런 상황이나 경제문제를 제대로 통제하지 못할 것이며, 그러면 의회의 다수당이 된 사회주의자들이 정권을 잡게 될 터였다. 다시 말해, 사회주의의 지도자들은 지난 세기 동안 다양한 모습으로 반복되어온 곤란한 상황에 빠지게 될 자신들의 모습을 미리 발견한 것이나 다름없었다. 사회적 변혁을 불러일으킨 사회주의 운동이 이제 그런 것은 더 이상 중요한 문제가 되지 않는 사회적 구조와 정치적 상황에 직면하게 되는 것이다. 이탈리아의 공산혁명 이론가인 안토니오 그람시는 1920년대와 1930년대 수감 생활을 하면서 이러한 상황에 대한 이론을 세운 사람이다.

사회민주당은 더 이상 사회에 위협적이지 않은 모습을 보여주었지만, 황제가 다스리던 독일의 관료들은 이들을 두려워하며 증오했다. 특히 이들의 선거를 통한 정치력과 의회 장악력이 날이 갈수록 커졌기 때문이었다. 사회민주당은 황실과 관료들이 꿈꾸던 통합된 국가의 정서를 무너트리는 원흉이었다. 국민들이 호엔촐레른 왕가에 기꺼이 충성을 하면 그 힘을 끌어 모아 제국의 이상을 달성하려던 목표에 문제가 생긴 것이다. 사회민주당과 결합한 노동조합 세력은 봉건 시대의 사고를 벗어나지 못한 독일 거대 자본가들을 불안하게 만들었으며, 기업가들과 이제 막 출현한 중산층들은 이런 자본가들과 힘을 합치려 했다. 사회민주당이 지지하는 소비 협동조합은 소상공인들에게는 큰 위협이었으며, 이들의 유물론적 이념은 종교적 감성을 배격했고 주류 지식인 계층과 대학교에서 인기를 끌던 낭만적 이념주의 철학도 멀리 했다. 또한 군국주의를 반대함으로써 군부 지도층과 수많은 지지자들을 적으로 돌렸다.

독일에서는 황제를 정치적 수장으로 삼아 군대가 정치를 주도하는 계획이 실행 중이었다. 그리고 비스마르크의 반사회주의자법의 대상이 되는 정당들을 완전히 뿌리를 뽑으려고 했다. 이러한 계획은 당연히 독일만 추진한 것이 아니며, 사회주의자들의 강력한 정치적 도전으로 비슷한 갈등이 있던 이탈리아에서도 비슷한 주장이 나오고 있었다. 그렇지만 1914년이 되기 전까지는 그런 계획을 실행할 만한 충분한 여건이 되지 못했다.

20세기 초에는 페리 앤더슨이 지적했던 것처럼, 대격변과 혁명에 대한 사상과 기대가 일반 대중들의 의식 속에 널리 퍼져 있었다. 중국과 멕시코, 그리고 러시아에서는 다양한 방식으로 심각한 유혈 사태가 벌어지고 있었으며, 남아프리카와 발칸 반도에서는 전면전이 벌어졌고 영국은 아일랜드의 자치권과 관련해 내전이 일어나기 일보직전이었다. 또 동시에 국민들의 불만이 쌓여갔고 일부 함선에서 해군 수병들이 반란을 일으키기도 해서, 사태를 진압하기 위해 다른 군함이 출동하기도 하였다.

동시에 사회주의 조직들을 연결하는 공식적인 사회주의 인터내셔널 Socialist International 연결망이 사람들의 신뢰를 크게 얻어 그 기세로 전쟁을 공공연히 비난하는 성명을 준비해 알렸다. 만일 전쟁이 벌어지면 노동자들을 각각 반대편 적진으로 보내겠다는 것이었다. 또한 부르주아지 정부의 악의에 의해 벌어지는 모든 유럽의 전쟁을 멈추게 할 행동을 취할 것이라고 위협하기도 했다. 그러자 당연히 유럽의 각국의 정부들은 경각심을 갖고 사회주의 지도자들이 실제로 그런 일을 벌이는 것을 막기 위해 대대적인 검거와 압박에 나섰다.

1914년 8월, 제1차 세계대전이 발발한 직후, 이러한 정부의 압박과 진퇴양난의 곤경에 직면한 교전국들의 사회주의 지도자들은 공식적으로는 전쟁에 반대하는 입장을 고수했지만, 실제로 어떤 행동을 실행할 경우 매우 심각한 결과가 벌어질 것이 자명하다는 것을 알았다. 따라서 대부분은 결정적인 순간에 포기를 하고 정부에 협력해 전쟁에 뛰어들었고, 기껏해야 평화주의자라는 입장만 고수할 뿐이었다. 이들은 상황에 따라 다양한 방식으로 숙고하며 대응을 했고, 모두 다 불명예스러웠던 것은 아니었다. 프랑스의 사회주의자들은 결국 독일 정부가 선전포고를 하고 프랑스를 침공하자, 조국의 방위를 위한 중요한 전쟁을 지원할 것이라고 확인해주었던 것이다.

그렇지만 독일의 사회주의 지도층 역시 자신들의 조국이 침략이 아닌 방어를 하는 전쟁을 하고 있다고 생각했으며, 이번에는 그 대상이 독재 국가인 제정 러시아였다. 또한 마르크스와 엥겔스의 저술에서 자신들의 이런 입장을 대변할 만한 문구들을 찾아내기도 했다. 실제로 이 경우도 전쟁을 선포한 것은 독일이지 러시아가 아니었으나, 독일은 러시아 군대가 먼저 이동을 시작했기 때문에 자신들로서는 선택의 여지가 없었다는 식으로 변명을 했다.

그렇다면 이런 사회주의자들을 지지하는 사람들의 입장은 어떠했을까. 전쟁을 벌이고 있는 국가의 노동자들은 전체적으로 악을 응징하는 전쟁은 정당한 것이라는 데는 아무런 의심을 하지 않았다. 이 문제에 대해 반박을 하려는 지도자라면 받아들이지 않았을 것이다. 전쟁을 지지하는 일을 통해 사회주의 지도자들은 자신들의 정치 경력 중 처음으로 대중적인 인기를 얻었으며 정치계에도 받아들여졌다. 또한 정치적 결정에 영향을 미칠 수 있는 자격도 줄 수 있었으며, 어떤 국가에서는 사회주의자들을 받아들이는 일을 정치적으로 수용해야 하는 부분으로 인정하기도 했다. 노동조합의 입장에서 전쟁은 노동자, 특히 기술 부문의 노동자들에게 자신들이 전쟁 물자 생산의 중심에 있다는 사실을 주장할 수 있는 기회가 되었다. 물론 그러면서 고용주들이 그러한 야망을 분쇄하려고 최선을 다할 때는 산업계의 분쟁을 부추기기도 했다.

의도하지 않은 결과에 대한 모순은 1914년에서 1918년 사이에도 분명히 있었다. 세계대전은 결코 4년이 넘도록 지속될 계획이 아니었으며, 3000만 명이나 되는 사람들을 죽이면서 상상할 수조차 없는 엄청난 파괴를 불러일으키고 4개나 되는 제국을 붕괴시킬 줄은 아무도 몰랐다. 전쟁은 속전속결로 치러질 계획이었으며, 19세기와 마찬가지로 빠르게 결판을 내고 평화협정을 맺을 예정이었던 것이다. 그렇게 되면 국경과 국제적 역학 관계는 심각한 수준으로 조정이 되겠지만, 기존의 국가들은 그대로 남을 수 있었던 것이다. 그러나 현실은 크게 달랐고, 전쟁이 장기화되면서 엄청난 살육과 파괴가 자행되었다. 19세기의 세계 경제 체제는 완전히 무너졌지만, 그럼에도 불구하고 상황은 완전히 끝난 것이 아니었다.

공산주의 활동

부르주아지들의 악몽이었던 사회주의자들의 정권 획득은 1917년 실현이 된다. 그것도 어느 작은 나라가 아닌 유럽의 강대국 중 하나인 러시아 제국에서였다. 러시아는 그 영토만 해도 유라시아 대륙에서 중부유럽, 그리고 태평양까지 이어지는 대국이었던 것이다.

그뿐만 아니라 1년이 되지 않아 제국의 새로운 지배층은 사회주의자들이 의도한 대로 움직여, 할 수 있는 한 다른 국가에서도 비슷한 혁명이 일어나도록 격려했다. 이 계획에는 유럽의 식민지와 반식민지 상태에 있던 지역들의 주민들을 움직여 본국에 대항하도록 하는 일도 포함이 되어 있었다. 이는 개혁주의 사회주의자들은 감히 상상도 할 수 없었던 일이었다.[5] 심지어 제1차 세계대전이 끝나자 몰락한 러시아 제국의 지배층과 승전국 정부들은 새로운 혁명정부를 무너트리려 끊임없이 노력하기도 했다. 그 시도는 실패했지만, 대신 러시아는 극심한 빈곤에 시달리게 된다. 빈곤은 이후 74년 동안 이 사회주의 정부를 괴롭혀 왔다. 아이작 도이처는 그러한 현실에 대해 이렇게 설명하고 있다.

"사회주의는 빈곤과 결핍 상태에서는 완성될 수 없다. 이런 문제들을 상대하다 보면 모든 꿈은 물거품이 되는 것이다. 결핍은 불평등을 낳는다. 먹을거리와 입을 옷, 그리고 살 집이 충분하지 않으면, 소수의 사람들이 능력이 닿는 한 모든 것을 움켜쥐고 나머지 사람들은 굶주리게 된다. 누더기를 걸치고 더러운 빈민굴에 몰려 살게 되는 것이다."[6]

1917년 혁명을 성공시킨 사회주의자들은 전 세계 사회주의 혁명을 완수하기 위해 국제적인 조직을 만드는 일에 나선다. 이들은 가장 극렬하게 부르주아지를 반대하는 파에 속해 있었으며, 자신들의 숫자가 많다는 아주 단순한 이유로 스스로를 볼셰비키Bolsheviks, 즉 다수파로 부르게 되었다. 혁명이 일어난 후 이 볼셰비키들은 예전의 공산주의자라는 이름을 아주 조심스럽게 되살렸다. 이들과 사상을 같이 하는 다른 나라의 사회주의자들도 이들과 비슷한 목적을 가지고 비슷한 노선을 걸었다.

그러는 동안 전쟁 전에 결성되었던 사회주의자 인터내셔널은 갈등으로 와해가 된다. 아니, 그보다는 오히려 전쟁이 벌어지면서 국적에 따라 대치하게 되었을 때 각 계파들의 보였던 반응에 따라 그렇게 되었다는 표현이 더 옳은 것이리라. 전쟁이 끝난 후에 이른바 국제 공산당the Communist International에 대항하여 이 사회주의 인터내셔널 조직을 되살리려는 움직임이 일어났지만, 아직 남아 있던 기존의 조직을 바탕으로 다시 부활한 이 사회주의 인터내셔널은 과거의 그림자에도 미치지 못했으며, 개혁주의적 주제와 자본주의의 주도권을 변하지 않는 실체로 받아들이는 입장을 분명하게 고수했다. 물론 일반 지지자들 사이의 갈등 때문에 이러한 입장을 분명하게 정하는 데만 수십 년의 세월이 걸리기는 했다.[7] 국제 공산당의 계획은 전쟁과 사회주의 인터내셔널의 붕괴, 그리고 부르주아지 정부의 요구에 굴복한 현실의 의미에 대한 레닌의 분석을 바탕으로 하고 있었다. 레닌은 이러한 상황이 결국 자본주의가 죽어가고 있음을 의미하는 것이라고 주장했다. 그리고 '자본주의의 전위대'로 그 본색을 드러낸 사회주의 지도자들은 그 지지자들을 전쟁이라는 살육의 현장으로 이끌었는데, 이는 자본주의 사회와 사회주의자들 모두가 혁명을 일으키기에는 지나치게 부패했다는 사실을 의미한다는 것이다. 세계 각지의 노동자들은 이런 사실을 받아들일 준비가 되어 있다는 것이 레닌의 분석이었다. 효율적이고 과감한 마르크스주의식 지도력과 함께 공산주의자들은 노동자들의 고용주들과 사회주의 이념을 배신한 이전의 지도자들에게 대항해 일어날 만반의 준비를 갖추고 있으며, 우선 유럽에서 그리고 얼마 지나지 않아 세계 전역에서, 사회주의의 공화국을 건설할 수 있을 것이라고 생각했다.

볼셰비키 혁명 그 자체는 곧 이어 일어날 또 다른 혁명을 위한 준비 작업이라고 생각되었다. 좀 더 정확하게 말하자면 시대의 징조가 그런 방향을 가리키고 있었다는 것이다. 처음에는 전쟁에서 패전을 한 혼란스러운 상황 속에서 황제를 몰아내고 임시 정부가 구성되었지만, 정부의 지도자들은 제국을 완전히 끝내기를 거부했고 이것이 결국 10월 혁명의 도화선이 되었다. 그렇지만 볼셰비키 지도자들은 자신들의 국제 정세에 대한 분석을 확신하지 못했고, 다시 혁명을 일으키지 못할 것 같았다.

고통을 받고 있던 전 세계 일반 대중들은 국제 공산당이 기대하고 있는 방식으로 반응을 보이지 않았다. 이들은 도덕적인 원칙에 의해 공산당의 계획에 동조하지 않았고, 자신들이 처한 특별한 상황에서는 혁명이 가능하다고 생각하지 않았다. 혹은 그런 시도를 할 수 없을 정도로 심하게 압제를 당했거나, 아니면 이런 모든 이유들이 다 복합된 것일지도 몰랐다. 새로 탄생한 국가의 공산당 지도부는 국경 지역의 경계선을 정리함으로써 러시아 제국을 완전히 끝장내고, 1924년부터는 국가의 이름을 소비에트 연방으로 바꿨다. 그리고 자신들의 기본적인 분석이 잘못되었다는 사실을 받아들이려 하지 않았다.

이들은 대신 비슷하게 시도된 혁명들이 실패한 이유를, 극복할 수 없었던 상황과 부족했던 지원이 아니라 적절한 지도자의 부재 탓으로 돌렸다. 혁명은 독일에서는 실패했고 영국 같은 곳에서는 아예 시도조차되지 못했다. 그 결과 소비에트 연방은 그만큼 오히려 더 크게 마르크스 혁명이 실제로 성공한 위대한 사례로 부각이 되었다. 그리고 이러한 명성을 등에 업고 공산당의 정책과 조직에 대한 원칙이 빠르게 자리를 잡아갔으며, 1919년 정식으로 출범한 국제 공산주의 연합, 즉 코민테른 Comintern이라는 이름으로 모든 일을 주관하며 앞으로 나아갈 방향을 자세하게 지도하기에 이르렀다.

이러한 각 계파들은 처음에는 그람시처럼 강한 의지를 지닌 개인의 독립적인 관점에 의해 만들어졌는데, 그람시는 각 문제의 본질이 코민테른이 파악하고 있는 것보다 훨씬 더 복잡하다는 사실을 잘 알고 있었다. 코민테른의 지도자들은 소비에트 연방이 지시하는 방향을 충실하게 따르고 있었다. 그런 소비에트 연방도 자체적으로는 많은 문제와 어려움에 직면하고 있었다. 우선은 새롭게 전열을 가다듬은 적들이 침략해올 가능성이 늘 존재하고 있었으며, 국토가 황폐화되면서 벌어지는 문제들로 공산당의 강력한 독재정치가 실시되었다.[8] 공산당은 사회의 각 분야와 제도들을 장악했고, 그러는 와중에 심지어 같은 공산당원들까지도 억누르게 되었는데, 정책과 그 내용에 따라 각 계파 간에 치열한 다툼도 있었다.

혁명으로 인한 갈등의 가장 격렬한 국면과 그 뒤를 잇는 참혹한 내전은, 혁명으로 새로운 정부가 들어설 때 가장 일반적으로 볼 수 있는 모습이다. 코민테른은 공산주의자들의 국제적인 연합이라고 했지만, 그런 코민테른을 실질적으로 지배했던 소비에트 공산당은 국제적으로 인정을 받는 '노선'은 그게 무엇이든지 최소한 중앙의 정치적인 문제로 연결이 되도록 만들었다. 동시에 기존의 지도부를 새로운 지도부가 대신하게 되었고, 모스크바의 지령을 엄격하게 따르던 다른 공산당들도 대체로 각 지역의 상황에 따라 '노선'의 요구 사항을 자유롭게 적용할 수 있었다. 그리고 제대로 된 성과를 내지 못할 때는 정기적으로 내려오는 엄격한 질책도 감수해야 했다.

퇴보

대체적으로 소비에트 연방의 내부는 1920년대 중반 동안 사회적 압박으로부터 어느 정도 자유로울 수 있었는데, 시장 환율을 엄격하게 관리하여 피폐해진 자국 경제를 크게 일으킨 덕분이었다. 그렇지만 1920년대 후반이 되자 상황은 다시 나빠졌다. 위험천만한 산업 위주의 정책이 시행되었으며, 그에 따라 농업이 크게 위축되면서 내전이 일어나기 직전까지 몰리게 되었다. 그리고 남아 있는 다른 농업 분야들도 크게 손실을 입었다. 그렇지만 이를 통해 정부는 목표했던 대로 곡물 공급을 통제할 수 있게 되었다. 이러한 상황 속에서 사회의 통제가 제일 우선

이 되면서 억압적인 통치가 전면적으로 다시 실시되었고, 상식을 넘어서는 수준으로까지 강화되었다.

1903년 볼셰비키파가 처음 만들어졌을 때 당시 반대파에 가담해 있던 트로츠키Trotsky의 행적은 훗날 그가 엄청나게 통찰력이 있는 사람임을 보여주었지만, 당시에 그는 철저하게 고립되고 배척되었다. 트로츠키는 만일 레닌이 제시한 당의 규정이 적용된다면, 성공적인 혁명 후에 당이 사회를 마음대로 휘두르게 될 것이며, 당의 중심은 중앙 위원회가 되고 중앙 위원회의 중심은 한 개인이 될 것이라고 일갈했다. 소비에트 연방의 초창기 역사를 살펴보면 정확하게 그가 말한 대로 흘러가게 된다.

사회적 세력이 한 개인에게 집중되는 모습은 세계 각지의 문명의 역사를 통해서 볼 때 일반적인 현상이었다. 그리고 물론 그 개인이 여성인 경우는 거의 없었다. 분명 우리가 이미 언급했던 것처럼 문명화된 호모 사피엔스는 사회적 통제와 정부의 형태를 지향하는 성향을 가지고 있었던 것 같다. 그리고 이런 모습은 처음에는 로마나 중국 제국에서처럼 세습 왕조의 모습으로 나타나게 된다.

그렇지만 이러한 사회적 형성 과정에서 일단 왕국이나 왕조가 자리를 잡게 되면, 보통은 관습이나 관례가 군주의 세력 확장에 영향을 미치게 된다. 그리고 물론 여기에 저항하려고 한 군주들도 있었다. 그렇지만 사회가 반영구적인 긴급 상황에 처해 있거나 적들의 끊임없는 위협에 시달리게 될 때는 상황이 크게 달라지게 된다. 특히 그러한 상황이 전 세계적인 변화의 움직임이나 강렬한 이념적 동기와 합쳐지게 되면 더욱 그렇게 된다. 이념적 성향은 완전히 다르지만 나치와 스탈린주의자들 사이의 공통점의 뿌리가 바로 여기에 있다.

1930년대 스탈린의 독재정치 하에서 사상적 범죄와는 전혀 무관한 일반 시민들의 삶도 히틀러 시대의 그것보다 훨씬 더 고통스러웠다. 스탈린 시대에는 동아시아에서 일본 제국과의 군사적 충돌 같은 다른 문제들 외에도 산업화를 이루고 군사력을 증강하는 일이 숨이 가쁠 정도로 빠르게 진행되었다. 이런 일들을 다 일반 시민들이 감당해야 했지만, 히틀러의 독일에서는 많은 부분들이 이미 갖춰져 있었던 것이다. 이런 상황에서는 국가적인 목표에만 매진할 수밖에 없었으며, 소비에트 연방은 한 국가의 정당성의 근간이 되며 공식적으로 거부할 수 없는 국제 관계에서, 다른 국가들과 충돌을 겪을 수밖에 없었다. 그렇지만 그런 국제적 관계는 크게 무시가 되었다. 심지어 이전 시대보다 상황이 더 심각해지자 외국의 공산당들은 모두 하나가 되어 더 이상 소비에트 연방을 지지해주지 않았다. 그리고 공산당원들은 소비에트 연방의 성취, 혹은 그들이 성취해냈다고 하는 것들이 제대로 된 공산주의 이념을 실천하지 못하면서 이루어진 것이라는 사실을 알게 되었다.

이러한 상황에서 소비에트 정부는 외국인 거주자들에 대한 편집증에 가까운 의심을 보였고, 심지어 소비에트 연방을 지지하는 사람들에게조차 예외는 없었다. 아니 오히려 더 특별하게 의심을 하기도 했다. 이런 현상은 프랑스 대혁명 기간 동안 과격파인 자코뱅파가 몰락하기 바로 전에도 볼 수 있었던 모습이다. 소비에트 연방 내에 거주하고 있던 대부분의 외국 출신 공산주의자들은 1936년과 1938년 사이 스탈린의 명령에 의해 숙청이 되고 말았다.

관료주의

이 책의 앞부분에서도 강조했었지만, 아무리 강력한 군주나 독재자라 할지라도 모든 일을 혼자서 다 처리할 수는 없으며, 특히 군대를 지휘하는 대리인이 군주를 대신하면서 동시에 자신의 야망을 충족시키는 일은 그리 드문 모습이 아니었다. 세습에 의한 권력 이동의 중요한 원칙 중 하나가 완벽하게는 아니더라도 이러한 일을 사전에 방지하는 것인데, 적법한 절차를 거치지 않고 권좌를 차지한 독재자들의 경우 군부와 관료들의 충성이 꼭 필요하다. 이를 위해서는 적절한 보상이나 이념적 통일이 필요하며, 때로는 두 가지를 합쳐서 활용할 수도 있다.

여기에는 두 가지 결과가 나타날 수 있는데, 그중 하나가 바로 관료주의다. 관료란 하나의 사회적 계층으로 국가의 규정을 국민들에게 집행하기 위해 탄생했으며, 실수를 저지르지 않기 위해 몸을 사리거나 혹은 반대로 한 쪽으로만 과도하게 치우치는 경향을 보일 수도 있다. 결국 관료들은 시간이 흐를수록 규칙에만 급급한 모습을 보이게 되며 구조적으로 시대에 뒤떨어지게 된다. 관료주의가 제대로 그 기능을 발휘하기 위해서 관료는 언제 규칙을 무시해야 할지 알아야만 하는 것이다.[9] 누구든 관료의 일원이 되면 업무에 상관없이 시류에 민감해질 수밖에 없는데, 시장이나 대민 업무에 대한 책임에서 자유로워지면 관료들은 자신들의 당면한 목적이나 야망에 집중하게 되며, 자연스럽게 정부의 통제를 무시하게 된다.

두 번째 결과는 군주나 독재자 측근들의 파벌 싸움이다. 국가를 통치하기 위해 꼭 필요한 대리인들이 서로 권력의 핵심에 머물기 위해 경쟁하며, 서로를 모함하고 파벌을 만들어 자신들의 야망을 충족시키려고 한다. 이런 모습은 사실상 어떤 국가나 정부에서도 확인할 수 있으며, 심지어 가장 민주적인 형태의 정부에서도 행정부의 수반인 총리나 대통령 주변에서 같은 일이 벌어진다. 그렇지만 특히 국가 기강이 흐트러진 정부에서 많이 볼 수 있는 것이다.

스탈린은 이러한 문제들을 쉬지 않고 지속되는 공포 정치로 해결했다. 그의 정치 기술은 자신이 거느린 군부와 민간 부문 관료들, 특히 당원들이 지속적인 긴장 상태를 유지하며 불안해하도록 만드는 것이었다. 그리고 쉬지 않고 그들을 다그치며 만일 정치적 범죄를 저지르는 경우에는 강제 수용소로 보내거나 처형을 시켰다. 때때로 스탈린은 다른 관료들에게 본보기를 보이기 위해 아주 성실하고 흠이 없는 사람을 선전용으로 내세우기도 했다.[10]

이런 공포 정치의 뒤에는 또 다른 동기가 있었다. 바로 원한과 복수, 그리고 편집증이었다. 그렇지만 이런 것들만으로는 공포의 본질과 범위를 설명할 수 없다. 진짜 중요한 문제는 이런 일들이 만들어내고 그것을 묵과하고 있는 환경이었다. 덕분에 한 개인이 권력을 자기 마음대로 휘두를 수가 있었으며 특히 다른 사람들의 생과 사를 멋대로 결정할 수 있었다. 심지어 이렇게 사람들을 박해하며 가학적인 즐거움을 느끼는 가운데 그 개인은 짜릿한 전율마저 맛볼 수 있었던 것이다.

그렇지만 또 필요한 경우에는 이러한 분위기가 누그러질 수도 있었는데, 특히 1941년부터 1945년까지의 전쟁 기간 동안은 생존의 문제가 더 중요했다. 스탈린은 경쟁자였던 히틀러와는 달리 자신이 거느린 장군들을 믿었고 그들의 이야기에 귀를 기울였다. 모두 다 소비에트 연방의 최종적인 승리를 위해서는 빼놓을 수 없는 요소였다. 또한 이 기간 동안 중앙 통제식 경제 정책의 가능성을 확인할 수 있었는데, 이런 체제 하에서는 모든 자원을 한 가지 목적을 위해서만 투입할 수 있었기 때문이다. 전쟁이 끝나자마자 공포 정치가 다시 시작되었고, 이번에는 냉전으로 인한 위기 상황이라는 구실이 새롭게 등장했다. 그리고 계획 경제 정책의 약점이 드러나기 시작했다.

또한 이 시점에서 상황은 근본적으로 변하고 있었다. 자본주의 세계의 전후 부흥이 시작된 것이다. 1948년부터 다소 불안한 출발을 보였지만, 이내 안정되게 자리를 잡은 자본주의는 역사상 그 어느 때보다도 더 일반 대중의 필요와 기대를 충분히 채워줄 수 있었다. 유럽과 세계 몇몇 지역에서는 개혁주의적 사회 민주주의가 새롭게 힘을 얻으며 공산주의에 대항하는 강력한 사회주의 경쟁자로 떠올랐다. 노동자 계급은 이를 반겼고 다른 계급들도 마찬가지였다. 그렇지만 공산주의도 그대로 보고만 있었던 것은 아니었다.

1945년 전쟁을 승리로 이끈 소비에트 연방은 그 입지가 엄청나게 강화되었으며 동유럽에 대한 주도권을 장악했다. 또한 1948년부터는 이러한 주도권이 완벽한 지배의 개념으로 바뀌기 시작했는데, 그렇게 되자 새로운 문제들이 수면 위로 떠오르기 시작했다. 아이작 도이처는 자신이 쓴 스탈린 전기의 한 장에 이런 제목을 붙였다. 바로 '승리의 역설'이라는 제목이었다. 1949년 중국 공산당은 미국의 지원을 받으며, 손을 델 수 없을 정도로 부패해 있던 부르주아지의 봉건 시대 유산들을 중국 본토에서 완전히 쓸어내 버리고 중화인민 공화국을 수립했다. 그리고 참으로 적절한 때에 유럽에서는 소비에트 연방의 세력이 확장될 때보다 더 큰 문제들이 터져 나오기 시작하며, 소비에트 연방과 중국 인민들에게 영향을 미치게 된다.

무너져가는 토대

1930년대에 들어서자 사회주의는 그 두 가지 주요한 형태 모두가 상대적으로 세력이 약해지기 시작했다.[11] 그리고 1945년 전쟁이 끝난 후에는 여러 가지 다른 방식으로 새로운 활로를 찾게 되었다. 그렇지만 이런 전환기에 그 토대는 썩어서 무너져가고 있었다. 사회 민주주의 혹은 개혁주의적 사회주의가 다시 살아나게 된 건 50년대와 60년대 미국 자본주의의 성공에 따른 세계 경제의 부흥 덕분이다. 달러화는 전 세계를 지배하는 준비 통화가 되어 자본주의 세계를 하나로 연결시켜주게 된다.

경제가 부흥하자 북아메리카와 서유럽, 그리고 일본 등지에서는 사회적 재분배와 물질생활 수준을 서서히 끌어올리는 데 충분한 재원이 확보되었으며, 싱가포르나 홍콩 같은 무역의 요충지들도 마찬가지였다. 그렇지만 이런 부흥 뒤에는 세계의 '발전하지 못한' 다른 나라들, 그러니까 이른바 '제3세계'의 희생이 있었으며, 기본적으로는 제국주의 시대의 관계를 바탕으로 하고 있었다. 다시 말해 저렴한 가격의 원료와 기타 중요한 필수품들, 특히 원유 등을 확보함으로써 경제 부흥이 가능했던 것이며, 이런 원료를 생산하는 국가들은 빈곤을 면치 못했다. 1973년 경제 위기가 시작되자 사회 민주주의의 약점이 적나라하게 드러나기 시작했다. 재분배를 반대하며 사회주의와 노조의 영향을 짓누르려고 결정한 세력이 지배하는 국가 권력과 금융 제도 앞에 사회주의는 무기력했다. 따라서 70년대부터 시작되어 레이건과 대처의 밀월 시대에 최고의 맹위를 떨친 신자유주의라는 폭풍 앞에서 사회주의는 쉽사리 붕괴되어버렸다.

공산권의 운명은 이와 비슷했으나 약간 달랐다. 소비에트 연방의 경우 1953년 스탈린이 죽고 난 후에 공산당 간부들을 포함한 일반 대중들이 좀 더 안전하게 살 수 있도록 상황이 개선되었다. 다시 말해, 결국 아무런 이유 없이 사람들을 임의로 체포하는 일이 사라지게 된 것이며, 계획 경제의 틀 안에서 소비 수준도 조금씩 나아지게 되었다. 1956년에는 흐루쇼프의 충격적인 스탈린 격하와 비난이 있었고, 뒤이어 폴란드와 헝가리에서는 정치적 위기와 폭동이 있었지만, 1960년대가 시작되기 전의 상황은 상대적으로 희망이 있는 것처럼 보였다.

그럼에도 불구하고 소비에트 연방과 동유럽의 공산권 위성 국가들은 여전히 무소불위의 공산당이 지배하는 독재적인 경찰국가로 남아 있었다. 심지어 헝가리처럼 대중의 요구에 가장 민감했던 국가조차 그랬던 것이다. 체코슬로바키아의 공산당은 1968년 계획 경제를 일부분 포기하고 좀 더 책임감 있는 정당으로 변신하려는 시도를 했지만, 소비에트 연방의 군대가 이런 시도를 삽시간에 진압해버렸다.

중국의 경우는 상황이 훨씬 더 좋지 않았다. 물질적으로도 훨씬 더 빈곤했으며 인민들 대부분이 가난한 농부들이었다. 1950년대 후반과 1960년대 초에는 독단적이며 단기 집중적인 방식으로 억지로 산업화를 이루려고 했지만, 엄청난 기근으로 인해 수백만 명이 굶어죽음으로써 인간이 유도한 최악의 재난이 되고 말았다. 그러나 원래부터 많았던 중국의 인구와 공산당의 엄격한 정치 지도력으로 사회가 완전히 붕괴되는 것만은 막을 수 있었다.

이때 중국이 벌인 산업화 정책은 이른바 '대약진정책大躍進政策'이라고 불린 경제 건설 운동이었으며, 그 이후에는 그 못지않게 파국으로 얼룩진 극좌 사회주의 운동인 '문화대혁명文化大革命'이 시작되었다. 문화대혁명은 중국 공산당 주석인 마오쩌둥이 느슨해진 권력의 끈을 다시 옥죄기 위해 시작한 운동으로, 그는 관료주의를 몰아냄으로써 혁명의 대의를 다시 세우자고 역설했다. 거기에 예술가와 지식인, 그리고 반동분자로 의심받는 사람들도 숙청의 대상이 되었다. 마오쩌둥이 취했던 방식은 스탈린의 그것과는 달랐으며, 불만이 가득했던 수백만 명의 젊은 청년들과 청소년들을 움직여 무작위로 숙청의 대상자들을 공격하게 했다. 이들은 숙청의 대상인 동시에 젊은이들의 불만의 목표였으며, 인신공격과 폭력, 그리고 구금과 살인 등 다양한 폭력 행위가 수반되었다. 게다가 이런 일련의 사건들이 시작되고 진행되어 마무리가 되기까지 중국과 소비에트 연방 사이에는 전쟁까지 일어날 뻔했다. 상황이 이렇게 된 것에는 여러 가지 이유가 있었지만, 중국 측에서는 소비에트 연방이 지나치게 느슨해져 자본주의 적들과 타협을 하고 있으며, 중국을 억누르고 세력을 확장하려는 야심을 보이고 있다고 주장했다. 그리고 심지어 자본주의를 다시 도입하려고까지 한다는 것이었다.

자유 민주주의와 높은 소비 수준을 즐기던 서구 사람들에게 이러한 모든 것들은 공산주의란 기껏해야 빈곤과 억압이 결합된 결과이며, 최악의 경우는 대량 학살로 이어진다는 걸 의미할 뿐이었다. 그리고 당연한 일이지만, 이런 공산주의와 엮이고 싶어 하는 사람은 거의 없었다. 서구 사회에서 공산당은 대부분 그 세력이 아주 미미했으며,[12] 정부는 정보부를 동원해 이들을 감시하는 한편, 또한 관대하게 받아줄 정도의 여유가 있었다. 물론 미국과 서독의 경우는 공산주의에 대해 아주 극렬하게 반대하는 입장이었다.

유럽의 사회주의는 제2차 세계대전 동안, 혹은 그 이후에 파시스트 독재 정권에 대한 투쟁을 통해 대중들의 인기를 얻을 수 있었다. 어쨌든 1974년에서 1975년 사이의 짧았던 포르투갈 혁명 기간을 제외한다면, 사회주의는 정권 획득이라는 목표 달성을 위한 충분한 지원을 얻을 희망이 전혀 없었다. 자본주의의 세력권 안에 있는 제3세계 국민들 중에는 이전의 공산당 치하에서 빈곤과 억압, 그리고 학살을 겪은 경험이 있었다. 이들은 사회주의에 훨씬 더 회의적이었다. 그리고 이런 지역에서는 가혹한 억압이 바로 법이었다. 인도차이나 반도를 제외하고는 사회주의가 승리를 거둔 경우가 없으며, 인도네시아의 경우는 사회주의와 그 지지자들이 말 그대로 완전히 근절되었다.

소비에트 세력권의 공산국가들에서는 갈등과 모순이 쌓여 다양한 복지 지표들이 조금씩 하향세를 그리게 되었으며, 이런 문제를 해결하기 위해 자본주의 경제에 점점 더 많이 의존하게 되었다. 소비에트 연방조차도 경제문제는 물론 군사적, 그리고 정치적 측면에서 가해지는 서방세계의 무자비한 공격에 무너져가고 있었으며, 군비 경쟁에 대한 부담도 견디기 어려웠다. 아프리카계 미국인이며 마르크스주의 학자인 W E B 두 보이스는 남북전쟁 이후의 재건 시대에 남부의 사우스캐롤라이나주 지배층이 진짜로 두려워한 것은, '나쁜 흑인들의 정부'가 아니라 '좋은 흑인들의 정부'였다고 말한 적이 있다. 그리고 같은 논리가 20세기 미국의 경쟁자였던 공산권 국가들에게도 적용이 되었다. 만일 스탈린이 소비에트의 만델라였고 그의 후계자들도 그러했다면, 그리고 그들이 세운 국가가 공산주의 스웨덴이었다면, 미국의 태도는 아마도 조금은 달라졌을 것이다.

추락

그렇지만 동부유럽 전체와 소비에트 연방이 무너진 건 그런 이유 때문만은 아니었다. 계획 경제는 소비사회에 어울리는 적절한 체제가 아니었으며, 그런 사회에 도달하기 위해 시도할 만한 정책도 아니었다. 사실 여러 분석들이 보여주었듯이 계획 경제 전체는 작은 계획 경제 정책들이 모여서 이루어진 것이며, 각각의 사업들은 가능한 한 자급자족 형태를 유지하기 위해 애를 쓰면서 원자재와 노동력 확보를 위해 다른 사업들과 경쟁한다. 그리고 중앙정부로부터 장비와 유동자본을 공급받는다.

그렇지만 질책을 받지 않기 위해 생산 목표량과 품질을 속이고 결과를 위조해서 보고하는 일 등이 벌어지며, 상황을 더 심각하게 만들었다.

정치와 경제 개혁을 이루려는 최후의 방대한 노력은 체제를 붕괴시켰으며, 유럽과 소비에트 연방의 공산주의자 모두가 신자유주의라는 폭풍에 날아가 버렸다.

한편 중국은 이런 상황 속에서도 살아남아 강력한 통제와 방임을 뒤섞어 체제를 유지할 수 있었다. 약 25년간의 계획과 노력 끝에 수많은 개인들이 부를 쌓을 수 있도록 허용하는 한편, 거기에 국가가 강제로 착취하는 노동력을 결합해 국가 주도의 자본주의 경제 체제를 정착시킬 수 있었던 것이다. "일반적으로 공산주의를 통해 이익을 본 사람들이라면, 자본주의로 바뀌어도 그보다 더 큰 이익을 볼 수 있다."[13] 마크 멀홀랜드의 말이다.

영국에서는 마거릿 대처 총리가 "대안은 없다!"라는 구호를 외치고 있었고, 미국에서는 프랜시스 후쿠야마가 1992년 이와 유사한 내용을 주장하는 글을 썼다. 그리고 1990년대까지 이러한 모든 주장이 실제로 실현되는 것처럼 보였다. 아르노 메이어는 이렇게 말했다. "21세기가 시작되자 인류 역사상 가장 어두운 암흑기가 시작되었다. 혁명은 아무런 희망도 주지 못하는 것처럼 보였고 위협조차 되지 못했다."[14] 물론 그 '혁명'이 무엇을 의미하느냐에 따라 달라지겠지만 말이다.

제17장

의미에 대한 간절한 추구
Desperately Seeking Significance

"나는 자연을 관통하며 지나가는 무한의 비명을 느꼈다."
— 에드바르트 뭉크

반세기 전, 핵무기가 개발되면서 인간 종족은 자신들은 물론 지구 생명체의 대부분을 말살할 수 있는 능력을 얻었다. 단 한순간의 실수로도 이러한 가능성은 현실로 이루어질 수 있으며, 핵폭발로 인해 인간의 장대한 역사는 끝장이 날 수 있는 것이다. 서로 경쟁을 하던 초강대국들 중 하나가 정치적으로 무너지고 거기에 과거에는 정의로 군림했던 이념까지 사라지면서, 전쟁으로 인한 이런 특별한 위험은 사라진 듯 보이지만 완전히 소멸된 것은 아니다.

핵전쟁처럼 즉각적이고 위험하지는 않으나 인류를 위협하는 다른 두려움이 생겨났고, 궁극적으로 보면 그 모습은 핵의 위협 못지않다. 이런 위협은 주로 첨단 기술의 활용에서 비롯되는 것이며, 생물의 종과 그 서식지를 파괴한다는 점에서 역시 핵전쟁과 비슷하다. 오염 물질의 과도한 배출과 더불어 현재 지질학적으로 전례가 없는 규모로 진행되고 있는 이런 위협은 지구상의 대부분의 지역을 생물이 서식할 수 없는 곳으로 만들지도 모른다. 따라서 인간 역시 생존하기 어려울 것이다. 1948년 미국의 페이필드 오즈본은 이러한 잠재적인 가능성을 이해하고 《우리의 약탈당한 지구Our Plundered Planet》라는 책을 출간한다. 그리고 그 이후에 우리를 위협하는 재앙은 더욱 그 강도가 더해졌고, 환경 파괴를 걱정하는 우려의 목소리는 그대로 묻히고 말았다.

그렇지만 가장 가능성이 큰 결과는, 환경에 엄청난 영향을 미치는 산업화된 체계가 만들어낸 세계 시장이 결국 스스로 붕괴되는 일이 아닐까. 세계 사회를 지탱하고 있는 상호 교류와 협조의 연결망 역시 환경 파괴로 인해 이 지구가 완전히 멸망하기 전에 먼저 무너질 것이다. 물론 그 과정에서 수십억 명의 인류가 죽어가겠지만, 남은 무리들은 무엇이든 먹고 적응하며 결국에는 생존에 성공할 것이다. 그렇지만 지난 200여 년의 세월 동안 인류가 이룩한 안전과 장수, 안녕과 자유, 평등, 그리고 박애의 정신은 영원히 사라져 결코 다시는 회복되지 못할 것이다. 이 경우 씁쓸하면서도 얄궂은 일은, 수없이 많은 재난으로 인해 문명이 무너지고 생존자들에게 엄청난 불행과 재난이 몰려온다고 해도, 그것이 그나마 가장 긍정적인 예측이라는 사실이다. 그렇지만 이러한 소름끼치는 예측대로 상황이 진행될 필요 또한 없을 것이다.

인간은 생존 그 자체를 인간이 아닌 생물권에 완전히 의존하고 있지만, 그 뛰어난 두뇌 덕분에 이 지구의 전 지역을 다 아우르며 다른 생물들을 수탈하거나 멸종시킬 수 있었다. 그리고 인간이 창조해낸 것들도 일단은 이 세상을 지배하고 있는 것처럼 보인다. 따라서 우리 인간이 지구상의 다른 생물들을 지배하고 있다고 믿기 쉽겠지만 사실은 그렇지 않다. 만일 박테리아에 의식과 성대가 있다면 아마 이러한 주장을 듣고는 큰 소리로 웃음을 터트릴 것이다. 박테리아야말로 저 바다 깊은 곳과 남극, 그리고 화산 같은 곳만 제외한다면 어디에나 존재하는 중요한 생명체이며, 인간의 몸속에도 있어 그 숫자가 진핵세포의 수를 훨씬 더 능가한다. 박테리아는 과거에도 그랬고 미래에도 당연히 존재할 것이며, 생명권 그 자체만큼이나 오래 존재해온 중요한 생명체다. 박테리아는 이 지구의 탄생과 마지막을 함께할 것이다. 결국 최후의 승자는 언제나 이런 박테리아와 같은 생명체인 것이다.

사르트르의 장편과 단편 소설들의 특징 중 하나는 자신이 우월하다고 생각하는 인간을 조롱하는 것이다. 사회에서 높은 위치에 있고 태어나면서부터 다른 사람들을 지배할 수 있는 특별한 권리를 갖게 되었으니, 이런 사람들은 스스로를 우월하다고 생각할 만하다. 인간은 또한 다른 생명체들에게도 비슷한 태도를 보이는 실수를 저지른다. 생물학적으로 우리 인간은 척추동물이나 무척추동물에 상관없이 나머지 모든 생명체들과 같은 수준에 서 있는 것이며, 오직 생존과 번식을 위해서만 진화해왔다. 이 세상은 우리에게 어떤 특별한 권리를 준 적이 없다. 운석의 충돌이나 화산 폭발, 전염병 혹은 환경 재앙 등으로 멸망을 한다고 해도, 그 운명의 결과는 한때 이 지구상에 살다가 사라져버린 다른 생명체들과 전혀 다를 바가 없는 것이다.

그렇지만 한 가지 측면에서 인간은 독특하며 심지어 특별하기까지 하다. 인간은 정형화된 형식을 추구하는 사회적 동물로, 실용적이면서도 상상력이 풍부한 문화를 발전시켜 왔으며, 이를 통해 자기 자신에 대해 종합적으로 판단할 수 있는 유일한 생물로 진화했다. 그리고 환경이 어떤 기능을 하는지 개념적으로 이해를 하고, 수십억 년의 세월을 건너뛰어 이 지구와 태양계의 궁극적인 운명이 어떻게 될지 알아내는 그런 생물이 되었다. 물론 우주의 정체에 대해서는 여전히 많은 논란이 있지만, 인간의

노동, 성, 권력
Work, Sex and Power

학문은 쉬지 않고 그 정체를 파악하기 위해 애를 쓰고 있는 것이다.

인간은 우주와 원자의 세계 혹은 지구상에서 영겁의 세월에 걸쳐 진행된 생명체의 진화와 같은 과정들을 확인할 수 있고 이해할 수 있으며 설명할 수도 있지만, 그렇다고 해서 자기 자신을 넘어서는 모든 것들에 대해서 모두 다 그렇게 할 수 있다는 의미는 아니다. 그렇지만 우리가 이 지구상에서 계속해서 살아가는 한, 무엇이 정말 중요하며, 그 일에 대해 우리가 무엇을 할 수 있는지, 그리고 미래에 어떤 일이 벌어질지에 대해서 의문을 갖는 일을 피할 수는 없을 것이다.

피할 수 없는 압박

1776년 에드워드 기번은 자신의 장대한 역사서의 첫 권을 시작하면서 세계 역사상 가장 찬란했던 시대는 '5현제五賢帝'가 로마 제국을 다스리던 때였다고 썼다. 5현제 시대란, CE 2세기경 안토니누스 왕조의 다섯 황제 시대를 말한다.[1] 이를 통해 이 통찰력 있는 저자는 고대의 제국들이 잔인한 폭력성과 전쟁으로 만들어지고 유지되었다는 사실을 아울러 이야기하고 있다. 그럼에도 불구하고 어쨌든 이 100년 가까운 세월 동안 제국은 전체적으로 평화스러웠으며, 견딜 수 없는 수탈과 기근, 그리고 역병 등도 피할 수 있었다. 산업과 상업은 번창했으며 사법제도 역시 제 기능을 다했다.

기번의 시각에서 보면 그가 생각하는 인류 역사의 정점이 바로 이 시기에 이루어진 것이다. 문명과 문화가 넉넉함과 풍요로움을 바탕으로 꽃을 피웠고, 여기에서 부득이하게 소수의 사람들만이 진짜 이익을 얻을 수 있었다. 그렇지만 기번에 의하면 이런 모습은 역사 전체를 통해서 볼 때 언제나 한결같은 것이었다. 그의 이런 평가를 통해 그가 살던 시대의 지식인들에게 일반적으로 받아들여지던 변명 속에 감춰져 있던 역사적인 실체가 드러나게 되었다. 지배층에게 부가 집중되는 현상은 피할 수 없는 것이며, 대다수의 일반 민중이 바랄 수 있는 최선은 효율적인 농업과 운송 기술을 통해 굶주림이나마 면하는 것이다. 거기에 합법적으로 균형을 잘 맞춘 소수 독재정치는 일인 독재의 폐해를 막아준다. 헬레니즘 시대의 그리스 철학자들은 개인이 누릴 수 있는 최고의 행운은 이 세상에 태어나지 않는 것이며, 만일 어쩔 수 없이 태어났다면 태어나자마자 죽는 것이 좋다고 말했다. 따라서 당시에는 사회의 지배층에게조차 살아가는 환경이 좋지 못했다는 것을 알 수 있다.[2]

농업 시대 이전의 생활 역시 즐거운 놀이 같은 것이 전혀 아니었다. 농사를 짓는 어려움은 없었지만, 그렇다고 해서 삶의 고달픔까지 사라진 건 아니었던 것이다. 특히 여성들의 경우 힘들고 고생스러웠을 뿐만 아니라 아예 수명 자체가 길지 못했다. 이 책에서는 대략적인 부분만 설명했지만, 농업을 통한 정착 생활이 시작되고 특별히 도시 집중화 현상과 문명이 탄생하면서, 앞서 언급했던 그런 고생이나 괴로움은 전혀 사라지지 않았다. 오히려 더 늘어나기만 했다.

당시부터 지금까지의 역사를 살펴보면 인간은 어떠한 형태로든 강요된 노동을 피할 수 없었다. 이런 노동은 문명의 진보에 따라 부역과 노예제도, 그리고 중세 유럽의 농노 혹은 봉건제도 등의 형태로 나타났다. 그리고 필요에 의한 '자발적인' 노동이나 근대 국가에서 볼 수 있는 징역을 대신하는 노역 등도 있었다. 극히 최근까지, 그리고 지구의 일부 지역을 제외하면, 인간은 대체로 억압과 종속의 상태로 살아왔을 뿐만 아니라 육체는 질병으로 고통을 받았고 정신은 미신에 휘둘려 살아왔다. 또한 역시 극히 최근까지도 아주 운이 좋았던 극소수의 사람들을 제외한다면, 문명이 발전할수록 거기 속해 있는 대다수의 인간들은 더 심한 고통을 받았다.

심지어 그 안에서조차 인간 종족의 절반은 더 큰 고통을 겪어왔다. 대체로 여성은 오래전부터 이 사회에서 자신들에게 배정된 자리가 가사 노동과 성적 대상에 불과하다는 사실을 잘 알고 있었다. 그러면서 가족 관계 안에서 그저 아이를 낳아주는 소모품 역할밖에는 하지 못한 것이다.

사회의 하류층에서는 남녀 할 것 없이 모두 상류층의 모욕과 경멸을 견디며 살아야 했으며, 영주와 법과 사제들의 위협을 받고 두려워하며 벌레만도 못한 취급을 받았다. 그들의 삶은 언제 끝장이 날지 모르는 가치 없는 것이었으며, 거기에 말로 표현할 수 없는 잔혹하고 독창적인 고문이 가해지기도 했다.

카프카의 소설들과 뭉크의 그림 〈절규〉는 20세기를 상징하는 모습으로 자주 인용되지만, 오히려 신석기 시대 혁명 이후 역사 전체를 상징하는 모습에 더 가깝다고 할 수 있을 것이다. 보통 종교적인 내용이 그 배경이 되지만, 현실과 다른 이상향을 그리는 마음은 그저 이따금씩만 표출되는 것이 아니었다. 그리고 우리가 지금까지 살펴보았던 것처럼 세월이 흐르면서 그런 꿈은 점점 더 실현되기 어려운 것으로 남았다.

기번이 생각했던 것들은 당시 자신이 살던 시대의 기준으로는 충분히 정확한 것들이었으나, 가장 긍정적인 최대치를 보여준 것에 불과하며, 실제로는 호의적인 사회적 상황이나 분위기는 금세 사라졌다. 최소한의 생존에 필요한 것들을 제외한 잉여 생산품들은 극소수의 사람들에게만 아주 제한적으로 공급되었다. 그리고 이런 모습은 최소한 도시를 중심으로 한 사회가 출현한 이후부터는 항상 존재해왔던 것이다.

기번은 권력을 휘두르는 자들의 잔혹한 폭력성에 대해 개탄했지만, 대다수의 일반인들이 겪었던 거듭되는 고통에 대해서는 별다른 감흥을 느끼지 못했다. 그리고 로마의 황제와 반란을 일으킨 노예였던 스파르타쿠스를 비교할 때 역시도, 스파르타쿠스에 대한 어떤 찬사를 담은 것은 아니었다.

공교롭게도 미국의 독립 선언문과 애덤 스미스의 《국부론》이 선을 보인 해와 같은 해에 기번의 책이 출간되었다. 그로부터 약 100년이 지나 노동의 산출량은 처음부터 제한되어 있다는 기번의 주장은 설득력을 잃었으며, '풍요로운 사회society of abundance'에 대한 전망이 중요한 주제가 되었다. 다양한 분야에서 지난 세월에 대한 갈망이 남아 있었던 것이다. 예를 들어 아르투르 쇼펜하우어와 프리드리히 니체 같은 지식인들과 전통적인 귀족 계층, 그리고 가톨릭교회와 경제학자 토머스 맬서스의 제자들 같은 사람들 사이에서는 분명히 그런 갈망이 있었다. 그렇지만 고대의 불평등한 계급 사회, 그리고 '보수 반동주의자들이 동경해 마지않은 중세 시대의 거친 활기'[3]에 대한 이들의 직접, 혹은 간접적인 동경에도 불구하고 세상의 흐름은 이미 그들의 생각과는 반대 방향으로 흐르고 있었다.

무엇보다도 세상의 흐름이 바뀐 가장 큰 원인은, 인공 동력으로 움직이는 기계 장치를 통해 시장 자본주의의 틀 안에서 가능해진 생산과 운송, 그리고 통신이었다. 마르크스와 엥겔스는 이미 1848년에 이렇게 이야기했다. "변하지 않는 형태로 남아 있는 예전의 생산방식을 고수하는 일은…… 모든 초기 산업 계층이 존재할 수 있는 첫 번째 조건이다. 생산에 대한 지속적인 개혁과 모든 사회적 조건에 대한 계속되는 불안, 영원히 이어지는 동요와 불안정성 등은 부르주아지 시대를 이전의 다른 모든 시대와 구분해준다."[4]

노동, 성, 권력
Work, Sex and Power

말로만 하는 혁명

다시 세월이 흘러 20세기가 되자, 말로 다 설명할 수 없을 만큼 끔찍한 세계대전이 두 차례나 벌어졌다. 지구상 어느 곳에서도, 속으로는 어떤 생각을 하던지 상관없이, 일반 대중들이 자신들의 이익을 위해 존재한다는 주장을 감히 공개적으로 하는 사회의 지배계층은 찾아볼 수 없게 되었다. 이전 시대에는 결핍이라는 사회적 배경에서 부가 가져다주는 특권이 어느 정도 받아들여질 수 있었다. '대안이 없었기' 때문이다. 그렇지만 세상이 풍요로워지면서 그런 일은 더 이상 일어날 수 없게 되었다.

모든 사회 지배계층은 이제 자신들의 목적은 근본적으로 다른 사람들을 위한 것이며, 단지 다른 사람들의 기본적인 필요를 확실하게 채워주는 것뿐만 아니라 사회 전체의 보편적인 복지와 소비 능력을 강화시켜주는 것이라고 말할 수밖에 없게 되었다. 지배층이 자유주의자건, 보수주의자건, 사회민주주의자건, 공산주의자건, 아니면 신자유주의자나 심지어 파시스트라 할지라도[5] 최소한 그 이념의 주제는 비슷하며, 각각의 이념의 지지자들은 자신들의 이념이 그러한 목표를 달성하는 데 더 적합한 방식이라고 주장한다. 이러한 모습은 만일 실제로 이루어지지 않을 경우 그저 말로만 하는 세계혁명에 불과한 것이다.

그럼에도 불구하고 이런 모습은 여전히 긍정적인 측면에서 진보를 표방하고 있다. 과거 시대에는 당연한 것으로 생각되었던 잔혹함과 지배층의 오만은 이제 더 이상 이념적으로도 받아들여지지 않고 있다. 심지어 어딘가 보이지 않는 곳에서는 위선적인 모습으로 퍼져 있을지는 몰라도 공개적으로는 드러나 있지 않다. 또 다시 세계 인구의 특별한 소수 중에서 일부가 자유를 만끽하고 있다. 영양과 주거 공간, 적절한 의료 지원과 장수, 교육, 성적 평등을 누린다. 사회적, 그리고 성관계에 대한 제약은 거의 없으며 자녀는 권위적으로 키운다. 이러한 일들은 아무 문제없이 부드럽게 이루어지지 않았으며 시간이 흘러 그렇게 된 것이다. 바로 치열한 노력과 투쟁으로만 얻을 수 있는 결과로, 수탈자들과 개혁 반대론자, 그리고 그들의 권력 구조에 저항하면서 얻은 것이며, 수많은 희생과 손해를 감수해야만 했다. 1840년대 영국 산업 도시의 어느 노동자가 만일 1960년대로 오게 된다면, 분명 처음에는 자신들이 천국에 온 것이 아닐까 하는 그런 생각을 할 것이다. 거리는 깨끗하고 하늘에는 매연도 보이지 않는다. 남녀노소 불문하고 적당하게 먹고, 입고, 신고 있으며 어디를 둘러보아도 거지 하나 보이지 않는다. 굶주린 아이도 보이지 않는다.

이러한 모든 발전 뒤에는 여전히 이러한 것들 중 일부를 되돌리려는 위협과 적극적인 노력이 존재한다. 물론 거기에도 피치 못할 이유가 있을 것이다. 특별 수당을 두둑이 챙겨 넣은 은행가들이 개인 전용기를 타고 다른 사람들에게 자신의 고생담을 설교하러 떠난다. 밝힐 수 없는 어떤 비밀이 없다면 이런 삶은 꿈도 꾸지 못하리라. 크게 늘어난 물질적인 편안함은 모두 쉽게 불필요한 축적으로 이어지며, 사회적 제약이 느슨해지면서 자극적인 쾌락의 추구로 연결된다. 그 결과로 섹스 중독, 컴퓨터 중독, 그리고 마약 중독과 같은 일이 벌어지는 것이다.

제1장에서 지적했던 것처럼, 인간은 자기가 아닌 다른 존재가 될 수 있는 가능성을 분명히 지니고 있으며, 보편적인 존재로서 지금과는 다른 미래를 바라보는 일을 멈추지 않는다. 그렇지만 이런 개인적인 계획은 사회적 틀 안에서만 이루어져야 한다. 원칙적으로는 그러한 사회적 틀을 당연하게 여기는 것이 매우 자연스러운 일이다. 모순된 모습들이 서로 충돌하며 역사적인 변화가 일어났을 때 거기에 관련된 개인들[6], 그러니까 사회 지배계층 속 개인들에게 일어나는 일들과 예상치 못한 결

노동, 성, 권력
Work, Sex and Power

과들은 모두 다 의도하지 않은 결과의 모순이라 할 수 있을 것이다.

19세기의 통제된 사회적 변혁 속에 그려졌던 이런 계획은 신중한 의도로 이루어진 것이다. 이 계획은 야망에 가득 차 서로 경쟁하던 사회적 지도층이 지배하던 5000년의 역사의 흐름을 깨트리려고 했다. 이들은 자신들의 권위의 영역을 확장하고 스스로를 기만하며 정치적 붕괴를 경험한 사람들로, 비슷한 종류의 새로운 지배층이 그 자리를 물려받았고 일반 대중은 공포와 기만으로 점철된 문화의 가장자리에 기생했다. 인간 해방이라는 목표, 협동 사회라는 체제를 통해 기존의 질서를 대체하려는 목표, 그리고 사회적 혐오로 정의될 수 있는 수탈과 억압을 끝내려는 목표는, 분명 새로운 기술과 사회가 생산과 분배 그리고 소비의 형태를 바꿀 때만 이루어질 수 있는 것이다. 다시 말해, 겨우 지난 200년 동안 생겨났다는 의미다.

역사는 우리의 편인가?

이러한 계획을 진행하려 했던 사람들, 한때는 혁명가라고 불렸지만 이제는 진부해져버린 이름의 그들은 어쩔 수 없는 소수였으며, 자신들이 뒤집으려고 했던 모든 사회에서 아주 작은 부분만을 차지하고 있었다. 시민들 대다수는 개인이나 혹은 제한된 형태의 단체의 계획에 연루되어 자신의 삶을 잘 유지하기 위해 아주 합리적인 방향으로 승리하기를 바랐다. 권위주의에 대항해 정치적인 혹은 진짜 전쟁을 선포하는 일에 연루되는 위험은 피하고 싶어 했다. 시절이 아주 위태롭지만 않으면, 정말로 심각한 변화에 대한 주장은 아마도 호응을 이끌어낼 수 있었을 것이다.

　혁명가나 혁명가가 될 사람들에 대한 좀 더 일반적인 상황을 살펴보면, 이들은 사회 지배층의 적의만 상대해야 하는 것이 아니라, 심지어 자신들의 지지자라고 생각했던 사람들로부터도 적의와 무관심을 겪어야 했다. 따라서 그들은 분열되기가 쉬웠으며, 거기에 같은 혁명가들 사이에서도 서로 무리를 지어 적의를 드러냈다. 혁명을 완수할 수 있는 가장 적절한 방식을 두고 서로 다투었으며, 그로 인해 나타날 사회적 결과가 어떤 모습일지에 대해서도 의견이 충돌했다. 이러한 갈등은 때로 아주 치명적인 모습으로 드러날 수 있었는데, "행복이란 유럽의 새로운 이념"이라고 자코뱅 당의 생-쥐스트가 선언했던 1794년 3월은 프랑스 대혁명 이후의 공포 정치가 최고조에 달해 있던 시기였다. 이러한 실패와 분노는 불평등과 불의로 세워진 사회구조를 지지하는 보수 반동주의자들의 가장 강력한 무기가 되어 주었으며, 이러한 사회구조를 전복시킴으로써 사회 환경을 개선하려는 모든 진지한 시도는 결국 상황을 더 나쁘게 만들 뿐이라는 주장을 할 수 있도록 해주었다.

　한 가지 내릴 수 있는 결론은, 혁명과 해방을 지지하는 사람들은 지금까지 자신들의 목표와 관련하여 시간의 중요성에 대해 심각할 정도로 과소평가를 했다는 것이다. 그리고 혁명의 과정을 가로막는 방해물들의 위력은 물론이고, 자신들이 만나게 될 좌절에 대해서도 잘 알지 못했다. 물론 마르크스는 1852년에 이미 자신의 전망과는 모순되는 이런 내용에 대해 지적을 한 바 있다. 수만 년 동안 쌓여온 사회의 모순들이 불과 200년 정도의 세월 동안 완전히 해결되리라고 생각할 수는 없을 것이다. 그러기 위해서는 훨씬 더 많은 세대를 거쳐 훨씬 더 오랜 기간 동안 많은 일들을 해야만 한다. 역사적으로 이미 알려진 여러 방해물들에 대한 확인과 그것들을 극복하기 위해 시도를 하다가 저질러진 실수들은 이러한 계획을 계속하는 데 반드시 필요한 것들이다. 과거에는 해방을 위한 사회적 변화의 지지자들이 "역사는 우리 편이다!"라는 구호를 외치며 자신들이 겪는 좌절과 고통에 대해 자위를 하는 경향이 있었다. 이제야 알게 되었지만, 실제로는 전혀 그렇지가 않다. 그러한 믿음은 전혀 아무런 근거가 없는 것이며 진실이 무엇인지는 확실치가 않은 것이다. 역사를 통해 겪었던 끔찍한 고통과 우리가 지불한 사회적 대가라는 실체는 결코 우리가 스스로 선택한 것이 아니며, 해방을 위한 전제 조건으로 만들어진 것도 아니었다. 그렇지만 또 자연스럽게 일어나지도 않을 것이다.

지난 200여 년 동안, 그리고 대략 50여 년마다 기술 분야에서 근본적인 변화가 일어났으며, 따라서 사회적 조직에도 변화가 일어났다. 가장 최근에는 전자 통신이 새롭게 개발되어 전례가 없는 규모로 전 세계가 하나로 연결되었다. 이는 전에는 상상조차 할 수 없었던 방식이며, 바다 건너편에 배를 타고 소식을 전하기 시작했을 때부터 무선 통신에 이르기까지 이전의 모든 발전을 뛰어넘는 결과다.[7] 최근에 경제와 사회생활에 있어 엄청난 변화들이 있어왔지만, 그럼에도 불구하고 정치적 구조의 변화는 뒤처져 상대적으로 변화가 없는 부분으로 남아 있다. 확실히 지난 수십 년 동안 정치 구조는 오히려 역행을 했고, 따라서 세계 전역의 초거대 부호들의 비호를 받는 탐욕스러운 자본주의는 그 위치가 더욱 공고해져 사회와 문화 현장의 모든 틈새에 파고들었다. 그레이버의 말을 한 번 더 인용한다. "지난 30년 동안 방대한 관료제의 구조는 절망적인 상황을 만들어 계속 유지하고 있는 것처럼 보인다. 최고의 거대한 기계가 탄생해 미래의 가능한 모든 대안들을 파괴하고 있다……. 기존의 권력 구조를 바꾸려고 도전하는 사람들은 이런 상황이라면 결코 승리를 장담할 수 없는 것이다."[8]

이것만으로도 충분히 상황이 좋지 않았지만, 앞서 확인했던 것처럼 실상은 그보다 더 좋지 않았다. 세상은 엄청나게 긴급한 위험을 마주하고 있다. 자원이 사회의 한쪽으로만 집중이 되고, 따라서 마이크 데이비스의 표현처럼 '지구를 뒤덮는 슬럼'에 살고 있는 수많은 사람들이 빈곤과 궁핍함으로 시달리는 현상은, 엘리자베스 에마스가 이야기하는 "인구 과잉과 치명적인 기후 온난화로 물에 잠기고 있는 지구"를 배경으로 일어나고 있다.[9] 에마스는 또한 해파리가 뒤덮고 있는 죽어가는 바다에 대해서도 덧붙인다. "이것이 자본주의 기업가들이 만든 비용의 외부화가 만들어낸 직접적인 결과다……"[10]

이런 가속화되는 환경 위기 속에 극단주의자들이나 히틀러 같은 독재자까지 다시 등장한다면 지구는 정말 큰 위기를 맞게 될 것이다. 그렇지만 실상은 더 위험하며 단지 덜 분명하고 즉각적이지 않은 것뿐이다. 1970년대 핵전쟁의 위험을 알린 조나단 쉘의 《지구의 운명The Fate of the Earth》을 보면, 우리 인류와 다른 동물들이 다 죽어 없어진 후에 지구상의 생명 자체가 멸종하게 된다는 사실을 알게 되었을 때 어떤 기분이 들지 상상할 수 있다. 우리는 피폐해지고 몰락할 것이며, 우리가 누리고 있는 부와 교육의 수준에 상관없이 분명 우리가 염려하는 것들은 우리의 수명을 훨씬 더 넘어설 것이다.

여전히 남아 있는 문제들

앞서의 수백 년 동안, 그리고 현재까지 가장 중요하게 부각되는 문제는, 두 번째 거대한 인류의 변화의 궁극의 결과들이 과연 긍정적인 것이 될 것인가, 아니면 부정적인 것이 될 것인가 하는 것이다. 물론 최근에 벌어지고 있는 잔혹한 체제가 만들어내는 문제들도 중요하지만, 이 문제가 훨씬 더 중요하다. 사람들이 원하는 결과는 가능한 한 현재의 상황이 얼마나 위협적인지 분명하고 확실한 실체가 밝혀지는 것이다. 이를 통해 우리는 인간의 한계를 넘어서는 상상력과 예지력을 합쳐 그 위기를 정확하게 밝히고, 인간이 바라는 생활 방식과 그 반대 입장의 환경 문제 사이에서 균형을 잡게 해줄 수 있는 수단을 찾아내야 한다. 그리고 그를 위한 모든 노력과 피할 수 없는 희생에 대해서도 알아내야만 한다.[11] 그 일은 분명 해낼 수 있지만 엄청난 노력이 필요하다. 특히 현재 빈곤에 시달리고 있는 수십억 명의 사람들을 염두에 두고 산업 발전의 잠재성 중에 그들의 몫을 챙겨주는 일에 관심을 두어야 한다.

우리가 마주하고 있는 실체가 수면 위로 드러나게 된 것은 국제 기후변화 전문위원회International Panel on Climate Change의 2014년 보고서 때문이다. 이 보고서에서는 환경 위기의 핵심 쟁점을 지금 당장 처리하기 시작해야 한다는 점을 지적했다. 인간은 지구 온난화 현상을 만들어내고 있으며, 이는 두 번째로 중요한 문제인 동물과 식물 종의 멸종에 중요한 영향을 미치고 있는 것이다. 환경적 재앙을 피할 수 없다는 사실을 그 안에서 구원을 받을지 모른다는 절망적인 희망과 함께 받아들이는 건 필요하지도 않고 적절하지도 않다. 〈뉴 사이언티스트〉의 편집부 기고문에서는 '저항은 무의미하다'라는 IPCC 보고서를 인용하기도 했다.[12] 국제적인 협력은 당연히 필요한 것이며, 물론 자발적으로가 아니라 전 세계의 모든 환경 관련 조직의 단호하고 가차 없는 압력에 의해서만 이루어지는 것이다.

이것은 가장 중요한 인간 활동의 우선순위가 되어야 하지만, 19세기와 20세기의 인간 해방의 문제 역시 그 못지않게 중요한 주제로 계속해서 남아 있다. 그리고 인간 세상을 구원하려는 노력도 여전히 남아서 세상을 개선하려는 결단으로 이어질 수 있다. 도전해볼 만한 일임에는 틀림없으며 불가능하지도 않다. 17세기의 위대한 철학자 스피노자는 이렇게 말했다.

"모든 옳은 일은 하기가 어려운 법이다."

노동, 성, 권력
Work, Sex and Power

엄혹한 역사의 민낯 속에서 발견하는 희망

노동, 성, 권력이라는 세 가지 우주

지금으로부터 20만 년 전, 아프리카 대륙에서 현생 인류의 직계 조상인 호모 사피엔스가 출현했다. 그리고 1만 년 전 인류는 최초로 농사를 짓기 시작했으며, 6000년 전에 비로소 우리가 아는 것처럼 이른바 '비옥한 초승달 지역'에서 도시가 건설되고 문명이 시작되었다.

"역사는 행복이 자라나는 토양이 아니다"라고 했던 헤겔, 그리고 "모든 문명의 기록은 또한 야만의 기록이다"라고 했던 발터 벤야민처럼 길게는 수십만 년, 그리고 짧게는 몇 천 년 안쪽으로 보는 인류의 역사는 당연히 긍정적이고 아름다우며 희망적인 모습들로만 채워져 있는 것이 아니다. 이런 인류의 역사에서 그 행위를 이끈 원동력에는 과연 어떤 것들이 있을까. 지금까지 에릭 홉스봄에서 재레드 다이아몬드에 이르기까지 수많은 학자며 저술가들이 이 문제에 대한 대답을 찾기 위해 고심해왔는데, 다시 여기에 역사 교수 출신인 윌리 톰슨이 세 가지 화두를 던진다. 바로 노동과 성, 그리고 권력이다.

톰슨 교수는 우리가 살고 있는 세상과 그 역사는 이 노동과 성, 그리고 권력이라는 세 가지 우주의 틀 안에서 시간이 지나면서 발전한 것이며,

이 세 가지는 서로 단단하게 연결되어 있다고 주장한다. 그렇게 서로 영향을 미치면서 사회적 종種으로서 인간이 경험하는 것들의 실체를 구성하고 있다는 것이다.

역사의 씨줄과 날줄

이런 톰슨 교수가 신봉하는 사상은 다름 아닌 마르크스주의의 근거가 되는 역사관인 사적 유물론historical materialism, 史的唯物論이며 우리에게는 유물사관이라는 말로 더 널리 알려져 있다. 잘 알고 있는 것처럼, 사적 유물론에서는 역사가 발전하는 원동력을 관념이 아니라 물질적인 것이라고 보고 있는데, 이 책 또한 이러한 관점에 충실하다. 인간의 역사가 하나의 사건이 완벽하게 정리되고 바로 그 다음 이야기로 이어지는 그런 방식이 아니라는 점을 분명히 한다. 인류의 진화 과정은 물론 그냥 지나치기 쉬운 자잘한 역사적 사건들에 이르기까지, 우연을 최대한 배제하고, 최대한 그 원인과 결과를 객관적이고 정확하게 밝히기 위해 노력한 것이 바로 이 책이다.

톰슨 교수는 '역사의 씨줄과 날줄'이라는 표현을 사용한다. 여기서 말하는 '씨줄과 날줄'이란 일종의 은유로, 물질문명 세계와 함께 인간의 실체를 구성하는 행위, 그리고 이러한 행위가 만들어내는 사회적 제도 변화의 범위를 모두 이르는 표현이다. 다시 말해, 앞에서 언급했던 것처럼 인간의 역사는 무엇 하나 허투루 이루어진 것 없이, 마치 씨줄과 날줄이 하나의 피륙을 만들어내듯, 그렇게 촘촘하게 인간의 행위와 역사적 사건들이 얽히고설켜 만들어졌음을 의미하는 것이다.

이 책은 다루는 시기가 인류의 출현에서부터 현대까지 아주 방대하다. 하지만 그만큼 복잡하거나 어려운 주장을 내놓고 그것을 증명하기

노동, 성, 권력
Work, Sex and Power

위해 애를 쓰지는 않는다. 저자가 본문에서 직접 밝힌 것처럼, 이 책의 진짜 목적은 여러 선배 학자들의 작업을 통해 드러난 결론들을 간결하고 알아보기 쉽게 정리하고 평가하여, 그 결과를 독자들에게 알리는 것에 있다. 그런 관계로 특별한 관련 지식이 없어도 마치 옛 이야기에 귀를 기울이듯 가벼운 마음으로 책을 읽어가다 보면, 어느새 인류 역사의 전반에 걸친 중요한 내용들을 이해할 수 있을 것이다.

인류 역사의 원동력

먼저 저자가 살펴보는 내용은 바로 노동에 대한 것이다. '노동'이란 어떤 종류의 노력을 기울이는 것을 의미한다. 하지만 그 노동과 노는 것 혹은 즐기는 것 등 다른 인간 행동들 사이의 경계선은 그 구분이 아주 불명확하다. 그 종류와 질에 따라 성취감이나 만족을 줄 수 있지만, 동시에 고역이 될 수도 있다. 무엇보다도 인류의 역사는 노동을 하는 자와 그 노동력을 착취하는 자들의 대립의 현장으로 요약할 수 있다. 더 많이 가져가려는 자와 나의 것을 지키려는 자들 사이의 투쟁이 사회 문명의 발전을 불러일으켰으며, 때로는 그 과정에서 피비린내 나는 참극과 학살이 함께 있었다.

저자가 주목하는 두 번째 인류 역사의 원동력은 바로 '성'이다. 여기서 말하는 '성$_{sex}$'은 직접적인 성행위와 남녀를 구분하는 성별 모두를 뜻한다. 앞서 언급한 노동과 착취의 대립이 가정이라는 울타리 안에서 남녀 사이에 똑같이 벌어졌다는 사실은 매우 흥미롭다. 이 책은 거의 전 부분에 걸쳐 남녀 사이에서 발생하는 여성에 대한 차별을 다루고 있다. 다른 복잡한 설명 없이 진화의 과정에서 모든 면에서 남성보다 뒤떨어질 수밖에 없었던 여성이, 결국 남성 중심의 사회 속에서 종속적인 존재가 될 수밖에 없었다는 객관적이고 무미건조한 설명은 일견 많은 의구심을 들게 할 수도 있다. 하지만 또 한편으로는 고개가 끄덕여질 수밖에 없는 간결한 논리로도 이해할 수 있는 것이다.

마지막으로 저자는 권력에 대해 이야기한다. 역사와 사회적 관점에서 권력이라는 화두 하나만을 가지고 무려 4권짜리 대작을 집필한 사람도 있지만, 이 책에서는 권력관계가 사람들 사이에서 어떻게 작용하는지 확인하는 일에 집중하고 있다. 앞서의 성의 문제와 마찬가지로 지위의 고하를 막론하고 어떤 집단에서든 반드시 권력관계가 만들어지고 유지되었다는 사실은 매우 흥미롭다. 또한 역시 노동처럼 권력의 문제는 가장 중요한 갈등의 요소였으며 역시 비극적인 사건이 끊이지 않았다.

농경과 정착 시대가 시작된 이후 인류의 역사에서 이 노동과 성, 그리고 권력의 문제는 언제나 비슷한 양상으로 전개가 되었다. 다시 말해, 각 시대와 사회를 판단하고 평가할 수 있는 하나의 기준이 될 수 있다는 뜻인데, 저자인 톰슨 교수는 참으로 적절하게 이 세 가지 키워드를 '씨줄과 날줄' 삼아 자신의 책이라는 '피륙'을 열심히 엮어 독자들에게 선을 보인다. 피륙의 사전적 의미는 아직 재단이나 정리가 되지 않고 방직기에 그대로 걸쳐 있는 갓 만들어낸 천이나 옷감 모두를 의미한다. 그런 의미에서 우리가 살고 있는 역사도, 그리고 이 책도 아직 완성되지 않은 피륙이다. 손 안의 천을 어떻게 다듬느냐에 따라 무엇이든 만들어 유용하게 사용할 수 있는 것처럼, 역사를 살아가는 것은 바로 우리 자신이며, 이 책을 읽고 완성시키는 것도 저자나 편집자 혹은 번역자가 아닌 독자 자신일 것이다.

"역사는 앞으로도 계속 재앙의 기록으로만 남게 될 이유가 없으며, 볼테르의 이야기처럼 '악행과 재난의 기록, 그 이상도 그 이하도 아닌' 그런 내용이 될 필요도 없다."

저자의 진짜 뜻을 어렴풋이 가늠해 볼 수 있는 책의 한 구절이다. 모쪼록 독자들도 엄혹한 역사의 민낯 속에서 인간을 위한 희망을 발견할 수 있기를 기대해본다.

주석_

들어가는 글

1. Neil MacGregor, *A History of the World in 100 Objects*, Allen Lane, London, 2010, p. 186; 한국어판은《100대 유물로 보는 세계사》, 닐 맥그리거, 강미경 옮김, 다산초당, 2014.
2. Daniel Lord Smail, *On Deep History and the Brain*, University of California Press, 2008, p. 199.
3. Curtis W Marean, 'When the Sea Saved Humanity', *Scientific American*, August 2010, pp. 41~47 참조.
4. Peter J Richardson and Robert Boyd, 'The Pleistocene and the Origins of Human Culture: Built for Speed', www.des.ucdavis.edu/faculty/Richerson/Speed.htm.

제1장

1. 여기서 이야기하는 인류란 지금은 사라지고 없는 초기 인류까지 포함하는 것으로, 이 초기의 종족이 진화하여 현대의 침팬지와 인간 모두의 조상이 되었다.
2. 어떤 이론에서는 이 시기 혹은 그 이전에 여러 개의 우주가 만들어졌다고 한다.
3. 대략 200만 년 전 '우리' 은하계의 중심부에 있는 블랙홀이 예상치 못한 에

너지 활동의 폭발을 일으켰을 것으로 추측된다. 그렇지만 지구는 너무 멀리 떨어져 있었기 때문에 그 영향을 받지 않았다.

4. A P 허버트가 쓴 것으로, 1920년 11월호 〈펀치Punch〉지에 실렸으며 그 전문은 인터넷 사이트에서 확인할 수 있다. www.gutenberg.org/files/17994/17994-h/17994-h.htm.

5. 아메바와 같은 진핵생물은 행동과 특성을 통제하는 핵이 있는 일종의 복합세포이며, 예컨대 에너지를 만들어내는 미토콘드리아도 그런 특성이라 할 수 있다. 진핵생물은 다세포 동물과 식물, 그리고 균류를 구성하는 기본 단위다. 현미경을 이용한 관찰을 통해 진핵생물은 핵이 없는 더 단순한 형태의 박테리아보다는 훨씬 더 크기가 크다는 사실이 밝혀졌다.

6. 여기에서 '왕국'과 '영역'이라는 표현은 단순히 구분을 하기 위한 용어다.

7. 심지어 바이러스가 구조화된 다세포 유기 생명체의 진화를 위한 필수적인 유기 촉매라는 주장도 있다. Ken Steadman, 'The forgotten extraterrestrials', *New Scientist* 21-28 December 2013, p. 42, p. 43.

8. 여기서 척추동물이라 함은 연체동물과 절지동물 등 모든 척추동물을 포함하는 것이다.

9. 네안데르탈인의 두뇌는 실제로 현대 인류의 그것과 크기가 거의 차이가 없다.

10. 포유류는 지금까지 살아남은 유일한 단궁류이며 조류는 유일한 공룡의 후손이다.

11. 캥거루나 게르빌루스쥐 같은 동물들은 뒷다리를 사용해 움직일 수 있지만, 이건 걷는다기보다는 뛰어오르는 것에 가깝다.

12. Donald V Kurtz, 'Gender, Genes, Enculturation: The Origin of Culture and Becoming Human', *Social Evolution & History*, Vol. 8, No. 2, September 2009. p. 58.

13. 곰의 경우 돌을 사용해 몸을 긁는 모습이 목격되었으며, 해달도 종종 돌을 사용해 조개껍질을 깨트려 속살을 꺼내 먹는다.

14. 연구에 따르면, 인간 이외의 다른 사회적 동물들에게도 소리를 통한 의사 소통 체계가 갖추어져 있다는 사실을 확인할 수 있는데, 대신 이런 것들을 '언어'로 정의하기에는 많은 점이 부족하다.

15. 예컨대 기생충의 진화 과정은 초기 인류의 털의 변화를 추적하는 데 도움이 될 수 있다.

16. Ingfi Chen, 'Hidden Depths', *New Scientist*, 12 October 2013, pp. 33~37.

17. 아예 의식의 역할이라는 것 자체가 일종의 환상이 아닐까. 그렇지만 누군가 지적했던 것처럼 의식과 의식이라는 환상 사이의 차이점이 바로 어떤 착각일 수도 있겠다.

18. 예컨대 영국에서는 차의 진행 방향이 다른 나라들과는 반대다. 따라서 길을 건널 때 사람들이 차를 바라보는 방향도 서로 다를 수밖에 없는데, 실제로 이런 습관을 바꾸기란 여간 어려운 일이 아니다. 제2차 세계대전 당시 프랑스에 잠입했던 영국 스파이들이 붙잡힌 이유가 바로 이런 습관 때문이었다고 한다.

19. Colin Renfrew, *Prehistory: The Making of the Human Mind*, 2007, Phoenix, London, 2008, p. 115.

20. Derek Denton, *The Primordial Emotions: The Dawning of Consciousness*, Oxford University Press, 2005.

21. 같은 책, p. 84.

22. 같은 책, pp. 107~109.

23. 같은 책, p. 50.

24. Kent Flannery & Joyce Marcus, *The Creation of Inequality: How Our Prehistoric Ancestors Set the Stage for Monarchy, Slavery and Empire*, Harvard

노동, 성, 권력
Work, Sex and Power

University Press, 2012, p. 58; 한국어판은《불평등의 창조: 인류는 왜 평등 사회에서 왕국, 노예제, 제국으로 나아갔는가》, 켄트 플래너리·조이스 마커스, 하윤숙 옮김, 미지북스, 2015.

25. 심지어 진화가 덜 된 무척추동물이나 다른 동물들도 어느 정도의 의식 수준을 가지고 특정한 유형을 파악할 수 있다. 예를 들어 검은색과 노란색은 동물들이 먹기를 꺼려하는 색인데, 이를 흉내 내어 보호색으로 발전한 경우도 있다.

제2장

1. 그중 하나는 최근에 시베리아에서 발굴된 데니소바인Denisovans이다.

2. Christopher Boehm, *Moral Origins: The Evolution of Virtue, Altruism and Shame*, Basic Books, New York, 2012, p. 135.

3. Jared Diamond, *Guns, Germs and Steel: The Fates of Human Societies*, W W Norton & Co, New York, 1997, p. 297, p. 298; 한국어판은《총 균 쇠: 무기, 병균, 금속은 인류의 운명을 어떻게 바꿨는가》, 재레드 다이아몬드, 김진준 옮김, 문학사상, 2013.

4. 같은 책, p. 312, p. 313.

5. 같은 책, p. 16.

6. 그리스어와 라틴계 켈트어, 슬라브어와 게르만어는 모두 인도 유럽 어족에 속해 있다. 핀란드어와 헝가리의 마자르어는 우랄 어족이다. 다만 각 민족의 기원은 매우 다양하다.

7. "따라서 폴리네시아 섬 사회들은 경제적으로 특화된 모습, 사회적 복잡성,

정치 조직, 그리고 각종 생산품에 따라 각각 크게 다르며, 이는 인구의 크기와 밀도의 차이, 섬의 위치와 고립의 정도와 관련이 있다. 그리고 식량 생산을 강화하거나 유지할 수 있는 역량과도 연결이 되는 것이다. 폴리네시아 사회들 사이의 이런 모든 차이점들은 상대적으로 짧은 기간 동안 비교적 작은 지역 내에서 이루어진 것으로, 환경적으로는 단일의 사회에서 분화되어 이루어졌다. 폴리네시아 섬 사회에서 찾아볼 수 있는 문화적 차이점의 이러한 구분은 기본적으로는 세계 모든 지역에 적용되는 기준이 된다."《총 균 쇠: 무기, 병균, 금속은 인류의 운명을 어떻게 바꿨는가》.

8. Neil MacGregor, *A History of the World in 100 Objects*, Allen Lane, London, 2010, p. 19; 한국어판은《100대 유물로 보는 세계사》, 닐 맥그리거, 강미경 옮김, 다산초당, 2014.

9. 화산 폭발은 중세 유럽에서 일어났던 이른바 '소빙하기little ice age'의 원인으로 추정되기도 한다.

10. Chris Brown, *New Archaeology*, www.newarchaeology.com/articles/uprevolution.php.

11. Kent Flannery & Joyce Marcus, *The Creation of Inequality: How Our Prehistoric Ancestors Set the Stage for Monarchy, Slavery and Empire*, Harvard University Press, 2012, p. 7; 한국어판은《불평등의 창조: 인류는 왜 평등 사회에서 왕국, 노예제, 제국으로 나아갔는가》, 켄트 플래너리·조이스 마커스, 하윤숙 옮김, 미지북스, 2015.

12. 같은 책, p. 18.

13. George Thomson in *Aeschylus and Athens*, Lawrence & Wishart, London, 1946.

노동, 성, 권력
Work, Sex and Power

1. Colin Renfrew, *Prehistory: The Making of the Human Mind*, 2007, Phoenix, London, 2008, p. 71.

2. '중석기 시대'는 말 그대로 빙하기와 농업이 시작되던 시기 사이의 상대적으로 짧았던 기간을 의미한다.

3. "……신성한 이야기들이 아주 매끄럽게 현실적인 모습으로 바뀌게 되었다. 이른바 에덴동산은 메소포타미아의 비옥한 평원이 되었으며 인간의 창조는 문화의 출현으로 바꿔 생각할 수 있다." Daniel Lord Smail, *On Deep History and the Brain*, University of California Press, 2008, p. 4.

4. Jared Diamond, *Guns, Germs and Steel: The Fates of Human Societies*, W W Norton & Co, New York, 1997, p. 86 한국어판은《총 균 쇠: 무기, 병균, 금속은 인류의 운명을 어떻게 바꿨는가》, 재레드 다이아몬드, 김진준 옮김, 문학사상, 2013.

5. 신석기 시대는 말 그대로 '새로운 석기를 사용하는 시대'라는 뜻으로, 좀 더 세밀하게 다듬어진 석기 도구를 사용하게 되었으며 이는 최초의 농업 발전과도 연관이 된다.

6. 에머 밀은 여전히 이탈리아에서 재배되고는 있지만 중요한 곡물은 아니다.

7. 모든 포유류들과 인간 일부에서는 모유에 적응할 수 있게 만드는 유전자가 젖을 뗀 후에 그 기능을 중단한다.

8. Ernest Gellner, *Plough, Sword and Book: The Structure of Human History*, Paladin, London, 1988, p. 33.

9. Jared Diamond, *Guns, Germs and Steel: The Fates of Human Societies*, W W Norton & Co, New York, 1997, p. 105; 한국어판은《총 균 쇠: 무기, 병균, 금속은 인류의 운명을 어떻게 바꿨는가》, 재레드 다이아몬드, 김진준 옮김, 문

학사상, 2013.

10. 초기 농업이라고 부를 만한 형태의 작업이 구석기 시대에도 존재했다는 증거가 발견되고 있다. 약 5만 년 전 남아프리카 클라시스Klasies 강 입구에 살던 초기 인류는 이듬해 먹을 만한 작물을 더 많이 거두기 위해 땅의 잡초 밭에 불을 질러 태웠다고 한다. 인류학자인 켄트 플래너리와 조이스 마커스의 설명이다. "……초기 인류 중 일부는 단지 주변 환경에서 먹을거리를 찾는 방법뿐만 아니라 환경 그 자체를 만들어내는 방법을 배웠다."《불평등의 창조: 인류는 왜 평등 사회에서 왕국, 노예제, 제국으로 나아갔는가》.

11. Jared Diamond, *Guns, Germs and Steel: The Fates of Human Societies*, W W Norton & Co, New York, 1997, p. 329; 한국어판은《총 균 쇠: 무기, 병균, 금속은 인류의 운명을 어떻게 바꿨는가》, 재레드 다이아몬드, 김진준 옮김, 문학사상, 2013.

12. "……파라오가 다스리던 이집트에서 물을 관리하는 일은 아주 중요한 업무였으며 각 지역별로 관리를 했다. 대신 특별한 중앙정부 조직 같은 건 없었다." Michael Mann, *The Sources of Social Power, Volume 1: A History of Power from the Beginning to AD 1760*, Cambridge University Press, 2012, p. 96.

13. 같은 책, p. 46.

14. Jared Diamond, *Guns, Germs and Steel: The Fates of Human Societies*, W W Norton & Co, New York, 1997, p. 297, p. 29; 한국어판은《총 균 쇠: 무기, 병균, 금속은 인류의 운명을 어떻게 바꿨는가》, 재레드 다이아몬드, 김진준 옮김, 문학사상, 2013.

15. 같은 책, p. 139.

16. 같은 책, p. 141.

17. 만일 사체가 더 잘 보존이 되어 있었더라면 어떤 음식을 섭취했는지에 대

해서도 더 많은 사실들을 알아낼 수 있었을 것이다.

18. Jared Diamond, *Guns, Germs and Steel: The Fates of Human Societies*, W W
Norton & Co, New York, 1997, p. 14; 한국어판은《총 균 쇠: 무기, 병균,
금속은 인류의 운명을 어떻게 바꿨는가》, 재레드 다이아몬드, 김진준 옮
김, 문학사상, 2013.

19. "오스트레일리아 북부에서 수렵과 채집 생활을 하던 원주민들은 수천 년
동안 토레스 해협의 섬들, 즉 뉴기니에 살고 있는 농부들과 교역을 했다.
캘리포니아에 살던 원주민들 역시 콜로라도 강 계곡에 살고 있던 원주민
농부들과 교역을 했던 것이다. 남아프리카 서부 피시 강에 살던 코이Khoi
유목민들은 피시 강 동부의 반투족 농부들과 교역을 했다."《총 균 쇠: 무
기, 병균, 금속은 인류의 운명을 어떻게 바꿨는가》.

20. 인간뿐만 아니라 순록들도 이런 종류의 풀을 찾는 법을 알고 있었다.

21. Smail은 *On Deep History and the Brain*에서 이 부분을 강조한다.

제4장

1. 짝짓기 기간은 판다처럼 터무니없이 짧을 수도 있고 또 반대로 몇 개월 동
안 길게 이어질 수도 있다.

2. 예를 들어 동성애적 행위는 1500여 종의 서로 다른 생물 종에서 발견된다
고 한다.

3. Donald V Kurtz, 'Gender, Genes, Enculturation: The Origin of Culture and
Becoming Human', *Social Evolution* & *History*, Vol. 8 No. 2, September 2009.
p. 57.

4. 같은 책, p. 56, p. 57.

5. 같은 책, p. 64.

6. Engels, *The Origins of the Family, Private property and the State* (1884); 한국 어판은 《가족, 사유재산, 국가의 기원》, 프리드리히 엥겔스, 김대웅 옮김, 두 레, 2012.

7. 심지어 미국 일부 지역에서는 지금도 사촌 사이의 결혼이 형사법에 따라 처벌을 받는다.

8. 이러한 모습은 주로 여성들에게서 찾아볼 수 있지만, 항상 그런 것은 아니다.

9. Simone de Beauvoir, *The Second Sex*, trans. H M Parshley, Picador, London, 1988, pp. 86~88; 한국어판은 《제2의 성》, 시몬 드 보부아르, 강명희 옮김, 하서출판사, 2001.

10. 이슬람 문화권에서 사용하는 '하렘harem'이라는 말은 후궁들이 모여 사는 곳만을 의미하지는 않지만, 서구 문화권에는 그렇게만 알려져 있다.

11. 독신 혹은 금욕 생활이란, 결혼을 하지 않는 것을 의미하며 성관계 자체를 하지 않는 순결이나 정숙과는 구별이 된다. 물론 이 두 가지 개념은 지금까 지도 많은 혼동을 주고 있는데, 특히 이 순결이라는 말이 즐기는 것이 아닌 오직 생산을 위한 성관계를 의미하기도 해서 더 복잡하게 이해되고 있는 것 같다.

12. 〈마태복음〉 6장 34절.

13. 같은 책.

14. Peter Brown, *Through the Eye of a Needle: Wealth, the Fall of Rome and the Making of Christianity in the West 350~550 AD*, Princeton University Press, 2012, p. 439 참조.

15. Stephanie Coontz, *London Review of Books*, 26 April 2012, p. 12.

16. Anastasia Banschikova, 'Woman in Ancient Egypt: Evolution of Personal

and Social Positions', *Social Evolution & History*, Vol. 5, No. 1, 2006, p. 109.

17. 같은 책, p. 123.

18. George Thomson, *Aeschylus and Athens*, Lawrence & Wishart, London, 1946, p. 293.

19. 근대 이전의 기독교 국가에서 부부 사이의 문제는 교회법에 따라 처리되었다.

20. 19세기 영국의 이혼법이 그 좋은 사례다. 남편은 아내의 부정을 이유로들어 이혼을 요구할 수 있었지만 아내는 그렇게 할 수 없었던 것이다.

21. http://listverse.com/2010/11/14/10-ancient-methods-of-birth-control/.

22. 미국의 많은 주에서는 이른바 '자연스럽지 못한' 성관계의 범위가 법적으로 정해져 금지된다. 하지만 대부분은 그저 문서상으로만 남아 있으며 실제 법적으로는 효력이 없다고 한다.

23. David T Evans, *Sexual Citizenship: The Material Construction of Sexualities*, Routledge, London, 1993.

24. 전통적인 결혼은 남자 동성연애자들이 선택할 수 있는 길이 아니기 때문에 이들은 할 수 있는 모든 방법을 동원해 훨씬 더 혁신적인 길을 모색해왔다. 이를 통해 20세기 후반에 이르러 동성애 허용의 기틀이 마련되었다.

25. Jared Diamond, *Guns, Germs and Steel: The Fates of Human Societies*, W W Norton & Co, New York, 1997, p. 277; 한국어판은 《총 균 쇠: 무기, 병균, 금속은 인류의 운명을 어떻게 바꿨는가》, 재레드 다이아몬드, 김진준 옮김, 문학사상, 2013.

1. 따라서 조 케네디는 미국 최고의 부유한 명문가 반열에 들고 영국 대사까지 지냈지만, 거기에 만족하지 못했다. 그의 아들들 중 하나는 반드시 미국 대통령이 되어야만 했던 것이다.

2. 비단 수렵이나 채집 사회에서만 그랬던 것이 아니다. 내가 자랐던 셰틀랜드 변방의 평등한 농업 문화권에서도 이러한 생활의 기술이 널리 적용되었다.

3. Christopher Boehm, *Moral Origins: The Evolution of Virtue, Altruism and Shame*, Basic Books, New York, 2012, p. 317.

4. 같은 책, p. 327.

5. Kent Flannery & Joyce Marcus, *The Creation of Inequality: How Our Prehistoric Ancestors Set the Stage for Monarchy, Slavery and Empire*, Harvard University Press, 2012, p. 33; 한국어판은《불평등의 창조: 인류는 왜 평등 사회에서 왕국, 노예제, 제국으로 나아갔는가》, 켄트 플래너리·조이스 마커스, 하윤숙 옮김, 미지북스, 2015.

6. 같은 책, p. 17, p. 18.

7. 같은 책, p. 121.

8. Michael Mann, *The Sources of Social Power, Volume 1: A History of Power from the Beginning to AD 1760*, Cambridge University Press, 2012, p. 70.

9. 이러한 형태의 사회적 진화에 대해 플래너리와 마커스는 태평양에 있는 섬들의 사례를 들어 설명하고 있다.

10. Mann, *The Sources of Social Power*, Volume 1, p. 38.

11. Kent Flannery & Joyce Marcus, *The Creation of Inequality: How Our Prehistoric Ancestors Set the Stage for Monarchy, Slavery and Empire*, Harvard University Press, 2012, p. 412; 한국어판은《불평등의 창조: 인류는 왜 평

등 사회에서 왕국, 노예제, 제국으로 나아갔는가》, 켄트 플래너리·조이스 마커스, 하윤숙 옮김, 미지북스, 2015.

12. '신의 은총을' 혹은 단순하게 'DG'라는 글이 동전에 새겨져 있다.

13. 살아생전 황제들이 지녔던 많은 제사들은 자신을 인간이 아닌 신으로 여기며 지낸 것이다.

14. David Graeber, *Debt: The First 5,000 Years*, Melville House, New York, 2012, p. 198; 한국어판은 《부채 그 첫 5,000년: 인류학자가 다시 쓴 경제의 역사》, 데이비드 그레이버, 정명진 옮김, 부글북스, 2011.

15. 같은 책, p. 235, p. 236.

16. '아이스맨'은 등에 화살을 맞고 살해된 것으로 보인다. 주변 사람들은 아이스맨이 가지고 있던 당시로서는 아주 유용하고 귀중한 도구들을 챙겨가지 않았는데, 그 점이 지금까지도 수수께끼로 남아 있다.

17. 여기에 비소 등을 섞으면 또 다른 모습으로 변형시킬 수 있다.

18. 헤시오도스는 글을 읽고 쓸 줄 아는 소규모 자영농 출신으로, 우리는 그에게 그리스 신화에 대한 지식 대부분을 빚지고 있다. 헤시오도스는 또한 고된 농사일과 관리, 그리고 상류층의 태도에 대해 크게 불만을 토로하기도 했다.

19. 산토리니 섬의 화산 폭발 이후의 상황도 관련이 있다.

20. Mann, *The Sources of Social Power*, Volume 1, p. 191.

21. 청동기 시대의 이집트는 지역 최강대국으로 올라섰다.

22. 좀 더 정확하게 말하자면 신新아시리아 제국이다. 이전의 아시리아 제국이 청동기 시대 국가였다.

23. 신아시리아 제국의 수도는 훗날 니네베로 옮겨졌지만, 아슈르는 여전히 제국의 종교적 중심지로 남았다.

24. Mann, *The Sources of Social Power*, Volume 1, p. 234.

25. 같은 책, p. 262, p. 263. 만은 또한 역사가인 리비우스의 기록을 바탕으로 스파르타의 왕이 로마 장군에게 한 말을 인용했다. "당신들이 원하는 건 소수의 사람들이 부를 독점하고 일반 대중들은 거기에 복종하는 것이겠지." 같은 책, p. 269.

26. 같은 책, p. 145.

27. 화폐경제가 존재하지 않던 시절에 매춘이 어떤 기능을 했는지에 대해서는 매춘의 대가를 무엇으로 지불했으며, 그 기준이 무엇이었느냐는 관점에 따라 여전히 수수께끼로 남아 있다.

28. 희생자들은 대부분 성인 남성들이었는데, 연구 결과 사회 상류층이었던 것으로 추정된다. 인간 희생 제물은 모든 문화권에서 일반적으로 찾아볼 수 있는 모습이지만, 실제로 왕이나 지도자가 제물로 바쳐졌는지에 대해서는 확실치 않다.

29. 아이슬란드의 바이킹 거주지에서는 계급의 구분은 있었지만, 왕이 세워지는 것은 반대했다.

30. Perry Anderson, *Passages from Antiquity to Feudalism*, NLB, London, 1974, p. 116; 한국어판은 《고대에서 봉건제로의 이행》, 페리 앤더슨, 유재건·한정숙 옮김, 현실문화, 2014. 반달족이 서로 연합해서 지금의 프랑스 지방을 지나 에스파냐를 거쳐 북아프리카에 도착해 세운 왕국이 있던 지역이 지금의 튀니지와 알제리 북부이다.

31. "'마나Mana' 혹은 우주의 초자연적인 기운이 사람과 사물에게 힘을 불어넣어주며 권위를 더해준다." http://what-when-how.com/social-and-cultural-anthropology/mana-anthropology/.

32. Kent Flannery & Joyce Marcus, *The Creation of Inequality: How Our Pre-historic Ancestors Set the Stage for Monarchy, Slavery and Empire*, Harvard University Press, 2012, p. 206; 한국어판은 《불평등의 창조: 인류는 왜 평

노동, 성, 권력
Work, Sex and Power

등 사회에서 왕국, 노예제, 제국으로 나아갔는가》, 켄트 플래너리·조이스 마커스, 하윤숙 옮김, 미지북스, 2015.

33. 이런 모습은 흔하게 찾아볼 수 있다. 리처드 3세의 뒤를 이었던 두 왕도 이 변기 청소 담당을 크게 중용했다.

34. 제임스 6세는 자신의 궁정의 재무 담당자가 부정한 이득을 통해 화려한 집을 지은 것을 보고, 그 집은 왕에게는 너무 화려하지만 재무를 책임지는 신하라면 제법 어울릴 것이라고 비꼬기도 했다.

35. 일본의 경우는 예외적으로 이와 관련된 문제가 없었다. 일본 황실은 후계 자로 인한 별다른 분쟁 없이 오랜 세월 이어지고 있다.

36. 수많은 기록들이 이런 사실을 뒷받침하고 있다. Ian Kershaw, *Hitler 1936~1945*: Nemesis, Allen Lane, London, 2000 참조.

37. Anthony Jay, *Management and Machiavelli*, Penguin, Harmondsworth, 1967.

38. 여성이 지배했던 절대왕정은 유럽에서는 찾아보기 힘들지만 완전히 없었 던 것은 아니다. 러시아의 경우 엘리자베타나 예카테리나 같은 여왕들이 있었고, 특히 예카테리나 여왕은 절대적 권위를 휘두른 여왕으로 유명하 다. 오스트리아의 마리아 테레지아 역시 유명하지만 예카테리나와는 달리 결혼 생활에 충실했다고 한다. 7세기경 당나라의 측천무후는 나라 이름까 지 고치며 중국 역사 최초의 여자 황제자리에 올랐지만, 제국의 체제를 개 혁하려 했던 그녀의 노력은 크게 인정받지 못했다.

39. 이들은 또한 신비한 힘으로 환자를 만지기만 해도 병을 고칠 수 있다고 주 장하기도 했다.

40. Mann, *The Sources of Social Power, Volume 1*.

41. 스탈린의 70번째 생일을 기념하여 소비에트의 신문들은 1년 내내 그에 대한 기사를 실었다.

42. 'Communism and the Leader Cult', *Twentieth Century Communism: A Journal of International History*, No. 1, Lawrence & Wishart, London, 2009 참조.

43. 같은 책, p. 10.

제6장

1. 여기서 이념이란 이렇게 이해된다. "특별한 사회 혹은 문화적 협력 관계에 적용될 수 있는 상호 연결된 체제나 기본적인 믿음의 구조로, 이 구조는 의식적인 믿음이나 추측, 혹은 지각 능력이 없는 상태와 결합하여 주변을 둘러싸고 있는 세상을 바라보게 된다. 이러한 이념 속에서 벌어지는 상호작용과 삶의 과정을 통해 사람들은 서로 단결하게 되는 것이다." W. Thompson, *Ideologies in the Age of Extremes*, 2011, p. 1.

2. 레닌이 초창기에 쓴 글인 〈무엇을 할 것인가?What is to be Done?〉에는 이러한 문제에 대해 광범위하게 다루고 있다.

3. David Graeber, *Debt: The First 5,000 Years*, Melville House, New York, 2012, p. 258; 한국어판은《부채 그 첫 5,000년: 인류학자가 다시 쓴 경제의 역사》, 데이비드 그레이버, 정명진 옮김, 부글북스, 2011.

4. Kent Flannery & Joyce Marcus, *The Creation of Inequality: How Our Prehistoric Ancestors Set the Stage for Monarchy, Slavery and Empire*, Harvard University Press, 2012, p. 557; 한국어판은《불평등의 창조: 인류는 왜 평등 사회에서 왕국, 노예제, 제국으로 나아갔는가》, 켄트 플래너리·조이스 마커스, 하윤숙 옮김, 미지북스, 2015.

5. Michael Mann, *The Sources of Social Power, Volume 1: A History of Power from the Beginning to AD 1760*, Cambridge University Press, 2012, p. 54.

6. 같은 책, p. 123.

7. G E M de Ste Croix, *The Class Struggle in the Ancient Greek World*, Duckworth, London, 1983, p. 230.

8. George Thomson, *Aeschylus and Athens*, Lawrence & Wishart, London, 1946, p. 149.

9. 가장 포괄적인 분석은 Ste Croix의 *The Class Struggle in the Ancient Greek World*에서 확인할 수 있다.

10. Chris Wickham, *Framing the Early Middle Ages*, Oxford University Press, 2005 참조.

11. David Graeber, *Debt: The First 5,000 Years*, Melville House, New York, 2012, p. 90; 한국어판은 《부채 그 첫 5,000년: 인류학자가 다시 쓴 경제의 역사》, 데이비드 그레이버, 정명진 옮김, 부글북스, 2011.

12. 같은 책, p. 120.

13. 같은 책, p. 119.

14. 같은 책, p. 5.

15. 노예들, 그중에서도 특히 어린 여자아이들은 화폐를 대신하는 역할을 했으며 바이킹 사회에서 광범위하게 사용되었다.

16. 특히 영국의 지폐가 이런 점을 분명히 하고 있는데, 은행은 '지폐를 가지고 있는 사람이 요구하는 대로' 지급하는 기관이다.

17. David Graeber, *Debt: The First 5,000 Years*, Melville House, New York, 2012, p. 52; 한국어판은 《부채 그 첫 5,000년: 인류학자가 다시 쓴 경제의 역사》, 데이비드 그레이버, 정명진 옮김, 부글북스, 2011.

18. 같은 책. p. 129.

19. 같은 책, p. 199.

20. 같은 책, p. 187.

21. 로마에서는 노예가 주인을 죽였을 경우, 그 대가로 주인 소유의 노예 전부를 죽였다.

22. 각 지방의 반란의 원인은 수탈과 박해였다. 이스라엘 민족을 일컫는 '히브리Hebrew'라는 말의 어원에도 멸시와 박해의 뜻이 담겨져 있다.

23. John Pickard, *Behind the Myths: The Foundations of Judaism, Christianity and Islam*, Author House, Bloomington, Indiana, 2013, pp. 22~24.

24. Marc Mulholland, *Bourgeois Liberty and the Politics of Fear: From Absolutism to Neo-Conservatism*, Oxford University Press, 2012: "……영국과 미국에서 부르주아지들이 이끄는 사회는 포용력과 확신이 가득하며, 따라서 안전하고 자유롭다……. 그러므로 자유로운 소비주의는 일종의 노동 계약 조건에 적용될 수 있다." p. 207. 미국에서 고용주가 노동자들에게 저지른 폭력 행위에 대해서는 Michael Mann, *Sources, Volume 2 and Volume 3* 참조. 모리스 돕은 1940년대 파시즘에 대응하는 글을 썼다.

25. Mann, *Sources, Volume 1*, p. 48. Jared Diamond, *The World until Yesterday*, Penguin, London, 2012, Chapter 3. 'A Short Chapter, About a Tiny War' 참조; 한국어판은 《어제까지의 세계: 전통사회에서 우리는 무엇을 배울 것인가?》, 재레드 다이아몬드, 강주헌 옮김, 김영사, 2013.

26. 모든 왕조에게 다 정해진 수도가 있는 것은 아니었다. 예를 들어 스코틀랜드에서는 14세기 이후에야 에든버러를 수도로 정하기도 했다. 각종 중요한 물자의 공급이 어려워질 경우는 수도나 궁전을 옮기는 일도 비일비재했다.

27. 개틀링 기관총은 완전 자동은 아니었으며, 손으로 손잡이를 돌려 발사하는 방식이었다.

28. E J Hobsbawm, *Primitive Rebels*, 1959; 한국어판은《반란의 원초적 형태》,
    E. J. 홉스봄, 진철승 옮김, 온누리, 2011; *Bandits*, 1966.

29. KGB의 제복은 옷깃의 표시를 제외하면 군복과 다를 바가 없었다.

30. 심지어 농부들은 자신들이 직접 곡물을 갈아 빵을 굽지 못하고 영주의 방
    앗간과 화덕을 이용해야만 했다.

31. 그렇지만 이교도인 리투아니아 왕조는 14세기 유럽 최고의 포병부대를
    보유하고 있었다.

32. 1971년 실시되었던 스탠퍼드 대학교의 이른바 교도소 실험은, 사회적 압
    력과 사회적 기대가 어떻게 보통 일반인에게조차 폭력적인 성향이 나타나
    도록 만드는지 잘 보여주고 있다. 실험에 참여한 자원자들은 죄수와 교도
    관으로 역할을 나눠 교도소와 비슷한 환경 속에서 지내게 되었는데, 얼마
    지나지 않아 일반 교도소에서 볼 수 있는 폭력적인 모습이 그대로 나타나
    게 되었다. 심각한 정신적 충격이 계속될지 모른다는 문제 때문에 이 실험
    은 며칠 만에 중단이 되었는데, 자신을 둘러싸고 있는 사회적 배경이나 맥
    락이 중요한 역할을 한다는 사실은 분명해졌다. 하지만 그렇다고 모든 상
    황을 다 설명할 수 있는 것은 아니다.

제7장

1. David Graeber, *Debt: The First 5,000 Years*, Melville House, New York, 2012,
   p. 90; 한국어판은《부채 그 첫 5,000년: 인류학자가 다시 쓴 경제의 역사》,
   데이비드 그레이버, 정명진 옮김, 부글북스, 2011.

2. 예를 한 번 들어보자. "도道는 무한히 영원한 것이다. 왜 영원한가? 한 번도

태어난 적이 없기 때문이다. 따라서 결코 죽지 않는다. 도는 왜 무한한가? 도는 스스로에 대한 욕망이 없으며 모든 존재를 대변할 수 있기 때문이다." (http://taoism.net/articles/mason/ethics.htm)

3. 오스트레일리아 원주민들의 '뼈로 가리키는 저주'가 좋은 예다.

4. "하나님의 말씀을 문자 그대로 믿는 신실한 사람들에게 이러한 새로운 해석은 큰 오해를 불러일으킬 수 있는 것이다. 나는 그저 신의 뜻을 따를 뿐이라고 말할 수 있을 테니까." Rick Gekoski 'The Wicked Bible: the perfect gift for collectors, but not for William and Kate.' www.theguardian.com/books/booksblog/2010/nov/25/wicked-bible-gift-william-kate.

5. 이러한 주장을 뒷받침하기 위해 자주 사용되는 예가 바로 희생자를 찾고 있는 살인자에게 거짓말을 하는 것이 옳은가 하는 것이다. 또한 전쟁, 그것도 '정당한 전쟁'에서 누군가를 죽이는 일은 또 어떤가.

6. Christopher Boehm, *Moral Origins: The Evolution of Virtue, Altruism and Shame*, Basic Books, New York, 2012, p. 337.

7. 같은 책, p. 98, p. 99.

8. 같은 책, p. 19, p. 20. 이러한 구분은 매우 중요한데, 부끄러움은 정당한 의견을 내는 사람들이 나에게 하는 비난을 막아주는 수단이며, 죄의식이란 죄를 경험한 사람이 스스로를 비난한 결과이기 때문이다.

9. 같은 책, p. 135.

10. E P Thompson, *Whigs and Hunters*, and Peter Linebaugh, *The London Hanged* 참조.

11. 일부 국가에서는 샤리아법과 일반법이 함께 적용되며, 샤리아법은 주로 가족의 문제를 해결하는 데 적용된다.

12. 미국의 경우는 각 주에 따라 사형 집행 문제를 독자적으로 결정한다.

13. Derk Bodde and Clarence Morris, *Law in Imperial China*, Harvard Univer-

sity Press, Cambridge, Massachusetts, 1967, pp. 30~46.

14. Michel Foucault, *Discipline and Punish; The Birth of the Prison*, Penguin, 1991; 한국어판은《감시와 처벌: 감옥의 역사》, 미셸 푸코, 오생근 옮김, 나남출판, 2003.

15. Editorial, *New Scientist*, 18 January 2014, p. 3.

16. Laura Spinney, *New Scientist*, 18 January 2014, p. 3.

17. 같은 책.

제8장

1. "지난 500년 동안 인류는 종교와 함께 발전해왔으며 최소한 어느 정도의 기본적인 특성을 공유하고 있다. 인류와 종교는 세상이 주는 불행에 대해 함께 대응하며 위로를 나누었다." Immanuel Wallerstein, *Historical Capitalism*, Verso, London, 1983, p. 117; 한국어판은《역사적 자본주의/자본주의 문명》, 이매뉴얼 월러스틴, 나종일 옮김, 창비, 2014.

2. Jared Diamond, *The World until Yesterday*, Penguin, London, 2012, p. 328; 한국어판은《어제까지의 세계: 전통사회에서 우리는 무엇을 배울 것인가?》, 재레드 다이아몬드, 강주헌 옮김, 김영사, 2013.

3. Ernest Gellner, *Plough, Sword and Book, the Framework of Human History*, Paladin, London, p. 73.

4. 강신론 교회가 여전히 존재하고 있지만, 영혼을 눈에 보이는 모습으로 불러낸다는 이른바 강신술 집회 같은 것은 대부분 믿을 수 없는 것으로 판명되었다.

5. Kent Flannery & Joyce Marcus, *The Creation of Inequality: How Our Prehistoric Ancestors Set the Stage for Monarchy, Slavery and Empire*, Harvard University Press, 2012, p. 25; 한국어판은《불평등의 창조: 인류는 왜 평등 사회에서 왕국, 노예제, 제국으로 나아갔는가》, 켄트 플래너리·조이스 마커스, 하윤숙 옮김, 미지북스, 2015.

6. 같은 책.

7. Henry Frankfort et al *Before Philosophy, the Intellectual Adventure of Ancient Man*, 1946 참조. 자연적인 현상에 대해 메소포타미아의 종교에서는 '나와 너'의 관계가 중요했고, 이스라엘에서는 '나와 그것' 사이의 관계가 중요했다. 예를 들어 "하늘이 신의 영광을 찬양한다"라고 하며 하늘을 사물로 보았지만, 이집트와 바빌로니아에서는 하늘이 곧 신이었다. 반면에 고대 그리스 철학에서는 자연적인 현상을 신성시하는 것 자체를 금지했다.

8. Michael Mann, *The Sources of Social Power, Volume 2: The Rise of Classes and Nation States 1760-1914*, Cambridge University Press, 2012, p. 7.

9. Michael Mann, *The Sources of Social Power: Volume 3: Global Empires and Revolution, 1890-1945*, Cambridge University Press, 2012, p. 7.

10. 중동 지역의 발굴 결과이다.

11. Michael Scott, *Delphi: A History of the Centre of the Ancient World*, Princeton University Press, 2014 참조.

12. 이와 관련된 전설적인 사례가《구약성경》〈여호수아〉편에 등장한다. 신의 명령을 거역한 사람의 가족 전체가 죽음을 당하는 것이다.

13. George Thomson, *Aeschylus and Athens*, Lawrence & Wishart, London, 1946, p. 144.

14. 같은 책, p. 146.

15. 같은 책, p. 152, p. 153.

16. Benedict Anderson, *Imagined Communities: Reflections on the Origin and Spread of Nationalism*, Verso, London, 1983, p. 18; 한국어판은《상상의 공동체: 민족주의의 기원과 전파에 대한 성찰》, 베네딕트 앤더슨, 윤형숙 옮김, 나남, 2004.

17. Penguin Classic, Penguin, Harmondsworth, 2005.

18. http://encyclopedia2.thefreedictionary.com/Brahmanism. 이런 내용은 소비에트 연방의 학자들뿐만 아니라 인도 본토에서조차도 어느 정도 인정하는 사실이다. M Paliwahadana, *The Indra Cult as Ideology: A Clue to Power Struggle in Ancient Society*, 1981 참조. http://dl.sjp.ac.lk/dspace/bitstream/123456789/399/1/The%20Indra%20Cult%20as.pdf

19. Norman Cohn, *Cosmos, Chaos and the World to Come*, Yale University Press, 1993, p. 57.

20. 인드라, 바알, 야훼, 제우스, 그리고 토르는 모두 폭풍과 천둥, 벼락의 신이다.

21. Michael Mann, *The Sources of Social Power, Volume 1: A History of Power from the Beginning to AD 1760*, Cambridge University Press, 2012, p. 353.

22. Perry Anderson, *London Review of Books*, 2 August 2012, p. 22.

23. 불교는 최근에 사회 소외 계층이나 이른바 불가촉천민들을 끌어안으면서 그 영역을 확장하고 있다.

24. 같은 시기에 그리스 철학도 함께 융성하게 되었지만 어디까지나 우연의 일치로 본다.

25. 초자연적 요소를 중요하게 여기지 않는다는 점 때문에 유교는 여기에서 중요하게 다루지 않도록 한다. "유교는 제국과 계급의 규범을 세우는 일종의 놀라운 도구였다." Mann, *The Sources of Social Power, Volume 1*, p. 343, comments that 'Confucianism was a marvellous instrument of imperial/class rule'.

26. Richard Baum, in *Social Evolution & History*, Vol. 3, No. 1, March 2004, p. 52: "전국시대(403~221 B.C.)부터 시작된 유교는 이후 인간사에 개입하는 영적인 존재의 개념을 대부분 털어내 버린다. 예를 들어 맹자孟子는 하늘의 뜻이 땅에 닿는 것은 인간의 의지를 통한 간접적인 방법으로 이루어진다고 주장했다. 그리고 지금 벌어지고 있는 일들에 대한 신들의 개입은, 지금 세상을 지배하는 왕조에 대한 하늘의 조사와 함께 시작되고 끝을 맺게 된다고 말하기도 했다. 주희朱熹는 하늘을 섬기는 일을 대신해 예禮와 효孝에 뿌리를 둔 실질적인 경외의 개념을 제시하기도 했다.

27. 세계 최초의 토기가 만들어진 시대로 알려져 있다.

28. 이와 비슷한 모습을 1921년 볼셰비키 시대에서 찾아볼 수 있다. 여러 어려운 상황 때문에 경제에 대한 통제가 힘들게 되자 대신 정치적인 감시와 억압이 크게 강화되었다.

29. 아프가니스탄의 칸다하르Kandahar 역시 알렉산드리아와 마찬가지로 알렉산더 대왕의 이름을 따서 지은 것으로 추정된다.

30. Gellner, *Plough, Sword and Book*, p. 121.

31. Robin Lane Fox, *Pagans and Christians*, Penguin, Harmondsworth, 1988.

제9장

1. Norman Cohn, *Cosmos, Chaos and the World to Come*, Yale University Press, 1993, pp. 77~104. (A Zoroastrian community still exists in the shape of the Indian Parsis.)

2. 베다 신앙에 등장하는 불의 신 아그니Agni는 영어의 '불을 붙이다'라는 의미

의 '이그나이트ignite'라는 단어의 뿌리가 된다.

3. Cohn, *Cosmos, Chaos and the World to Come*, p. 115.

4. 같은 책, pp. 24~29.

5. 《구약성경》의 〈민수기〉와 〈신명기〉 참조.

6. Robin Lane Fox, *The Unauthorized Version: Truth and Fiction in the Bible*, Viking, London, 1991 참조.

7. Cohn, *Cosmos, Chaos and the World to Come*, p. 213.

8. Peter Brown's lengthy volume, *Through the Eye of a Needle: Wealth, the Fall of Rome and the Making of Christianity in the West: 320-550 AD*, Princeton University Press, 2012 참조.

9. *Encyclopaedia of Heresies and Heretics* 참조. 이 백과사전에서는 350페이지 이상을 할애하여 여러 종교들에 대해 설명하고 있지만, 그래도 모든 종교들을 다 설명할 수는 없었다.

10. 지금 우리가 알고 있는 수니파와 시아파 사이의 갈등은 근대 이후에 나타난 현상이다. 사실 이 두 파는 수백 년 동안 서로 경쟁을 하는 학파學派와 같은 관계였다.

11. Joyce E Salisbury, *The Blood of the Martyrs: Unintended Consequences of Ancient Violence*, Routledge, New York & London, 2004 참조.

12. 기독교를 처음 받아들인 로마 황제는 잘 알려진 것처럼 콘스탄티누스다. 본래 콘스탄티누스 황제는 태양신을 섬겼으며 로마의 전통인 다신교에 따라 기독교를 하나의 종교로 인정해준 것이다. 그가 기독교를 공인한 이후에 기독교의 안식일이 토요일에서 일요일, 즉 태양신을 상징하는 날로 바뀐 것도 바로 이런 이유 때문이다.

13. 네스토리우스는 5세기경 콘스탄티노플의 주교였으며, 그리스도의 신성과 인간의 본성 사이의 차이점을 크게 강조하였다.

14. 인도에서도 이슬람의 세력이 점점 커지고 있다.

15. 또 다른 중요한 문제 중 하나가 바로 우상, 혹은 성상聖像 숭배였다. 8세기 경 동로마 제국의 황제들은 이런 성상을 만드는 일을 억압하려 했고, 서방의 교황은 이에 크게 반발했다.

16. Geoffrey Barraclough, 'The Medieval Empire: Idea and Reality', Chapter 8 of *History in a Changing World*, Blackwell, Oxford, 1957 참조.

17. 주로 미국의 근본주의자들 중에서 이른바 주류 신학에 더해, 이러한 일들의 필요성을 공개적으로 인정하고 받아들여야 한다고 주장하고 있다.

18. 아우구스티누스가 쓴 중요한 신학 교리문인 〈신의 도시The City of God〉는 이러한 문제에 대한 대응으로 만들어진 것이다.

19. Suleiman Mourad, 'Riddles of the Book' in *New Left Review*, 2/86, March-April 2014, pp. 15~52 참조. 아쉽게도 이 책은 무라드의 글이 발표되기 전에 만들어져서 그 내용을 참고해 싣지 못했다.

20. *Wall Street Journal*, 15 November 2008, http://online.wsj.com/news/articles/.

21. John Pickard, *Behind the Myths: The Foundations of Judaism, Christianity and Islam*, Author House, Bloomington, Indiana, 2013, p. 318.

22. 같은 책, p. 307.

23. 이슬람의 경전인 《쿠란》은 또 다른 이슬람의 전승 기록인 《하디스Hadith》 를 통해서만 해석될 수 있고, 그렇게 해야만 한다고 한다.

24. Richard J Hofstadter, *The paranoid style in American politics*, 1964.

25. Martin E Marty and R Scott Appleby (eds), *Fundamentalisms Observed*, the first volume of Fundamentalism Project, University of Chicago Press, 1991 참조.

제10장

1. Benedict Anderson, *Imagined Communities: Reflections on the Origin and Spread of Nationalism*, Verso, London, 1983, p. 25, p. 26; 한국어판은《상상의 공동체: 민족주의의 기원과 전파에 대한 성찰》, 베네딕트 앤더슨, 윤형숙 옮김, 나남, 2004.

2. Michael Mann, *The Sources of Social Power, Volume 1: A History of Power from the Beginning to AD 1760*, Cambridge University Press, 2012, p. 208.

3. 베네딕트 앤더슨은 당시 황제가 갖고 있는 공식 명칭을 열한 줄에 걸쳐 모두 소개하려 했지만 결국 다 담지 못했다.

4. Benedict Anderson, *Imagined Communities: Reflections on the Origin and Spread of Nationalism*, Verso, London, 1983, p. 16; 한국어판은《상상의 공동체: 민족주의의 기원과 전파에 대한 성찰》, 베네딕트 앤더슨, 윤형숙 옮김, 나남, 2004.

5. 같은 책, p. 17, p. 18.

6. Michael Mann, *The Sources of Social Power, Volume 2: The Rise of Classes and Nation States 1760~1914*, Cambridge University Press, 2012, p. 732.

7. 같은 책, p. 108.

8. Benedict Anderson, *Imagined Communities: Reflections on the Origin and Spread of Nationalism*, Verso, London, 1983, p. 135; 한국어판은《상상의 공동체: 민족주의의 기원과 전파에 대한 성찰》, 베네딕트 앤더슨, 윤형숙 옮김, 나남, 2004.

9. 얄궂은 일이지만, 이단 심문의 총 책임자로 유대인 출신과 이슬람 출신의 개종자들을 박해했던 토마스 데 토르케마다는 그 자신이 유대 혈통이었던 것으로 알려져 있다. 게다가 더 얄궂은 것은, 이런 차별법이 완전히 사라진

게 인종차별주의가 맹위를 떨치던 19세기 말이었다는 사실이다.

10. 16세기는 모든 것이 더 혼란스러운 시대였다. 예컨대 셰익스피어의 희곡에는 아프리카계 주민이 오셀로처럼 영웅으로 등장하기도 하고, 또 아론처럼 악당으로 등장하기도 한다.

11. 정말 말 그대로 동물의 왕국에서 혈액의 화학적 구성 성분은 종에 관계없이 모두 다 아주 흡사하다고 한다.

12. 《오리엔탈리즘Orientalism》, 에드워드 사이드, 박홍규 옮김, 교보문고, 2015.

13. 반유대주의자들조차 서로 의견이 엇갈렸다. 어떤 사람들은 유대인들이 전통만을 고수하며 기존의 사회에 녹아들려는 노력을 하지 않는다고 비난했고, 또 다른 사람들은 사회와 융화하려는 유대인은 받아들일 수도 있다고 하기도 했다. 그리고 유대인이 어떤 태도를 취하든 모두 다 증오의 대상이 될 수밖에 없다고 주장하는 사람들도 여전히 존재했다.

14. Norman Cohn, *Warrant for Genocide: The Myth of the Jewish World Conspiracy and the Protocols of the Elders of Zion*, Penguin, Harmondsworth, 1966 참조.

15. 편집증적인 증상을 보이기도 했던 유명한 CIA 수장 제임스 지저스 앵글턴은 에스파냐 혈통에서 물려받은 '지저스(예수)'라는 자신의 중간 이름 때문에 아주 곤혹스러워했다고 한다.

16. 프랑스 대혁명 이후에는 구체제에서 사용하던 '무슈Monsieur'나 '마담Madame' 같은 표현을 공식 석상에서 쓰지 못했다. 대신 '시민 동지'를 뜻하는 '시또양Citoyen'이라는 표현을 남녀 모두가 사용했다.

17. Jeremy Catto, 'Written English: The Making of the Language 1370~1400', *Past and Present*, No. 179, May 2003 참조.

18. 물론 아라비아의 이슬람 세계에서처럼 지역주의에 따른 적대감은 있을 수 있다.

노동, 성, 권력
Work, Sex and Power

19. 새로운 공용어를 만들어내려는 노력은 사실 인도 유럽 어족, 그중에서도 로맨스어를 기반으로 시작되었지만 제대로 진행된 적은 한 번도 없었으며, 그나마 가장 많이 알려진 것이 바로 에스페란토Esperanto어다.
20. 2014년 우크라이나 사태 때는 의회에서 우크라니아어와 함께 공용어로 사용되는 러시아어를 완전히 몰아내자는 법안이 상정되기도 했다.
21. University of California Press, 1995.
22. 20세기 초반 사람들이 모여 있는 사진을 보면 대부분이 다 모자를 쓰고 있다.
23. 지금은 거의 쓰지 않는다.
24. 중세에 그려진 어느 그림을 보면, 12세기 시칠리아의 왕은 눈이 뽑히고 거세를 당하는 고문 속에서도 왕관을 쓰고 있다.
25. 영국에서는 국립 문장원의 승인을 받아야 정식 문장으로 사용할 수 있다.

제11장

1. 알렉산더 대왕의 후계자들이 세운 제국들은 결국 모두 로마에 굴복하게 된다.
2. 제국은 무너졌지만 그 영향력은 깊게 남아 있었다. 예를 들어 서로마 제국 붕괴 이후에 등장한 모든 나라들은 다 기독교를 믿었다.
3. https://contagions.wordpress.com/2011/11/26/did-india-and-china-es-cape-the-black-death/.
4. 교역로는 확실히 중요한 영향을 끼쳤다. 예를 들어 지중해 북부 연안에서는 더 이상 파피루스를 사용하지 않게 되었다.

5. Michael Mann, *The Sources of Social Power, Volume 1: A History of Power from the Beginning to AD 1760*, Cambridge University Press, 2012, p. 292.

6. Michael Mann, *The Sources of Social Power, Volume 2: The Rise of Classes and Nation States 1760~1914*, Cambridge University Press, 2012, p. 394.

7. 랑고바르드Langobardi 혹은 롱비어드Longbeards라고도 불렸다.

8. 볼테르는 신성하지도 않고 로마와도 관계가 없으며, 무엇보다도 제국이 아니라고 농담을 하기도 했다.

9. 처음에는 벤드Wend족으로 불렀고, 지금은 소브Sorb족으로 부르고 있다.

10. Perry Anderson, *Passages From Antiquity to Feudalism and Lineages of the Absolutist State*, NLB, London, 1974; 한국어판은 《고대에서 봉건제로의 이행》, 페리 앤더슨, 유재건·한정숙 옮김, 현실문화, 2014; 《절대주의 국가의 계보》, 페리 앤더슨, 김현일 옮김, 현실문화, 2014.

11. 예컨대 마구 중에서 말의 가슴걸이는 마차나 쟁기와 연결하여 말을 가축으로 부릴 수 있는 중요한 도구였다.

제12장

1. 물론 이런 외부인들과 연합하여 다른 원주민 부족들에 대항하려는 시도들도 있었다.

2. Marie-Monique Huss, *Journal of Contemporary History*, Vol. 25, No. 1 (January 1990), pp. 39~68.

3. Mike Davis, *Late Victorian Holocausts: El Nino Famines and the Making of the Third World*, Verso, London, 2001 참조; 한국어판은 《엘니뇨와 제국주

노동, 성, 권력
Work, Sex and Power

의로 본 빈곤의 역사》, 마이크 데이비스, 정병선 옮김, 이후, 2008, '흑사병 이후 인류 최고의 비극'.

4. Michael Mann, *The Sources of Social Power: Volume 3: Global Empires and Revolution, 1890~1945*, Cambridge University Press, 2012, p. 552.

5. Earl J Hamilton with his key volume, *American Treasure and the Price Revolution in Spain*, 1501~1650 of 1934 참조.

6. R N Salaman, *The History and Social Influence of the Potato*, Cambridge University Press, 1985 (second edition) 참조.

7. 현재 남아프리카 공화국에 살고 있는 중국계 사람들은 약 30만 명에 달한다.

8. L J Satre, *Chocolate on Trial: Slavery, Politics, and the Ethics of Business*, Ohio University Press, 2005 참조.

9. '망명 신청자Asylum seeker'는 원래 특별한 의미는 없었으나, 일부 선정적인 언론 때문에 부정적인 느낌을 주게 되었다.

10. Immanuel Wallerstein, *Historical Capitalism with Capitalism with Capitalist Civilization*, Verso, London, 1983, p. 121, p. 122; 한국어판은 《역사적 자본주의/자본주의 문명》, 이매뉴얼 월러스틴, 나종일 옮김, 창비, 2014.

11. Henry Mayhew, *London Labour and the London Poor*, Friedrich Engels, *Condition of the Working Class in England* 참조.

12. Mike Davis, *Planet of Slums*, Verso, London, 2006; 한국어판은 《슬럼, 지구를 뒤덮다: 신자유주의 이후 세계 도시의 빈곤화》, 마이크 데이비스, 김정아 옮김, 돌베개, 2007.

13. James Wilson, *The Earth Shall Weep: A History of Native America*, Grove Press, New York, 1998, '눈물의 길' 참조.

14. 당시 체코 측 지도자는 전쟁 중 행위에 근거해 평가를 하자고 했지만, 다른 사람들은 완전한 추방을 주장했다.

제13장

1. Michael Mann, *The Sources of Social Power, Volume 2: The Rise of Classes and Nation States 1760~1914*, Cambridge University Press, 2012, p. 128.

2. Thomas D Hall, 'Mongols in World-Systems History', *Social Evolution & History*, Vol. 4, No. 2, September 2005, p. 111.

3. Michael Perlman, *Choice: Current Reviews for Academic Libraries*, 1999, Ellen Meiksins Wood's *The Origins of Capitalism: A Longer View*, Monthly Review Press, New York, 2002.

4. Marc Mulholland, *Bourgeois Liberty and the Politics of Fear: From Absolutism to Neo-Conservatism*, Oxford University Press, 2012, p. 303.

5. 17세기 당시 급변하는 산업 환경에서 노동력을 안정적으로 확보하기 위해 이런 일들이 있었다.

6. Ellen Meiksins Wood, *The Pristine Culture of Capitalism: A Historical Essay on Old Regimes and Modern States*, Verso, 1991, p. 11.

7. 수고에 대한 '사례금Fees'과 임금은 엄격히 구분이 되었다. 전자가 좀 더 예의 있고 품위가 있는 반면, 후자는 상대방을 무시하는 느낌이 있었다.

8. Michael Mann, *The Sources of Social Power, Volume 2*, pp. 635~660.

9. http://leftspot.com/blog/?q=node/99.

10. Harvey J Kaye, *The British Marxist Historians: An Introductory Analysis*, Polity Press, Cambridge, 1984, p. 46; 한국어판은 《영국의 마르크스주의 역사가들》, 하비 J 케이, 양효식 옮김, 역사비평사, 1988.

11. Henry Heller, *The Birth of Capitalism: A Twenty-First Century Perspective*, Pluto Press, London, 2011.

12. 여기서 말하는 안전등이 정말 노동자의 안전을 위해서 사용된 것이 아니

다. 다만 더 위험한 지역에서 더 많은 생산을 이끌어내기 위해 사용되었을
뿐이다.

13. 1840년대 상용화가 된 재봉틀이 그 좋은 예인데, 가정에서 여성의 신체
적 힘으로 움직이는 방식이었다.

14. 21세기에는 상황이 조금 다르다.

15. 20세기 초까지도 수력으로 움직이는 방직 공장이 수익을 낼 수 있었다.

16. 평균 약 5~10퍼센트의 수익을 냈다.

17. 무엇보다도 군대를 필요한 지역에 빠르게 투입할 수 있게 되었다.

18. Jack Goody, *The Theft of History*, Cambridge University Press, 2006 참조.

19. 심지어 같은 시기에 인쇄용 활자판을 만들어내기까지 했으나, 중국 문자
가 워낙 복잡했기 때문에 실제로 사용이 되지는 못했다. 만일 중국 문자가
영어의 알파벳처럼 복잡하지 않았다면 인쇄 기술은 500년은 앞서 상용화
가 되었을 것이며, 세상은 지금과는 아주 다른 모습이 되었을지도 모른다.

20. John M Hobson, *The Eastern Origins of Western Civilisation*, Cambridge
University Press, 2004, p. 5; 한국어판은《서구 문명은 동양에서 시작되었
다》, 존 M 홉슨, 정경옥 옮김, 에코리브르, 2005.

21. John A Hall, *The Eastern Origins of Western Civilization in English Histori-
cal Review*, Vol. CXIII No. 495, 2007.

22. Joseph Needham, *Science and Civilisation in China* 참조. 좀 더 간략하게
소개된 내용을 참조하려면, Robert Temple, *The Genius of China: 3,000
Years of Science, Discovery and Invention*, Inner Traditions, Rochester, Ver-
mont, 2007 참조.

23. 유교의 이념은 전통과 올바른 행동을 강조하지만 동시에 사회 발전에 장
애물이 되었다. 서구 유럽의 경우 가톨릭교회가 이와 비슷한 위치에 있었
으나, 교회는 자본주의의 발전을 가로막지는 않았다.

24. 공상과학 소설의 거장 아이작 아시모프는 이미 1950년대 지금과 거의 흡사한 형태의 전자 도서관의 출현을 예언했으며, 인터넷을 통한 화상통화의 출현도 언급했다. 또 다른 동시대의 작가인 E C 텁은 생태계가 위협을 받는 세계와 환경운동가들의 활약을 그린 소설을 발표하기도 했다.

25. 1962년 쿠바 위기를 제외하더라도, 최소한 두 차례 이상 핵전쟁이 발발할 위기의 순간이 있었다. 대재앙에서 세상을 구한 것은 현명한 판단을 내린 동서 양측의 실무자들 덕분이었다.

26. Perry Anderson, *Imperium*, a special issue comprising *New Left Review*, second series, No.83, September-October 2013, p. 33.

27. 심지어 1948년에서 1990년대 사이에도 미국은 남아메리카에서 최소한 24개 정권이 교체되는 데 영향을 끼쳤으며, 그중 직접적인 군사 개입도 4차례 있었다.

28. Perry Anderson, *Imperium*, p. 34, p. 83.

29. Francis Fukuyama, *The End of History and the Last Man*, Penguin, London, 2012; 한국어판은《역사의 종말》, 프랜시스 후쿠야마, 이상훈 옮김, 한마음사, 1992.

30. Perry Anderson, *Imperium*, p. 110.

제14장

1. 로마 제국 이전에도 아시리아 제국 등이 이와 비슷한 모습을 하고 있었다.
2. 1790년대 초에 열기구가 군사적 목적으로 사용되었다.
3. 유럽에 등장한 매독이 처음에는 한센병으로 오해를 받았을 거라는 주장도

노동, 성, 권력
Work, Sex and Power

있다.

4. 유럽에서 가장 널리 알려진 잘못된 처방이 바로 피를 뽑는 일이었다.

5. 개인적인 경험을 이야기하자면, 나의 아버지는 젊었을 때 맹장 수술 덕분에 목숨을 건졌으며, 어머니는 31세에 결핵으로 세상을 떠났다. 항생제가 본격적으로 등장하기 전의 일이었다.

6. 결국 상업적인 이해관계 때문에 제대로 된 검증이 이루어지지 않은 것이다.

7. 19세기에는 정부에서 대부분의 대륙 횡단 철도를 소유하고 있었다.

8. 대영제국에 대항하는 간디의 저항운동 중 하나가 바로 소금을 이렇게 직접 만들어내는 것이었다.

9. Lee R Kump, 'The Last Great Global Warming', *Scientific American*, July 2011, pp. 40~45.

10. 1707년 브리튼 연합왕국이 공식적으로 탄생하면서 잠시 중앙은행도 통일되지만, 얼마 지나지 않아 스코틀랜드는 독자적으로 지폐를 발행하게 된다.

11. David Graeber, *Debt: The First 5,000 Years*, Melville House, New York, 2012, p. 364; 한국어판은 《부채 그 첫 5,000년: 인류학자가 다시 쓴 경제의 역사》, 데이비드 그레이버, 정명진 옮김, 부글북스, 2011.

제15장

1. 훗날 기독교를 믿게 되는 상류층들이 불만을 가졌던 이유 중 하나가 바로 사도들의 미천한 신분이었다.

2. Ellen Meiksins Wood, *Citizens to Lords: A Social History of Western Political*

Thought from Antiquity to the Middle Ages, Verso, London, 2008, p. 153.

3. '노르만의 멍에'란 1066년 노르만족이 쳐들어오기 전 앵글로 색슨족이 지배하던 잉글랜드가 상대적으로 더 평등하고 인간적이었다고 주장하는 개념이다.

4. 재침례파란 태어나면서 침례를 받았지만 성인이 된 이후 자신의 의지로 다시 침례를 받았다는 것을 의미하며, 당시로서는 사회적 급진주의자들이었다.

5. 적들은 이들을 성적으로 크게 타락하고 문란한 죄인들이라고 선전했다.

6. Arno Mayer, *The Furies: Violence and Terror in the French and Russian Revolutions*, Princeton University Press, 2000, p. 96.

7. 기요틴이야말로 의도하지 않은 결과라는 모순을 보여주는 장치다. 처음에는 사형수의 고통을 덜어주기 위해 만들어졌지만, 결국 별다른 거부감 없이 빠르게 수많은 희생자를 만들어내는 장치의 대명사가 되어버린 것이다. 만일 프랑스 대혁명 당시 직접 손으로 사람의 목을 자르던지 아니면 영국식으로 교수형에 처했다면, 아마 사람들은 그 장면을 보고 혁명에 대한 혐오감과 거부감을 느꼈을지도 모른다.

8. Mayer, *The Furies*, p. 538.

9. F A Hayek, *The Constitution of Liberty*, Routledge and Kegan Paul, London, 1960, p. 509에서 인용; 한국어판은 《자유헌정론》, 프리드리히 하이에크, 김균 옮김, 자유기업센터, 1997.

제16장

1. 영국의 헨리 조지처럼 자신만의 특별한 주장을 가지고 있었던 사회주의자

노동, 성, 권력
Work, Sex and Power

들도 있었다.

2. 혁명파 사회주의자였던 제임스 코널리는《노동, 민족, 그리고 종교Labour, Nationality and Religion》(1910)에서 바로 이런 점을 지적하고 있다.

3. 라살레는 결투에서 죽었는데, 정치 문제가 아닌 사랑싸움 때문이었다.

4. 1871년 있었던 '파리 코뮌'과 공산주의자를 뜻하는 '코뮤니스트Communists' 는 별다른 상관관계가 없다.

5. 예컨대 영국 노동당은 인도와 연계했다.

6. Isaac Deutscher 'The Unfinished Revolution' *New Left Review* 1/43, May/ June 1967, p. 32, p. 33, p. 213.

7. 히틀러의 지지자들이 스스로를 '국가 사회주의자'라고 불렀다는 사실에서 도 알 수 있듯이, 이 말은 당시 광범위하게 퍼져 있었다.

8. 인육을 먹을 정도로 상황이 심각했었다는 기록도 있다.

9. 1차 세계대전 무렵 독일 제국군의 장군은 장교들에게 이렇게 설명했다고 한다. "황제께서 자네들을 장교로 만들어주셨으니, 누구의 명령을 먼저 들 어야 할지 잘 알고 있겠지!"

10. J Arch Getty and Oleg V Naumov, *The Road to Terror: Stalin and the Self-Destruction of the Bolsheviks, 1932~1939*, Yale University Press, 1939 참조.

11. Edmund Wilson은 1940년, *To the Finland Station: A Study in the Writing and Acting of History*에서 "마르크스주의는 이제 저물어가고 있다. 역사 속 에서 끝난 시대인 것이다."라고 썼다. 한국어판은《핀란드 역으로: 역사를 쓴 사람들, 역사를 실천한 사람들에 관한 탐구》, 에드먼드 윌슨, 유강은 옮 김, 이매진, 2007.

12. 프랑스와 이탈리아의 공산당들은 훨씬 더 많은 지지를 받았지만, 동시에 그만큼 두려운 존재이기도 했다.

13. Marc Mulholland, *Bourgeois Liberty and the Politics of Fear: From Absolutism to Neo-Conservatism*, Oxford University Press, 2012, p. 270.

14. Arno Mayer, *The Furies: Violence and Terror in the French and Russian Revolutions*, Princeton University Press, 2000, p. 3.

제17장

1. 만일 기번이 중국 역사에 능통했다면 중국 역사 속에서 태평성대를 골라 소개했을 것이다.

2. 개인적으로 나는 에덴동산에 대한 이야기가 당시 사람들이 공통적으로 기억하고 있는 내용과 비슷한 점이 있는지 확신할 수 없다. 아담이 받은 저주라고 해봐야 결국 실제로는 땅을 경작할 수 있는 농부가 된다는 것이며, 이브의 저주는 출산이 안전하고 편안했다는 그런 상상 속 시대와 관련이 있는 것이 아닌가.

3. Karl Marx and Friedrich Engels, *The Communist Manifesto: A Modern Edition*, Verso, 1998, p. 38; 한국어판은 《공산당 선언》, 카를 마르크스·프리드리히 엥겔스, 권화현 옮김, 펭귄클래식코리아, 2010.

4. 같은 책.

5. 파시스트, 그중에서도 나치는 순수 단일 민족만으로 국가가 이루어졌을 때의 이로운 점을 역설했다.

6. 항상 그런 것은 아니지만 서구 유럽에서 2차 세계대전 이후 시작된 사회복지제도는 예외적인 모습이라고 볼 수도 있을 것이다.

7. 예를 들어, 국제적인 현금 거래는 정말 말 그대로 눈 깜빡할 사이에 이루어

노동, 성, 권력
Work, Sex and Power

지고 있다.

8. David Graeber, *Debt: The First 5,000 Years*, Melville House, New York, 2012, p. 382; 한국어판은《부채 그 첫 5,000년: 인류학자가 다시 쓴 경제의 역사》, 데이비드 그레이버, 정명진 옮김, 부글북스, 2011.

9. Elizabeth Deeds Ermarth, *History in the Discursive Condition: Reconsidering the Tools of Thought*, Routledge, Abingdon, 2011, p. xii.

10. Immanuel Wallerstein, *Historical Capitalism with Capitalism with Capitalist Civilization*, Verso, London, 1983, p. 130, p. 122; 한국어판은《역사적 자본주의/자본주의 문명》, 이매뉴얼 월러스틴, 나종일 옮김, 창비, 2014.

11. 1970년대에 대학에서 강의를 하면서 설명했지만, 우리의 후손들은 우리보다 더 단순한 생활 방식에 익숙해져야만 할 것인데, 그렇다고 해서 생활 수준이 더 낮아진다는 의미는 아니다.

12. *New Scientist*, 5 April 2014, p. 5.

옮긴이 우진하

성균관대학교 번역 테솔 대학원에서 번역학 석사 학위를 취득하였다. 한성디지털대학교 실용외국어학과 외래 교수를 역임하였으며, 현재는 출판 번역 에이전시 베네트랜스에서 전문 번역가로 활동 중이다. 옮긴 책으로는《빌리지 이펙트》《5년 후에도 이 일을 계속할 것인가》《성난 군중으로부터 멀리》《내가 너의 친구가 되어줄게》《크리에이티브란 무엇인가》《탁월함은 어떻게 만들어지는가》《18세기 오스만제국의 수도 이스탄불을 가다》《아들은 원래 그렇게 태어났다》《디지털 다이어트》《똑똑한 경제학》《해결사가 필요해》《성의 죽음》등이 있다.

노동, 성, 권력
Work, Sex and Power

1판 1쇄   2016년 6월 25일
1판 10쇄   2022년 8월 22일

지은이   윌리 톰슨
옮긴이   우진하

펴낸이   임지현
펴낸곳   (주)문학사상
주소   경기도 파주시 회동길 363-8, 201호(10881)
등록   1973년 3월 21일 제1-137호

전화   031) 946-8503
팩스   031) 955-9912
홈페이지   www.munsa.co.kr
이메일   munsa@munsa.co.kr

ISBN 978-89-7012-958-7 (03900)

* 잘못 만들어진 책은 구입처에서 교환해 드립니다.
* 가격은 뒤표지에 표시돼 있습니다.